JN426482

종교의 철학적 의미

REASON AND RELIGIOUS BELIEF
Copyright © 2003, 2008 by Oxford University Press, Inc.
"Reason and Religious Belief: An Introduction to the Philosophy of Religion, Fourth Edition"
was originally published in English in 2008. This translation is published by arrangement with Oxford University Press"

Korean translation copyright © 2008 by EWHA WOMAN'S UNIVERSITY PRESS
Korean translation rights arranged with OXFORD PUBLISHING LIMITED
through EYA(Eric Yang Agency).

이 책의 한국어판 저작권은 EYA(Eric Yang Agency)를 통한
OXFORD PUBLISHING LIMITED 사와의 독점계약으로
"이화여자대학교출판문화원" 이 소유합니다.
저작권법에 의하여 한국 내에서 보호를 받는 저작물이므로
무단전재와 무단복제를 금합니다.

종교의 철학적 의미

개정증보판

마이클 피터슨, 윌리엄 해스커,
브루스 라이헨바하, 데이비드 배싱어 지음

하종호 옮김

이화여자대학교출판문화원

옮긴이의 말 ●●●

이 책은 Michael Peterson, William Hasker, Bruce Reichenbach, and David Basinger, *Reason and Religious Belief: An Introduction to the Philosophy of Religion*, 4th ed. (Oxford: Oxford University Press, 2008)을 완역한 것이다. 이 책의 초판은 원서의 3판(2003)을 번역한 것이었는데 최근에 원서의 4판이 출판됨에 따라 개정증보판을 내게 되었다.

이번 개정증보판이 초판과 크게 다른 점은, 종교 실재론과 비실재론을 논한 2장이 새로 추가되었고, 6장에 나오는 신 존재 증명을 위한 도덕적 논변의 내용이 완전히 달라졌다는 점이다. 또 새로운 문단이 추가된 장들도 있고, 문장이 수정된 경우들도 많이 있어서 원서의 3판과 4판을 일일이 대조하면서 바뀐 부분들을 모두 번역서에 반영했다.

이 책의 가장 큰 장점은 방대한 양의 문헌을 소화한 네 명의 전문가들이 종교 철학의 주요 주제들을 총망라해서 다룬다는 점이다. 또한 종교의 문제들을 철학적으로 사유하고 탐구함으로써 철학함이란 무엇인지, 그 묘미가 어떠한지를 깨닫게 해준다. 종교 철학의 임무가 종교의 문제들을 철학의 패러다임 안에서 합리적이고 논리적으로 고찰하는 데에 있다는 점을 감안하면, 이 책은 종교 철학의 도우미로서 손색이 없다. 다만 이 책은 종교 철학의 주요 주제들을 개관하는 입문서이기에 각 주제와 관련해서 좀더 깊이 있고 상세한 내용을 알기 원하는 독자는 여기서 머무르지 말고 원전들을 직접 찾아 읽을 것을 권하고 싶다.

전문적인 철학 지식을 갖추지 않은 독자를 염두에 두고 가능하면 쉬운 우리말로 옮기려고 애썼으나 종교 철학의 주제가 워낙 추상적이고 형이상학적이어서 한글과 영어의 격차를 메우느라 고심을 많이 했다. 이 책을 강의 교재로 활용할 때에는 수강생들의 수준에 따라 주제들을 선별하는 것이 좋다. 옮긴이의 경험에 비추어볼 때, 여기에 나온 모든 주제를 한 학기에 다루기는 무리인 것 같다.

원서의 초판을 『종교철학』이라는 제목을 달아 번역한 지 어느덧 15년이 되어간다. 그 후 원서의 3판에서 내용이 전면적으로 바뀜에 따라 처음부터 새로 번역해서 『종교의 철학적 의미』라는 제목으로 출간했고, 이번에 4판을 번역한 개정증보판을 내게 되었다. 한 권의 책을 번역하는 데에 들인 시간이 너무 많아서 내가 실속 없고 무모한 일을 한 것이 아닌가 하는 회의가 들곤 하지만, 철학의 전문적인 번역서가 15년이라는 세월 동안 절판되지 않고 버틸 수 있게 해준 독자들을 생각하면 헛수고는 아니었던 것 같아 위로가 된다. 이 자리를 빌려 독자들과 이화여자대학교출판문화원 관계자들에게 감사의 뜻을 전하고 싶다.

2009년 정초에

안암골 석탑에서

차례 ●●●

서론 •••

1970년대 이래로 종교 철학에 대한 관심은 폭발적으로 증가했다. 전문적인 철학자들은 전통적인 문제들에 대해 새로운 기법을 도입했고 새로운 영역을 개척하고 있다. 『타임』지는 종교적인 믿음들에 대해 철학적인 관심이 드높아지는 현상을 놓고서 "신이 다시 돌아오고 있다"라는 말로 표현하기도 했다. 이 분야에서 나타나는 활기와 정교함의 수준은 종교 철학의 주제들이 얼마나 심각하고 중요한지를 보여준다.

이 책은 종교 철학의 기본적인 쟁점들과 해법들을 소개한다. 우리는 종교 철학을 접근하기 쉬우면서도 포괄적인 방식으로 다루고자 한다. 즉 과거와 현재의 논의를 총망라하고 신학적으로 정교하며 철학적으로 도전적인 책을 만들려고 한다. 우리는 독자가 철학의 배경 지식을 가질 것을 전제하지 않음으로써, 철학을 접해본 적이 없는 학부생, 대학원생, 신학생들이 읽을 수 있는 책으로 만들려고 한다. 또한 공식적인 학과목 이수와는 무관한 사려 깊고 근면한 독자들에게도 적합한 책이 되게끔 할 것이다. 비록 이 책이 종교 철학의 문제들을 다루는 것을 주된 목적으로 삼기는 하지만, 철학 일반에 관해서 상당히 많이 논의하면서 주요 철학자들과 그들의 사상에 관한 유익한 예비 지식을 제공하게 될 것이다.

이 입문서에서는 종교 철학의 주요 쟁점들을 추출해서 논의하고 좀더 어려운 원전들에 나오는 지적인 담론들을 계속 이어가는 것을 전략으로 삼는다. 우리는 종교 철학의 주요 원전들을 엮어서 *Philosophy of Religion: Selected Readings*, 3rd ed. (Oxford University Press, 2000; 앞으로는 PRSR3e로 약칭함)으로 펴냈다. 이 문헌집의 구조와 이 책의 구조는 서로 밀접하게 연결되어 있어서, 독자들은 원전에 나오는 담론을 따라가는 데에 도움을 받을 것이다.

우리는 수세기 동안 수많은 위대한 철학자들을 사로잡았던 종교에 관한 거대한 토론장으로 독자들을 초대한다. 우리는 무엇보다도 그 주제들의 구조를 강조하고 싶다. 우리는 독자들이 각 주제의 형태와, 논리, 문젯거리, 주요 선택 방안들을 정밀하게 이해하기를 원한다. 우리의 목표는 독자들이 그 주제들에 관해서 합리적인 의견들을 형성하고 계속해서 그 주제들에 관해 의미 있고 유익하게 생각할 수 있도록 도와주는 것이다.

독자들과의 접촉점을 찾아내는 것이 교육적으로 좋기 때문에 우리는 각 장을 시작할 때마다 구체적인 이야기나 예화, 또는 인용문을 소개한 후 더 큰 주제를 점진적으로 전개해나갈 것이다. 우리는 독자들을 자연스럽게 토론에 끌어들이고 사려 깊은 답변을 유도해갈 것이다. 또 본문을 명료하고 친절하게 서술하도록 노력하겠다.

이 책의 처음 몇 장들은 논리적인 순서에 따라 배열되기는 하지만 각 주제가 독립적이므로, 이 책을 교재로 사용하는 교수들은 목차의 순서에 구애받을 필요는 없다. 원전들을 보충하는 문헌들이 개별적인 장들과 조화를 이뤄야 함은 두말할 나위도 없다. 개인적인 복습과 교실에서의 토론을 용이하게 하기 위해서 각 장의 말미에 연구 문제들을 실었다. 또 각 주제마다 연구 문헌 목록이 수록되어 있어서 독자들은 그 주제들을 자기 나름대로 연구해나가는 데에 도움을 받을 것이다.

서양 철학자들이 오랫동안 유신론에 대해 관심을 가져왔기 때문에 이 책에서는 전지전능하고 완전하게 선한 초월적이고 지고한 영적인 존재자가 존재한다는 관점과 관련된 주제들을 주로 다루게 될 것이다. 이 관점을 고전적 유신론이라고 부르는데 주요 유신론적 종교들(유대교, 기독교, 이슬람교)이 공유하는 관점이다. 우리가 고전적 유신론과 관련된 주제들을 다루기는 하지만 특히 기독교적 유신론과 관련된 주제들을 고찰할 것이다. 그 이유는 현대 분석 철학 전통에 서 있는 종교 철학자들이 기독교적 유신론에 많은 관심을 두고 있기 때문이다. 적절한 때에 우리는 기독교적 유신론과 관련된 주제들이 다른 주요 종교들과 신학적인 개념들에 어떻게 적용되는지에 대해서도 검토함으로써 독자들이 힌두교와 불교를 비롯한 동양의 종교적 전통을 어느 정도는 접할 수 있게 할 작정이다. 또한 우리는 간간이 핵심 주제들에 대한 페미니스트의 목소리도 경청하게 될 것이다.

우리는 독자들이 이 책에서 검토되는 종교적 전통이나 신학적 개념들에 대해 잘 알지 못한다고 전제하고서 논의를 전개하겠지만, 유신론적 종교의 특징이 되는 종류의 믿음들과 서양 종교에 대해 미리 알면 도움이 되리라 본다. 하지만 초보자들도 관련 사상들을 금방 파악할 수 있도록 그런 믿음들을 충분히 상세하게 설명하겠다. 이를 넘어서서 우리는 독자들이 유신론자이거나 특정 교파의 교인이라고 전제하지는 않을 것이다.

이 책은 표준적인 종교 철학 교과서에서 다루어지는 주제들을 총망라했을 뿐만 아니라, 종전에는 교과서에서 다루어지지 않았으나 많은 교수들이 다루어주기를 원했던 몇 가지 주제들도 포함하고 있다. 1장에서는 인류의 종교성을 두루 살펴보고 종교에 대한 철학적인 검토가 어떠해야 하는지에 대해서 검토하겠다. 2장은 종교적 믿음이나 주장들이 어떤 실재를 가리키는지, 또는 그 믿음이나 주장들이 모종의 기능을 수행하고 이 기능에 근거해서 그것들의 진위가 평가될 수 있는지에 관한 문제들을 다룬다. 3장에서는 종교적 경험을 검토한다. 많은 사람들이 종교적 경험을 통해서 가장 익숙하게 그리고 구체적으로 종교를 접촉하게 된다. 모든 종교적 경험에 공통적인 핵심이나 구조가 있는지, 그리고 이 경험들이 종교적 믿음들을 정당화할 수 있는지도 검토될 것이다. 4장에서는 경험을 넘어서서 종교적인 의탁이 합리적인 평가의 대상이 되는지의 여부를 고찰하겠다. 강한 합리주의와 신앙주의라는 두 가지 극단적인 입장을 검토한 후, '비판적 합리주의'라는 입장을 채택할 것이다. 비판적 합리주의는 종교적 믿음들도 분석과 평가의 대상이 된다고 보지만, 이런 믿음들이 결정적으로 입증되거나 반박된다고 주장하지는 않는다. 5장은 전통적으로 유신론의 신을 규정하는 속성들—더 많은 논증과 토론의 주제가 되는 절대자를 더욱 엄밀히 정의하는 속성들—을 다루는 데에 할애된다. 아울러 전통적인 신관에 대한 과정 사상가들의 날카로운 비판도 소개될 것이다.

그 다음에 이어지는 세 장들에서는 신의 존재에 관한 논증의 문제가 다루어진다. 6장에서 우리는 신의 존재를 입증하기 위한 표준적인 논변들을 제시하고 검토하겠다. 이것은 자연 신학의 단골 메뉴인데 유신론적 믿음을 합리적으로 지지할 수 있는지에 관해 생각하는 사람들이라면 으레 이 논변들에 매료되고 도전을 받는다. 7장에서는 이러한 전체 기획에 대해서 성찰하면서, 신에 대한 믿음이 합리적인 논변에 근거해야 하는지 아니면 그 믿음은 우리의 믿음들의 틀 안에서 '기초적'일 수 있는지의 문제를 다루겠다. 8장에서는 신에 대한 가장 심각하면서도 합리적인 반론인 악의 문제를 제시하고 발전시키며 평가하겠다.

나머지 장들에서는 중요한 주제들이 다양하게 전개된다. 9장은 1990년대 초부터 열띤 논쟁이 벌어지고 있는 신과 세계의 관계에 대해서 논한다. 신의 지식의 성격과 범위는 어떠한가? 우연적인 세계에서 신은 어떻게 활동하는가? 10장은 앞 장과 자연스럽게 연결되는 주제인 기적 개념에 관해서 토론한다. 대부분의 유신론적인 종교들은 역사적으로 볼 때 기적을 믿어왔기 때문에 이 장은 그 개념과 관련된 주요 철학적인 문제들—정의상의 난점, 기적의 가능성 여부에 대한 문제, 기적의 발생을 확인할 수 있는지의 문제—을 검토한다. 11장에서는 내세의 문제에 초점을 맞추게 된다. 이 장에서 우리는 사후의 생존 개념들이 인간의 자아관에 따라 어떻게 달라지는지를 보여주고 내세의 실재를 주장하는 서너 가지 논변들을 검토할 것이다.

그 다음 단계에서는 우리가 신과의 관계에서 인간의 언어를 사용하고 있다는 사실에 대해 생각해보게 된다. 12장에서 우리는 인간의 어휘가 신에게 어떻게 유의미하게 적용될 수 있느냐는 문제를 제기한 후, 여러 가지 주요 종교 언어 이론들을 개관하겠다. 여기에는 좀더 최근에 제시된 페미니스트 이론들도 포함된다. 13장에서는 종교 철학 교과서에서 그리 자주 다루어지지는 않는 주제인, 종교와 과학의 관계에 대해서 면밀히 검토하겠다. 이 장의 목적은 이 두 가지 중요한 인간의 활동들 간의 관계에 대한 관점들을 고찰함으로써 그 관계를 둘러싼 논쟁을 정리하는 데에 있다. 이어지는 장에서는 점점 더 긴급한 주제가 되고 있는 종교적 다원성의 문제가 거론된다. 이 문제만으로도 대학에서 다양한 과목들이 신설될 정도다. 14장에서 우리는 현존하는 여러 종교들의 진리성 및 구원론적 성격과 관련된 문제들을 탐구할 것이다. 15장에서는 종교와 윤리 간의 연관성을 검토하고, 윤리적 규범들이 신에게 그 기원을 둘 수 있는지의 여부, 그리고 종교가 인간의 도덕적 성취에 대한 별도의 비전을 제시할 수 있는지의 여부와 같은 문제들을 제기하겠다. 이 책의 마지막 장인 16장은 종교 철학에 대한 우리의 연구의 정점이 될 것이다. 앞에서 논의된 내용을 정리한 후, 독자들이 종교 철학이라는 매력적인 분야의 주제들을 계속 연구할 것을 권할 것이다.

지적으로 중요한 주제들을 입문서에서 다룰 때, 무슨 주제들을 다루느냐보다는 어떤 방식으로 그 주제들을 다루느냐에 의해서 독자들에 대한 영향력이 결정된다고 우리는 확신한다. 따라서 여기서 우리가 택하는 접근법이 매우 중요하다. 우리는 완전한 중립과 직접적인 주장 사이에서 균형을 유지하려고 한다. 우리는 다양한 입장들에 대해 공정을 기하되, 때때로 대안들 중에서 어느 것이 우리가 보기에 가장 합당한지를 지적하겠다. 우리는 이런 접근법이 '완전한 중립주의'보다는 더 인간적이고, 독자들이 그 주제들에 관해서 비판적으로 사고하는 데에 도움이 되리라고 확신한다.

우리는 종교 철학에 대한 진지한 연구가 지적으로 자극적이고 개인적으로 보람이 있는 일이라고 생각하면서 이 책이 그런 결과를 일궈내도록 애썼다. 필자들의 철학적이고 교육적인 목표들이 충분히 성취된다면, 독자들은 종교 철학에 대한 이런 탐구가 진정으로 가치 있는 일이라는 사실을 깨닫게 될 것이다.

1장 ●● 신에 관한 사색: 절대자를 찾아서

종교가 인간의 삶에 미치는 영향력은 강하다. 이 사실을 입증해주는 분명한 증거는 많이 있다.

- 크로마뇽인들은 시신을 매장할 때 태아형 자세로 누이고서 마치 그가 다른 삶을 살 것인 양 그의 주위에 무기나 목걸이, 요리 도구와 같은 유용한 물건들을 놓아두었다.
- 원시인들은 하늘에 있는 신령에게 자기들을 잘 돌봐주고 비를 멈추지 말아달라고 빌었다.
- 일본의 선종(禪宗)파 불교도들은 '아(我)'와 '비아(非我)'의 합일에 대해서 묵상한다.
- 회교력의 제9월(라마단)에 독실한 모로코인들은 해뜰 때부터 해질 때까지 단식을 행한다.
- 부활절이 오면 전 세계의 기독교인들은 2천 년 전의 기독교인들과 마찬가지로 예수의 부활을 경축한다.

문명의 여명기부터 많은 종교들이 저마다 매우 복잡한 양상을 띠면서 발전해왔다. 선사 시대의 원시인들은 그들의 종교적인 충동을 애니미즘이나 토테미즘으로 표현한 반면에, 오늘날 세계적인 고등 종교들은 고도로 발달된 신 개념이나 궁극적 실재 개념을 가지고 있다. 이를테면 유대교에는 야훼가 있고, 기독교에서는 삼위일체의 하나님을, 이슬람교도들은 알라를, 힌두교에서는 시바나 비슈누를, 소승 불교도들은 니르바나를 섬긴다.[1]

하지만 종교적이지 않은 사람들이 무척 많다는 것을 보여주는 증거도 얼마든지 많이 있다. 수백만의 사람들은 어떠한 종교적인 전통도 따르지 않고, 어떠한 형태의 숭배나 명상도 수행하지 않음으로써 자신들의 비(非)종교성을 드러내 보인다. 심지어 무신론을 실제로 장려하거나 종교를 거부하도록 조장하는 개인이나 단체들도 있다. 미국 무신론자협회가 대표적인 예이며,[2] 철학자 쿠르츠(Paul Kurtz)가 세운 미국 인본주의자협회도 있다.[3] 그런데 모든 형태의 종교를 명백히 거부하는 이 집단들조차도 종교가 인간의 삶에 미치는 영향을 특유하게 입증하고 있다.

종교의 정의

정확하게 종교란 무엇인가? 종교를 엄밀하게 정의하는 일이 어렵다는 것은 주지의 사실이다. 왜냐하면 종교에 대한 정의가 제시되기만 하면 언제든지 그것을 반박하는 사례가 나올 수 있기 때문이다. 티엘(C. P. Tiele)은 "진실로 종교란, 우리가 경신(敬神)이라고 부르는, 마음의 순수하고 경건한 성향이나 상태를 말한다"라고 정의했다. 브래들리(F. H. Bradley)는 "종교란 우리 존재의 모든 측면을 통해서 선(善)의 완전한 실재를 표현하는 시도"라고 말했다. 또한 마티노(James Martineau)는 "종교란 영원히 살아 있는 신, 즉 우주를 다스리고

---

1 과거와 현재의 세계 종교들에 대한 뛰어난 연구서로서는 Ninian Smart, *The Religious Experience*, 4th ed. (New York: Scribners, 1991)을 들 수 있다.

2 예를 들어, *American Atheist*라는 잡지와, Robert G. Ingersoll, *Atheist Truth vs. Religion's Ghosts* (1900; reprint ed., Austin: American Atheist Press, 1980)를 보라.

3 이 조직은 *Directory of American Philosopers*, 1996-97, ed. Archie Bahm, 18th ed. (Bowling Green, Ohio: Philosophy Documentation Center, 1996), p. 186에 등재되어 있다. 인본주의적 무신론의 일반적인 입장을 알아보려면, P. Kurtz, ed., *Humanist Manifestos I and II* (Buffalo: Prometheus Books, 1973)를 참조하라.

인류와 도덕적인 관계를 맺고 있는 신의 뜻과 의지에 대한 믿음"이라고 정의했다. 그런데 이 사람들은 각기 종교의 특징 중 하나씩을 명시한 데에 지나지 않는다. 티엘은 경신의 태도를 강조했고, 브래들리는 종교와 선을 연계시킨 반면에 마티노는 일신론에 대한 믿음에 초점을 맞춘 것이다. 이외에도 종교 의식, 기도, 신과의 친밀한 관계 등과 같은 특징에 초점을 맞춰서 종교를 다르게 정의할 수 있다.[4]

그러나 어느 하나의 특징만을 떼어내서 보편적인 정의로 승격시키는 것은 지혜롭지 못하다. 종교들은 그렇게 정의해도 될 만큼 간단하지는 않다. 예를 들어, 샤머니즘적인 원시 종교에서는 타산적이거나 실리적인 복종의 행위들만큼이나 순수한 경신의 정서가 들어 있지는 않아 보인다. 따라서 티엘의 정의는 불완전하다고 하겠다. 마찬가지로 (고대 그리스와 이집트 종교들처럼) 우주의 단일한 신적 통치자를 인정하지 않는 다신교들이 있는 것을 보면, 마티노의 정의는 모든 종교를 포괄하기에 역부족이라고 할 수 있다. 사실상 종교에 대한 대부분의 정의에 대해서 반례가 제시될 수 있다.

종교에 관해서 너무 포괄적으로 말하면 부정확해지고, 현행의 종교들이 지니는 풍부하고 복잡한 세부 사항들을 왜곡할 수도 있다. 예컨대 종교가 거의 대부분 초자연적인 존재나 신적인 존재와 연관되어 있지만 언제나 그런 것은 아니다. 불교의 종파 중에서 유신론적인 성격을 띠지 않는 종파들에서는 초자연적인 영역에 대한 개념이 나타나지 않으며, 도교나 힌두교, 이슬람교에서는 그러한 개념이 매우 다른 방식으로 작용한다는 사실이 이를 뒷받침해준다. 이처럼 종교들 간의 큰 차이점들은 종교들 간의 공통분모를 찾는다든지 종교 전반에 대해서 일반적으로 말하는 것을 어렵게 만든다.

반면에 어느 특정 종교에만 초점을 맞추게 되면, 모든 종교들이 공유하는 광범위한 특징들을 무시하거나 과소평가하게 된다. 스마트(Ninian Smart)는 모든 종교들이 경험적인 차원을 갖는다고 주장한다. 이 경험적인 차원은 그 범위가 일상생활에서 신의 현존(現存)을 체험하는 데에서부터 신과의 합일에

---

4 전술한 정의들은 William Alston, "Religion," *Encyclopedia of Philosophy*, vol. 7 (New York: Macmillan, 1967), p. 140에서 인용했다.

대한 신비적인 체험에까지 이른다. 또 각 종교는 신이나 궁극적 실재자를 상징적인 언어와 이야기를 통해서 신도에게 전달하는 신화적인 차원을 갖는다. 각 종교의 윤리적 차원은 도덕적 행위와 실천적 삶의 정위(定位)에 관여한다. 신적 존재를 숭배하는 공적 및 사적인 행동들을 규정하는 의식(儀式)적 차원도 모든 종교들이 가지고 있다. 끝으로 어떻게 종교가 모든 종류의 대인 관계에 유기적인 형태를 부여할 것이냐는 문제와 관련된 사회적 차원도 있다.

'종교'라는 말을 정의하고 적용할 때에 겪게 되는 어려움에도 불구하고 우리는 잠정적이고 실용적인 정의를 제시할 수 있다. 일단 우리의 목적을 위해서 다음과 같이 전제하겠다. **종교는 궁극적인 실재자 개념을 중심으로 형성된, 개인적이면서도 집단적인 믿음과 행위와 경험들의 집합으로 구성된다.** 종교에 따라 이 궁극적 실재자를 유일한 존재로 이해하기도 하고, 다원적인 존재로 이해하기도 한다. 또 인격적 존재로 이해하는 종교가 있는 반면 비인격적 존재로 이해하기도 하며, 신성하게 보는 종교도 있고 그렇지 않은 종교도 있다. 그러나 우리가 종교라고 부르는 모든 문화적인 현상은 위의 정의에 부합하는 것 같다. 주지하다시피 물리적 영역을 유일한 실재로 간주하는 과학적 유물론도 종교적인 특성들을 많이 갖는다는 주장이 제기될 수 있다. 그러나 우리는 여기서 이 논의를 이어가지 않을 것이다.

이 책에서 우리가 소개하려는 종교 철학은 믿음들, 특히 종교적 믿음들을 연구 대상으로 삼는다. 그런데 우리는 이것을 어떻게 생각해야 할까? 믿음이란 참인 것으로 받아들여지는 진술문(즉 명제)을 말한다. 즉 그것들은 진리 진술문이다. 어떤 의미에서 모든 종교는 믿음에 근거해 있다. 이러한 종교적 믿음은 다섯 가지 기본적인 종류로 나누어진다. 첫째, 자신이 곤경(예를 들어, 유대교와 기독교에서는 죄, 힌두교에서는 윤회, 도교에서는 가사성(可死性))에 처해 있다는 믿음이다. 둘째, 그 곤경을 해결하는 방법(예를 들어, 구원, 해탈)이 필요하다는 믿음이다. 셋째, 우리를 도와주거나 우리의 존재의 목적이 되는 초월자(예를 들어, 궁극적 실재자, 신, 브라만, 열반)가 존재한다는 믿음이다. 넷째, 이 '초월자'는 특정한 방식(예를 들어, 선지자, 경전, 무당)으로 알려질 수 있거나 접근할 수 있다는 믿음이다. 다섯째, 구원이나 해탈을 성취하기 위해서 무언가를 해야(예를 들어, 신앙을 가져야, 명상에 잠겨야, 이슬람의 다섯 의무를 준행해야)만 한다는 믿음이다.

특정 종교에 대한 이러한 믿음들은 그 종교의 신도들이 표출하는 행위와 정서를 설명해준다. 이 믿음들은 공식적으로 채택되어 교리와 설법의 형태로 전수되기도 하고, 또는 그 종교를 일상적으로 수행해나갈 때 암암리에 스며들기도 한다. 그러나 어떠한 종교든지 간에 그 종교의 세부 사항들은, 궁극적 실재자에 대한 근본적인 믿음들이 실생활에서 해석되고 표현되는 방식과 연장선상에 있다.

따라서 우리가 어떤 궁극적 실재자에 초점이 맞춰져 있는 일단의 믿음과 행위와 경험들에 연루된 사람들과 마주쳤을 경우, 종교의 한 사례를 보고 있거니 생각해도 틀리지 않는다. 어떤 문화 현상들은 상당한 정도로 종교의 모든 특징들을 갖춤으로써 명백하고도 이론의 여지가 없는 종교의 사례들을 우리에게 제공해준다. 로마 가톨릭과 정통 유대교는 우리의 정의에 비추어볼 때 명백한 종교의 사례들이다. 불교의 일부 종파나 유니테리언파의 경우에는 종교의 특징들을 미흡하게 갖추고 있지만 거의 틀림없이 종교로 분류된다. 심지어 세속적인 인본주의와 공산주의를 종교로 보거나, 적어도 사람들의 전적인 헌신과 의탁을 누리는 어떤 궁극적인 것과 사람들을 연결시킨다는 점에서 인본주의와 공산주의가 종교를 닮았다는 주장도 제기되었다.

물론 주어진 종교를 단지 외형적으로만 봐서는 충분히 이해하지 못한다. 즉 그런 식으로는 그 종교가 선호하는 태도와 정서, 규정된 의식 절차, 주요 전설과 신화, 그 종교가 권하는 생활 방식을 충분히 이해하지 못하는 것이다. 종교에 내재해 있는 많은 미묘한 (심리학적, 사회학적, 인류학적, 역사적) 요인들은 비전문가들에게는 별로 눈에 띄지 않을 것이다. 바로 이 때문에 종교 심리학이나 종교 사회학 분야의 전문가들의 통찰력이 비전문인들에게 매력적으로 보이게 된다. 그러나 이 분야들은 연구 대상인 종교적 믿음 체계들의 의미, 일관성, 설명적 적합성 등에 관해서는 묻지 않는다. 종교 철학은 바로 이런 것들을 다룬다.

종교 철학이란 무엇인가?

철학은 믿음들을 면밀히 검토하는 학문이므로 당연히 우리는 철학이 종교적인 믿음들에 대해서 흥미를 가질 것이라고 예상할 수 있다. 흔히 철학자들은 어떤 믿음들에 대해서 그것이 의미가 있는지, 참인지, 있음직한지를 비판적으로 묻는다. 그들은 믿음들을 명료하게 만들고, 그 믿음들의 일관성과 정합성 여부에 관심을 갖는다. 또 믿음들이 설명력을 가지고 있는지, 그 믿음들이 함축하는 바가 무엇인지에 대해서도 흥미를 갖는다. 앞으로 독자들은 이 책에서 종교 철학자들이 종교적인 믿음에 관해서 이런 종류의 물음을 묻는 모습을 보게 될 것이다.

종교 철학자들은 자기네가 종교를 고찰할 때 관련이 되는 여타의 철학 분과들(예를 들어, 인식론, 형이상학, 윤리학 등)에서 통찰력과 관심거리를 빌려오기도 한다. 예를 들어, 종교 철학자들이 종교적 지식의 원천과 정당화에 관한 물음들을 고찰할 때에는 종교적 믿음의 인식론에 관해서 생각할 수 있다. 혹은 신의 본성과 신적 속성들의 구조에 대한 다양한 형이상학적인 이론들을 분석하거나, 신의 주권과 관련해서는 인간의 자유 의지에 대한 형이상학을 고찰할 수 있다. 그들은 주어진 종교의 전통과 일정한 윤리적 생활 방식 사이의 연관성을 추적하기도 한다.

종교 철학을 연구할 때 어떠한 접근법을 택할 것인가는 철학의 일반적인 임무에 대해서 어떻게 생각하느냐에 따라 달라진다. 서양 사상사를 지배해왔던 전통적인 철학관에서는 철학이 인생과 세계를 포괄적이고 체계적으로 조망하는 데에 기여해야 한다고 보았다. 이 점은 종교적이거나 신학적으로 정향되어 있는 철학관의 경우에도 마찬가지다. 그래서 신의 존재에 대한 믿음을 비롯한 종교적 믿음들이 철학적인 논변에 의해서 확립될 수 있다—또 그렇게 되어야만 한다—고 보는 입장도 나왔는데 이를 자연 신학이라고 부른다.[5]

---

5 유신론적 믿음을 지지하는 기능을 한다고 생각되는 분야에는 자연 신학 외에도 다음과 같은 것들이 있다. **교의 신학**은 일정한 종교적 전통이 권위를 갖는다는 전제에서 출발한다. 교의 신학자들은 용인된 교리들을 설명하고 체계화하는 방법을 제공하되 그 교리들을 받아들이는 것에 대해서 도전하지는 않는다. 또한 종교 철학은 **변증학**과도 구별된다. 변증학은 주어진 종교적인 입장을 이지적인 반론들로부터 옹호하는 학문이다. 변증은 소극적일 수도 있고 적극적일 수도 있다. **소극적 변증학**은 특정한 종교적인 입장에 대한 비판이 실패함을 보여주는 데

20세기 영어 사용권에서는 종교 철학이 분석 철학의 영향을 지대하게 받았다. 분석 철학적 접근법을 좁게 보자면, 우리의 관념들의 논리를 명료화하고 분석하는 데에만 철학의 임무를 국한시킨다고 할 수 있다. 왜냐하면 그 접근법은 철학이 우리의 믿음의 진위에 대한 물음을 물을 수 있다는 것을 부인하기 때문이다.[6] 반면에 넓은 의미에서의 분석 철학적 접근법은 명석한 분석과 논리적 엄밀성에 대해서 관심을 갖되, 진리와 타당성에 대한 한층 더 실질적인 고찰을 위한 준비요 관점을 구성하는 좀더 종합적인 활동의 전(前) 단계로서 그런 관심을 갖는다고 볼 수 있다.

이 책은 기본적으로 분석적인 스타일을 채택하고서 주요 개념과 논변들을 명료하게 하고 분석해나갈 것이다. 하지만 가능한 경우에는 가장 타당하고 유익하게 보이는 입장들을 지적하려고 한다는 점에서 좁은 의미의 분석적 접근법은 아니다. 이런 식으로 진행해나가다 보면, 낡은 형태의 자연 신학을 무차별적으로 받아들이지는 않으면서도 전통적인 접근법의 정신을 상당히 보존하게 될 것이다.

우리가 철학과 종교의 관계를 다소 느슨하고 대략적으로 설명했는데, 그런 식의 설명은 예술 철학이라든지 과학 철학, 역사 철학처럼 특정한 주제를 면밀히 검토하는 여러 분과 철학들의 경우에도 마찬가지로 해당된다. 분명히 이런 분야들은 정의하기가 곱절로 어렵다. 왜냐하면 철학의 성격과 연구되는 대상 학문의 성격이 서로 다양한 방식으로 이해될 수 있기 때문이다. 여기서 우리는 철학의 작업이 앞에서 서술한 대로 수행되어야 한다고 추정하겠다. 그러면 종교 철학은 다음과 같이 정의될 수 있다. **종교 철학이란 종교적인 믿음들을 분석하고 비판적으로 평가하는 시도다.** 이제 우리의 연구가 좀더 수월해지기

에 주력하는 반면에, **적극적 변증학**은 그 종교적인 입장이 타당하고 확실하다는 것을 입증하는 데에 치중한다. 흔히 변증학은 매우 실천적인 측면을 가지고 있어서 상대방을 설득시키는 실천적인 작업에 기꺼이 개입한다. 철학적인 의식과 논리적인 기술(技術)이 교의 신학과 변증학에 관련되어 있지만, 이 분야들은 철학적이지는 않다. 대안과 반론에 대해서 개방적인 입장을 가지고 자신의 가장 기본적인 전제들에 대해서도 비판할 용의를 가지고 출발해야 철학적이라고 할 수 있는데 그 신학적인 작업들은 그렇지 않기 때문이다.

6 철학에 대해서 실질적인 내용을 부정하는 분석 철학의 고전으로서, A. J. Ayer, *Language, Truth, and Logic* (New York: Dover, 1936)을 들 수 있다. 철학의 임무는 해명에 있지, 진리를 진술하는 데에 있지는 않다고 본 고전적인 저서로는, Ludwig Wittgenstein, *Philosophical Investigations*, trans. G. E. M. Anscombe (New York: Macmillan, 1953)가 있다.

위해서는 앞으로 고찰하게 될 종교적 믿음들의 범위를 좁힐 필요가 있다.

유신론의 신

모든 주요 종교 체계들은 진지하게 철학적으로 탐구될 만하다. 종교 철학에서는 주어진 한 가지 종교의 특정 믿음들을 검토하거나, 여러 종교들을 비교 연구함으로써 가치 있는 연구들이 이루어진다. 지난 2,500년 동안 서구 문명권의 종교 철학자들이 가졌던 주된 관심은 유신론의 신 개념이었다. 유신론에서 신은 전지전능하고 완전하게 선한 초월적인 영적(靈的) 존재자로서 이해된다. 우리는 이러한 견해를 고전적 유신론, 또는 표준적 유신론이라고 부를 수 있겠다. 물론 유신론 자체는 종교가 아니지만, 현존하는 3대 종교의 주요 신념 체계를 표현한다. 유대교와 기독교와 이슬람교는 서로 다르지만 이러한 기본적인 신관(神觀)을 공유한다.

로우는 표준적인 유신론의 핵심적인 믿음들을 한정된(restricted) 유신론이라고 부른다. 한정된 유신론은 그가 확장된(expanded) 유신론이라고 부른 바 있는, 현존하는 특정 종교의 신조, 교리, 경전에서 생겨난 다른 특색 있는 믿음들과 결합된다.[7] 영미권의 현대 종교 철학자들은 다양한 종류의 확장된 유신론과 관련된 문제들뿐만 아니라 한정된 유신론과 관련된 문제들에 대해서도 계속 관심을 갖는다.

어떤 사람들은 신(이 경우에는 유신론의 신)에 대한 순전히 지적(知的) 흥미만으로는 종교의 진수를 파악하지 못한다고 주장한다. 그들은 종교적인 개념을 추상적으로 분석하고 유신론적인 믿음을 논리적으로 검토한다고 해서 신앙의 내밀하고 개인적인 측면이 올바르게 평가되는 것은 아니라고 주장한다. 그들은 '철학자의 신'은 '신앙인의 신'이 아니라고 주장하면서, 엄밀한 지적 탐구가 독실한 신앙에 대해서 줄 것이라고는 아무것도 없다고 말한다. 그러나 종교에 대한 지적인 홍미—현재의 경우에는, 철학적인 홍미—가

7 William Rowe, "Evil and the Theistic Hypothesis: A Response to Wykstra," *International Journal for Philosophy of Religion* 16 (1984): 95.

열렬한 신앙과 똑같지는 않지만, 신앙이 이성과 완전히 분리될 수 없다는 것이 우리의 신념이다.

비록 종교적인 신앙이 신에 대한 개인적인 신뢰라는 요소를 포함하지만, 대개 그 신뢰는, 신이란 어떠한 존재이며 인간은 그와 어떻게 적절한 관계를 맺게 되는지에 대한 많은 믿음들에 근거해 있다. 물론 신에 대한 신앙을 가지고 신앙의 자세로 삶을 살아가는 것은, 신의 존재와 전지전능성과 도덕적 완전성을 지적(知的)으로 믿는 것 이상의 것이다. 그러나 신에 대한 신앙을 가지는 것은 적어도 그러한 믿음들을 받아들이는 문제이기도 하다. 어떤 경우에는 종교인들이 자기가 가지고 있는 믿음들을 분명하게 이해하지 못하거나 명료하게 표현하는 데에 익숙하지 못할 수 있다. 하지만 그렇다고 해서 종교적인 신앙은 신앙의 대상에 관한 믿음들에 근거해 있다는 사실이 달라지지는 않는다.[8]

게다가 종교인이 신앙에 관해서, 즉 자기가 숭배하는 신과의 관계에 대해서 말하는 순간에, 그는 자동적으로 합리적인 토론과 담론의 영역으로 들어오게 된다. 마찬가지로 어떤 사람이 특정한 종교적 믿음을 부인하거나 일체의 종교적 믿음들을 거부하면 바로 그 태도도 합리적인 평가와 토론의 대상이 된다. 고의적으로든 무심결에든 간에 비종교인뿐만 아니라 종교인들도 지적인 믿음들을 진술했고, 옹호와 비판의 대상이 되는 진리 진술문들을 발언해왔다. 신앙이 비판적 검토에서 면제되며 다른 데에 근거해서 받아들여지거나 거부되어야 한다는 믿음 자체도 합리적으로 평가되어야만 한다.

제삼자나 비판가들만이 종교적인 신앙을 구성하는 믿음을 검토하는 권리를 가지고 있지는 않다. 종교인 자신이 그의 믿음들을 면밀히 탐색함으로써 본인의 신앙을 더욱 깊이 이해할 수 있다. 실제로 모든 주요 종교들은 나름대로의 지적인 차원이나 믿음의 요소를 인정하고, 따라서 자기 비판적인 전통을 갖는다. 이에 덧붙여서 그 종교들은 외부의 비판에 맞서야 한다는 사실도 인정한다. 그리고 그 종교들은 자기네가 지적으로 정직하고 도덕적인 지각을 갖

8 이 점은 H. H. Price, "Belief 'In' and Belief 'That'," *Religious Studies* 1, no. 1 (1965): 1-27에서 자세히 논의되고 있다.

춘 현대인들과 관련이 있으려면 지속적으로 정밀한 검토의 대상이 되어야 한다는 점도 분명히 인식하고 있다. 수세기에 걸쳐서 고전적인 유신론의 신관은 풍부한 대화와 논쟁거리를 유산으로 남겼고 그 논쟁은 아직도 진행 중이다. 독자들은 이제 거기에 참여하게 될 것이다.

인생의 종교적 모호성

이제 우리가 종교를 잠정적으로 정의했고 종교 철학의 역할에 대해서도 익숙해졌으며 연구 범위를 유신론으로 좁혔으므로 앞으로 어떻게 진행할 것인지를 생각해볼 차례다. 좀더 구체적으로 말하자면, 우리가 유신론적 믿음에 관해서 철학적으로 생각하기 시작할 때 우리가 처해 있는 초기 상황의 성격을 어떻게 규정할 것이냐는 문제가 남은 것이다. 우리가 이 장을 시작했을 때 가지고 있었던 두 가지 사실, 즉 종교를 가진 사람도 많고 그렇지 않은 사람도 많다는 사실이 기억난다. 우리가 유신론적 종교로 논의를 좁혀가니까 그것을 이렇게도 말할 수 있을 것이다. 유신론적 믿음을 받아들이는 사람도 많고, 그렇지 않은 사람도 많다. 분명히 여론은 갈라져 있다.

한 걸음 더 나아가 우리는 사람들을 두 부류로 나눌 필요가 있다. 성찰(省察)할 줄 아는 사람과 그렇지 않은 사람. 주지하다시피 합리적인 성찰을 하는 성향은 사람마다 다르다. 수준 높게 성찰하는 사람들이 있는가 하면, 전혀 그렇지 못한 사람들도 있고, 그 중간 수준에 해당되는 사람들도 있다. 신자들과 불신자들이 똑같이 그러한 범주로 나누어진다. 많은 사람들이 유신론의 정합성, 타당성, 진리성과 관련된 중요한 문제들에 대해서 별로 진지하게 숙고하지 않으면서도 유신론적 정향(定向)을 받아들이거나 거부한다. 어떤 사람들은 자기가 전능하고 완전하게 선한 신을 믿는다거나, 기도가 효과가 있다거나, 기적이 생긴다고 말하면서도 거기서 끝난다. 다른 사람들은 자기가 신을 믿지 않는다거나, 기도해봤자 아무 소용이 없다거나, 기적을 생각하는 것은 어리석다고 말해놓고는 거기서 끝난다. 그런 사람들은 신자든 불신자든 간에 자신의 의견을 지지해주는 근거에 대해서 진지하게 성찰하려고 들지 않는다. 이런 경우에 우리는 각기 비성찰적인 믿음과 비성찰적인 불신의 사례를 보게 된다.

우리의 연구는 비성찰적인 믿음이나 불신과는 상관이 없다. 철학은 성찰적 이성의 산물로서, 중요한 문제들을 피상적으로 접근하는 것을 넘어서려고 한다. 철학은 관련된 모든 논변들을 확실하게 살펴보고, 핵심 개념들을 명료하게 하며, 믿음들이 함축하는 바를 면밀하게 추적한다. 따라서 우리는 여기서 사물들을 '숙고해보면' 어떻게 보이겠느냐는 문제에 흥미가 있다. 성찰할 줄 아는 사람들 사이에서도 유신론의 진리에 대해 의견이 갈린다는 사실은 흥미롭다. 아마 어떤 이들은 그것을 불안하게 느낄 것이다. 성찰할 줄 모르는 사람들만이 그 문제에 대해서 의견이 분분한 것이 아니라, 성찰할 줄 아는 사람들도 마찬가지다. 증거와 논변들을 열심히 검토하는 책임감 있고 진지하면서 사려 깊은 사람들 사이에서도 의견이 일치하지 않는 것이다.

유신론 쪽으로 정향된 대부분의 성찰력 있는 신자들은 신의 존재에 대한 진리가 즉각적인 명증성을 갖지는 않는다는 점을 인정한다. 어떤 이들은 신의 '숨어 있음'이 하나의 문제를 구성하며 그를 찾도록 우리에게 도전을 준다고 여긴다.[9] 성 안셀무스(1033-1109)는 다음과 같이 적고 있다. "주여, 당신이 여기에 있지 않다면, 존재하지 않는 당신을 어디에서 찾아야 합니까? …… 그리고 어떤 표시에 의해서, 어떤 형상 아래에서 당신을 찾아야 합니까? 오 나의 하나님, 저는 당신을 뵌 적이 없습니다. 당신의 형상을 모릅니다. 가장 존귀하신 주여, 당신에게서 멀리 떨어져 방황하는 이 몸이 무엇을 해야 합니까?"[10] 안셀무스는 신을 믿는 이유와 다른 유신론적 생각들을 가지는 이유에 대한 합리적인 설명을 추구한 사려 깊은 신앙인 중 한 사람이었다. 그들은 신의 존재를 찾아내려고 애쓰고, 우리가 이 세상의 사실들을 통해서 신을 보게 되고 이와 관련된 종교적 믿음의 의미를 깨닫게 된다고 해석한다. 안셀무스는 이러한 활동

---

9 때에 따라 우리는 신을 지칭할 때 남성 대명사를 사용할 것이다. 이것은 세계 3대 유신론적 종교의 교회 전통과 경전을 따른 것이지만, 그렇다고 해서 우리가 신을 남성이라고 보는 것은 아니다. 비록 이 전통에 속한 신학들은 신이 물리적인 존재나 성(性)을 가진 존재는 아니라고 주장하지만, 그 신학들은 유한한 언어를 사용해서 신을 지칭하는 데에서 오는 한계에 직면한다. 우리는 이 문제를 12장에서 다룰 것이다.

10 St. Anselm, *Proslogium,* in *St. Anselm, Basic Writings*, trans. S. M. Deane, 2nd ed. pt. 1 (LaSalle: Open Court, 1974), pp. 3-4.

을 '이해를 추구하는 신앙'이라고 불렀다.[11] 물론 유신론자라고 해서 모두가 신이 숨어 있다고 주장하지는 않으며, 신의 은폐성 정도에 대해서 의견이 일치하는 것은 아니다. 어떤 사람들은 자기 믿음에 대한 강한 경험적인 근거를 가지고 있거나 기적을 목격했다고 주장한다. 그러나 가장 정직하고 민감한 유신론적 문헌 중 일부는 신의 은폐성이라는 주제의 주변을 맴돈다. 그리고 현대에 들어와서 이 주제는 더 흔하게 토론되고 있다.

성찰력 있는 불신자들은 신의 존재가 그리 명증적이지 않다고 볼 뿐만 아니라, 신을 믿기 위한 타당한 근거가 없다고 결론 내리면서 불신을 입증하는 근거를 들이대곤 한다. 러셀은 '자유인의 숭배' 라는 글에서 우주가 궁극적으로 무의미한 것 같다고 적고 있다.

> 사람은 결과를 예측할 수 없는 원인들의 산물이라든지, 사람의 출생, 성장, 그가 가지고 있는 희망과 두려움, 그의 사랑과 믿음은 단지 원자들의 우연한 배열의 결과에 지나지 않는다든지, 어떠한 정열도, 어떠한 용맹도, 어떠한 강렬한 사유와 감정도 내세에서는 개인의 삶을 보존할 수 없다든지, 모든 세대의 수고와 헌신과 영감과 번쩍이는 천재성도 태양계의 종말이 오면 소멸할 수밖에 없다든지, 인류의 업적을 자랑하는 전당도 이 우주가 파멸하면 어쩔 수 없이 분토가 되어버리고 만다는 말들은 논란의 여지가 없지는 않더라도 너무나 확실해서 어느 철학도 그것을 부인하기가 어렵다. 영혼의 거처(居處)는 차후에 이러한 진리들을 발판으로 할 때에만, 돌이킬 수 없는 절망에 기초할 때에만 안전하게 세워질 수 있다.[12]

생각이 깊은 다른 불신자들처럼 러셀은 '숙고 끝에' 신이 존재하지 않는다고 결론 내린다.

---

11 Ibid.

12 Bertrand Russell, *Why I Am Not a Christian and Other Essays on Religion and Related Subjects*, ed. Paul Edwards (New York: Simon and Schuster, 1957), p. 107.

우리의 임무

우리가 이 책에서 유신론적인 신 개념과 관련된 문제들을 비판적으로 고찰하리라는 점은 앞서 언급한 바 있다. 이 문제들이 매우 복잡할 뿐만 아니라, 분별력이 있고 책임감 있는 사람들도 거기에 대해서는 의견이 분분할 수 있다는 점도 우리는 인정한다. '신비'라든지, '신적 은폐'나 '신의 부재(不在)'라고 솔직히 그리고 민감하게 성격 묘사가 될 수 있는 세계에서 우리는 궁극적 실재자의 존재와 성격에 대해 의견의 합치를 기대해서는 안 된다. 전통적으로 유신론적 사상가들은 신의 존재, 신앙, 기도, 기적을 비롯한 유신론적 개념들이 합리적이고 옳게 이해될 수 있다고 생각해왔다. 이와는 대조적으로 수세기 동안 뛰어난 지성인들 중 상당수가 그러한 개념들이 거부되어야 한다고 확신하기도 했다.

이제 우리는 본격적인 논의를 시작하면서 결과와는 상관없이 진지하고 책임 있는 사유를 존중하는 자세를 견지하고자 한다. 그렇다고 해서 우리가 논변과 반론들을 추려낼 때 순전히 중립적인 태도를 취하겠다는 뜻은 아니다. 우리는 핵심 주제들에 대해 자신의 입장을 밝히면서 진행하는 것이 합리적이라고 생각한다. 이것은 순수한 중립성의 반대편에 있는 맹목적인 편견으로 기울어지는 것이 아니라, 주관이 스며든 객관성의 모델을 구축하려는 시도다. 우리가 추구하는 형식의 객관성은 다양한 입장들을 공정하게 대하되 적절한 때에 그중 가장 합당해 보이는 것을 승인하는 것이다.

현재의 모험은 이해를 추구하면서 종교적이든 아니든 간에 모든 믿음들을 엄격하게 철학적으로 검토하려는 모든 사람들에게 열려 있다. 이 모험의 결과는 예측하기가 어렵다. 어떤 이들의 경우에는 자신의 견해를 수정하는 결과를 초래할 것이고, 다른 이들은 유신론을 받아들이거나 거부하게 될 것이다. 또 유신론에 더 깊이 헌신하는 경우도 나올 수 있다.

| 연구문제 |

1. '종교'를 당신 나름대로 정의해보라. 그리고 일반적으로 종교적이라고 분류되는 다양한 문화 현상에 그 정의가 적용되는지 시험해보라.
2. '철학'을 정의하라. 철학의 주된 관심사는 무엇인가?
3. 종교 철학이란 무엇인가? 종교 철학에 대한 접근법들이 어떻게 철학 자체에 대한 상이한 접근법들의 영향을 받는지 설명하라.
4. 종교적인 믿음들에 대해서 일관성, 정합성, 타당성, 진리성, 의미의 문제를 고찰하는 것이 왜 중요한지 논하라.
5. '신의 은폐성'이 의미하는 바는 무엇인가? 이 개념의 의미를 평가하라.
6. 종교를 연구할 때 완전히 중립적일 수 있을까? 중립적인 것이 바람직한가? 종교(또는 다른 주요 주제)를 연구할 때 우리는 어떤 종류의 객관성을 추구해야 하는가?
7. 철학적인 분석과 토론의 대상이 되는 종교적인 문제들로 어떤 것을 들 수 있을까? 이 책을 읽기 전에 종교적인 믿음들을 합리적인 검토의 대상으로 삼은 책들을 읽은 적이 있는지 말해보라.
8. 고전적 유신론의 기본 입장을 당신 나름대로의 표현을 써서 서술해보라. 그 입장과 특정한 종교들과의 관계에 대해서 논하라.
9. 종교 철학의 주요 문제들이 어떻게 일상생활의 사건과 경험들에 근거해서 생겨나는지를 설명하라.
10. 종교에 대한 철학적인 관심이 종교적 신앙의 본질을 놓친다는 반론을 검토하라. 당신은 종교나 종교적 신앙이 합리적으로 검토될 수 있다고 생각하는가?

| 참고문헌 |

Alston, William. "Problems of Philosophy of Religion." *Encyclopedia of Philosophy*. Vol. 6. New York: Macmillan, 1967.

Burtt, Edwin A. *Types of Religious Philosophy*. Rev. ed. New York: Harper and Brothers, 1951.

Hick, John. *An Interpretation of Religion: Human Responses to the Transcen-*

dent. New Haven: Yale University Press, 1989.

Lewis, H. D. "History of Philosophy of Religion." *Encyclopedia of Philosophy*. Vol. 6. New York: Macmillan, 1967.

Livingston, James C. *Anatomy of the Sacred: An Introduction to Religion*. New York: Macmillan, 1989.

Morris, Thomas. *Making Sense of It All*. Grand Rapids: William B. Eerdmans, 1992.

Quinn, Philip, and Charles Taliaferro, eds. *A Companion to Philosophy of Religion*. Oxford: Blackwell, 1997.

Schellenberg, J. L. *Divine Hiddenness and Human Reason*. Ithaca: Cornell University Press, 1993.

2장 ●● 종교의 본성: 종교적 믿음은 무엇에 관한 것인가?

옥스퍼드의 유전학자인 도킨스(1941~)는 논쟁을 불러일으킨 자신의 저서에서 종교의 뿌리를 파고 들어갈 때 다음과 같이 말했다. "우리에게 알려진 문화치고, 시간과 부를 소비하면서 적대감을 부추기는 의식(儀式)을 갖지 않은, 그리고 사실과 상반되면서 비생산적인 종교적 환상들을 갖지 않은 문화는 없다."[1] 종교적인 관념들은 사회적인 필요를 충족시키는 것처럼 보이기에 그것들은 애초부터 인간의 심리와 연결되었고, 종교가 점차 고도로 조직화됨에 따라 복합체를 형성했다. 그리고 이 복합체는 참되면서 생존 가치를 갖는 다른 문화적인 관념과 연결되었다. 그러나 종교적인 관념을 비롯해서 그것을 조장하는 조직과 구조는 인간이 구성한 것이고, 도킨스가 재빨리 지적했듯이 오류와 불합리한 면모를 담고 있을 뿐만 아니라 아무 증거도 없는 주장이 들어 있다.

도킨스는 자신의 진화론적인 틀을 끌어들이면서 종교가 인류의 문화에서 생존해온 까닭이 무엇이냐고 반문한다. 이에 대한 고전적인 답변은 종교가 유익하기 때문이라는 것이다. 그러나 도킨스는 이 답변에 수긍하기 어렵다고 본다. 사실상 종교는 "스트레스를 감소시킴으로써 삶을 연장하는 위약(僞藥)"[2]

---

1 Richard Dawkins, *The God Delusion* (Boston: Houghton Mifflin, 2006), p. 166.

2 Ibid., p. 167.

이기는커녕 죄의식을 부추겨서 스트레스를 증가시킨다. 좀더 그럴듯한 가설 중의 하나는, 종교가 그 나름대로의 생존 가치를 갖는 다른 특징들의 부산물이어서 생존 가치를 갖는다는 것이다. 특히 종교는 집단이나 공동체의 생존을 촉진하는 복종의 도덕적 계율과 밀접하게 관련되어 있다. 복종을 고취함으로써 부모와 사회는 아이들을 자연적인 위험과 사회적인 위험에서 보호했고, 이런 식으로 아이들은 자연의 위험 속에서 살아남아서 종교적인 믿음을 계승했다.

도킨스는 종교가 인류의 문화에서 생존한 것은 문화적인 유전의 단위인 밈(meme)과 밀접한 관계가 있다는 대안적인 설명을 제시했는데, 이것은 블랙모어가 발전시킨 견해다. 블랙모어는 생명체의 진화는 복제 개체들의 차등적인 생존에 따라 이루어진다고 주장한다. 그가 말하는 복제 개체들에는 생물학적인 유전자뿐만 아니라 밈들도 들어 있다. 밈은 문화적인 전이를 위한 모방 단위로서 두뇌나 문화 유물에 뿌리박혀 있다.[3] 종교는 밈들로 이루어진 복합체다. 여기서는 밈들이 복제되어 밈 복합체의 일부로서 전달된다. 종교가 비록 거짓되더라도 자기의 밈들을 전달하기 위해 여러 책략을 사용해오고 있다. 이타주의, 아름다움, 진리를 주장하는 사람은 존경을 받고 모방되어 다른 사람들이 그의 행동 패턴을 복제한다.[4] 기도, 예배, 보시(布施)와 같은 반복적인 의식은 밈의 전승 수단으로 기능한다. 이웃에 대한 사랑을 자기 집단에만 적용시키는 것과 같은 나쁜 종교적 밈조차도 마찬가지로 전승된다. 우리는 세계의 언어들로 복제되는 다양한 종교 경전에서도 밈들을 찾을 수 있다. 이러한 종교적인 관념 덩어리들이 조직화되어 종교라는 이름을 달고 부단하게 전승된다.

> 우리가 밈의 관점에서 종교를 보면, 밈들이 그토록 성공적인 이유를 알 수 있다. 종교적인 밈들은 성공하려는 의도를 가지고 출발하지는 않았다. 종교적 밈들은 인간이 세계를 이해하려고 시도한 긴 역사의 도상에서 이 사람에게서 저 사람에게로 복제된 행동, 관념, 이야기들일 뿐이다. 밈들이 성공할 수 있었던

---

3 Susan Blackmore, *The Meme Machine* (Oxford: Oxford University Press, 1999), p. 5.

4 Ibid., p. 189.

이유는, 그것들이 우연히 모아져서 상호 지지하는 복합체를 구성하게 되고 이 복합체는 밈들이 수많은 두뇌와 책과 건물들에 안전하게 저장되고 계속해서 전승되는 데에 필요한 온갖 책략들을 담고 있기 때문이다. …… 바로 이 때문에 우리가 종교와 함께 살고 있으며, 거짓되거나 완전히 검증 불가능한 관념들이 사람들의 무수한 일상 행동을 조종한다.[5]

도킨스는 종교의 본성에 대해, 그리고 종교나 종교인들의 주장이 지니는 성격에 대해 중요한 의문을 제기한다. 종교적인 언설(言說)은 그것이 말하는 바에 의해서 참이거나 거짓이 되는가? 아니면 그 진위는 그 언설이 개인의 삶과 사회생활에서 수행하는 역할에 비추어서만 궁극적으로 의미가 있는가? 종교 비실재론자는 종교란 인간이 만들어낸 것이어서 종교적인 언설은 신성하거나 초월적인 대상에 관해 말하는 것이 아니라고 주장한다. 만약 종교가 의미 있는 말을 한다면, 그때 종교가 언급하는 것은 인간의 개인적, 사회적 행동과 경험이다. 예컨대 신에 관해 말한다는 것은 곧 인간의 개인적, 사회적 경험에서 특정한 역할을 수행하는, 인간이 구성해낸 것에 관해 말하는 것과 같다. 반면에 종교 실재론자는 종교적인 언설이 단순히 경험적인 것을 넘어서 있는 문제들에 관해 말해준다고 확신한다. 종교는 심리적이고 사회적인 현상이기는 하지만 현상에 불과한 것은 아니다. 우리는 이번 장에서 종교의 본성에 관한 이 두 견해를 고찰하겠다.

비실재론

우리는 처음부터 종교 비실재론을 방법론적인 것과 존재론적인 것으로 구분할 수 있다. 방법론적인 비실재론자들은 종교에 대한 진정한 연구는 종교의 기원과 그것의 개별적 및 사회적 현상을 연구함으로써 수행된다고 주장한다. 우리는 종교적인 믿음과 수행이 어떻게 생겨났는지에 관해 가설을 만들어 탐

5 Ibid., pp. 192-3.

구할 수 있다. 이러다 보면 아마 원시인들이 통제 불능의 두려운 자연에 대처하는 방식까지 거슬러 올라갈지도 모른다. 심리학자와 사회학자들은 상이한 형태의 종교성—이것은 그 사회의 종교 풍습, 종교에 대한 지식, 종교적인 믿음들에서 나타난다—을 확인하고 연구한다.[6] 그들은 제임스처럼 사람들의 종교적인 경험을 탐구하고, 그런 경험을 어떻게 해석하는지를 연구한다.[7] 심리학자와 사회학자들은 종교가 사람에게 미치는 영향을 기술할 수 있다. 예를 들어, 종교가 죽음에 대한 태도에 어떤 영향을 미치는지, 종교가 사회적인 가치를 어떻게 창출하고 조종하는지, 종교는 자아 개념과 사회적 정체성의 형성 과정에서 어떤 식으로 돕거나 방해하는지를 서술할 수 있는 것이다. 또는 종교와 사회 갈등(사회 계층) 간의 관계를 검토하거나, 종교적 믿음들이 투표 패턴이나 정치 성향에서 작용하는 방식을 검토할 수도 있다. 이와 아울러 방법론적 비실재론자들은 종교인들의 믿음이나 언설들이 초월자에 관한 것인 한에서 그것들의 진위에 대해 불가지론적인 입장을 취한다. 그리고 그 믿음이나 언설에서 지칭하는 초자연적인 존재에 대해서도 마찬가지의 입장을 취한다. 비실재론자들은 종교적 믿음과 언어가 사회 안에서 사람들을 위해 어떻게 기능하는지에 대해 관심이 있기 때문에 종교적 믿음이나 주장의 배후에 있는 존재론에 대해서는 별로 흥미를 갖지 않는다. 비실재론자들이 종교의 사회적인 기능을 고찰하는 만큼 존재론적인 물음은 고려 대상이 되지 않는다. 종교인이 신은 선하다고 확신할 경우, 비실재론자들은 신이 존재하는지, 그런 존재가 선한지에 대해 관심을 두는 것이 아니라 그런 믿음이 그 사람의 삶에서 어떻게 작용하는지에 대해 관심을 갖는다. 그 믿음이 개인적인 태도와 사회적인 태도에 대해 어떤 영향을 미치는가? 사람들이 그 믿음 덕택에 스트레스나 불행에 어떻게 대처할 수 있는가? 제임스가 말했듯이, "신학적인 관념들이 구체적인 삶에 대해 가치를 갖는다는 것이 입증된다면, 바로 그만큼 유익하다는 의미에서 그 관념들은 프래그머티즘에도 들어맞는다. 왜냐하면 그 관념들이 얼마나 참되느냐는 것은 우리가 인정해야 하는 다른 진리들과의 관계에 전적으로 달

6 Charles Glock and Rodney Stark, *American Piety* (Berkeley: University of California Press, 1970).
7 William James, *The Varieties of Religious Experience* (New York: New American Library, 1958).

려 있기 때문이다."[8] 방법론적 비실재론자들은 신을 믿을 수도 있고 안 믿을 수도 있다. 실재하는 신에 관한 고찰, 관련된 진리 진술들, 그리고 그것들의 정당화는 비실재론적인 연구나 토론의 향방을 결정하지 못한다.

존재론적인 종교 비실재론자들은 한 걸음 더 나아가 종교적인 믿음, 관행, 지식이 모두 인간사(人間事)와 경험에 관한 것에 지나지 않는다고 주장한다. 종교적인 믿음이나 언설들이 감각을 초월한 실재에 관해서 존재론적인 주장을 하기 위해 고수된다면, 그것들은 정말로 거짓되거나 무의미하다. 그것들은 어느 편인가 하면 인간의 개인적 및 사회적 경험에 관해 말하는 암호화된 방식이다. 그것들은 인간의 경험에서 기원하기에 그것들의 의미도 인간사에서 찾을 수 있다. 종교적 믿음들은 인간들로 하여금 사회 안에서 좀더 효과적으로 기능하도록 도와주는 한에서 가치를 가질 수 있다. 하지만 일단 그런 실용적인 정당화가 상실되면 종교적 믿음들은 좀더 경험적이고 합리적으로 정당화될 수 있는 믿음들로 대체되어야 한다.

존재론적 비실재론의 고전적인 예가 바로 프로이트(1856~1939)다. 그는 종교적인 관념의 기원을 찾아 문명의 여명기까지 거슬러 올라간다. 문명의 기능 중 하나는 인류를 자연의 위협에서 지키는 것이었다. 이를 위해 문명은 자연을 인간화했고, 자연에 초인(超人)들을 채워넣었다. 사람들은 인간의 유익을 위해 자연을 직접 변경하도록 이들에게 간청하거나 뇌물을 바치기도 했고, 이들을 달래고 영향력을 행사할 수도 있었다. 결국 이 초인들은 아버지를 대신하는 인물이나 신들로 대체되었다. 이들은 자연의 공포를 쫓아내고, 인간을 잔혹한 운명(예를 들어, 죽음)과 화해시켰으며, 내세를 약속함으로써 인간의 고통과 궁핍을 보상해주었다.[9] 인간이 신들도 운명의 지배를 받는다는 것을 알고 나서는 신들을 좀더 먼 곳에 있는 존재로서, 그리고 도덕률에 따라 인류와 자연을 간접적으로 지배하는 존재로서 보게 되었다. 그래서 종교적 관념들이 생겨났다. 이것들은 자연과 죽음과 사회적 불의에 대항하는 안전장치였다. 권선징악이 실현되는 우주적인 정의의 이상(理想)은 영혼, 섭리, 영생, 도덕률

8 William James, *Pragmatism* (Longmans, Green & Co., 1907), p. 73.

9 Sigmund Freud, *The Future of an Illusion* (Garden City: Anchor Books, 1964), p. 24.

이라는 관념들을 생겨나게 했다. 마침내 신은 유일한 인격체이자 아버지라고 확신하는 일신교가 생겨났다. 일신교에서는 이 아버지의 선택을 받은 우리는 어렸을 때에 아버지를 향해 나아간 것처럼 그를 향해 나아가야 한다고 믿었다. 신은 실제로 있는 존재자가 아니라 하나의 투사(投射)다. 우리는 주변 세계에 영향력을 행사하기 위한 방편으로서 신을 만들었는데 이는 보호자로서의 아버지를 갈망하는 유아기의 모델에서 나온 것이다. 자연과 문명에 대해 무기력한 우리는 신을 투사하고 나서 이를 교묘하게 조종하려고 든다.

종교가 단지 인간의 작품에 지나지 않는다면 우리가 종교적인 믿음들을 고수하는 이유가 무엇인가? 프로이트는 신을 믿어야 할 타당한 이유를 더 이상 찾지 못한다. "[종교들은] 모순과 수정과 왜곡으로 가득 차 있다. 종교들은 사실적인 확증에 대해서 말하지만 종교 자체가 확증되지 못했다."[10] 증거는 종교적인 믿음들과 무관하므로 우리가 차라리 삶에서 종교를 제거함으로써 더 잘살 수 있다고 프로이트는 넌지시 말한다. 종교는 그 기원을 소원 성취에 두고 있는 망상이자, 우리에게 있는 원시성의 잔여물이다. 우리는 종교적인 믿음으로 인해 더 행복해지지도 않거니와 더 도덕적인 삶을 살게 되지도 않는다. 우리는 종교를 제거함으로써 진정 더 잘살 수 있다. 왜냐하면 그렇게 할 때에 우리는 대대로 내려오는 문화적인 금기들인 일부 도덕률을 제거할 수 있기 때문이다. 이 금기들 중 많은 것들이 편협한 자기 이익에서 나왔다. 프로이트(그리고 도킨스)는 결국에는 이성과 과학이 승리하리라 확신한다.

저명한 사회학자인 뒤르켕(1858~1917)은 프로이트식의 심리학적이고 개인 중심적인 종교론을 거부한다. 프로이트의 설명이 옳다면, 우리는 지금까지 자신이 '오류의 희생자'라고 자각했어야 했다.[11] 뒤르켕이 봤을 때 종교의 원천은 개인적인 감정에 있지 않다. 개인적인 감정은 그 사회 안에서 개인들을 서로 묶어주는 역할을 한다. 사회에서 격리된 개인들은 종교를 갖지 않는다.

---

10 Ibid., p. 40.

11 Emile Durkheim, "Concerning the Definition of Religious Phenomena," in *Durkheim on Religion* (London: Routledge and Kegan Paul, 1975), p. 94. Michael Peterson, William Hasker, Bruce Reichenbach, and David Basinger, eds. *Philosophy of Religion: Selected Readings*, 3rd ed. (Oxford: Oxford University Press, 2006), Part 11 참조 (이하 PRSR3e로 약칭).

오히려 종교들은 확립된 사회의 핵심부에서만 발견된다. 왜냐하면 신들은 개인이 아니라 사회(부족, 씨족, 가족)와 이어져 있기 때문이다. (이어져 있는 것의 예로 위협하거나 축복하는 것을 들 수 있다.) 종교의 기원은 개인과 전체로서의 사회를 연결시키는 사회적인 정서에 있다. 종교의 핵심에는 의무의 개념이 있고, 이것은 복종을 명하는 권위를 함축한다. 이 권위는 사회에 내재해 있는데 구성원들이 무엇을 해야만 하고, 무엇을 해서는 안 되며, 무엇을 해도 좋은지를 결정하는 것이 바로 그 사회다. 사회적인 정서가 의무를 생기게 하고 도덕성을 만들어낸다. "사회는 신봉자에게 그가 고수해야 할 도그마와 그가 준수해야 할 의례를 지시한다. 의례와 도그마는 사회적 산물이라는 것을 [이것이 보여준다]."[12] 우리는 이러한 사회 의존성에서 종교적인 경외감을 얻게 된다. 그래서 "종교들은 전적으로, 또는 거의 대부분 사회적인 현상[이다]."[13]

"종교는 법이나 도덕처럼 관습의 한 형태에 지나지 않는다."[14] 종교는 그것들을 잉태한 사회와 함께 진화하고 변해간다. 예를 들어, 신성이라는 관념의 기원은 사회의식이다. 따라서 사회학자는 형이상학—사람들이 미지(未知)의 존재에 대해 생각하는 방식—에 주의를 기울이지 않을 것이다. 뒤르켕은 그런 형이상학적인 측면—"해결될 수 없는 의문들에 대한 취향"—은 살아남지 못할 것이라고 예상한다.

번(1950~)[15]이 수정 비실재론이라고 부른 최근의 사례는 헉슬리(1887~1975)의 저술에서 찾을 수 있다. 헉슬리는 종교를 정의하기를, "한 사람이 어떤 것들을 숭배하고 그것들이 신성하다고 믿고 느끼는 데에서 필연적으로 따라나오는 …… 삶의 방식"이라고 한다.[16] 종교는 신성한 존재에서 출발했으나 시간이 흐름에 따라 진화하면서 점차 두려움의 정서를 뒤로하고 합리성에 초점을 더 모으게 되었다. 헉슬리가 추적한 종교의 진화 과정은 독특하다. 사람들은 우주와 인간의 경험을 이해하기 위해 자기가 숭배하는 힘들을 처음에는

---

12 Ibid., p. 93. (PRSR3e, pt. 1, 10 참조)

13 Durkheim, "Review: Herbert Spencer," in Durkheim on Religion, p. 21. (PRSR3e, pt. 1, 8 참조)

14 Ibid.

15 Peter Byrne, *God and Realism* (Burlington: Ashgate, 2003), pp. 11–2.

16 Julian Huxley, *Religion Without Revelation* (New York: Mentor, 1957), p. 20.

인격화하고서 차츰 이 힘들을 몇몇의 신들로 통합했는데 그러다 마침내 일신교로 귀결되었다. 우리가 마력(魔力)을 제어하기 위해 언어적인 상징과 의식(儀式)을 사용하는 마술의 초기 단계에서는 자연의 여러 힘들이 인격화된다. 그리고 우리의 유익을 위해 자연의 힘들을 조종해주고 도덕적인 이상이나 기준을 설정하는 초자연적인 존재에 내재하는 인간적인 특성들이 인격화된다.

종교 체계는 사람들이 자신의 운명에 대처하는 것을 도와주는 사회 구조다. 그런데 새로운 과학 시대의 도래에 따라 종교는 "이제 전심을 다해 과학과 결합해야만 한다."[17] 종교는 과학의 도움을 받아 인간의 운명에 대해 좀더 경험적인 정보를 갖춘 관점을 발전시킬 수 있다. 종교는 여전히 사회적인 역할을 가지므로 우리는 과학적 자연주의의 보호 아래 정교하게 만들어진 종교적인 믿음들의 체계를 새로이 구축할 수 있다는 것이 헉슬리의 생각이다. 인간의 창조적인 마음이 만들어낸 산물로서의 종교는 사회와 문화가 진화함에 따라 인간의 성취를 돕기 위해 지도하고 격려해줄 수 있다. 초자연적인 존재에 대해 발언하는 부담을 덜고 이성과 진화론적 자연주의를 이용하게 된 자연주의적 종교는 인류를 번영케 할 수 있을 것이다.

존재론적인 종교 비실재론자들의 공통점은, 종교적 믿음과 종교 자체는 주관적인 심적 경험이나 공적인 사회 경험에서 생겨난다고 확신한다는 점이다. 따라서 종교적 믿음이 초자연적인 존재에 관해 말하더라도 그 믿음은 종교인의 생각을 그대로 나타내는 것은 아니다. 종교적 믿음과 언설은 객관적으로 존재하는 초자연적인 개체에 관한 것이 아니다. 종교적 믿음의 내용과 관련된 논변이나 분석은 그런 믿음을 확언하기 위한 합리적인 근거를 제공하지 않는다. 그 믿음이 참되다는 것을 입증하는 합리적인 논변은 흥미로운 철학적 및 신학적 연습일 뿐, 그 이상의 것은 아니다. 믿음이 합리적인지의 여부는 개인적인 삶이나 사회생활에서 그 믿음이 담당하는 실용적인 기능과 관련이 있다. 그 믿음이 유용하다면, 긍정적인 기능을 수행한다면, 개인과 사회에 유익이 된다면, 그것은 유지되고 장려될 가치가 있다. 만약 종교적 믿음이 개인적

17 Ibid., p. 189.

으로나 사회적으로 유용한 기능을 수행하지 못한다면, 그것은 소원 성취나 밈, 또는 사회적 권위의 산물이므로 과학적인 견지에 충실하기 위해서는 폐기되는 편이 낫다.

이런 관점은 결국 초월자나 초자연적인 존재에 호소하는 진리 진술이나 증거, 또는 정당화는 종교적인 믿음을 갖는 사람들과 아무 상관이 없다는 결론으로 귀착된다. 오히려 종교는 인간의 사회적 산물에 지나지 않는다. 우리가 종교에서 찾아내는 신비는 단지 무지의 소산일 뿐이다. 그것은 종교의 대상과 아무 상관도 없다.

실재론

종교 실재론자들은 비실재론자들과 달리 대부분의 종교나 종교인들이 자기네의 종교적인 믿음들을 의도하거나 해석하는 방식과 일치하는 견해를 피력한다. 종교 실재론자들은 종교가 심리적이고 사회적인 현상이며 그 자체로 온당하게 연구된다는 데에 동의한다. 그들은 종교의 대부분 측면이 인간이 만들어낸 결과라는 점에도 마찬가지로 동의한다. 의식, 상징, 전통, 관행, 심지어 믿음은 인간에게서 나왔다. 사람들이 묵주를 만들고 그것의 용도에 관한 믿음을 갖는다. 사람들이 꽃, 향, 노래, 기도, 설교를 사용하는 예배 의식을 채택한다. 어떤 행위가 허용되고 어떤 행위가 금지되는지, 그리고 어떤 행위를 수행하는 것이 의무인지를 규정하는 도덕률을 구성한 것도 사람들이다. 인간의 곤경을 묘사하고 어떻게 하면 그것에 대비할 수 있는지를 서술하는 신학이나 논문을 쓰는 것도 사람들이다. 구조와 기능, 개념과 체계에서 우리가 종교라고 간주하는 대부분의 것들이 인간에게 그 기원을 두고 있다는 데에는 별로 의심의 여지가 없다. 그러나 실재론자들에게는 종교의 본성에 관한 물음이 단지 종교적 믿음과 관행의 기원이 어디냐에 국한되지 않고, 그 믿음의 내용과 의미, 대상까지 망라해서 제기된다. 즉 우리와 별도로 실재하는 것이 무엇인지, 그리고 그런 믿음을 참이거나 거짓으로 만드는 것이 무엇인지에 대한 의문도 포함되는 것이다.

종교가 심리적이고 사회적인 현상이라는 사실은 종교가 심리적이고 사회적인 현상으로 환원될 수 있다는 것을 의미하지는 않는다. 종교적 믿음은 인간의 개인적인 경험과 사회적인 경험에 대해서 말할 뿐만 아니라, 초경험적인 것으로 여겨지는 것들—신과 같은 존재들, 니르바나와 같은 상태들, 초경험적인 요소를 지칭하는 경험들(실재하는 신성한 존재들에 대한 신비롭거나 종교적인 경험들)—에 관해서도 말한다. 언어를 통해 전달되는 종교적 믿음은 진리를 주장하는 진술을 담고 있는데, 이 진술은 종교적 믿음이 참이라고 생각할 타당한 이유가 있다는 것을 입증하는 논변들에 의해서 옹호된다. 존재하지 않는 것으로 인해 종교적 믿음이 거짓이라고 생각하는 사람들과 진정한 대화가 이루어진다. 진리를 주장하는 진술은 그것이 가리키는 대상이 실제로 존재한다면 참이 될 테고, 그렇지 않으면 거짓이 될 것이다. 신의 존재와 본성에 관한 진술문이 참이기 위한 필요충분조건은 그런 속성들을 지닌 신성한 존재자가 있다는 것이다. 니르바나에 관한 진술문(니르바나가 말로 표현될 수 있는 한)이 참이 되기 위한 필요충분조건은 그런 상태가 실재하는 것이다. 초월자에 대한 실제적인 경험을 진술하는 문장이 참이 되기 위한 필요충분조건은 경험되는 초월자가 존재하는 것이다. 신은 기도에 응답한다는 주장이 참이 되기 위한 필요충분조건은 기도에 응답하는 신이 존재하는 것이다. 사람들이 죽은 후에도 존재한다는 주장이 참이기 위한 필요충분조건은 사람들이 죽은 후에도 실제로 존재하는 것이다. 요컨대 종교 실재론은 종교의 개념, 믿음, 주장, 세계관들이 실제로 존재하는 초월적인 개체나 사태를 가리킨다고 주장한다. 더욱이 우리가 이 믿음들을 고수하는 것이 합리적이기 위해서는 그것들이 참이어야만 한다.

종교 실재론자들은 비실재론자들이 종교적인 주장의 기원이나 기능과 이 주장의 내용을 혼동했다고 주장한다. 종교가 "사회적인 연대를 증진하고 사회의 안정에 기여"하는 것이 맞기는 하지만, 그렇다고 해서 이것이 종교적인 주장이 말하는 바는 아니다.[18] 어떤 종교적인 주장이 옳다는 것을 정당화해주는

18 Roger Trigg, *Rationality and Religion* (Oxford: Blackwell, 1998), p. 30. (PRSR3e, pt. 1, p. 14 참조)

것은 종교가 심리적으로나 사회적으로 좋다는 주장을 정당화해주는 것과 매우 다르다는 사실이 바로 그 점을 보여준다. 예를 들어, 신의 존재를 입증하는 논변들은 신에 대한 믿음이 유익한 기능을 한다는 것을 입증하는 논변들과 완전히 다르다.

종교적 믿음을 주장하는 서술문의 진리가 실용적인 기능으로 환원되어야 한다면, 이와 동일한 절차가 종교적 현상을 연구하는 분야에도 적용되지 않는 이유가 무엇인지 의아하다고 실재론자들은 주장한다. 이 분야 역시 인간의 영혼과 사회적 경험에 그 기원을 두고 있으며 심리적으로나 사회적으로 유익한 주장을 한다. 그러나 비실재론 분야를 옹호하는 사람들은 자기네 분야의 진리를 그 분야의 기능으로 환원하여 그 분야의 내용이 유익하면 참이 되고 그렇지 않으면 거짓이 되게 하고 싶지는 않을 것이다. 트리그(1941~)가 말한 바와 같이, "사회과학자들은 자기네 분야가 진리를 정당하게 탐구한다고 주장하면서 동시에 종교 분야는 그렇지 못하다고 말할 수는 없다. 사회과학도 종교 분야와 동일한 진리 탐구에 의해 추동(推動)되기 때문이다. 그래서 종교 분야들이 심리적이고 사회적으로 조건화되거나 유익할 뿐이라면 사회과학도 마찬가지다."[19]

믿음의 내용에서 기능으로 이행할 경우, 종교적 믿음들이 내용에서 차이가 나는 것을 무시하는 결과가 초래된다. 내용을 기능으로 환원한다는 것은, 종교적 믿음의 사회적 기능이 차이가 날 때에만 실제로 내용적으로도 차이가 난다는 것을 의미한다. 그러나 종교인은 신이 궁극적 실재라고 믿는 것은 어떤 정당이 궁극적으로 실재한다고 믿는 것과 현저하게 다르다고 주장하고 싶어한다. 우리가 정당의 전당대회와 신에 대한 예배가 상당히 흡사한 의식들이라고 생각하더라도 양자에 대한 주장은 내용 면에서나 정당화 면에서 다르다. 실재론은 바로 그 내용에서 중요한 차이를 포착하려고 한다.

---

19 Trigg, p. 36. (PRSR3e, pt. 17 참조) (인용된 트리그의 문장은 표현이 매우 모호해서 이 장을 집필한 라이헨바하 교수가 옮긴이에게 제시한 패러프레이즈를 번역했다 – 옮긴이)

비트겐슈타인

비트겐슈타인(1889~1951)의 저술은 현대 철학과 신학에 지대한 영향을 미쳤다. 종교적 진술문의 의미의 문제에 대한 비트겐슈타인의 접근법이 비실재론적인 것으로 규정되어왔지만, 필립스(1934~2006)는 비트겐슈타인이 실재론 대 반실재론의 논쟁에서 양 극단을 모두 거부했다고 주장한다. 양 극단을 거부한 것은 비단 종교 언어뿐만 아니라 언어 일반에 대해서도 마찬가지로 해당된다. 실재론과 비실재론은 모두 실재론이 하나의 옵션이라고 전제하는 반면에, 필립스는 "실재론은 일관성 있게 표현될 수 없다"고 주장한다.[20]

비트겐슈타인은 언어와 믿음이 우리가 말하려는(또는 믿는) 대상과 언어(또는 믿음) 간의 관계를 반영하는 것으로 보는 방식에 대해 도전한다. 비트겐슈타인은 종교적인 낱말들이 무엇을 지칭하느냐 또는 무엇을 묘사하느냐는 것이 문제가 아니라 그 낱말들이 어떻게 다양한 문맥에서 사용되느냐가 문제라고 본다.[21] 예를 들어, 언어는 묘사하거나 가리키는 것 외에 여러 용법들을 갖는다.[22] 언어의 근본적인 유형은 없다. 오히려 우리는 언어 놀이들, 즉 가족유사성을 가진 언어들을 갖는다. 이 언어는 행동, 즉 우리가 행하는 것과 연결되어 있다.

우리는 언어가 일반적으로 사물을 가리킨다는 생각을 버려야 한다.

> 루터는 신학이 '신'이라는 낱말의 문법이라고 말했다. 나는 이 말을 그 낱말에 대한 탐구는 문법적인 탐구가 될 것이라는 뜻으로 해석한다. 예를 들어, 사람들은 신이 팔을 몇 개나 가졌는지에 관해서 논쟁을 벌일 수 있다. 그리고 어떤 사람은 우리가 신의 팔에 관해서 말할 수 있다는 것을 부인함으로써 그 논쟁에 끼어들 수 있다. 이것은 그 낱말의 용법에 대해 빛을 비춘다. 우스꽝스럽거나 불경스러운 것 역시 그 낱말의 문법을 보여준다.[23]

---

20 D. Z. Phillips, *Wittgenstein and Religion* (New York: St. Martins Press, 1993), p. 34. (PRSR3e, pt. 1, p. 21 참조)

21 Ludwig Wittgenstein, *Philosophical Investigations* (Oxford: Blackwell, 2001), pp. 1, 7-20.

22 Ibid., pp. 10-1, 23.

23 Ludwig Wittgenstein, *Wittgenstein's Lectures at Cambridge 1932-1935*, Alice Ambrose, ed. (Oxford: Blackwell, 1979), p. 32.

종교가 '신'이라는 말을 사용할 때, 마치 신이 그 낱말이 나타내는 어떤 대상이기라도 하듯이 그 의미가 외연에 있는 것은 아니다.[24] 신은 여타의 대상과 같지 않다. 그릴 수 있는 대상은 없다. "우리가 대상에 대한 그림을 가질 수 있다고 생각하거나 가질 수 없다고 생각하는 것은 착각이다. 그런 대상은 없다."[25]

"문법으로서의 신학"[26]은 신에 관한 담화를 어떻게 이해해야 하는지를 설명한다. 우리가 의미하는 바를 이해하기 위해서는 '신'에 관한 우리의 용법과 (복잡한 행동 표시들을 포함해서) 다른 종교 언어에 주의를 기울여야 한다. 우리는 종교인들이 '신'이라는 낱말과 다른 종교 언어를 일상생활에서 어떻게 사용하는지—그들이 이런 식으로 말할 때 그들은 어떻게 행동하는지—를 관찰함으로써 그 의미를 알 수 있다.

> 신을 믿는 사람이 자기 주위를 둘러보면서 "내가 보고 있는 모든 것이 어디서 왔지?"라고 물을 때, …… 그가 (인과적 설명)을 찾는 것은 아니다. …… 그는 모든 설명에 대한 태도를 표현하고 있다. 그런데 이것이 그의 삶에서 어떻게 나타나는가? 그것은 특정한 문제를 심각하게 여기다가 특정 시점에 가서는 그것을 별로 심각하게 여기지 않고 다른 것이 더 심각하다고 선언하는 태도다. …… 실제로 이 경우에도 당신이 발음하는 낱말들이나 그 낱말들을 발음할 때 당신이 생각하는 바는, 그것들이 당신의 삶에서 여러 순간마다 그것들이 낳는 차이만큼이나 문제가 되지 않는다.[27]

신이 존재하느냐는 물음은 "신은 존재한다"가 우리의 언어에서 어떻게 기능하느냐에 관한 물음이고, 다음에는 우리의 언어가 우리의 삶에서 어떻게 기능하느냐는 물음이 된다. "우리는 '신'이라는 말(즉 그것의 용법)을 어떻게

---

24 Wittgenstein, *Philosophical Investigations*, p. 27.
25 Fergus Kerr, *Theology After Wittgenstein* (Oxford: Blackwell, 1986), p. 147.
26 Wittgenstein, *Philosophical Investigations*, p. 373.
27 Ludwig Wittgenstein, *Remarks on Colour*, G. E. M. Anscombe, trans. (Oxford: Blackwell, 1977), III, p. 317.

배웠는가? 나는 그것을 문법적으로 충분하게는 서술할 수 없지만, 어느 정도는 할 수 있다. 나는 그것에 관해 꽤 말할 수 있고 때맞춰 사례들을 끌어 모을 수도 있다."[28] 우리는 '신'이라는 말을 처음 사용하게 된 여러 방식을 확인할 수 있다. 이 방식은 "축복과 저주, 찬양과 애도, 회개와 용서, 어떤 덕목들의 고취"와 같은 생활양식과 결합되어 있다. "여기에는 눈에 보이지 않는 어떤 개체의 현존을 추론할 여지가 거의 없을 것이다."[29]

따라서 종교는 일반적인 기준에 의거한 정당화를 필요로 하는 신에 관한 가설에 근거하지 않는다. 일각수(一角獸)가 존재하는지, 또는 태양과 지구의 거리가 얼마나 되는지에 관한 의문은 관련 기준들에 의해 해결될 수 있다. 그러나 신의 존재 여부에 관한 물음은 그런 기준을 가지고 있지 않다. 그 기준들이 모든 경우에 동일하다고 생각하는 것은, "이 낱말들의 한 용법을 모든 용례(用例)에 적용되는 패러다임으로서 부당하게 치켜세우는 것"이다.[30] 그렇게 하는 것은, 충분한 증거나 근거 없이는 아무것도 믿을 수 없다고 생각하는 것과 비슷하다. 우리가 종교적인 믿음의 근거를 필요로 한다는 생각은, 믿음의 문법이 믿음이 어떻게 한 사람의 삶을 규제하는지를 아는 것을 포함한다는 사실을 간과하고 있다. 동시에 종교가 사회적인 투사에서 발전해나가는 것이라고 보는 관점은 인간들에 관한 뭔가를 해결되지 못한 상태로 남겨놓는다. 종교 언어 놀이는 숭배자들의 삶과 연결되어 있고 그들의 생활양식과 관계가 있다.[31] 종교 언어와 행위는 목적에 기여하고, 종교는 인간 본성의 표현들—인간의 고안물—이다.

비록 비트겐슈타인이 종교에 국한된 비실재론자는 아니더라도 총체적으로는 비실재론자다. 다만 그는 비실재론이 오로지 종교적 믿음에만 적용되고 비종교적인 믿음에는 적용되지 않는다는 의미에서의 비실재론자는 아니다.* 또한 그는 종교 언어가 인간의 행동을 표현하지만 비종교적인 언어는 그렇지 않다는 의미에서의 비실재론자도 아니다.* 다른 믿음들처럼 "종교적 믿음은

---

28 Ludwig Wittgenstein, *Culture and Value*, G. H. von Wright, ed. (Oxford: Blackwell, 1980), p. 82.

29 Kerr, p. 155.

30 Phillips, p. 63.

31 Ibid., p. 70.

믿음의 대상과 필연적인 관계를 맺지 않는 표현적 태도[다]. 믿음과 대상 간의 관계가 이해되는 것은 그림의 용법에 있다."[32] 철학의 임무는 언어가 생활양식의 문맥에서 어떻게 사용되는지를 보여주는 것이다.[33]

물론 실재론자들은 총체적인 비실재론에 대해서도 여전히 불만스러워 할 것이다. 그들이 보기에 의미와 용법이 혼동되어왔다. 실재론자는 언어나 믿음의 용법이 개인의 삶에서 중요할 뿐만 아니라 말로 표현된 내용도 중요하다고 계속 주장할 것이다. 물론 우리는 신을 그려낼 수는 없지만, 그렇다고 해서 이 세계 및 우리와 관계를 맺을 수 있는 신의 실재성에 대한 우리의 믿음이 방해받아서는 안 된다.

맺는 말

이쯤 되면 우리가 종교적 믿음과 언설들을 어떻게 보느냐는 문제가 종교 철학에 대한 우리의 관점에 지대한 영향을 미칠 것이라는 점은 대번에 알 수 있어야 한다. 비실재론자라고 해서 모두가 프로이트나 도킨스처럼 종교에 대해 반감을 갖지는 않는다. 다수의 비실재론자들이 종교를 완전히 버리는 것이 현명하다고 생각하는 반면에 일부 비실재론자들은 종교에 관해 그렇게 부정적이지는 않다. 오히려 그들은 점차 과학적이고 다원화되어가는 시대에서 비실재론이 종교의 의미를 보호해줄 수 있다고 본다. 종교가 진리 진술을 만들어내고 초경험적인 조건에 의한 합리적인 정당화에 호소하려는 미몽에서 깨어날 수 있을 때, 비로소 종교는 다원적인 사회에서 제대로 자리매김을 할 수 있고 사회적이고 심리적인 유익한 기능을 감당하게 된다. 그러나 실재론자들은 이런 관점이 기능을 위해 종교적 믿음의 진리와 내용을 희생시키는 것이라고 생

32 Ibid., p. 55. (PRSR3e, pt. 1, p. 27 참조) (*표가 붙은 두 문장은 이 장의 집필자인 라이헨바하 교수가 역자에게 제시한 패러프레이즈를 번역한 것이다. 원문은 뜻이 분명치 않아서 그의 패러프레이즈를 옮기기로 했다. 그리고 라이헨바하 교수는 역자에게 보낸 사신에서 총체적인 비실재론과 실재론을 다음과 같이 설명한다. "총체적 비실재론은 모든 언어가 행동에 관한 것이거나 모든 믿음은 인간의 경험에 관한 것이라고 본다. 반면에 실재론자들은 모든 분야에는 인간의 개인적인 경험과 사회적인 경험을 표현하는 믿음이 있고 인간과 독립된 것에 관해 말하는 믿음도 있다고 주장한다" – 옮긴이)

33 Wittgenstein, *Philosophical Investigations*, p. 305.

각한다.

이 문제는 종교 철학을 이해하는 데에 결정적이다. 비실재론의 관점에서 보면, 종교적 믿음의 진위 여부와 정당화를 탐구하는 분야로서의 종교 철학은 헛수고에 지나지 않는다. 그것은 흥미로운 철학적인 논쟁을 불러일으킬 수는 있지만, 정말 의미 있는 것을 좌지우지하지는 못한다. 종교가 실천적이고 유익한 가치를 갖느냐는 것이 진짜 문제다. 그러나 실재론의 관점에서 보면, 종교 철학은 초월적인 실재를 대상으로 삼는 종교적 믿음들의 진위와 정당화에 대한 탐구이며, 그 믿음들은 면밀하게 분석될 가치가 있다. 우리는 앞으로 이어질 장들에서 진리와 정당화의 문제를 진지하게 고찰할 것이다.

| 연구문제 |

1. 종교에 대한 비실재론적 관점은 무엇이며, 어떤 논변들이 그 관점을 지지하는가?
2. 비실재론자들은 종교적 실재론을 어떻게 비판하는가?
3. 종교에 대한 실재론적 관점은 무엇이며, 어떤 논변들이 그 관점을 지지하는가?
4. 실재론자들은 종교적 비실재론을 어떻게 비판하는가?
5. 비트겐슈타인은 언어를 어떻게 이해하고 있는가? 그리고 그의 언어관이 종교 언어에 대해서는 어떻게 적용되는가?

| 참고문헌 |

Byrne, Peter. *God and Realism*. Burlington: Ashgate, 2003.

Kerr, Fergus. *Theology After Wittgenstein*. Oxford: Blackwell, 1986.

Phillips, D. Z. *Wittgenstein and Religion*. New York: St. Martins Press, 1993.

Trigg, Roger. *Rationality and Religion*. Oxford: Blackwell, 1998.

3장 ●● 종교적 경험: 신과의 만남은 무엇을 의미하는가?

많은 종교인들이 궁극적인 실재자에 대한 경험을 주장할 뿐만 아니라, 그러한 경험이 자신의 삶에 중요한 의미를 부여하고 방향을 설정해준다고 생각한다. 기원전 8세기에 히브리의 선지자 이사야는 신에 대한 그의 경험을 다음과 같이 기록했다.

> 웃시야 왕의 죽던 해에 내가 본즉 주께서 높이 들린 보좌에 앉으셨는데 그의 옷자락은 성전에 가득하였고 스랍들이 모시고 섰는데 각기 여섯 날개가 있어 …… 서로 불러 이르되 거룩하다 거룩하다 거룩하다 만군의 여호와여 그의 영광이 온 땅에 충만하도다 …… 그때에 내가 말하되 화로다 나여 망하게 되었도다 나는 입술이 부정한 사람이요 나는 입술이 부정한 백성 중에 거주하면서 만군의 여호와이신 왕을 뵈었음이로다 하였더라.[1]

신에 대한 경험들 중에서 좀더 유명한 사례는 북아프리카의 기독교 신학자인 아우구스티누스(354~430)의 글에서 찾아볼 수 있다.

---

1 이사야 6:1–3, 5.

'나는 왜 이처럼 더러운 죄를 끊지 못하는가' 라고 자문하면서 죄책감에 사로잡혀 울고 있을 때에 근처에 있는 어느 집에서 어린아이의 노랫소리를 듣게 되었다. 그 소리가 소년의 소리인지 아니면 소녀의 소리인지는 알 수 없었지만, "그것을 집어 들고 읽어라, 그것을 집어 들고 읽어라" 라는 후렴이 반복되는 노래였다. 나는 아이들에게 이런 노래를 부르면서 노는 놀이가 있는지 생각해보았다. 하지만 이전에 그런 노래를 들은 기억이 없었다. 울음을 멈추고 일어서면서 나는 이것이 내 성경책을 펴서 눈에 들어오는 첫 구절을 읽어보라는 하나님의 명령이라는 생각이 들었다.[2]

어떤 경험들은 감각적인 자료에 별로 의존하지 않거나 전혀 그렇지 않으면서도 인생에 구심점을 제공하기도 한다. 우주적 자아 인식에 대한 힌두교의 다음 묘사를 생각해보라.

그것은 눈으로 파악되지 않고 이야기를 들어도 파악되지 않는다.
어떠한 감각 기관을 통해서도 파악되지 않으며, 고행을 해도, 힘들여 일을 해도 파악되지 않는다.
모든 지식을 탈각함으로써 우리의 본성은 정화된다.
그런 식으로 명상을 통해 우리는 부분이 없는 그를 바라보게 된다.[3]

우리는 종교적 경험들을 어떻게 이해해야 하는가? 이 장에서 우리는 종교적 경험이 무엇인지, 종교적 경험을 사용해서 종교적 믿음을 정당화할 수 있는지, 서술된 종교적 경험들이 공통점을 갖는지에 대해서 고찰하겠다.

---

2 Augustine, *Confessions*, trans. R. S. Pine-Coffin (New York: Penguin Books, 1961), Ⅷ, 12.

3 *Mundaka Upanishad*, Ⅲ, ⅰ, 8, in *Indian Philosophy*, ed. Sarvepalli Radhakrishnan and Charles A. Moore (Princeton: Princeton University Press, 1957), p. 54.

종교적 경험의 유형

경험이란 우리가 의식하거나 인지하되 우리가 (참여자나 관찰자로서) 겪는 사건을 말한다. 예를 들어, 월드 시리즈 야구 경기를 경험한다는 것은, 그 경기를 직접 한다든지, 아니면 운동장에서 그 경기를 관람하거나, 또는 텔레비전에서 본다든지 라디오로 듣는 것을 말한다. 그런데 종교적 경험들은 일상적 경험들과 다소 다른 면이 있다. 경험의 주체가 초자연적인 존재자(신 자신, 또는 어떤 작용을 통한 신의 현시), 신과 관련된 존재자(신의 현현이나 동정녀 마리아와 같은 인물), 또는 (유일무이한 절대자[브라만]나 니르바나와 같이) 말로 표현할 수 없는 궁극적 실재자를 경험의 대상으로 간주한다는 점에서 다른 것이다.

종교적 경험과 종교적 통찰을 구별하는 것은 중요하다.[4] 우리가 이해하는 바와 같이 사람들이 종교적 경험을 가지려면 어떤 초월적 실재를 만나야 하지만, 종교적 통찰을 갖기 위해서 자기가 초월적 실재를 만나고 있다는 믿음을 가질 필요는 없다. 예를 들어, 어떤 사람이 정원을 파다가 근처에 있는 나무의 뿌리가 토양에서 제거되지 않고 계속 뻗어나가는 바람에 채소들이 시든 것을 보고서, 죄가 점점 커져서 마침내 우리를 정복하는 방식에 대한 통찰을 얻을 수 있다. 비록 (신에 대한 거역으로서의) 죄의 개념을 이해하기 위해서는 신(神) 개념이 필요하더라도, 그 정원사가 이러한 종교적인 통찰을 얻기 위해서 자기가 신을 경험했다고 믿을 필요는 없다. 우리가 일상적으로 경험하는 사건에서 신을 경험하지 않더라도, 또는 신을 경험했다고 믿지 않더라도, 그 사건이 우리의 영적 상태나 신과 세계의 관계에 대한 통찰을 충분히 촉발시킬 수 있다. 물론 종교적 경험이 종교적 통찰의 원천이 될 수는 있다. 이사야와 아우구스티누스는 둘 다 신에 대한 체험을 통해서 신의 본성과 자신의 죄성(罪性)을 알게 되었노라고 고백했다. 그러나 우리가 신을 체험하지 않거나 신의 존재를 믿지 않고서도 종교적 통찰을 가질 수 있는 반면에, 종교적 경험을 갖기 위해서는 신이나 초월적 실재자가 그 경험의 대상이 되거나 대상으로 간주되

4 종교적 경험을 다루는 사람들 중에는 이러한 구별을 하지 않고 다른 분류법을 쓰는 사람도 있다. Carolyn Franks Davis, *The Evidential Force of Religious Experience* (Oxford: Clarendon Press, 1989)의 제2장에서는 종교적 경험을 해석적 경험, 준(準)감각적 경험, 계시적 경험, 개심적(改心的) 경험, 신령한 경험, 신비적 경험으로 분류했다.

어야만 한다.

그런데 전통적으로 종교에서는 해탈이나 구원이라는 궁극적 목적을 성취하기 위해서 종교적 통찰과 경험이 모두 필요하지는 않더라도, 양자를 중요하게 여긴다. 예를 들어, 불교도들은 인간의 고(苦)가 무지에서 비롯되었기 때문에 해탈을 위해서는 실재의 본질에 대한 통찰이 필요하다고 주장한다. 우리 자신을 포함해서 삼라만상은 비본질적이고 덧없으며 가변적이라는 사실을 깨달음으로써 우리는 사물들을 희구의 대상으로 보는 무지에서 벗어날 수 있다는 것이다. 열망과 욕구는 그것들의 근본 원인들—12연기설에 따르면, 감각, 의식, 그리고 궁극적으로 무지가 여기에 포함된다고 한다—을 차단함으로써만 완전히 제거될 수 있다고 본다. 그래서 마땅히 종교적 경험은 감각 및 개념화가 중지되는 무심(無心)의 상태—여기서는 직관을 포함한 어떠한 인지 작용도 남아 있지 않다—로 향해진다.

> 형식의 모든 개념화를 초월함으로써, 감각 소여에 근거한 개념화들이 사라짐으로써, 잡다한 것들의 개념화에 주의를 기울이지 않고 무한 공간의 영역에 도달함으로써, [수행자]는 '공간이 끝나지 않는다'고 생각하면서 그 무한 공간에 머무르게 된다. 무한 공간의 영역을 전적으로 초월함으로써, 무한 의식의 영역에 도달함으로써 [수행자는] 거기에 머무르게 된다.[5]

우리는 다양한 방식으로 신이나 궁극적인 실재자를 경험할 수 있다. 스윈번(1934~)은 종교적 경험자의 관점에서 종교적 경험을 다섯 가지 유형으로 분류했다.[6] 그는 이 유형들이 모든 가능한 경우들을 규명하면서도 상호 배타적이라고 본다.

1. 흔한 공적(公的)인 감각 대상을 통해서 전달된, 신이나 궁극적 실재자에 대한

---

5 *Digha-Nikaya* 2.71.2-17. Paul J. Griffiths, *On Being Mindless* (LaSalle: Open Court, 1986), p. 17에서 재인용.

6 Richard Swinburne, *The Existence of God* (Oxford: Oxford University Press, 1979), pp. 249-52.

경험. 예를 들어, 어떤 사람은 성상(聖像)이나 일몰, 또는 큰 바다에서 신을 본다고 주장하기도 한다. 성상이나 일몰은 신이 아니지만, 그것을 통해서 또는 그 안에서 신이나 초월자를 만나게 된 것이다.

> 황량한 들판을 지나면서, 눈구덩이 속에서, 구름이 잔뜩 낀 하늘 아래에서 …… 나의 기분은 한껏 북돋워진다. 숲 속에는 영원한 젊음이 있다. 이 질서 바르고 성결한 신의 통치 영역 안에서 끊임없는 축제가 마련된다 …… 맨땅 위에 서 있으면 나의 머리는 상큼한 공기에 휘감겨 무한한 공간으로 들려지고 모든 하찮은 이기심은 사라진다. 나는 투명한 눈이 되고, 나 자신은 무(無)가 되면서 모든 것을 보게 된다. 우주적인 존재가 나를 휘감는다. 나는 신의 일부를 이루는 작은 조각이 된다.[7]

2. 흔치 않은 공적 감각 대상을 통해서 전달된 신이나 궁극적 실재자에 대한 경험. 프랑스 남서부의 소도시 루르드에서 양치는 소녀에게 성모 마리아가 현신한 사건을 통해서, 구름이 형성될 때 나타난 형상을 통해서, 또는 불이 붙었지만 타지 않는 관목을 통해서 초월자를 경험했다고 주장한 사람들이 그 예다.

> 모세가 그의 장인 미디안 제사장 이드로의 양떼를 치더니 …… 여호와의 사자가 떨기나무 가운데로부터 나오는 불꽃 안에서 그에게 나타나시니라. 그가 보니 떨기나무에 불이 붙었으나 그 떨기나무가 사라지지 아니하는지라 …… 하나님이 떨기나무 가운데서 그를 불러 이르시되 모세야 모세야 하시매 ……[8]

많은 사람들이 현장에 있었더라면 문제의 사건을 (이론상으로는) 관찰하고 그것을 통해서 신을 경험할 수 있었을 것이라는 점에서 그 현상은 공적이다. 하지만 그 현상은 흔하지 않다. 왜냐하면 루르드에서 성모 마리아를 봤다

---

7 Ralph Waldo Emerson, "Nature," "Essays and Addresses," in *Selected Writings of Ralph Waldo Emerson* (New York: New American Library, 1965), p. 189.

8 출애굽기 3:1–4.

고 주장하는 사람은 소수이고, 불붙었으나 타지 않는 관목을 목격했다는 사람은 모세뿐이기 때문이다.

똑같은 상황에서 어떤 사람들은 흔한 것으로 치부해버리는 대상이지만, 다른 사람은 그것을 통해서 흔치 않은 경험을 할 수도 있다. 이러한 예로서 스윈번은 엠마오로 가는 길에서 예수를 만난 두 제자를 들었다. 그 두 사람은 자기네가 만난 사람이 부활한 예수라고 깨달은 반면에, 다른 사람은 "동일한 시각 경험을 하면서도 그러한 종교적 경험을 하지 못했을 수 있다."[9]

3. 정상적인 감각 언어로 서술될 수 있는 사적(私的) 감각을 통해 전달된 신이나 궁극적 실재자에 대한 경험. 환상, 꿈, 방언 등은 감각 언어로 서술될 수 있으나 한 사람만 경험할 수 있다. 예를 들어, 어떤 사람이 베드로처럼 꿈이나 환상으로 신을 경험했다고 주장할 수 있다. 베드로는 비몽사몽간에 하늘에서 불결한 동물들이 담겨진 보자기 같은 것이 내려오는 환상을 봤다고 한다.[10]

> 나는 예배당 안에 앉아서 기도와 묵상을 하는 중에 희열을 맛보고 있었다. 그때 나는 갑자기 평소에 없었던 뜨거운 불을 내 안에서 느끼면서 희열에 가득 차는 경험을 하게 되었다. 그 후 오랫동안 그것이 어디서부터 온 것인지 의아해할 때에 그것은 피조물이 아니라 조물주로부터 온 것임을 경험적으로 깨닫게 되었다. 왜냐하면 지금까지 그처럼 기쁨과 뜨거움으로 가득 찬 적이 없었기 때문이다.[11]

4. 정상적인 감각 언어로 서술될 수 없는 사적 감각을 통해서 전달된 신이나 궁극적 실재자에 대한 경험. 이 경우는 뭔가를 경험하지만 그것을 말로 표현할 수 없는 상태다. 아빌라의 성 테레사(1512~1582) 수녀는 다음과 같은 경험을 이

9 Swinburne, *The Existence of God*, p. 250.

10 사도행전 10:10-16.

11 Richard Rolle, *I Sleep and My Heart Wakes*, in *Varieties of Mystic Experience*, ed. Elmer O'Brien (New York: Holt, Rinehart and Winston, 1964), p. 161.

야기했다.

내가 영광스러운 성 베드로 축일에 기도하고 있을 때 내 쪽에 그리스도께서 계신 것을 보게 되었다. 좀더 정확하게 말하자면, 나는 그분을 의식하고 있었다고 말해야겠다. 왜냐하면 그때에 나는 육신의 눈으로도 영혼의 눈으로도 아무것도 보고 있지 않았기 때문이다. 나는 그분이 내 곁에 계신다는 생각이 들었고 나에게 말씀하고 계신 분이 바로 그분이라고 생각하게 되었다 …… 이것은 가공의 환상이 아니었기 때문에 예수 그리스도께서 내 곁에 계시는 동안 내내 나는 그분이 어떠한 형태로 계신지를 분간할 수 없었다. 단지 내가 분명하게 느끼고 있었던 것은 그분이 계속 내 오른편에 계셨고 나의 모든 행동을 지켜보고 계셨다는 것이다.[12]

5. 어떠한 감각에 의해서도 전달되지 않는 신이나 궁극적 실재자에 대한 경험. 이러한 경험의 소유자는 신이나 일자(一者)를 직접 직관적으로 인식한다고 주장한다. 서양의 신비주의자인 쿠자의 니콜라스(1401~1464)는,

오, 주님! 당신을 바라볼 때 저는 무아지경에 빠집니다. 눈은 보는 것에 만족하지 못하고 귀는 듣는 것에 만족하지 못한다면, 더군다나 지성은 이해하는 데에 만족하지 못할 것이기 때문입니다.[13]

라고 적고 있다. 이 유형은 힌두교도나 불교도들이 수행하는 고도의 명상 상태에서 잘 나타난다.

첫 번째 명상에 잠기는 사람에게서는 목소리가 멈춰진다. 두 번째 명상에 잠기는 사람에게서는 추론과 반성이 멈춰진다. 세 번째 명상에 잠기는 사람에게서

12 E. Allison Peers, ed., *The Life of Teresa of Jesus* (Garden City: Image Books, 1960), p. 249. (PRSR3e, pt. 2, p. 32 참조.)

13 Nicholas of Cusa, *The Vision of God* (New York: Frederick Ungar, 1960), p. 78.

는 즐거움이 사라진다. 네 번째 명상에 잠기는 사람에게서는 숨을 들이쉬고 내쉬는 작용이 멈춰진다. 무한 공간의 영역으로 들어오는 사람에게서는 형상에 대한 지각 작용이 멈춰진다. 무한 의식 영역으로 들어오는 사람에게서는 무한 공간의 영역에 대한 지각 작용이 멈춰진다. 무(無)의 영역에 들어오는 사람에게서는 무한 의식의 영역에 대한 지각 작용이 멈춰진다.[14]

경험들은 매우 다양한 요소들을 담고 있기 때문에 실은 이 유형들 중 어느 하나에만 속하는 경험은 별로 없을 것이다. 예를 들어, 니콜라스는 신에 대한 궁극적인 경험이 감각을 초월한 것이더라도 성상(聖像)에 대한 명상적인 경험에서 출발할 것을 권한다.

그러나 나는 당신의 성상을 보는 육신의 눈이 아니라 마음과 지성의 눈으로 당신의 영적인 진리의 얼굴을 봅니다. 비록 성상에 새겨진 당신의 얼굴은 그림자 아래에서 제한을 받는 상태지만, 당신의 참된 얼굴은 모든 제한에서 벗어나 있고, 양이나 질을 갖지 않으며, 시간과 장소에도 구애받지 않습니다. 왜냐하면 그것은 얼굴들 중의 얼굴이요, 절대적인 형상이기 때문입니다.[15]

따라서 각각의 종교적 경험을 어느 유형에 속하는지 분류하려 들지 말고, 사람들이 자신의 종교적 경험들을 이해하는 다양한 방식들을 좀더 일반적으로 파악하는 것이 중요하다. (일반적으로 제4유형이나 제5유형으로 분류되는) 신비적 경험은 종교적 경험의 한 부류를 이루지만 그렇다고 해서 모든 종교적 경험이 신비적인 것이라고 볼 수는 없다.

사람들이 자신의 종교적 경험을 이해하는 방식을 이렇게 분류하면, 사람들이 실제로 경험하는 것이 무엇이냐는 물음이 남는다. 그들은 정말 신을 경험하는가? 아니면 특정 경험이나 느낌을 종교적으로 해석할 뿐인가? 철학자들

14 *Samyutta-Nikaya*, XXXVI, 115, in *Buddhism in Translations*, ed. Henry Clarke Warren (New York: Atheneum, 1973), p. 384.

15 Nicholas of Cusa, *The Vision of God*, p. 23.

은 종교적 경험의 구조에 대해서 세 가지 상이한 관점들을 제시했다.

정서적 느낌으로서의 종교적 경험

19세기에 영향력 있는 저술을 남긴 슐라이어마허(1768~1834)는 종교적 경험이 지적이거나 인지적 경험이 아니라 "이 세계와는 다른 근원이나 힘에 대한 절대적이거나 온전한 의존의 정서"라고 말했다.[16] 그것은 자기 확증적이고 직관적이며, 개념, 관념, 믿음, 관행에 의해서 매개되지 않는다. 종교적 경험은 하나의 느낌으로서 개념적 구별에 앞서기 때문에 우리는 그것을 서술할 수 없으며, 인지적 경험이라기보다는 정서적 경험이라고 보았다.

이 관점은 오토(1869~1937)를 비롯해서 많은 사람들에게 영향을 미쳤다. 오토는 신이 이성에 의해서 파악될 수 있는 측면을 가지고 있다는 것을 인정한다. 우리는 유비에 의해서 신에게 정신이나 목적, 선(善) 의지, 전능, 개성과 같은 속성들을 귀속시킬 수 있다. "이 모든 속성들은 분명하고 명확한 개념들을 구성한다. 그것들은 지성에 의해서 파악될 수 있으며, 사유에 의해서 분석되고 정의될 수 있다."[17] 하지만 신의 좀더 깊은 본성—그의 신성—에 관한 한, 신은 합리적으로 알려질 수 없고 말로 표현될 수 없다고 한다. 우리는 합리적인 것들을 넘어서 있는 어떤 것, 즉 정서적인 느낌에 의해서 신성(神聖)을 깨달아야만 한다는 것이다.

오토는 종교적 경험을 정서적 느낌, 또는 그것들의 복합체로 이해하고서 이 느낌은 여러 형태로 나타난다고 말했다.

> 전율하는 신비의 느낌은 때때로 부드러운 밀물처럼 밀려와서 마음을 평온하게 하며 가장 깊은 찬양으로 가득 채운다. 그러면서 한층 단호하고 지속적인 영혼의 태도로 서서히 전환한다 …… 때로는 그 느낌은 영혼의 깊은 곳에서 갑작스럽게 북받쳐 오르면서 이상스런 흥분과 열광으로 도취시키고 황홀경으로 빠져

16 Friedrich Schleiermacher, *The Christian Faith* (Edinburgh: T. & T. Clark, 1928), p. 17.
17 Rudolf Otto, *The Idea of the Holy* (London: Oxford University Press, 1958), p. 1.

들게 한다.[18]

오토는 이것을 신성(神聖)에 대한 경험이라고 부르고서, 신성이 현시되는 정서적 느낌에는 세 가지 유형이 있다고 보았다. 우리는 의존의 느낌을 경험한다. 우리가 단지 피조물에 불과하다는 느낌, "모든 피조물 위에 있는 최상의 존재자와 대비될 때 아무것도 아닌 자기 자신의 모습으로 인하여 움츠러들고 압도되는"[19] 느낌을 경험하는 것이다. 또한 우리는 두려운 신비 앞에서 압도당하는 종교적인 공포감(경외감)을 경험한다. 우리는 신을 보고 떨게 된다. 마지막으로 우리는 자신을 사로잡는 초월자를 갈망하는 느낌을 갖는다. 우리에게는 불안감과 신에 대한 갈망이 박혀 있다고 한다.[20]

제임스(1842~1910)는 "정서적 느낌이 종교의 한층 깊은 근원"[21]이므로 철학적 및 신학적 성찰은 종교적 경험의 부산물이라고 주장한다. 종교적 경험이 없다면, 신학이나 종교 철학도 있을 수 없다는 것이다. "직접적인 종교적 경험이 말하는 바가 옳다는 것을 순전히 이지적인 과정에 의해서 증명하려고 시도해봤자 완전히 헛수고일 뿐이다."[22]

사람들이 종교적 경험을 갖지 못한다면 종교 철학도 있을 수 없다는 제임스의 주장에는 일리가 있다. 동시에 종교 철학의 재료가 되는 신화나 교의, 또는 신학을 종교적 경험이 생성시키기 위해서는 종교적 경험이 "사적이거나 표현 불가능한 것이어서는 안 되며 그 자신을 설명하지 못해서도 안 된다."[23] 바로 여기서 종교적 경험을 정서적 느낌으로 보는 관점의 첫 번째 문제점이 드러난다. 그것은 곧 우리가 어떻게 비인지적인 느낌에서 인지적인 종교적 진리 진술들—이것들은 신학과 종교 철학에서 발견된다—을 만들어낼 수 있는지를

---

18 Ibid., p. 12.

19 Ibid., p. 10.

20 Augustine, *Confessions*, Ⅰ, 1; C. S. Lewis, *Pilgrim's Regres* (Grand Rapids: William B. Eerdmans, 1958).

21 William James, *The Varieties of Religious Experience* (New York: New American Library, 1958), p. 329. (PRSR3e, pt. 2, p. 43 참조)

22 Ibid., p. 346.

23 Ibid., p. 331. (PRSR3e, pt. 2, p. 44 참조)

알아내기가 어렵다는 점이다. 만일 경험되는 대상과 경험을 말로 표현할 수 없다면, 그리고 경험은 너무나 근원적인 것이어서 인지적인 구분들보다 우선한다면, 그 경험에서 나올 수 있는 종교적 진리들은 어떤 것들이겠는가? 그 종교적 경험을 말로 직접 서술하지 못해서 설령 유비를 통해 서술하려고 한다 치자. 그렇더라도 그 사건이 인지적으로 이해될 수 있어야 그것이 가능하다. 그 사건이 인지적으로 이해되지 못한다면, 어느 유비가 옳고 어느 유비가 그른지를 어떻게 결정할 수 있겠는가?

종교적 경험을 정서적인 느낌으로 보는 이론에 대한 두 번째 반론은, 이 관점을 옹호하는 사람들이 느낌과 정서의 성질을 오해하고 있다는 점이다. 정서는

> 믿음이나 행동보다 더 근본적인 것은 아니다. 믿음이나 행위와 마찬가지로 정서도 개념에 의존하기 때문이다. 정서는 부분적으로 개념과 판단에 의해서 구성된다. 하나의 개념이 하나의 정서를 구성한다고 말하는 것은, 그 개념에 준거하지 않고서는 그 정서가 명시될 수 없다고 말하는 것과 같다 …… 정서를 명시하기 위해서는 그 느낌의 질과 그 정서의 대상을 명시함과 아울러 정서의 주체가 그 정서를 정당화할 때 내세우는 합리적인 근거를 명시할 필요가 있다. 이제 우리는 그러한 근거들 중에는 정서의 주체가 자신의 상태의 원인에 대해서 가지는 믿음도 있음을 알 수 있다.[24]

그런데 개념들이 부분적으로 정서를 구성한다면, 종교적 경험은 인지적인 것들과 완전히 결별하기 어렵게 된다.

위의 두 비판에 대해서 종교적 경험의 인지적 측면을 너무 강조하고 있다는 반론이 제기될 수 있다. 어떤 종교적 전통에서는 신도가 인지적인 의식에서 벗어나서 순수 의식이나 순전한 공(空)의 상태(shunya)로 점차 몰입하는 것을 경험하기도 한다. 예를 들어, 불교에서는 순수 의식 상태에 도달한 후 거기

---

24 Wayne Proudfoot, *Religious Experience* (Berkeley and Los Angeles: University of California Press, 1985), pp. 87, 108.

서 공의 상태로 들어가기 위해서 모든 개념화를 초월하는 것을 목표로 삼는다. 그 경험의 주체는 지식을 추구하는 것이 아니라, 열망과 욕구에서 해탈하는 것을 추구한다. 일단 우리가 무아(無我)를 깨닫기만 하면, 자아의 욕구에서 비롯된 갈망과 욕망을 제거할 수 있으며, 이어서 우리의 존재에 스며 있는 번뇌를 제거하게 된다. 이 단계에서 종교적 경험은 근본적으로 인지적 이해가 아니라 해탈을 지향한다. 실로 주객의 구분을 극복함으로써 인지적 이해는 불가능해진다. 이런 전통에서는 종교적 경험이 정서적 느낌은 아니지만 궁극적으로 비인지적인 것이 된다.

지각 경험으로서의 종교적 경험

두 번째 견해는 종교적 경험이 일종의 지각 경험일 수 있다고 본다. 얼스턴(1921~)은 신에 대한 많은(전부는 아니더라도) 경험들이 지각과 똑같은 구조를 가진다고 주장한다.[25] 감각 기관을 통한 우리의 일상적인 지각(예를 들어, 고양이를 보는 시각 경험)에는 세 가지 요소가 들어 있다. 인식 주체(고양이를 보는 사람), 인식 대상(고양이), 현상(고양이의 현상)이 그것이다. 이와 마찬가지로 신에 대한 여러 경험들에도 세 가지 요소—종교적 경험의 주체, 경험되는 대상(신), 경험의 주체에게 나타나는 신의 현상이나 현시—가 들어 있다. 지각을 어떻게 분석해야 하느냐는 문제는 철학자들의 논란거리다. 특히 그들은 현상의 지위에 관해서 의문을 제기한다. 그러나 지각 대상이 우리로 하여금 그것을 알 수 있도록 그 자신을 드러낸다는 점에 대해서 철학자들은 일반적으로 의견이 일치한다. 바로 저 고양이는 고양이처럼 보이는 것이지, 고양이로서 간주되는 것은 아니다. 마찬가지로 종교적 경험에서도 신은 우리가 그와 그의 행위를 알 수 있도록 자신을 드러낸다. 신은 신으로서 나타나는 것이지, 신으로 간주되는 것은 아니다.

25 '종교적 경험'이라는 표현이 여러 가지 상이한 유형의 경험을 지칭하는 데에 사용될 수 있으므로 얼스턴은 '신에 대한 직접적인 인식'이나 '신에 대한 지각'이라는 표현을 선호한다. William Alston, *Perceiving God* (Ithaca: Cornell University Press, 1991), p. 35.

어떤 사람들에게는 종교적 경험이나 신에 대한 경험을 일종의 지각으로 이해하는 것이 이상스럽게 들릴지도 모른다. 일상적인 지각이나 감각 경험과 신에 대한 경험 사이에는 중요한 차이가 있는 것처럼 여겨지기 때문이다. 감각 경험이 인간에게 공통된 경험으로서 "우리가 깨어 있는 시간에 끈덕지고 불가피하게 나타나는" 반면에, 종교적 경험은 색다를 뿐만 아니라 드물게 일어난다. 또한 감각 경험이 "생생하고 매우 상세해서 세계에 관한 정보를 가득 담고" 있는 반면에, 신에 대한 경험은 "희미하고 빈약하고 모호해서" 신에 관해 제공하는 정보는 미미하다. 더욱이 모든 사람들이 지각 능력을 가지고 있는 반면에, 종교적 경험을 할 수 있는 사람은 별로 많지 않다.[26] 그러나 이러한 차이점들이 있다고 해서, 신에 대한 경험이 지각과는 다른 구조를 갖는다고 보기는 어렵다. 그 이유로 우선 경험의 빈도나 그 경험이 제공하는 정보의 양이 경험의 구조에 관해서 말해주지는 않는다는 점을 들 수 있다. 더욱이 시각 장애인이나 청각 장애인처럼 제한된 감각 및 지각 능력을 가진 사람들이 있지만, 이러한 사실로 인하여 시각이나 청각이 지각의 한 형태라는 주장이 의심받지는 않는다. 마찬가지로 많은 사람들이 종교적 경험을 갖지 못한다는 사실과, 신에 대한 경험이 지각 경험과 같은 구조를 가지고 있다는 주장은 서로 무관하다.

그런데 어떤 철학자들은 신에 대한 경험이 지각의 한 유형이 아니라는 것을 보여주는 한 가지 중요한 차이점을 지적한다. 그것은 지각 현상의 성격과 관련된 것이다. 일상적인 지각은 감각적이고, 지각 대상은 특정한 감각 성질들을 지닌 것으로서 나타난다. 예를 들어, 내 앞에 놓여 있는 책상은 갈색이고 딱딱하고 사각형이고 나무로 만들어진 것으로 보인다. 이와 반면에 신을 경험한 사람들은 때때로 보고하기를, 자신의 지각 대상인 신은, 감각 기관에 의해 포착되지는 않지만 지각될 수 있는(perceptual) 성질들을 갖는다고 한다. 그들이 신에게서 경험하는 성질들은, 신성한 선(善), 능력, 사랑, 주권, 능력 부여 등과 같은 것들이다.[27] 문제는 이것이다. 신을 경험할 때 지각된 것(현상)의 특

---

26 Ibid., p. 36.

징이 일상적인 지각 경험의 감각 현상과 현격하게 다르다면, 이는 신에 대한 경험의 구조가 일상적인 지각 경험의 구조에 비해 너무 다르다는 것을 보여주므로 신에 대한 경험을 지각의 한 형태로 이해하는 것은 잘못이 아니냐는 의문이 제기되는 것이다.

얼스턴은 신에 대한 경험의 지각된 성질들—능력, 아름다움, 선과 같은 속성들—이 감각적이지 않다는 점을 인정한다. 예를 들어, 그것들은 신의 성향에 관한 것이거나 그의 행동의 배후에 있는 태도와 관련된 것들일 수 있다. 하지만 그렇다고 해서 이 속성들이 지각의 내용이 될 수 없다는 것을 의미하지는 않는다고 얼스턴은 본다. 얼스턴은 현상적 성질(어떤 것이 경험되는 순간에 나에게 보여지는 방식)과 객관적 성질(대상이 정상적인 상황에서 우리에게 나타나리라 예상되는 방식)을 구별한다. 우리가 경험 대상에 대해서 서술할 때, 흔히 우리의 서술은 그 대상의 현상적(또는 직접 지각된) 성질이 아니라, 정상적인 상황에서 주어진 객관적 성질을 가리킨다고 얼스턴은 주장한다. 당신이 나더러 우리 집을 묘사해보라고 할 때, 나는 내 감각 기관이 지금 받아들이고 있는 특정한 감각 소여들(sense-data)을 나열하지는 않을 것이다. 즉 내 집이 나에게 암갈색과 베이지색으로 보이고, 그늘이 지면 더 어둡게 보이고, 지붕 아래는 사다리꼴로 보인다는 식으로 말하지는 않는다. 만일 우리가 대상들을 묘사할 때 그것들이 그 순간에 어떻게 보이느냐에 따라 묘사한다면, 그 묘사는 무한정 길어지고(왜냐하면 감각 기관이 수용하는 무수히 많은 감각 소여들을 다 반영해야 하니까) 너무 특이해져서(왜냐하면, 일례로, 나는 대상들을 무수히 많은 조명 상태에서 무수히 많은 각도에서 보기 때문에) 우리는 그처럼 다양한 패턴들에서 유용한 개념들을 구성할 수 없을 것이다. 오히려 우리는 가정되거나 명시되지 않은 비교적인 개념(comparative concept)들을 사용함으로써 그 대상의 객관적인 성질이나 성향적인 성질들에 관해서 자주 말한다.[28] 즉 내가 대상을 서술할 때, 나는 그것이 정상적인 조건 아래에서 어떻게 보일 것인지를 서술한다. 예컨대, "당신 집은 무슨 색이지요?"라는 질문

27 얼스턴은 감각 경험적인 현상들—시각, 촉각, 후각—에 현저하게 필적하는 현상들을 포함하는 가톨릭의 신비주의적 전통을 간과해서는 안 된다는 점에 주목한다. Ibid., pp. 52-4.

을 받게 되면, 밤에는 베이지색으로 보이지 않더라도 나는 그것이 베이지색이라고 대답할 것이다.

이 논점을 좀더 간단히 표현하기 위해서, 당신 교실 문의 모양에 관해서 자문해보라. 틀림없이 당신은 그것이 직사각형이라고 대답할 것이다. 하지만 직사각형은 바로 그 순간의 현상적 속성이 아니다. 오히려 당신이 앉아 있는 곳에서는 그것이 아마도 사다리꼴 모양으로 보일지도 모른다. 그러나 당신이 보는 문이 어떤 모습이냐는 질문을 받게 될 때 당신은 대개 그것의 객관적 속성(직사각형)을 제시한다.

이와 마찬가지로 신의 능력이나 선(善), 사랑과 같은 성질이 보고될 때에는 현상적인 언어나 감각 언어가 아니라 비교적인 개념이 사용된다. 그 개념은 신이 일정한 '정상적인' 조건하에서 어떻게 보이는지(그의 현상적 속성보다는 객관적 속성들)를 규정한다. 우리가 신에 대한 경험을 비교적인 개념을 사용해서 묘사한다면, 신에 대한 지각을 보고하는 방식은 의심할 나위 없이 감각을 통한 지각의 대상을 보고하는 방식과 유사하다. 대상에 대한 지각을 보고할 때, 흔히 우리는 그것이 바로 그 순간에 어떻게 보이는지를 말하는 것이 아니라 그것이 정상적인 상황에서 어떻게 보일지(그것들의 객관적 속성들)를 가리키는 비교적인 개념을 사용한다. 이와 똑같이 신에 대한 우리의 경험을 보고할 때에도 현상적 개념보다는 비교적인 개념에 의존한다.

그런데 집이나 자동차, 나무들의 경우에는 그것들이 정상적인 상황에서 어떻게 보이는지를 우리가 알지만, 신이 정상적인 상황에서 나타나는 모습이 어떠한지를 종교인이 어떻게 알 수 있느냐는 반론이 제기될 수 있다. 전자의 경우에는, 굳이 필요하다면, 관련 현상을 서술할 수 있지만(객관적인 속성들은 때로는 현상적이다), 후자의 경우에는 신을 경험한 사람이 신에 대한 현상적인 서술을 제시할 수 없기 때문이다.

우리는 경험과는 무관하게 대상의 현상 양식을 미리 예상할 수 없다고 얼스턴은 말한다. 경험을 하지 않고서는, 우리는 "물리학자들을 외양(外樣)만으

28 Ibid., pp. 44-5. (William P. Alston, "Religious Experience as Perception of God" in PRSR3e, pt. 2, p. 50 참조)

로 알아볼 수 없지만, 일반적으로 나무들의 경우에는 외양만으로도 알아볼 수 있다"는 점을 모를 것이다.[29] 우리는 착한 사람에 대한 경험에 비추어서 신의 선에 대한 경험이 어떠한지를 알게 된다. 다시 말해서 이런 경험을 통해서 우리는, 자신의 선함을 보여주는 신을 경험하는 것이 어떠한지를 알게 되는 것이다. 하지만 이에 대해 우리가 착한 사람들이 어떻게 행동하는지를 안다고 해서 과연 신의 선에 대한 경험이 어떠할지를 예상할 수 있느냐는 의문이 제기된다. 여기서 다시금 우리는 감각적인 정보를 담고 있는 비교 지점(착한 사람들의 행동 방식)에서 그러한 정보를 결여한 지점(신의 행동 방식)으로 옮겨가게 된다. 신이 정상적인 상황에서 그의 선을 어떻게 드러내는지를 예상하기 위해서 우리는 신을 경험할 수 있는 현상적인 조건들에 대해 알아야 할 것 같다.

이런 반론에 대해서 얼스턴은 신을 경험한 사람이 현상적 조건들을 결정할 필요는 없다고 응수한다. 왜냐하면 사람들은 대상이 정상적인 상황에서 어떻게 보이는지를 명시하지 못하더라도 그것에 대한 지각 경험을 얼마든지 가질 수 있고, 이는 흔한 일이기 때문이다. 하지만 신에 대한 경험이 일상적인 지각 경험과 유사하다고 주장하려면, 신이 정상적인 상황에서 어떻게 지각되는지를 알아야 한다. 왜냐하면 일상적인 지각의 경우에 우리는 대상이 정상적인 상황에서 어떻게 보이는지를 명시할 수 있기 때문이다. 요컨대 신에 대한 경험에서 현상적인 개념이 부재한다는 사실은 과연 신에 대한 경험이 일종의 지각 경험이냐는 의문을 불러일으킨다.

신이 어떻게 보이는지에 관한 물음과 관련해서 제기되는 두 번째 문제는 다음과 같다. 인간의 감각 기관을 통한 지각은 일반적으로 일관성이 있어서 우리가 다른 지각 경험에 의존해서 특정한 지각의 정확성을 점검해볼 수 있는 반면에, 종교적 경험은 극도로 다양하다는 점이다. 그래서 특정한 종교적 경험의 정확성은 그리 쉽게 확인될 수 없다. 종교적 경험은 특유한 문화적 및 종교적 배경에 의해서 좌우되므로 종교가 다르면 경험하는 내용도 현격하게 달

29 Ibid., p. 47.

라진다. 힌두교도가 경험하는 궁극적인 실재는 기독교인이 경험하는 인격적인 신과 매우 다르다. 하지만 우리는 저마다 특유한 종교적인 체계를 고려하지 않고서는 어느 경험이 정확한 것인지를 쉽게 확인할 수 없다. 물론 그렇다고 해서 종교적 경험이 지각적이지 않다는 것이 입증되지는 않는다. 단지 종교적 경험들이 더 많이 개별적으로 해석되기 쉽다는 것을 의미할 뿐이다. 우리는 이 장의 후반부에 가서 다양한 경험들의 문제로 다시 돌아오게 될 것이다.[30]

종교적 믿음에 근거한 해석으로서의 종교적 경험

종교적 경험에 대한 세 번째 입장은 종교적 경험이 지각 경험일 필요는 없다고 본다. 프라우드풋(1939~)에 따르면, 어떤 경험을 지각이라고 부르는 것은, 그 사건에 대한 인식 주체의 의식(무언가가 인식 주체에게 나타났던 것이 틀림없다)에 관한 주장뿐만 아니라 그 경험의 원인에 관한 주장도 필연적으로 함축한다. 우리의 경험이 실제로 지각되기 위해서는 지각 대상이 존재하고, 그 대상이 경험에 인과적으로(올바르게) 기여해야만 한다. 예를 들어, 어떤 사람이 고양이를 본다고 말하는 것은, 고양이가 존재한다는 것과 아울러 그 고양이가 그 사람의 경험, 즉 그가 고양이를 보는 것에 인과적으로 기여함을 인정하는 것이다. 만일 그 고양이가 존재하지 않거나 그 지각의 원인이 아니라면, 그 사람이 고양이를 지각한다고 말하지 말고, 그가 고양이에 대한 환각에 사로잡혔다거나 다른 무언가를 고양이로 착각했다고 말해야 한다.

만일 종교적 경험이 일종의 지각 경험이라면, 이때에도 동일한 조건이 성립해야만 한다. 즉 지각 대상이 존재하면서 그것에 대한 우리의 경험에 인과적으로 기여해야만 한다. 그런데 우리는 사람들이 종교적 경험을 갖는다는 점은 인정하고 싶어하기 때문에, 종교적 경험을 지각으로 이해하게 되면 우리는 종교적 경험의 대상이나 원인들이 실제로 존재한다고 믿어야 한다. 즉 우리가

30 종교적 믿음의 정당화에 대한 얼스턴의 관점은 7장에서 더 논의될 것이다.

다른 사람들의 종교적 경험을 인정하려면, 그들이 지각하는 바가 존재한다는 것을 인정해야 하는 것이다. 프라우드풋은 이러한 불만스런 결과를 피하기 위해서 다음과 같은 조치를 취한다. 즉 신성한 것에 대한 경험에 의거해서 묘사하는 종교적 경험을 사람들이 갖는다는 것을 인정하되 누군가가 신성한 대상을 실제로 경험했다는 것을 시인하지 않아도 되도록 종교적 경험의 성격을 넓게 규정해야 한다는 것이다. 2장의 용어로 말하자면, 프라우드풋은 종교적 경험에 관해서는 종교 비실재론자라고 할 수 있다.

프라우드풋에게 종교적 경험이란 그 경험을 가진 사람이 종교적이라고 간주하거나 해석하는 경험이 된다. 그 경험이 종교적인 경험이 되는 이유는, 그것이 종교적인 내용을 가져서가 아니라(종교 경험을 지각 경험으로 보는 관점은 이와는 반대로 본다), 그 사람의 종교적인 믿음에 근거해 있기 때문이다. 그리고 이것은 그 사람이 자신의 경험에 대해 적용시키는 믿음의 구조에 기인한다.

프라우드풋은 경험에 대한 기술(記述)과 경험에 대한 설명을 구분한다. 경험을 기술할 때는 그 경험의 주체가 지니는 관점이 지배한다. 종교적 경험들은 경험자의 믿음 체계와 무관하게 기술될 수는 없다. 경험된 대상이 존재하며 그 대상이 이 경험의 원인이 된다고 보는 것이 그 경험을 설명하는 최상의 길이라는 믿음도 그 믿음 체계에 포함된다. 종교적 경험을 기술할 때, 그 경험을 다른 종류의 경험으로 환원하면 그 경험을 잘못 확인하게 된다. 초자연적인 요소를 배제한 과학적 설명은 종교적 경험을 기술하기에 부적합하다. 왜냐하면 과학은 그런 경험을 그것의 자연적인 원인들에 의해서 설명하려고 드는 반면에, 종교적 경험을 가진 사람들은 초자연적인 설명이 그 경험에 대한 기술의 일부분이 될 것을 요구하기 때문이다. 이처럼 순전히 기술적(記述的)인 의미에서는 프라우드풋의 관점과 종교적 경험에 대한 얼스턴의 지각적 설명이 일치한다.

그러나 프라우드풋에게는, 경험의 주체가 자신의 경험을 초자연적인 존재에 의거해서 기술한다는 사실이 곧 그 경험이 설명되거나 이해되는 방식을 의미하지는 않는다. 여기서 프라우드풋과 얼스턴의 지각적 설명이 갈라서게 된다. 아우구스티누스의 경우에 신의 활동이나 의도와는 상관없이 부근에 있는 어린이가 "그것을 집어 들고 읽어라"라는 노래를 부르면서 놀고 있었을 수도 있다. 그 경험을 종교적 경험으로 만드는 것은, 신이 존재하고 그 신이 말과 글로써 의사소통할 수 있다는 자신의 종교적 믿음에 비추어서 아우구스티누스가 이 말들을 이해했다는 점이다. 바꿔 말해서, 하나의 경험이 어떤 사람에게 진정한 종교적 경험이 되는 것은, 실제로 성립하는 조건들과 상관없이 그 경험이 그의 믿음 체계의 산물이기 때문이다. 즉 경험의 주체가 초자연적인 존재에 관한 범주와 믿음들에 의거해서 자신의 경험을 기술하거나 해석하는 것이 요구될 뿐이다. 따라서 종교적 경험은 개념과 믿음에 의해서 구성되며, 언어에 의해서 표현된다. 그것은 경험의 원인에 관한 객관적인 보고가 아니라, 종교적 믿음과 관행의 집합에 대한 이론적인 개입이다. 이것은 곧, 종교적 경험에 대한 기술이 단일 패턴에 부합하지 않는다는 것을 뜻한다. 상이한 믿음 구조들은 종교적 경험에 대한 상이한 설명을 낳는다.

그런데 사람이 신을 경험할 수 있을까? 각 사람의 개념과 믿음들이 그의 종교적 경험을 표현한다면, 자연적인 설명과 초자연적인 설명 중에서 어느 것이 최상의 설명을 제공해 주는지를 어떻게 결정할 수 있는가? 종교 비실재론자로서 프라우드풋은 이런 종류의 물음에 대해 별로 관심이 없다. 초자연적인 존재와 같은 외적 원인들은 아무 의미가 없다. "경험 주체가 자신의 경험을 확인할 때 준거하는 개념과 믿음들이 바로 그 경험의 종교성 여부를 결정지으므로, 그 주체가 그런 특정 개념과 믿음들을 사용하는 이유를 우리가 설명할 필요가 있다. 그 주체가 자신의 경험을 이해하는 방식에는 여러 가지가 있을 텐데 유독 특정 부류의 방식을 대면하게 된 이유와 그가 사용한 방식을 채택한 이유를 우리는 설명해야 한다. 우리가 원하는 것은 역사적이거나 문화적인 설명이다."[31]

프라우드풋의 설명은 지각적인 설명과는 분명히 다르다. 지각적인 설명에서는 종교적 경험의 원인이 무엇인지를 알려고 든다. 하지만 프라우드풋은

31 Wayne Proudfoot, *Religious Experience*, p. 223. (PRSR3e, pt. 2, p. 62 참조)

종교적 경험의 주체가 자신의 경험을 기술하기 위해 특정 믿음 체계를 들먹이는 이유에 대해 관심을 갖는다. 그 경험의 주체가 자신의 경험이 자연적으로 설명될 수 없다고 주장하게끔 만든 요인이 그의 양육 과정, 인지 및 경험, 그리고 현재의 생활 상태에 있는지, 있다면 무엇인가? 요컨대 우리는 한 사람의 심리적인 내력을 알고 싶어한다. 지각적 설명은 신에 관해 뭔가를 이해하도록 우리를 도와 줄 수 있는 반면에, 프라우드풋은 우리가 종교인들을 이해하고 그들이 믿음을 갖게 된 경위를 이해하는 것을 돕고 싶어한다. 지각적인 설명에서는 종교적 경험의 주장이 갖는 진실성을 평가할 근거들이 있지만, 그런 진실성은 프라우드풋에게는 문제가 되지 않는다.

종교적 경험이 종교적 믿음을 정당화할 수 있는가?

사람들이 종교적 경험들을 갖는다는 것은 의심의 여지가 없다. 그러나 종교철학자들의 관심을 가장 많이 끄는 것은, 우리가 실재에 관해서 뭔가를 안다고 주장할 때 그 주장의 기반이나 근거를 제공할 수 있느냐는 문제다. 어떤 유신론자들은 종교적 경험이 종교적 믿음들을 정당화하는 데에 귀중한 역할을 한다고 주장한다. "신은 죽지 않았다. 나는 오늘 아침에 그분과 이야기했다!" 라는 스티커를 자동차 범퍼에 달고 다니는 사람도 있다. 그런데 신에 대한 경험이 우리의 믿음들의 근거로 쓰여질 수 있는지의 여부는 우리가 종교적 경험의 성격을 어떻게 규정하느냐에 달려 있다.

먼저 종교적 경험이 단지 정서적인 느낌일 뿐이라고 생각해보자. 슐라이어마허는 이러한 느낌을 바탕으로 종교적 믿음의 구조를 생기게 할 수 있을 뿐만 아니라 똑같은 느낌에 의해서 그 구조를 정당화할 수 있다고 생각했다. 하지만 개념화되지 않은 정서적인 느낌이 인지적인 믿음을 정당화할 수 있을까? 이러한 관점이 갖는 문제점은, (초월자로서의) 신과 그 신에 대한 (개념과 믿음들에 의해서 구조화되지 않은 느낌으로서의) 우리의 경험이 모두 말로 표현될 수 없다는 주장에서 비롯된다. 종교적 경험이 인지적 의미를 가지려면 합리적인 믿음과 개념들에 의해서 매개되어야 하기 때문이다.

오토도 이와 유사한 문제에 직면했다. 그는 신적인 존재자에 대한 개념적인 서술들이 "진정한 지적인 '개념들'이 아니라 하나의 개념에 대한 일종의 예증적인 대용물에 지나지 않는다"라고 본다.[32] 그는 그 경험을 서술하는 데에 사용되는 개념들을 '표의 문자들'이라고 부른다. 우리의 일상적인 경험에서 도출된 불완전한 유비들이라는 것이다. 반면에 그는 어떤 개념들은 신성한 존재자를 나타내기에 적합하다고 본다. 하지만 이처럼 신성한 존재자를 나타내기에 적합한 개념과 그렇지 못한 개념을 구별하는 것은 신성한 존재자를 파악할 수 있는 개념적인 체계가 있다는 것을 함축한다. 그러므로 신성한 존재자에 대한 경험은 지적(知的)인 내용을 담고 있어야만 한다.

요컨대 종교적 경험을 단순한 정서적 느낌으로 서술하는 사람들은 딜레마에 빠진다. 종교적 경험이 말로 표현할 수 없다면, 그것은 종교적 믿음의 근거로 사용될 수 없다. 왜냐하면 형언할 수 없는 경험은 그러한 근거를 위한 아무 내용도 제공하지 않기 때문이다. 그러나 그 경험이 개념적인 내용을 갖는다면, 그것은 개념적인 표현과 무관하지도 않거니와 비판에서 면제될 수도 없다. 종교적 경험을 단순한 정서적 느낌으로 만드는 사람들에게는, 그 경험을 형언할 수 없는 것이 되게 하는 동시에 종교적 개념 체계들을 위한 기반이 되게 할 수 있는 방안은 없다.

이제 종교적 경험을 프라우드풋처럼 규정해보자. 즉 종교적 경험이란, 경험자가 그 경험을 초자연적인 존재자에 의해서 생겨난 것이라고 해석하되 그것에 대한 설명은 아주 다를 수 있는 경험이라고 보자. 그러면 어떤 경험을 종교적이라고 부르기 위해서는, 경험의 주체들이 자기네가 그 경험의 원인이라고 간주하는 것에 관해서 일정한 믿음들을 가져야만 한다. 그리고 그 경험들을 서술할 때에는, 그 경험의 원인에 대한 확인과 관련된 믿음들이 들어오게 된다. 이것은 곧 종교적 경험은 종교적 믿음을 입증하거나 근거 지울 때 사용될 수 있는 현상이 아니라는 것을 뜻한다. 종교적 경험은 그런 믿음들에 의해 구성되므로, 그 믿음—예컨대, 초자연적인 원인에 대한 믿음—들을 정당화시

32 Otto, *Idea of the Holy*, p. 19.

키는 데에 종교적 경험이 사용될 수 없다. 그렇게 되면 순환 논법에 빠질 것이다. 다시 말해서, 어떤 사람의 경험이 종교적인 경험이 되는 것은 그가 갖고 있는 종교적인 믿음—그 경험이 신에 의해 생겨났다는 믿음—때문이라고 하면서, 신에 관한 그의 믿음들이 참되다고 볼 수 있는 이유는 바로 그의 종교적 경험 때문이라고 말하면 이는 순환 오류를 범하는 것이다.

프라우드풋의 관점은, 종교적 경험이 특정한 종교적 세계관이나 믿음 체계 안에서 자리매김을 할 때에만 의미가 있다는 결론에 도달한다. 그 경험은 어떤 사람이 초자연적인 존재자를 포함하는 믿음들을 이미 가졌기 때문에 종교적인 것이 되고 의미가 있게 된다. 초자연적인 존재자의 존재는 그 경험에서 정당하게 추론되는 것이 아니라 경험에 대한 서술의 일부가 되어 그 경험의 전제 조건이 된다.

여기서 핵심적인 문제는, 우리가 경험의 대상으로 삼는 것에 대한 우리의 믿음을 정당화시켜주는 것이 무엇이냐는 점이다. 우리의 경험에 의거한 정당화는 바로 이 경험을 비롯해서 그것과 유사한 경험들을 가장 잘 설명해주는 것에 의해서 이해될 필요가 있다. 고양이에 대한 지각 경험에 대한 최상의 설명이 고양이에 근거해서 이루어진다면, 그 경험은 고양이의 존재를 입증하는 증거를 제공할 수 있다. 마찬가지로, 종교적 경험에 대한 최상의 설명이 초자연적인 원인에 의거해서 이루어진다면, 바로 그 경험은 신의 존재를 입증하는 증거를 제공할 수 있다. 어쩌면 그 경험을 완전히 자연주의적으로 설명하려는 사람들도 있을지 모른다. 하지만 초자연적인 존재에 의존해서 설득력 있게 설명될 수 있는 경험들이 많으면 많을수록, 그리고 이 경험들이 정합적인 믿음 구조에 잘 들어맞을수록, 그 경험에 대한 이 설명이 옳다는 믿음은 더 많이 정당화된다. 이러한 답변은 종교적 경험들이 믿을 만한 지각 경험으로 간주되어도 무리가 없다는 것을 암시한다. 그리고 이것은 얼스턴의 입장에 한층 더 가까이 가는 셈이 된다.

종교적 경험에 관해서 실재론적 관점을 취하는 사람들은, 외부 세계에 관한 우리의 믿음들을 정당화하는 데에 지각을 사용하는 것과 똑같은 방식으로 종교적 경험을 사용해서 종교적 믿음들을 정당화할 수 있다고 주장한다. 예를 들어, 우리가 잔디밭에 새 한 마리가 앉아 있는 것을 보고서 잔디밭에 새가 있다는 믿음을 가질 경우, 그리고 그 지각 조건들이 비정상적이라거나 우리의 지각 기관이 적절히 작용하지 않고 있다고 생각할 이유가 없다면, 이 믿음은 정당화된다. 그 새의 실제 존재가 그 경험을 가장 잘 설명해준다. 마찬가지로 종교인들은 그들의 종교적 경험에 근거해서 신이 존재한다든지, 신이 자기네를 사랑한다든지, 그들의 기도에 응답해준다고 믿을 때 정당화된다. 만약 경험된 것(종교적 경험의 경우에는 신)이 경험을 가장 잘 설명해준다면, 이것이 바로 경험된 것(종교적 경험의 경우에는 신)이 존재한다고 인정해야 할 이유가 된다.

그런데 우리는 종교적 경험에 관해서 틀릴 수 없을까? 만일 틀릴 수 있다면, 어떻게 종교적 경험들이 종교적 믿음을 정당화하기 위한 증거를 제공할 수 있을까? 물론 우리가 틀릴 수 있지만, 그렇다고 해서 이것이 우리의 정상적인 지각 경험과 상반되는 것도 아니요, 종교적 경험이 종교적 믿음을 정당화한다는 점을 부인하기에 충분하지도 않다. 문제는 그 경험을 가장 잘 설명해주는 것이 무엇이냐는 것이다. 그리고 틀릴 가능성이 최상의 설명을 무효화하느냐는 것이다. 대부분의 경우에 나의 감각 기관이 제대로 작동하고 실제로 새가 저기에 있다는 설명은 내가 환각 상태에 있다고 설명할 가능성을 배제한다. 마찬가지로 나의 지적 기능(감각적이건 비감각적이건 간에)이 제대로 작용하고 있고 신이 실제로 존재한다는 설명은 내가 틀렸다고 설명할 가능성을 차단한다고 볼 수 있다.

경신의 원리

종교적 경험이 갖는 증거로서의 가치를 논할 때, 스윈번은 다음과 같은 경신(輕信)의 원리(Principle of Credulity)를 도입한다. 어떤 사람에게 어떤 것이 사실인 것처럼 (인식적으로) 여겨질 때에는, 그 주장을 약화시키는 특별한 이유가 없는 한 그것은 아마도 사실일 것이다.[33] 사물들이 우리에게 보여지는 방식은, 사물들이 바로 그렇게 존재한다고 믿을 타당한 근거를 제공해준다. 누군가가 이 특정한 지각이나 경험, 또는 우리의 지각 기관의 정밀한 기능에 의심을 던지기 전까지는 우리의 믿음은 정당화된다. 우리가 그 경험에 관해서 틀릴 수는 있지만, 그 경험이 진짜가 아니라고 주장하는 사람들은 경신의 원리로 인해 그것을 증명해야 하는 부담을 안게 된다.

스윈번은 우리가 경신의 원리를 종교적 경험에도 적용할 수 있다고 주장한다. 특별히 고려해야 할 문제가 없는 한, 종교적 경험의 주체는 자신의 종교적 경험을 신의 존재에 대한 믿음이나 신의 특성에 관한 믿음을 갖기 위한 합당한 근거로 간주해도 된다. (위에서 언급된 스윈번의 다섯 가지 종교적 경험의 종류 중 어디에 속하는 경험이든 간에) 경험의 주체는 자신이 경험한 바에 관해 틀린 믿음을 가질 수 있다. 그러나 신을 경험한 사람들은 자신의 종교적 경험에 대한 믿음이 자기가 보기에 정당화된 다른 믿음(예를 들어, 신의 비존재에 관한 믿음)들과 상충한다고 생각하거나 자신의 지각 기관이나 인지 기관에 결함이 있다고 생각하기에 충분한 이유가 주어지지 않는 한, 신에 관한 믿음을 가질 자격이 있다. 종교적 경험은 신에 관한 믿음을 일견(一見) 정당화시켜준다. 즉 그 주장 나름대로의 가치에 따라 판단되어야 하는 것이다.

그런데 우리가 경신의 원리를 받아들일 수 있을까? 또 경신의 원리를 종교적 경험에 적용하는 데에 대해 별다른 반론은 없을까? 마틴(1932~)은 이에 대해 한 가지 비판을 제기했다. 그는 많은 사람들이 종교적 경험을 가지려 했지만 실패하고 만 사실에 주목한다. 그래서 마틴은 다음과 같은 부정적인 경신의 원리를 상정한다. "어떤 것이 존재하지 않는 것처럼 보인다면, 그것은 존재하지 않는다." 신의 존재에 대한 지각 경험이 다른 사람들에게 뭔가를 시사하듯이, 그에게는 신의 부재(不在)에 대한 지각 경험도 시사하는 바가 있다는 것이다.[34]

그러나 스윈번이 지적했듯이, 우리가 "모든 곳을 다 조사했다"는 전제가

---

33 Swinburne, *The Existence of God*, p. 254. (여기서 'credulity'는 '특별히 의심해야 할 이유가 없는 한, 일단 믿어봄'이라는 뜻에 더 가깝기 때문에 '경솔히 믿음'을 의미하는 '경신'은 이 문맥에서 적확한 번역어가 아니지만, 더 이상 마땅한 낱말을 찾기가 어려워 이렇게 옮긴다–옮긴이)

34 Michael Martin, *Atheism: A Philosophical Justification* (Philadelphia: Temple University Press, 1990), p. 166. (PRSR3e, pt. 2, p. 75 참조)

부정적인 경신의 원리에 따라붙지 않는 한, 경신의 원리는 경험된 대상의 존재를 입증하는 긍정적인 증거를 제공하지 부정적인 증거를 제공하지는 않는다.[35] 내가 잔디밭에서 새를 보지 못했다는 것은, 내가 모든 잔디밭을 조사해봤다는 것을 전제로 하지 않는 한 어디에도 새가 없다는 것을 입증하는 증거가 되지 못한다. 마찬가지로 어떤 사람이 종교적 경험을 가져본 적이 없다고 해서 그것이 신의 존재에 대한 반증이 되지는 못한다. 왜냐하면 그가 신을 찾기 위해 "모든 곳을 다 뒤졌다"는 (의심스런) 전제를 달지 않았기 때문이다.

두 번째 비판은 위의 마틴과는 다른 마틴(1924~)에 의해서 제기되었다. 마틴은 지각 경험에 근거해서 무엇을 안다는 주장이 정당화되기 위해서는 그 경험이 검사 가능하거나 검증 가능해야 한다는 점에 착안했다. 어떤 사람이 잔디밭에 앉아 있는 새를 보고 있다고 주장할 때, 잔디밭에 새가 있다는 그의 믿음이 정당화되려면 그 사람이나 다른 사람이 다른 지각들을 통해서 그 지각을 확인할 수 있어야 한다. 하지만 종교적 경험은 검증될 수 없다는 특징을 갖는다. "종교인이 '나는 1939년 5월 6일 오후 6시 37분에 신을 직접 경험했다'라고 말한다면, 이것은 다른 [지각 경험] 문장들이 경험적인 것과 같은 식으로 경험적이지는 않다."[36] 마틴은 이것이 다음 두 경우 중 어느 하나에 해당된다고 본다. 첫째로, 종교인이 종교적 경험을 오감(五感)과는 다른, 일종의 육감에 귀속시키는 경우다. 이때 육감을 표현하는 언어는 오감에서 차용하되 은유적으로만 사용될 수 있다. 둘째로, 종교인이 그의 종교적 경험을 독특한 인지방식에 귀속시켜서 그 경험을 가진 사람들만이 이해할 수 있다는 식(마치 시력을 가진 사람들만이 푸른색을 띠는 것이 무엇인지를 이해할 수 있듯이)으로 보는 경우다. 어느 경우로 보든지 간에 종교적 경험은 검사될 수 없으므로 종교인은 그런 경험에 근거해서 정당하게 지식을 주장할 수 없다고 마틴은 비판한다.

마틴은 종교적 경험을 가진 사람들이 자주 자신들의 경험을 의심할 수 없는 것으로 본다는 점에 주목한다. 그런데 지각적인 의심불가능성에 관한 주장

35 Swinburne, p. 255.

36 C. B. Martin, *Religious Belief* (Ithaca: Cornell University Press, 1959), p. 67.

은 지각된 대상에 관한 주장보다는 현상(인식 주체에게 어떠어떠하게 느껴지는 상태)에 관한 주장에 더 가깝다. 어떤 사람이 푸른 공의 현상을 가진다는 것은 의심받을 수 없다. 하지만 어떤 사람이 푸른 공의 현상을 가진다는 사실에서, 자신이 보는 푸른 공이 실제로 존재한다고 결론 내릴 수는 없다. (착시 현상이나 환각 상태를 생각해보라.) 따라서 종교인들은 딜레마에 빠지게 된다. 종교적 경험에 근거한 주장들이 의심 불가능하되 (신과 같은) 대상이 아니라 현상에 관한 주장에 불과하든지, 아니면 신에 관한 주장이되 검증 불가능하든지 둘 중 하나인데, 어느 경우더라도 종교적 경험을 가졌다고 해서 신의 존재와 성품에 관해서 안다고 결론 내릴 수는 없기 때문이다.

유신론자들은 이것이 잘못된 이분법이라고 답할지도 모른다. 신앙인은 경험이 의심할 여지가 없다거나 확증 가능하다고 주장할 필요가 없다. 경신의 원리가 주장하는 바는, 경험 대상의 존재를 긍정하는 것이 그 경험을 가장 잘 설명해줄 경우에는 그 경험을 진실된 것으로 여길 정당한 이유가 있다는 것이다.

웨인라이트(1935~)는 종교적 경험에 대해서도 검증가능성을 단념하려 들지 않는다. 일부 종교적 경험과 지각 경험 간에 불일치하는 면이 있는 것은 사실이다. 먼저 일반적으로 종교인들은 차이가 나는 주장들을 무시한다. 다른 사람들이 자신의 주장에 대해서 의견을 달리하면, 그들은 올바른 명상법을 사용하지 않았다고 본다. 종교인들은 반론에 직면했을 때 자신의 경험에 관해서 마음을 바꿀 수 있지만, 굳이 그렇게 할 필요는 없다. 또 하나는, 종교적 경험의 주체는 검증 가능한(적어도 이 세상에서 검증 가능한) 예측을 주장하지 않는다는 점도 종교적 경험과 지각 경험의 불일치를 보여준다. 하지만 이러한 불일치는 지각되는 대상의 본성에 기인한다고 웨인라이트는 주장한다. 신은 우리가 정상적으로 지각하는 감각 대상들과 다르므로, 우리는 모든 사람이 동일한 방식으로 신을 지각하거나 신에 대한 경험이 검증 가능한 예측을 제공할 것을 요구할 수는 없다. 종교적 경험은 무생물인 감각 대상을 지각하는 것보다는 사람을 지각하는 것에 더 유사하다. 같은 사람을 놓고서 어떤 이는 그가 냉정하고 쌀쌀맞다고 보는 반면에 다른 이는 그를 따뜻하고 친근하다고 볼 수 있다.[37]

웨인라이트는 여기서 한 걸음 더 나아가 종교적 경험에 대한 진술을 검사할 수 있다고 주장한다. 검사 방법 중 하나는 신이 존재한다는 것을 입증하는 증거(신의 존재 증명에 의해서 제공되는 증거가 한 예다)를 포함한다. 마찬가지로 얼스턴은 특정 형태의 종교적 경험을 다른 종교적 경험보다 선호할 독자적인 이유들이 있을 수 있으며, 이 이유들은 종교들 내의 역사적인 주장들과 자연 신학이 공급한다고 본다.[38] 물론 마틴 같은 사람은 이 증거를 안 받아들일지도 모른다. 그러나 비판적 합리주의자는 하나의 논변이 정당화의 증거를 제공하려면 모든 사람을 설득할 수 있어야 한다고 요구하지는 않는다. 여기서 논점은, 우리가 정당화된 것으로 간주하는 좀더 큰 믿음의 틀 안에 그 검사(test)들이 포함된다는 점이다.

웨인라이트의 다른 검사들은 종교적 경험과 간접적으로 관련이 있다. 종교적 경험이 신앙인들을 위해서 덕스러운 삶을 산출하는지, 신앙인이 다른 사람들에 대해 미치는 영향, 신앙인의 말이 갖는 심오함, 정통적인 종교 교리의 정합성, 다른 사람들의 경험들과의 정합성, 권위의 표방 등이 그것이다.[39]

이 검사들은 간접적인 반면에 우리는 일상적인 지각 경험을 좀더 직접적으로 검사한다는 반론이 제기될 수 있다. 내가 앞에 있는 컴퓨터에 대한 나의 시각적 경험이 맞는지를 알아보려면 팔을 뻗어서 만져보면 된다. 그러나 첫 번째의 감각 경험으로는 우리와 물리적 대상 간의 접촉을 확인하지 못하므로 두 번째의 감각 경험의 지지가 필요하다면, 이 두 번째의 감각 경험에 대해서도 똑같이 말할 수 있게 되어 우리는 무한 퇴행에 빠지게 된다. 오히려 우리는 "검사 대상이 되는 믿음의 원천인 감각 경험 위에 구축된 우리의 일반적인 배경적 믿음 체계를 타진함"으로써 우리의 경험들을 확인한다.[40] 어떤 사람이 자기 집 위로 전투기가 지나가는 것을 보았다고 보고했을 때, 이것을 확인하려면 바로 그 시점에 해당되는 항공 교통 기록서와 그 사람의 시력을 확인해보

37 William Wainwright, *Mysticism: A Study of Its Nature* (Madison: University of Wisconsin Press, 1981), pp. 91–3.

38 Alston, *Perceiving God*, p. 270.

39 Wainwright, *Mysticism*, pp. 86–7.

40 Alston, *Perceiving God*, p. 211. Wainwright, *Mysticism*, pp. 104–5 참조.

면 된다. 이와 마찬가지로 우리가 어떤 사람의 종교적 경험을 확인할 때에는 바로 그 사람과 다른 사람의 종교적 경험들로 구성된 배경 체계에 의거한다. 감각 기관에 의한 지각에 대해서는 이러한 관련 경험의 배경을 허용하면서 종교적 경험에 대해서는 허용하지 않는다면, 이는 이중적인 잣대를 적용하는 셈이 된다.

종교적 경험의 다양성

웨인라이트가 제안한 검사 방법 중 하나는, 종교적 경험을 통해 가지게 된 믿음들이 정합하느냐를 확인하는 것이다. 이에 대해 종교적 경험을 가진 사람들의 믿음들이 서로 정합하지 않는다고 이의를 제기하는 사람들이 있을 것이다. 일상적인 지각 경험과 그 경험의 대상들에 대한 우리의 보고 방식이 근본적으로 일정한 반면에, 종교적 경험 자체 및 경험 대상에 관한 보고들은 상이한 전통을 가진 종교들 사이에서 상당히 불일치한다. 예를 들어, 기독교인들은 자신이 만난 하나님이 삼위일체이고 인격적이면서도 실제로 서로 독립된 존재라고 묘사하는 반면에, 힌두교도들은 브라만을 총체적인 실재로 규정하고 자아(아트만)와 브라만의 관계를 비이원론적으로 서술한다. 이처럼 경험된 것에 대한 양립 불가능한 서술들이 조화를 이룰 수 있을까?

아마 이런 식으로 서로 불일치하는 서술들은 조화를 이루기가 어려울 것이다. 하지만 그렇다고 해서 경신의 원리가 치명타를 입지는 않는다. 그 원리는 모든 지각들이 정확해야 할 것을 요구하지는 않는다. 지각들이 내놓는 증거가 상충할 경우, 우리는 다양한 주장들의 진위를 가리기 위해서 다른 경험과 합리적인 논변들을 사용해야 한다. 즉 양립하기 어려운 설명들이 주어질 경우, 그 종교적 경험들 중에서 어느 것이 진실된 것인지를 결정하는 데에 도움이 될 고찰들이 덧붙여져야 한다. 비록 경험이 보고되면 거기에 근거해서 그 경험들을 받아들이기는 하더라도, 그러한 경험에 근거한 모든 믿음들이 참된 것은 아니다. 우리가 이따금 지각에 근거한 주장들을 정당한 이유(무더운 날 길에 물웅덩이가 있는 것처럼 착각하는 경우)에서 의심하는 것과 똑같이,

종교적인 경험에 근거한 주장들도 마찬가지로 다룰 수 있다. 신에 관한 다른 정당화된 믿음들 및 종교적 관행들과 조화를 이루는지를 검토함으로써 신빙성이 적은 주장들을 골라낼 수 있다.

하지만 상충하는 주장들이 있음으로 해서, 종교적인 믿음들을 정당화하기 위해 종교적 경험들을 사용할 수 있느냐는 의문이 제기된다.[41] 상충하는 주장들이 있다는 사실은 곧 종교적 경험들이 일반적인 신빙성을 결여한다는 것을 보여준다는 반론이 제기되는 것이다. 실로 종교적 경험들은 경험자의 개인적이고 종교적인 배경에 많이 의존하는 것 같다. 그러한 경우에 신이나 초월자에 의해서 초자연적으로 설명하는 것보다 문화에 의해서 자연주의적으로 설명하는 것이 종교적 경험들을 더 잘 설명할 수 있다.

상충하는 주장에 근거한 반론이 효력을 가지려면 조심스럽게 표현되어야 한다. 종교적 경험의 다양성이 문제가 아니라 그 경험에 근거한 종교적인 주장들이 양립하기 어렵다는 것이 문제라는 점에 주목하는 것이 매우 중요하다. 첫째로, 사람들이 상이한 경험들을 갖는 것은 지극히 당연하다. 일상적인 지각 경험은 매우 다양하거니와, 사람들은 상이한 경험을 가지거나 동일한 대상을 상이한 각도에서 경험하기 마련이다. 둘째로, 경험된 대상이 상이하게 묘사된다고 해서 그로 인해 정당화에 문제가 생기지는 않는다. 예를 들어, 두 사람이 자기 앞에 있는 그림을 다른 방식으로 묘사하더라도 그 그림의 존재가 의심 받지는 않을 것이다. 마찬가지로 경험된 것에 대해서 종교적 경험자들이 상이한 이름을 붙인다든지, 또는 상이한 사람들이 상이한 존재들(성모 마리아, 크리슈나, 천사들)을 경험한다든지, 또는 자신의 개인적인 삶에 관해서 상이한 계시를 받는다고 해서, 그들의 각 경험이 양립 불가능하거나 그들의 지각 대상의 존재에 대한 주장을 정당화할 수 없다고 보기는 어렵다. 단지 그것들이 서로 다르다고 말할 수 있을 뿐이다. 오히려 문제는 종교적 경험에 근거해서 실재에 관해 주장하는 내용들이 양립 불가능하다는 맥락에서만 생겨난다. 즉 그 반론이 성립하려면 한 사람이 경험한 궁극적 실재가 다른 사람이 경

41 Ibid., pp. 262-6.

험한 궁극적 실재와 단지 다르다는 것을 보여주는 데에서 그쳐서는 안 되고 그 실재들이 양립할 수 없다는 것을 보여주어야만 한다.

여기에서도 얼스턴은 비순환적인, 종교적 경험들의 식별 기준이 확보되지 못한다는 점을 지적한다. 그는 주장하기를, 우리가 그런 기준들을 명시할 수 없다는 것이 사실이라고 해서, 신에 대한 경험들을 신뢰할 수 없다는 결론이 나오지는 않는다고 한다. 신에 대한 믿음이 종교인의 삶의 좋은 지표가 된다면, 그 종교인이 그런 믿음을 고수하는 것은 정당화될 수 있다고 얼스턴은 말한다.

종교적 경험에 공통적인 핵심이 있는가?

종교적 경험에 근거해서 초월자에 관해 주장하는 내용들이 상충한다는 사실에서 비롯되는 종교적 경험에 대한 반론을 논할 때, 종교적 경험에 공통적인 핵심이 있느냐는 근본적인 물음이 제기된다. 우선 궁극적 실재에 대한 모든 종교적 경험들이 공통 요소를 가지고 있으므로 다양성에 근거한 반론은 실패한다고 주장하는 사람들이 있다. 초월자에 관한 주장들이 차이가 나는 것은, 종교적 경험자들이 각자가 속한 종교적 전통에서 개념과 모델과 은유를 끌어와서 그 경험에 대한 서술들이 양립하지 않도록 만든다는 사실에 의해서 설명된다. 즉 그 차이점은 그들이 신봉하는 종교적 교리에서 비롯된 것이지 경험이나 자극들 자체가 차이가 난다고 보기는 어렵다는 것이다.[42] 일단 해석들이 제거되면 공통적인 핵심만 남게 된다.

일부 사상가들에 따르면, 이것은 신비적인 경험들에서 특히 분명해진다. 신비적 경험들은 주관과 객관의 구분에 앞서 초월적 실재에 대한 직접적이고 비추론적인 의식을 포함한다. 신비주의자는 (주관과 객관의 구분이 경험되지 않을 때) 인식론적으로, 또는 (경험의 주체와 대상 간의 실제적인 구분이 없을 때) 존재론적으로 실재와의 합일을 성취한다. 그 후에 신비주의자들이 이 경

42 Davis, *Evidential Force*, chap. 7.

험을 합리적인 개념과 범주를 사용해서 해석하게 되면 원래의 경험에 들어 있는 형언할 수 없다는 성격에서 이미 멀어지게 된다.

종교적인 경험들에 공통적인 핵심—상이한 종교, 교파, 문화의 경계선을 뛰어넘는 핵심—이 있다는 관점은 제임스, 스테이스(1886~1967), 최근에는 데이비스(Caroline Franks Davis, 1957~)에게서 나타난다. 스테이스는 특히 신비적인 경험에 관심을 가졌다. 그는 신비적인 경험을 현상학적이고 객관적으로 서술하려고 했으며, 신비적인 경험과 그 경험에 대한 해석을 구별하는 데에 주의를 기울였다. 해석은 경험자로 하여금 경험을 이해하고 전달할 수 있게 하기 위해서 도입된다. 스테이스는 경험 자체에서 나타나는 바를 확인하고 싶어했다. 그는 신비적 경험의 핵심적인 일곱 가지 특징을 다음과 같이 추려냈다.

1. 단일한 의식; 일자(一者), 공(空); 순수 의식
2. 비공간적, 비시간적
3. 객관적이라는 느낌이나 실재적이라는 느낌
4. 행복, 평화 등
5. 신성한 존재에 대한 느낌
6. 역설성
7. 신비주의자들이 형언할 수 없는 것으로 주장함[43]

그런데 특히 스테이스가 일자나 공을 영어의 대문자로 표기하면서 이것들이 신비적인 경험의 근본을 이룬다고 말할 때, 바로 이러한 분류가 해석을 유발하지 않겠느냐는 의문이 제기될 수 있다. 이에 대해 스테이스는 우리가 해석의 단계들을 구별해야 한다고 대답한다.

---

43 Walter T. Stace, *Mysticism and Philosophy* (New York: Macmillan, 1960), pp. 131-2. 나는 그가 제시한 내향적인 유형의 특징들만 소개했는데 외향적인 유형은 1항과 2항에서 약간 다르다. 그러나 그는 외향적인 유형을 한층 낮은 단계에 있는 것으로서, '불완전한 종류의 경험'이라고 보았다.

> 어떤 신비주의자가 '차별이 없고 구분이 없는 일자'에 대한 경험에 관해 말한다면, 분류적인 낱말들만 사용한 단순한 보고나 묘사는 낮은 수준의 해석으로 간주될 수 있다. 그러나 이것은 일반적으로 필요한 것보다 지나치게 더 엄격한 상태다. 왜냐하면 대부분의 목적을 위해서 그것은 단지 하나의 묘사에 지나지 않기 때문이다. 신비주의자가 '우주의 창조주와의 신비로운 합일'을 경험했다고 말한다면, 이는 단순한 서술적인 보고 이상의 것을 포함하므로 높은 수준의 해석이 된다.[44]

스테이스의 논점은 위의 일곱 가지 특징들이 순전히 기술적(記述的)이라는 것이다. 해석은 뒤에 가서 개입한다. 예컨대 일자를 기독교의 하나님이나 힌두교의 신과 동일시할 때 비로소 해석이 개입하는 것이다.

하지만 비록 낮은 단계에서라도 기초적인 묘사에서 해석이 발생한다는 것을 인정하는 것은, 우리가 초(超)문화적이고 보편적인 핵심을 식별할 수 있다는 주장에 치명적이다. 스테이스가 외향적인 신비적 경험과 내향적인 신비적 경험을 구분하면서 '의식이나 마음이 생명보다는 더 높은 범주'[45]이므로 내향적인 종류가 외향적 경험의 한층 더 완전한 형태가 된다고 주장할 때 이 점은 분명해진다. 범주들에 대해서 말하고 그것들을 평가하는 것은 가장 중요한 핵심적인 요소들에 해석을 도입하는 것과 같다.

이와는 상반된 입장에 서 있는 캐츠(1944~)는 개념과 믿음에 의해서 매개되지 않는 경험이란 없다고 주장한다. 우리는 모든 경험을 믿음과 학습된 범주와 인식 주체의 개념적인 틀을 통해서 처리한다. 직관 경험의 패러다임인 자의식조차도 개념적으로 조건화된다. 결국 서로 다른 종교적인 전통에 속한 사람들마다 실제로 달리 경험하는 한, 종교적인 믿음과 문화적인 믿음들이 종교적인 경험들을 규제한다고 볼 수 있다. 단 하나의 종교적 경험만 있을 수는 없고, 무수히 많은 다양한 경험들이 있다. 캐츠는 자신의 유대교적인 전통에 근거해서 자신의 논지를 옹호한다.

---

44 Ibid., p. 37.
45 Ibid., p. 133.

> 이 모든 유태의 사회 · 문화적 믿음과 관행들은 …… 분명히 유태 신비주의자가 세계와 그 세계를 창조한 신을 바라보는 방식에 영향을 미치고, 이 신에 접근하는 방식과 우리가 마침내 이 신에 다가섰을 때 예상되는 바에도 영향을 미친다. 즉 어릴 때부터 심상과 개념과 상징과 이데올로기적인 가치와 종교 의식상의 행동이 그 유태 신비주의자의 전 생애에 배어 있는데 이것들이 그의 경험에 아무 작용도 가하지 않는다고 믿어야 할 이유는 없다. 오히려 그러한 심상과 믿음과 상징과 의식들은 그가 갖기를 원하고 이어서 갖게 되는 경험이 어떠할지를 미리 정의한다.[46]

즉 종교적 전통과의 상호 작용에 의해서 형성된 우리의 선행(先行) 믿음들이, 우리가 지각하고 이해할 때 준거하는 틀을 미리 형성함으로써, 우리의 종교적 경험을 결정한다는 것이다.

이러한 입장을 확인해주는 사례로서 신비적 전통의 지도자와 선생들의 역할에 주목해보라. 소망하는 목표를 성취하기에 적합한 특정 방법으로 가르치는 도사나 선생의 휘하에 있는 신봉자 집단들은 관련된 지혜를 고수한다. 따라서 지도자에 의해서 주입되는 방법과 믿음들이 그 신비적 경험의 요건을 이룬다. 진정한 신비적 통찰에 도달하는 것을 그 지도자가 결정하지는 않더라도 규제한다. 예를 들어 무식한 절굿공이인 혜능의 시가 유식한 신수의 시보다 훨씬 뛰어난 통찰을 담고 있다는 것을 인정한 사람은 선불교의 5대 중종인 홍인이었다. 혜능의 시는 다음과 같다.

> 보리는 본래 나무가 없고
> 밝은 거울 또한 받침대 없네
> 부처의 성품은 항상 깨끗하거니
> 어느 곳에 티끌과 먼지 있으리오.

46 Steven T. Katz, "Language, Epistemology, and Mysticism," in Steven T. Katz, ed., *Mysticism and Philosophical Analysis* (Oxford: Oxford University Press, 1978), p. 33.

반면에 신수는 다음과 같이 적었다.

몸은 보리의 나무요
마음은 밝은 거울과 같나니
때때로 부지런히 털고 닦아서
티끌과 먼지 묻지 않게 하라.[47]

그러면 우리는 스테이스가 제시한, 종교적 경험에 대한 유사한 묘사들을 어떻게 설명해야 할까? 첫째로 캐츠는 그 유사성이 단지 외관상의 유사성일 뿐이라고 주장한다. 비록 경험들을 묘사할 때 동일한 용어가 사용되더라도, 그 용어들이 모든 보고에서 똑같은 의미를 갖지 않을 수 있다. 예컨대 서로 다른 전통에 있는 두 사람이 자신의 경험을 묘사할 때 그 두 묘사가 역설적이더라도, 그 경험이 똑같이 역설적이거나 동일한 내용이 역설 관계에 있다는 것을 의미하지는 않는다. 실로 '역설'이라는 말과 '형언할 수 없는'이라는 말은 "비교가능성을 위한 자료를 제공"한다기보다는 "그 경험을 은폐하여 조사받지 않게 하고 우리의 존재론적인 개입을 신비한 것으로 유지"하는 데에 이바지한다.[48] 둘째로 그 경험의 성격을 규정하는 데에 사용되는 말들이 너무 일반적이고 모호해서 신비적인 경험들을 상세히 서술하지 못한다. 모든 신비적인 경험은 말로 표현할 수 없고 감각의 수준을 넘어서 있다(지식을 산출한다)는 제임스의 주장은, 말로 표현할 수 없는 성질이 똑같은지, 그리고 감각의 수준을 넘어서 있는 성질이 모든 경우에 동일한 내용을 가지는지에 대해서는 미해결인 채로 남겨 놓았다. 궁극적인 실재의 공허함을 강조하는 중관파(中觀派) 불교의 주장들은 기독교에서 하나님에 관해, 그리고 하나님과 그가 창조한 세계 간의 관계에 관해서 내세우는 주장들과 현저하게 다르다. 이 두 종교에서 말하는 궁극적인 실재들은 동일시될 수 없다.

47 D. T. Suzuki, *Essays in Zen Buddhism* (New York: Grove Press, 1949), pp. 205-7. (혜능과 신수가 지은 시의 번역판은 다음 책에서 빌려왔다. 성철, 『돈황본 육조단경』(장경각)—옮긴이)

48 Katz, "Language, Epistemology, and Mysticism," p. 54.

서소우(Henry Suso)는 "거룩한 집의 측량할 수 없는 풍성함에 대한 도취는 …… [기독교의] 하나님 개념 안에서 완전히 용해된다"라고 말했고, 우파니샤드에서는 "사트(sat)[존재하는 것]는 사티암(satyam), 즉 실재자라는 말로 표현된다. 그것은 이 온 우주를 포함한다. 그래서 당신이 온 우주입니다라고 고백하는 것이다"라고 말한다. 또 불교에서는 '무(無)의 차원'을 말하는데, 이 모든 말들은 '실재자'라는 광범위한 형이상학적인 표현에 다 포함된다. 하지만 서소우가 말한 기독교의 하나님은 불교의 '무'와는 다르며, 거룩한 집에 들어가는 경험은 불교도가 '무'에 몰두하는 것과 다르다. 불확정적인 어구들에 의해서 상이한 형이상학적인 개체들이 '묘사될' 수 있다는 점은 조금만 생각해봐도 분명해진다.[49]

캐츠의 분석이 아무 비판도 받지 않고 넘어간 것은 아니다. 그에 대한 비판들 중 하나는, 그의 관점이 신비한 경험의 근본적인 특징들을 설명하지 못한다는 것이다. 신비주의자들은 대상에 대한 의식과 자의식이 정지하는 상태를 얻을 수 있다고 주장한다. 일례로 요가의 힌두파에서는 순수 의식의 실현을 위해서 팔정도(八正道)를 명시한다. 처음 다섯 가지 수행법은 외적인 보조 수행이라고도 하는데, 금계(禁戒), 권계(勸戒), 좌법(坐法), 조식(調息), 제감법(制感法)이 있다. 나머지 세 단계는 집지(執持), 정려(靜慮), 삼매(三昧)다. 이러한 수행법을 실천하면 경험 대상에 대한 자동적인 지각 반응과 개념적인 반응들이 멈춰진다고 한다. 요가 수행자들은 궁극적으로 순수 의식을 성취하는데, 이 순수 의식에서 모든 범주와 관념과 외부 자극이 잊혀진다고 한다. 최종 단계에서는 주체와 대상, 주관과 객관의 이분법—이것은 이 장의 앞부분에서 종교적 경험을 우리가 다룰 때 사용된 접근법을 특징지운다—이 좀더 일원적인, 일체의 구별이 결여된 경험으로 대체된다.

특정 대상에 대해서 장시간 집중한다든가, 선종(禪宗)에서의 좌선(坐禪)과 같은 방법들은 실험실에서 재현되기도 했다. 패턴이 없는 시야에 눈이 노

49 Ibid., p. 51. (인용문의 괄호는 원문에 나오는 것들이다.)

출될 경우(이것은 양쪽 눈 위에 탁구공 반쪽을 붙이거나 콘택트 렌즈에 아주 작은 투사기를 올려놓을 경우 가능해진다), 피험자들은 아무것도 안 보인다(이것은 여전히 개념적인 구분을 하는 상태다)고 말하는 것이 아니라 시각이 멎는다, 즉 "짧은 순간에 시각이 완전히 사라진다" 고 말한다.[50]

요컨대 망각(忘却)이나 그것에 필적하는 것이 가능하다면, 그리고 대상도 없고 의식의 내용도 없는 순수 의식 상태에 신비주의자들이 도달할 수 있다면, 캐츠의 논제는 재고되어야만 한다. 모든 범주와 경험들은 초월되므로, 한층 높은 단계의 신비한 상태에서는 선행(先行)하는 개념 범주나 경험들에 의해서 결정되는 것은 아무것도 없기 때문이다.

결론적으로 말해서, 종교적 경험에 공통적인 핵심이 있느냐는 문제는 종교적 경험이 종교적 믿음을 정당화하는 데에 사용될 수 있느냐는 문제를 다룰 때에 중요하다. 스테이스가 옳다면, 종교적 경험이 믿음들의 기본 핵심을 정당화할 수 있다는 좀더 기본적인 주장이 종교들 간의 차이로 인해서 영향을 받을 필요가 없다. 궁극적인 양립불가능성은 없다. 그러나 종교적 경험은 좀더 발달된, 또는 좀더 상세한(세부적인) 종교적 믿음들에 대한 근거를 제공하지는 않는다. 공통적인 핵심을 넘어서기 위해서는 좀더 포괄적인 경우가 구성되어야 할 것이다. 종교적 경험이 매우 다양할 뿐만 아니라 그 다양성이 경험의 주체가 이전부터 가지고 있는 믿음들에 의해 결정된다는 점에서 캐츠가 옳다면, 종교적 경험은 이전의 개념들에 의해서 결정됨으로써, 종교적 믿음을 위한 타당한 기초를 제공할 수 없다. 그런데 이와 동시에 우리의 모든 경험들이 세계에 관한 선행 믿음들의 맥락에서 발생한다는 점을 알게 되더라도, 이로 인해 경험 대상의 본성과 존재에 대한 우리의 믿음을 정당화하는 데에 그 지각 경험들을 사용하지 못하게 되는 것은 아니다. 요컨대 종교적 경험은 믿음 체계와 경험의 더 큰 맥락에 놓일 때 우리의 믿음을 갖기 위한 이유를 제공해 줄 수 있는데, 그 제공 방식은 논쟁의 여지가 있다.

---

50 Robert K. C. Forman, "A Construction of Mystical Experience," *Faith and Philosophy* 5, no. 3 (1988): 259–65.

| 연구문제 |

1. 스윈번이 제안한 종교적 경험의 다섯 가지 유형은 무엇인가? 그중 두 가지 유형의 예를 종교적인 문헌이나 철학적인 문헌에서 찾아보라.
2. 종교적 경험을 지각으로 보는 관점(얼스턴)과, 종교적 경험은 종교적 믿음에 근거한 해석이라는 관점(프라우드풋)을 비교하라. 종교적 경험에 대한 서술을 그들이 설명할 때 유사점과 차이점은 무엇인가?
3. 만일 당신이 종교적 경험을 가진 적이 있는 사람들을 안다면, 그들에게 그 경험을 어떻게 서술할지를 물어보라. 종교적 경험에 대한 앞의 세 설명 중에서 어느 것이 그들의 서술을 가장 잘 예시하는지, 그리고 왜 그런지를 논하라.
4. 종교적 경험이 종교적 믿음들을 정당화하는 데에 사용될 수 있다는 논제를 지지하는 논변이나 그것을 반대하는 논변을 이 장에서 찾아보거나 아니면 당신 나름대로 구성해보라. 당신은 종교적 경험에 관해서 어떤 관점을 전제해왔는가? 당신의 논변에 대해서 어떠한 반론이 제기될 수 있을까?
5. 당신이 종교인이되 자신의 종교적인 믿음들을 정당화하기 위해서 종교적 경험을 사용하지 않는다면, 당신은 어디에 호소하겠는가? 왜 당신은 그것이 종교적 경험에 비해서 당신의 믿음들을 지지해주는 더 나은 근거를 제공해준다고 생각하는가?
6. 종교적 경험에 공통적인 핵심이 있다는 논제를 지지해주는 논변과 반박하는 논변을 비교하라. 어느 관점이 옳다고 생각하며, 그 이유는 무엇인가? 좀더 고차적인 상태의 신비한 경험들에는 공통된 핵심이 있되 다른 유형의 종교적 경험에는 그렇지 않을 수 있을까?
7. 불교나 힌두교와 같은 아시아의 종교들의 종교적 경험과 기독교나 이슬람교, 유대교와 같은 서양의 종교들의 종교적 경험은 어떠한 면에서 차이가 나는가? 왜 그것들은 서로 다른가? (여기서 당신은 이 종교들이 신봉하는 실재에 대한 근본적인 관점들을 고려할 수 있다.)

| 참고문헌 |

Alston, William. *Perceiving God : The epistemology of Religious Experience.* Ithaca: Cornell University Press, 1991.

Davis, Caroline Franks. *The Evidential Force of Religious Experience.* Oxford: Clarendon Press, 1989.

Hardy, Alister. *The Spiritual Nature of Man: A Study of Contemporary Religious Experience.* Oxford: Clarendon Press, 1979.

James, William. *The Varieties of Religious Experience.* New York: New American Library, 1958.

Katz, Steven T., ed. *Mysticism and Philosophical Analysis.* Oxford: Oxford University Press, 1978.

Lewis, H. D. *Our Experience of God.* London: Allen and Unwin, 1959.

Otto, Rudolf. *The Idea of the Holy.* London: Oxford University Press, 1958.

Proudfoot, Wayne. *Religious Experience.* Berkeley and Los Angeles: University of California Press, 1985.

Rowe, William L. "Religious Experience and the Principle of Credulity." *International Journal for the Philosophy of Religion* 13(1982): 85-92.

Smart, Ninian. *The Religious Experience.* London: Macmillan, 1991.

Stace, W. T. *Mysticism and Philosophy.* New York: Macmillan, 1960.

Swinburne, Richard. *The Existence of God.* London: Oxford University Press, 1979.

Underhill, Evelyn. *Mysticism.* Cleveland: Meridian Books, 1955.

Wainwright, William. *Mysticism: A Study of Its Nature, Cognitive Value, and Moral Implications.* Madison: University of Wisconsin Press, 1981.

Yandell, Keith. *The Epistemology of Religious Experience.* Cambridge: Cambridge University Press, 1993.

4장 ●● 신앙과 이성: 서로 어떤 관계인가?

1978년 11월 18일은 현대 사회에서 일어난 가장 끔찍한 종교적인 비극들 중 하나가 발생한 날이다. 남미 가이아나에 있던 존스타운 공동체에 속한 사람들이 남녀노소 할 것 없이 하룻밤 새 전원 사망했다. 사인(死因)은 자연재해도 아니요, 질병이나 적군의 침략도 아니었다. '혁명적인 자살'이라는 집단적인 종교 예식을 거행하면서 청산가리가 섞인 음료수를 마시고 914명이 사망한 것이다.[1]

존스타운의 창시자인 짐 존스는 미국 중서부의 개신교 목사였다. 인민 사원이라는 그의 교회는 캘리포니아에 있는 레드우드 밸리로 옮겨갔다. 그는 인종 통합을 강력하게 추진했던 사회운동가였으나, 자기는 살아 있는 신이며 43명의 죽은 사람들을 살려냈다고 주장하면서 점차 정통 기독교에서 멀어지기 시작했다. 그 교회에 대한 압력과 비판이 거세지자 그와 추종자들은 1977년에 가이아나로 옮겨 정글에서 존스타운 공동체를 개척했다. 하지만 비판과 압박은 계속되었으며, 특히 거기서 이반(離反)한 신도들이 그 집단을 강력하게 비판했다. 희망적인 미래에 대해서 절망한 존스타운의 수뇌부는 마침내 절망적

1 이 비극의 배경을 이루는 종교적 세계관을 해석하면서 사건을 설명한 문헌으로 David Chidester, *Salvation and Suicide: An Interpretation of Jim Jones, the Peoples Temple, and Jonestown* (Indianapolis: Indiana University Press, 1988)을 들 수 있다.

인 상황에서 벗어나고 '저승'에서의 행복한 재결합을 예비하는 방편으로서 집단 자살을 택했다.

왜 이런 일이 벌어졌을까? 사람들이 어떻게 그런 짓을 할 수 있었을까? 우리는 이 질문들을 묻지 않을 수 없다. 어느 면에서는 이에 대한 답변들이 어렵지 않게 주어질 수 있다. 존스타운의 신도들은 짐 존스를 자기네 가운데 거하는 살아 있는 신이라고 믿었으며, 그의 설교를 신의 메시지로 믿었다. 그런데 적대적이고 위협적인 세상에서 고결할 수 있는 유일한 길이요 올바른 행동은 자살이라는 메시지가 떨어진 것이다. 자살이라는 행위는 그들의 믿음과 신적 지도자의 명령에서 논리적으로 따라나왔다.

하지만 그 사람들이 어떻게 그토록 정신 나간 말을 믿을 수 있었을까 하는 의문이 여전히 남는다. 상식적으로 생각해봐도 존스는 그가 말한 식의 신적 존재가 아니며 그의 설교는 터무니없다는 것이 분명하지 않았을까? 그러나 이번에도 답은 그리 어렵지 않게 나올 수 있다. 이 사람들은 신앙인이었고, 다른 신앙인들과 마찬가지로 그들은 신앙을 강화하고 돈독히 할 것을 요구받았다. 의심이나 의문을 품는 짓은 신앙에 배치되고 종교적인 삶의 증오스런 적으로 간주된 것이다. 그래서 존스의 추종자들에게 인간의 이성을 사용해서 그의 설교가 믿을 바가 못 된다는 것을 분별하라고 요구한다면 그것은 그들의 삶을 지탱해주고, 또 죽음까지도 불사하게 하는 바로 그 믿음을 부정하라는 것과 마찬가지일 것이다.

이성은 신뢰받을 수 있는가?

존스타운의 경우는 극단적인 예지만, 신앙과 이성의 관계는 좀처럼 조용하거나 평화로운 적이 없고, 오히려 늘 시끄럽고 갈등하는 양상을 보여왔다. 실제로 꽤 많은 사람들이 신앙[2]과 이성이 전혀 양립할 수 없다—즉 양자의 관계가

---

2 종교적인 문맥에서 사용되는 용어로서의 '신앙'은 다소 복잡한 의미를 가지고 있다. 대개 신앙은 **인지적인** 면을 포함한다. 즉 그 종교의 교리가 진리라고 **믿는** 것을 포함한다. 그리고 신앙의 대상에 **귀의**하고 명령에 **순종**하겠다는 의사를 표현하는 **의지적인** 측면이 있으며, **신뢰**나 **사랑**의 **정서적인** 측면이 있다. 이 장에서는 주로 신앙의 인지적인 면을 염두에 두겠지만 그렇다고 해서 다른 측면들의 중요성을 무시하는 것은 아니다.

상호 배타적이고 적대적이다—는 입장을 표방했는데 그중에는 유명한 종교 사상가들도 들어 있다. 사도 바울은 "누가 철학과 헛된 속임수로 너희를 노략할까 주의하라"(골로새서 2:8)고 썼다. 또 초기 기독교의 저술가인 테르텔리아누스(Quintus S. F. Tertullianus 160~220)는 "아테네인들이 예루살렘과 무슨 관계가 있는가?"(여기서 '아테네인'은 그리스 철학을 의미하고, '예루살렘'은 기독교의 교회를 의미한다)라고 묻기도 했다. 이 물음들이 함축하는 대답은 "아무것도 없다. 신앙과 철학은 공통점이 없으며, 양자는 전적으로 대립된다"는 것이다. 파스칼(1623~1662)은 "마음은 이성이 모르는 이유들을 가지고 있다"라고 말했는데 이는 어떤 사람들의 경우에는 믿음을 위해 자신의 추론 기능을 무디게 할 필요가 있다는 것을 함축한다.[3]

하지만 신앙과 이성을 예리하게 분리해내는 일은 그런 진술들이 표현하는 것보다 더 힘들다. 신앙을 강조하고 이성을 공격하는 사람들은 흔히 종교적 경험을 상당히 강조한다. 자동차 범퍼에 붙은 스티커에 "신은 죽지 않았다. 나는 오늘 아침에 그분과 대화를 나눴다!"라고 씌어 있듯이 말이다. 그러나 앞 장에서 살펴본 바와 같이 종교적 경험은 결코 순전히 감정적인 '우발 사건'이 아니다. 오히려 그것은 경험되는 존재자(신)에 대한 개념과 믿음들을 포함한다. 우리가 종교적 경험들을 그러한 개념이나 믿음들—앞으로 사용할 용어로 말하자면, 종교적 믿음 체계—에서 분리해내려고 한다면, 경험되는 것이 누구인지 또는 어떤 것인지를 말할 방도가 없으며, 그 경험을 가진 사람들에게 그 경험이 어떠한 영향을 미쳐야만 하는지를 설명할 수 없을 것이다. 종교적 믿음 체계는 어느 정도는 이해될 필요가 있는데 이성을 사용하지 않고서 어떻게 그것을 이해할 수 있을지는 가늠하기 어렵다.

실제로 위에서 언급된 종교 사상가들 중에서 이성을 전적으로 거부한 사람은 없다. 사도 바울의 경고는 '진리에 대항해서 자신을 가두는 인간의 자만심'의 산물인 '세상적인 지혜', 즉 특정 종류의 추리에 대한 것이지 이성의 사용 자체에 대한 것이 아니라는 주장이 설득력 있게 제시되었다.[4] 사도 바울

3 Blaise Pascal, *Pensées*, tr. W. F. Trotter, and *The Provincial Letters*, tr. Thomas M'Crie (New York: Random House, 1941), p. 83 참조. (PRSR3e, pt. 3에 일부가 발췌되어 있다.)

의 편지들을 겉핥기식으로 읽어보기만 해도 그 자신이 추론과 분석과 논증을 사용해서 종교적인 가르침을 행하고 있음을 알 수 있다.[5] 테르툴리아누스가 철학을 비난했음에도 불구하고 그 자신은 철학적인 훈련을 받고서 기독교의 교리를 설명할 때 그것을 활용했다. 바울과 마찬가지로 파스칼도 어떤 종류의 추론에 대해서는 혹독하게 비판했지만, 그가 일생에 걸쳐서 이루어놓은 업적 중 하나는 기독교 신앙을 합리적으로 옹호하는 일종의 '변증학'을 구축했다는 점이다.

그렇다면 진짜 문제는 이성이 종교에서 자리를 차지하느냐의 여부—이 물음에 대한 답은 그렇다이다—가 아니라 어떠한 종류의 자리를 차지하며 또 그래야만 하느냐는 것이다.[6] 그런데 이 물음에 대한 대답 중 적어도 일부분에 대해서는 비교적 논란의 여지가 없다. 실제로 모든 종교 공동체들은 그 종교의 믿음 체계를 어린이나 새로운 개종자들에게 가르칠 때라든지, 신도들에게 그들의 신앙의 대상을 이해시킬 때에는 이성을 사용하며, 또 그것을 인정한다. 이러한 이성의 사용은 별로 논란거리가 되지 않는다. 진짜 논란거리는 이것이다. 이성은 종교적인 믿음 체계들의 정당성을 입증(또는 반증)할 때 어떠한 역할을 수행하는가? 신앙을 이해할 때 우리가 이성을 사용해도 좋다면, 신앙을 갖기 위해서는 그 신앙이 참되다고 믿기 위한 타당한 이유를 가져야 하는가(또는 그래야만 하는가)? 이것이야말로 '신앙과 이성의 문제'의 핵심이며, 이 장의 나머지 부분에서 주로 다루게 될 문제이기도 하다.

강한 합리주의

우리가 앞으로 고찰할 이 문제에 대한 첫 번째 대답은 강한 합리주의(strong rationalism)에서 나온 답변이다.[7] 강한 합리주의는, 종교적인 믿음 체계가 올바

---

4 Paul W. Gooch, *Partial Knowledge: Philosophical Studies in Paul* (Notre Dame: University of Notre Dame Press, 1987), p. 42.

5 일례로 고린도전서 15장을 보라.

6 여기서 '자리를 차지한다'와 '차지해야만 한다'의 차이를 주목하라. 이성이 실제로 종교에서 어떤 자리를 차지한다는 것은 분명하지만, 우리는 이성이 종교에 관한 사람들의 생각에서 실제로 차지하는 자리가 바로 그것이 차지해야만 하는 자리와 같다고 자동적으로 결론 내릴 수는 없다.

르고 합리적으로 받아들여지기 위해서는 그 믿음 체계가 옳다는 것이 입증될 수 있어야만 한다고 주장한다. 여기서 사용되는 합리주의는 비합리주의나 신앙주의와 대비된다. 일반적으로 이런 의미에서의 합리주의는 우리의 믿음과 행위들을 결정할 때 이성이나 지성에 의존하는 것을 함축한다.[8] '증명한다'라는 말이 다소 모호하기는 한데 여기서는 그것을 다음과 같이 이해하겠다. 즉 이성적인 사람이면 누구나 납득할 만한 방식으로 어떤 믿음이 참이라는 것을 보여주는 것을 의미한다. 이것은, 곧 한 증명이 근거해 있는 전제나 추정되는 사실을 검사하는 이성적인 사람이면 누구나 그 전제나 사실이 맞다(또는 적어도 그것이 참이 될 개연성이 높다)고 확정지을 수 있어야 한다는 것을 뜻한다. 증명에서 사용되는 추리 방법을 조사하는 이성적인 사람이라면 누구나 그것이 타당하다는 것을 알 수 있어야 한다. 다시 말해서 그 전제가 참이라고 가정할 때, 그런 추리 방법에 의해서 도달된 결론은 참이 된다는 것이 보장되거나 적어도 참이 될 개연성이 높다는 것을 알 수 있어야 한다.

영국의 수학자인 클리포드(1845~1879)는 강한 합리주의의 핵심 사상을 다음과 같이 천명했다.

> 불충분한 증거에 근거해서 어떤 것을 믿는다는 것은 어느 경우이건 간에, 그리고 누구이건 간에 언제나 잘못이다.
>
> 만일 어떤 사람이 어릴 때에 받은 가르침으로 인해서, 또는 자란 후에 설득되어서 어떤 믿음을 가지게 되었는데 그 후에 그 믿음에 대하여 마음속에서 생기는 의문들을 계속 억누르고 물리친다면 …… 그리고 그 믿음을 위태롭게 하

7 이 장에서 논의되는 세 가지 주요 입장들은 이 문제에 대한 현대의 분석을 통해 나온 것으로서, 앞에서 언급된 철학자들이 자신의 입장으로 표방한 것은 아니다. 어떤 사상가들은 이 세 입장 중 어느 하나로 분류하기가 어려운 경우도 있다. 예를 들어, 파스칼의 주장들 중 많은 것이 신앙주의에 속하는 것으로 여겨지기 쉽지만 그의 입장은 전반적으로 '비판적 합리주의'에 속한다고 할 수 있다. 신앙과 이성의 문제에 대해서 우리와 유사한 분석을 제공하는 문헌으로 다음의 것들을 참조하라. William J. Abraham, *An Introduction to the Philosophy of Religion* (Englewood Cliffs: Prentice-Hall, 1985), chaps. 7, 8, 9, 10; C. Stephen Evans, *Philosophy of Religion: Thinking about Faith* (Downers Grove: InterVarsity Press, 1985), chap. 1. (PRSR3e, pt. 3 참조)

8 인식론에서의 '합리주의'는 다른 용법으로 사용되는데 그것은 **경험주의**와 대비된다. 이런 의미에서의 합리주의는, 가장 중요한 진리들이 감각 지각에 의존하지 않고 '순수 이성'에 의해서 알려진다고 본다. 이 장에서 사용되는 합리주의는 그런 합리주의가 아니다.

는 물음들을 불경한 것으로 간주한다면, 그 사람의 인생은 인류에 대한 죄악이나 다름없다 ……

어떤 교리의 증거를 탐구하는 것은 단번에 이루어지지 않으며 최종적으로 결말이 나지도 않는다. 의심을 억누르는 것은 결코 합법적이지 않다. 왜냐하면 기존의 탐구에 의해서 그 의심에 대한 답변이 정직하게 주어지거나, 아니면 그 의심은 그것에 대한 탐구가 아직 완결되지 않았다는 것을 입증하기 때문이다.[9]

클리포드가 우리의 믿음들에 대해서 그토록 높은 기준들을 설정하는 이유는 무엇일까? 그것은 바로 우리가 적절한 증거 없이 믿음을 받아들일 때 자기 자신이나 타인에게 초래할 심각한 결과 때문이다.

어떤 선주(船主)가 이민선을 출항시키려고 하는데 그 배가 항해에 적합하지 않을 것 같은 의심이 들었다고 하자. 이 의심은 그의 마음을 괴롭혔고 그를 불편하게 만들었지만 그 배가 출항하기 전에 그는 이러한 감상적인 생각을 극복하고 밝은 마음으로 자비롭게 기원하면서 그 배가 출발하는 모습을 지켜보았다. 그 후 그 배는 망망대해에서 침몰했고 그 선주는 보험금을 받게 되었다.

우리는 이 사람에 대해서 뭐라고 말하겠는가? 정말로 그는 배에 있던 사람들을 죽게 한 죄를 범했다고 확실히 말할 수 있다. 그는 자기의 배가 아무 이상이 없다고 신실하게 믿었지만 그의 확신이 갖는 신실성은 어떠한 방식으로도 그를 돕지 못했다. 왜냐하면 그가 가지고 있는 증거에 근거해서 그 믿음을 가질 권리가 그에게는 없기 때문이다.[10]

클리포드가 이 선주를 비난하는 데에 대해서는 우리도 공감한다. 우리가 본 바와 같이 그는 불충분한 증거에 근거해서 갖는 믿음은 여하튼 간에 비난받아야 한다고 주장한다.

---

9 William K. Clifford, "The Ethics of Belief," *The Rationality of Belief in God*, ed. George I. Mavrodes, (Englewood Cliffs: Prentice-Hall, 1970), pp. 159-60. (PRSR3e, pt. 3 참조)

10 Ibid., pp. 152-3.

클리포드의 관점에 대해서 제기되는 한 가지 반론은, 신앙을 갖기 전에 요구되는 진지한 사고 능력이나 그런 사고를 할 시간 여유가 없는 사람들이 많이 있으며, 생계를 유지하기 위해서 열심히 일만 하다 보니 교육을 받을 기회가 별로 없었던 사람들도 많다는 점이다. 클리포드도 이러한 반론을 예상하고 다음과 같이 반박한다. "어떤 사람이 '나는 너무 바빠서 어떤 문제들을 판단하고 논증의 성격을 이해할 수 있는 유능한 사람이 되기 위해 필요한 연구를 수행할 시간이 없다'라고 말한다면, 그는 믿을 시간도 갖지 말아야 한다."[11]

여기에는 어떠한 종교적인 믿음 체계에 대해서도 우리의 모든 믿음을 제어하는 높은 수준의 증명이 제시될 수 없으므로, 이성적인(그리고 도덕적인) 사람은 종교적인 믿음을 가져서는 안 된다는 클리포드의 생각이 숨어 있다. 그러나 강한 합리주의자라고 해서 모두가 종교에 대해서 적대적이지는 않다. 로크(1632~1704)는 기독교인이었지만 타당한 믿음의 기준에 대해서는 후대의 클리포드와 같은 생각을 가지고 있었다. 다만 로크는 기독교가 올바르게 이해되고 옹호된다면 그러한 기준들을 충족시킬 수 있다고 생각한 점에서 클리포드와 차이가 있다.[12]

아퀴나스(1224~1274)는 로크나 클리포드와 다른 입장을 취하는 면도 있기는 하지만, 면밀하게 합리적으로 검토해보면 기독교의 진리가 옹호될 수 있다고 주장한 점에서는 로크와 입장이 같다.[13] 여기서 정의된 바와 같은 강한 합리주의에 가까운 입장을 취하는 현대의 종교 철학자로서는 스윈번(1934~)을 들 수 있다.[14]

---

11 Ibid., p. 160.

12 로크의 입장에 대한 뛰어난 논의로는, Nicholas Wolterstorff, "The Migration of the Theistic Arguments: From Natural Theology to Evidentialist Apologetics," in *Rationality, Religious Belief, and Moral Commitment*, ed. Robert Audi and William J. Wainwright (Ithaca: Cornell University Press, 1986), pp. 38-81이 있다.

13 한 가지 중요한 차이점은 클리포드나 로크와는 달리 아퀴나스는 각각의 신앙인에게 그의 믿음들에 대한 합리적인 정당화를 제시할 책임을 부과하지 않았다는 점이다. 아퀴나스의 견해에 관해서는 각주 12에서 인용된 월터스토프의 논문과 Ralph McInerny, "Analogy and Foundationalism in Thomas Aquinas," in *Rationality, Religious Belief, and Moral Commitment*, pp. 271-88을 참조하라.

14 Richard Swinburne, *The Existence of God* (Oxford: Oxford University Press, 1979)와 *Faith and Reason* (Oxford: Oxford University Press, 1981) 참조.

신앙과 이성에 대한 이상의 관점이 지니는 호소력은 부인할 수 없다. 사람들이 타당한 이유 없이 무언가를 '안다'고 주장할 때 우리 중에 어느 누가 이에 대해서 실망하지 않겠으며, 심지어 분노마저 느끼지 않겠는가? 이러한 실망에 비추어볼 때 우리가 믿는 것들에 대한 '진정한 증명'을 갖고자 하는 바람은 충분히 납득할 만하다. 강한 합리주의자는 '신앙'에 적당히 얼버무려서 호소하는 것이 아니라 그의 견해가 옳다는 것을 증명하려고 한다. 그러면서 만일 당신이 자기와 의견을 달리할 것 같으면, 당신도 당신의 견해가 옳음을 증명해 보이라고 강하게 요구한다.

그렇지만 과연 강한 합리주의가 옳은 관점인지에 대해서는 의문의 여지가 있다. 우선 강한 합리주의가 내세우는 종류의 합리적인 보장이 종교적인 신앙의 관점에서 볼 때 바람직한 것이냐는 의문이 제기될 수 있다. 종교인들 사이에서 매우 공통적으로 퍼져 있는 관점들 중 하나는 신앙에서 우리는 증명될 수 있거나 합리적으로 보장될 수 있는 것을 '넘어서서 떠난다'는 생각이며, 이 '떠남'은 모험과 불확실성을 수반하면서도 신앙에서는 중요하고 본질적인 요소가 된다는 것이다. (다음 절에서 논의될 키에르케고르는 이 생각을 아주 강하게 피력했다.) 물론 신앙이 모험과 불확실성을 포함한다는 생각은 틀릴 수도 있지만, 종교인들이 이러한 관점을 진지하게 받아들이는 경우는 흔하다. 만일 이 생각이 옳다면, 강한 합리주의는 종교적인 신앙에 접근하기 위한 올바른 방법이 될 수 없다.

강한 합리주의에 대한 또 다른 의문은 다음과 같다. 강한 합리주의는 실제로 유효하게 작용할 수 있는 이론인가? 즉 강한 합리주의자가 요구하는 바를 과연 실행할 수 있을까? 또 특정한 종교적 믿음 체계가 옳다는 것을 입증하되, 이성적인 사람이면 누구나 확신할 수 있을 정도로 입증할 수 있을까? 강한 합리주의자는(그가 종교인이라면) 이것이 가능하다고 생각하고서 어떻게 그러한지를 우리에게 보여주려고 할 것이다. 하지만 수세기에 걸쳐서 강한 합리주의자들을 비롯한 여러 사람들의 논증에도 불구하고 '모든 이성적인 사람들을 만족시키는' 방식으로 증명된 종교적인 믿음 체계가 하나도 없다는 사실은 부인될 수 없다. 그런데 이것은 강한 합리주의와 상충되는 사실이다. 여기서 문제는 무엇인가?

강한 합리주의자들은 자기네 이론이 모든 사람들을 납득시키지 못한다고 해서 압도되지는 않는다. 그는 자신의 논증이 타당하고 모든 사람들이 납득할 만한 것이지만, 이 특정 경우에만 뭔가 잘못되었다고 말할 것이다. 아마 다른 사람이 자신의 논변을 주의 깊게 연구하지 않았거나 올바르게 그 논변을 이해하지 못했을 것이라고도 말할 것이다. 또는 강한 합리주의의 논변 자체가 완벽하게 타당하지만, 어떤 사람은 그것을 이해할 만한 지적인 능력을 결여하거나 훈련받지 못해서 그럴 것이라고 말할지도 모른다. (대부분의 사람들이 수학의 고급 논증들에 대해서 이러한 처지에 있는 것은 사실이다.) 끝으로 어떤 사람들은 일상생활에서는 이성적이지만, '편견에 눈이 가리워져 있어서' 종교적인 문제에서는 옳고 그름을 바로 분간해내지 못한다고 강한 합리주의자들은 주장하기도 한다.

그렇지만 종교적 논증들에 대한 논의가 실제로 이루어지는 방식은 강한 합리주의자들에게 별로 고무적이지 못하다. 강한 합리주의자의 관점이 옳다면, 적어도 어떤 종교적인 논변들의 경우에는 오해와 저항이 점차 극복되어 시간이 흐름에 따라 더욱 많은 사상가들이 그 논변들을 타당한 것으로, 그리고 수긍할 수밖에 없는 것으로 인정하게 되어야 한다. 그러나 실제 상황은 정반대다. 특정한 논변을 타당하다고 받아들이는 철학자들조차도 연구가 진행됨에 따라, 그 논변이 허점을 가지고 있다는 것을 알게 된다. 더구나 그 허점은 지성인이 그 논변을 부정한다고 해도 전혀 불합리한 사람이 되지 않게끔 해주는 종류의 것이다. 합의를 이루는 쪽으로 진행되기보다는, 이성적인 사람이라고 해서 모두가 그러한 논변들을 납득하게 되지는 않는다는 점을 인정하는 쪽으로 진행되는 추세인 것 같다. 현대 사회의 특징 중 하나인 믿음의 다양성은 결코 무식하거나 무분별한 사람들에게 국한된 것이 아니라는 점은 주목할 만하다. 그와는 반대로 사려 깊고 신실하면서 박학다식한 사람들에게서도 다양한 믿음들이 공존한다.

이처럼 보편적으로 설득력 있는 논변이 성립하기 어렵다는 사실은 종교적인 믿음 체계들뿐만 아니라 '세계관들(실재에 관한 일반적이고 포괄적인 설명들)'을 지지하는 모든 논변들에도 마찬가지로 해당된다. 우리의 세계관이 종교적일 경우에는 '순수한 신앙'에 의존해야만 하고 그것이 과학에 근거할 경우에는 확고한 증명을 가질 수 있다는 인상을 때때로 받는데 이것은 전적으로 잘못된 생각이다. 과학의 여러 분과들에서 나온 결과들은 워낙 확고하게 성립되어서 이성적인 사람이 그 결과에 동의하지 않을 가능성은 거의 없다. (반증에도 불구하고 자기 주장을 고집하는 사람을 가리켜 '지구가 평평하다고 고집하는 사람'이라고 하는데, 이런 사람이 아닌 이상에는 과학적인 결과들을 받아들일 것이다.) 그러나 종합적인 세계관으로서의 과학, 즉 세계의 실재를 이루는 모든 것에 관해서 과학이 말해줄 수 있다는 생각은 그처럼 압도적인 지지를 얻지 못한다. 흔히 **과학적 자연주의**라고 불리는 이 세계관은 여러 이론들 중의 하나일 뿐이다. 그리고 종교적인 믿음 체계들이 '모든 이성적인 사람들에게 증명될' 수 없듯이, 과학적 자연주의도 마찬가지다. 원소의 주기표가 강한 지지를 받듯이 세계관으로서의 과학적 자연주의도 그런 지지를 받는다는 주장은 설령 교묘하게 사람들을 오도하지는 않더라도 아주 혼동된 주장이다.

강한 합리주의의 또 다른 문제점은 다음과 같다. 강한 합리주의는 '이성'을, 상충하는 세계관들 사이에서 '중립적인' 기능으로서 존재한다고 본다. 그리고 사람들이 처음에 어떠한 세계관을 받아들이게 되느냐와는 무관하게 이성이 모든 사람들에게 (편견을 제외하고서는) 사물의 이치를 입증하는 데에 쓰여질 수 있다고 강한 합리주의는 전제한다. 하지만 과연 이성이 이런 식으로 중립적인가? 일상생활에서 사람들이 어떠한 종류의 논변을 설득력 있고 믿을 만한 것인지에 관해 생각할 때마다 그들의 믿음 체계(세계관)가 지대한 영향을 미친다는 점은 분명한 듯하다. 이러한 사실을 간파한 철학자들은 철학에 대해 전적으로 '순수'하고 '무전제적'으로 접근하려고 무던히도 애썼다. '보편적인 의심'에서부터 자신의 철학적인 작업을 시작했던 데카르트(1596~1650)는 잘 알려진 사례다.[15] 이러한 노력의 결과를 다 거두어들인 것은 아니

15 이러한 이상을 추구했던 현대 철학자로 후설(Edmund Husserl, 1859~1938)과 러셀(Bertrand Russell, 1872~1970)을 들 수 있다.

지만, 현대의 많은 철학자들은 그 시도가 성공할 수 없다고 확신하는 듯하다. 즉 '우리가 유래한 곳'과는 무관하게 지식이 근거하는 순수하고 무전제적인 관점은 있을 수 없다고 보는 것이다.[16] 그런데 이것이 옳다면, 즉 우리의 믿음 체계들에서 기존의 확신과 '편견들'을 완전히 제거하려는 목표가 달성될 수 없다면, 강한 합리주의의 접근법은 성립하기 어렵다.

신앙주의

우리가 검토하려고 하는 두 번째 관점은 흔히 **신앙주의**(fideism)라고 부르는 입장이다.[17] 신앙주의는 사람에 따라 달리 정의되는데 우리는 다음과 같이 정의하겠다. **신앙주의란 종교적인 믿음 체계들이 합리적인 평가를 받지 않는다고 보는 입장이다.** 예컨대 우리가 신이 존재하며 신은 우리를 사랑한다는 신앙을 갖는다고 말하는 것은, 우리가 이를 어떠한 증거나 추론에 의존하지 않고서도 받아들인다고 말하는 것과 같으며, 우리에 대한 신의 사랑을 입증하거나 반증하려는 시도를 거부한다고 말하는 것과 같다고 보는 것이다.

이것은 신앙주의자의 편에서 단지 이성을 완강히 거부하는 것인가? 반드시 그렇지만은 않다. 신앙주의자는 우리에게 하나의 논변이(또는 어떠한 논변도) 어떤 종류의 전제에 근거해야만 한다는 것을 일깨워준다. 처음부터 어떠한 전제도 인정하지 않는 사람과 논쟁한다는 것은 불가능하다. (실제로 이것은 철학적 회의주의자가 하는 짓이다. 회의주의자와의 논쟁을 그토록 좌절스럽게 만드는 요인이 바로 이것이 아니겠는가?) 한 논변에서 전제가 되는 것이 다른 논변에서는 결론이 되지만, 이것이 무한정 진행될 수는 없다. 어느 지점에 가서는 근본적인 가정들에 도달할 수밖에 없다. 이 가정들은 증명이 없어도 우리가 받아들이는 것들이다. 왜냐하면 그 가정들은 너무 근본적인 것들이어서 그것들을 증명할 수 있는 더 근본적인 것은 없기 때문이다.

---

16 '순수하고 무전제적인 이성'이라는 이상에 대한 반론을 전개한 주요 철학자들 중에는 비트겐슈타인(Ludwig Wittgenstein, 1889~1951)과 가다머(Hans-Georg Gadamer, 1900~2002)가 있다.

17 이 용어는 '신앙'을 의미하는 라틴어의 fides에서 유래했다.

이제 신앙주의자들은 우리가 주목해야 할 중요한 논점으로 다음의 사항을 지적한다. 신실한 종교인에게는 가장 근본적인 가정들이 그 종교적 믿음 체계 자체 내에서 발견된다. 종교적 신앙 자체는 우리의 삶의 기반이 된다. 틸리히(1886~1965)는 이것을 '궁극적 관심'이라고 표현했다. 이것이 옳다면, 우리의 신앙을 종교외적이고 합리적인 기준에 의해서 시험하거나 평가하려는 생각은 아주 잘못된 생각으로서 진정한 신앙을 결여했다고 할 수 있다. 따라서 우리가 신의 말씀을 논리학이나 과학을 가지고 검토하려 든다면, 이는 신보다는 과학이나 논리학을 숭배하는 셈이 된다는 주장이 제기되곤 한다.

종교적 신앙이 증명이나 증거 없이 받아들여져야 한다는 생각이 별로 편치 않게 느껴지는 사람들도 있을 것이다. 심지어는 불안스럽게 느낄 수도 있다. 그러나 신앙주의자는 증명이 결여되는 데에 대해서 아무 문제도 느끼지 않을 뿐만 아니라 오히려 그것을 즐긴다. 덴마크의 사상가인 키에르케고르(1813 ~1855)는 증거와 논변에 근거해서 객관적으로 종교의 진리를 추구하려는 사람들을 비웃는다.[18] 그런 사람들은 인간으로서의 자기 자신의 존재가 위기에 처해 있다는 것을 망각하고 있다. (이것은 현대 사회에서 미인 선발 대회나 근육미 경연 대회에서 매겨지는 점수에 따라 자신의 배우자를 선택하는 어리석음에 비유될 수 있지 않겠는가!) 더욱이 객관적이고 합리적인 탐구란, 우리가 궁극적인 해답에로 차츰 나아가기는 하지만 결코 그 해답에는 도달하지 못하는 '근사(近似) 과정'이라고 키에르케고르는 지적한다. 왜냐하면 언제나 조금 더 고찰해야 할 정보가 나오고, 읽고 평가해야 할 책이나 기사가 자꾸 나오기 때문이다. 이는 곧 신을 받아들일 것이냐 아니면 그에 대항할 것이냐 하는 결정이 무한정 연기되는 것을 뜻한다. 그러나 자신의 영혼에 대해서 진정으로 염려하는 사람은, "그가 신을 갖지 못하는 매 순간이 허비됨"을 깨닫는다.[19] 만일 우리가 신의 존재와 우리에 대한 그의 사랑을 증명할 수 있다면, 우

18 엄밀히 말해서, 이 신앙주의적 관점은 '요하네스 클리마쿠스(Johannes Climacus)'—키에르케고르의 필명으로서 일부 저서를 이 이름으로 출판했다—의 것이라고 해야 한다. 키에르케고르의 필명들로 표현된 모든 입장들이 키에르케고르 본인의 것으로 보기는 어렵다. 따라서 여기서 서술되는 입장들이 키에르케고르 자신의 입장을 충분히 반영하지 않을 수도 있다.

19 Kierkegaard, *Concluding Unscientific Postscript*, trans. David F. Swenson and Walter Lowrie (Princeton: Princeton University Press, 1941), pp. 178–9. (PRSR3e, pt. 3에 일부가 수록되어 있다.)

리가 신에 대해 신앙을 갖는 것은 불가능할 것이다. 그래서 설령 우리의 탐구가 성공하더라도, 신을 알고자 하는 목표는 성취되기보다는 오히려 좌절될 것이다. 키에르케고르가 말했듯이,

> 모험이 없이는 신앙이 있을 수 없다. 엄밀하게 말해서 신앙은 개인의 내향성이 갖는 끝없는 열정과 객관적인 불확실성 간의 모순이다. 내가 신을 객관적으로 파악할 수 있기 때문에 믿는 것이 아니라 그렇게 할 수 없기 때문에 나는 믿어야만 한다. 내가 신앙 안에서 나 자신을 보존하기를 원한다면, 수천 피트의 깊은 바다 위에서도 여전히 내 신앙을 보존하기 위해 객관적인 불확실성을 집중해서 단단히 붙들고 있어야만 한다.[20]

그런데 만일 신에 대한 믿음을 입증하는 논변과 증거들을 모으는 것이 쓸모없는 짓이라면, 어떻게 우리가 신앙을 갖게 되는가? 그 대답은 간단하다. "당신은 자신을 내맡기고 '신앙의 비약'을 감행해야만 한다. 즉 당신의 믿음이 참임을 보여주는 이유나 증거를 갖지 않고서(또는 그것들을 원하지 않고서) 믿어야 하는 것이다." 신앙의 비약은 다음의 예를 통해서 설명될 수 있다. 당신이 겨울 산행을 하고 있는데 갑자기 기상이 악화되었다. 기온이 급강하하면서 폭설이 내리기 시작했다. 그러나 당신은 걱정하지 않았다. 목적지인 대피소가 등산로를 따라 1킬로미터만 가면 있고, 거기는 따뜻하고 안전하기 때문이다. 그때 산사태가 나면서 등산로가 갈라졌다. 우회로가 없기 때문에 전진하려면 갈라진 땅을 건너뛰는 것 외에는 방법이 없었다. 이미 기진맥진한 상태라 과연 건너뛸 수 있을지 자신이 서지 않았다. 더욱이 시야가 흐려서 건너편에 있는 땅이 단단한지, 아니면 부스러져서 비탈길로 굴러 떨어지게 될지 판단하기도 어려웠다. 그렇다고 해서 해가 저물기 전에 출발지로 되돌아갈 수도 없었다. 이런 날씨에 산에서 밤을 맞았다가는 생명이 위태롭게 될 테니까. 그래서 결국 당신은 몸을 던지고 말았다 ……

20 Ibid., p. 182.

종교인들이 키에르케고르의 신앙관을 소개받게 되면 그들 중 많은 사람들이 매력을 느낀다. 강한 합리주의의 '고집 센' 논리적인 접근법보다는 키에르케고르의 관점이 신앙에 대한 그들 자신의 생각과 경험에 더욱 가깝게 느껴지기 때문이다. 신앙이 의탁과 모험을 포함한다는 생각은 많은 종교인들에게 온당하게 들린다. 키에르케고르가 실존주의의 효시를 이루었고, 그의 사상이 바르트(Karl Barth, 1886~1968)나 불트만(Rudolph Bultmann, 1884~1976)과 같은 신학자들이 표방한 '신정통주의' 신학을 배태했다는 사실에서 키에르케고르의 영향력이 잘 나타난다.[21]

신앙주의에도 문제점들이 있는데 그중 하나는 이것이다. 신앙이 하나의 비약이라면, 우리가 어느 신앙을 위해서 비약해야 하는지를 어떻게 결정하는가? 이미 종교에 의탁한 사람에게는 이것이 문제가 되지 않지만, 신앙을 추구하되 로마 가톨릭과 개신교와 바하이교(Bahaism)가 모두 그에게는 똑같이 수긍이 가서 이들 중 어느 것을 선택해야 할지 망설이는 사람의 경우에는 어떻게 해야 하는가? 한 가지 합당한 방법은 그 종교들 중에서 어느 것이 가장 참된지를 면밀히 검토하는 것이겠지만, 이것은 신앙주의자들이 배척하는 바다. 그러나 경합하는 믿음 체계들에 속한 진술들을 평가할 수 있는 합당한 방식을 갖는 것은 필수적이다. 사람들이 특정한 종교적인 믿음 체계를 받아들일 때 그 믿음들이 온당한지, 진리인지의 여부에 대해서 주의를 기울이지 않는다면, 그들은 기괴하고 심지어 위험스럽기까지 한 사상들을 받아들일 수도 있다. (앞에서 언급된 짐 존스의 인민 사원과 코레시(David Koresh)가 이끄는 다윗지파가 대표적인 예다.)

종교적 믿음 체계들이 그 믿음의 주체가 가지는 '가장 근본적인' 전제들

21 몇몇 학자들은 키에르케고르의 전반적인 입장이 앞의 인용문들이 제시하는 것보다 더 많이 신앙에 대한 합리적인 평가를 허용한다고 주장해왔다.(Marilyn Gaye Piety, "Kierkegaard on Rationality," *Faith and Philosophy* 10 (1993): 365-79; C. Stephen Evans, "The Epistemological Significance of Transformative Religious Experiences: A Kierkegaardian Exploration," *Faith and Philosophy* 8 (1991): 180-92; Merold Westphal, *Kierkegaard's Critique of Religion and Society* (Macon: Mercer University Press, 1987) 참조) 이것이 옳다면, 키에르케고르는 본문에서 함축된 것에 비해서는 '진짜 신앙주의자'로서의 성격이 약하다고 볼 수 있다. 이것이야말로 사려 깊은 사람이라면 자신의 믿음들에 대해서 합리적으로 평가할 수밖에 없다는 것을 보여주는 증거라고 하겠다.

을 나타내므로 다른 어떤 것에 의해서도 시험될 수 없다는 생각에 들어 있는 근본적이라는 말은 모호한 면을 가지고 있다. 독실한 신앙인에게는 그의 믿음들이 근본적일 수 있는데 이것은 그 믿음들이 그 사람의 삶의 방식을 위한 기본적이고 지배적인 길잡이가 되어준다는 의미에서 그렇다. 즉 그 믿음들은 그의 삶의 방향과 목표와 이유를 설정해주는 것이다. 하지만 그렇다고 해서 이 믿음들이 그가 알거나 믿는 다른 어떠한 것보다도 더 명증적이고 더 분명히 참되다는 의미에서 '근본적'이라고 할 수는 없다. 우리가 받아들이거나 거부하는 종교적인 믿음 체계들과는 별로 상관없지만 명백한 사실들—시각, 촉각, 청각을 통해 우리가 지각하는 것들—이 있다는 것을 우리는 일상생활에서 발견하게 된다. 수학의 간단한 진리들이 자명하게 보이는 것도 사람들의 세계관과는 무관하다. 이러한 진리들은 종교적인 믿음들처럼 우리의 삶에 대한 '근본적인 안내자' 구실을 하지 않더라도 우리의 지식에서 '근본적'(철학자들은 이것을 '인식론적으로 근본적'이라고 부른다)이다. 만일 그렇다면, 종교적인 믿음 체계들을 시험하기 위해서 인식론적으로 근본적인 믿음들을 사용하는 것은 실현 가능한 일이라고 할 수 있다.

더욱이 합리적인 기준에 의해서 신앙을 시험하다 보면 그 신앙 자체를 잃을 수밖에 없다는 말도 맞지 않는 것 같다. 오히려 이러한 시험이 실제로 행해진 경우들이 많이 있다. 루터(Martin Luther, 1483~1546)는 지동설(地動說)을 주장한 코페르니쿠스의 천문학이 신앙과 양립할 수 없다고 생각했다. 그 이유는 히브리의 지도자 여호수아가 전쟁에서 완전히 승리하기 위해 낮을 연장시키고자 했을 때(여호수아서 10:12~14), 지구가 아니라 태양더러 머물라고 명했으니까 지구가 아니라 태양이 회전한다고 루터는 생각했기 때문이다. 그러나 근래에 들어서는 (키에르케고르와 다른 현대 신앙주의자들을 비롯해서) 기독교인들은 현대의 천문학을 받아들임으로써 생기는 신앙상의 손상이 하찮다는 것을 알게 되었다. 더구나 많은 신앙인들이 신에 관한 자기네 생각들 중에는 논리적으로 모순된 것들도 있다는 사실을 발견하게 되었다. (예컨대 이 세상에서 일어나는 모든 일들을 신이 절대적으로 통치한다는 믿음은 인간의 자유 의지에 대한 우리의 믿음에 배치된다.) 이로 인해 그들은 때때로 사물들에 대한 자신의 종교적 이해를 수정하곤 했으나, 이것을 '신앙의 손실'이라고 생각하는 사람은 거의 없다. 신앙을 논리에 의해서 검토하는 것은 논리학을 신보다 우위에 놓는 것이라는 주장에 대해서는, 진정으로 강하고 건전한 신앙이라면 논리와 증거에 근거한 시험에 통과할 수 있는 믿음들을 포함해야 한다고 응수할 수 있다.

이제 여기서 한 걸음 더 나아가서 종교적인 믿음 체계가 이성적인 사람에 의해서 진지하게 받아들여지려면 논리적인 일관성과 사실적인 타당성의 시험을 거쳐야만 한다고 말할 수는 없을까? 자신의 믿음들 중의 일부가 논리적으로 모순되거나 널리 알려진 사실들과 상충된다는 것을 잘 알면서도, 그런 것은 믿음을 갖는 데 아무 장애가 되지 않는다고 말하는 종교인에 대해서 우리는 어떻게 생각해야 하는가? (1) 그가 몹시 혼란스러워서 자신이 무엇을 말하고 있는지를 모른다라고 말해야 하는가? 아니면 (2) 그 믿음의 진리성에는 관심이 없어서 진위 여부와는 상관없이 (그 믿음이 주는 위안 때문에) 그 믿음을 믿기로 결정했다고 말해야 하는가?[22] 실제로 신앙주의자들조차도 자신의 믿음들이 논리적으로 모순되거나 기존의 사실들과 상충된다는 것을 솔직히 인정하려고 들지를 않는다. 대개 그들은 자기네의 믿음들이 언뜻 보기에는 모순된 것 같아도 좀더 심층적인 관점에서 보면 실제로 모순된 것은 없다는 것을 알게 되리라고 말한다.[23] 신앙주의자들은 자기네 믿음들과 상충되는 사실들에 근거한 도전을 받으면, 그 '사실들'의 '세속적인' 출처의 신빙성을 문제 삼는다. 그래서 '지구 창조론자들'은 우주가 수억만 년의 나이를 가지고 있다는 결론을 지지하는 천문학 및 지질학의 '주류'가 내세우는 과학적인 근거들에 대해서 도전한다. 그러나 신앙주의자들이 자신의 입장과 논리(또는 확고한 사실

22 우리는 때때로 이와 다소 유사한 경우에 처하곤 한다. 즉 일군의 믿음들이 모순적이거나 모순을 함축하고 있는 것을 알지만, 그 믿음들 중의 어느 것을 포기하거나 수정해야 할지는 모를 수 있다. 왜냐하면 각각을 떼어서 보면 그것에 유리한 강한 증거가 있기 때문이다. 이 경우에 우리가 당분간 문제의 믿음들을 모두 받아들이기로 결정하는 것은 당연하다. 이 상황에서는 그중의 어느 것을 버림으로써 처음보다 더 나쁜 상황에 처할 수 있기 때문이다. 그러나 이런 상황은 본문에서 서술된 신앙주의자의 상황과는 전혀 다르다. 우리의 경우는 믿음들 중에서 어딘가에 잘못이 있다는 것을 잘 알면서도 어떻게 그것을 확인하고 수정해야 할지를 모르는 경우다. 반면에 본문에 나오는 신앙주의자는 그의 믿음 체계에서 나타나는 모순에 관해 아예 관심이 없다.

23 이러한 전략에 대한 신랄한 비판으로는, David Basinger, "Biblical Paradox: Does Revelation Challenge Logic?" *Journal of the Evangelical Theological Society* 30 (1987): 205-13을 참조하라.

들) 사이에서 생기는 실제적인 갈등을 인정하기를 거부할 경우, 이는 곧 종교적인 믿음들의 타당성을 시험하기 위해서 논리와 증거를 사용하는 것이 정당하다는 것을 그들도 인정하는 것이 아닐까?

실제로 믿음 체계들을 합리적으로 평가하는 작업을 피하기는 매우 어렵다. 종교인들과 대화를 해보면, 자기네가 이용하는 논변들이 타당할 경우에는 그것들을 꽤 즐겨 사용하다가, 논증을 하는 것이 자기네에게 불리해지면 그때부터 '순수한 신앙'을 들고 나오기 시작한다. 세련된 신앙주의자들조차도 이러한 점에서 일관성을 결여한다. 그들은 자신의 신앙이 타당함을 '증명'하려고 하지는 않으면서도 다른 경합하는 믿음 체계들이 오류를 범하고 있거나, 부적절하거나, 또는 일관성을 결여하고 있는 것이 발견되면 이를 지적하기 시작한다. 그러나 다른 사람의 믿음 체계 안에 들어 있는 그러한 결함들로 인해 그 체계에 대해서 의심을 품게 된다면, 우리 자신의 믿음 체계에서 유사한 결함이 지적될 경우 그것도 의심의 대상이 된다는 것을 인정해야 우리는 공정하다고 할 수 있다. 우리가 그러한 도전들을 단지 무시해버릴 때에는, 진리에 관심이 있는 것이 아니라 현재 가지고 있는 믿음들을 막무가내로 고수하는 데에만 관심이 있는 것이 아니냐는 의심을 받게 된다. 따라서 우리의 확신에 대해서 비판이 제기되면, 이 비판에 응수할 것이 요청된다. 즉 우리의 신앙에 대한 반론이 잘못되었다는 것을 보여주든지, 심각한 것이 못 된다는 것을 보여주든지, 또는 신앙의 본질은 변하지 않은 채 우리의 믿음들 중 사소한 부분들을 고침으로써 그 반론이 극복될 수 있다는 점을 보여줄 필요가 있는 것이다. 물론 이렇게 할 경우 종교적인 믿음 체계들을 합리적으로 평가하는 작업에 관여하게 되는데, 이것은 바로 신앙주의자가 할 수 없는 작업이다.

비판적 합리주의

신앙주의와 강한 합리주의가 모두 틀렸다는 결론을 내린다고 해보자. 그러면 우리는 신앙주의와는 달리 종교적 믿음 체계들을 합리적으로 비판하고 평가하는 것이 가능하다고 말해야 할 것이다. 또한 강한 합리주의자와는 달리 이런 평가가 어떤 특정한 체계의 타당성에 대한 결정적이고 보편적인 증명을 낳으리라고 기대할 수는 없다고 말해야 할 것이다.

우리가 이 결론을 받아들인다면, 이는 곧 **비판적 합리주의**(critical rationalism)[24]를 받아들이는 셈이다. 이 입장은 다음과 같이 정의될 수 있다. **비판적 합리주의는 종교적인 믿음 체계들에 대한 결정적인 증명이 불가능하더라도 그러한 믿음 체계들이 합리적으로 비판되고 평가될 수 있으며, 또 그러해야만 한다고 보는 관점이다.** 비판적 합리주의는 강한 합리주의처럼 종교적인 믿음들을 평가할 때 우리의 합리적인 능력을 최대한 활용해야 한다고 주장한다. 이를 위해서 우리는 가능한 최상의 논증들을 개발해서 다른 대안이 되는 체계들과 비교해야 한다. (유신론을 위한 논증들은 6장에서 전개된다.) 또한 문제의 믿음 체계에 대한 주요 반론들을 고찰하는 작업도 이루어져야 한다. (유신론에 대한 주요 반론은 8장에서 논의된다.) 그리고 믿기 위한 합리적인 근거이기는 하되 논변의 형식을 취하지 않는 경우도 고찰해야 한다. (이를 위해서는 7장을 보라.) 비판적 합리주의는 우리에게 이 모든 일들을 하노라고 말하면서 동시에 그러한 탐구의 최종적인 성격에 대해서는 과신하거나 지나친 낙관에 빠지지 말라고 경고한다. 비판적 합리주의는 두 가지 면에서 '비판적'이다. 첫째로 그 관점은 종교적 믿음들을 참이라고 단번에 결정하는 것에 반대하면서 그 믿음들을 비판하거나 비판적으로 평가하는 이성의 역할을 강조한다. 둘째로 비판적 합리주의는 이성에 대한 관점 자체에 대해서 '비판적'이다. 강한 합리주의에 들어 있는 이성에 대한 지나친 낙관적인 평가와는 대조적으로 비판적 합리주의는 이성의 능력에 대해서 좀더 겸허하고 제한된 관점을 취한다.

앞서 살펴본 바와 같이, 우리가 강한 합리주의와 신앙주의를 모두 거부하면 비판적 합리주의가 거의 자동적으로 떠오르게 된다. 그런데 비판적 합리주의도 두 가지 종류로 나눠진다. 비판적 합리주의자들 중 한 부류는, 자기네가 믿는 믿음에 유리한 이유와 논변들을 제공할 수 있어야 그것을 믿는 것이 합

---

24 비판적 합리주의라는 용어는 포퍼(Karl Popper)의 저술에서 나오는데 본문에서 쓰이는 이 낱말의 의미는 포퍼의 용법과 대체로 일치한다. 포퍼의 용법을 알기 위해서는, *The Open Society and Its Enemies*, vol. 2 (Princeton: Princeton University Press, 1971), p. 231을 보라.

리적이라고 생각한다. 이런 이유와 논변들이 모든 사람, 심지어 모든 '이성적인 사람들'을 설득하는 것은 아니지만, 그럼에도 불구하고 그런 이유들을 갖는 것은 이성적인 종교인이 되는 데에 본질적이라고 본다. 유신론적 신을 믿는 사람들을 위해 주어질 수 있는 논변들의 견본이 이 책의 6장에서 제시된다. 우리는 그런 사람들을 비판적 증거주의자들(critical evidentialists)이라고 부를 수 있다.

그러나 다른 부류의 비판적 합리주의자들은 자신의 종교적인 믿음을 위하여 논변을 제시할 필요는 없다고 본다. 그들은 그 믿음을 위한 논변이 없어도 그것을 믿기 위한 적합한 근거를 갖는다고 생각한다. 그렇다고 해서 이 사람들이 신앙주의자가 되는 것은 아니다. 왜냐하면 그들은 자기네 신앙이 합리적인 탐구에서 면제된 것으로 여기지는 않기 때문이다. 그들은 자기네가 믿는 믿음들에 대해서 합리적인 반론이 제기된다면, 거기에 대해 응수할 필요가 있다는 것을 인정한다. 하지만 자신의 믿음을 지지하기 위해 적극적인 이유를 제시할 필요는 느끼지 않는다. 이 사람들은 소극적인 변증론에 가담(그들은 자신의 믿음에 대한 반론에 응수하려 들 것이다)하지만, 증거주의자들이 가담했던 적극적인 변증론은 별로 필요치 않다고 생각한다. 이 후자의 부류에 속하는 비판적 합리주의자들을 비판적 반(反)증거주의자들이라고 부르자. 우리는 7장에서 이들에 관해 좀더 많이 논할 것이다.[25]

비판적 합리주의자가 자신의 믿음을 평가하는 방식을 묘사할 때에, 우리는 비판적 증거주의자에 대해 주로 생각할 것이다. 하지만 반증거주의자가 자신의 믿음을 위해 적극적인 이유들을 제시할 필요성을 느끼지 못한다는 점을 염두에 두는 한, 우리가 말한 것의 대부분은 비판적 반증거주의자들에게도 마찬가지로 적용될 것이다.

한편, 믿음의 평가는 다소 다르게 진행된다. 그것은 우리가 특정 항목의 믿음(내세에 대한 믿음이 한 예다)에 관심을 갖느냐, 아니면 전반적인 종교적

---

25 신앙과 이성의 문제에 대한 접근법들의 상이한 유형을 잘 요약한 문헌으로, Randall Basinger, "Faith/Reason Typologies: A Constructive Proposal," *Christian Scholar's Review* 27 (1997): 62-73을 보라.

믿음 체계나 세계관에 관심을 갖느냐에 달려 있다. 이제 우리가 연구 대상으로 삼을 특정한 믿음을 골랐다고 하자. 이 믿음은 우리 자신이 받아들이기 쉬운 믿음일 수 있거나, 또는 그것의 진위 여부가 우리에게 특별히 중요한 믿음일 수도 있다.

연구 대상이 되는 믿음을 선택하고 나면, 우리는 그 믿음을 가능한 한 정확하게 이해하고 있는지를 확인하게 된다. 이 작업은 주요 용어들을 정의하고 그 믿음이 함축하는 바를 알아보는 일들로 이루어진다. 즉 이 믿음이 받아들여지면 어떤 믿음들이 요청되고, 또 어떤 믿음들이 배제되는지를 결정하게 되는 것이다. 문제의 믿음이 우리가 직접 받아들이기를 꺼리는 것이라면, 그 믿음을 받아들이는 사람들에게 주의를 기울여야 한다. 이는 우리의 무지와 편견에서 나오는 오해를 피하기 위한 것이다. 이와는 반대로 그 믿음이 우리가 받아들이는 것이라면, 그 믿음에 너무 익숙함으로 인해 간과하기 쉬운 문제들과 모호한 점을 알기 위해서 반대자들의 의문과 비판을 귀담아 들을 필요가 있다.

일단 우리가 연구 대상이 되는 믿음을 이해하고 있다는 것이 확실해지면, 세 번째 단계로서 그 믿음을 받아들이기 위한 이유와 그것을 받아들여서는 안 되는 이유를 검토해야 한다. 그러한 이유들이 모두가 결정적이고 보편적인 설득력을 갖출 만큼 입증되지는 않겠지만, 그렇다고 해서 그 이유들이 무가치하다고 볼 수는 없다. 매브러디즈에 따르면, 믿음을 지지하는 이유와 논변들의 성공은 흔히 '대인(對人) 상대적(person-relative)'이라고 한다. 즉 어떤 사람에게는 설득력이 있게 들리는 논변이더라도 다른 사람—지적인 수준이 똑같은 사람—에게는 전혀 그렇지 않을 수 있다는 것이다.[26]

왜 그럴까? 한 사람은 그 논변의 전제들이 참되다고 아는 반면에 다른 사람은 그렇지 않아서 그럴 수도 있다. 우리는 다른 사람들이 모르는 것을 알기도 하고, 그 반대일 때도 있다. 그리고 논변의 전제들이 참이라는 것을 모르는 사람은 그 논변을 설득력 있는 것으로 받아들이지 않을 것이다. 물론 일반적

26 George I. Mavrodes, *Belief in God* (New York: Random House, 1970), pp. 17-48 참조.

으로 지식과 정보는 한 사람에게서 다른 사람으로 즉각 전달될 수 있지만, 언제나 그런 것은 아니다. 시간과 노력을 들여 특별히 훈련받은 사람이라야 논변의 힘을 제대로 평가할 수 있는 때도 있다. 또는 어떤 사건에 대해 알기는 하지만 이것에 관해서 다른 사람을 설득하지 못하는 경우도 있다. (당신이 과거에 가담했던 대화에 대해서 자신 있게 기억하지만, 다른 사람은 완전히 다르게 그 이야기를 말하는 경우도 있다.) 부분적으로 개인적인 체험에 근거해서 믿음을 갖게 되었는데 그 체험을 적절히 묘사하기가 어려울 때도 있거니와 그런 체험을 해본 적이 없는 사람에게는 말해주기가 어려울 때도 있다. 마지막으로(그렇다고 해서 가장 덜 중요한 것은 아니다) 꼽을 수 있는 이유는, 우리 모두가 선입견과 편견을 가지고 있음으로써 사물을 어느 특정한 방식으로만 보게 된다는 점이다.

그렇다고 해서 진리라는 것이 없다거나 진리를 찾아내는 일이 절망적이라는 뜻은 아니다. 종교적 믿음에 대한 확증을 얻어내기는 어렵더라도 결정적인 반증을 찾아내는 일은 가능하다는 점을 염두에 둘 필요가 있다. 어떤 믿음이 논리적으로 모순되거나 명백한 사실과 상충된다는 것이 입증될 경우, 합리적인 사람이라면 누구나 그 믿음을 수정하거나 폐기할 것이다. 일부 견해들이 이런 식으로 제거될 수 있다면, 선택의 범위는 점차 좁아질 것이다. 시간과 인내와 의지가 무한정 투입된다면 아마 우리의 다양한 출발점들로 인해 빚어진 차이를 종국에 가서는 극복할 수 있을지도 모른다. 하지만 현실적으로는 그러한 목표를 달성하기가 어렵기 마련이다. 보편적인 합의가 이루어지지 않을 때에는 다음 한 가지 방법밖에는 없다. 우리 각자가 옳은 것으로 여기는 것들에 근거해서 진리를 추구하되, 우리를 진리로 안내해줄 가능성이 높다고 여겨지는 추론 방법들을 사용하면 된다. 우리가 제멋대로 진리를 만들어낼 수는 없다. 그런 식으로 하다 보면 상대주의의 수렁에 빠지게 된다. 그러나 우리 각자는 스스로 진리를 추구해야만 한다. 그것이 바로 철학의 핵심 내용이다.

개별적인 믿음이 아니라 종교적인 세계관이 통째로 문제가 될 때 이러한 고찰들은 더 강하게 적용된다. 그러한 세계관들은 전형적으로 매우 복잡하다. 실재의 본성에 관한 주장들(형이상학), 지식의 본성과 지식을 획득하기 위한 방법들(인식론), 도덕적 선(善)과 선한 삶의 본성(윤리학)에 관한 주장들을 담고 있기 때문이다. 세계관들이 복잡하다는 사실은, 곧 그것들을 평가하는 일도 복잡하다는 것을 의미한다. 우리는 그 세계관이 논리적으로 일관성이 있는지, 아니면 그 세계관의 본질을 이루는 믿음들이 모순된지를 따져보려고 할 것이다. 또 알려진 사실들과 그 세계관이 일치하는지를 알고자 할 것이다. 이것을 평가할 때, 우리는 신빙성 있다고 간주되는 이 '사실들'의 다양한 출처들에 의존하게 될 것이다. 우리는 그 세계관의 설명력에 관해 물을 필요가 있다. 그 세계관이 알기 쉬운 방식으로 사물들을 포괄적인 패턴에 맞추는가? 아니면 정합적인 통일성을 갖추지 못한 상태로 남겨놓는가? 마지막 물음—이 물음을 엄밀하게 구성하기란 까다롭지만, 그 영향력은 막강하다—은 이것이다. 이 세계관은 어느 정도로 삶의 의미를 일깨워주는가? 그 세계관은 우리의 성공과 실패를 이해할 수 있게 해주는가? 그 세계관은 우리가 최상의 것이요 가장 가치 있는 것이라고 여기는 것을 향해 나아가도록 우리의 힘을 북돋우는가? 아니면 그 세계관은 우리의 현실적인 삶을 전혀 조명해주지 못하는가? (이것은 우리가 자신의 존재에 주의를 기울여야만 한다는 키에르케고르의 주장의 핵심이었다. "아무리 다른 면에서 현란하더라도 여기서 아무 도움도 못 주는 세계관이라면 무슨 소용이 있겠는가?" 라고 그는 반문했다.)

앞에서 언급된 노선에 따라 종교적인 세계관들의 합리성을 따져보는 일은 짧게 끝나지도 않거니와 쉽지도 않지만, 가치 있는 일이다. 때때로 그 과정을 통해서 기존의 신앙관이 더 확고해지는 반면에, 어떤 때는 다소 심각한 수정이 요구되기도 한다. 어떤 사람은 그러한 성찰의 (적어도 부분적인) 결과로서 세계관이 완전히 달라지는 '일대 변혁'을 겪기도 한다. 그 결과가 어떠하든지 간에, 그 과정을 통해서 우리가 탐구의 대상이 되는 종교적인 세계관을 더 깊이 이해하고, 그러한 세계관을 받아들이거나 거부할 때 무엇이 문제가 되는지를 더 잘 평가할 수 있으리라 기대된다.[27]

---

27 세계관에 대한 평가 과정을 잘 서술한 예로, William Abraham, *An Introduction to the Philosophy of Religion*, pp. 104-9를 들 수 있다. 아브라함은 그러한 성찰의 결과로서 어떤 사람이 특정한 종교적인 관점을 채택하는 시나리오를 묘사한다. 실생활의 예들은 현대 철학자들의 '종교적인 자전(自傳)'을 담은 다음 두 책에

여기서 윤곽이 그려진 바와 같이 비판적 합리주의는 신앙과 이성의 문제에 대한 해답으로서 상당한 장점들을 갖는다. 그러나 비판적 합리주의의 원리에 따라 종교적 믿음들을 연구하는 것이 때로는 좌절에 빠진다는 것을 부인할 수도 없다. 어느 의미에서 비판적 합리주의자는 신앙주의자나 강한 합리주의에 비해 더 공격에 노출되는 입장에 처한다. '신앙의 비약'을 감행함으로써 합리적인 정당화의 문제들을 무시할 수 있는 신앙주의자와는 달리 비판적 합리주의자는 종교적 믿음들을 합리적으로 평가하는 임무를 수행하게 된다. 그러나 강한 합리주의자와는 달리 비판적 합리주의자는 적절히 절차를 밟아서 어떤 입장이 옳고 그른지를 결정적으로 입증할 수 있다고 장담하지는 못한다. 따라서 신앙주의자나 강한 합리주의자와는 달리 비판적 합리주의자는 자신의 종교적 믿음들의 진리성과 정당성에 관한 논의가 궁극적인 결론에 도달했노라고 최종적으로 결정하지는 못한다.

넓게 말하자면, 이 책의 접근법이 바로 비판적 합리주의의 접근법과 같다고 할 수 있겠다. 우리가 신앙주의자의 입장을 택하면, 종교적 믿음들의 진위에 관해 우리가 제시하는 논변들 중 상당수가 무의미한 것이 되고 만다. 반면에 강한 합리주의자의 입장을 취하게 되면, 그 논변들은 남아 있을 수 있는 반면에 다른 방식으로 사용될 수 있으며, 우리가 실제로 할 수 있는 것보다 더 강하게 그 논변들의 결정적인 성격을 주장하게 될 것이다. 더욱이 비판적 합리주의는 다양한 종교적인 관점들을 고찰하려는 이 책의 의도와도 잘 들어맞는다. 어느 의미에서 비판적 합리주의자는 신앙주의자나 강한 합리주의자들보다도 더 대안적인 관점들과 그런 관점들에 대한 지지자들을 필요로 한다. 강한 합리주의자는 자신의 입장이 옳다는 것을 입증하고 확실히 안다. 그래서 그가 다른 입장에 대해서 관심을 갖는 이유는 그 입장의 오류를 알아내기 위해서거나 그것을 옹호하는 사람들을 설득하기 위한 최상의 길을 찾기 위해서다. 반면에 신앙주의자는 일단 '신앙의 비약'을 감행하고 나면 다른 대안을 필요로 하지 않

서 찾아볼 수 있다. Kelly James Clark, ed., *Philosophers Who Believe: The Spiritual Journeys of Eleven Leading Thinkers* (Downers Grove: InterVarsity, 1993); Thomas V. Morris, ed., *God and the Philosophers: The Reconciliation of Faith and Reason* (New York: Oxford, 1994).

으며, 고작해야 그가 '선택한' 관점이 우월하다는 것을 과시하기 위해서 다른 입장을 이용할 뿐이다. 이때 신앙주의자가 선택한 관점은 그 자체의 내적인 기준에 의해서 언제나 우위에 놓이기 마련이다.[28] 이들과는 대조적으로 비판적 합리주의자는 자신의 입장이 옳다는 절대적인 합리적 확신을 가지고 있지 않으므로, 자신의 견해와 비교할 때 다른 입장들이 어떤 장점을 가지고 있는지 평가하기 위해서, 그리고 자신과는 다른 입장에 서 있는 사람들의 통찰력 있는 비판을 얻기 위해서 자신과 상충되는 견해들을 필요로 한다.

지금까지 우리는 비판적 합리주의가 주창하는 지속적이고 끝없는 비판적 성찰을 매우 강조해왔다. 이것은 신앙을 객관적이고 비판적인 성찰의 대상으로 삼는 사람들은 끝없이 성찰만 하다가 결국에는 신앙인이 되는 궁극적인 지점에는 이르지 못하고 만다는 키에르케고르의 생각이 옳다는 것을 입증하는 듯하다. 그러면 이처럼 종결되지 않는 비판적 성찰의 과정을 강조하는 것이 곧 키에르케고르의 관점을 확증하는 셈이 되지 않을까?

반드시 그런 것만은 아니다. 어떤 사람이 모든 합리적인 사람들에게 설득력 있게 들리는 증거를 가지고 자신의 믿음을 지지하지는 못하더라도, 자기가 보기에는 그 믿음에 대한 증거가 합리적으로 결정적이라고 생각할 수 있다. 또는 자신의 관점에서 봤을 때에도 그 증거가 결정적이지 못하다는 것을 알지만, 기꺼이 그 믿음을 자신의 삶 속에서 실행에 옮길 수도 있다. 그렇다면 키에르케고르는 적어도 한 가지 면에서는 옳았다고 하겠다. 즉 종교적 신앙이란 흔히(어쩌면, 언제나) 우리가 결정적으로 증명하지 못하는 어떤 것에 자신을 맡기고 그것에 헌신하는 것을 포함한다고 본 점에서는 옳았다고 할 수 있는 것이다. (반면에 종교를 거부하는 사람들은 자기네가 가지고 있는 불신의 이유들이 원하는 만큼 그리 결정적이지는 못하다는 사실을 감수해야만 할지도 모른다.) 신앙인들은 신에 대한 자신의 위탁이 일시적이고 '요행을 바라는' 종류의 것이 아니며, 특정한 결론에 대해서 그들이 가질 수 있는 합리적인 증

28 여기서 묘사된 것보다는 신앙주의자와 강한 합리주의자들이 자기네와 상충하는 관점들을 때때로 더 관대하게 대하기도 한다는 말을 덧붙이는 것이 공정하다고 할 수 있다. 하지만 그들이 비판적 합리주의자에 비해서는 대안적인 관점들을 고려하는 데에 별로 흥미를 갖지 않는다고 말하는 것이 일반적으로 옳다.

거가 얼마나 엄밀한가에 따라 면밀히 조절되는 것은 아니라고 말한다. 옛 이스라엘 사람들 중에는 다음과 같이 생각하는 자들이 있었다. “우리의 신인 여호와는 만사를 좌지우지하는 분이므로 온 정성으로 그를 경배하고 제사 드리자. 그런데 가나안 족속의 신인 바알도 꽤 믿을 만하니까 그에게도 좀 다리를 걸쳐야 할 것 같다. 여호와에게도 제사를 드리지만, 바알도 섭섭지 않게 하는 것이 좋지 않겠는가?” 성경에 따르면, 여호와는 이런 식의 접근을 매우 싫어했고, 이로 인해 실제로 그렇게 처신한 사람들은 깊은 곤경에 빠졌다고 한다. 그래서 신앙인이 신에 대한 자신의 믿음이 옳다는 것을 완벽하게 증명하지 못했더라도 신에 대한 그의 위탁은 온전한 위탁이어야 한다고 여겨진다. 비판적 합리주의는 결코 그러한 온전한 위탁에 대해서 어떠한 반론도 제기하지 않는다. 도리어 비판적 합리주의는 우리가 실제로 확보한 확실성보다 더 큰 확실성을 가지고 있는 양 위장해서는 안 되지만(일반적으로는 우리가 입수할 수 있는 확실성은 절대적으로 합리적인 확실성에 필요한 것보다 적다), 우리가 인생의 가장 중요한 결단을 내리면서 합리적인 사유와 성찰의 힘을 발휘하지 못해서도 안 된다고 말한다. 종교적 신앙만 그런 것은 아니다. 당신이 지금까지 사귀어오면서 신뢰할 수 있다고 확신하는 친구가 있다면, 당신은 그 친구의 신뢰성을 입증하기 위해 ‘절대적인 증명’을 계속 찾지는 않을 것이다. 또 어떤 사람이 그 친구의 신뢰성에 의문을 제기한다고 해서 당신이 쉽게 마음이 흔들리거나 신뢰감을 잃지도 않을 것이다. 여러모로 종교적 신앙은 과학 이론을 받아들이는 것보다는 사람을 신뢰하는 것과 더 유사하다.

이처럼 ‘완전한 헌신’을 하는 종교적인 위탁과 합리적인 성찰을 종합시키려다 보면 또 다른 긴장이 생길 수 있는 것도 사실이다. 그러나 이러한 긴장은 파괴적이고 유해한 것이 아니라, 생각이 깊은 많은 종교인들이 자신의 삶 속에서 가치 있고 생산적인 방식으로 견지하는 자세다.[29]

---

29 복음주의적 개신교의 관점에서 이러한 긴장을 탁월하게 묘사한 저서로, Daniel Taylor, *The Myth of Certainty* (Downers Grove: InterVarsity Press, 1999)가 있다. 그 긴장은 모리스가 편집한 *God and the Philosophers*에 실린 몇 편의 논문에서도 예시되고 논의된다.

| 연구문제 |

1. 자기네가 신봉하는 종교적인 믿음 때문에 비합리적이고 유해하게 행동하는 사람들로 인해 현대 사회가 위험해지는 경우가 있다고 당신은 생각하는가? 만약 그렇게 생각한다면, 예를 들어보라. 이 문제에 대한 최상의 해결책은 무엇이라고 생각하는가?
2. 이 장에서 논의된 신앙과 이성에 대한 관점들 중에서 어느 것이 당신이 알고 있는 종교인들의 접근법에 가장 가까운지를 논하라.
3. 강한 합리주의를 설명하고 이것이 신앙과 이성에 대한 관점으로서 적합한 이유를 설명하라.
4. 강한 합리주의에 대한 반론들 중에서 어느 것이 가장 설득력 있게 들리는지를 논하라.
5. 신앙주의를 설명하고 종교적인 믿음들이 합리적으로 평가될 수 없다고 말하는 이유를 설명하라.
6. 신앙주의가 많은 종교인들에게 매력적으로 보이는 이유가 무엇인가?
7. 당신이 개인적으로 '신앙의 비약'과 같은 것을 시도한 상황이 있었는가? 있었다면, 그 상황들 중의 하나를 서술하라.
8. 본문에서 주어진 신앙주의에 대한 반론들이 설득력이 있는지를 논하라.
9. 종교적인 믿음들에 대한 신앙을 갖지 않고서도 논리와 증거에 의해서 종교적인 믿음들을 시험할 수 있는지를 논하라.
10. 비판적 합리주의를 설명하고 그 이론이 강한 합리주의 및 신앙주의와는 어떻게 다른지를 말하라.
11. 비판적 합리주의의 강점과 약점에 대해서 논하라.
12. 우리가 '싱겁지' 않은 신앙을 가지면서도, 우리의 믿음들이 결정적으로 증명될 수는 없다는 것을 인정하는 비판적 합리주의자가 될 수 있을까?

| 참고문헌 |

Abraham, William J. *An Introduction to the Philosophy of Religion*. Englewood

Cliffs: Prentice-Hall, 1985.

Evans, C. Stephen. *Philosophy of Religion: Thinking about Faith*. Downers Grove: InterVarsity Press, 1985.

Helm, Paul. *Faith and Understanding*. Grand Rapids: William B. Eerdmans, 1997.

———, ed. *Faith and Reason*. Oxford: Oxford University Press, 1999.

Hick, John. *Faith and Knowledge*. Ithaca: Cornell University Press, 1957.

Mavrodes, George I. *Belief in God*. New York: Random House, 1970.

———, ed. *The Rationality of Belief in God*. Englewood Cliffs: Prentice-Hall, 1970.

Mitchell, Basil. *The Justification of Religious Belief*. Oxford: Oxford University Press, 1981.

Pascal, Blaise. *Pensées*. Trans. W. F. Trotter, and *The Provincial Letters*. Trans. Thomas M'Crie. New York: Random House, 1941.

Penelhum, Terence. *God and Skepticism*. Dordrecht: D. Reidel, 1983.

Placher, William. *Unapologetic Theology: A Christian Voice in a Pluralistic Conversation*. Louisville: Westminster/John Knox Press, 1989.

Swinburne, Richard. *The Existence of God*. Oxford: Oxford University Press, 1979.

Wainwright, William. *Reason and the Heart: A Prolegomenon to a Critique of Passional Reason*. Ithaca: Cornell University Press, 1995.

(7장의 참고문헌 목록도 참조하라.)

5장 ●● 신의 속성: 신은 어떤 모습인가?

"이 소금을 물에 집어넣고 내일 아침에 나에게 오너라."

슈베따께뚜는 아버지가 시키는 대로 했다. 다음날 아버지는 아들에게 말했다.

"네가 어제 저녁에 물에 넣은 소금을 내게 가져다주겠니?"

슈베따께뚜는 아무리 찾아봤지만, 소금은 녹아버렸기에 찾을 수 없었다.

"그 물의 이쪽을 맛보아라. 물맛이 어떠니?"

"짭니다."

"중간 쪽을 맛보아라. 물맛이 어떠니?"

"짭니다."

"그 물의 저쪽을 맛보아라. 물맛이 어떠니?"

"짭니다."

"물을 한 모금 마셔보고, 이리 와 앉아라." 그는 그대로 했다.

"그것은 언제나 똑같구나."

아버지는 아들에게 말했다. "아들아, 너는 그 안에 들어 있는 것을 볼 수 없지만, 그것은 거기에 있단다. 이 세상 모든 것들에 혼을 불어넣는 것은 바로 그 미세한 존재다. 그것은 참된 것이요, 영혼이다. 네가 바로 그것이란다, 슈베따께뚜야!"

—챤도기야 우파니샤드[1]

인도의 경전인 이 인용문에서 슈베따께뚜와 그의 아버지는 종교인들의 관심거리인 **신의 본성**에 관해서 논하고 있다. 그들이 도달한 결론을 간단히 말하자면, 신은 만물의 내재적 실재가 되는 존재라는 것이다. 물에 녹은 소금은 만져볼 수도 없고 눈으로 볼 수도 없지만 모든 물방울에 침투해 있다. 마찬가지로 신이나 존재자, 또는 브라만은 인간의 감각으로 지각할 수 없지만, 그럼에도 불구하고 실재하는 모든 만물에 스며들어 있고 심지어 신의 본성에 관한 물음을 묻는 사람 자신에게도 스며들어 있다고 보는 것이다.

이번 장에서는 신의 본성에 관한 물음을 다루고자 한다. 그러나 우리의 관심은 슈베따께뚜와 그의 아버지를 비롯해서 힌두교도들이 도달한 결론이 아니라 **전통적 유신론**(traditional theism)에 집중될 것이다.[2] 이 관점은 약간 편차가 있기는 하지만 유대교, 기독교, 이슬람교의 사상가들 대부분이 고수하는 입장이다. 그렇다고 해서 위의 우파니샤드 인용문에서 나타난 신관, 즉 **범신론**을 완전히 무시하겠다는 뜻은 아니다. 범신론은 고전적 유신론과 대비되거나 그것의 대안이 되는 관점으로서 가끔 소개될 것이다. 그리고 최근에 기독교와 유대교 일각에서 유행하고 있는 **과정 신론**(process theism)에 대해서도 언급하게 될 것이다.[3]

그런데 여기서 독자에게 한 가지 의문이 떠오를 것 같다. 신의 존재에 대해서 아직 결론을 내리지 못한 상태에서 신의 본성에 관해 탐구한다는 것이 무슨 의미가 있겠는가? 신이 존재한다는 것을 먼저 보여준 다음에 그의(또는 그녀의, 아니면 그것의) 속성이나 성격을 논하는 것이 합당하지 않을까?

이 의문도 일리가 있기는 하지만 이에 대해서 다음과 같은 물음을 생각해

---

1 Eliot Deutsch and J. A. B. van Buitenen, *A Source Book of Advaita Vedanta* (Honolulu: University of Press of Hawaii, 1971), pp. 14-6. (좀더 긴 발췌문을 보려면, PRSR3e, sec. 4 참조)

2 용어법에 관해 유의할 점이 있다. 우리가 **전통적 유신론**이라는 말을 사용할 때에는, 범신론이나 과정 신론과 대비되는, 유신론적 전통의 맥을 잇는 넓은 주류에 속하는 입장들을 뜻한다. 이 주류 안에 있는 입장들도 여러 방식으로 서로 다르며, 그것들 중의 일부는 이번 장과 9장에서 고찰될 것이다. 이번 장에서 특별한 조건 없이 **유신론**이나 **유신론적**이라는 말이 사용될 때에는 주로 전통적 유신론을 일컫는다. '유신론'에 관해서 논의되는 사항 중 전부는 아니지만 일부는 과정 신론에도 적용된다.

3 과정 신론에 관해서는 John B. Cobb and David Ray Griffin, *Process Theology: An Introductory Exposition* (Philadelphia: Westminster Press, 1976)을 참고하라. (PRSR3e, pt. 8도 참조하라.) 베단타(vedanta)의 여러 학파가 고수하는 궁극적 실재 개념들은 John M. Koller, *Oriental Philosophies*, 2nd ed. (New York: Scribner's, 1985), pp. 82-99에서 잘 설명되어 있다.

보라. 우리가 신이 무엇인지에 대해서 전혀 모른다면, 신이 존재하는지의 여부를 묻는 것이 무슨 의미가 있겠는가? 캐롤(Lewis Carroll)이 「스나크 사냥(The Hunting of the Snark)」이라는 멋진 시를 썼지만 스나크가 실제로 있느냐를 따지고 드는 것은 별로 의미가 없다. 왜냐하면 캐롤은 스나크가 어떠한 종류의 동물인지를 전혀 말해주지 않았기 때문이다. 마찬가지로 우리가 신의 본성에 관해서 '암중모색' 한다면, 신의 존재에 관한 의문이 무슨 의미를 갖겠는가?

신의 존재에 대한 물음이 우리에게 분명한 의미를 갖는 것은 바로 우리가 신이 어떠한 존재인지에 대해서 생각하고 있기 때문이다. 그리고 우리가 신의 존재 여부를 물을 때에는 바로 그러한 종류의 존재자를 문제 삼는 것이다. 더욱이 이 책의 많은 독자들은 유신론적인 종교 전통에 친숙한 배경을 가지게 될 것이며, 독자들이 전제할 신의 본성에 대한 개념은 우리가 이번 장에서 고찰하려는 전통적 유신론에 아주 가까운 개념이다. 그러므로 우리가 다른 문제들을 논하기 전에 가능한 한 신의 개념을 분명히 해두는 것이 중요하다.

이 장에서 논의될 내용은 다음과 같다. 우리는 이 장에서 논의되는 여러 가지 속성들을 가진 신이라는 존재자가 실제로 있다고 주장할 의도는 전혀 없다. 오히려 우리는 뒤에 가서 존재 여부를 논의하게 될 존재자의 본성에 관해서 하나의 가설을 제시하려고 한다. 우리가 제기하는 물음은 두 종류다. 첫째로, 고전적 유신론이 주장하는 신의 본성은 어떠한 것인가? (그리고 때때로 범신론과 과정 신론이 주장하는 신의 본성에 관한 물음도 제기될 것이다.) 둘째로, 고전적 유신론의 신관은 정합적이고 논리적 일관성을 유지하는가? 어떤 신관이 타협할 수 없을 정도로 모순에 빠져 있다면 이 신관에 대해서는 더 이상 논의를 진행할 필요가 없게 된다. 그 본성에 대한 서술이 모순에 빠질 수박에 없는 신은 존재할 수 없거니와 그러한 신이 존재한다고 가정하는 것은 무의미하다.[4]

---

4 어떤 종교 전통에서는 신을 모순적인 말을 써서 성격 규정을 하려 들기도 한다. 많은 경우에 이것은 정확한 언어로는 표현될 수 없는, 신에 관한 '더 깊은 진리'를 전하려는 시도로 이해될 수 있다. 하지만 더 깊은 이 진리를 우리가 파악할 수 없는 한, 모순된 서술은 큰 도움이 못 된다. 모순된 서술이 문자 그대로 해석된다면 (예컨대 신은 형체가 없는 동시에 형체를 갖는다라고 말하는 것이 문자 그대로 참이라면), 그런 식으로 신에 관해서 말하는 것이 무슨 뜻인지를 알 길이 없다.

그러면 우리는 신에게 귀속시킬 특성들에 어떻게 도달할 것인가? 부분적으로 이 물음은 역사와 전통의 물음이다. 여기서 고찰되는 속성들은 유신론 사상가들이 실제로 신에게 귀속시켜온 속성들 중의 일부다. 하지만 유신론 사상가들 중의 많은 사람들이 이것 이상의 것이 있다고 주장한다. 그들은 유신론적인 신 개념은 특정한 전통 속에서 신에게 귀속되는 특성들의 목록을 훨씬 넘어서는 내적인 통일성과 정합성을 갖는다고 주장한다. 이러한 통일성과 정합성의 중요한 원천은 바로 다음 절에서 고찰될 속성들에 들어 있다.

숭배받기에 합당하고 완전함

우리가 신 개념을 발전시켜나갈 때, 무엇보다도 신이 숭배의 대상이 되는 존재자라는 사실을 간과한다면 어리석기 그지없을 것이다. 신의 '숭배받기에 합당한 성격'은 종교적으로 제일 중요한 성격이어서 이 성격을 결여하고 있는 신관은 아무리 많은 장점을 가지고 있어도 받아들여질 수 없다. 다른 속성이 무엇이든지 간에 적어도 신은 숭배받기에 합당하다라고 말해질 수 있어야만 한다.

그러면 신이 숭배받기에 합당하기 위해서는 어떠한 종류의 신이어야 하는가? 숭배의 태도나 행위는 복잡해서 그것을 완전하고 정확하게 서술하기란 어렵다. 그러나 숭배란, 그 말의 완전한 의미에서 봤을 때, 숭배의 대상에 대한 숭배자의 전적인 헌신을 포함하고 있음은 분명하다. 숭배를 할 때, 우리는 자신을 신에게 전적으로 바친다. 즉 우리 자신을 신의 처분에 완전히, 그리고 어떠한 유보 조건도 달지 않고 맡기는 것이다. 신과 '흥정'하려는 기색이 조금이라도 있기만 하면, 즉 헌신을 할 때 '선택의 여지를 남겨 놓는' 유보 조건이 붙는다면, 이는 신에게 자신을 완전히 위탁하지 않는 것인데 숭배는 우리에게 완전한 위탁을 요구한다.

이것이 사실이라면, 신이 그처럼 무조건적인 헌신과 '숭배의 대상'이 되기 위해서는 어떠한 속성들을 지녀야 하는가? 우선 신은 모든 존재자들 중에서 가장 숭고한 존재자여야 한다는 점은 분명하다. 신과 동등하게 또는 그 이상으로 우리의 경배와 순종의 대상이 되는 존재자가 있다면 신에게 그와 같은 전적인 헌신을 바친다는 것이 어찌 합당하겠는가? 그런 상황에서라면 신은 주변에 있는 다른 존재자들보다는 우월하므로 어느 정도의 영광과 순종은 받을 만하지만 전적인 신뢰와 영예와 순종, 즉 전적인 헌신을 받기에는 불충분하다고 보는 것이 온당하다. 다시 말해서 우리는 신에게 주어져야 할 대접은 하면서도 다른 누군가가 그보다 더 큰 대접을 받게 될 가능성을 염두에 두게 된다. 그럴 경우 신은 존경과 영광과 어느 정도의 복종을 누릴 만하더라도 숭배를 받기는 어렵다고 할 수 있다.

따라서 신은 모든 존재 중에서 가장 숭고한 존재라야 한다. 그런데 신이 실제로 모든 존재자 중에서 가장 숭고하더라도, 우리가 보기에 한 가지 면에서나 그 이상에서 신보다 더 우월한 존재자가 있었을 수도 있다는 점이 분명하다고 가정하자. 그렇다면 이로 인해 신은 숭배의 대상으로서 받아야 할 전적인 헌신에서 불가피하게 멀어지지 않을까? 사실상 우리는 신이 그 모든 존재자 중에서 가장 숭고하며, 우리의 존경을 대신 받을 다른 존재자는 없다고 생각한다. 그러나 이와는 다른 상황이 벌어졌을 수도 있다. 즉 우리가 숭배하는 신을 필적하거나 심지어 능가하는 다른 존재자가 있었을지도 모르는 것이다. 만일 그렇다면, 우리는 신을 숭배하면서도 더 숭고한 존재자에 대한 아쉬움을 느끼게 되지 않을까?[5]

이러한 생각을 염두에 두고서 이제 우리는 중세 기독교 사상가인 안셀무스(Anselmus, 1033~1109)가 제시했던 신에 대한 정의(定義)의 핵심을 검토해보자. 그는 신에게 고백하기를, "주님은 그 이상 더 숭고한 존재자를 생각할 수 없는 존재자라고 우리는 믿습니다"라고 했다.[6] 요컨대 신은 너무 숭고해서

---

5 이 점에 대해서는 논란의 여지가 없지는 않다. 어떤 철학자는 별로 중요하지 않는 수학의 정리들을 신이 모른다는 사실(특히 신이 원하면 그 정리를 알 수 있을 경우에)을 우리가 알게 되더라도 그와 같은 유감은 느끼지 않을 것이라고 주장했다. 이 주장은 옳을 수도 있고 틀릴 수도 있다. 이 주장이 옳다면, 이 경우에 신이 그 정리를 모름으로써 신이 열등하다거나 탁월성을 결여한다는 생각이 들지는 않을 테니까 우리는 아무 유감도 느끼지 않을 것이다. 반면에 신이 그 정리를 알 수 없다고 가정해보자. "신은 대수학에 정통하지만 입체 기하학에 대해서는 조금도 모른다"고 하면, 이 경우에는 신이 우리가 생각하는 것보다도 덜 숭고하다는 점이 분명해지므로 우리는 실로 불안해질 것이다.

6 *St. Anselm: Basic Writings*, tr. S. N. Deane (La Salle: Open Court, 1962), p. 7. (PRSR3e, pt. 5를 보라.)

어떠한 방식으로도 신을 능가하는 존재자란 상상할 수 없다는 것이다. 바꿔 말해서 신은 절대적으로 완전한 존재자라는 것이다. 신에 필적하거나 신을 능가하는 존재자는 실제로 없거니와 그런 존재자가 있을 가능성조차도 없다고 보는 것이다. 왜냐하면 신은 그 자신 안에 모든 가능한 완전성과 탁월성을 지니고 있기 때문이다.

절대적으로 완전한 존재자로서의 신 개념에 대해서는 많은 종교인들이 매우 만족스러워한다. 우리가 본 바와 같이 그 개념은 숭배의 개념이 함축할 뿐만 아니라[7] 부적합하다는 시비에 휘말리지 않을 신 개념을 확보하기 위한 초석이 된다.

'완전한 존재자의 신학' (또는 '안셀무스적' 신학이라고도 불린다)[8]은 고전적 유신론이 신에게 부여했던 여러 속성들에 대한 논의를 '묶는 끈' 이 된다.[9] 그런데 여기서 한 걸음 더 나아가 완전한 존재자로서의 신 개념이, 우리의 전반적인 신 개념을 하나로 묶기에 충분할 정도로 신의 속성들을 규명하기 위한 도우미 구실을 충분히 수행한다고 말할 수 있을까?

아마도 그렇지 않을 것이다. 그 이유는 다음과 같다. 첫째로, 비록 완전한 존재자로서의 신 개념이 강한 직관적인 호소력을 갖더라도, 신의 속성들에 대한 개념 중 어느 것이 신을 다른 것보다 '더 완전한' 존재자로서 묘사하는 효과를 갖는지에 대해서는 신학자들(심지어 같은 종교 전통에 속한 신학자들) 사이에서 언제나 의견이 일치할 것 같지는 않기 때문이다. 아우구스티누스(Augustinus, 354~430)를 비롯한 대부분의 고대 및 중세 신학자들처럼 안셀무스도 신이 완전하기 위해서는 무감각해야 한다고 보았다. 즉 신은 감정이 없

---

7 이러한 '완전한 존재자' 개념보다 훨씬 열등한 신들을 사람들이 숭배해온 경우도 있다는 지적이 있을 수 있다. 그러나 이것은 다음 두 가지 이유들로 인해서 결정적인 반론이 될 수 없다. 첫째로, 그런 종교적인 태도는 우리가 숭배라는 말에 대해서 부여한 강한 의미에서의 숭배를 결여하고 있다. 그러나 둘째로, 특정한 종류의 신이 최대한의 탁월성과 완전성을 결여하고 있음을 일반적으로 인식하고 있는 한, 그러한 종류의 신들은 숭배의 대상이 되지 못하고 제거되기 쉽다. 많은 선진 문화에서 다신론적인 숭배가 퇴조하는 경향이 그 예다.

8 이 주제를 철저히 탐구한 최근의 저서로 Thomas V. Morris, *Anselmian Explorations: Essays in Philosophical Theology* (Notre Dame: University of Notre Dame Press, 1987)가 있다.

9 과정 신학자들도 신을 '절대적으로 완전한 존재'로서 생각하지만 완전성이 함축하는 것이 무엇이냐는 물음에 대해서는 다소 다른 결론을 내린다. 이에 관해서는 뒤에 가서 논의하게 될 것이다. 범신론자들도 신은 완전하다라고 말하겠지만 하나의 완전한 존재자라고 말하지는 않을 것이다. 왜냐하면 범신론은 신을 하나의 존재자로 보지는 않기 때문이다.

어야 한다는 것이다. 특히 그의 피조물들이 겪는 고통거리의 결과로서 생기는 슬픔과 괴로움을 느낄 수 없어야 한다. 고통이란 그것을 당하는 존재자에게는 해가 되는 부정적인 것이므로 완전한 존재자는 고통스러워할 수 없어야 한다. 그러나 최근 들어 많은 신학자들이 신의 완전성, 특히 사랑과 동정의 속성은 그의 피조물들과 함께 고통스러워할 수 있어야 할 것을 긍정적으로 요구한다고 주장하면서 '무감각한' 신 개념을 반박하고 나섰다. 여기서 우리는 분명히 중대한 불일치를 목격하게 된다. 그런데 이 불일치는 신에게 적용되는 '완전'의 의미에 관해서 더 논의한다고 해서 해결될 문제가 아니다.

신의 속성들을 제시할 때 우리는 주어진 신학이 속한 종교적 및 신학적 전통을 무시할 수 없다는 점도 인정해야 한다. 예를 들자면 우리가 히브리의 성경과 유대교의 전통에서 나타나는 바와는 현격히 다른 신관을 유대교 공동체에 제시하려고 하면, 그 신관에서 제시하는 신의 '완전성'을 아무리 그럴듯하게 변호하더라도 별로 따뜻한 환영을 받지 못할 것이다. 스피노자(Baruch de Spinoza, 1632~1677)의 경우가 바로 여기에 해당하는 역사적으로 흥미로운 사례다. 유대인으로 태어난 그는 전통적인 유대교적 유신론보다는 범신론에 더 가까운 '이단적인' 신 개념을 제시했다는 이유로 유대 공회에서 파문당했다. 앞에서 주목한 바와 같이 완전성에 대한 직관들은 가지각색이며, 그 개념을 적용하고자 하는 종교 철학자는 완전성과 숭배받기에 합당한 속성을 가장 잘 나타낸다고 실제의 종교 공동체들이 간주하는 신 개념에 당연히 주의를 기울여야 할 것이다.

우리가 신의 완전성 개념을 적용할 때에 더 고려해야 할 것이 논리적 일관성과 정합성이다. 앞에서 언급한 바와 같이 실재하는 존재자를 표상한다고 여겨지는 어떠한 신 개념도 최소한 논리적 일관성의 조건은 만족시켜야 한다. 확실히 논리적으로 일관성을 결여한 신의 속성들의 집합은 완전한 존재자를 서술할 수 없으므로, 이 기준은 이미 '완전한 존재자'의 신학에 들어 있을지도 모른다. 하지만 이러한 추론이 타당한 반면에 사람들은 실제로 논리적으로 일관되지 못한 기이한 특성들을 신에게 귀속시키거나 상상하는 재간을 가지고 있는 것도 사실이다. 따라서 우리가 신에게 귀속시키고자 하는 다양한 속성들의 논리적 일관성을 면밀히 탐구해보는 것이 중요하다.

필연적이고 자존적임

추상적이고 파악하기 어렵게 보이면서도 신과 다른 모든 것들을 근본적으로 차이 나게 한다고 고전적 유신론자들이 생각하는 한 쌍의 속성에서 시작하자. 먼저 **자존성**(self-existence)에 대해 생각해보겠다. 많은 사물들, 특히 모든 종류의 생물들의 경우에 그것들이 존재하려면 에너지와 노력이 필요하다는 것은 우리가 익히 아는 바다. 우리는 '안으로부터' 삶을 영위해가고, 이를 위해 필요한 내적인 활력이 약해질 때 자신의 존재를 위태롭고 불확실한 것으로 느낀다. 또한 우리는 자신의 존재를 위해서 여러 방식으로 외부의 존재들과 환경에 의존한다. 다른 존재들로 말미암아 우리의 존재가 가능해지며, 우리는 존재하기 위해서 음식과 물과 공기 등에 의존한다. 더욱이 우리 모두는 자신의 존재에 위해를 가하거나 파괴할 수 있는 여러 사물들도 인지하고 있다. 어느 의미에서 우리는 이러한 종류의 것들이 생겨나지 않는 덕택에 행복하게 살아갈 수 있다.

이제 이런 식으로 타자(他者)에 의존하지 않는 존재자를 생각해보자. 이 존재자는 그것의 발생이나 존속을 위해서 다른 것의 도움을 전혀 받지 않으며, 다른 어떠한 것에 의해서도 위협받지 않거니와 해를 입지도 않고 파괴되지도 않는다. 이런 개체는 전적으로 '안으로부터' 존재하며, '그 자신의 힘으로' 존재할 것이다. 한마디로 말해서 그것은 자존적이다.

여기서 두 단어를 더 소개하겠다. 하나는 **필연적**이라는 단어고, 다른 하나는 **우연적**이라는 단어다. 어떤 것이 우연적이라고 말하는 것은 그것이 자기 외의 다른 사물들이나 상황에 의존한다고 말하는 것과 같다. 우발적인 사태를 위한 계획들은 다른 것들의 발생 여부에 따라 수행될 수도 있고 되지 않을 수도 있는 계획들이다. 반면에 어떤 존재자가 전혀 우연적이지 않고 다른 사물들이나 상황과는 무관하게 존재한다면, 그것의 존재는 불가피하고 돌이킬 수 없는 것이다. 바꿔 말해서 그것은 필연적인 존재자, 즉 그 자신 외의 다른 어떠한 것에도 의존하지 않는 존재자이며, 그것이 존재한다고 하면 그것의 비존재는 과거나 미래에도 절대적으로 불가능하다.

전통적 유신론이 생각하는 신은 틀림없이 방금 설명한 의미에서의 필연적이고 자존적인 존재자다. 신은 영속적이다. 다른 어떠한 존재자도 신의 생성과 상관이 없다. 왜냐하면 실제로 그는 생겨난 것이 아니기 때문이다. 그리고 어떠한 것도 신의 존재를 위협하거나 위태롭게 할 수 없다. 신이 존재하지 않는다는 것은 단지 불가능하다. 더욱이 우리는 신의 필연성과 자존성이 그의 완전성을 이루는 본질적인 요소들이라는 것을 알게 된다. 신이 자기 자신 외의 다른 것에 의존하는 경우보다는 의존하지 않는 경우에 더 위대해진다는 점은 분명해 보인다.

이러한 필연성과 자존성의 특성들은 근본적으로 존재의 차원에서 신과 다른 모든 사물들을 구별 짓는다. 특히 과학이 탐구하는 자연계 안에서 필연적이면서 자존적이라고 말할 수 있는 존재는 없다. 일상생활에서 접하게 되는 모든 친숙한 사물들—사람과 짐승, 자동차와 집, 나무와 산, 별과 은하들—은 생겨났다 사라지곤 하는 분명히 우연적인 존재들이다. 소위 '소립자들'과 같은 물질의 근본적인 구성 요소들조차도 불변하는 것들이 아니라 생성 소멸하고 다른 것들로 변화된다는 사실은 소립자 물리학이 증언하는 바다. (이제는 우주론자들이 의견의 일치를 본 이론인) 빅뱅 이론에 따르면, 우주의 물질 에너지 자체도 기원을 가졌던 것처럼 보인다고 한다. 그래서 만일 신 외에 필연적이고 자존적인 것이 있다면, 우리는 그것이 무엇일지 전혀 감이 잡히지 않을 뿐더러 그런 종류의 것이 존재한다고 생각해야 할 이유를 가지고 있지 않다.

그런데 어떤 것이 '필연적'이라고 말해질 수 있는 또 다른, 좀더 강한 의미가 있다. 어떤 명제들은 논리적으로 필연적이라고 말해지는데 이는 그 명제들이 틀리는 것이 논리적으로 불가능하다는 것을 의미한다. 즉 그 명제들이 거짓될 경우 모순을 범하게 되는 것이다. (예를 들어 "모든 삼각형은 세 각을 가지고 있다"라는 명제를 부인하면 모순에 빠지게 되는데 이러한 경우를 논리적으로 필연적인 명제라고 한다.) 이를 요약하자면, 논리적으로 필연적인 존재자는 논리적으로 필연적으로 있는 것이어서 그것이 존재하지 않는다는 것은 논리적인 모순을 범하는 상태가 된다. 따라서 그것의 비존재는 논리적으로 불가능해진다.

신이 꼭 논리적으로 필연적인 존재자로 이해되어야 할까? 이 물음은 논란의 여지가 매우 많다. 많은, 어쩌면 대다수의, 유신론적 철학자들과 신학자들이 신의 존재가 논리적으로 필연적이라고 주장해왔지만 그들 못지 않게 이에 동의하지 않는 학자들도 많다. 표면상으로는 "신은 존재한다"가 논리적으로 필연적인 진리는 아닌 듯이 보이며, "신은 존재하지 않는다"라는 명제도 언뜻 보기에 논리적으로 모순되어 보이지는 않는다. 논리적인 모순 명제들을 탐지하는 데에 일가견이 있는 꽤 많은 사람들이 이 후자의 명제를 심지어 참인 명제로 받아들이기도 했다. 칸트(1724~1804)는 어떤 것의 존재를 주장하는 명제가 논리적으로 필연적일 수 없다는 자신의 논변을 가지고 많은 철학자들을 설득시켰다. (예컨대 "모든 삼각형은 세 각을 가지고 있다"라는 명제는 필연적이지만, "삼각형이 존재한다"라는 명제는 필연적이지 않다는 것이다.)[10] 이러한 칸트의 논변이 인상적이기는 하나 특히 최근에 들어와서 강하게 논박되어왔다.[11] 그리고 우리는 간단한 예들만 봐놓고서는, 주어진 명제가 논리적으로 필연적인지 아니면 자기 모순적인지를 항상 쉽게 결정할 수 있다고 생각하는 우를 범해서는 안 된다. 예를 들어, 수학의 명제들 중에는 그것의 필연성과 진리성이 결코 분명하지 않은 것들이 많이 있으며, 어떤 경우에는 그 명제들이 필연적으로 참인지 아닌지를 수학자들이 결정하기 어려운 것들도 있다. 신 존재의 논리적인 필연성의 문제는 다음 장에서 신 존재의 존재론적 증명을 다루면서 계속 논의될 것이다.[12]

---

10 칸트의 논변들을 위해서는 Immanuel Kant, "The Ideal of Pure Reason," in *Critique of Pure Reason*, tr. N. K. Smith (New York: St. Martin's Press, 1965), pp. 487–507을 참조하라.

11 Robert Merrihew Adams, "Has It Been Proved That All Real Existence Is Contingent?" and "Divine Necessity," in *The Virtue of Faith* (New York: Oxford University Press, 1987); Alvin Plantinga, *The Nature of Necessity* (New York: Oxford University Press, 1974) 참조.

12 신 존재의 논리적 필연성에 관한 문헌들로, J. N. Findlay, "An Ontological Disproof of God's Existence," in *New Essays in Philosophical Theology*, ed., Antony Flew and Alasdair McIntyre (London: MacMillan, 1955); Thomas V. Morris, *Our Idea of God* (Downers Grove: InterVarsity Press, 1991); John Hick, "A Critique of the 'Second Argument,'" in *The Many-Faced Argument*, ed. John H. Hick and Arthur C. McGill (New York: MacMillan, 1967), pp. 341–56 ("God's Necessary Existence"라는 제목으로 PRSR3e, sec. 4에 재수록) 참조.

인격적이고 자유로운 창조자

이제 일상적인 종교인들에게 좀더 친숙한 속성들을 검토해보자. 신이 인격적이라고 말하는 것은 적어도 다음과 같은 사항들을 말하는 것과 같다. 신은 인지할 수 있고 지식을 가지며, 신은 행동하며, 신은 행동할 때 자유롭고, 신은 그 자신 외의 인격체들과 교제를 나눌 수 있다. 이 성격들 중의 어느 하나라도 결여한 신은 인격적인 존재자라고 볼 수 없다는 점에서 이 조건들은 최소한의 조건들이라고 생각된다. 반면에 신이 이 요구 조건들을 만족시킨다면, 우리가 알고 있는 사람들과는 매우 다른 면을 신이 가지고 있더라도 신을 '인격적'이라고 서술하는 것이 적절하다.[13]

유신론의 관점에서 보면, 분명히 인격성은 신의 완전성을 이루는 요소로서 간주되어야 한다. 사랑, 지성, 창조성, 도덕적 선과 같이 우리가 알고 있는 가장 좋은 속성들 중 많은 것들이 인격적인 속성이며, 만일 신이 인격체가 아니라면, 그는 이처럼 탁월한 속성들을 지니지 못하게 될 것이다. 또한 일반적으로 유신론자들이 숭배와 종교적인 생활을 신과의 인격적인 관계의 견지에서 생각한다는 점은 매우 중요한 사항이다. 따라서 만일 신이 인격체가 아니라면, 종교적인 생활에 대한 유신론자들의 생각은 무너지게 될 것이다.

전통적인 유신론에 따르면, 신은 그 자신 외의 다른 존재자들을 창조한 조물주이기도 하다. 창조 개념은 모든 유신론적인 신앙에서 중요하다. 그리고 신 외의 다른 것들이 존재할 경우 신은 그것들의 창조자여야 한다는 것은 절대적으로 완전한 존재자라는 개념에 본질적이라고 생각된다. 창조자로서의 신의 지위는 그가 창조한 모든 것들에 대한 그의 우월성과 지배력과 소유권을 보증한다. 더욱이 신은 '무(無)에서' 창조했다고들 말하는데, 이때의 '무'는 신이 우주를 창조할 때에 사용한 모종의 신비로운 '재료'를 일컫는 것으로 이

13 우리가 신이 '인격적'이라고 말하지 **인격체**라고 말하지 않는다는 점에 유의할 필요가 있다. 유신론자들 중에는 후자의 표현을 사용하는 사람들도 있으나 이는 논란의 여지가 많다. 삼위일체 교리에 따르면, 한 하나님 안에 성부, 성자, 성령이라는 세 인격체들이 있다고 한다. 이 인격체들은 피조된 인간들뿐만 아니라 그 자신들끼리도 인격적인 관계를 가질 수 있다고 한다. 그럼에도 불구하고 기독교 담화에서는 흔히 '신'-삼위-을 단일한 인격체로 지칭한다. 하지만 유대교와 모슬렘 교도들은 단호하게 삼위일체 교리를 거부한다.

해해서는 안 된다. 창조가 무에서 이루어졌다고 말하는 것은 신이 창조할 때에 사용한 재료가 없었다고 말하는 것이다. 신 이외의 다른 것들은 신이 그것들을 존재하게끔 했기 때문에 존재하는 것이지 그 외의 다른 존재 기반은 가지고 있지 않다. 무에서의 창조는 사물들의 두 가지 가능한 생성 방식과 대비되며 이 방식들보다 우월하다. 첫째로, 무에서의 창조는 먼저 존재하는 재료들로부터의 창조보다 우월한데 그 이유는 후자의 경우에 신의 창조 행위가 그의 재료들에 의존하거나 어느 정도는 그 재료들에 의해서 제약을 받기 때문이다. (이 경우에 그 재료들의 존재를 어떻게 설명하느냐는 물음이 제기된다.) 또한 무에서의 창조는 '신 자신의 존재로부터'의 창조보다도 우월하다. 왜냐하면 이러한 방식은 창조자와 피조물 간의 절대적인 구분(이 구분은 유신론적 형이상학의 특징이다)을 훼손시키기 때문이다.

전통적 유신론의 신은 창조자일 뿐만 아니라 유한한 사물들의 주관자이기도 하다. 이것은 피조물들이 매 순간마다 그들의 존재를 신에게 전적으로 의존한다고 말하는 것과 같다. 이 점을 극적이지만 부정확하지 않게 표현하자면, 만일 신이 단 한 순간이라도 그의 창조에 관해서 잊는다면, 바로 그 순간에 그의 모든 창조는 무로 돌아가고 말 것이다라고 말할 수 있다.

더욱이 세계를 창조하고 유지하며 지배할 때 신은 자유를 누린다. 신이 자유롭다고 말하는 것은 신이 그 자신 외의 어떠한 것에 의해서도 강요되거나 규제되거나 조종될 수 없다는 것을 뜻한다. 피조물들과는 달리 신은 환경에 자신을 적응시킬 필요가 없다. 오히려 모든 환경은 그의 창조적인 행위와 유지하는 행위에 의해서만 존재한다. 더욱이 신에게는 어떤 종류의 세계를 창조할지, 그 세계를 어떻게 소멸시킬지를 선택할 수 있는 자유가 있다. 물론 신의 본질적인 선이 전제되면 그 선과 상충하는 것을 신이 선택하는 것은 불가능하기는 하지만, 그렇더라도 여러 가능한 것들 중에서 어느 것을 생겨나게 할지를 신이 선택할 수 있는 범위는 매우 넓다. 신이 세계를 창조할지 아니면 하지 말지를 완전히 자유롭게 선택할 수 있다는 점에 대해서는 일반적으로 의견이 일치한다. 창조가 이루어지기 전에, '존재할 권리'를 가진 피조물이라고는 전혀 없거니와, 필연적이고 불가피해서 신이 어쩔 수 없이 창조함으로써 그가 더 숭고해지고 선하게 되는 법은 없다. 따라서 창조의 결정 자체는 신의 편에서 이루어진 자유롭고 관대한 선택이었다.

지금까지 고찰한 속성들은 신 외의 일체의 존재와 구별되는 신 개념을 우리에게 드러낸다. 신은 완벽하고 유일무이한 필연적 및 자존적 존재이며, 자유로운 창조자요, 만물의 주관자다. 모든 실재에서 가장 근본적인 구분은 신과 피조물의 구분이다. 신의 무한한 위대성과 완전성은 가치의 영역을 함축한다. 다른 모든 것이 합쳐진 신은 자존하는 신보다 더 위대하지 않다고들 말한다. 또한 위대성과 완전성은 우리가 신을 묘사할 때 사용하는 언어에 대해서도 함축하는 바가 있다. 12장에서 보게 되겠지만, 우리가 일상 언어를 사용해서 이 유일무이한 존재를 기술해야 한다면 일상 언어는 우리에게 익숙하지 않은 방식으로 확장되어야 한다.[14]

이러한 속성들은 유신론적인 신과 범신론적인 신을 근본적으로 구분한다. 이 점을 알아보기 위해서 아주 흥미로운 범신론 하나를 간단히 소개하겠다. 그것은 힌두교의 사상가인 샨카라(Shankara, 788~820)의 불이일원론(不二一元論, advaita vedanta)이다.[15] 샨카라에 따르면, 유일한 궁극적 실재는 브라만이다. 브라만은 일상적인 인간의 경험을 완전히 넘어서 있는, 전적으로 비경험적인 실재로서 그것의 존재와 본성은 요가의 명상을 통해서 직관적으로 파악될 수 있다고 한다. 우리의 일상 경험에 의할 것 같으면, 자연계와 개별적인 인격체는 독립적인 실재자들이다. 하지만 그런 경험은 우리가 꿈 속에서 겪는 경험들과 다를 바 없는 것으로 여겨진다. 꿈을 꿀 때 우리는 꿈 속에서 경험되는 대상들을 실재하는 것으로 생각하지만, 깨고 나면 그것은 환영(幻影)에 지나지 않는다는 것을 알게 된다. 마찬가지로 우리의 일상적인 무지의 상태에서는 일상생활에서 대하는 대상과 사람들을 실재하는 것으로 간주할 수

---

14 이 주제들을 광범하게 발전시킨 문헌으로는 Robert Sokolowski, *The God of Faith and Reason: Foundations of Christian Theology* (Notre Dame: University of Notre Dame Press, 1982)이 있다.

15 베단타는 힌두교 경전을 가리키는 말로서, 이러한 사상 체계는 바로 그 경전에 근거해 있다. 아드바이타는 '불이(不二, nondual)'라는 뜻으로, 브라만과 경험 세계 사이에 이원성이 없는 것을 가리킨다. 이것은 힌두교에서 신을 이해하는 여러 가지 방식들 중에서 하나에 불과한 것으로서, 총괄적으로 말하자면 거의 무제한적으로 다양한 신 개념을 허용하는 방식이라고 할 수 있다. 많은 힌두교도들은 비슈누(Vishnu)나 시바(Shiva)와 같은 인격적인 신들을 숭배하는데, 이 신들은 때로는 브라만의 '측면들'이라고 일컬어지기도 한다.

밖에 없지만, 좀더 고차적이고 통달한 관점에서 보면 이 모든 것(우리 자신의 개인적인 존재까지 포함해서)은 환영에 불과하다는 것을 깨닫게 된다고 한다. 실로 이런 '무지'는 참된 영적인 계몽에 도달하기 위해서 극복될 필요가 있는 주요 장애물이다.

그렇다면 브라만은 인격적인 것이 아니라, 세계의 모든 가상(假像)의 배후에 있는 실재로서 궁극적이고 비인격적인 '참된 존재'다. 다른 종류의 범신론은 이와는 좀 다르게 말하기는 하지만, 그것들 중의 어느 것도 신을 창조자로 보지는 않는다. 왜냐하면 창조란 신과 우주가 구분된다는 것을 함축하는데 그러한 구분은 범신론에 맞지 않기 때문이다. 더욱이 비인격적인 '존재'는 행위할 수 없고, 따라서 그 존재에게는 행위의 자유가 있을 수 없다. 오히려 그것은 아무 변화도 없이 그저 있을 뿐이다.

과정 신론의 신은 인격적인 면에서는 전통적인 유신론의 신과 같지만 신과 우주 간의 관계는 현격히 다르다. 과정 신론은 무에서의 창조 개념을 거부하며, 고전적 유신론이 상정하는 신과 세계 사이의 극단적인 구분을 거부한다. 신과 세계의 관계에 대한 과정 신론의 입장은, 세계는 신의 몸이며 우리가 몸을 통해서 살아가는 것과 마찬가지로 신은 세계를 통해서 살아간다는 말로 표현될 수 있다. 이것은 고전적 유신론과는 달리 과정 신론에서는 신과 우주가 전적으로 별개의 것이 아님을 의미한다. 오히려 인간을 포함해서 모든 유한한 사물들은 어느 의미에서 신 자신의 존재 안에 포함되어 있다. 아마 이 관점을 가장 잘 이해하는 길은, 인체에 있는 각 개별적인 세포가 그 자신과 주위에서 일어나는 사건을 비록 제한적이나마 그 나름대로 의식하고 인식한다고 상상해보는 것이다. 그런 후 이 개별적인 '세포-의식(cell-consciousness)'이 그 신체의 '마음'인 통일된 의식, 즉 그것들 각각을 초월하는 동시에 그것들을 포함하는 의식 안에 들어 있다고 상상해보라. 이러한 방식으로 우리 각자는 신의 몸 안에 있는 하나의 '세포'이며, 이로 인하여 신은 우리의 즐거움과 슬픔을 가장 긴밀한 방식으로 우리의 모든 경험 속에서 문자 그대로 나눌 수 있다. 과정 신론을 촉발시킨 철학자인 화이트헤드(1861~1947)는 "신은 숭고한 동료요, 고통을 함께 나누고 이해해주는 친구다"라고 말했다.[16]

이 모두는 곧 신과 우주간의 관계가 과정 신론에서는 전통적 유신론과는 다르게 생각됨을 의미한다. 전통적 유신론에서는 신에 대한 우주의 일방적인 의존 관계만 인정되지만, 과정 신론에서는 신과 우주간의 관계가 상호 의존 관계로 서술된다. 화이트헤드는 "신이 세계를 초월한다고 말하는 것도 사실이고, 세계가 신을 초월한다고 말하는 것도 사실이다. 그리고 신이 세계를 창조한다고 말하는 것도 사실이며, 세계가 신을 창조한다고 말하는 것도 사실이다"라고 말하기까지 했다.[17] 우리가 몸을 필요로 하듯이 신도 그의 삶을 위해서 몸을 필요로 하기 때문에 신은 몸 없이는, 즉 우주 없이는 존재할 수 없다라고 결론지어져야만 한다는 것이다. 그렇다고 해서 현재의 우주가 신처럼 시작도 끝도 없이 존재한다는 의미는 아니다. 물론 그럴 가능성도 있기는 하다. 그런데 과학적인 증거가 암시하듯이 현재의 물리계가 시간적으로 시초가 있었다면, 그 이전에는 또 다른 우주가 있었거나 무한한 연속의 우주들이 있었을 테고, 그래서 신은 몸 없이는, 즉 세계 없이는 존재하지 않았을 것이라고 과정 신론에서는 본다.

전지전능하고 완전하게 선함

신은 전지전능하고 도덕적으로 완전하게 선하다. 이 속성들은 모두 유신론적 신관에서 근본적인 것들이기는 하지만 그것들 각각을 이해하고 형식화하는 데에는 어려움이 있다.

신의 전능성을 이해하는 자연스러운 방법은 신이 무엇이든지 다 할 수 있다라고 말하는 것이다. 그러나 이것은 곧 문제에 부딪히게 된다. 신은 네모난 원을 만들 수 있는가? 1+2=7이 참이 되도록 할 수 있을까? 아퀴나스(1225~1274) 시대 이래로 신의 능력은 논리적으로 가능한 것에 대해서만 발휘될 수 있다고 여겨져 왔다.[18] 네모난 원이라는 표현은 어떠한 것에도 적용될 수 없는

16 Alfred North Whitehead, *Process and Reality*, corrected ed., David Ray Griffin and Donald W. Sherburne, eds. (New York: Free Press, 1978), p. 351.

17 Ibid., p. 348.

표현이므로 신이 네모난 원을 만들 수 없다고 해서 신의 능력에 결함이 있는 것은 아니라고 보는 것이다. 신이 할 수 있는 일의 제약은 그의 본성에서 나오기도 한다. 이를테면 에베레스트 산을 오르는 것과 같이 육체를 갖는 것이 요구되는 일은 할 수 없으며, 어떤 것을 잊는 것과 같이 한계를 갖는 일도 할 수 없다. 아마도 더 중요한 것은, 약속을 어기는 것과 같이 도덕적인 결함을 함축하는 일은 할 수 없다는 점이다. 또한 신이 역사(役事)하는 시점이 언급될 필요가 있다. 1776년 7월 4일 이전에는 신이 미국 독립선언문에 서명하는 것을 막을 수 있었지만, 이제는 더 이상 그렇게 할 수 없다. 왜냐하면 그 사건은 이미 발생해버렸기 때문이다. 이상의 고찰에 비추어볼 때 신의 전능성이 의미하는 바를 다음과 같이 규정할 수 있겠다. 신은 임의의 시점에서 논리적으로 모순되지 않으면서, 그 시점 이전의 과거와 상충되지 않고, 자신의 본성과 일치하는 모든 행위를 수행할 수 있다.[19]

철학자들은 전능성의 정의를 시험하는 수수께끼들을 많이 고안해냈다. 그중 가장 재미있는 것이 '돌의 역설'이다. 신은 자기가 들어 올릴 수 없는 돌덩어리를 창조할 수 있을까? 만일 그가 그런 돌을 창조할 수 없다면, 그가 할 수 없는 일이 있게 되고, 따라서 그는 전능하지 않다. (우리가 들어올릴 수 없는 것을 만드는 것은 논리적으로 가능한 일임은 분명하다. 주택 건설 기술자들은 늘 이러한 일을 하고 있다.) 반면에 신이 그가 들어올릴 수 없는 돌을 창조할 수 있다고 가정하자. 그러면 그가 할 수 없는 일이 또 생긴다. 즉 문제의 돌을 들어올릴 수 없게 되고 만다. 결국 어느 쪽으로 가든지 간에 신은 전능하지 않다는 결론이 나오게 된다. (독자가 이 문제를 가지고 씨름하는 것을 중단시키지 않기 위해서 이에 대한 해결책은 각주에 적겠다.)[20]

---

18 Thomas Aquinas, "God is Omnipotent," in PRSR3e, sec. 4 (from the *Summa Theologica*).

19 전능성을 비롯해서 신의 여러 속성들에 대한 우리의 개념은 '악의 문제'에 대한 우리의 이해에 중대한 영향을 미친다는 점에 주목해야 한다. 이에 대한 상세한 논의는 8장을 참조하라.

20 이 역설에 대한 가장 좋은 해결책은 George Mavrodes, "Some Puzzles Concerning Omnipotence," *Philosophical Review* 72 (1963): 221–3에서 찾을 수 있는데 다음과 같이 요약될 수 있다. 신은 "자기가 들어올릴 수 없는 돌을 창조할 수 있느냐"의 여부가 여기서 해결되어야 할 물음이다. 신은 이 임무를 완수할 수 있을까, 아니면 그렇게 할 수 없을까? 우리의 임무를 분명히 하기 위해서, 그 돌을 들어올릴 수 없는 자가 **누구**인지를 명시할 필요가 있다. (평범한 철학 교수가 들어올릴 수 없는 돌일지라도 씨름 장사에게는 별로 문제될 바가 없다.) 지금 문제가 된 경우에, 그 돌을 들어올릴 수 없는 자는 신 자신이다. 그러나 신은 정의대로 하자면,

신의 전지성을 가장 명료하게 표현하는 길은 신이 모든 것을 안다고 말하는 것이다. 또는 (오직 참인 명제들만이 알려질 수 있으므로) 신은 모든 참된 명제들을 안다고 말하는 것이 더 나은 표현이 되겠다. 하지만 어떤 시점에서는 참이지만 다른 시점에서는 참이 아닌 명제들이 있다는 점에서 문제가 생긴다. "진수는 지난 일요일에 결혼했다"라는 명제를 생각해보자. 이 명제는 결혼식 당일의 자정부터 일주일 후의 일요일 자정까지 한 주간 동안만 참이다. 신은 이 명제가 참이 되는 기간 동안만 이 명제를 안다라고 할 수 있다. 물론 그 기간이 지난 후에도 그 기간 동안 이 명제가 참이었다는 것을 신은 알 것이다.[21] 이러한 점에 비추어볼 때, 신의 전지성에 대한 정의를 다음과 같이 수정할 수 있다. **여하한 시점에서도 신은 바로 그 시점에서 참인 모든 명제들을 안다.**

그런데 전능성의 경우와 마찬가지로 전지성에 대한 정의를 할 때에도, 참인 명제이되 신이 그것을 아는 것이 논리적으로 불가능한 명제는 배제하는 조건을 달아야 하지 않을까? 이러한 종류의 참인 명제들이 있는가? 한 가지 가능한 후보로 신 자신이 내리려는 결정에 관한 명제들을 꼽을 수 있다. 신을 포함해서 어느 누구도 어떤 결정을 내리는 과정에 있는 동시에 그 결정이 어떠한 것일지를 알 수는 없다. 그래서 만일 (유신론에서 인정하다시피) 신이 결정을 내린다면, 그가 그 결정을 내리는 동안에는 논리상 그가 알 수 없는 참된 명제들이 있을 수 있다. 이에 대해서 신의 결정은 시간 속에서 내려지는 것이 아니라 시간 이전에 또는 시간 밖에서 내려진다는 주장이 제기될지도 모르겠다. 그러나 이것이 사실이더라도 위에서 입증된 논지가 흐려지지는 않는다. 즉 신은 일부 참인 명제들을 모르더라도 자기 일을 해야 하는 그 나름대로의 삶의 '측면' (비록 일정 기간은 아니더라도)을 가지고 있다. (논리적으로 볼 때 신이

어떠한 크기의 돌이라도 들어올릴 수 있다. 그러면 이제 신에게 부여된 임무는, 어떠한 크기의 돌이라도 들어올릴 수 있는 존재자가 들어올리지 못할 만큼 큰 돌을 창조하는 것이다. 하지만 이것은 둥근 사각형을 만드는 일처럼 명백히 자기 모순적이다. 그런데 이미 살펴본 바와 같이, 전능성은 자기 모순적인 일을 하는 능력을 포함하지 않으므로, 신이 들어올릴 수 없는 돌을 신이 창조하지 못한다고 해서 그의 전능성에 대한 주장이 궁지에 몰리지는 않는다.

21 어떤 철학자들은 "진수는 지난 일요일에 결혼했다"라는 **문장**이 시제가 있는 반면에 그 문장에 의해서 표현되는 **명제**는 시제가 없으며 시간이 경과함에 따라 진리치가 변하지는 않는다고 주장한다. 그러나 이런 해결책은 유효하지 않으며 시제가 있는 명제들의 존재를 우리가 받아들여야 한다는 다수의 견해도 있다.

알 수 없는 참된 명제들에 대해서는 9장에서 더 논의될 것이다.)

신의 전지성에 대한 충분한 정의를 제시하기 전에 한 가지 더 지적되어야 할 사항이 있다. 우리 인간들은 지식뿐만 아니라 믿음도 가지고 있는데, 믿음들 중에서 어떤 것은 참이고 다른 것은 거짓이다. 그런데 신은 자기가 알고 있는 것 이상의 것을 믿을 수는 없다. 그리고 틀림없이 그는 거짓된 믿음을 갖지도 않는다. 그렇다면 전지성에 대한 우리의 정의는, 신이 거짓된 믿음들을 갖는 것을 배제하도록 다듬어져야 한다.

이상의 고찰들을 염두에 두고서 우리는 신의 전지성을 다음과 같이 정의할 수 있겠다. 임의의 시점에서 신은 바로 그 당시 참인 모든 명제들을 알며, 그 시점에서 신이 갖는 그 명제들에 대한 지식은 논리적으로 가능하고, 신은 결코 거짓된 것을 믿지 않는다. 이 정의에서 가장 논란의 여지가 많은 요소는, 신은 오직 그가 아는 것이 논리적으로 가능한 것만을 안다는 구절이다. 그러나 이것은 실제로 어떠한 어려운 문제도 일으키지 않는다. 신이 아는 것이 논리적으로 불가능한 진리가 없다면, 문제의 조항은 신의 지식에서 어느 것도 배제하지 않을 것이고, 따라서 그 정의가 부정확하거나 부적합하다고 말할 수 없기 때문이다.

신이 도덕적으로 완전하게 선하다는 것은 유신론자들 간에 합의된 사항이다. 도덕적으로 완전한 존재가 갖추어야 할 성격이나 행동 원리이면 무엇이든지 간에 신의 성격을 규정하는 것이 되어야 한다. 여기서 분명히 해야 할 두 가지 사항은 '완전한 도덕적 선의 내용은 무엇인가?' 와 '도덕적 선과 신 사이의 관계는 무엇인가?' 이다.

도덕적 선의 특정 내용—사랑이 거룩함과 공의로움보다도 신의 속성으로서 더 중요한지, 아니면 그 반대인지, 아니면 그것들이 모두 똑같이 중요한지, 도덕적 선의 구체적인 내용이 무엇인지—은 유신론자들이 합의를 못 보고 있는 문제다. 이 물음들에 대한 우리의 답변은 신의 행동 방식과 사람을 다루는 방식에 관한 특정한 신학적인 관점에 의존하기 쉽다. 그래서 이 문제들은 다양한 신학적인 전통 안에서 다루어지는 편이 낫다. 이하에서 우리는 신의 '선', '사랑', '공의'에 대해서 말할 때, 이 낱말들의 정확한 의미와 그들 간의 상호 관계를 명시하지 않은 채 일반적으로만 언급할 것이다.[22]

도덕적 선과 신의 관계에 관해서 제기되는 첫 번째 물음은 신이 도덕적인 선에 상반되는 행동을 할 수 있느냐는 것이다. 몇몇 철학자들은 신이 도덕적으로 칭송받을 만한 존재가 되기 위해서는 그가 실제로는 악을 행하지 않더라도 악을 행할 수는 있어야 한다고 생각해왔다.[23] 그러나 대다수의 유신론적 사상가들은 신이 본질적으로 도덕적으로 완전하다고, 즉 그는 본성상 도덕적으로 악하게 행동하는 것이 불가능하다고 주장해왔다. 이러한 주장은 신이 자기가 한 약속을 어길 수 없다고 우리가 전제하면서 신의 전능성을 논할 때 이미 예상된 바였다.

도덕적 선과 신의 관계에 관한 또 다른 의문은 도덕적 선을 판별하는 기준의 근원에 관해서 제기된다. 인간의 경우처럼, 신이 순응해야만 하는 도덕적 선의 기준이 그와는 별도로 존재하는가? 아니면 도덕적 선과 악의 존재는 전적으로 신의 의지와 명령에 의존하는가? 아니면 도덕적 선의 기준과 신과의 관계에 대한 또 다른 가능성이 있는가? 이 문제는 15장에 이를 때까지 당분간 보류하겠다.

이 절에서 논의된 속성들 중 어느 것도 범신론의 신에게는 귀속될 수 없다. 확실히 범신론의 신은 '모든 능력'과 '모든 지식'을 소유한다고 말해질 수 있다. 왜냐하면, 정의(定義)상, 무슨 능력과 지식이 존재하든지 간에 그것은 바로 그 신의 능력과 지식이 되기 때문이다. 즉 그것은 존재하는 모든 것의 궁극적인 실체요, '내적인 정신'인 것이다. 그러나 범신론의 신은 알거나 행동할 수 있는 개별적인 마음을 전혀 가지고 있지 않다. 스피노자에 따르면, "지성도 의지도 신의 본성과는 관계없다"고 한다. 그리고 만일 우리가 지성과 의지를 신에게 귀속시킨다면, 그것들은 "(인간의 지성과 의지와는) 공통점이 없고 그 이름끼리만 공통점이 있을 뿐이다. 그들 사이의 대응은 큰개자리(the Dog)라는 별자리와 멍멍 짖어 대는 개(a dog) 사이의 대응과 같을 뿐이다."[24] 그런데

---

22 하지만 종교 철학자는 신의 선에 대해서 완전히 중립적으로 남을 수는 없다. 특히 이 문제에 대해서 어떠한 관점을 취하느냐에 따라서 악의 문제에 대한 접근법이 달라질 것이다.

23 이 문제에 대해서는 Bruce Reichenbach, *Evil and a Good God* (New York: Fordham University Press, 1982), chap. 7을 참조하라.

24 *Chief Works of Benedictus de Spinoza*, vol. 2, tr. R. H. M. Elwes (New York: Dover, 1955), pp. 60-1.

가장 주목을 끄는 점은, 범신론의 신은 선과 악을 구별할 수 없다는 점이다. 우주 안에서 수행되는 모든 행위들은 똑같이 신의 능력이 현현한 것이므로, 이 행위들 중의 어떤 것은 '선하고' 다른 것은 '악하다' 라는 생각은 결국에는 하나의 착각이 되고 만다. 범신론자들은 개인적인 윤리 면에서는 고결하고 양심적일 수 있고, 또 흔히 그러하지만, 궁극적인 관점에서는 선과 악, 또는 우리가 선하다고 부르고 악하다고 부르는 것이 초월된다. 이 점에서 범신론은 유신론의 신과 매우 극단적으로 대조된다. 유신론에서의 신은 선을 수호하고 악에 대항해서 투쟁하는 신이기 때문이다.

과정 신론의 신이 지식과 선에 관해서 전통적 유신론의 신과 크게 달라야 할 이유는 없다. 그러나 신의 능력에 대한 과정 신학자의 태도는 하트숀(1897~2000)의 최근 저서 제목(『전능성과 기타의 신학적 오류들』)에 나타난 바와 같이 현저하게 다르다.[25] 전능성이 오류인 이유는 무엇인가? 그것은 전통적 유신론에서는 신이 창조 시에 피조물들에게 자신의 의지를 일방적으로 강요할 수 있는 능력을 가지며, 그들에게 강제력을 발휘한다고 말하기 때문이다. 반면에 과정 신론에서는 신의 능력이 강제적일 수는 없고 언제나 설득적이어야 한다고 주장한다. 신은 결코 일방적으로 자연에 대해서 그의 의지를 부과하지는 않으므로 신이 기적을 일으키는 법은 없다고 한다. 더욱이 신의 의지에 맞추어 인간들이 행동하도록 신이 강요할 수 없다. 오히려 신은 화이트헤드가 말한 바와 같이, 인간들이 자발적으로 신의 의도를 따름으로써 얻을 수 있는 최고의, 그리고 최상의 가능성을 그들에게 펼쳐 보임으로써 '유혹한다.'

전통적인 유신론자들은 이것이 신의 능력과 위대함을 매우 감소시키는 것으로 보고, 이렇게 되면 신은 전능자일 때보다 '숭배의 대상' 으로서의 가치가 훨씬 경감된다고 본다. 이에 대해서 강제력보다는 설득력이 도덕적으로 더 우월하므로, 강제력을 사용할 수 없는 것이 오히려 신의 위대성을 고양할지언정 감소시키지는 않는다는 반론이 제기된다. 어찌 되었든지 간에 이러한 입장으로 인해 분명히 과정 신론은 신을 설득력과 강제력을 모두 발휘하는 존재로

25 Charles Hartshorne, *Omnipotence and Other Theological Mistakes* (Albany: SUNY Press, 1984).

묘사하는 모든 유신론적인 신앙의 신학 전통과 상충한다.[26]

영원한 신 — 무시간적인가, 영존하는가?

신이 영원한 존재라는 것은 유신론자들이 공통적으로 갖는 확신이다. 그러나 이것을 어떻게 이해해야 하는가? 신의 영원성을 이해하는 방법 중 가장 직접적이고 쉬운 방법은 신이 언제나 존재해왔고 또 언제나 존재할 것이라고 말하는 것이다. 그래서 신은 사람이나 사물들과 마찬가지로 시간 속에서 존재하지만 다른 것들과는 달리 시작도 끝도 없이 존재한다. 한마디로 말해서 신은 영원하다.

그러나 어떤 철학자들과 신학자들은 이것이 신의 영원성에 대한 해석으로서는 부적절하다고 생각해왔다. 그들은 신이 무시간적, 즉 전적으로 시간 밖에 존재한다고 말해왔다. 이 입장에 따르면, 신은 유한한 인간들이 하는 것처럼 세계를 한 순간, 한 순간씩 경험하지는 않는다고 주장한다. 그렇기는커녕 신은 세계의 역사를 단번에 경험한다고 본다. 신에게는 과거나 현재나 미래가 없으며, 신은 단순히 있다고 한다. 그리고 모든 시간은 신에게 그의 영원한 현존 속에서 단번에 그리고 변함 없이 나타난다고 한다. 아우구스티누스는 이를 다음과 같이 적고 있다.

> 주님은 시간에 따라 행하시는 것이 아니라 시간에 선행하는 분입니다. 그렇지 않으면 당신께서는 모든 시간들에 선행하지 않았을 것입니다. 그러나 주님은 과거에도 영원한 숭고성에 의해서 모든 것에 선행하셨고 모든 미래도 초월하십니다. 왜냐하면 미래의 것들이 도달하면 그것들은 과거가 될 것이기 때문입니다. 그러나 주님은 동일하시고 당신의 연수(年數)는 부족하지 않습니다. 우리의 연수는 왔다 가고 늘 오지만, 당신의 연수는 오지도 않고 가지도 않습니다. 당신의 연수는 그대로입니다. 세월이 흐른다고 해서 그 연수가 물러가지

26 신의 능력에 대한 과정 신학의 관점을 철저하게 비판한 저서로는 David Basinger, *Divine Power in Process Theism: A Philosophical Critique* (Albany: SUNY Press, 1988)을 들 수 있다.

않습니다. 왜냐하면 당신의 연수는 그대로 머물러 있고 사라지지 않기 때문입니다. 그러나 우리의 연수는 그 이상 있지 않을 때에는 지금 있는 것이 전부입니다. 당신의 연수는 한 날이고 당신의 날은 하루가 아니라, 오늘입니다. 오늘 당신과의 만남은 내일로 바뀌지지 않습니다. 왜냐하면 그것은 어제를 대신하지도 않기 때문입니다. 당신의 오늘은 영원입니다 ……[27]

무시간성 교리가 많은 사람들에게 호소력을 갖는 가장 근본적인 이유는 그리스철학과 신플라톤주의에 뿌리를 두고 있는 확신 때문이다. 이 확신에 따르면, 신이 시간 속에서 존재할 경우 신은 가변성이라는 특징을 갖게 되는데 이는 '가장 실재적인 존재자'의 속성으로서는 용인될 수 없다고 한다. 신의 무시간성에 대한 최근의 옹호 논변은 다음과 같은 식으로 표현된다.

[시간적인 존재자의 존재처럼] 극도로 덧없는 존재는 존재의 토대가 될 수 없다. 덧없는 생성의 근저에 있어야 할 것 같은 지속적이고 영속적이며 전적으로 불변하는 실재성을 가진 존재는 진정한[즉 무시간적인] 존속—이것의 시간적 존속은 명멸하는 이미지에 지나지 않는다—에 의해 그 성격이 규정된다.[28]

좀더 최근에는 아인슈타인의 특수 상대성 이론에 근거해서 신의 무시간성을 지지하려는 시도가 있었다. 그 이론의 특징은, 특정한 상황에서 사건들의 순서는 그것들이 관찰되는 관점(또는 '좌표계')에 따라 달라진다는 것이다. 우리의 은하계에서 멀리 떨어진 지역에서 발생한 두 사건—예컨대 혜성과 혹성의 충돌, 그리고 초신성(超新星)의 폭발—을 생각해보라.[29] 지상에 있는 관찰자에게 그 충돌은 폭발을 앞선다. 그러나 먼 거리에 있는 별의 행성 궤도를 돌고 있는 우주선에서 보는 관찰자에게는 폭발이 충돌을 앞선다. 이제 우

---

27 *The Confessions of St. Augustine*, trans. Edward B. Pusey (New York: Random House, 1949), bk. 11, pp. 252–3. 또 다른 고전적인 문헌으로, PRSR3e, sec. 4에 실린 보에티우스(Boethius)의 글을 들 수 있다.

28 Eleonore Stump and Norman Kretzmann, "Eternity," *Journal of Philosophy* 79 (1981): 444–5.

29 이 예가 효과적인 것이 되기 위해서는, 그 사건들 사이에 어떠한 인과적인 영향도 서로 미칠 수 없도록 그것들이 시공간상에 위치해야 한다.

리가 “이 두 사건 중에서 어느 것이 진짜 앞서는 것이냐?” 고 묻는다면, 상대성 이론은 이 물음에 대한 답은 없다고 한다. 이 사건들의 순서는 그것들이 관찰되는 좌표계에 상대적이고, 우리에게 이 물음에 대한 ‘진짜’ 답을 제공할 수 있는 ‘절대적’ 이고 특권적인 좌표계는 전혀 없다는 것이다. 하지만 그 사건들 중에서 어느 것이 신에게는 먼저인가? 신은 무소부재(無所不在)하므로, 신의 ‘관점’ 을 지상의 좌표계나 여타의 특정 좌표계와 동일시하는 것은 아무 의미가 없다. 이것이 맞다면, “어느 사건이 신에게 먼저인가?” 라는 물음에 대한 답은 있을 수 없다. 그러나 그 물음에 대한 답이 있어야만 한다. 즉 신이 그 두 사건을 경험할 때 분명한 순서가 있어야 하는 것이다. 이 딜레마에서 벗어날 수 있는 유일한 길은 신이 무시간적이라는 점을 인정하는 것이다. 그리하여 우주 안에 있는 무수한 좌표계 중의 어느 하나에서 사건들이 어떻게 서로 시간적으로 관계를 맺는지를 신이 알더라도, 신에게는 어느 사건도 다른 사건보다 앞서지 않는다.

하지만 이 추론에는 하자가 있다. 사건들의 순서가 (어떤 경우에는) 좌표계에 의존하는 이유는 빛의 유한 속도가 정보의 전이를 제한하기 때문이다. 우리의 예에서 관찰자들이 혜성의 충돌과 초신성의 폭발에 관해 동시에 정보를 얻을 수 있다면, 그들은 두 사건 중 어느 사건이 다른 사건을 앞서는지를 분명히 알 것이다. 동시적인 의사소통이 존재한다면, 그것으로 인해 절대적인 좌표계가 성립될 것이다. 물론 우주 안에서 일어나는 사건에 대한 신의 지식은 빛의 속도에 의해 제한받지 않는다. 우리와 달리 신은 우주의 먼 곳에서 벌어지는 일을 알기 위해 수십억 년을 기다릴 필요가 없다. 그러므로 우리와는 달리 신에게는 하나의 절대적 좌표계가 있고 사건들의 절대적인 순서가 있다. 신이 시간적이라면, 적어도 그렇게 된다. 그 물음은 여전히 논쟁거리로 남아 있지만, 상대성 이론이 신의 시간성에 대해서 극복하기 어려운 문제를 제기하지는 않는다.[30]

30 이 논변을 비롯해서 관련 논변들에 대해 더 알아보려면, 다음 문헌들을 참조하라. Brian Leftow, *Time and Eternity* (Ithaca: Cornell University Press, 1991); Alan G. Padgett, "Eternity and the Special Theory of Relativity," *International Philosophical Quarterly* 33 (1993): 219-23; William Lane Graig, "The

신의 무시간성 교리는 종교 철학자들 사이에서 계속 논쟁거리가 되고 있다. 최근에는 이런 관점에서 벗어나서, 신이 영존한다(everlasting)고 보는 관점을 받아들이는 추세다. 이 후자의 관점은 신을 시간과 역사 속에서 활동하는 존재로서 묘사하는 유신론적 종교들의 경전을 더 쉽게 이해하면서 그것에 더 일치해 보인다.[31] 그러나 무시간성 이론도 끊임없는 지지와 옹호를 받고 있다. 신의 다양한 속성들을 이 장의 앞에서 논의할 때 신을 영원한 존재로서 보는 관점에 근거해서 서술했는데, 그 이유는 이 관점이 좀더 친숙하고 쉽게 이해되기 때문이다. 그러나 영원한 존재로서의 신이 갖는 속성들은 조금만 수정하면 무시간적인 신의 속성들로서 서술될 수 있다. 이러한 경합하는 개념들 간의 결말은 매우 불확실한 상태로 남아 있다.[32]

이제 유신론적 신 개념에 대한 우리의 논의를 매듭짓도록 하자. 유신론적 신 개념은 그것의 복잡한 성격에 비추어볼 때 논리적인 일관성을 확신하기가 어렵기는 하지만 그래도 어느 정도는 인정받을 수 있다고 여겨진다. 수세대에 걸쳐서 철학자들과 신학자들은 유신론적 신 개념에 매료되었고 흥미를 느꼈다. 그런데 그 개념은 흥밋거리 이상의 것이 되는가? 즉 유신론적 신 개념은, 진정으로 창조자요 모든 사물들의 주관자이며, 세계의 과정과 그의 숭배자들의 삶에 강하게 그리고 직접적으로 개입하는 실재하는 존재자에게 적용되는 개념인가? 앞으로 이어지는 장들에서 이 물음은 다루어져야만 한다.

Elimination of Absolute Time by the Special Theory of Relativity," in *God and Time: Essays on the Divine Nature*, ed. Gregory E. Ganssle and David M. Woodruff (New York: Oxford University Press, 2002), pp. 129–52.

31 이 관점을 지지하는 논변을 보려면, Nicholas Wolterstorff, "God Everlasting," in *God and the Good*, ed. C. Orlebeke and L. Smedes (Grand Rapids: William B. Eerdmans, 1975; PRSR3e, pt. 4에 재수록) 참조.

32 최근에 이 문제를 가장 잘 설명하고 옹호한 문헌으로는 각주 27의 논문과 각주 29에 나오는 Leftow, *Time and Eternity*를 들 수 있다. 부가적인 논의를 위해서는, Jonathan Kvanvig, *The Possibility of an All-Knowing God* (New York: St. Martin's, 1986), pp. 150–71; William Hasker, *God, Time, and Knowledge* (Ithaca: Cornell University Press, 1989), pp. 144–85를 참조하라.

| 연구문제 |

1. 슈베따께뚜와 그의 아버지의 이야기에 함축된 신 개념을 간단히 서술하라. 이 신 개념과 당신의 신 개념이 어떻게 다른지 설명하라.
2. 당신에게 가장 익숙한 종교 전통에서는 신을 어떻게 정의하고 있는가? 이 신관과 본문에서 설명된 고전적 신관과는 어떻게 다른지 설명하라.
3. 절대적으로 완전한 신만이 숭배의 대상이 될 수 있다고 말하는 것이 당신에게는 타당하다고 여겨지는가? 이에 대해서 논하라.
4. 신이 '필연적 존재'라고 말하는 것은 무엇을 의미하는지 설명하라. 타당한 신관은 이러한 생각을 포함해야 한다고 생각되는가?
5. 신이 창조자라고 말하는 것이 무엇을 의미하는지 설명하라. 왜 창조 개념이 신관의 중요한 부분이 되는가?
6. (고전적 유신론에서처럼) 우리가 신을 우주와 전적으로 구별되는 존재로서 생각한다면, 또는 (과정 신론에서처럼) 신이 그 자신 안에 우주를 담고 있다고 생각한다면, 우리가 좀더 적절한 신 개념을 가지고 있다고 볼 수 있는가?
7. 수학의 법칙들을 바꾸는 것과 같이 논리적으로 불가능한 일들을 신이 할 수 없다고 말한다고 해서 신의 능력에 대한 평가가 감소되는가? 신은 잔인하고 거짓된 방식으로 행동할 수 있다고 말하는 것이 더 나은가, 아니면 그러한 일을 할 수 없다고 말하는 것이 더 나은가?
8. (전통적인 유신론에서처럼) 신이 설득력과 강제력을 모두 발휘해야 그가 더 숭고하고 더 완전한 존재인가, 아니면 (과정 신론에서처럼) 설득력만 발휘해야 그러한가?
9. 신의 능력과 세계에 대한 통치를 정의할 때, 인간의 자유 의지의 가능성을 보존하는 것이 중요한가? 만약 그렇다면, 자유 의지는 어떻게 정의되어야 하는가?
10. 미래에 대한 포괄적인 신의 지식과 인간의 진정한 자유 의지가 양립 불가능하다면, 어느 것이 더 중요한가? 이에 관해 논하라.

| 참고문헌 |

Basinger, David. *Divine Power in Process Theism: A Philosophical Critique*. Albany: SUNY Press, 1988.

Cobb, John B., and David Ray Griffin. *Process Theology: An Introductory Exposition*. Philadelphia: Westminster Press, 1976.

Gale, Richard M. *On the Nature and Existence of God*. New York: Cambridge University Press, 1991.

Hartshorne, Charles. *Omnipotence and Other Theological Mistakes*. Albany: SUNY Press, 1984.

Kenny, Anthony. *The God of the Philosophers*. Oxford: Oxford University Press, 1979.

Koller, John M. *Oriental Philosophies*, 2nd ed. New York: Scribner's, 1985.

Leftow, Brian. *Time and Eternity*. Ithaca: Cornell University Press, 1989.

Moriss, Thomas V. *Our Idea of God: An Introduction to Philosophical Theology*. Downers Grove: InterVarsity Press, 1991.

Pinnock, Clark. *Most Moved Mover: A Theology of God's Openness*. Grand Rapids: Baker, 2001.

Richards, Jay Wesley. *The Untamed God: A Philosophical Exploration of Divine Perfection, Simplicity, and Immutability*. Downers Grove: InterVarsity Press, 2003.

Sokolowski, Robert. *The God of Faith and Reason: Foundations of Christian Theology*. Notre Dame: University of Notre Dame Press, 1982.

Stump, Eleonore, and Norman Kretzmann. "Eternity," *Journal of Philosophy* 79 (1981): 429-58.

Swinburne, Richard. *The Coherence of Theism*. Rev. ed.Oxford: Oxford University Press, 1993.

Wierenga, Edward R. *The Nature of God: An Inquiry into Divine Attributes*. Ithaca: Cornell University Press, 1989.

6장 •• 유신론의 논변들: 신의 존재를 입증할 증거가 있는가?

유전학자인 도킨스는 최근에 펴낸 대중적인 저서에서 다음과 같은 결론을 내린다. "종교의 사실적인 전제, 즉 신 가설은 옹호될 수 없다. 신은 거의 확실히 존재하지 않는다."[1] 도킨스는 유신론자에게 신의 존재를 입증할 증거, 특히 과학적 증거를 대라고 도발적으로 도전한다.[2] 입증 책임은 신이 존재한다고 믿는 사람들에게 있는데, 그 책임은 성공적으로 수행될 수 없을 것이라고 도킨스는 주장한다. 유신론자들은 수세기에 걸쳐 신의 존재를 입증하는 논변이나 증명을 제시했고 다듬어왔지만, 무신론자들도 거기에 대한 강력한 반론을 발전시켰다. 이 장에서 우리의 임무는 도킨스의 도전을 극복할 수 있을지 검토하는 것이다. 먼저 증명의 성격과 기능에 대해서 살펴본 후에, 네 가지 유형의 유신론적 논변들과 그것들 각각에 대한 반론을 제시하겠다. 끝으로 유신론과 무신론을 각기 지지하는 누적(累積) 사례 논변의 역할에 대해 살펴보겠다.

증명으로서의 유신론적 논변

우리가 특정한 유신론적 논변들을 검토하기 전에, 그 논변들이 보여주거나 입

1 Richard Dawkins, *The God Delusion* (New York: Houghton Mifflin Company, 2006), p. 158.

2 Ibid., p. 48.

증하려는 바가 무엇인지에 관해서 우선 언급해야겠다. 전통적으로 이러한 논변을 증명이라고 불렀다. 이 말은 세 가지 물음을 묻게 한다. 증명이란 무엇인가? 유신론자는 신의 존재를 증명해야만 하는가? 신의 존재를 입증하거나 반박하는 증거를 제공하는 것에 관해서 말할 때 우리는 증명의 용어법을 채택해야 하는가?

4장에서 우리는 증명에 대한 대인(對人) 상대적(person-relative) 관점을 제안했다. 이러한 의미에서의 증명은 세 가지 특징을 갖는다.[3] 첫째로, 그 논변은 건전(sound)해야 한다. 즉 전제들은 참이어야 하고 결론은 그 전제들에서 (추론의 형식적인 규칙들을 위배하지 않고) 타당하게 도출되어야 한다. 둘째로, 증명은 지식과 관련된 사건이다. 그러나 지식은 언제나 누군가에 의해서 소유된다. 고로 증명은 건전한 논변이되 누군가가 그 건전성을 알고 있어야 한다. 논변이 어떤 사람에게 증명이 되려면, 그 사람은 그 논변의 전제들이 참이며 결론이 타당하게 도출된다는 것을 알아야만 한다. 이 관점에 따르면, 하나의 논변이 증명이 되기 위해서는 건전해야 한다는 것을 합리적인 사람이라고 해서 모두가 아는 것은 아니므로, 논변은 그것이 건전하다는 것을 아는 사람에게만 증명으로서 기능한다. 셋째로, 증명의 기능은 우리의 지식을 확장하는 데에 있다. 이로 인해 다음 두 가지 사항이 성립한다. (1) 전제들은 결론보다 더 쉽게 알 수 있어야 한다. 우리가 증명을 할 때에는 좀더 쉽게 알 수 있는 것에서 출발해서 그보다 덜 쉬운 것으로 옮겨가기 때문에 이 점은 중요하다. (2) 증명의 주체가 되는 사람은 그 전제들을 결론에서 추론하지 않고서도 그 전제들이 참이라는 것을 알아야만 한다. 이 점은 순환 오류에 빠지지 않기 위해서 중요하다. 요컨대 증명이란 하나의 건전한 논변인데, 그 논변을 증명으로 삼는 사람은 그 논변이 건전하다는 것을 알아야 하며 그 논변의 전제들이 참이라는 것을 결론에서 추론하지 않고서도 알아야 한다.

그런데 증명이 대인 상대적이라고 한다면, 왜 유신론적 증명에 대해서 그토록 야단법석인가? 특히 유신론자들이 신의 존재를 반드시 증명해야 하는가?

3 George Mavrodes, *Belief in God* (New York: Random House, 1970), chap. 2.

첫째로 우리는 알고 있는 모든 것에 대한 증명을 요구할 수는 없다. 만일 그런 식으로 요구한다면, 우리가 지지하는 결론은 그 결론을 위한 전제들 중의 하나에 대한 이유가 되거나, 아니면 각각의 논변은 그 다음 논변의 전제들을 지지하게 되는 식으로 논변들의 무한 소급에 빠지게 될 것이다. 전자가 받아들여질 수 없는 이유는 결론을 지지하는 전제를 결론에서 추론함으로써 순환 오류에 빠지기 때문이고, 후자를 받아들일 수 없는 이유는 유한한 인간이 무한히 연속되는 논변들을 구성할 수 없기 때문이다. 둘째로, 우리가 '증명'이라는 말을 자주 사용하는 것이 사실—일상적인 대화에서 "증거를 대봐!"라고 응수하는 경우를 생각해보라—이더라도 증명이 우리의 지적 생활에서 수행하는 역할은 작은 편이다. 우리가 증명할 수 있는 것은 매우 적을 뿐만 아니라, 일반적으로 아주 흥미가 없는 것들이다. 따라서 유신론자들이 신의 존재를 입증하기 위한 논변들을 제시하고 평가할 때에 도를 넘지 않는다 하더라도, 우리는 유신론자들이 신의 존재를 입증하거나 무신론자들이 신의 비존재를 입증할 것을 요구할 수는 없다.

이에 대해 어떤 사람은 진리라는 게 명백히 드러나지 않는 주장이지만 실제로 중요하거나 의미 있는 주장이라면 거기에 대해서는 증명이 필요하지 않느냐고 반문할지도 모르겠다. 하지만 실제로 중요하거나 의미 있는 것이 무엇인지를 우리가 어떻게 아는가? 우리는 실제로 중요한 것은 잃어버린 채 사소한 것을 증명하려고 안간힘을 쓸지도 모른다. 더욱이 실제로 중요한 것들이면 모두가 증명될 수 있다고 생각해야 할 이유가 없다. 어떤 것이 (우리에게나 다른 누구에게라도) 중요하다고 해서, 그것보다 논의의 여지가 적은 전제들에서 그것이 도출된다는 것을 보장하지는 못한다. 이 중요한 주장은 귀납적으로 옹호될 수 있는 것이든지, 아니면 증명할 길이 없는 근본적인 진리의 부류에 속하는 것일 수 있다.

그래서 유신론자들이 신의 존재(또는 무신론자들이 신의 비존재)를 증명할 필요는 없는 것처럼 보인다. 하지만 유신론자들에게 신의 존재를 주장하기 위한 근거나 증거를 제시해달라고 요청하는 것은 적절해 보인다. 왜냐하면 많은 사람들에게 그런 주장은 명백한 진리로 여겨지지 않기 때문이다. 그 증거가 증명들로 구성될 수 있다 하더라도, 꼭 그럴 필요는 없다. 귀납적 추리나 직접적인 경험도 합리적인 믿음의 근거가 될 수 있기 때문이다.

이것은 우리의 세 번째 의문으로 귀결된다. 우리는 '증명'보다는 '논변'에 대해서 말해야 하는가? 스윈번(1934~)의 예를 따라 많은 현대 유신론자들은 신의 존재를 입증하기 위한 연역적 모델—여기서는 증명들이 형식적으로 타당해야 한다—을 버리고 귀납적 모델을 채택한다.[4] 스윈번은 유신론적 논변들의 연역적 형식들에 대해서 의구심을 표명하는 반면에 귀납적 형식들은 신이 존재할 확률을 확보한다고 확신한다.

우리가 '증명' 개념을 명제의 진리성을 확보해주는 증거를 포함하도록 확장시킬 수 있는지의 여부는 새로운 토론을 불러일으키는 문제로서 여기서는 더 이상 논의하지 않겠다. 그러나 증명 개념을 어떻게 정의하느냐에 따라서는 그런 식의 확장이 가능해지기도 한다.[5] 우리가 고전적인 논변들과 현대에 들어와 발전된 논변들을 모두 정당하게 취급하려면, 분명히 연역적인 논변과 귀납적인 논변들이 모두 고찰되어야 한다. 따라서 앞으로는 '증명' 대신에 '논변'이라는 말을 채택하겠다. 이렇게 함으로써 우리는 논변의 대인 상대적 성격을 강조할 수 있을 뿐만 아니라, 신의 존재에 대한 연역적 증거와 귀납적 증거를 제공하는 유신론자들을 모두 수용할 수 있게 된다.

존재론적 논변

의심할 여지없이 유신론적 논변들 중에서 가장 흥미로우면서도 당혹스러운 것이 존재론적 논변이다. 기독교 신학자인 안셀무스(1033~1109)가 애초에 이 논변을 구성할 때에는 신의 존재를 입증하는 논변으로 만들 의도는 없었다. 그는 단지 그 논변을 자기가 이미 믿고 있는 신을 이해하는 방편으로 여겼을 뿐이다. 그래서 안셀무스는 그 논변을 기도의 문맥에서 논했다. 그러나 후대의 사상가들이 그것을 신의 존재를 입증하는 하나의 논변으로 다루어왔기 때

4 Richard Swinburne, *The Existence of God* (Oxford: Clarendon Press, 1979).
5 *Random House Webster's College Dictionary* (New York: Random House, 1999).

문에 우리도 그런 맥락에서 존재론적 논변을 고찰하겠다.

안셀무스는 우리가 다른 어느 것보다도 더 위대한 존재자에 대한 개념이나 생각을 가질 수 있다고 주장한다. 우리는 그런 존재자가 실제로 존재하는지의 여부를 알 수는 없지만, 그 존재자가 마음 속의 관념으로서 존재한다는 것은 안다. 그러나 다른 어느 것보다도 더 위대한 존재자는 마음이나 지성 안에 관념으로서만 존재할 수는 없다. 그런 존재자가 마음 안에만 존재한다고 가정해보자. 그렇다면 그것은 그보다 더 위대한 존재자를 생각할 수 없는 그러한 존재자는 아닐 것이다. 왜냐하면 관념으로만 존재하는 존재자보다 실재하는 존재자가 더 위대할 것이기 때문이다. 그런데 우리는 처음에 그보다 더 위대한 존재는 생각할 수 없는 존재자에 대한 개념을 상정했었다. 따라서 신이라고 불리는 이 존재자는 마음속으로뿐만 아니라 실제로 존재해야만 한다.[6]

안셀무스는 자신의 주장에 대해 반대하는 입장에 서면 부당한 결론에 빠진다는 것을 보여주는 귀류법적인 논변을 구성했다. 이 논변을 정식화하면 다음과 같다.

1. 사람들은 가장 위대한 가능 존재자에 대한 관념을 갖는다.
2. 가장 위대한 존재자가 마음속의 관념으로서만 존재한다고 가정해보자.
3. 실재하는 존재자는 마음속에만 존재하는 것보다 더 위대하다.
4. 그러므로 우리는 가장 위대한 가능 존재자보다 더 위대한 존재자, 즉 실재하는 존재자를 생각해볼 수 있다.
5. 하지만 가장 위대한 가능 존재자보다 더 위대한 존재자는 없다.
6. 그런데 4와 5를 합치면 자기모순에 빠진다. 따라서 가장 위대한 가능 존재자는 실제로 존재한다.

안셀무스는 신(가장 위대한 가능 존재자)의 존재를 모르는 사람들도 있다는 것을 부인하지는 않는다. 다만 이들이 신의 개념을 올바르게 이해하지 못

6 Anselm, *Proslogium*, in *Anselm: Monologion and Proslogion* (Indianapolis: Hackett Publishing Company, 1995), trans. Thomas Williams, chaps. 2–4. (PRSR3e, pt. 5, pp. 176–8 참조)

했기 때문에 그런 것이라고 본다. 일단 우리가 신이 실제로 가장 위대하면서 가능한 존재자라는 것을 깨닫기만 하면, 신의 존재는 부인할 수 없다.

안셀무스의 논변처럼 우리의 마음에 있는 관념들에 관한 전제에서 어떤 것이 실재한다는 결론을 끌어내는 논변에는 심각한 오류가 있는 것 같다. 그러나 이런 의심에도 불구하고 철학자들은 그 논변의 취약점이 어디에 있는지를 알아내기가 어려우며, 그런 의심을 산다는 것이 약점이라고 강하게 주장하기가 어렵다고 여겼다.

그 논변의 취약점을 드러내고자 했던 사람으로 안셀무스와 같은 시대에 살았던 고닐로(Gaunilo)가 있다. 고닐로는 안셀무스의 논변 중 첫 번째 전제가 틀렸다고 지적했다. 즉 우리는 가장 위대한 가능 존재자를 생각하거나 실제로 이해할 수 없다는 것이다.[7] 내가 '사람들'에 관해 생각할 때에는, 내가 사람들에 대한 경험을 가졌기 때문에 그 말이 의미하는 바가 무엇인지를 안다. 하지만 '그보다 더 위대한 존재자를 생각할 수 없는 존재자'라는 말을 들을 때에는 각각의 낱말들의 의미를 이해할 수 있지만, 그 낱말들이 의미하는 존재자를 이해할 수는 없다. 왜냐하면 이 존재자는 다른 어떠한 실재와도 다르기 때문이다.

그러나 신이 그 자신에 대해서 아는 만큼이나 우리도 신을 알 수 있고, 우리가 신의 본성을 완전하게 이해할 수 있다는 것이 안셀무스의 논점은 아니다. 그가 말하고자 하는 바는, 우리는 적어도 신이 가장 위대한 가능 존재자여야만 한다는 것 정도는 안다는 것이다. 신의 존재를 부인하는 자도 신이 어떠한 존재자여야 하는지에 대해서 곰곰이 생각해보면 신이 존재한다는 것을 이해할 수밖에 없다는 것이 안셀무스의 생각이다.

한편 고닐로는 안셀무스의 논변 구조가 모든 종류의 비실재적인 사물들의 존재를 증명하는 데에 사용될 수 있는지에 대해서도 의아하게 생각했다. 고닐로의 반론은 다음과 같다. 다른 어느 섬보다도 더 훌륭한 섬, 즉 헤아릴 수 없을 만큼 풍요롭고 즐거움을 주는 섬을 내가 생각한다고 가정해보자. 실재하

7 Gaunilo, "On Behalf of the Fool," in *Anselm*, p. 123. (PRSR3e, pt. 5, pp. 178-81 참조)

는 것은 마음속에만 존재하는 것보다 더 훌륭하므로, 이 섬은 존재한다. 이런 식의 논변에 의해서 우리는 온갖 허구적인 것들의 존재를 (부당하게) 증명할 수 있게 된다. 안셀무스가 어리석은 자들에 대해서 사용했던 귀류법 논변을 고닐로는 안셀무스에게 적용한 셈이다.

이 반론에 대해서 안셀무스 본인은 충분하고 적절하게 대응하지는 못했지만,[8] 다른 사람들이 대응책을 제시해주었다. 그중 한 가지 방안은, 안셀무스의 존재론적 논변이 가장 위대한 가능 존재자에 대해서만 적용될 수 있다고 말하는 것이다. 즉 유한해서 완전할 수 없는 섬과 같은 것들에 대해서는 그 논변이 적용될 수 없다고 보는 것이다. 하나의 섬을 가장 위대한 가능 존재로 만드는 속성들 중에는 풍부한 광물, 매끄러운 모래톱, 많은 야자수, 풍성한 과일 등이 포함될 것이다. 그러나 이러한 속성들을 갖췄다고 생각되는 어떠한 섬에 대해서도 우리는 그것보다 더 많은 것들을 가진 섬을 생각해낼 수 있다. 이러한 속성들은 한없이 덧붙여질 수 있다. 최대 한도의 특징들을 갖지 않고서는 가장 위대하면서 가능한 섬이 될 수 없다. 그런데 이것은 안셀무스의 논변에는 해당되지 않는다. 왜냐하면 가장 위대한 가능 존재자에 적용되는 속성들 중에는 극대치의 속성들—지식, 능력, 도덕적 완전성—이 포함되기 때문이다. 신은 전지전능하고 도덕적으로 완전할 수 있다. 따라서 안셀무스의 논변 형식은 고닐로가 제안한 식으로 온갖 종류의 존재하지 않는 유한 사물들의 존재를 입증하는 데에 사용될 수는 없다.[9]

그런데 극대치의 속성들을 가지면서 존재하지 않는 것들이 안셀무스의 논변 형식에 들어맞을 수 있다. 가장 크면서 가능한 1천 달러짜리 지폐를 생각해 보자. 안셀무스 식의 논변은 이 지폐가 반드시 존재한다는 것을 입증할까? 물론 가격 면에서 그것보다 더 큰 지폐—예컨대 1백만 달러 지폐—가 있을 수 있지만, 지금의 논점은 이것이 아니라, 더 큰 1천 달러 지폐가 있을 수 없다는 점이다. 왜냐하면 이러한 속성을 가진 어떠한 지폐도 그것의 최대치를 갖기

8 Anselm, *Proslogium*, p. 132.

9 Alvin Plantinga, *God, Freedom and Evil* (New York: Harper & Row, 1974), p. 91. (PRSR3e, pt. 5, pp. 183–4 참조). Charles Hartshorne, "What Did Anselm Discover?" in *The Many Faced Argument*, ed. John Hick and Arthur C. McGill (New York: MacMillan, 1967), pp. 330–1도 참조하라.

때문이다. 이에 대해서 어떤 사람은 그 지폐의 다른 속성들—이를테면, 구겨지지 않은 속성이라든가 일정한 색을 갖는 속성—이 고유한 최대치를 가질 수 있느냐를 문제 삼을지도 모르겠으나, 이것들은 이 지폐가 1천 달러의 가치가 있는 지폐, 즉 일정한 액면 금액의 지폐라는 것과는 무관하다. 이러한 본질적인 면에서는 그 지폐는 최대치를 가지므로, 안셀무스의 논변 형식대로 하자면, 그러한 지폐는 존재해야만 한다는 결론이 나온다.[10] 아마도 고닐로의 논지는 옳았지만, 섬을 예로 든 것은 잘못이라고 할 수 있을 것 같다.

안셀무스의 논변에 대한 또 다른 비판은 전제 3에 대해서 가해진다. 안셀무스에게 존재는 완전한 것이다. 완전성은 그것을 갖는 것으로 하여금 더 낫고 위대한 것으로 만든다. 예를 들어, 건강이 완전한 것이라고 말하는 것은, 다른 모든 조건들이 동일하다면 건강한 것이 건강하지 않은 것보다 더 낫다고 말하는 것과 같다. 마찬가지로 존재를 완전한 것이라고 보는 것은, 다른 모든 조건들이 동일할 경우 존재하는 것이 존재하지 않는 것보다 더 낫거나 더 위대하다고 말하는 것과 같다. 우리는 여기서 주의해야 한다. 안셀무스는 사물들이 존재하는 것이 존재하지 않는 것보다 우리에게 더 낫다고 말하는 것이 아니다. 이것은 분명히 틀린 말이다. 왜냐하면 존재하지 않으면 우리에게 더 좋았을 법한 것들이 많기 때문이다. 오타(誤打), 모기, 암 등이 그 예다. 안셀무스가 말하려는 바는, 실제로 그 속성을 갖는 것이 사물 그 자체에게는 더 낫다는 것이다.

그런데 과연 존재는 완전한 것인가? 칸트(1724~1804)는 "'있음'은 분명히 진짜 술어가 아니다. 즉 그것은 한 사물의 개념에 덧붙여질 수 있는, 어떤 것의 개념이 아니다. 그것은 단지 한 사물을 상정하는 데에 지나지 않는다"라고 주장했다.[11] 맬컴(1911~1990)은 이 논변을 다음과 같이 표현했다.

존재가 완전한 것이라는 교설은 매우 미심쩍다 …… 어떤 왕이 차기(次期) 재

10 William J. Abraham, *An Introduction to the Philosophy of Religion* (Englewood Cliffs: Prentice-Hall, 1985), p. 27.

11 Immanuel Kant, *Critique of Pure Reason*, A598.

상은 지식과 재치와 결단력을 지니기를 원할 수 있다. 하지만 왕이 원하는 바는 존재하는 재상을 갖는 것이라고 부언하는 것은 우스꽝스럽다. 예를 들어 A와 B라는 두 충복이 그들이 생각할 수 있는 가장 완전한 재상에 대해서 각각 서술하라는 명령을 받았고, 이에 그들이 써낸 목록은 모든 면에서 같은데 다만 A의 목록에는 존재가 들어 있고 B의 목록은 그렇지 않다는 점에서만 차이가 난다고 가정해보자. 이 경우 동일한 사람이 이 두 목록을 모두 만족시킬 수 있다. 좀더 적절히 말하자면, A의 목록을 만족시키는 사람은 필연적으로 B의 목록을 만족시킬 것이고, 그 역(逆) 또한 같다.[12]

하지만 맬컴과는 반대로, 우리는 A와 B가 완전한 재상을 동일하게 서술하지 않았다고 주장할 수 있다. 왜냐하면 존재하지 않는 재상은 B의 목록은 만족시켜도 A의 목록은 만족시킬 수 없기 때문이다.[13] 우리는 모든 서술들이 서술되는 것의 존재를 전제한다고 생각할 수 있지만, 이것은 해결되어야 할 문제를 전제하고 논하는 셈이 된다.

존재가 완전한 것인지의 여부를 묻는 것은 존재가 하나의 속성인지의 여부를 묻는 것과 같다. 왜냐하면 완전성은 하나의 속성이기 때문이다. "신은 선하다"라고 말할 때, 선은 완전한 것이고 신의 속성이다. 문제는 존재한다라는 말이, 다른 속성어(property word)들과 달리 기능한다는 점이다. 예를 들어, "일부 도서관들은 훌륭한 조직을 가지고 있지 않다"라고 말하는 것은 뜻이 통하지만, "일부 도서관들은 존재하지 않는다"라고 말하는 것은 그렇지 않다. 그러나 이러한 예에서 존재가 속성이 아니라는 결론은 나오지 않고, 단지 그것이 속성이라면 흔치 않는 속성이라는 결론이 나올 뿐이다. 그러나 이처럼 드물다는 특징이 안셀무스의 논변을 무력하게 만들기에 충분한지는 분명치 않다. 아마도 그 문제는 존재가 속성인지의 여부보다는, 존재에는 상이한 종류—관념상의 존재, 실재하는 존재, 신화상의 존재 등—가 있는데 이것들이 어

12 Norman Malcolm, "Anselm's Ontological Arguments," in *The Many Faced Argument*, ed. Hick and McGill, pp. 304–5.

13 Jerome Shaffer, "Existence, Predication and the Ontological Argument," *Mind* 71(1962): 307–25; Hick and McGill, *The Many Faced Argument*, p. 230에 재수록.

떻게, 또는 어떠한 근거에서 유사한지가 분명치 않다는 사실과 더 관계가 깊은 것 같다.

현대판 존재론적 논변

최근에 어떤 철학자들은 안셀무스에게서 두 번째의 좀더 설득력 있는 논변을 찾아냈다고 주장했다.[14] 일례로, 하트손(Charles Hartshorne, 1897~2000)은 앞에서 제시된 안셀무스의 논변이 주로 사람들의 관심거리였던 반면에, 안셀무스의 『프로스로기움』에 있는 좀더 설득력 있는 두 번째 논변은 거의 무시되어 왔다는 사실에 주목했다. 그 두 논변의 주된 차이점은 존재가 어떻게 다루어지느냐는 데에 있다. 하트손은 안셀무스에 대한 비판자들이 존재를 언제나 속성으로서 취급할 수 없다고 주장하는 데에 대해서는 동의하지만, 그렇다고 해서 존재가 속성이 아니라고 결론지을 수는 없다고 한다. 비록 존재 자체는 속성이 아니더라도 필연적 존재는 속성이므로, 임의의 두 대상 중 어느 하나는 필연적으로 존재하고 다른 하나는 그렇지 않다면(즉 우연적으로 존재한다면) 전자가 후자보다 더 위대하다는 것이다.

만일 신의 존재가 우연적이라면, 그가 존재하게 된 것은 우연이거나 어떤 원인으로 인한 것이어서 신은 가장 위대한 가능 존재자가 될 수 없을 것이다. 그러나 가장 위대한 가능 존재자로서의 신은 필연적으로 존재한다. 따라서 신의 존재는 논리적으로 필연적이거나, 아니면 논리적으로 불가능하다. 그런데 신의 존재는 논리적으로 불가능하지 않으므로, 그것은 논리적으로 필연적이다.[15]

하트손과 그에 동조하는 철학자들은 자신들의 논변을 성공시키기 위해서 신의 존재의 필연성을 논리적인 필연성(즉 그 존재를 부인하면 자기모순에 빠

14 Malcolm, "Anselm's Ontological Arguments," pp. 301–20; Hartshorne, "What Did Anselm Discover?" pp. 321–33; Plantinga, *God, Freedom, and Evil*, pp. 85–112. (PRSR3e, pt. 5, pp. 188–93 참조)

15 하트손은 비록 이 논변이 신의 필연적인 존재를 입증하더라도 신의 **현존성**, 또는 구체성을 입증하지는 못한다고 조심스럽게 주장한다. 하트손이 봤을 때, 신은 현실 속에서는 우연적인 속성들을 가지며, 반드시 지고하고 불변적이고 독립적일 필요는 없다. 그래서 존재론적 논변은 신이 존재한다는 것을 입증하지만, **어떻게** 존재하는지에 대해서는 우리에게 말해주는 바가 없다. 즉 그 논변은 신에 관한 내용을 우리에게 제공하지는 않는다.

지는 존재)으로 해석한다. 하지만 신이 논리적으로 필연적인 존재성을 갖는다고 생각해야 하는 이유가 무엇인가? 어떤 사람들은 안셀무스가 두 번째 논변에서 이러한 신관을 견지했다고 생각했지만, 힉(1922~)은 안셀무스가 현대적인 논리적 필연성 개념이 아니라 존재론적인 또는 사실적인 필연성의 뜻으로 말했노라고 주장한다. 그러한 필연적인 존재자는 그것의 존재를 위해서 다른 어느 존재자에도 의존하지 않는다. 자신의 존재는 자기 자신에게서 확보하기에, 그것은 생겨나지도 않거니와 사라지지도 않는다.[16]

현대의 안셀무스주의자들은 적절한 신 개념은 논리적인 필연성을 요구한다고 대답한다. 신은 최대로 완전하다고 생각되어야 하고, "위대한 존재자가 갖춰야 할 상호 양립 가능한 속성들의 최대로 완전한 집합을 필연적으로" 구현하는 것으로 봐야 한다.[17] 필연적 존재는 위대하게 만드는 속성이므로 신은 존재하지 않을 수 없다. 만일 최대로 완전한 존재자(신)가 불가능하다면, 그런 존재자는 존재할 수 없다. 하지만 최대로 완전한 존재자가 가능하다면, 위대하게 만드는 속성인 필연적 존재를 가짐으로써 최대로 완전한 존재자(신)는 존재하게 된다. 쟁점은 위대하게 만드는 속성으로서의 필연적 존재의 지위뿐만 아니라 신 개념 자체와도 관계가 있다.

툴리(1941~)는 이러한 개정판 존재론적 논변의 배후에 있는 최대의 위대성 개념이 일관성이 있는 개념인지에 대해서 의문을 제기했다.[18] 툴리는 고닐로를 본 따서 주장하기를, 다른 최대의 속성들을 위해 존재론적 논변에서 사용된 논변들과 유사하되 모순으로 귀착되는 논변들을 구성할 수 있다고 한다. 예를 들어, 우리는 어떠한 것도 용해시키되 용해되지 않는 극대의 속성들이 모든 가능 세계에서 존재한다는 것을 보여주는 논변을 구성할 수 있다. 그러나 이런 속성들은 모순되므로 이 극대 속성들을 입증하는 데에 사용되는 논변 형식은 상당히 의심스럽다. 그런데 이와 동일한 논변 형식이 최대의 위대성을

16 John Hick, "A Critique of the 'Second Argument,'" in *The Many Faced Argument*, ed. Hick and McGill, pp. 345–6.
17 Thomas V. Morris, *Anselmian Reflections: Essays in Philosophical Theology* (Notre Dame: Notre Dame University Press, 1987), p. 12.
18 Michael Tooley, "Plantinga's Defense of the Ontological Argument," *Mind* 90 (1981): 422–7.

입증하기 위한 존재론적 논변에 의해서 사용되므로, 그 논변도 뭔가 잘못되었음에 틀림없다.

존재론적 논변에 대해 의견이 여전히 분분하다는 사실은 쉽게 확인된다. 어떤 이들은 존재론적 논변이 분명히 오류를 범했다고 믿는다. 왜냐하면 개념들에 근거해서 실재(實在)를 논증해낼 수는 없기 때문이다. 또 다른 이들은 존재론적 논변이 건전하지만, 그 논변이 무엇보다도 신의 존재가 가능하다는 믿음을 요구하는 반면에 이 믿음은 의심스럽기 때문에 별로 설득력이 없다고 생각한다.[19]

우주론적 논변

유신론자들이 제시하는 두 번째 논변은 우주론적 논변이다. 우주론적 논변은 논변 형식 면에서는 엄밀성이 떨어진다. 이 논변은 처음에 세계에 관한 경험적인 사실(예컨대, 우연적 존재자들이 존재한다, 운동하는 무언가가 있다, 우주가 존재하기 시작했다 등)을 끌어들이면서 시작한다. 그리고 나서 이런 사실의 원인이나 설명을 찾아내려고 한다. 그 논변은 인과 조건들의 무한한 연쇄로는 적합하게 설명할 수 없다고 주장하면서, 어떤 필연적인 존재자나 제일원인, 또는 인격적인 작인(作因)이 존재해야 그런 사실들이 설명된다고 결론짓는다. 우주론적 논변에는 두 가지 형태가 있다. 그중 하나는 아퀴나스(1224~1274), 클락(1675~1729), 코플스턴(1907~1994), 테일러(1919~2003)가 제안한 것인데,[20] 설명적인 인과 조건들을 고찰할 때 결과에 대한 시간적인 관계보다는 논리적인 관계에 의거한다. 그래서 그 논변의 귀착점이 되는 제일원인은 반드시 시간상의 최초 원인이 될 필요는 없지만, 다른 모든 것이 지속

19 William Rowe, *An Introduction to the Philosophy of Religion* (Belmont: Wadsworth, 2001), chap. 3.

20 Thomas Aquinas, *Summa Theologica* I, Q. 2, A. 3; *On the Truth of the Catholic Faith* I (Notre Dame: University of Notre Dame Press, 1975), chap. 13 (PRSR3e, pt. 5, pp. 194–6 참조); Duns Scotus, *Opus oxoniense*, I, Dist. II, Q. 1, in Allan Wolter, trans., *Duns Scotus: Philosophical Writings* (Indianapolis: Bobbs-Merrill, 1962), pp. 43–51; Bertrand Russell and F. C. Copleston, "A Debate on the Existence of God," in *The Existence of God*, ed. John Hick (New York: Macmillan, 1964), pp. 167–91; Richard Taylor, *Metaphysics* (Englewood Cliffs: Prentice-Hall, 1992), pp. 99–108.

적으로 존재하기 위해서 의존해야 하는 원인이다. 우주론적 증명의 또 다른 형태는 알 킨디(al-Kindi, c. 870)와 알 가잘리(al-Ghazali, 1058~1111)와 같은 아랍 철학자들이 제안했고 최근에는 크레이그(1945~)가 옹호하고 나선 것으로서 시간상의 제일 원인을 논증한다. 이제 칼람(kalām) 논변이라고 불리는 두 번째 형태의 우주론적 증명을 고찰해보자. ('칼람' 이라는 말은 19세기에 시작한 이슬람 정교를 옹호하기 위해 사용된 논쟁적인 유신론에 적용되었다.)

칼람 우주론적 논변

칼람 논변은 다음과 같이 정식화될 수 있다.

1. 존재하기 시작한 모든 것은 그것의 존재 원인을 갖는다.
2. 우주는 존재하기 시작했다.
3. 그러므로 우주는 그것의 존재 원인을 갖는다.[21]

전제 1은 모든 우주론적 논변의 근저에 있는 인과율의 한 형태를 서술한다. 크레이그는 이 전제가 직관적으로 명백해서 어느 누구도 그것을 부인할 수 없다고 주장한다.

그러나 어떤 것이 갑자기 무(無)에서 생겨났다고 말할 수도 있지 않느냐고 하면서 그 전제를 부인하는 사람들도 있다.[22] 어떤 이들은 양자 물리학 분야의 최근 연구 결과에 근거해서 논지를 전개한다.[23] 전자들은 어느 한 지점에서 사라졌다가 다른 곳에서 다시 나타나는 것처럼 보인다. 우리는 그 중간 단계의 존재를 추적하거나, 그 전자들이 다른 지점이 아니라 바로 거기서 나타나게 한 원인이 무엇인지를 결정하지 못한다. 그리고 그 전자들이 어디서 다

21 William Craig, *The Kalām Cosmological Argument* (New York: Barnes & Noble, 1979), p. 63. (PRSR3e, pt. 5, pp. 210–21 참조)

22 J. L. Mackie, *The Miracle of Theism* (New York: Oxford University Press, 1982), p. 94. (PRSR3e, pt. 5, pp. 229–31 참조)

23 Paul Davies, *Superforce* (New York: Simon and Schuster, 1984), p. 200.

시 나타날지를 정확하게 결정하거나 예측할 수도 없다. 그 위치는 단지 통계적인 확률치만 가질 뿐이다.[24]

이에 대해 크레이그는 양자 현상에 의존해서는 칼람 논변에 아무 영향도 못 미친다고 응수한다. 그는 현대 물리학에서 진공이란 무(無)가 아니라 최소 에너지 상태이므로 전자들은 무에서 나타나는 것은 아니라는 점에 주목한다. 문제의 현상들은 진공 파동에서 나온다고 본다.[25]

우리의 현재 지식만 가지고서는 이 양자 물리학에 근거한 논변에 관해 무엇을 말해야 할지 알기란 어렵다. 어떤 이들은 양자 물리학의 불확정성 현상들을 탐구 장비의 한계 탓으로 돌린다. 단지 우리가 현 시점에서 그 전자의 중간 상태를 분별해낼 수 없을 뿐이라는 것이다. 다른 사람들은 관찰자를 이 장(場)에 끌어들임으로써 관찰 대상에게 너무 영향을 미치게 되어 마치 원인이 없는 결과가 있는 것처럼 보이는 것이라고 주장한다. 그러나 관찰자와 관찰자가 초래한 변화를 끌어들이지 않고서는 무엇이 발생하는지를 알 길이 없다. 또 어떤 이들은 인과율이 원자 이상의 수준에서는 작용하지만 원자 이하의 수준에서는 적용될 수 없으므로 보편적인 진리가 될 수 없다고 여전히 주장하기도 한다. 현 시점에서는 불확정성 현상들이 함축하는 바가 무엇인지 분명치 않다. 다만 현 상태에서 말할 수 있는 것이라고는, 불확정성이 이 세계의 진상(眞相)이라는 것이 증명되면, 우주론적 논변의 근저에 있는 일반적인 인과율은 상당히 타격을 입을 것이라는 정도다.

이제 칼람 논변으로 되돌아가서, 두 번째 전제는 어떠한지 살펴보자. 왜 우리는 우주가 시간적으로 시초를 가졌다고 생각해야 하는가? 크레이그는 이 전제를 지지하기 위해서 선험적인 논변 두 개와 후험적인 논변 두 개를 제시했는데, 여기서는 제한된 지면 때문에 선험적인 것과 후험적인 것 하나씩만을 살펴보겠다. 선험적 논변 하나는 다음과 같이 전개된다.

---

24 William Lane Craig and Quentin Smith, *Theism, Atheism, and Big Bang Cosmology* (New York: Oxford University Press, 1993), pp. 182, 121–3.

25 Ibid., pp. 143–4.

4. 현실태적 무한(actual infinite)은 존재할 수 없다.

5. 사건들의 시간적 연속으로서 시초가 없는 연속은 현실태적 무한이다.

6. 그러므로 사건들의 시간적 연속으로서 시초가 없는 연속은 존재할 수 없다.

전제 4를 방어하기 위해서 크레이그는, 구성 요소들의 수가 증감하지 않는 무시간적 전체(timeless totality)인 현실태적 무한은 부당한 결과에 이르므로 그런 것은 존재할 수 없다는 점에 주목한다. 예를 들어, 현실적으로 무한 수의 책들을 소장한 도서관을 상상해보라. 그 도서관에는 무한 수의 붉은 책들과 무한 수의 검은 책들이 소장되어 있다고 가정하자. 그러면 어떠한 무한도 다른 것보다 더 많은 원소들을 가질 수 없기 때문에, 도서관이 보유하는 도서 전량만큼이나 많은 붉은 책들이 도서관에 있고, 붉은 책과 검은 책이 합쳐진 만큼이나 많은 붉은 책이 있으며, 검은 책들에서 붉은 책들을 뺀 만큼이나 많은 책들이 도서관에 있다는 터무니없는 결론이 나온다. 따라서 현실태적 무한이 수학의 이상 세계에서는 존재하더라도 현실에서는 존재할 수 없다.

크레이그의 논점은 다음과 같다. 현실태적 무한에 관해서 다음 두 사항 중 하나가 성립한다. 하나는, 집합들의 원소들 간에 대응 관계가 성립함으로써 그 원소들이 일대일로 대응하는 경우 그것들은 등가(等價)다. 다른 하나는, 집합들의 원소들 사이에 어떠한 대응 관계도 성립하지 않으며 전체는 부분들의 합보다 더 크다. 전자는 부분 집합들이 전체 집합과 동등하다는 부당한 결론으로 귀착된다. 후자는 비록 두 집합이 모두 무한하더라도 하나는 다른 하나의 부분 집합이고 원소의 수가 다르다는 부당한 결론에 이른다.[26] 결국 두 경우 모두 부당한 결론에 이르므로 현실태적 무한은 있을 수 없게 된다.

그런데 시초가 없는 연속이 가능태적 무한(potential infinite)이 아니라 현실태적 무한(전제 5)이라고 생각해야 하는 이유가 무엇인가? 크레이그는 무(無)시초적 연쇄(beginningless series)에 들어 있는 과거 사건들은 셀 수 있고

26 Ibid., pp. 98–9; Craig, *Theism*, pp. 66–95.

개념적으로 같이 묶여질 수 있으므로 그 연쇄는 현실태적 무한이라고 주장한다. 그 사건들이 동시에 발생하지 않는다는 사실은 아무 의미가 없다. 출발점이 있고 사건들이 이 출발점에 보태지거나 감해진다면, 우리는 새로운 원소들을 보탬으로써 시간을 통해 증가하는 가능태적 무한을 가질 것이다. 그러나 시초가 없는 과거는 그런 출발점을 가지고 있지 않으므로 그 무한은 가능태적 무한이 아니라 현실태적 무한이다.

여기서 이 문제의 일부는 크레이그의 현실태적 무한 및 가능태적 무한에 대한 정의와 관련이 있다. 아리스토텔레스에게 현실태적 무한은 특정 시점에서 존재하는 무한인 반면에, 가능태적 무한은 시간이 흐르는 동안에 부가나 분할에 의해 실현된다. 따라서 연속적으로 새로운 사건들이 부가됨으로써 형성된 사건들의 시간적인 연쇄는 현실태적 무한이 아니라 가능태적 무한이다.[27] 그러나 크레이그에게는 현실태적 무한은 증감될 수 없는 무시간적 전체다. 따라서 어떤 것이 현실태적 무한인지의 여부를 결정할 때에 시간적 요소가 개입되는지의 여부, 그리고 사건들의 무시초(無始初)적 연쇄가 현실태적 무한인지 가능태적 무한인지의 여부에 대해서 아리스토텔레스와 크레이그는 서로 의견을 달리한다. 사건들의 무시간적 연쇄가 현실태적 무한이라면, 크레이그의 논변은 의미가 있다.

이제 전제 2를 옹호하기 위한 크레이그의 후험적 논변을 검토해보자. 이 논변은 근래에 발전한 천체 물리학에 근거해 있다. 1965년에 벨 연구소에 있는 두 과학자들이 우주 안에서 배경 복사(background radiation)를 발견했다. 이 복사는 대폭발(Big Bang)이라고 불리는 우주 초기에 일어난 거대한 폭발의 잔여인 것으로 보인다. 우주의 기원에 대해서 두 가지 모델이 폭넓은 지지를 받으면서 경합하고 있는데, 그 두 모델은 모두 이 자료와 양립할 수 있다.

진동 우주 모델에 따르면, 우주는 팽창과 수축을 주기적으로 반복하면서 진행된다. 대폭발이 있은 후에 우주는 일정한 정도까지 팽창하는데, 거기서 물질의 중력은 늦춰지고 결국 우주의 팽창은 멈추게 된다. 우주의 밀도가 최

---

27 Aristotle, *Physics* Ⅲ, 6.

대로 높아지는 지점에 도달해서 우주가 폭발하고 밖으로 팽창할 때까지 이 힘은 우주를 끌어당긴다. 이와 같은 과정은 반드시 동일한 방식이 아니더라도 무한히 반복된다. 이것이 가능하기 위해서 우리의 우주는 중력이 더 이상 우주의 팽창을 역전시킬 수 없는 극한점을 넘지 말아야 한다.

또 다른 모델은 **우주의 무한 팽창 모델**이다. 이 이론에 따르면 대폭발은 단 한 번만 일어났고, 그 이후로 우주는 계속 밖으로 팽창하다가 언젠가는 차갑게 식으면서 종말을 맞는다고 한다.

이 모델 중에서 어느 것이 옳은지를 결정하기 위해서는 우주 안에 있는 물질의 총량을 계산해야 한다. 어떤 사람들은 현재의 물질 밀도가 우주 팽창을 정지시키기에는 충분치 않다고 주장한다. 우주가 중력의 한계점을 지나면 영원히 팽창할 것이라고 한다. 이와는 달리, 우주 안에 현재로서는 안 보이거나 어두워서 발견되지 않는 물질이 다량 있는데, 이 물질은 은하들 안이나 그것들 사이에서 먼지 구름 안에 흩어져 있어서 우리가 아직 임계역(臨界閾)—여기를 넘어서면 우주의 수축이 가능해진다—을 지나지 않았다고 주장하는 사람들도 있다. 그런데 좀더 분명한 답변을 찾을 수 있어 보이는 발견이 아주 최근에 이루어졌다. 초신성(超新星)을 주목하고 있던 천문학자들은 우주가 일정한 비율이 아니라 가속적인 비율로 팽창하고 있다는 것을 발견했다. 우주 안에 있는 어떤 힘이 중력에 반작용할 뿐만 아니라 우주를 바깥쪽으로 더 빨리 민다. 무한 팽창 가설을 확증해주는 이 발견에 비추어볼 때 붕괴 가능성은 극히 낮아진다.[28]

한 논변에서 그것의 결론을 공격하는 것은 일반적으로 부적합하더라도, 그 결론이 거짓임에도 불구하고 그 논변이 타당하다고 생각할 이유가 있다면, 이것은 전제들 중 하나가 거짓이라는 것을 보여준다. 대폭발론에 근거한 유신론적 논변에 대해서 최근에 그와 같은 비판이 제기되었다. 우주 기원에 관한 '팽창(inflationary)' 이론을 채택하는 일부 학자들은, 칼람 논변과는 반대로, 우주는 원인이 없이 생겨났다고 주장한다. 원래 어떠한 시공간적인 차원도 없

28 James Glanz, "Cosmic Motion Revealed," *Science* 282 (Dec. 18, 1998): 2156-7.

는 진공이었던 우주는 "활성화된 진공 상태에 있었고," "양자 활동이 활성화되고, 가상 입자들과 복합적인 상호 작용이 충만한 상태였다."[29] 여기에 우주적인 척력(斥力)이 가해져서 에너지가 막대하게 증가했고, 이 척력 때문에 우주의 크기가 급격히 팽창했다고 한다. 그런데 대폭발을 가능케 한 이 에너지 증가의 원인은 무엇인가? 이에 대한 답변은, 에너지 보존 법칙(우주 안에 있는 에너지의 총량은 에너지의 전이에도 불구하고 고정되어 있다)이 지금 우리의 우주에는 적용되어도 초기 팽창에는 적용되지 않는다고 말하는 것이다. 우주의 척력이 진공 안에서 무(無)의 상태에 있던 에너지로 하여금 엄청난 양으로 증가하게 만들었다는 것이다. 이 거대한 폭발이 에너지를 방출했고 거기서 모든 물질이 나오게 되었다고 한다. 그 결과 고대 파르메니데스의 원리(모든 것은 하나다, 즉 단 하나의 실재만이 존재한다는 원리)와는 반대로 무(無)—초기 진공 상태—에서 모든 것이 나왔다. 결국 칼람 논변의 결론은 거짓이므로 그 논변의 전제들 중 하나—십중팔구는 첫 번째 전제—가 거짓이라고 할 수 있다.

이러한 형태의 칼람 논변에서 제기되는 문제들은 전문적이고 사변적이다. 이것은 그 논변을 지지하거나 반대하는 증표가 아니라, 단지 처음에는 간단한 논변으로 보인 것이 고도로 복잡해졌다는 것을 보여줄 뿐이다. 이 후험적인 형태의 칼람 논변에 대한 최종 판결은 천체 이론 물리학이 더 발달할 때까지 기다려야 한다.

대폭발에 근거한 무신론적 논변

스미스(1952~)는 대폭발 논변으로 선회하면서 대폭발 우주론이 신에 대한 믿음과 양립할 수 없다고 주장했다. 그의 논변은 다음과 같다.

1. 신이 존재하고 우주의 최초 상태가 있다면, 신은 그 최초 상태를 창조했다.
2. 신은 전지전능하고 완벽하게 자비롭다.

29 Davies, *Superforce*, p. 191.

3. 생명이 있는 우주는 그렇지 않은 우주보다 더 낫다.
4. 그러므로 신이 그 최초 상태를 창조했다면, 그것은 생명을 담고 있거나 궁극적으로 생명체가 있는 우주로 귀착되어야 한다.(1과 3에서)
5. 우주의 최초 상태가 있는데 그것은 대폭발이라는 유일한 사건이다.
6. 우주의 최초 상태는 무한 온도, 무한 만곡(彎曲), 무한 밀도처럼 생존에 불리한 조건들을 포함한다.
7. 대폭발 사건은 본래 예측할 수 없고 무법칙적이어서 생명체가 있는 우주로 귀착되리라는 보장이 없다.
8. 그러므로 우주의 최초 상태가 생명을 낳으리라는 보장은 없다.
9. 그러므로 신은 바로 그 최초 상태를 창조할 수 없었을 것이다.(4와 8)
10. 그러므로 신은 존재하지 않는다.(1과 9)[30]

문제의(그리고 핵심적인) 전제는 네 번째 전제다. 두 가지의 반론이 제기될 수 있다. 첫째로, 신이 생명체를 가진 우주를 반드시 창조해야 하는 이유가 무엇인가? 그 이유는 전제 3에서 제시된 바와 같이, 생명체가 있는 우주가 그렇지 않은 우주보다 더 낫고 신은 최상의 가능 세계를 창조해야 하는 의무가 있기 때문이라는 것이다. 그러나 최상의 가능 세계 개념이 정합성을 결여한다고 주장하는 많은 유신론자들은 신이 그런 의무를 져야 하는지 의심스럽다고 생각한다.[31] 우리가 지명할 수 있는 어떠한 세계에 대해서도, 그것보다 나은 또 다른 세계가 존재할 수 있다. 물론 신은 생명체가 있는 우주를 창조할 이유를 가질 수도 있었을 것이다. 그런 이유의 한 예로, 신이 선(善)을 산출하고 싶어해서라는 이유를 들 수 있다. 하지만 그러한 세계를 창조해야 하는 이유를 신이 갖는다고 해서 신이 반드시 그렇게 해야만 한다고 말할 수는 없다.

둘째로, 신은 후속적인 개입을 통해서 생명체가 있는 우주를 확보할 수

---

30 Craig and Smith, *Theism*, pp. 200-1. 우리는 스미스가 매긴 번호를 바꿨다. 9와 10은 스미스의 논변을 완결 짓기 위해 추가된 것들이다. p. 219를 보라.

31 Bruce Reichenbach, *Evil and a Good God* (New York: Fordham University Press, 1982), chap. 6. 다른 논변을 위해서는 Robert M. Adams, *The Virtue of Faith* (New York: Oxford University Press, 1987), chap. 4를 보라.

있었을 것이다. 생명을 생겨나게 하는 능력이 처음부터 나타나야 할 논리적인 필연성은 없다. 여기에 대해 스미스는 응수하기를, 신이 개입했더라면 그것은 "무능한 계획의 표시가 될 것이다 …… 차라리 그 자체의 법칙적인 자연에 의해서, 생명을 산출하는 우주로 귀착되는 어떤 상태를 창조하는 것이 합리적"이라고 한다.[32] 이에 대해 최초의 대폭발 이후에 신이 개입한다는 것은 비논리적이지는 않다는 반론과 함께, 후속적인 개입을 배제하는 우주를 신이 가장 효율적인 방식으로 창조해야만 하는 이유가 무엇이냐는 의문이 제기된다. 모리스(1952~)가 지적했듯이,

> 효율성은 언제나 목적과 의도에 상대적이다. 어떤 사람이 효율적으로 일하고 있는지를 알기 전에, 우리는 그가 의도하는 바가 무엇인지, 어떠한 목표와 가치가 그의 활동을 지배하는지를 먼저 알아야 한다 …… 세계를 맡고 있는 신이 존재한다면 그는 엄청나게 비효율적이다라는 결론을 도출할 수 있기 위해서는, 우리의 세계와 같은 세계를 창조하고 지배할 때에 작용하는 신의 모든 관련 목표와 가치들에 관해서 우리가 알아야만 한다.[33]

모리스는 우리가 효율성을 신의 속성으로 생각해야 할 이유가 도대체 무엇이냐고 의아해한다. 효율성은 신의 완전성을 위해 요구되는 속성이 아니다. 즉 그것을 갖지 않는다고 해서 신이 불완전해지는 부류의 속성은 아니라는 것이다. 시간이나 능력이 제한된 사람이라면 효율성은 좋은 속성이라고 할 수 있다. 하지만 신은 시간이나 능력 면에서 전혀 제한을 받지 않는다. 따라서 대폭발에 근거해서 우주론적 논변을 공격하는 스미스의 반론이 과연 성공했다고 볼 수 있을지는 의문이다.

32 Craig and Smith, *Theism*, pp. 202-3.

33 Thomas V. Morris, *The Logic of God Incarnate* (Ithaca: Cornell University Press, 1986), pp. 77-8.

탈(脫)시간적 우주론적 논변

탈시간적(atemporal)인 유형의 우주론적 논변은 시간상의 제1원인의 존재를 입증하려 들지는 않는다. 우주는 영원할 수도 있다. 그러나 우주는 우연적이고, 그것의 지속적인 존재를 위해서 다른 어떤 것에 의존한다. 따라서 이 논변의 결론을 통해서 입증하려는 원인을, 창조의 제1원인이라기보다는 유지하는 원인이라고 부르는 것이 가장 잘 어울린다. 그것은 어느 시점에서라도 우연적인 것이 존재하기 위해서 요구되는 것이다.

비록 이 논변의 첫 번째 전제는 논변을 구성하는 사람마다 다르게 표현되지만, 근본적인 구조와 귀결되는 논점은 기본적으로 같다.

1. 우연적인 존재자가 존재한다.
2. 이 우연적인 존재자는 원인을 갖거나 그것의 존재에 대한 설명을 갖는다.
3. 그것의 존재 원인이나 설명은 그 우연적인 존재자 외의 어떤 것이다.
4. 이 우연적인 것의 존재를 야기(惹起)하거나 설명해주는 것은 다른 우연적인 존재자들이거나, 아니면 비우연적인(필연적인) 존재자를 포함해야 한다.
5. 우연적인 존재자들만으로는 우연적인 것의 존재를 야기하거나 설명할 수 없다.
6. 그러므로 이 우연적인 존재자의 존재를 야기하거나 설명해주는 것은 비우연적인(필연적인) 존재자를 포함해야 한다.
7. 그러므로 필연적인 존재자가 존재한다.

우리는 4장에서 우연적인 존재자와 필연적인 존재자라는 말을 도입했다. 우연적인 존재자란 지금은 존재하더라도 존재하지 않았을 수도 있는 존재자다. 그것은 자존적(自存的)이지 않기 때문에 다른 어떤 것에 의존한다. 예를 들어 당신은 우연적인 존재자다. 비록 당신이 지금 존재하고 있더라도, 이 순간에 당신이 존재하지 않을 가능성도 있었다. (예를 들어, 당신이 어제 밤에 사망했을 수도 있는 것이다.) 전제 1이 이렇게 이해된다면 이 전제는 참이다.

전제 2는 인과율을 끌어들인다. 이러한 형태의 인과율에 따르면, 모든 우연적인 존재자는 그것의 존재 원인을 갖는다고 한다.[34] 이 원리를 방어하기 위한 가장 흔한 논리는, 실재를 이해할 수 있으려면 이성은 그러한 원리를 고수해야 한다는 것이다.[35]

이에 대해 인과율이 우리가 세계를 아는 방식에 대한 서술들에 적용된다고 해서, 세계에서 실제로 일어나는 일을 그 원리가 서술한다는 것을 의미하지는 않는다는 반론이 제기될 수 있다. 사고(思考)의 원리들이 실재(實在)의 원리들을 반영할 필요는 없다는 것이다.

이 반론에 대한 답변으로 두 가지가 가능하다. 첫째로, 인과율을 옹호하는 사람들은 주장하기를, 우리가 이 원리를 성공적으로 적용시켜 온 사실이, 실재가 인과율에 따라 작용하지 않는다는 논제를 반박해준다고 말한다. 만일 우리가 이 원리를 일관성 있게 사용하지만 그것이 실재에 적용되지 않는다면, 우리는 지금까지 무수한 모순에 부딪쳤을 것이다. 둘째로, 우리가 이와 같이 근본적인 지점에서 사고와 실재 사이에 쐐기를 박기 시작한다면, 세계의 실상(實相)에 관한 회의주의로 귀착될 뿐이다.

전제 3은 어떤 것이 자신의 존재를 위해서 인과적인 조건이 될 수 없다는 점을 분명히 선언한다. 그렇게 되려면 그것은 이미 존재했어야만 하기 때문이다. 여기서 초점은 시간이 아니라 논리에 맞춰져 있다. 즉 우연적인 것은 그 자신의 존재를 설명할 수 없다는 것이다.

칸트는 필연적인 존재자가 존재한다고 하는 결론 7에 대해서 반대했다. 칸트에 따르면, 우주론적 논변이 필연적 존재자의 존재에 대해 결론내릴 때, 절대적인 필연성을 가지고 존재함으로써 존재하지 않는 경우를 전혀 생각할 수 없는 존재자의 존재를 그 논변은 옹호하는 셈이 된다. 하지만 이 조건을 충

---

34 인과율에 관해서 분명히 해두어야 할 필요가 있다. 인과율이란 **모든 것**이 그것의 존재 원인을 갖는다는 것을 의미한다고 잘못 이해한 사람들도 있다. 그런데 이렇게 이해할 경우에는 제1원인(필연적 존재, 또는 신)조차도 그것의 존재 원인을 가져야만 하므로 원인들의 무한 소급이 불가피해진다. 하지만 정의에 의하면 필연적인 존재자들은 자기 자신만으로도 충분하고 자존적(自存的)이다. 따라서 그것들이 자신의 존재 원인을 갖는지의 여부를 묻는 것은 말이 안 된다. 그러므로 여기서 사용되는 인과율은 좀더 제한적이어야 한다. 즉 그 원리는 **우연적인** 존재자들이 자신의 존재 원인을 가져야만 한다는 것을 주장할 뿐이다.

35 Taylor, *Metaphysics*, p. 100.

족시키는 유일한 존재자는 바로 가장 실재적인 존재자로서 그것의 개념은 존재론적 논변의 핵심에 있다. 따라서 우주론적 논변은 존재론적 논변의 적확성(的確性)을 전제한다. 그런데 존재론적 논변이 의심스러우므로 그것에 의존하는 우주론적 논변도 마찬가지로 의심스럽다고 칸트는 비판한다.[36]

하지만 우주론적 논변이 존재론적 논변에 의존한다는 주장은 혼동에 기인한다. 우리는 존재론적 논변을 논의할 때, 필연적인 존재자라는 말이 다른 방식으로 이해될 수 있다는 점에 주목했다. 존재론적 논변을 옹호하는 현대 철학자들처럼 칸트는 필연적인 존재자를 논리적으로 필연적인 존재—즉 논리적으로 부인할 수 없는 존재—의 견지에서 이해했다. 하지만 이것은 필연적인 존재자가 우주론적 논변에서 이해되는 의미와는 다르다. 우주론적 논변에서는 필연성이 5장에서 서술된 바 있는 존재론적이거나 사실적인 필연성의 의미로 이해된다. 필연적인 존재자란 자기 충족적이고 자립적(self-sustaining)이다. 즉 만일 그것이 존재한다면, 존재하지 않을 수 없는 것이다. 그러나 어떤 것이 필연적 존재자라고 하더라도 그것이 실제로 존재하느냐는 물음은 열려 있다.

이러한 형태의 우주론적 논변에서 결정적인 전제는 다섯 번째의 전제다. 이 전제를 옹호하는 사람들은, 모든 인과 조건들이 우연적이라면 그것들 각각은 그것의 존재 원인을 요구할 것이라고 주장한다. 그리고 결과에 책임이 있는 인과적 조건들은 무한할 것이라는 결론이 나온다고 한다. 그러나 인과 조건들의 무한 집합은 우연적인 존재자의 존재를 설명할 수 없다. 이 마지막 주장을 옹호하는 논변에는 두 가지 종류가 있다.

첫 번째의 논변은, 무한 집합이란 실재할 수 없다는 것이다. 비록 수학에서는 현실태적 무한을 말하더라도 수학적인 현실태적 무한은 수학의 이상 세계하고만 관련된다. 만일 현실태적 무한이 현실 세계에도 존재한다면, 터무니없는 결과가 나오게 된다. 우리는 칼람 우주론적 논변을 고찰할 때 이 논변을 먼저 소개한 바 있다. 거기서 우리는 도서관에 무한 수의 책들이 존재한다면

36 Immanuel Kant, *Critique of Pure Reason*, trans. Norman Kemp Smith (New York: St. Martin's Press, 1929), A606.

얼마나 터무니없는 결과가 나오는지 보았다. 현실태적 무한이 존재할 수 없다면, 우리는 임의의 우연적인 존재자의 존재를 설명하기 위해 현재의 인과 조건들의 현실태적 무한에 의존할 수 없다. 따라서 인과 조건들은 적어도 하나의 비우연적인 인과 조건이나 존재자를 포함해야만 한다.

전제 5를 방어하기 위한 두 번째 논변에 따르면, 비록 실제로 무한 집합이 가능하더라도 인과 조건들의 무한 집합은 어떤 것의 존재를 설명할 수 없다. 인과 조건들이 모두 우연적일 경우, 그것들 각각의 존재가 설명될 필요가 있다. 따라서 무한히 연속되는 우연적인 존재자들도 각기 그것의 존재 이유가 필요할 테니까 무한 연속의 우연적인 존재자들에 의해서는 어떠한 우연적인 존재자의 존재도 설명될 수 없다. 이것은 램프가 매달린 쇠사슬의 경우에 비유될 수 있다. 그 쇠사슬의 각 고리는 그 다음에 있는 고리를 지탱한다. 그런데 그 고리들이 무한히 이어진다면 왜 그 램프가 매달려 있느냐는 물음은 전혀 설명되지 않을 것이다.

그런데 우리가 어떤 것의 존재를 설명하기 위해서 모든 우연적인 인과 조건의 존재를 설명해야 하는 이유가 무엇이냐는 의문이 제기될 수 있다. 스윈번은 이러한 요구를 완전주의자의 오류(completist fallacy)라고 부른다.[37] 우리는 문제가 되는 어떤 것이 존재하기 위한 인과적인 필요충분조건들을 제공함으로써 간단히 위의 두 논변들을 피할 수 있다. 우리가 우연적인 사물이 존재하기 위해서 필요한 것의 존재와 함께 어떤 관련 이론에서 그 사물의 존재를 일단 도출하기만 하면, 설명이 제공되었다고 할 수 있다.[38]

아마 우주론적 논변을 옹호하는 현대인들은 각각의 우연적인 사물이 우주 내의 다른 우연적인 사물들의 인과적인 작용으로 인하여 존재한다는 점을 인정해야 할 것 같다. 그러나 이러한 양보를 하더라도 한 가지 의문은 남는데, 그것은 아무것도 존재하지 않을 수도 있었을 텐데 왜 우연적인 것들이 존재하느냐는 물음이다. 특히 (우연적인 사물들의 집합으로서의) 우주가 없을 수도

37 Swinburne, *The Existence of God*, p. 73.

38 Keith Yandell, *Christianity and Philosophy* (Grand Rapids: William B. Eerdmans, 1984), pp. 59-60.

있는데 왜 존재하는가?[39] "한 집합을 이루는 각 원소의 존재가 바로 그 동일한 집합의 다른 원소에 의해서 설명되더라도 그 집합 자체가 설명되는 것은 아니다. 왜냐하면 의존적인 존재자 각각의 존재에 대한 설명이 있다는 것과, 의존적인 존재자들이 도대체 왜 있느냐에 대한 설명이 있다는 것은 별개의 사항이기 때문이다."[40] 의존적인 사물들이 언제나 존재해왔다고 말하는 것은, 그러한 사물들이 존재하지 않을 수도 있는데 왜 존재하느냐에 대한 충분한 이유가 되지 못한다.

러셀(1872~1970)은 우리가 우주의 원인에 관해서 물을 수 없다고 주장하면서 그것은 "단지 있을 뿐이고 그게 전부다"라고 말한다.[41] 우주의 우연성을 옹호하기 위한 논변—우주 안에 있는 모든 것이 우연적이므로 우주 자체도 우연적임에 틀림없다는 논변—은 잘못되었다고 그는 주장한다.

그런 유형의 일반 논변들이 합성의 오류를 범할 수 있다는 점에 러셀이 주목한 것은 잘한 일이다. 예를 들어, 벽돌이 작으므로 그 벽돌들로 쌓은 벽도 작다는 논변은 부당하다. 하지만 전체가 부분들로 인하여 부분과 동일한 성격을 갖는 경우도 있다는 점에서 러셀의 논지는 비판을 받을 여지가 있다. 예컨대 벽돌로 담을 쌓았으면, 그 담이 벽돌담이 되는 것이 한 예다. 그래서 우주의 우연성은 바로 이런 경우와 같다고 주장할 수 있다. 만일 물질과 에너지를 포함한 우주의 모든 우연적인 부분들이 동시에 사라진다면, 이 부분들로 이루어진 전체로서의 우주 자체도 사라질 것이다. 그런데 우주가 사라질 수 있다면, 그것은 우연적인 것이고 그것의 존재에 대한 설명을 필요로 한다.

로우(1931~)는 우주가 우연적이라는 논제를 지지하기 위한 다른 논변을 개발했다. 그는 신이 존재한다면 의존적인 존재자들이 없을 수도 있다는 것은 필연적이라고 주장한다. 신이 존재하는 것은 가능하므로, 어떠한 의존적인 존재도 없는 것은 가능하다. 따라서 우주는 우연적이다.[42]

---

39 이 논변은 여전히 칼람 논변과는 다르다. 왜냐하면 칼람 논변은 우주의 **생성**에 대한 설명을 요구하는 반면에, 이 논변은 우연적인 우주의 **존재**에 대한 설명을 요구하기에 우주의 영원한 존재는 그 논변과 양립할 수 있기 때문이다.

40 William Rowe, *The Cosmological Argument* (Princeton: Princeton University Press, 1975), p. 264.

41 Russell and Copleston, "Debate on the Existence," p. 175.

누구나 쉽사리 알 수 있듯이, 우주론적 논변이 어떠한 형식을 취하든지 간에 그 논변을 둘러싼 문제들은 복잡하다. 하지만 한 가지 의문이 여전히 남는다. 비록 그 논변이 성공하더라도, 아퀴나스가 주장했듯이 그 논변이 (종교적으로 이해된) 신의 존재를 입증하느냐는 물음이 바로 그것이다. 그 논변이 종교적으로 이해된 신의 존재를 입증하는지의 여부는, 그 논변이 결론을 내리고자 하는 필연적 존재나 제1원인이 종교의 신이냐의 여부에 달려 있다. 어떤 이들은 우주가 필연적 존재라고도 하지만, 우리는 이런 주장이 의심스러운 이유가 있다는 것을 확인했다. 다른 합당한 후보가 없다면, 그 필연적 존재는 신이 될 가능성이 높다. 하지만 그 필연적 존재자가 인격적이고, 사랑이 넘치고, 선하고, 전지전능하고, 목적을 가지고 행위하는 존재자라는 것이 입증되기 위해서는 그것의 속성들에 관해서 훨씬 더 많은 설명이 있어야 한다.

유비에 의한 목적론적 논변

의심할 여지없이 신의 존재에 대한 가장 대중적인 논변은 목적론적 논변이다. 우주론적 논변처럼 목적론적 논변은 인과적 논변이다. 그것은 우주에서 발견되는 목적(telos) 구조를 향한 수단이나 질서를 강조한다. 또한 존재론적 논변이나 우주론적 논변과 마찬가지로, 목적론적 논변은 긴 역사를 가지며, 그 시대의 주도적인 과학적 세계관을 반영한다. 우리는 최종 원인들에 근거해서 구성된 아퀴나스의 목적론적 증명은 일단 제쳐두고, 그 대신에 그 논변의 현대판들—유비론판, 인류발생론판, 지적 설계판—에 초점을 맞추겠다.

대중적인 종교 문헌에서 광범위하게 나타나는 유추에 의한 목적론적 논변은 적어도 계몽 시대까지 거슬러 올라가는데,[43] 자연에서 볼 수 있는 기관(器官)이나 유기체, 또는 행동들이 시계와 유사하다는 페일리(1743~1805)의 논변이 유비에 의한 목적론적 논변을 가장 잘 예시해준다. 지나가는 길에 돌

42 Rowe, *Cosmological Argument*, p. 164.

43 흄은 그의 저서 『자연 종교에 관한 대화(Dialogues Concerning Natural Religion)』에서 이러한 유비적 논변을 클레안테스의 입을 빌려 제시한다.

덩이를 봤을 때 우리는 그 돌덩이가 왜 거기에 있는지 곰곰이 생각하지는 않는다. 그러나 시계를 주울 경우에는 어떻게 그것이 있게 되었는지에 대해서 의문을 갖게 된다. 왜냐하면 돌덩이와는 대조적으로 그 시계가 가진 복잡한 목적과 수단의 구조에 감탄하게 되기 때문이다. 모든 바퀴와 기어와 용수철은 그것들의 움직임에 따라 그 시계가 완벽하게 시간을 맞추도록 만들어지고 조정되었다. 이것을 본 우리는 그 시계의 재료와 메커니즘을 이해하고서 목적에 부합하는 설계에 따라 그 시계를 만든 지성을 갖춘 제작자가 있을 것이라고 결론짓지 않을 수 없다. 우리가 자연을 유심히 살펴보면, 자연의 기관, 유기체, 동물의 행동들에도 시계의 경우와 같은 수단과 목적의 정교한 순응 관계가 있음을 금방 알게 된다. "시계에서 나타나는 모든 고안과 설계가 자연물에서도 나타난다. 물론 자연의 경우에는 계산을 초월할 정도로 더 위대하고 더 풍부하다는 점에서 시계와 다르다."[44] 예를 들어, 눈의 각 부위와 시각이라는 목적 사이에 개재하는 놀라운 수단과 목적의 질서를 생각해보자. 각 부위는 전체에 기여하도록 잘 적응시켜 놓아서 어느 한 부분이 잘못 기능하면 시각에 이상이 오게 되어 있다. 눈(그리고 이와 유사한 기관들)과 시계라는 결과물들은 서로 닮았으므로, 시계처럼 자연도 지적이고 목적을 가진 제작자를 갖는다고 결론 내리는 것이 합당하다.

그런데 이 유비가 옳은가? 페일리의 논변을 예견했던 흄(1711~1776)은 유비에 의한 목적론적 논변에 대해서 세 가지 비판을 제기했다. 첫째로, 그 논변의 힘은 유비되는 것들 간의 유사성에 의존해 있다. 유사성이 클수록 그 논변의 힘은 커지고 유사성이 작을수록 그 논변의 힘도 약해진다. 흄은 유비되는 그 두 대상이 본질적으로 다르다고 주장한다.[45] 우리의 세계는 시계를 비롯한 인간이 만든 제품들과는 유사하지 않다. 채소와 동물들이 사는 세계는 기계보다는 유기체에 훨씬 더 가깝기 때문이다.

둘째로, 우리가 기계들을 제조할 때 작용하는 원리—이성은 수단과 목적의 적응에 필요하다는 원리—가 모든 자연을 지배한다고 생각하는 것은 합당

44 William Paley, *Natural Theology* (Charlottesville: Ibis Pub., 1986), chaps. 1, 3.
45 David Hume, *Dialogues concerning Natural Religion* (Indianapolis: Hackett, 1980), p. 16.

치 않다. 이성 외에도 많은 자연 원리들이 재생산이나 광합성과 같은 과정들을 지배한다. 실로 자연 원리들의 수는 무한정 많아질 수 있다. 우주를 지배하고 형성하는 궁극적 원리로서 이성이나 정신을 선택하는 이유는 무엇인가? 예를 들어, 생식이나 광합성, 또는 원자 반응에 개입되는 원리들을 지배 원리로 택하지 않는 이유가 무엇인가? 더욱이 각 원리는 그 나름대로의 자연 영역—그것이 식물의 성장이건, 생식이건, 원자력이건 간에—을 지배한다. 우리는 제한된 영역을 지배하는 원리를 자연계의 다른 영역이나 전 우주, 또는 우주의 생성으로 투사할 수 없다.

셋째로, 우리가 우주의 질서를 설명해주는 정신을 인정한다고 가정하자. 그러면 인과율은 물리계에 적용되는 만큼 정신과 정신의 관념들에 대해서는 적용되지 않을까?[46] 만일 그렇다면, 이 정신은 자신의 질서를 위해서 원인을 가져야만 한다. 따라서 우리는 여하한 사건에 대해서도 원인의 무한 퇴행에 빠진다. 왜냐하면 정신적인 것이나 물리적인 것을 궁극적인 원인이나 설명이 된다고 할 수는 없기 때문이다. 그러나 원인들의 무한 퇴행은 귀결되는 질서에 대해서 어떠한 만족스러운 설명도 제공하지 못한다. 그러므로 우리는 인과율을 부정하거나(그리고 물리계에서의 수단과 목적의 순응을 위한 원인을 요구하지 않거나), 아니면 인과율을 인정하되 각 영역—정신적인 영역이든 물리적인 영역이든 간에—은 스스로 조직화될 수 있다는 것을 보여주는 증거를 허용하든지 해야 한다.

그러나 굴드(1941~2002)가 간파했듯이, 페일리의 논변은 최상의 설명에로의 추론으로 여겨질 수 있다.[47] 페일리는 설계 외의 설명들—이를테면 적합성은 단지 우연적이라거나 완전한 구조들은 점진적으로 발달한다는 설명들—은 지성적인 설계자에 호소하는 것에 비해 열등하다고 여겼다. 19세기 이전의 철학자들은 일반적으로 물질이 스스로 조직화될 수 있는지 의심스러워했다. 하지만 다윈(1809~1882)의 업적 중 하나가 바로 그런 설명을 제공한 것이다.

46 Ibid., Book IV.

47 Stephen Jay Gould, "Darwin and Paley Meet the Invisible Hand," *Natural History* 99, 11 (Nov. 1990): 8–12. 아래에서 고찰할 지적 설계 논변이 이 접근법을 사용한다.

자연 선택은 질서의 원리를 제공한다. 돌연변이에 의해서 생긴 변형이 개체에게 유익을 줘서(또는 적어도 해를 주지 않아서) 그 변형이 유지되거나, 아니면 그 변형으로 인해 생존이나 생식에 해를 입게 되어 그 변형이 버려질 때, 명백한 수단-목적의 구조를 이루는 개별 사례들이 발생한다. 하지만 유전적인 변이와 자연 선택은 엄밀하게 자연적인 과정이고, 그것들이 작용하기 위해 신의 마음을 필요로 하지는 않는다. 진화론적 자연주의는 자연 내의 목적과 수단에 따른 질서의 개별 사례들을 설명하기 위한 합당한 대안을 제공하며, 물질이 그 자체로 조직화될 수 있다는 흄의 직관을 확증해준다.

인류발생론에 근거한 목적론적 논변

19세기에 페일리의 논변이 붕괴됨에도 불구하고, 목적론적 논변은 20세기 말과 21세기 초에 되살아났다. 목적론적 논변은 여러 형태로 나타났지만, 그중에서도 최근에 두 가지 형태의 논변이 주목을 받고 있다.

현대에 목적론적 논변을 옹호하는 사람들은, 유기체의 영역 안에서 성립하는 수단과 목적이라는 질서의 개별 사례들이 진화 원리에 의해서 설명될 수 있다는 점을 인정한다. 진화는 자연 선택의 보조 가설과 함께 자연의 생물학적인 과정들을 우리가 설명할 수 있게 해주는 넓은 패러다임을 제공한다. 그러나 우주에는 지적이고 목적의식을 가진 설계자를 끌어들여야 가장 잘 설명되는 면들이 있다. **인류발생론적 논변**(Anthropic Argument)을 옹호하는 사람들은, 무기체들이 언뜻 보기에는 상호 관련이 없는 듯한 매우 복잡한 조건들을 담고 있다는 점에 주목한다. 이 조건들 중의 많은 것들이 자연의 선행(先行) 원인들에 대한 우리의 지식이 전제될 경우 매우 낮은 선행 확률(antecedent probability)을 갖는다. 즉 이러한 조건들 각각이 발생할 확률은 그 자체로는 매우 낮아 보인다. 우주가 시작될 때의 초기 조건들 중 어느 하나라도 실제 조건들과 달랐더라면, 우리가 현재 알고 있는 생명체는 전혀 존재하지 않았을 것이다. 무엇보다도 중요한 점은, 의식적인 존재로서의 우리는 지상에서 그 과정을 목격할 수는 없었을 것이라는 점이다. 예를 들어, "대폭발이 다른 비율로 전개되었다면, 생물은 진화하지 않았을 것이다. 초기에 수백만 분의 일의 축소가 발생했더라면, 기온이 1만 도가 떨어지기 전에 재붕괴가 초래되었을 것이다. 초기에 백만 분의 일의 증가가 있었더라면, 은하계와 별들과 행성들이 증가하지 못했을 것이다."[48] 혹은 중력이 약간만 컸어도 모든 별들이 푸른 거성(巨星)이 되었을 텐데, 그럴 경우 이 거성들의 수명이 너무 짧아서 지능을 가진 생물의 진화가 이루어지지 못했을 것이다. 반면에 중력이 약간만 줄었어도, 우주에는 생명에 필요한 많은 요소들이 사라졌을 것이다. 더욱이 "전자의 전하가 약간만 달랐어도, 별들은 수소와 헬륨을 연소시키지 못했거나, 아니면 폭발하지 않아서"[49] 화학 원소들이 지금보다 더 무거워졌을 것이다. 또는 "만일 원자핵들을 결합시키는 '강한 상호 작용'이 더 강해졌더라면, 헬륨 핵들이 우주를 지배했을 것이고, 수소는 전혀 남지 않을 것이다. 수소가 없으면 물도 없을 것이고," 따라서 생명체도 없을 것이다.[50] 끝으로 우주는 충분히 커야 하고, 생명의 진화에 필요한 화학 물질을 만들어낼 만큼 오래되었어야 한다. 특히 생명의 기본 원소인 탄소는 대폭발이 있고 나서 우주가 냉각된 후에만 형성될 수 있다. 그런데 생명체가 자생(自生)하는 데에 필요한 주성분이 진화하려면 시간이 많이 걸리고 이를 위해서는 우주가 매우 커야만 한다. 요컨대 우주가 이처럼 특정한 조건들을 갖지 않는 한, 우리는 현재 상태—지성을 갖추고서 어느 정도는 그 과정을 이해하는 살아 있는 존재—처럼 되기 어려웠을 것이다.[51] 하지만 무기물이 생명체가 될 확률은 엄청나게 낮다. 그것을 아는 의식적인 존재들이 생겨나기 위해서 선행되어야 할 조건이 충족될 가망은 거의 없다.

이러한 조건들이 의식적인 생물체를 출현시키거나 부양하는 가치를 지금과 같이 가질 수 있는 이유를 어떻게 잘 설명할 수 있을까? 비목적론적인 구도

48 John Leslie, "The Anthropic Principle, World Ensemble, Design," *American Philosophical Quarterly* 19 (1982): 141.

49 Stephen W. Hawking, *A Brief History of Time* (New York: Bantam, 1988), p. 125. 호킹은 일종의 인류발생 원리를 받아들이더라도 인류발생론에 근거한 목적론적 논변이 야기한 형태는 받아들이지 않는다.

50 L. Stafford Betty with Bruce Cordell, "God and Modern Science: New Life for the Teleological Argument," *International Philosophical Quarterly* 27 (1987): 415. (PRSR3e, pt. 5, p. 238 참조)

51 Martin Rees, *Just Six Numbers* (London: Weidenfeld & Nicolson, 1999).

에서 볼 것 같으면, 탄소 성분의 생물체를 출현시키는 시나리오의 선행 확률은 극히 낮다. 어떤 사람의 계산에 따르면, 우리의 우주가 저절로 생성될 확률은 백억의 124승분의 1이라고 한다. 하지만 목적론적인 구도에 따르면, 우리의 현재 관점에서 볼 때 그 시나리오의 특징들은 현재의 사태를 위해(특히 인간 관찰자들이 존재하기 위해) 필요하다. 따라서 비록 우리가 물리적인 필수 사건들의 발달을 자연스럽게 서술할 수 있더라도, 그 사건들이 어쨌든 발생했고, 그것도 생명체를 진화시키는 데에 필요한 패턴과 좁은 범위 안에서 발생했다는 사실은 의식적인 설계자의 존재를 암시한다. 그러므로 의식적인 생명체를 산출하는 우주의 존재는 창조자의 의도적인 활동으로 설명하는 것이 가장 낫다는 주장은 합당하다.

이에 대한 한 가지 흥미로운 답변은, 사건들의 이상한 연접(이것을 약한 인류발생론적 원리라고 부른다)에 관한 이런 증거를 인정하되, 무한 수의 우주들이 실제로 존재하고 각 우주는 서로 무관해서 어떠한 접촉도 하지 않는다고 주장하는 것이다. 그런 시나리오에서는 생명체를 가진 우주가 발생할 가능성은 사실상 확실하다.[52] 따라서 최상의 설명은 창조자의 활동이 아니라 이 우주가 이 모든 가능성들이 실현되는 우주라는 사실이다. 이 답변이 인류발생론적 논변을 약화시키는지의 여부는, 우리가 접근할 수 없으며 상호 무관한 무한히 많은 우주들이 존재한다는 도발적이면서도 논쟁거리인 전제를 우리가 받아들이냐의 여부에 달려 있다.

이와는 다른 전략을 취하는 굴드는 인류발생론적 논변에 결함이 있다고 주장한다. 그 이유는 비록 임의의 주어진 역사적인 사건이 발생할 선행 확률이 낮더라도 어떤 것이 발생해야만 하기 때문이다. 예를 들어, 당신과 세상의 다른 모든 사람이 바로 지금 그 위치에 있게 될 확률이 얼마나 낮은지 생각해 보라. 비록 이미 발생한 사건은 놀랍더라도, 무언가가 발생했다는 것은 놀랄 일이 아니며, 그 사실에 대한 특별한 설명이 주어질 필요는 없다.[53] 자연적인

52 John D. Barrow and Frank J. Tipler, *The Anthropic Cosmological Principle* (Oxford: Clarendon Press, 1986).

설명만으로 충분하다.

그러나 무언가가 발생해야만 한다고 해서, 실제로 발생한 사건의 특이성을 설명해야 할 필요가 없어지는 것은 아니다. 스윈번은 어느 광인(狂人)의 예를 든다. 그 광인은 아무 죄 없는 사람을 가두어 놓고는, 카드를 뒤섞는 기계가 열 벌의 카드패에서 연속적으로 열 개의 하트 에이스를 뽑아내지 않으면 기계가 폭발해서 그가 죽게 될 것이라고 말한다. 곧 이어서 그 광인은 기계를 작동시켰는데 놀랍게도 그 기계는 열 개의 하트 에이스를 연속적으로 뽑아냈다. 풀려난 후 그 인질은 고마워하면서도 그 기계가 조작되었다고 주장한다. 이에 대해 그 광인은 대답하기를, 이처럼 운 좋게 카드가 뽑힌 것은 설명을 필요로 하지 않는다고 말한다. 왜냐하면 그 기계는 어떤 카드든지 간에 뽑아내야만 했고, 지금 뽑힌 것들은 그 사람이 관찰할 수 있었던 유일한 연속패였기 때문이라는 것이다. 그러나 "목격된 카드 뽑기를 위해 이 독특한 [열 개의 하트 에이스의] 순서가 필요하다는 사실로 인해서, 목격된 것도 마찬가지로 이상한 것이 되고 설명을 요하는 것이 된다."[54] 그가 단지 운이 좋았다고 말하는 것[55]은 전혀 설명이 되지 못한다.

한 사건이 발생할 확률이 낮다는 것이 우리가 그것을 자연적으로 설명할 수 없다는 것을 뜻하지는 않는다. 자연적인 설명들은 가장 낮은 가능성과 양립할 수 있다. 그러나 그 논변의 초점은, 그 조건들 자체에 대해서뿐만 아니라 모든 가능한 조건들 중에서 지적인 생명체를 가능케 만드는 조건들이 존재한다는 사실에 대해서도 최상의 가능한 설명이 요구된다는 데에 있다. 인류발생론적 논변을 옹호하는 사람들이 보기에는, 이처럼 극도로 좁은 범위의 물리적인 조건들과 자연 법칙들이 결합되어 생명체가 생겨날 수 있다는 것을 더 잘 설명할 수 있는 길은 우연이라고 말하는 것보다는 의식적이고 의도적인 설계자에 호소하는 것이다.

---

53 Stephen Jay Gould, *The Flamingo's Smile: Reflections in Natural History* (New York: Penguin Books, 1985), p. 183.

54 Swinburne, *The Existence of God*, p. 138.

55 Dawkins, p. 141.

지적 설계에 근거한 목적론적 논변

목적론적 논변의 형식을 취한 것 중에서 가장 최근에 등장한 논변이 지적 설계 논변(Intelligent Design Argument)이다. 어떤 것이 설계되지 않았다는 것(예컨대 한 폭의 추상화가 어른이 그린 것인지, 어린이가 멋대로 그린 것인지, 동물원의 코끼리가 페인트를 내뿜어서 그린 것인지의 여부)을 우리가 알 수 없더라도, 기능이 매우 복잡한 체계들 안에서 우리는 설계를 감지해낼 수 있다고 이 논변의 지지자들은 주장한다. 그런 체계들은 "여러 개의 배합이 잘된 상호 작용하는 부분들로 이루어져 있고, 이 부분들은 기본적인 기능에 기여한다. 그런 점에서 그 부분들 중 어느 하나를 제거하면 그 체계의 기능은 멈춰버린다."[56] 그 체계 안에서 상호 작용하는 요소들은 각기 그 체계에 기여할 뿐만 아니라, 개별적으로 분리해서 작용할 때의 결과를 능가하는 결과를 산출하도록 배열된다. 그 체계의 총괄적인 기능은 그 체계의 완전한 내적 복잡성을 포함해야 한다. 베히(1952~)는 환원될 수 없는 복잡성의 사례로서 일부 세균이 유영할 때 사용하는 편모를 언급한다. 편모는 모든 구성 요소들—미소관(微小管), 소형 모터 역할을 하는 다이네인(dynein)이라는 이름의 특수 단백질, 미소관의 미끄러지는 운동을 곡선 운동으로 전달해서 세포를 추진시키는 연결자들(connectors)—이 갖추어지고 제대로 기능하지 않는 한, 작동하지 않는 복합 체계다.

베히의 주장에 따르면, 환원할 수 없을 정도로 복잡한 체계는 기능적인 부분을 결여할 경우 정의상 비기능적이기 때문에 그런 체계들은 선행(先行) 체계들을 약간만 변형해도 (마치 자연 선택 과정에서 무작위의 돌연변이처럼) 점차적으로 발생하지 못한다. 선행 체계가 기능적 부분을 결여할 경우 그것은 비기능적이 될 것이다. 따로따로 기능하는 세포들이 공생적으로 함께 작용해서 결과적으로 하나의 체계로 합쳐지는 과정조차도 이처럼 환원 불가능한 복잡성을 설명해내지 못한다. 왜냐하면 그 과정은 이미 기능하는 복잡한 체계들을 가지고 시작하기 때문이다. 더구나 환원 불가능할 정도로 복잡한 체계들은

---

56 Michael Behe, *Darwin's Black Box* (New York: Free Press, 1996), p. 39.

하나의 통합된 단위로서 생겨나야 하고, 이것은 목적을 가지고 각 부분들을 배열한 지적 행위자에 의해서 구성된다. 그래서 인류발생론적 논변을 옹호하는 사람들과는 대조적으로, 지적 설계를 옹호하는 사람들은 유기체의 발생 방식에 대한 다윈식의 거시 진화론적 설명을 거부한다. 동시에 그들은 환원 불가능하게 복잡한 체계들만을 논변에서 다룬다는 점에서 페일리와도 다르다고 주장한다.[57]

우리가 신(新)다윈주의를 버린다면, 비(非)과학적인 종교를 위해 생물의 발생을 과학적으로 설명하는 것도 버리는 것인가? 이런 비난에 대처하기 위해서 베히의 관점을 지지하는 사람들은 지적 설계 논변을 통계학적 연구 프로그램으로 좀더 일반적으로 공식화하려고 시도한다. 이 프로그램은 어떤 것이 설계된 때를 신빙성 있게 결정하기 위한 확률적인 방법을 제공한다. 뎀스키(1960~)는 규칙성(regularity)이나 우연보다는 설계가 사건을 가장 잘 설명하는 때를 결정하기 위해 비(非)순환적으로 사용될 수 있는 연산 방식(이를 설명여과기라고 부른다)을 만들었다. 첫째로 우리는 그 사건이 규칙성에 의해서 설명될 수 있는지의 여부를 결정한다. 발생 확률이 높은 사건(오전 6시에 울리도록 맞춰진 탁상시계가 매일 아침마다 울리는 사건)은 (자연 법칙에 의해 설명될 수 있는) 규칙성에 할당된다. 그렇지 않으면 우리는 그것을 우연이라고 설명하게 된다. 잔디밭에 씨앗을 뿌리고 나서 왜 특정 씨앗들이 발아해서 자랐는지를 설명하려 들 때와 마찬가지다. 뎀스키는 우연에 의한 설명을 배제하고 설계로 결론짓기 위해서 소위 **특정된 복잡성**(specified complexity) 개념을 끌어들인다. 문제가 되는 체계나 사건이 특정된 복잡성을 드러내려면, 그것의 발생 확률이 매우 낮아서 우연의 탓으로 돌리기 어려워야 하며(뎀스키는 이 확률을 10150분의 1로 잡는데, 이 수치는 우주 안에 있는 입자들의 수, 수초 동안의 우주의 지속, 입자가 경험할 수 있는 초당 변화의 수에서 그가 계산해낸 것이다), 실제로 발생했거나 존재하는 것과 무관하게 결정될 수 있는 패턴을

57 페일리가 제시한 사례들 자체는 환원 불가능한 복잡성에 대한 베히의 정의에 들어맞는 것으로 보이는 종류의 신체 기관들에서 끌어냈다는 점을 주목할 필요가 있다.

가져야 한다. 그 명시된 패턴은 그 사건에 근거해서 구성되거나 읽혀져서는 안 된다. 그렇게 해버리면, 마치 화살이 꽂힌 지점 둘레에 과녁을 그려놓고서는 얼마나 기가 막힌 명중이냐고 말하는 것과 다름없다. 즉 그 패턴은 단지 임기응변적인 것이 되고, 설계의 문제가 다시 제기될 것이다.[58]

뎀스키는 베히가 말한 환원 불가능하게 복잡한 체계들에서 나타나는 것과 같은, 복잡하고 특정된 정보에 특별히 관심을 갖는다. 특히 그는 생명체가 없고 비생물적인 우주에서 특정된 복잡한 정보가 어떻게 유기체들을 생겨나게 하고 유기체 안에 들어가게 되는지 의아하게 생각한다. 일단 RNA 연쇄가 존재한다면, 우리는 그것들이 조합되고 재조합될 때의 법칙과 과정을 이해할 수 있다. 이때 그것들은 그 자신들과 다른 분자들 간의 반응을 자극하는 청사진이요 촉매로서 기능하는데, 여기에서도 새로운 정보가 그 체계 밖에서 주입되어야 한다. 그런데 아미노산이나 카올린 결정체 구조처럼 정보 중립적인 물리·화학적인 원소들을, 정보를 담고 있는 짝지어진 뉴클레오티드로 배열할 수 있는 것은 무엇인가? 이 뉴클레오티드들은 자체적으로 재생산되어 종국에는 이중 나선형의 DNA로 결합된다. DNA에는 암호 부위(coding region)가 있는데 여기서 특정 서열이 단백질을 합성하는 데에 사용되는 정보를 전달한다. 연산 방식과 자연 법칙들에 의해 결정되는 규칙성은 정보 전달을 설명하지만 정보의 기인(起因)은 설명하지 못한다. 생물체의 발생에 따라 나타나는 정보가 우연히 수정되기는 하지만, 독립된 패턴에 의해 명시되고 복잡한 정보 체계들의 기원을 우연에 의해서 설명하기란 어렵다. 왜냐하면 그 복잡성이 너무도 있음직하지 않거니와 명시된 패턴들은 '너무 빡빡하기(tight)' 때문이다.[59] "적합한 결합과 광학적인 이성질체를 얻을 확률에서 인수분해하면, 다소 짧은 기능적인 단백질을 임의로 구성할 확률은 너무 작아서 사실상 0(1/10125도 안 된다)이 된다. 이것은 수십억 년의 나이를 가진 우리의 우주가 전제되더라도 매한가지다."[60] 그러므로 정보는 처음에 자연적인 원인들의 밖에서 지적 행위

58 William A. Dembski, *The Design Inference: Eliminating Chance through Small Probabilities* (Cambridge: Cambridge University Press, 1998), chaps. 1, 5.

59 William A. Dembski, *Intelligent Design* (Downer's Grove: InterVarsity Press, 1999), p. 166.

자에 의해 주입되어야 했다.

지적 설계 논변은 두 진영에서 강력한 공격을 받았다. 첫 번째 진영은 그 논변을 통계학적으로 지지하려는 시도를 다룬다. 이런 시도의 문제점 중 하나는, 특정된 패턴을 그 사건의 발생 후나 환원 불가능하게 복잡한 체계가 존재한 후에 뎀스키 자신이 구성할 수 있다고 생각한 데에 있다. 하지만 생물학이건 어디서건 간에, 그런 구성은 우리로 하여금 그 패턴이 조작되었고(화살이 꽂히고 난 후에 과녁을 그리는 경우를 다시 생각해보라), 뎀스키의 이론이 요구하듯이 그 사건과 독립해서 특정된 것은 아니라고 생각하게끔 만든다.[61]

더욱이 뎀스키의 관점에 따르면, 일단 규칙성과 우연이 불충분한 설명으로 거부되고 나면 설계가 설명으로서 남게 된다. 하지만 어떠한 개별적인 관찰도 그 이론에서 도출되거나 연역될 수 없으므로, 지적 설계 이론가들은 설계가 최상의 설명을 제공하는지의 여부를 판가름할 수 있는 경험적으로 시험가능한 가설을 제공하지 못한다. 그러나 이론들은 경험적인 관찰들에 의해서 경험적으로 시험가능함으로써 확률적으로 확증되거나 반증되어야 한다.[62] 이에 대해 뎀스키는 자기가 지적 설계를 끌어들이는 것은 정당하게 구성된 가설이라고 응수한다. 우리는 정당하게 구성된 알고리듬을 통해서 한 이론이 수용될 수 있는지를 결정할 수 있다. 그러나 알고리듬을 가지고서도 지적 설계는 우리가 그 이론을 확증하거나 풍부한 발견거리들을 제공하는—이 두 가지는 과학의 특징들이다—실험들을 구성할 때 사용할 수 있는 강력한 연구 프로그램을 우리에게 가져다주지 않는다. 어떤 것이 설계되었다고 말한다고 해서 그것이 어떻게 설계되었는지, 그 다음에는 우리가 무엇을 기대할 수 있는지에 관해서 말해주지는 않는다.

두 번째 부류의 반론은 베히가 환원 불가능하게 복잡한 체계들을 끌어들

---

60 Stephen C. Meyer, "Word Games," in *Signs of Intelligence: Understanding Intelligent Design*, ed. William A. Dembski and James M. Kushiner (Grand Rapids: Baker Book House, 2001), pp. 110, 115.

61 명시화를 위한 기준 중에서 뎀스키가 덧붙인 기준들에 대한 논의는 전문적이어서 여기서는 보류하겠다. Dembski, *The Design Inference*, ch. 5; Brandon Fitelson, Christopher Stephens, and Elliott Sober, "How Not to Detect Design," *Philosophy of Science* 66 (1999): 479–83 참조.

62 Fitelson et al., "How Not to Detect Design," pp. 475, 487.

이는 데에서 나온다. 베히는 그런 체계가 선행 체계들에서 무작위적으로 발전할 수 없다고 주장했다. 밀러(1948~)는 단백질과 세포 수준에서 전개되는 지적 설계 논변이 페일리가 제시한 논변과 근본적으로 다를 바가 없으며 페일리의 논변과 비슷한 문제점을 갖는다고 주장한다. 밀러는 베히의 정의를 만족시키면서 단계적인 진화를 보여주는 환원 불가능하게 복잡한 체계들의 경우를 제시한다. 한 예로, 중이(中耳)를 지나 소리를 나르는 다섯 가지 구성 요소 체계(five-component system)는 베히가 말하는 의미에서 환원 불가능하게 복잡하다. 하지만 그것이 형성되는 내력은 추적될 수 있다. "파충류의 아래턱의 뒷부분을 구성했던 두 개의 뼈가 점차 뒤로 밀려 크기가 작아지다가 마침내 중이로 옮겨졌고, 오늘날 포유류의 내이(內耳)로 진동을 전달하는 골질(骨質)의 연결 부위들을 형성했다."[63] 이 복잡한 체계는 손쉽게 식별되는 선행자들과 관계가 있다. 세균의 편모에 관해서 밀러는 다음과 같이 말한다. "우리는 그 기관의 기능에 본질적이라고 여겨지는 구성 요소들 중 한 개나 그 이상을 결여한 다수의 편모를 발견할 수 있다." 하지만 그럼에도 불구하고 그것들은 그 나름대로의 방식에 따라 작동한다. "일단 우리가 일련의 덜 복잡하면서 다르게 조직화된 [편모]를 찾아내기만 하면, 이것이 환원 불가능하게 복잡한 구조라는 주장은 결정적으로 반박된다."[64] 밀러의 논점은 다음 두 가지다. 첫째로, 환원 불가능하게 복잡한 체계들처럼 보이는 것이 실제로는 그렇지 않을 수 있다는 것이다. 둘째로는 생체 조직이나 세포의 구성 요소들이 자기네 기능을 바꾸거나, 아니면 유사하거나 아주 다른 기능을 가진 생체 조직에서 중요 부분들을 차용할 수 있다. 진화된 조직과는 아무 관련이 없는 목적에나 유용할 법한 생체 조직이 변형됨으로써 발달하는 경우들이 자주 발생한다.

만약 우리가 신의 지적 설계에 호소한다면, 복잡한 체계는 설계를 더 잘 입증할 것이다. 그러나 우리는 비직립적인 유기체에 더 잘 맞는 척추와 같은 구조와 충수(蟲垂)처럼 편리한 기관을 더 이상 갖지 않을 뿐만 아니라, 맹점을 만들어내는 망막을 갖춘 눈과 같은 기관은 더 나은 설계가 가능했음을 암

63 Kenneth R. Miller, *Finding Darwin's God* (New York: Harper Collins, 1999), p. 118.

64 Ibid., p. 143.

시한다.[65]

그렇다면 핵심적인 문제는, 복잡한 생체 조직이 베히가 이해한 것처럼 환원 불가능한지, 아니면 그것은 자연 선택을 믿는 진화론자의 주장처럼 근소한 일시적인 변이에 의해 점차 발달하는지의 여부다. 달리 말해서, 복잡한 생명 조직들을 잘 설명하려면 설명되지 않은 작인(作因)에게 복잡성을 귀속시켜야 할까, 아니면 자연 선택에 귀속시켜야 할까? 유전학자들은 그 논쟁이 유기체(생물의 형질 중 표현형)의 수준에서 이루어져 왔지만, 원래는 복잡한 조직에 책임이 있는 유전자들의 수준에서 이루어져야 한다고 이의를 제기할 것이다. 환경에 따라 유전자들은 다른 조직들 안에서 기능을 바꾸거나 다른 유전자들의 기능을 떠맡을 수 있다. 예를 들어, 다이네인 유전자들이 다양한 활동—섬모의 운동 기능에서 시작해서, 두뇌 발달을 좌우하는 혈소판 활성화에 이르기까지—에 개입한다는 사실은 유전자 자체 내에서의 변화들이 다양한 구조를 산출할 수 있다는 것을 보여준다. 실로 유전자에서의 작은 변화가 조직체의 기능이나 유기체의 생존에 역효과를 낳지 않는 현저한 변화의 원인이 될 수 있다. 환원 불가능하게 복잡한 생체 조직들을 형성할 때에도 발달 과정은 작동하며, 그렇게 함으로써 복잡한 조직을 낳기 위해서 상이한 유전자들이 상이한 시점에서 표현되거나 자극된다. 그것들은 DNA 안에서 돌아다니면서 복잡한 단백질 변화를 일으킬 수 있다. 끝으로, 환원 불가능하게 복잡한 조직들에 관한 담론은 유전적 과잉 사실을 간과한다. 그래서 어떤 유전자들이 다른 역할을 맡게 되는 반면에 조직들은 계속 기능할 수 있다.

이런 형태의 목적론적 논변이 성공한다면, 그 논변은 실제로 선행 구조들에서 유전자 변형을 거쳐 진화될 수 없는 환원 불가능하게 복잡한 조직들이 자연 안에 있다는 것을 보여주면서 설계는 객관적으로 결정될 수 있다는 것을 입증해야 하는 막중한 임무를 갖는다. 그 논변은 유전자와 표현형(phenotype) 간의 복잡한 관계에 대한 연구, 유전자 표현의 발달 과정에 대한 이해, 그리고

---

65 이에 대한 반론을 보려면, Peter Gurney, "Is Our 'Inverted' Retina Really 'Bad Design'?" (http://trueorigin.org/retina/asp)을 참조하라. 충수에 관해서는 최근에 다음과 같은 견해가 제시되었다. 일부 사람들의 경우 충수는 보유 숙주처럼 이로운 박테리아에게 은신처를 제공하는데, 이것은 창자가 감염되어 몸이 그것을 쏟아내는 날에 대비하기 위해서다.

유전적 변이에 대한 역사적인 정보를 담고 있는 설명을 포함할 것이다. 이 모든 것은 유기체의 유전 암호를 빨리 해독해야 가능해진다.

도덕적 논변

우리가 마지막으로 고찰할 논변은 도덕적 논변이다. 이 논변은 칸트가 공준적(公準的) 형이상학(이 형이상학에서는 어떤 것이 가능하게끔 하기 위해서 다른 것이 사실이어야 할 것을 요청한다)을 논할 때 지지했고,[66] 근래에는 루이스(C. S. Lewis, 1898~1963)의 대중적인 저술에서 나타난다.[67] 그리고 가장 최근에 도덕적 논변을 옹호한 경우로는 플라톤의 통찰력을 가지고 칸트의 논변을 변형한 애덤스(1937~)를 꼽을 수 있다.

애덤스는 유신론적 믿음을 지지하는 도덕적 논변에 해당하는 서너 개의 논변을 제시했다. 신의 존재에 대한 이론적 논변, 실천적 논변, 그리고 신의 선(善)을 지지하는 논변이 그것이다.[68] 애덤스는 다른 곳에서 안셀무스의 존재론적 논변을 메타 윤리적으로 각색한 논변을 제시하기도 했는데 비록 그가 이 논변을 유신론적 증명으로 제시한 것은 아니지만 그에 해당하는 특징들을 갖고 있다.[69] 여기서는 처음의 두 논변을 살펴보겠다.

칸트적 전통을 따라 애덤스는 우리가 신의 존재를 입증하는 실천적인 도덕적 논변—즉 "신이 존재한다고 믿기 위한 윤리적이거나 다른 실천적인 이유들을 제공하는" 논변—을 구축할 수 있다고 주장한다. 애덤스는 다음과 같이 논증한다.

E. 우주의 도덕적 질서가 존재한다는 것을 믿지 않으면 타락할 것이다. 왜냐하

66 Immanuel Kant, *Critique of Practical Reason* (Indianapolis: Bobbs-Merrill, 1956), pp. 128-36.

67 C. S. Lewis, *Mere Christianity* (New York: Macmillan, 1943), Book 1.

68 Robert M. Adams, "Moral Arguments for Theistic Belief," in Robert M. Adams, *The Virtue of Faith* (New York: Oxford, 1897), chap. 10. (PRSR3e, pt. 5, pp. 251-2 참조)

69 근본적인 주장은, 특히 탁월성에 의거해서 이해된 선 자체의 역할은 그것을 이해할 수 있는(이해하는 데에 필요한 완벽성을 갖춘) 실제적이고 인격적인 존재에 의해 가장 잘 수행된다는 것이다. Robert M. Adams, *Finite and Infinite Goods* (New York: Oxford University Press, 1999), pp. 42-4.

면 그렇게 될 경우, 우리가 무엇을 하든 간에 우주의 역사는 전반적으로 선하지 않을 가능성이 매우 높을 것이라고 간주할 수밖에 없기 때문이다.

F. 타락은 도덕적으로 바람직하지 않다.

G. 그러므로 우주의 도덕적 질서가 존재한다고 믿는 것은 도덕적으로 이롭다.

H. 유신론은 우주의 도덕적 질서에 대해 가장 적합한 이론을 제공한다.

J. 그러므로 유신론을 받아들이는 것은 도덕적으로 이롭다.[70]

명제 G와 J는 각기 앞의 전제들에서 도출되므로 전제 E, F, H가 참된 전제인지를 따져봐야 한다. F는 별로 문제될 것이 없지만, E와 H에 대해서는 반론이 제기될 수 있다. 애덤스는 E가 참이라는 경험적인 증거는 지금 당장 손에 넣을 수 없지만 우리의 삶이 더 큰 전체에 기여할 때 의미를 갖는다고 생각하기에 충분한 이유가 있다고 주장함으로써 E를 방어한다. 인생이 살아볼 가치가 있다는 이 믿음이 드러나는 한 가지 방식은, 우리가 고통받는 사람들을 돌보는 것이다. 우리는 그들을 불쌍히 여기고 그들이 잘되기를 바라는 데에서 그치지 않는다. 우리는 그들의 삶이 "그들의 소명으로서, 그리고 신의 프로젝트로서" 추구되어야 할 선(善)이라고 믿는다. "만약 내가 당신의 선에 관심을 갖는다면, 나는 그 프로젝트의 후원자로서 내 자신을 보탠다. 그리고 당신의 인생이 가치 있는 삶이라고 내가 믿지 않고서는 그렇게 할 수 없다."[71] 인간의 삶이 살아볼 만한 가치가 있다고 믿지 않는 것은 타인을 향한 행동을 비인간화하기 위한 기반을 놓는 것이다. 그리고 인생이 살아볼 가치가 있을 뿐만 아니라, 도덕적 삶과 (모든 사람의 선을 목적으로 하는) 공동선의 삶도 그런 가치가 있다. 애덤스는 인생이 선한 목적을 갖는다고 우리가 믿는다고 주장할 뿐만 아니라, 칸트를 좇아 도덕성은 우리가 갈망하는 목적을 성취할 수 있다는 신앙을 필요로 한다고 주장한다. 이 신앙은 우주가 도덕적 질서를 가지고 있다는 믿음, 내세가 있다는 믿음, 정의와 선이 승리할 것이라는 믿음에 근거해 있다.

우리가 자신의 인생이 선을 목표로 하는 한에서 살 만한 가치가 있다고

70 Adams, *The Virtue of Faith*, p. 151. (PRSR3e, pt. 5, pp. 251–2 참조)

71 Adams, *Finite and Infinite Goods*, p. 377.

(대부분) 믿는다는 것을 비판가들이 부인하기는 어려울 것이다. 하지만 그들은 이 믿음과 도덕적 질서를 연결 짓는 것은 더 어렵다고 주장할 수 있다. 우리가 우주적 목적이나 도덕적 질서가 있다고 추정했는데 사실은 그렇지 않다는 것을 알게 될 때에만 우리는 타락한다. 우리가 처음부터 전반적인 목적이나 도덕적 질서에 관해서 그렇게 추정하지 않는다면, 우리는 사람들이 사회에 대해 개별적으로 기여하는 것에 대해 만족할 수 있다. 이때에는 그들이 더 큰 프로젝트에 기여하지 않는 한 그들의 인생은 가치가 없다고 추정하지 않는다.

H와 관련해서 애덤스는 진보적인 과학주의와 마르크스주의를 경합하는 도덕 이론으로 언급한다. 그는 이 이론들이 우주의 도덕적 질서를 설명하는 이론으로서 유신론에 필적하느냐는 물음에 대해서는 문을 열어놓는다. 비록 자기 자신은 거기에 대해 부정적으로 생각하지만 말이다. 그런데 진보적인 과학주의건 마르크스주의건 간에 그 어느 것도 이 임무를 성공적으로 완수했다는 증거를 보여주지 못했다.

신의 존재를 증명하기 위한 애덤스의 이론적인 논변은 전제 H를 끌어들였고 거기서 다음의 결론을 도출한다.

K. 그러므로 신이 존재한다고 생각할 충분한 이유가 있다.

우리는 애덤스의 논변을 다음과 같이 구성할 수 있다.

1. 옳고 그름에 대한 판단들은 도덕적 사실에 관한 판단들이다.
2. 그것들이 객관적이라는 것을 설명하는 이론이, 그것들의 진리를 위해 더 많은 사실들을 인간의 믿음에 의존케 하는 이론보다 더 나은 이론이다.
3. 도덕적 사실들은 신의 명령들이 갖는 비자연적인 속성들에 관한 것이라고 주장하는 이론이 바로 그런 이론이다. (H)
4. 그런데 그런 이론이 참이기 위해서는 신은 존재해야만 한다.
5. 따라서 옳고 그름에 관한 판단들의 존재는 신이 존재한다고 생각할 이유를 제공한다.

도덕적 의무의 근거로서 신의 명령을 끌어들이는 전략은 몇 가지 심각한 장애에 봉착한다. 첫째로 많은 사람들은 신에 대한 믿음과는 상관없이 행위들이 실제로 옳거나 그르다고 믿는다. 예를 들어, 무신론자들은 '옳음'과 '그름'이 '신의 명령과 일치하거나 상충함'과 같은 의미라고 보지는 않는다. 만약 도덕적 논변이 '옳음'과 '그름'의 의미를 그렇게 본다면, 그 논변은 논점을 회피하는 오류에 빠지므로 틀린 논변이 된다.

이에 대해 애덤스는 신의 명령 이론이 '옳음'과 '그름'이라는 말의 의미에 관한 이론으로 이해될 필요는 없다고 응수한다. 어떤 것이 윤리적으로 그르다는 것이 사랑의 신이 내린 명령들과 분석적으로 연결되지는 않는다. 도리어 애덤스는 신의 명령을 거스르는 행위는 도덕적으로 그르다는 주장은, 그 주장이 참일 경우 형이상학적으로 필연적인 진리가 된다고 지적한다.[72] 신의 명령 이론은 '옳음'과 '그름'이라는 말의 의미에 대해서가 아니라, 행위의 옳음에 대한 근거를 제공한다.[73]

신의 명령 이론에 대한 두 번째 심각한 반론은, 그 이론이 옳고 그름을 임의적인 것으로 만든다는 점이다. 만약 우리가 보기에 역겨운 행동(예컨대 잔혹한 행동)을 하라고 신이 우리에게 명령한다면, 우리는 그 명령에 따라 그렇게 행동해야만 할 것이다. 그렇다면 신의 명령을 인도하는 것은 무엇인가? 기준이 없으면 이 명령은 정당화될 수 없고 따라서 임의적인 것이 된다.[74] 이에 대해 애덤스는 이러한 명령을 인도하는 것은 이 명령이 사랑의 신이 내린 명령이라는 것이라고 답변한다. 그래서 사랑의 신은 잔혹성 그 자체를 위해 잔혹한 행동을 하라고 명령하지는 않을 것이다.

하지만 몇 가지 의문들이 제기된다. 첫째, 사랑의 존재라는 것이 신의 우연적 속성이라면, 적어도 신이 사랑의 성품을 갖지 않는 것이 가능하며 그가 잔혹성 그 자체를 위해 잔혹한 행동을 하라고 명령할 수 있다. 그런 경우에 신

---

72 Robert M. Adams, "Divine Command Metaethics Modified Again," in Adams, *The Virtue of Faith*, p. 140.

73 Patterson Brown, "God and the Good," in Keith Yandell, ed., *God, Man and Religion* (New York: McGraw-Hill, 1973), p. 386.

74 Thomas Mayberry, "Morality and the Deity," *Southwestern Journal of Philosophy* 1 (1970): 122.

의 명령을 따라서는 안 된다. 이에 대한 애덤스의 답변에 따르면, 수정된 신의 명령 이론가는 신이 잔혹성 그 자체를 위해 잔혹한 행동을 하라고 명령하는 것이 설령 논리적으로 가능하더라도 신은 본성상 그렇게 하지 않을 것이라고 본다. 즉 그런 명령을 내리는 것은 신의 탁월성이라는 속성으로 인해 형이상학적으로 불가능하다는 것이다. “도덕적 의무를 정의하는 역할을 할 수 있는 것은 잔인하지 않고 사랑이 넘치는 확실하게 선한 신의 명령뿐이다.”[75] 탁월하거나 사랑이 넘치는 신이 그런 명령을 내리지는 않으므로 신자들은 도덕적으로 우리의 직관과 상충하는 명령에 관해 걱정할 필요가 없다.[76]

둘째, 신이 사랑의 존재라는 주장에 근거한 답변은 순환적인 것처럼 보인다. 왜냐하면 신의 본질적 속성으로 사랑을 선택해야 하는 이유가 무엇이냐는 물음이 제기될 수 있기 때문이다. 모든 가능한 속성들 중에서 특정한 속성이나 속성들의 집합을 택해야 하는 이유가 무엇인가? 이 질문에 대해 사랑은 잔인한 행위를 배제하는 선이나 가치이기 때문이라고 대답할 것 같다. 그런데 이렇게 되면 순환에 빠진다.[77] 왜냐하면 이런 식의 논증은 다음과 같이 말하는 것과 다름없기 때문이다. 신의 명령은 사랑의 존재에게서 나오므로 그 명령은 선하고 우리는 그것에 복종해야 한다. 그런데 어떤 존재가 사랑의 존재인 이유는 그것이 복종되어야 할 선한 명령을 내리기 때문이다. 만약 이런 것이 아니라면, 그 답변은 선의 독립적인 기준을 끌어들여야 한다. 즉 신의 명령과는 독립해 있는, 선하기 때문에 소중한 어떤 가치(이를테면 사랑함과 같은 가치)가 있다고 말해야 하는 것이다.

애덤스는 수정된 신의 명령 이론에서는 모든 가치들이 신의 명령과 이에 대한 의무들에서만 나온다고 보지 않는다고 답한다. 이러한 부가적인 가치들은 선의 이론에서 나온다. “상이한 가치 개념들이 많이 있다. 그리고 분명히

---

75 Adams, *Finite and Infinite Goods*, p. 250.

76 이삭을 제단에 바치는 장면에 대한 성서의 이야기와 관련해서 애덤스는 다음 세 개의 상충하는 명제들 중에서 유신론자는 (2)를 거부해야 한다고 주장한다. 그 명제는 틀림없이 결함이 있는 인식론적 주장이기 때문이다. (1) 만약 신이 나에게 어떤 것을 행하라고 명령한다면, 내가 그렇게 행하는 것이 도덕적으로 잘못된 것은 아니다. (2) 신은 나에게 내 아들을 죽이라고 명령한다. (3) 내가 내 아들을 죽이는 것은 도덕적으로 잘못된 것이다. Ibid., chap. 12.

77 A. C. Ewing, *Prospects for Metaphysics* (London: George Allen & Unwin, 1961), p. 41.

그 개념들 중 하나나 그 이상에 대해 신학적인 분석이 가해지는 반면에 다른 것들에 대해서는 비신학적인 분석이 가해질 수 있다."[78] 즉 신의 명령에 의거해서 설명되는 것은 의무(도덕적인 옳음과 그름)이지 가치(일반적인 선과 악)는 아니다.[79] 따라서 애덤스가 언급했듯이 그의 이론은 선의 본성에 대한 독립적인 설명을 제공한다. 동시에 애덤스는 선 자체를 신의 본성 안에 근거지우려고 한다. 사물들은 선 자체를 닮음으로써 선해지는데 애덤스는 선 자체가 바로 신이라고 주장한다.[80]

도덕적 논변의 성공 여부는 윤리학에 대한, 선 자체의 본성을 실재론적으로 설명할 수 있는지에 대한, 그리고 유신론적인 윤리학이 도덕적 판단을 가장 잘 설명하는지에 대한 철저한 검토에 달려 있다. 윤리학과 선이 신과 어떻게 관련되는지에 관해서는 15장에서 다루겠다.

누적 사례 논변과 신

우리는 대인 상대적 논변 개념을 옹호해왔다. 각 사람은 논변의 건전성이나 강도를 평가해야 하고 전제들의 진리성에 관해서 자기가 아는 바를 평가해야 한다는 것이 그 개념의 주요 논점이다. 논변이 대인 상대적이라고 해서 "뭐든지 괜찮다"라는 뜻은 아니다. 우리는 한 공동체 안에서 생각하고 활동하기 때문에, 소수의 사람들이 건전하다거나 합당하다고 여기는 논변이더라도 최소한 그 공동체 구성원들의 수용 척도에 부합하지 않을 경우에는 그 논변을 주창한 사람은 심각하게 그것을 재고해야 한다. 공동체가 수용하는 주장이라고 해서 다 진리가 되는 것은 아니지만, 공동체는 어떤 입장을 단순히 합리화시키는 것을 저지하는 역할을 한다.

공동체라는 말이 여전히 모호하다는 반론이 제기될 수도 있다. 우리는 단지 하나의 공동체가 아니라 여러 공동체 안에서 기능한다. 유신론자는 어느

78 Adams, *The Virtue of Faith*, p. 110.
79 Adams, *Finite and Infinite Goods*, p. 255.
80 Ibid., chap. 1.

공동체에 대해서 근거나 증거를 제시해야 하는가? 유신론자들의 공동체에 대해서인가, 비유신론자 공동체에 대해서인가? 최소한 논리적인 기준들이라도 양 진영에서 받아들여져야 한다. 그러나 이것을 넘어서서 공동의 적절한 판단 기준들에 관해서는 계속 논의해야 한다.[81]

그 논변들에 대한 일군의 반론들이 고찰되어야 한다. 마틴(1932~)은 무신론을 광범위하고 상세하게 옹호하기 위한 일환으로 유신론적 논변을 하나씩 끌어내서 논변 자체에 대해 심각한 의문을 제기할 뿐만 아니라 그 논변이 건전할 경우에 거기서 나오는 결론들에 대해서도 의문을 제기했다. 각 논변에 대해 그가 내린 결론은, 첫째로 그 논변은 유신론적 믿음을 보증해주지 않으며, 둘째로 설령 그렇다 치더라도 그 논변은 기독교나 유대교, 또는 이슬람교적인 유신론의 신에 대한 믿음을 지지하지 않으리라는 것이다.[82]

마틴의 첫 번째 반론에 대해서 유신론자는 하나의 논제를 단 하나의 논변에 근거해서 주장하는 것은 일반적으로 오류라고 대꾸할 수 있다. 재판을 할 때 검사가 소송 사건에 관계된 증거를 여러 개 가져온다. 이것은 그중의 하나가 의문시되더라도 소송에서 패하기 않기 위해서다. 이와 마찬가지로 유신론자는 자신의 믿음을 단 하나의 논변에 근거해서도 안 되거니와 그 논변들을 독립적으로 취급해서도 안 된다. 유신론적 논변들은 유신론을 옹호하기 위한 누적 사례의 일부분이라고 보는 것이 옳다. 이 누적 사례의 부분들은 상호 지지함으로써 우리가 전반적인 양상을 이해할 수 있도록 도와준다.[83] 그것들은 서로 연대해서, 어떤 종류의 궁극적인 실재나 신이 존재한다고 믿을 정당한 이유가 있다는 것을 보여준다. 우주론적 논변은 필연적 존재자—그것이 존재한다면 자신의 존재를 위해서 다른 것에 의존하지 않는 존재자—가 존재한다고 결론짓는다. 목적론적 논변은 그러한 존재자가 우주에서 의식적인 존재가 출현하는 데에 책임을 지는 존재로서, 의도적으로 활동하며, 따라서 의식적인 지성과

81 한 가지 가능한 관점의 예로, Alvin Plantinga, "Advice to Christian Philosophers," *Faith and Philosophy* 1 (1984): 253-71을 참조하라.

82 Michael Martin, *Atheism: A Philosophical Justification* (Philadelphia: Temple University Press, 1990), pp. 97, 100, 152.

83 Basil Mitchell, *The Justification of Religious Belief* (New York: Oxford University Press, 1981), chaps. 3-5.

의지를 갖는다고 논증한다. 도덕적 논변은 이 존재자가 도덕률과 관계를 맺으며 도덕률의 근거가 되고 그의 창조 질서에서 도덕률이 드러난다고 시사한다.

마틴이 신을 옹호하는 그 논변들을 연속적으로 다루면서 자신의 논거를 신 개념이 정합성을 상실했다는 선험적인 논변에 둘 수 있다고 주장하더라도, 그는 다른 이유들도 역시 계속 고찰한다. 그렇게 할 때 우리는 그 역시 무신론을 입증하기 위한 정교한 누적 사례를 구축한다고 말할 수 있다. 소극적인 무신론을 옹호할 때에 마틴은 종교 언어가 인지적으로 무의미하다는 것과 유신론적 논변들은 신의 존재를 입증하지 못한다는 것을 보여주려고 한다. "소극적 무신론을 지지하는 결정적인 논변을 펼칠 수 없더라도, 신에 대한 믿음은 이유에 근거해야 한다. 그런데 전지전능하고 완전하게 선한 존재를 믿어야 할 이유가 모두 부적합하다는 것을 올바르게 주장할 수 있다면, 좁은 의미에서의 소극적 무신론은 우리의 현재 지식과 관련해서 정당화될 수 있는 만큼이나 미래에도 정당화될 수 있을 것이다."[84] 적극적 무신론을 옹호하기 위해서 마틴은 신이 자신의 존재를 입증할 증거를 제공할 수 있었을 뿐만 아니라 그리했어야 하는 종류의 개체라는 주장을 편다. 하지만 그러한 증거는 없거니와 악의 존재는 무신론에 유리한 강한 논변을 내놓는다.

우리의 논점은, 유신론에 대한 찬반 논변들을 고찰할 때에 하나의 증거에만 근거해서는 안 된다는 것이다. 검사들이 자기가 다루는 사건에 대해 한 개의 증거만 가지고서 판단하는 것이 어리석듯이, 유신론자건 무신론자건 간에 오로지 하나의 증거나 하나의 비판에만 근거해서 자신의 견해를 정당화하는 것은 경솔한 일이 될 것이다.

종교의 신과 철학의 신

마틴의 두 번째 반론은, 그 논변들이 가리키는 필연적이고 목적을 가진 존재가 종교의 신과 동일한가라는 중요한 물음을 제기한다. 만일 우리가 성경이나

84 Martin, *Atheism*, p. 39.

코란에 나오는 신이 그 논변들을 통해 입증되기를 원한다면 실망하리라는 것이 그의 논점이다. 기껏해야 그 논변들은 특정 종교적 속성보다는 독특한 철학적인 속성을 가진 존재자 개념을 제시할 뿐이다. 그 논변들은 신이 인격적이라든지, 숭배받기에 합당하다든지, 우리의 구원에 관심을 갖는다든지 하는 것은 보여주지 않는다. 그렇다면 철학자들의 필연적 존재가 종교인들의 신과 동일시될 수 있을까?

유신론자들이 이 문제를 탐구할 수 있는 한 가지 방법은, 소위 상호 관계법(method of correlation)을 쓰는 것이다. 이것은 철학적인 필연적 존재자의 속성들을 특정 종교 전통의 신이 갖는 속성들과 짝짓는 방법인데 세 단계로 이루어진다. 첫째로, 이 필연적 존재자의 특징들이 결정되어야 한다. 그 존재자가 영원하고 의식적인 지성을 갖췄으며 목적을 가지고 창조적으로 세계에 개입한다고 보는 것이 한 예다. 어떤 사람들은 전지성, 전능성, 도덕성과 같은 다른 속성들이 이 속성들에서 나온다고 주장한다. 두 번째 단계는 특정 종교 전통을 택하여 그 종교의 궁극적 실재가 어떻게 묘사되는지를 보는 것이다. 어떠한 속성들이 그에 적합한가? 그는 자신과 구별되는 우연적인 세계와 인과적으로 관련을 맺는 의식적이고 목적을 지닌 존재자로 여겨지는가? 아니면 이 세상의 허상 뒤에 있는 비인격적인 절대자인가? 세 번째 단계는 이 두 목록에 있는 속성들 중 어느 것들이 일치하는가, 아니면 상치하는가, 또는 중복되지 않는가를 살펴보는 것이다. 그 목록들이 일치하는 경우에는 그것들이 동일한 존재자를 묘사하고 있다고 볼 수 있다. 그 목록들이 불일치할 경우에는(예를 들어, 우주론적 논변은 일원론적이거나 범신론적인 전통보다는 신이 세계와 분리된 이원론적인 전통을 지지한다), 학자 편에서 그리고 신앙인의 편에서 좀더 생각할 것이 요구된다. 그 목록들이 서로 무관한 속성들을 가지고 있을 경우에는(예를 들어, 유신론적 논변들은 인격적이고 사랑을 베풀고 창조주가 되는 삼위일체의 존재자에 관해서는 말하지 않는다), 이 속성들이 유신론적 논변들에서 도출되는 속성들과 일치하는지의 여부를 검토할 수 있다.

유신론적 논변들에 나오는 궁극적인 실재와 종교의 신 사이의 관계에 관해서 우리가 어떠한 결론을 내리든지 간에, 문제가 되는 것은 두 존재자들이 아니라 신에 대한 두 개념들 사이의 충돌이나 상호 관계라는 점을 간파하는 것이 중요하다. 이러한 관점에서 보면 철학자들과 신학자들의 작업은 상호 보완 관계에 있다.

유신론자든 무신론자든 간에 대부분의 철학자들이 유신론적 논변의 성공에 관해서 회의적이라고 말하는 것이 안전하다. 하지만 양쪽의 논변들이 일리가 있다고 생각하는 사람들도 있다. 무신론을 지지하는 타당한 누적 사례를 구성할 수 있다고 생각하는 사람들이 있는 반면에, 자연 신학의 누적 사례가 신에 대한 믿음을 합리적이라고 생각할 근거를 제공한다고 여기는 사람들도 있다. 어떤 종류의 철학자든지 간에, 그 논변들이 제기하는 문제들은 그에게 풍부한 논쟁과 토론거리가 될 것이다.

| 연구문제 |

1. 우리는 신을 믿기 위해 또는 믿지 않기 위해 증거를 필요로 한다는 견해에 대해서 당신은 어떻게 옹호하거나 반박하겠는가? 증거가 필요하다면, 증거의 부담을 지는 사람은 누구이며 그 이유는 무엇인가?
2. 당신이 신을 믿는다면 그 믿음을 지지해주는 증거가 무엇인가? 당신이 신을 믿지 않는다면, 신의 존재에 대한 반론을 제시하라. 그리고 문제의 소지가 있는 전제들과 핵심적인 가정에 유의하면서 당신이 제시하는 논변의 힘을 면밀히 평가하라.
3. 안셀무스의 존재론적 논변이란 무엇인가? 존재는 완전하다는 그 논변의 핵심 논제에 대해서 당신은 어떤 반론을 제시하겠는가? 그리고 그 논변을 옹호하는 사람은 이에 대해 어떻게 대응할 수 있을지 말하라.
4. 현대판 존재론적 논변과 안셀무스의 논변의 유사점과 차이점을 말하라. 현대판 논변의 강점과 약점을 하나씩 말하라.
5. 칼람 우주론적 논변과 탈시간적 우주론적 논변의 유사점과 차이점을 설명하라. 그중의 하나를 택하여 그 논변의 핵심적인 전제들을 적어보라. 그리고 그 전제들을 지지하거나 비판하는 논변을 제시하라.
6. 유비적인 형태의 목적론적 논변, 인류발생론에 근거한 목적론적 논변, 지적 설계

에 근거한 목적론적 논변의 유사점과 차이점을 말하라. 목적론적 논변이 우주 안에 질서가 있다고 전제할 때에 순환 오류에 빠지는가? 확률에 근거하면 그런 오류를 피할 수 있을까?

7. 귀납적 형태의 목적론적 논변에 대한 굴드의 반론은 무엇인가? 이에 대한 스윈번의 답변은 무엇인가? 당신은 이것들 중에서 어느 것이 더 설득력 있다고 생각하는가? 그 이유는 무엇인가?
8. 신의 존재에 대한 애덤스의 도덕적 논변은 무엇인가? 그 논변이 봉착하는 문제는 무엇인가?

| 참고문헌 |

Barrow, John D., and Frank J. Tipler. *The Anthropic Cosmological Principle*. Oxford: Clarendon Press, 1986.

Craig, William L. *The Cosmological Argument from Plato to Leibniz*. New York: Barnes and Noble, 1980.

——. *The Kalām Cosmological Argument*. London: Macmillan, 1979.

Craig, William Lane, and Quentin Smith. *Theism, Atheism, and Big Bang Cosmology*. New York: Oxford University Press, 1993.

Davis, Stephen T. *God, Reason and Theistic Proofs*. Grand Rapids: William B. Eerdmans, 1997.

Edwards, Rem B. *What Caused the Big Bang?* Athanda: Rodopi, 2001.

Gale, Richard M. *On the Nature and Existence of God*. Cambridge: Cambridge University Press, 1991.

——, and Alexander Pruss. *The Existence of God*. Aldershot: Ashgate, 2003.

Hick, John, and Arthur C. McGill, eds. *The Many Faced Argument*. New York: Macmillan, 1967.

Hume, David. *Dialogues concerning Natural Religion*. Indianapolis: Hackett, 1980.

Mackie, J. L. *The Miracle of Theism*. Oxford: Clarendon Press, 1982.

Manson, Neil. *God and Design*. London: Routledge, 2003.

Martin, Michael. *Atheism: A Philosophical Justification*. Philadelphia: Temple University Press, 1990.

——. *The Case against Christianity*. Temple University Press, 1991.

Oppy, Graham. *Ontological Arguments and Belief in God*. Cambridge: Cambridge University Press, 1996.

Owen, H. P. *The Moral Argument for Christian Theism*. London: Allen and Unwin, 1965.

Plantinga, Alvin. *God, Freedom and Evil*. New York: Harper & Row, 1974.

——. *The Ontological Argument*. New York: Doubleday, 1965.

Prevost, Robert. *Probability and Theistic Explanation*. Oxford: Clarendon Press, 1990.

Reichenbach, Bruce R. *The Cosmological Argument: A Reassessment*. Springfield: Charles Thomas, 1972.

Robson, John M., ed. *Origin and Evolution of the Universe: Evidence for Design?* Kingston: McGill-Queenr's University Press, 1987.

Rowe, William L. *The Cosmological Argument*. Princeton: Princeton University Press, 1975.

Sobel, Jordan. *Logic and Theism*. New York: Cambridge University Press, 2004.

Swinburne, Richard. *The Existence of God*. Oxford: Clarendon Press, 1979.

Taylor, Richard. *Metaphysics*. Englewood Cliffs: Prentice-Hall, 1992.

Turner, Denys. *Faith, Reason, and the Existence of God*. New York: Cambridge University Press, 2004.

Wainwright, William. *Religion and Morality*. Aldershot: Ashgate, 2005.

7장 •• 논증 없이 신을 알기: 유신론은 논거를 필요로 하는가?

프랑스의 신비주의자인 베이유(1909~1943)는 신에 대한 자신의 첫 경험을 다음과 같이 묘사하고 있다.

> 강렬한 신체적인 고통을 느끼는 순간, 나는 거부할 수 없는—또 감히 무엇이라고 표현하기도 어려운—사랑에 압도되고 말았다. 그리고 그 순간 (나는 그동안 신비주의자의 저술이라고는 전혀 읽은 적이 없었기 때문에) 아무 준비도 안 된 상태에서, 인간의 존재보다도 더 인격적이고 더 확실하고 더 실재적인 존재를 체험했다. 하지만 그 존재는 감각 기관이나 상상력으로는 접근하기 어려운 존재였다.[1]

베이유에게는 신비적인 경험을 할 수 있는 배경이 별로 없었기 때문에 그녀의 경험은 더욱 두드러진다. 그녀는 세속화된 유대인 가정에서 불가지론자(不可知論者)로 자랐고, (본인이 말한 바와 같이) 그녀로 하여금 그러한 경험을 예상하게 할 만한 신비주의자의 글을 읽은 적이 전혀 없었다. 철학 교육을 받은 베이유는 신의 존재에 대한 증명과 반증을 모두 공부했고, 그 문제는 해

1 Simone Weil, *Waiting for God*, tr. Emma Craufurd (New York: Harper, 1973), p. 24.

결되기 어렵다는 것을 알고 있었다. 그러나 신비로운 체험을 한 후에 그녀는 다음과 같이 적고 있다.

> 우리가 빵을 먹고 있을 때에, 심지어는 빵을 다 먹고 난 후라 할지라도, 우리는 그것이 실재하는 빵이라는 것을 안다. 그럼에도 불구하고 우리는 빵의 실재성에 관해서 의문을 제기할 수 있다. 철학자들은 감각 세계의 실재성에 관해서 의문을 제기하지만 그러한 의문은 순전히 언어적인 것이다. 그들은 그 확실성을 전혀 손상시키지 않으면서도, 그것이 잘 균형 잡힌 정신에 대해서 더욱 명백한 것처럼 보이게 한다. 마찬가지로 신의 실재성을 계시받은 사람은 어떠한 해악도 없이 이 실재성에 관해서 의심을 제기할 수 있다. 그 의심은 순전히 언어적인 의심이요, 그의 지성을 건강하게 해주는 운동이라고 할 수 있다.[2]

여기서 베이유의 주장은 명확하고 인상적이다. 한편으로는 철학자들이 '외부 세계의 실재성'에 관해서 의심한다는 점을 베이유는 지적한다. 우리는 이 의심을 이지적(理智的)으로 다룰 수 있다고 한다. 즉 그 의문들을 검토한다든지, 반박할 수 있는 방안을 찾는다든지 하는 것이다. 그러나 이 모든 일로 인해서 우리가 먹은 빵의 실재성에 대한 우리의 확신이 완전히 붕괴되지는 않는다. 그런데 다른 한편으로는, 철학자들이 신의 존재를 의심하면서 유신론과 무신론의 논증들을 사용하는 논쟁에 가담하는 것은 아주 좋은 일이며 정신의 운동이 되지만, '신의 실재성을 계시받은' 사람이 신의 존재에 대해 갖는 확신을 이러한 의심이 방해하지는 못한다는 점을 베이유는 지적한다. 이것은 마치 빵과 나무와 돌의 실재성에 관한 철학자의 의심이 그것들의 존재에 대한 우리의 확신을 방해하지 못하는 것과 같은 이치다.

신의 존재에 대한 의문을 고찰해온 대부분의 철학자들이 베이유에게 동의하지 않을 것이라는 점은 분명하다. 그녀가 증언한 바와 같은 경험에 입각한 확신은 '순전히 주관적'인 것으로서 거부될 것이다. 우리가 그러한 경험들

2 Ibid., p. 212.

에 의존하기 전에 그것들을 합리적으로(이때의 합리적이라는 말은 순전히 정서적이라는 말과 대립되는 의미를 갖는다) 고찰해서 확증할 필요가 있다. 바꿔 말해서 우리는 증거들과 논변들에 비추어서 신의 존재에 관한 의문을 고찰할 필요가 있는 것이다. (이 논변들에 대해서는 앞의 두 장에서 검토했다.) 그 문제를 바라보는 한 가지 자연스러운 방식은 다음과 같다. 한편으로는 신의 존재를 입증하는 다양한 논변들의 힘을 평가하고, 다른 한편으로는 유신론에 대한 반론뿐만 아니라 악에 근거한 논변의 힘을 평가하고 나서, 이것들을 서로 견주어보면서 신에 대한 믿음이 온당한지 아닌지를 결정하는 것이다. 만일 악의 문제가 유신론에 대한 강력한 반론이 되는 반면에 유신론에 유리한 논변들이 그만한 힘을 갖지 못한다면 신에 대한 믿음을 거부하는 것이 합리적일 것이다. 반면에 유신론의 논변들이 강력하고 무신론의 논변들이 반박될 수 있다면 신에 대한 믿음은 합리적이고 적합한 것이 된다. 또는 신의 존재에 대한 옹호와 반론이 모두 같은 힘을 가질 경우에는 판단을 중지하고 신을 믿지도 않고 부인하지도 않는 입장을 취하는 편이 적절할 것이다.

증거주의

이러한 식으로 문제를 보는 방식을 증거주의(evidentialism)라고 부른다. 이 관점은 그 주제에 대해 당연한 것으로 여겨져 왔다. 어느 정도냐 하면, 많은 철학자들이 그것을 일말의 의심도 없이 당연시했을 정도다. 물론 일반 종교인들을 포함해서 대부분의 일상인들은 이러한 식으로는 전혀 생각하지 않는다. 대부분의 종교인들은 신의 존재를 옹호하는 논변이나 반박하는 논변에 대해서 별로 생각하지 않거니와, 자신들이 많은 것을 간과하고 있다고 생각하지도 않는다. 그 논변들에 관해서 뭔가를 배우는 사람들—이를테면, 철학 개론 강좌에서—조차도 그 논변들의 힘이 얼마나 강력한지를 알려고 하지 않으며, 자신의 믿음들이 이러한 논변들의 지배를 받게 하지도 않는다. 그들은 논변에 관해서는 별로 개의치 않고서 단지 믿거나 안 믿거나 할 뿐이다.

그러나 증거주의를 채택하는 철학자들은, 대부분의 사람들이 증거주의에서 정확히 여기는 방식으로 신을 생각하지 않는다는 사실에는 별로 개의치 않는다. 증거주의자들은, 많은 사람들이 중요한 믿음들, 특히 종교적인 믿음들에 대해서 결정할 때 전혀 합리적으로 하지 않다는 점이 서글픈 사실이라고 말한다. 사람들은 하나의 믿음이 증거에 의해서 지지받는지의 여부와는 상관없는, 또는 그 믿음이 참이 될 가능성이 있는지의 여부와는 별로 상관없는 다양한 심리적이거나 사회적이거나 감정적인 이유들로 인하여 믿게 된다. 하지만 다행스럽게도 이성과 진리에 관심을 가지고서 감정에 따라 좌우되지 않기를 원하는 소수의 사람들이 있다. 그리고 이들이야말로 우리의 모범이 되어야 하는 사람들이다. 그들은 우리의 종교적인 믿음들을 결정할 때 증거와 논변에 따른다는 것이 뭘 의미하는지를 보여준다.

종교 철학에서 근래에 이뤄진 매우 중요한 발전 중의 하나는 단호하게 증거주의를 거부하는 철학자들이 출현했다는 점이다. 이 철학자들은 4장에서 정의된 의미에서의 신앙주의자들은 아니다. 즉 그들은 우리의 궁극적인 믿음들이 합리적인 평가에서 면제된다고 생각하지는 않는다. 하지만 그들은 종교적인 믿음들을 지지해주는 증거가 없더라도 그 믿음들은 전적으로 합리적이고 충실하게 정당화될 수 있다고 주장한다. 이러한 관점을 '개혁주의적 인식론'이라고 부른다. 왜냐하면 그 관점이 개신교의 개혁파, 또는 캘빈(Calvin)파의 일부 사상과 비슷하기 때문이다.[3] 그러나 이 관점 자체는 기독교의 교파와 논리적으로 연결되어 있지는 않다. 개혁주의적 인식론자가 되기 위해서 캘빈주의자나 기독교인이 될 필요는 없다. 개혁주의적 인식론의 대표자들로서는 플랜팅거와 월터스토프(1932~), 얼스턴(1921~)을 들 수 있는데, 이어지는 절에서 개혁주의적 인식론을 제시하고 분석할 때 이들의 입장을 각각 살펴보겠다.

3 이러한 연관성은 다음 글에서 뚜렷이 나타난다. Alvin Plantinga, "The Reformed Objection to Natural Theology," *Christian Scholar's Review* 11 (1982): 187–98; *Rationality in the Calvinian Tradition, ed. Hendrik Hart, Johan Van Der Hoeven, and Nicholas Wolterstorff* (Lanham: University Press of America, 1983), pp. 363–83에 재수록. (PRSR3e, pt. 6에도 재수록됨)

증거주의에 대한 비판

우리가 해야 할 첫 번째 일은 증거주의가 의미하는 바가 무엇인지를 좀더 정확하게 이해하는 것이다. 이렇게 할 때 개혁주의적 인식론이 증거주의에 대해서 반대하는 이유를 알 수 있다. 월터스토프는 '증거주의자의 도전'을 다음과 같이 묘사한다.

> 첫째로, 어떤 사람이 기독교나 기타 유신론을 받아들이는 것이 합리적이지 않는 한, 그 사람이 그것을 받아들이는 것은 잘못이라고 주장한다. 둘째로, 다른 믿음들이 그의 종교적인 확신을 지지해주는 증거가 되지 않는 한, 그러한 확신을 갖는 것은 비합리적이라고 주장한다. 어떠한 종교도 합리적이지 않는 한 받아들여질 수 없고, 어떠한 종교도 증거에 의해서 지지되지 않는 한 합리적이지 않다. 이것이 바로 증거주의자의 도전인 것이다.[4]

여기에 반대할 만한 것으로 무엇이 있을까? 우리가 비합리적인 것에 만족하지 않는 한, 합리적인 믿음들만을 받아들여야 한다고 해서 문제될 것은 없다. 종교적인 믿음들이 합리적이기 위해서는 그 믿음들이 증거에 의해서 지지되어야만 한다는 말은 확실히 온당한 것처럼 여겨진다. 그런데 하나의 믿음이 증거에 의해서 지지된다는 것이 무엇을 의미하는지에 관해서는 좀더 엄밀해질 필요가 있다. 이에 관해서는 여러 다른 견해들이 가능하지만, 증거주의를 채택하는 많은 현대 철학자들은 강한 **정초론(定礎論)**이라고 알려진 인식론적 관점에 연루되어 있다.[5] 이 관점을 이해하기 위해서는 먼저 정초론(foundationalism)에 관해서 고찰한 후에 강한 정초론의 특징을 살펴봐야 한다.

정초론자들은 우리의 믿음을 두 종류로 구분한다. 첫째는 다른 믿음들이 증거가 되어 지지해주는 믿음이 있는데 이런 믿음을 **추론된 믿음**(derived

---

4 *Faith and Rationality: Reason and Belief in God*, ed. Alvin Plantinga and Nicholas Wolterstorff (Notre Dame: University of Notre Dame Press, 1983), p. 6.

5 여기에는 용어상의 차이가 있다. 월터스토프와 플랜팅거는 '고전적인 정초론'과 '현대적인 정초론'에 대해서 말한다. 때때로 이 견해는 별다른 제한 없이 '정초론'이라고 단순하게 지칭되기도 하는데 이것은 혼란을 야기하기 쉽다. 앞으로 보겠지만 개혁주의적 인식론자들 자신이 특정한 종류의 정초론자들이다.

belief)이라고 부른다. 반면에 다른 믿음의 지지를 받지 않고서도 받아들여지는 믿음이 있는데 이것을 **기초적 믿음**(basic belief)이라고 부른다. 이 기초적 믿음들은 우리의 믿음과 지식의 전체 구조를 최종적으로 뒷받침해주는 '기반'을 이룬다.

물론 어떤 믿음을 다른 믿음에 의존하지 않고서 기초적인 방식으로 받아들이는 것이 합당하지 않을 때에도 그렇게 믿는 사람이 있을 수 있다. 예를 들어, 어떤 사람이 다른 사람을 단지 싫어하기 때문에 그가 범인이라고 믿을 수도 있다. 그러나 다른 믿음을 증거로 삼지 않고서도 어떤 믿음을 받아들이는 것이 합당하고 적절한 상황들이 있다. 증거 없이 믿어도 합당한 믿음을 **정확히 기초적인 믿음**(properly basic beliefs)이라고 부른다.

이제 정초론자라면 누구나 다음 질문에 대답해야만 한다. 어떠한 종류의 믿음이 정확히 기초적일 수 있는가? 이 물음에 대한 답변은 우리의 믿음의 '기반'이 무엇인지를 결정하고 마침내 믿음의 최종적인 구조가 어떠한지를 결정하게 된다.[6]

이제 우리는 강한 정초론을 설명할 준비를 갖추었다. 강한 정초론을 강하게 만드는 것은, 기초적인 것으로 정확히 받아들여지는 종류의 믿음들에 대한 생각에 달려 있다. 정확히 기초적인 믿음은 틀리는 것이 불가능한, 또는 거의 불가능한 믿음이라는 것이 지배적인 견해다. 만일 그 기반이 인간이 만들 수 있는 가장 단단한 기반이라면, 그 기반 위에 세워진 믿음의 체계 또한 단단하고 확고할 수 있다. 이러한 기반을 얻기 위해서 강한 정초론자들은 정확히 기초적인 믿음이 자명(self-evident)한 믿음이거나 교정 불가능(incorrigible)한 믿음일 것을 요구한다. 자명한 믿음이란 그 믿음을 이해하는 사람이라면 누구나 그 믿음이 참임을 알 수 있는 믿음이다. '1+2=3'과 같은 간단한 산수의 진리가 한 예이다. 교정 불가능한 믿음은 인식 주체의 직접적인 경험을 다루는 믿음이다. "내가 통증을 느끼고 있다", "내가 붉은 대상을 보고 있는 것 같다" 등을

6 여기서 하나의 믿음이 다른 믿음을 **어떻게** 지지할 수 있는가, 또 이것을 보여주기 위해서 어떠한 종류의 논변들이 사용될 수 있는가 등의 물음들이 제기될 수 있다. 이것은 중요한 문제이지만 매우 복잡한 것이기 때문에 여기서는 더 이상 논의하지 않겠다.

예로 들 수 있다. 이 믿음들이 잘못될 수 있느냐 없느냐는 것은 논란거리이기는 하지만, 그 믿음들을 의심하는 경우는 거의 드물다. 우리의 다른 모든 믿음들이 이러한 기반 위에 세워질 수 있다면, 실재하고 확고하고 도전받지 않는 지식을 얻으려는 목표는 달성될 수 있다.[7] 요컨대 우리는 강한 정초론자의 입장을 다음과 같이 정의할 수 있다. 우리가 임의의 믿음을 받아들이는 것이 합리적이기 위해서는, 그 믿음이 자명하거나 교정 불가능하든지, 아니면 자명하거나 교정 불가능한 믿음들에서 논리적으로 추론되든지 해야 한다.

종교적인 믿음에 대한 '증거주의자의 도전'에 관해서 월터스토프가 말한 대로라면, 증거주의자들이 종교에 대해서 대항한 것처럼 여겨질 수 있는데 반드시 그렇지만은 않다. 데카르트(1596~1650), 로크(1632~1704), 라이프니츠(1646~1716)처럼 꽤 많은 증거주의자들이 신의 존재에 대한 믿음과 기타 특유한 종교적인 믿음들이 그러한 도전을 극복할 수 있도록 충분히 옹호될 수 있다고 생각했다. 그러나 시간이 흐를수록 점점 더 많은 철학자들이, 유신론은 증거주의의 요구 조건들을 충족시킬 수 있는 방식으로 옹호되기가 어렵다고 결론 내렸다. 그리고 만일 이것이 사실이라면, 증거주의와 종교는 실로 적대 관계에 있게 된다.

(증거주의 및 강한 정초론과 유신론 사이의 갈등은 일단 제쳐두고서라도) 증거주의와 강한 정초론은 뭐가 잘못되었는가? 실제로 이 물음에 대한 답변은 놀라울 정도로 간단하다. 그것은 바로 우리가 강한 정초론을 그 이론 자체에 적용시킬 경우 자기가 자기를 반박한다—또는 자기 파괴적이다—는 사실이다. 즉 강한 정초론은 자기 파괴적인 성격을 갖는다는 것이다. (철학자들은 이러한 성격을 자기 지칭적으로 부정합하다고 표현한다.) 이것이 무슨 뜻인지를 알아보기 위해서, 앞에서 언급된 강한 정초론의 진술문을 생각해보자. 우리가 임의의 믿음을 받아들이는 것이 합리적이기 위해서는, 그 믿음이 자명하거나 교정 불가능하든지, 아니면 자명하거나 교정 불가능한 믿음들에서 논리적으로 추론되든지 해야 한다. 강한 정초론의 이 진술문은 그 자체가 자명한가? 그렇지 않은 것 같

7 독자는 강한 정초론과 4장에서 논의된 바 있는 **강한 합리주의**가 비슷하다고 느낄 것이다. 실제로 강한 정초론은 일종의 강한 합리주의다.

다. 실제로 많은 사람들이 그 진술문이 참이라고 생각하지 않으면서도 그것을 이해했고 면밀히 고찰해왔다. 더욱이 그것은 우리의 직접적인 경험에 대한 '교정 불가능한' 보고는 아니다. 즉 "내가 붉은 대상을 보는 듯하다"와 같은 식의 진술문과는 다르다는 것이다. 이 진술문이 자명하거나 오류 불가능한 명제들에서 도출됨으로써 정당화될 수 있는 합당한 방법도 없다. 따라서 우리는 다음과 같이 매우 흥미로운 결과를 얻는다. 만일 강한 정초론이 옳다면, 어느 누구도 강한 정초론을 받아들일 때 합리적일 수 없다. 강한 정초론자에게는 이런 상황이 매우 당혹스러울 것이다.

강한 정초론이 갖는 문제 중에는 위의 문제 못지않게 심각한 문제가 또 있다. 그것은, 만일 강한 정초론이 옳다면, 우리가 알고 있다고 생각하는 것의 대부분에 관해서 우리는 오류를 범하고 있다는 점이다. 이 문제는 좀더 설명될 필요가 있다. 우리는 앞에서 정초론을 설명할 때, 정초론자들이 우리의 지식 구조가 놓여지는 절대적으로 확고한 기초를 갖고 싶어한다는 사실을 지적한 바 있다. 우리는 의심받지 않는 믿음들만을 기반으로 삼음으로써, 매우 자신 있고 확실하게 다른 믿음들을 그 위에 구축할 수 있을 것이라는 생각이 그 근저에 깔려 있다.

그런데 불행히도 이처럼 고상한 기획은 거듭 실패로 끝났다. 우리가 가지고 있는 일상적인 믿음들 중의 많은 것들—참인 것이라고 우리가 안다고 자신 있게 말할 수 있는 것들—이 이런 기준들에 근거한 시험 과정에서 지지받지 못하는 것으로 드러나기 때문이다. 예를 들어 다음과 같은 물음을 생각해보자. 당신이 45분보다 더 오래 살아왔다는 것을 어떻게 아는가? 당신이 45분 이상 살았다는 것은 자명하지는 않다. 과학자가 재빨리 당신을 복제했을 수도 있지 않는가? 또한 이것은 당신이 자신의 경험에 대한 교정 불가능한 보고에 의해서 알 수 있는 것도 아니다. 당신은 지난 수년 동안 살아온 것을 기억한다고 말할지도 모른다. 그러나 이러한 기억이 과학자가 당신의 두뇌에 직접 주입한 기억들이 아니라 실제로 발생한 사건에 대한 진짜 기억이라는 것을 어떻게 아는가? 더욱이 자명하거나 교정 불가능한 다른 믿음들에서 이 믿음을 끌어낼 수 있는 방도는 전혀 없어 보인다. 또한 이것은 강한 정초론자의 기준들을 정확히 만족시키지 못하는 유일한 종류의 일상적인 믿음도 아니다. 당신이 이 입장을 진정으로 받아들인다면, 나무나 산과 같은 물리적인 대상들이 당신의 지각과는 별도로 실제로 존재한다는 믿음을 포기해야 하며, 다른 사람들이 로봇과는 달리 실제로 그들 나름대로의 경험과 느낌을 갖는다는 믿음도 포기해야 할 것이다. 그런데 이것은 강한 정초론이 잘못되었음을 보여준다.

강한 정초론이 거부된다면, 이것은 증거주의도 역시 거부되어야 한다는 것을 의미하는가? 반드시 그렇지는 않다. 이 두 입장은 논리적으로 같은 것이 아니기 때문이다. 우리는 좀더 넓은 범위의 믿음들이 정확히 기초적인 것으로 받아들여지는 것을 허용하는 비(非)고전적인 정초론에 근거한 증거주의를 받아들일 수 있다. 다음 절에서 볼 수 있듯이, 플랜팅거는 바로 이런 종류의 정초론을 채택하고 있다. 그러나 종교적인 경험에 근거한 정확히 기초적인 믿음들의 가능성을 그처럼 개방적인 정초론이 합당하게 거부할 수 있는지의 여부에 대해서 개혁주의적 인식론자들은 의문을 제기할 것이다. 또한 정합론적인 증거주의도 있을 수 있다. 정합론은 기초적 믿음과 추론된 믿음에 대한 정초론적인 구분을 거부하고, 그 대신에 우리의 모든 믿음들이 우리가 가지고 있는 나머지 믿음들과 '정합'(일관성 있고 잘 통합된 체계와 꼭 들어맞는)함으로써 정당화된다고 주장한다. 우리는 여기서 정합론의 장점들을 더 파고들 수는 없다. 다만 어떤 종교적인 믿음 체계들은 강하게 정합적이어서, 정합론에 근거해서는 종교의 비합리성을 입증하기가 어렵다는 점만 언급하고 넘어가겠다. 일반적으로 강한 정초론에 근거하지 않고서도 증거주의가 성립할 가능성은 향후 연구를 위해서 유념해야 할 사항이다.

지금까지는 주로 부정적인 면을 말해왔는데, 증거주의가 거부된다면 종교에 대해서 긍정적인 가치를 갖는 것이 생겨날까? 이 문제를 고찰하기 위해서 플랜팅거의 이론으로 넘어가겠다.

정확히 기초적인 믿음에 대한 플랜팅거의 입장

개혁주의적 인식론자들이 강한 정초론을 비판할 때 그들이 정초론 자체를 거부한다고 생각해서는 안 된다. 그들은 여전히 기초적 믿음과 추론된 믿음을 구분하는 정초론자들의 관점을 받아들이며, 정확히 기초적인 믿음들이 있고 이 믿음들로부터 다른 믿음들이 추론되어야 한다는 가정도 받아들인다. 단지 그들은 정확히 기초적인 믿음의 기준을 강한 정초론자들이 지나치게 제한하는 데에 대해서 거부하는 것이다.

그러면 우리는 어떠한 믿음들이 정확히 기초적이라고 할 수 있는가? 여기서 치즘(1916~1999)을 따라 플랜팅거는 강한 정초론이 하는 식으로 일반적인 요구 조건을 미리 설정해서는 안 된다고 한다. 그 대신에 우리는 이미 가지고 있는 믿음과 지식의 구조에서 시작해야 하고, 이러한 믿음의 구조가 꽤 타당하다고 잠정적으로 가정해야만 한다고 본다. 치즘이 말한 바와 같이 "우리는 일상인들이 자기가 알고 있다고 생각하는 것들 전부는 아니더라도 대부분을 알고 있다"고 가정해야 한다는 것이다.[8] 또한 우리는 실제로 가지고 있는 믿음들을 사례로 삼아야 한다. 즉 우리가 생각하기에 이치에 맞고 정당화된 믿음을 택해서, 다른 믿음들이 이 믿음을 지지해주는 증거가 되기에 우리가 이 믿음을 갖는지, 아니면 그 믿음이 다른 믿음들에 의해서 입증되지 않더라도 그것을 믿는 것이 합당하기에 그렇게 믿는 것인지의 여부를 자문해야 한다. 후자가 맞다면, 그 믿음은 기초적 믿음, 실로 정확히 기초적인 믿음으로 분류될 수 있다. 이러한 절차를 거쳐서 정확히 기초적인 믿음으로 판명된 믿음 중에는, 일상적인 지각에 의한 믿음("저기에 나무가 한 그루 있다"), 기억에 의한 믿음("나는 아침에 미역국을 먹었다"), 다른 사람의 생각과 느낌에 관한 믿음("자네가 준영이한테 그 말을 했을 때 그는 진짜로 화가 났었네") 등이 있고, 이 외에 다른 종류의 믿음들도 있다. 그리고 우리가 여러 종류의 많은 예들을 가지고서 이러한 절차를 밟게 되면, 정확히 기초적일 수 있는—즉 우리의 믿음 구조의 기반을 이루는—종류의 믿음들이 전반적으로 어떠한 것들인지 알게 된다.

여기까지는 좋다. 그런데 이제 플랜팅거는 다음과 같은 급진적인 제안을 한다. 신은 존재한다는 믿음이 왜 그 기반의 일부가 될 수 없는가? 이 믿음이

8 Roderick Chisholm, *Theory of Knowledge* (Englewood Cliffs: Prentice-Hall, 1966), p. 57.

우리의 정확히 기초적인 믿음이 될 수 없는 이유가 무엇인가? 아무튼 유신론자들은 이 믿음이 자기가 합리적으로 정확히 믿을 수 있는 믿음이라고 확신한다. 그리고 유신론자가 그런 믿음이 다른 믿음에서 추론되었기 때문에 자기가 믿는 것이 아니라는 것을 알게 되면(플랜팅거는 대부분의 유신론자들이 그렇게 생각한다고 본다), 방금 언급된 절차로 인해서 그는 그 믿음이 정확히 기초적인 믿음이라고 생각하게 될 것이다. 이렇게 생각해서는 안 될 이유가 있는가? 그렇게 생각하는 것이 뭐가 어떻단 말인가? "신은 존재한다"라는 믿음이 정확히 기초적인 믿음이 될 수 없는 이유가 있는가? 이 믿음이 정확히 기초적이라면, 유신론자들이 신에 대한 믿음을 정당화시키기 위해서 신의 존재를 옹호하는 증명이나 논변을 만들 필요가 없게 된다.

많은 철학자들은 플랜팅거의 이러한 제안을 대담하고 놀라운 것으로 여겼다. 이 제안은 매우 많은 논란을 불러일으키는데 여기서는 그중 몇 가지만 고찰하겠다. 우선 하나의 믿음이 정확히 기초적이라고 해서, 그것이 참되다는 것도 보장되는 것은 아니라는 사실에 주목하라. 정확히 기초적인 방식으로 특정한 믿음을 실제로 가지고 있는 사람은 그 믿음이 참이라고 생각하겠지만, 어떠한 방법이든지 상관없이 아무것이나 믿는 사람도 그 믿음이 참이라고 반드시 생각한다. 그런데 정확히 기초적인 믿음이 거짓일 가능성은 얼마든지 있다. 예를 들어, 당신이 친구 집에 들어가는데 옆방에서 나는 피아노 소리를 듣고서 누군가가 피아노를 치고 있다고 믿게 되었다고 하자. 그러면 이 믿음은 당신이 가지고 있는 다른 믿음들에서 추론된 것이 아닌 기초적 믿음이라고 할 수 있다. (이때 당신은 다음과 같이 말하지는 않을 것이다. "나는 지금 피아노 소리와 같은 소리를 듣고 있다. 대개 내가 피아노 소리와 같은 소리를 들을 때에는 근처에 피아노가 있다. 그러므로 내가 지금 듣고 있는 것은 아마도 피아노 소리일 것이다.") 더욱이 당신은 피아노에 대해서 아주 잘 알고 있고 그 소리를 잘 분별해낸다고 하자. 그러면 이 믿음은 정확히 기초적인 믿음이 된다. 그런데 실제로는 당신 친구가 피아노 연주 CD를 가지고서 자신의 새 음향 기기를 시험하는 중이었고, 그 음향기기의 성능이 아주 좋아서 당신이 생음악과 구별하지 못했다고 하면, 그 믿음은 거짓 믿음이 된다.

신이 실제로 존재하지 않더라도 이와 똑같은 방식으로 "신은 존재한다"는 믿음이 정확히 기초적인 믿음이 될 수도 있다. 그런데 하나의 믿음이 정확히 기초적인 믿음이라고 해서 그 믿음이 참이라는 것이 보장되지는 않는다. 이 점은 앞에서 비판받은 강한 정초론과, 개혁주의적 인식론자들을 비롯해서 치즘이 옹호하고 있는 좀더 온건한 정초론을 구분하는 중요한 차이점이 된다. (또 다른 중요한 차이점은 온건한 정초론은 우리가 이미 가지고 있는 지식과 믿음들의 구조가 일반적으로 타당하다고 전제하고서 그 구조를 대체하거나 극단적으로 바꾸려 들지는 않는다는 점이다.) 하지만 어떤 믿음이 누군가에게 정확히 기초적이라면 그의 믿음은 합리적으로 정당화된다는 것이 보장된다. 즉 "신은 존재한다"가 당신에게 정확히 기초적이라고 한다면, 당신이 신을 믿는 것은 합리적이라는 것이다.

거팅(1942~)은 플랜팅거의 절차에 대해서 강력한 반론을 제기했다.

> 자신의 믿음에 대한 어떠한 근거도 가지고 있지 않는 인식 주체가 자신이 그 믿음을 갖는다는 것이 정당하다고 어떻게 주장할 수 있겠는가? 종교적인 믿음에 관해서 많이 생각해오면서도 신에 대한 믿음을 정확히 기초적인 믿음이라고 생각하지 않는 정직하고 지성적인 사람들이 많다는 사실에 대해서는 어떻게 말해야 하는가? …… 철학자로서 우리는, 합리적인 사람이라면 누구나 인정하는 경우들만을 명백한 경우로 간주해야 한다.[9]

거팅은 다음과 같이 말하기도 했다. "어떤 주장에 관해서 의견 차이가 너무 크고 양측의 입장이 백중세일 때에는 그 주장을 지지하는 사람이건 부인하는 사람이건 간에 자신의 입장을 정당화할 필요가 있다는 것을 인정하는 것은 상식이 아니겠는가?"[10]

---

9 Gary Gutting, "The Catholic and the Calvinist: A Dialogue on Faith and Reason," *Faith and Philosophy* 2 (1985): 241. 이 논문은 대화 형식으로 되어 있기 때문에, 그 대화에 참여한 사람들이 말한 것이 곧 저자의 견해라고 자동적으로 가정할 수는 없다. 그러나 '가톨릭'에 대한 이러한 언급은 이 문제에 대한 거팅의 견해를 반영한다. (이를 확인하기 위해서는 다음 번 인용문을 참조하라.)

10 Gary Gutting, *Religious Belief and Religious Skepticism* (Notre Dame: University of Notre Dame

플랜팅거도 이러한 반론을 잘 알고 있는데 이에 대한 그의 답변은 계몽적이다.

> 정확한 기초성의 기준들은 적합한 사례들에 의해서 논증되고 검증되어야 한다. 그러나 모든 사람들이 그 사례들에 대해서 의견이 일치하리라고 미리 전제해야 할 이유는 없다. 물론 기독교인들은 신에 대한 믿음이 전적으로 정당하고 합리적이라고 전제한다. 그가 이 믿음을 다른 명제들에 근거해서 받아들이지 않는다면, 이 믿음이 그에 대해서 기초적이되 정확히 기초적이라고 그는 결론을 내릴 것이다. 러셀과 오헤어의 추종자들은 이에 대해서 동의하지 않겠지만, 그것이 무슨 상관이 있는가? 나의 기준들이나 기독교 공동체의 기준들이 그들의 사례에 일치해야만 하는가? 결단코 아니다. 기독교 공동체는 자신의 사례들에 대해서만 책임이 있을 뿐 러셀이나 오헤어의 추종자들이 제시한 사례들에 대해서는 책임이 없다.[11]

비록 다른 사람들이 동의하지 않더라도 유신론적인 철학자는 "신은 존재한다"를 정확히 기초적인 믿음으로 간주할 수 있으며 이것은 충분히 정당화될 수 있다고 플랜팅거는 말하고 있는 것이다. 그가 이렇게 말할 때, 그는 철학적인 작업의 중요한 목표로 흔히 생각되어온 바를 사실상 포기하고 있는 셈이다. 철학자들은 철학적인 문제들을 접근할 때 자기네가 올바른 방법을 생각해내서 그것을 조심스레 올바르게 적용하면 가치 있는 결론에 이르게 될 것이라고 흔히 생각해왔다. 데카르트의 『방법 서설』은 이러한 가정을 아주 잘 드러내는 단적인 사례다. 이외에도 많은 철학자들이 그런 가정을 했으며, 그 연원을 거슬러 올라가면 플라톤(427~347 B.C.)에 이른다. 하지만 확실히 철학자들은 자기네가 추구해온 그런 결론에 도달하지 못했다. 플랜팅거는 무엇보다도 이것을 먼저 기대하는 것은 이치에 맞지 않다고 말한다. 즉 철학자들이 임무

Press, 1982), p. 83. (우리는 저자의 동의를 얻어서 이 인용문의 원문을 수정했다. 원문에는 '광범위한 동의'라고 되어 있다.)

11 Alvin Plantinga, "Reason and Belief in God," in *Faith and Rationality*, p. 77.

를 수행할 때에는 이미 깊이 뿌리박힌 선(先)철학적인(prephilosophical) 입장에 서 있으며, 갑론을박하는 양측이 아무리 철학적인 추론과 논변의 기준에 근거해서 올바르게 논지를 전개하더라도 그러한 입장에 개입됨으로 말미암아 합의에 이르지 못한다는 것이다.[12] 이에 반해서, 만일 유신론자가 무신론자로 하여금 어떤 믿음이 정확히 기초적인지를 결정함으로써 논의의 규칙을 정하게끔 하는 오류를 범한다면, 이로 인해 유신론자가 논쟁에서 졌다고 해서 놀랄 필요는 없다. 그래서 철학자들이 처음에 가졌던 믿음들이 서로 다르더라도 그들이 합의에 이를 수 있게 해준다고 여겨졌던 '보편적 합리성'을 플랜팅거가 거부할 때, 분명히 그는 상당히 깊이 생각했다고 볼 수 있다. 그러나 개혁주의적 인식론을 추종하는 사람들도 마찬가지로 이 점을 의식하고, 개혁주의적 인식론자가 되려면 이러한 합리성의 이념을 포기하는 대가를 치러야 한다는 점을 알 필요가 있다. (이 점을 고찰할 때 독자는 4장에서의 '비판적 합리주의'에 대한 논의와 6장에서의 '대인 상대적' 증명들에 대한 논의를 다시 검토해보는 것이 좋다.)

이러한 식의 생각은 다음과 같은 또 다른 반론을 불러일으킨다. 이것은 아무렇게나 되어도 좋다는 것을 의미하지 않을까? 만일 유신론자가 "신은 존재한다"는 믿음을 정확히 기초적인 믿음이라고 간주할 수 있다면, 괴상망측한 믿음을 가지고 있는 사람이 자기의 믿음이 정확히 기초적이므로 비판에서 면제된다고 주장하지 못할 이유가 무엇인가? 그래서 이를테면 「피너츠」라는 연재만화에서 호박 귀신을 믿고서 기다리는 사람들에게 호박 귀신이 매년 할로윈마다 찾아온다고 라이너스가 믿을 때, 그가 정확히 기초적인 방식으로 그 믿음을 믿으며, 그 믿음을 믿을 때 그는 완벽하게 합리적이고 정당화될 수도 있는 것이다. (철학자들은 이것을 '호박 귀신 반론'이라고 부른다.)

이 반론이 어떤 식으로 제기되느냐에 따라 이에 대한 플랜팅거의 답변도 두 부분으로 나뉜다. 우선 호박 귀신이 할로윈마다 돌아온다는 믿음을 개혁주

---

12 철학적인 연구를 비롯해서 다른 학문적인 연구가 기존의 세계관에 의해서 영향을 받는다는 생각은 '개혁주의적 인식론'이 기독교 신학의 개혁주의적 전통에서 차용한 중요한 생각들 중의 하나다. 물론 이 생각은 4장에서 논의된 '비판적 합리주의'의 접근법과 아주 잘 들어맞는다.

의적 인식론자가 정확히 기초적인 믿음으로 여긴다고 비판가들이 말한다면, 이 비판은 단순한 오류에 지나지 않는다. 분명히 호박 귀신에 대한 믿음은 개혁주의적 인식론자들이 제시한 기초적 믿음이 아니다. 그리고 개혁주의적 인식론자들이 이 믿음을 정확히 기초적인 믿음이라고 결론지어야 할 어떠한 이유도 없다. 개혁주의적 인식론자가 "신에 대한 믿음은 정확히 기초적이지만 호박 귀신에 대한 믿음은 그렇지 않다라고 주장한다면 그는 그 두 믿음들 사이에 차이가 있다는 것을 전제한다"고 플랜팅거는 본다.[13] 그리고 그 차이점을 찾아내는 것은 그리 어려운 일이 아니라고 한다.

그런데 이 반론은 다른 방식으로 제시될 수 있다. 즉 정확히 기초적인 믿음을 결정하기 위한 플랜팅거의 절차에 따라, 호박 귀신을 믿는 사람 자신이 호박 귀신에 대한 자신의 믿음을 정확히 기초적인 믿음의 범주에 들어가는 것으로 합리적이고 올바르게 결론 내릴 수 있다는 반론이 제기된다. 퀸(1940~)은 다음과 같이 적고 있다. "문제는 이것이 얼마든지 많은 사람들이 벌일 수 있는 게임이라는 점이다. 모하메드의 추종자들, 부처의 추종자들, 그리고 심지어 문선명 목사의 추종자들조차도 이 게임에 끼어들 수 있다."[14]

이에 대해서 플랜팅거는 "물론이다. 하지만 뭐가 문제란 말인가?"라고 응수한다. 그는 이어서 말하기를, "이 방법을 사용하는 서로 다른 철학자들이 서로 다른 결론에 도달할 수 있다. 그러나 이러한 사실이 적용되지 않는 (인식 기준에 도달하기 위한) 실현 가능한 철학적인 방법에 대해서 우리는 알고 있는가? 십인십색의 결론은 철학에서 으레 있기 마련이다"[15]라고 한다.

이 답변은 이미 언급된 논점으로 되돌아간다. 다른 사람들과 마찬가지로 철학자들은 선이해(先理解)에 근거해 있는데, 이러한 선이해로 인해 (정확히 기초적인 믿음의 기준과 같은) 중요한 철학적 물음들에 대해 실질적인 합의에 이르는 것이 불가능해진다. 의심할 여지없이 이것은 유감스럽지만, (개혁주의적 인식론자들은 말하기를) 이 또한 현실이며 이를 부인해봤자 헛수고다.

---

13 "Reason and Belief in God," p. 78.

14 Philip Quinn, "In Search of the Foundations of Theism," *Faith and Philosophy* 2 (1985): 473.

15 Plantinga, "The Foundations of Theism: A Reply," *Faith and Philosophy* 3 (1986): 303.

아직까지도 독자는 어느 정도 실망스러워 할 수 있다. 아마도 독자는 신이 존재한다는 믿음이 어떻게 정확히 기초적인 믿음으로서의 지위를 누리는지 의아해할 것이다. 그 믿음을 정확히 기초적이게 하는 것은, 그 믿음이 믿어지고 있다는 사실이 아니며, 정서적으로 강렬하게 그리고 전념해서 믿어진다는 사실도 아니다. 신의 존재에 대한 믿음이 정확히 기초적이라는 개혁주의적 인식론자의 발언을 우리가 액면 그대로 받아들이지 않는 한, 우리는 이 물음에 대한 답변을 필요로 한다.

개혁주의적 인식론자가 이 물음에 충분히 답하려면, 앞에서 묘사한 바 있는 절차를 따를 필요가 있다. 즉 일단의 사례들을 제시한 후, 그 사례들을 사용해서 강한 정초론의 손상된 기준을 대체할 방도를 모색해야 한다. 그러나 플랜팅거는 개혁주의적 인식론을 논하면서 이렇게 하지 않고, 사례들을 제시하는 데에서 그치고 말았다.[16] 하지만 우리는 그의 예들을 살펴봄으로써 꽤 많은 것을 배울 수 있다. 지금까지는 강조되지 않았던 한 가지 중요한 논점은, 항상 그런 것은 아니지만 일반적으로 하나의 믿음이 정확히 기초적인 믿음의 지위를 갖는 것은 그 믿음이 유지되는 조건들에 의존한다는 것이다. 앞에서 언급된 예에서 당신은 옆방에서 누군가가 피아노를 연주하고 있다고 기초적인 방식으로 믿었고 이는 합리적이다. 그러나 만일 그 집에 들어가면서 아무것도 듣지 않았다든지 어린이가 우는 소리만을 들었다면, 누군가가 피아노를 연주하고 있다고 당신이 믿는 것은 합리적이지 않을 것이다. 당신의 믿음의 정당

---

16 플랜팅거가 여기서 진행해나간 방식에 대해 퀸은 두 가지 문제점을 지적한다. (Philip Quinn, "The Foundations of Theism Again: A Rejoinder to Plantinga," in *Rational Faith: Catholic Responses to Reformed Epistemology*, ed. Linda Zagzebski [Notre Dame: University of Notre Dame Press, 1993], pp. 14-47 참조) 첫째로, 유신론자들이라고 해서 모두가 신에 관한 믿음들이 정확히 기초적일 수 있다고 생각하는 것은 아니다. (그 대신에 그런 믿음들이 6장에서 제시된 종류의 논변들에 의해서 정당화될 필요가 있다고 그들은 주장할 수 있다.) 따라서 유신론자는 그런 믿음들을 정확히 기초적인 믿음들로 간주해야 한다는 말은 당연시되기 어렵다. 그러나 그 유신론자가 신에 관한 믿음들을 정확히 기초적인 믿음들의 목록에 올리더라도, 그렇다고 해서 정확히 기초적인 믿음들에 대한 그의 기준을 수립하는 절차를 밟아나간 뒤에도 여전히 그 믿음들이 그 목록에 올라 있으리라는 것이 보장되지는 않는다. 처음에 가졌던 기초적 믿음들의 목록은 수정되기 마련이고, 다른 믿음들과 기준에 '부합'하지 않는 믿음들은 그 목록에서 제거될 수 있다. (그런 믿음들은 추론된 믿음들이거나 아니면 비합리적인 믿음들일 것이다.) 플랜팅거는 그가 제시한 절차를 실제로 밟아나갈 필요가 있으며 몇 가지 사례들을 제시하는 것만으로는 부족하다고 퀸은 결론 내린다. 플랜팅거는 최근 저서에서 정확히 기초적인 믿음들의 기준을 세우는 일을 한다. (Alvin Plantinga, *Warrant and Proper Function*, New York: Oxford University Press, 1993 참조)

화는 당신이 그것을 믿을 때의 경험적인 조건들에 달려 있다.

그러면 이러한 사항이 어떻게 신에 대한 믿음에 적용될 수 있는가? 이 물음에 답할 때, 우리는 플랜팅거가 정확히 기초적인 믿음들의 예로서 제시한 것들을 고려해봄직하다. 그는 다음과 같이 말한다.

> 우리가 꽃을 바라본다든지 별이 빛나는 밤하늘을 바라볼 때 또는 광대한 우주를 생각할 때에 이 꽃은 신에 의해서 창조되었다는 명제나 이 광대하고 복잡한 우주는 신에 의해서 창조되었다는 종류의 명제들을 믿는 성향이 우리 안에 있다 …… 성경을 읽자마자 어떤 사람은 신이 자신에게 말해주는 깊은 뜻에 감명을 받을 수도 있다. 내가 알기에 비열하거나 잘못된, 또는 사악한 짓을 하고 나서 나는 신의 면전에서 죄책감을 느끼고, 신은 내가 한 짓을 용인하지 않는다라는 믿음을 갖게 될 수도 있다. 그리고 죄를 고백하고 뉘우칠 때 신은 내가 한 짓을 용서해주신다라는 믿음을 가지면서 용서받은 느낌을 갖게 된다.[17]

더 많은 예들이 있지만 논점을 밝히기에는 이 정도로도 충분하다. 플랜팅거가 말하는 바는, 특정한 조건하에서 우리는 창조 시에 발휘된 신의 위엄 있는 지혜에 대한 경험이라든지, 성경을 통해서 우리에게 말해주는 신의 계시에 대한 경험, 또는 신이 우리의 죄를 용납하지 않지만 회개한 후에 용서를 받게 되는 것에 대한 경험을 가질 수 있다는 것이다. 그리고 우리가 그러한 경험을 가질 때, 앞의 예에서 언급된 종류의 명제들을 기초적인 방식으로 믿는 것이 전적으로 적절하고 합리적일 수 있다.

그런데 이 예들에 관해서 주목해야 할 점이 몇 가지 더 있다. 첫째로, 엄밀히 말해서 그 예들에서 정확히 기초적인 믿음은 신이 존재한다는 믿음이 아니라, 신의 현재나 과거 행위라든지, 신이 현재나 과거에 말한 것에 대한 믿음이다. 물론 신이 존재하지 않는다면, 이 믿음들 중 어느 것도 참일 수 없을 것이다. 따라서 그 차이는 상대적으로 미미하다. 둘째로, 위의 예에서 나오는 믿음

17 Plantinga, "Reason and Belief in God," p. 80.

들은 분명히 모두가 기초적인 방식으로 믿어진 것들이다. 예를 들어, 내가 먼저 그 꽃을 검토하고 나서 그 꽃의 구조와 기능에 관한 믿음들을 형성하고 이에 근거해서 추론 과정(의심할 여지없이 목적론적 논변)을 통해서 그 꽃의 모양과 기능을 가진 것이 신에 의해서 창조되었다고 결론을 내리지는 않는다. 물론 나는 어떤 경우에는 그러한 식으로 믿기도 하지만, 플랜팅거의 예에서는 꽃을 바라보면서 그것을 단지 신의 피조물로서 볼 뿐이다. 끝으로 그 예에서 언급된 경험들이 모세나 모하메드, 사도 바울, 성 프란시스에게서나 일어나고 일상인들에게는 일어나지 않는 종류의 희귀하고 극적인 사건들이 아니라는 점에 주목하라. 오히려 이 예들은 많은 또는 대부분의 종교인들이 한때 갖게 되는, 또는 어떤 사람들의 경우에는 자주 갖게 되는 종류의 경험이다.[18]

퀸은 플랜팅거의 관점에 대해 흥미로운 비판을 제시했다. 퀸은 플랜팅거에게 어느 정도 동의한다. 많은 유신론자들이 종교적인 경험에 근거해서 자신의 종교적 믿음을 '비추론적으로 정당화'한다는 것을 퀸도 인정한다. 그러나

---

18 이 논점으로 인해 또 다른 반론이 제기되는데, 그것이 다소 전문적인 성격을 가지고 있어서 각주에서 다루고자 한다. 플랜팅거의 관점에서는, "신이 이 꽃을 창조했다"라는 기초적 믿음은, 비록 이 믿음에 대한 증거가 되는 믿음이 전혀 없더라도, 특정한 방식으로 그 꽃을 보는 경험에 근거해 있다고 말할 수 있다. (왜냐하면 플랜팅거의 용어법에 따르면, '증거'는 문제의 믿음의 근거가 되는 또 다른 믿음으로 이루어져야 하기 때문이다.)

이에 대해서 퀸은 다음과 같은 문제점을 지적한다. 내가 "신이 이 꽃을 창조했다"라는 믿음을 기초적인 방식으로 실제로 믿을 때마다, "나에게는 신이 이 꽃을 창조한 것처럼 여겨진다"라는 믿음을 하나의 전제로 사용해서 앞의 믿음을 추론하는 것 또한 가능할 것이다. 꽃의 창조자로서의 신에 대한 나의 믿음은 그것이 기초적이든 추론된 것이든 간에 똑같이 정당화된다. 그리고 이것은 그러한 믿음들이 기초적이냐 아니냐는 물음이 갖는 중요성을 격하시키기 쉽다. 퀸은 다음과 같이 말한다.

> [신이 이 꽃을 창조했다]와 같은 명제들이 다른 명제들을 증거로 삼을 필요는 없더라도, 그 명제들은 언제나 다른 명제들에 근거할 수 있다. 따라서 그런 믿음들을 그렇게 근거 짓는 신중한 철학자나, 그렇게 하지 않는 분별없는 신비주의자나, 신의 존재에 대한 믿음이 온전히 정당화되기는 매한가지다. ("In Search of the Foundations of Theism," p. 479)

플랜팅거의 답변("The Foundations of Theism: A Reply," pp. 303-6)은 이 문제점에 집중되어 있다. 그의 답변을 요약하면 다음과 같다. 경험적인 근거가 있는 기초적 믿음들이 정당화를 상실하지 않고서도 비기초적인 방식으로 믿어질 수 있다라는 것은 일반적으로 옳지 않다. 우리 모두는 일정한 상황에서 "여기 내 앞에 나무가 있다"와 같은 명제들을 기초적인 방식으로 믿을 것이다. 그러면 이 믿음을 "내 앞에 나무가 있는 것처럼 보인다"라는 명제에서 똑같이 정확히 추론할 수 있을까? 이 문제에 대한 철학적인 성찰의 역사에 비추어볼 때 그 대답은 단연코 부정적이다. 왜냐하면 그러한 추론을 하기 위해서는 '처럼 보인다(seems)'는 진술에서 '이다(is)'는 진술로 추론하는 것이 정당화되어야 하기 때문이다. 그런데 이것은 가장 골치 아픈 철학적인 난제들 중의 하나인 '외부 세계에 대한 증명'의 문제를 해결하는 것과 다름없다. 하지만 나무나 그 외의 것들에 대한 우리의 기초적 믿음들이 충분히 정당화된다는 것을 의심할 사람이라고는 회의주의자들밖에 없을 것이다. 마찬가지로 신의 존재를 입증하기 위한 논변들이 한결같이 실패하더라도 신에 관한 기초적 믿음들은 충분히 정당화될 수 있다.

대부분의 지성인들에게는 이런 식으로 정당화하는 것이 신에 대한 그들의 믿음을 전부 정당화하기에는 불충분하다고 퀸은 생각한다. 왜냐하면 그 유신론자들은 신에 대한 믿음에 대해 제기되는 반론들—악의 문제라든지, 프로이트와 마르크스가 종교적 경험을 심리적인 욕구의 '투사'로 설명하는 식의 반론들—을 알 것이기 때문이다. 대부분의 신앙인들에게 유신론에 대한 이러한 반론들은 종교적 경험에 근거한 종교적 믿음의 정당화를 능가할 것이라고 퀸은 생각한다. 따라서 신앙인들이 신에 대한 믿음을 완벽하게 정당화하려면 신의 존재에 대한 증거—일종의 자연신학—가 필요하다. 그래서 신에 대한 믿음이 정확히 기초적일 수 있는 반면에 대부분의 현대 종교인들에게는 그것은 정확히 기초적이지 않다.[19]

그러나 이에 대해 플랜팅거는 동의하지 않는다. 자신이 신의 현존과 활동을 경험했다고 생각하는 사람은 신이 존재한다는 믿음을 비롯해서 신에 관한 여타의 믿음들을 기초적인 방식으로 정당하고 합리적으로 주장할 수 있다고 플랜팅거는 주장한다. (이 장의 앞부분에서 인용된 베이유의 종교적 경험에 대한 묘사를 기억해보라.) 이 결론이 옳다면, 이로 인해 종교 철학에서 상당한 사고의 전환이 요구될 정도로 중요한 결론이 된다. 더욱이 이 결론은 더 많은 논의와 연구를 요한다는 점도 분명하다. 이를 위해 얼스턴의 입장을 살펴보자.

얼스턴과 신에 대한 지각

우리는 이미 3장에서 종교적 경험이 지각 경험과 유사하다는 얼스턴의 논변을 살펴보았다.[20] 종교적 지식에서의 종교적 경험의 역할에 관한 그의 기본적인 논제는 다음과 같다. "신에 대한 경험적인 인지—나는 이것을 '신에 대한 지각'이라고 부른다—는 신에 관한 믿음들 중 특정한 종류의 믿음들을 인식적으

---

19 이 반론에 관해서는 Philip Quinn, "The Foundations of Theism Again: A Rejoinder to Plantinga"를 참조하라. 그 외의 논의를 위해서는 William Hasker, "The Foundations of Theism: Scoring the Quinn–Plantinga Debate," *Faith and Philosophy* 15 (1998): 52–67 (PRSR3e, pt. 6에 "The Case of the Intellectually Sophisticated Theist"라는 제목으로 재수록됨)를 참조하라.

20 William P. Alston, "Religious Experience as Perception of God" in PRSR3e, pt. 2 참조.

로 정당화해줄 수 있다. 나는 그런 믿음들을 'M-믿음들' (여기서 'M'은 현시를 뜻한다)이라고 부른다. 신이 그 믿음의 주체에 대해서 뭔가를 수행—강하게 함, 인도함, 메시지를 전함 등—한다는 것을 믿는다든지, 신은 지각 가능한 속성—선함, 능력, 인자함 등—을 갖는다고 믿는 것이 이에 해당한다."[21] 분명히 이것은 강한 주장이며, 엄청난 함축적인 발언이다. 얼스턴은 종교적 경험이 신에 관한 지식을 얻는 유일한 길이라고 주장하지는 않는다. 이것은 감각적인 지각만이 물리 세계에 관한 지식을 얻는 유일한 길이 아닌 것과 마찬가지다. (예를 들어, 물리 세계에 관한 결론들 중에는 감각적인 지각에 의해서 정당화되는 결론들을 훨씬 넘어서 있는 경우가 있다는 것을 과학적인 추론을 통해 알 수 있다.) 그러나 감각적인 지각은 물리 세계를 알기 위한 본질적인 기반이 되듯이, 마찬가지로 종교적 경험도 신에 대한 우리의 지식을 위한 본질적인 기반이 된다는 것이다. 각각의 경우에 '기초적인' 믿음들(신의 경우에는 'M-믿음들')은 문제의 경험에 의해서 직접적으로 정당화되고, '지각된' 것을 넘어서 있는 다른 믿음들은 여러 추리 과정을 통해 정당화된다.

매우 많은 종교인들이 얼스턴이 언급한 방식으로 신과의 관계를 나타내주는 경험들을 갖는다는 점은 분명하다. 그러나 철학자들 사이에서는 이러한 경험들을 액면 그대로 받아들일 수 없다고 보는 경향이 농후하다. 적어도 우리는 신이 존재하고 신이 이러한 일들을 할 수 있다는 것을 믿기 위한 독립적인 이유를 가질 필요가 있을 것이다. 그렇게 하고 난 후에야 우리는 그 경험들이 신에 관해 느껴지는 것들을 나타낸다고 믿는 것이 합당하다. 경험들 자체는 우리의 믿음들을 정당화해줄 처지가 못 된다.

얼스턴은 이러한 생각이 잘못되었다고 한다. 종교적 경험이 종교적 믿음들을 정당화시킬 힘이 없다고 말하는 것은 종교적 경험에 대한 편견과 독단을 보여준다고 지적한다. 얼스턴은 이 논점을 옹호하는 데에 주력한다. 그리고 우리가 감각적인 지각을 물리 세계에 관한 우리의 믿음들을 기초적으로 정당화해주는 것으로 받아들인다면, 종교적 경험이 신에 관한 믿음들을 정당화해

---

21 William Alston, "Precis of *Perceiving God*," Symposium on Alston's *Perceiving God, Philosophy and Phenomenological Research* 54 (1994): 863.

주는 것으로 받아들이는 것이 마땅하며 그래야 공정하고 합리적일 수 있다고 주장한다. 얼스턴이 보기에 감각 경험의 경우와 마찬가지로, 신에 대한 경험적인 인지에 근거해서 신에 관한 믿음들을 형성하는 사회적으로 확립된 관행(practice)이 있다는 점은 중요하다. (앞으로 보겠지만, 이러한 종류의 사회적으로 확립된 관행에는 여러 가지가 있다.) 얼스턴은 그처럼 사회적으로 확립된 믿음 형성의 관행들(그는 이것들을 **믿음의 관행**[doxastic practice]이라고 부른다)은, 그것들이 신빙성이 없다는 것이 입증될 때까지 또는 입증되지 않는 한, 신빙성을 갖는 것으로 봐야 한다고 주장한다.

M-믿음들이 종교적 경험에 의해서 직접적으로 정당화된다고 얼스턴이 말할 때(플랜팅거의 용어로 말하자면, M-믿음들이 '정확히 기초적인' 믿음들이라고 말할 때), 그러한 믿음들 전부가 참이라고 그가 말하는 것은 아니라는 점을 유념할 필요가 있다. 일상적인 지각적 믿음들과 마찬가지로 M-믿음들의 경우에도 "사물들의 실재하는 방식과 그것들이 경험되는 방식은 다르다"라고 결론을 내릴 충분한 이유들이 있을 수 있다. 어떤 상황에서는 물이 위로 흐르는 것처럼 나에게 보이더라도, 세계에 관해 내가 알고 있는 다른 사항들로 인하여 나는 그것을 참이라고 받아들일 수 없다. 그리고 만일 내가 당신에게 신이 나에게 모든 개신교도들을 죽이라는 명령을 내렸다고 말한다면, 당신은 신이 그런 명령을 내릴 리가 없다는 근거에서 나의 '계시'를 믿지 않을 것이며 이것은 정당하다. 이 상황은 경험이 우리의 믿음들에 대한 일견(一見)적 정당화(prima facie justification)를 제공한다는 말로써 가장 잘 묘사될 수 있다.[22] 즉 그런 믿음들이 거짓이라고 생각해야 할 강력한 이유가 없는 한, 그것들은 받아들여져야 한다는 말이다. 이 점은 지각적인 믿음들이나 M-믿음들에 대해서 똑같이 해당된다.

이런 주장에 대해서 이의를 제기하는 철학자들이 있다는 사실은 놀라운 일이 아니다. 이들 중 일부는 종교적 경험이 감각 경험과는 근본적으로 달라서 '지각적' 경험이라고 간주될 수 없다고 주장했다. 그러나 얼스턴은 어떤

---

22 일견적이라는 말은 '언뜻 보기에'를 의미한다. 일견적 증거란, 좀더 강한 반증에 의해서 반박되지 않는 한, 결론을 성립시키기에 충분한 증거를 말한다.

종류의 종교적 경험들의 경우에는 지각적인 것으로 간주된다고 설득력 있게 주장한다.[23]

하지만 그렇더라도 우리는 감각 기관에 의한 지각이 종교적인 경험보다도 더 신빙성이 있다고 생각할 수 있는 타당한 이유를 가지고 있는 것 같다. 우리가 감각 기관을 통해서 지각하는 것은, 감각 기관이 심하게 손상되지 않는 한, 서로 다른 관찰자들 사이에 상당한 일관성이 있다는 것을 보여준다. 또한 우리는 감각 경험으로 말미암아 이 세상의 물리적인 사물들을 엄밀하고 상세하게 알며, 꽤 정확하게 그것들에 관해서 예측할 수 있다. 그러나 이러한 사항들 중 어느 것도 종교적 경험에는 해당되지 않는다. 많은 사람들이 종교적인 경험들을 갖지 못하거니와, 설령 그러한 경험을 가진 사람들이더라도 그들이 속한 문화와 종교에 따라서 신을 정반대의 성질을 가진 존재자로 경험하기도 한다. 그런데 이때 그들 사이의 갈등을 해결할 길도 없다. 특히 종교적인 믿음들을 확증할 수 있을 정도로 엄밀하게 예측할 방도가 없다.

얼스턴은 이러한 비판들이 옳다고 본다. 하지만 그렇다고 해서 종교적 믿음이 M-믿음을 정당화해주지 못하는 것은 아니라고 주장한다. 그렇기는커녕 감각 경험과 종교적 경험 간의 차이점들을 통해서, 신에 대한 우리의 상황과 물리적 대상에 대한 우리의 상황이 어떻게 다른지 드러난다. 우리가 일상적인 물리적 대상들에 관해서 갖는 식으로 철저하고 상세하게 신에 관해서 알기는 어렵다. 신은 너무도 위대하고 신비로우며, 우리를 훨씬 초월해 있어서 그렇게 아는 것이 불가능하다. 신의 활동을 예측한다거나 신에 대해서 '통제된 실험'을 한다는 것도 마찬가지의 이유로 어불성설이다. 많은 사람이 종교적인 경험을 갖지 못한다는 사실은 다음과 같은 종교적인 가르침과 잘 맞아 들어간다. "신은 인간이 어떤 특별하고 어려운 조건들이 충족될 때에만 신의 현존을 분명하고 명백한 방식으로 알 수 있도록 정해놨다."[24] 물론 이러한 조건들은

---

23 Richard M. Gale, "Why Alston's Mystical Doxatic Practice is Subjective"; George S. Pappas, "Perception and Mystical Experience"; William P. Alston, "Reply to Commentators" in the Symposium on *Perceiving God*; William P. Alston, *Perceiving God* (Ithaca: Cornell University Press, 1991), chap. 1을 참조하라.

24 "Christian Experience and Christian Belief," in *Faith and Rationality*, p. 129.

종교적인 생활에 관련된 것이고, 이 조건들을 충족시키려고 하지 않는 사람들은 종교적인 경험을 갖지 못했다고 해서 불평할 이유가 없다.

그런데 이 모든 반론들 중에서 얼스턴이 다루기에 가장 어려운 것은, 사람들이 문화와 종교적 전통이 다르면 신을 생각하고 경험하는 방식도 매우 다르다는 사실에 근거한 반론이다. 유일한 것은 아니지만 가장 두드러지게 다른 점들 중 하나는, 유신론적인 종교와 불이론적(不二論的, advaita) 형태의 힌두교에서 나타나는 차이점이다. 유신론적 종교에서 신은 우리가 인격적인 관계를 맺을 수 있는 인격적인 존재로서 경험되는 반면에, (5장에서 간단히 논의된 바 있는) 후자의 종교에서는 신을 비인격적인 단일체로 보고서 자아와 신 사이에 아무 차이가 없다는 사실("네가 바로 그것이란다. 슈베따께뚜야!")을 경험하는 것이야말로 궁극적인 형태의 종교적인 깨달음이라고 주장한다.

우리가 상이한 신앙들 간의 갈등을 풀 수 없더라도, 어떤 사람이 자기가 속한 종교 공동체에서 배운 '종교적 믿음 관행'에 머물러 있는 것은 합리적이라고 얼스턴은 주장한다. 얼스턴은 하나의 관행이 다른 것들보다 옳을 가능성이 더 많다고 결론 내릴 수 있는 몇 가지 가능한 방식들을 검토한다. 이렇게 할 때 우리는 증거에 의존할 필요가 있게 되고 '기초적인 믿음들'로 만족하지 못할 가능성이 커지는 듯하다.[25] 얼스턴은 이 모호성을 극복하기 위해 모든 가능한 수단을 동원할 것을 요구한다.

> 박식하고 생각이 깊은 기독교인들은, 세계적인 종교들 간의 결정적인 차이점들을 판정하기 위한 공통의 근거를 찾고, 경합하는 종교들 중 어느 것이 옳은지를 순환 오류에 빠지지 않고서 보일 수 있는 길을 찾느라 실현 가능한 방법을 모두 동원할 것이다. 나는 이러한 노력이 어떤 성공을 거둘지에 대해서 예측할

---

25 여기서 증거의 필요성에 대한 논의를 위해서는, William Hasker, "On Justifying the Christian Practice," *The New Scholasticism* 60 (1986): 129–44; David Basinger, "Hick's Religious Pluralism and 'Reformed Epistemology': A Middle Ground," *Faith and Philosophy* 5 (1988): 421–32; William Wainwright, "Religous Language, Religious Experience, and Religious Pluralism," in Thomas D. Senor, ed., *The Rationality of Belief and the Plurality of Faith: Essays in Honor of William P. Alston* (Ithaca: Cornell University Press, 1995), pp. 170–88 참조.

엄두가 나지 않는다. 이러한 다양한 관점들의 배후에 있는 진리에 대한 더욱 철저한 통찰력이 우리에게 드러나는 것은 아마도 신의 시대에서나 가능할 것이다.[26]

보장과 지식에 대한 플랜팅거의 관점

개혁주의적 인식론의 발전 과정에서의 마지막 단계가 플랜팅거의 최근 저술에서 나타난다. 이 작업은 이 장의 앞부분에서 다룬 제재(題材)와 일치하지만, 그것을 넘어선다. 플랜팅거는 초기 작업에서 주로 정당화—대충 말하자면, 우리가 '믿을 권리 안에' 있다는 것이 무엇인가—에 관심을 두었다. 그의 주된 물음은, 신을 믿는 자들이 다른 것에 근거하지 않고서 기초적인 방식으로 믿음을 가질 때 그 믿음이 정당화될 수 있는지의 여부였다. 그런데 후기에 들어와서 플랜팅거는 지식으로 관심의 방향을 바꾸고, 다음과 같은 물음을 다루었다. "유신론자(특히 기독교인)들이 신이 있다는 믿음(그리고 다른 중요한 종교적인 진리들에 대한 믿음)[27]을 기초적인 방식으로 가질 때 진정 그것을 안다고 말할 수 있을까?" 우리가 정당화된 믿음을 가지면서도 믿음의 내용이 참이라는 것을 모를 수 있다는 점을 간파하는 것이 중요하다. 예컨대 당신은 일반적으로 신뢰할 만하다고 여겨지는 증언—높이 평가되는 언론사의 보도가 한 예다—에 근거해서 어떤 사건에 대한 설명을 받아들였는데 나중에 그 보도가 아주 잘못되었다는 것을 발견할 수 있다. 그러면 당신의 믿음은 정당화되었지만, 그 설명이 참되다는 것을 몰랐다고 봐야 한다. 왜냐하면 그것은 실제로는 참이 아니며, 어떤 것이 실제로 거짓일 때에는 당신은 그것이 참이라는 것을 알 수 없기 때문이다.

더욱이 참인 것을 믿지만 여전히 그것이 참이라는 것을 모를 수 있다. 예를 들어, 당신이 시카고 컵스의 열렬한 팬이어서 야구 시즌이 시작할 때에 그

26 *Perceiving God*, p. 278.

27 이 논의를 단순화하기 위해서 우리는 신이 존재한다는 믿음만을 고찰하고, 플랜팅거가 관심을 가졌던 다른 기독교적 믿음들에 대해서는 논의하지 않겠다. 그는 신에 대한 믿음 자체에 관해서 말하는 방식과 유사하지만, 그것을 넘어서는 방식으로 다른(특히 기독교적) 믿음들을 다룬다.

팀이 월드 시리즈에 진출할 것이라고 진정으로 믿는다고 하자. 그런데 어느 해인가 그 팀이 실제로 월드 시리즈에 진출했다고 가정하자. 그러면 시카고 컵스가 월드 시리즈에 진출하리라는 것을 이전 4월에 당신이 실제로 알았는가? 물론 아니다. 당신은 "나는 그것을 계속 알았다"라고 말할지 모르겠다. 하지만 이것은 단지 운 좋게 맞아떨어진 것에 불과하다고 말해야 옳다. 반면에 당신이 시카고 컵스가 그 시리즈 결승전에서 우승하는 광경을 TV를 통해 봤을 때에는 그 팀이 월드 시리즈에서 경기하고 있다는 것을 실제로 알았다고 할 수 있다.

플랜팅거는 이 예의 핵심 요소를 **보장**(warrant)이라고 부른다. 시카고 컵스가 월드 시리즈에 진출할 것이라는 것을 당신이 믿었지만 알지는 못했던 그해 봄에는 이 요소가 없었으나, 그것을 알았던 10월에는 그 요소가 있었다. 그러면 보장은 단순한 '참된 믿음'과 진정한 지식을 구분짓는 요소가 된다. 신앙인이 신의 존재를 알 수 있는지의 여부를 결정하기 위해서 플랜팅거는 보장의 성격을 연구할 필요성을 느꼈다.

플랜팅거가 간파한 바와 같이, 보장에서 핵심 요소는 우리의 믿음을 산출해내는 인지 기능의 신빙성이다. 감각 기관을 통한 지각, 단기 기억, 신중한 추리(이것들은 단지 사례에 불과하다) 등을 통해서 산출되고 유지되는 믿음은 보장된 경우인 반면에, 희망적 관측(wishful thinking)에 의해 만들어진 믿음(시카고 컵스에 관한 당신의 생각이 한 예다)은 그렇지 않은 경우다. 더욱이 우리의 기능은 알맞은 상황—그런 기능들의 기본적인 설계와 양립할 수 있는 상황—에서 기능할 필요가 있다.[28] 예를 들어, 어떤 사람들이 감각 기관에 이상이 생겨서 정상적인 감각 자료를 전혀 받아들이지 못한다고 가정하자. 그런 상황에서 그들은 다양한 종류의 환각을 겪게 되고, 정상적인 상태라면 신빙성이 있을 그들의 기능은 신빙성을 상당히 잃게 된다. 더욱이 문제의 기능은 정확히 작동할(functioning properly) 필요가 있다. 즉 설계에 부합하도록 기능해

28 여기서 '설계'에 대해 언급한다고 해서, 반드시 우리의 기능들을 설계한 존재(즉, 신)를 축자적으로 함축할 필요는 없다. 플랜팅거는 적어도 토론을 위해서, 우리가 어떤 유익을 확보하기 위해 우리와 우리의 기능을 '설계한' 것이 진화라고 생각할 수 있다는 점을 인정한다. 그러나 자연주의적 진화론이 옳다면, 그런 담화는 결국 은유적이 된다.

야 하는 것이다. 만일 나의 청각이 손상되었는데 '머릿속에서 벨이 울리는 소리'를 듣는다면, 벨이 근처에서 울리고 있다는 나의 믿음은 보장받지 못한다. (근처에서 벨이 실제로 울리고 있더라도 이것은 여전히 타당하다.) 끝으로 문제의 기능은 주어진 상황에서 참된 믿음들을 신빙성 있게 산출해야 한다. 즉 그 기능은 대부분 진리에 도달해야 하는 것이다. 이 모든 논의를 종합해서 플랜팅거는 보장 개념을 다음과 같이 형식적으로 정의한다. "어떤 믿음이 S라는 사람에게서 보장되기 위해서는, 진리를 목표로 삼는 설계에 따라 정확히 기능하는(어떠한 기능 장애도 겪지 않는) 인지 기관들에 의해서 S에게서 산출되어야 한다. 이때의 인지 상황은 S의 인지 능력에 부합해야 한다."[29]

이제 우리는 플랜팅거의 기본적인 물음으로 돌아갈 수 있다. 신에 대한 믿음이 기초적인 방식으로 믿어질 때 그 믿음은 보장될 수 있는가? 이 물음에 대해 플랜팅거는 그렇다라고 답한다. 플랜팅거는 주장하기를, 우리의 일상적인 환경에서 흔히 이용할 수 있는 '입력'들이 주어지면, 신에 대한 믿음을 산출하도록 명확히 설계된 인지 장치적 요소가 우리 각자에게 있다고 한다. 그런 입력들에는 앞에서 언급된 종류의 상황들—별이 빛나는 밤하늘의 장엄함을 명상한다든지, 성경에서 신의 음성을 듣는다든지, 죄악을 범한 자신을 혐오하는 것 등—이 포함된다. 캘빈을 따라 플랜팅거는 이러한 인지적 구성 요소를 '신성감(神聖感, sensus divinitatis)'이라고 칭한다. 그 감각이 제 역할을 감당해서 신에 대한 믿음을 만들어낼 때, 그것은 정확히 설계에 따라 작용하는 것이다. 더욱이 그 감각이 규칙적으로 산출하는 믿음—즉 신이 존재한다는 믿음—은 실제로 참이므로 그 감각은 신빙성이 있다.[30] 이런 관점에서 보면, 그렇게 산출된 신에 대한 믿음은 보장받을 모든 조건을 충족한다. 그 믿음이 충분히 확고부동하게 고수될 경우[31], 그 믿음의 주체는 신의 존재를 안다고 말해질 수 있으며, 이는 옳은 말이다.

---

29 *Warranted Christian Belief*, p. 156.

30 신성감이 신빙성을 완전하게 갖지는 않을 수 있다. 왜냐하면 신성감이 작용함으로써 생긴 신 개념이 때로는 오류를 범할 수 있기 때문이다. (다시 말해서 그 감각이 매번 완벽하게 기능하지는 않는다는 것이다.) 그럼에도 불구하고 그 감각의 출력은 전반적으로 참되고 신뢰할 수 있다.

31 반면에 아주 잠정적인 방식으로 고수되는 믿음은 지식의 다른 요건들이 충족되더라도 지식을 구성하지 않는다.

이쯤에서 당신은 다음과 같이 물을 수 있다. "플랜팅거가 너무 많은 것을 당연하게 여기는 것이 아닐까? 플랜팅거가 신성감에 관해 말할 때, 그는 우리 안에 이런 특별한 '감각'을 창조한 신이 실제로 존재한다고 전제한다. 하지만 신의 존재 여부는 플랜팅거와 그의 비판가들이 이견을 보이는 주요 사항 중 하나다. 그렇다면 어떻게 플랜팅거가 그것을 당연하게 전제하고 들어갈 수 있다는 말인가?"

플랜팅거가 철학적인 토론을 벌일 때 신의 존재를 당연시할 권리가 없다는 것을 지적한다는 점에서 이 불평은 타당하다. 물론 플랜팅거도 이 점을 알고 있다. 그래서 플랜팅거는 신에 대한 믿음이, 보장된 믿음으로서 그 믿음의 주체에게 지식이 된다고 결론 내리지는 않는다. 그의 결론은, 만일 기독교인이나 여타의 유신론자들이 존재한다고 말하는 종류의 신이 존재한다면, 신에 대한 믿음은 십중팔구 보장되고 지식을 구성할 수 있으리라는 것이다. 이렇게 결론을 내릴 수 있는 이유는, 만일 신이 존재한다면 신에 대한 믿음이 그가 묘사한 방식(또는 일반적으로 그것과 유사한 방식)으로 발생할 가능성이 매우 높으며, 그럴 경우 그 믿음은 보장될 것이기 때문이라고 플랜팅거는 주장한다. 반면에 신이 존재하지 않는다면, 신은 신성감을 우리에게 심어놓지 않았을 것이고 믿음의 실제 원천은 아주 다른 것이 되었을 것이다. 이 경우에 신에 대한 믿음은 보장되지 못할 것이다.

이에 대해 당신은 다음과 같이 이의를 제기할 것이다. "하지만 이런 종류의 신이 존재하는가, 하지 않는가? 이것이 바로 우리가 알고 싶어하는 것이지만, 플랜팅거는 우리가 그것을 아는 데에 아무 도움도 못 준다." 어느 의미에서 이 말은 옳다. 플랜팅거는 신이 존재한다거나 기독교가 옳다는 것을 입증하지 못했으며, '모든 합리적인 사람들'을 설득할 만한 논변을 가지고 있지 않다는 것을 기꺼이 인정한다. 그가 목표하는 바는 그런 것이 아니라, 다음 두 가지다. 첫째로, 플랜팅거는 신이 실제로 존재하지 않는다는 것을 입증하지도 못한 채 신에 대한 믿음이 불합리하다거나 보장되지 못한다고 주장(이것은 이 장의 앞부분에서 논한 '증거주의적 반론자들'이 보여준 바와 같이 현대 철학에서 실제로 흔히 쓰이는 전략이다)하는 철학자들에게 대응하고자 한다. 이 철학자들에 대항해서 플랜팅거는 우리가 종교적 믿음이 거짓이라는 것을 입증함으로써만 그 믿음이 불합리하고 보장될 수 없다는 것을 입증할 수 있다고 주장한다. 정말로 중대한 그 문제를 교묘히 우회해서 빠져나갈 수는 없다는 것이다. 둘째로, 플랜팅거는 보편적으로 설득력 있는 이유와 논변들에 의거해서 신에 대한 믿음을 입증하지 못하면서 그런 믿음을 받아들이면 비합리적으로 행동하는 것이 아닐까 걱정하는 신앙인들과 잠재적인 신앙인들을 안심시키고자 한다. 여기서 그의 주요 결론은 아주 딱 들어맞는다. 우리가 신에 대한 믿음을 지지하기 위한 어떠한 논변도 갖지 않더라도 신에 대한 우리의 믿음은 정당화되고, 보장되며, 심지어 지식을 구성할 수도 있다는 것이다.

그런데 어떤 사람이 그 문제에 대해 진정으로 결단을 내리지 못한 채 신을 믿어야 할지 말지를 모른다고 하자. 그런 경우에 신의 존재를 입증하는 타당한 논변들은 "신앙의 길을 준비하고 신앙에 더 가까이 가도록 돕는다는 점에서 유익할 수 있을 것"이라고 플랜팅거는 주장한다.[32] 하지만 이 문제에서 진리를 추구하는 것이 그런 논변들을 고려하는 데에 제한되어서는 안 된다고 플랜팅거는 말하고 싶을 것이다. 그 대신에 우리는 개인적인 종교적 탐구에 몰두할 필요가 있다. 즉 종교적(특히 기독교적) 가르침을 연구한다든지, 성경을 읽는다든지, 공중 예배에 참석한다든지, 신앙을 갖게 하는 데에 중요한 역할을 할 영적인 영향력에 기꺼이 '자신을 노출시키는' 일들을 할 필요가 있는 것이다.

최근에 플랜팅거가 발전시킨 사상 중에서 흥미로운 것은 그의 "자연주의에 대한 진화론적 반론"이다. 그는 다윈의 진화론과 형이상학적 자연주의를 결합하면 우리의 인지 기능에 대한 확신을 무너뜨리는 결과를 낳는다고 주장한다. 이런 결합이 주어지면 우리는 더 이상 자신의 추리를 신뢰하지 못하게 된다. 이것은 자연주의에 대한 믿음을 포함해서 우리의 모든 믿음들이 합리적으로 훼손되는 것을 의미한다. 그래서 진화와 자연주의의 결합은 자멸을 초래한다. 다윈의 진화 개념을 끌어들인 자연주의가 유신론에 대한 가장 그럴듯한

32 Alvin Plantinga, "The Reformed Objection Revisited," *Christian Scholar's Review* 12 (1983): 58.

대안으로 널리 받아들여지고 있는 한, 플랜팅거의 이 논변은 비록 간접적이기는 하나 유신론적인 믿음의 합리성을 지지해주는 변증론이라고 볼 수 있다. 플랜팅거의 이 논변은 기독교적인 믿음을 옹호하는 그의 변증론이 갖는 소극적이고 방어적인 성격에 대해 불만을 표출하는 사람들의 요구에 약소하나마 부응할 것이다.[33]

| 연구문제 |

1. 시몬느 베이유의 경험과 그 경험에 대한 그녀의 설명에 대해 당신은 어떻게 반응하겠는가? 그녀의 설명을 읽은 후에 당신은 그녀가 신의 존재를 확실히 알 수 있다는 데에 동의하겠는가?
2. 증거주의란 무엇이며, 증거주의가 종교적 믿음에 대해서 대립적인 입장을 취하는 이유는 무엇인지 설명하라.
3. 정초론이란 무엇인가? 기초적 믿음이란 무엇인가? 정확히 기초적인 믿음이란 무엇인가?
4. 강한 정초론을 설명한 후에 철학자들이 강한 정초론을 받아들이게 된 이유에 대해서 논하라.
5. 본문에서 주어진 강한 정초론에 대한 반론들을 논하라. 이러한 반론들이 설득력을 갖는다고 생각하는가?
6. 신의 존재를 옹호하는 타당한 논변들이 없더라도 신을 믿는 것이 합당할 수 있다고 개혁주의적 인식론자들이 말하는 이유들을 설명하라.
7. 감각 경험을 할 때 우리가 물리적인 대상들을 지각하는 것과 똑같이 종교적 경험을 할 때에는 신을 지각한다고 말하는 것이 이치에 맞는가? 그렇다면 그 이유는 무엇이고, 그렇지 않다면 그 이유는 무엇인가?
8. 모든 사람이 물리적인 대상들에 대하여 감각 경험을 갖는 반면에 신을 지각하는

33 이 논변을 위해서는 다음 문헌들을 참조하라. *Warrant and Proper Function*, chap. 12; James Beilby, ed., *Naturalism Defeated?: Essays on Plantinga's Evolutionary Argument against Naturalism* (Ithaca: Cornell University Press, 2002).

종교적인 경험은 많은 사람들이 갖지 않는다는 반론에 대해 개혁주의적 인식론은 어떻게 대처할 수 있겠는가? 이 반론에 대한 답변이 만족스럽다고 생각하는가?

9. 상이한 종교들 안에서 상충하는 신에 대한 관념들의 문제를 개혁주의적 인식론자들은 어떻게 다룰 수 있을까?
10. 무언가를 아는 것과 그것에 관해 단순히 참된 믿음을 갖는 것 사이의 차이를 설명하라.
11. 신성감에 대한 캘빈의 생각을 설명하라. 인간이 신에 대해 그런 '감각'을 갖는다고 당신은 생각하는가?
12. 인간이 신이 존재한다(또는 존재하지 않는다)는 것을 (단순히 믿는 것과는 달리) 알 수 있다고 당신은 생각하는가?
13. 신이 존재한다면 사람들이 (증거나 논변에 의존하지 않고) 기초적인 방식으로 신의 존재를 알 수 있다는 것을 플랜팅거가 잘 논증했다고 당신은 생각하는가?

| 참고문헌 |

Alston, William P. "Christian Experience and Christian Belief," In *Faith and Rationality: Reason and Belief in God*. Ed. Alvin Plantinga and Nicholas Wolterstorff, pp.103-34. Notre Dame: University of Notre Dame Press, 1983.

——. *Perceiving God: The Epistemology of Religious Experience*. Ithaca: Cornell University Press, 1991.

——, Richard M. Gale, George S. Pappas, and Robert W. Adams. Symposium on Perceiving God , *Philosophy and Phenomenological Research* 54 (1994): 863-99.

Gellman, Jerome I. *Experience of God and the Rationality of Theistic Belief*. Ithaca: Cornell University Press, 1997.

Hasker, William. "On Justifying the Christian Practice." *The New Scholasticism* 60 (spring 1986): 129-44.

——. "The Foundations of Theism: Scoring the Quinn-Plantinga Debate." *Faith and Philosophy* 15 (1998): 52-67.

McLeod, Mark S. *Rationality and Theistic Belief: An Essay on Reformed Epistemology*. Ithaca: Cornell University Press, 1993.

Plantinga, Alvin. "Reason and Belief in God." In *Faith and Rationality: Reason and Belief in God*, ed. Alvin Plantinga and Nicholas Wolterstorff, pp. 16-93. Notre Dame: University of Notre Dame Press, 1983.

——. "Replies." In *Alvin Plantinga*, ed. James E. Tomberlin and Peter Van Inwagen. Dordrecht: D. Riedel, 1985.

——. "The Foundations of Theism: A Reply." *Faith and Philosophy* 3 (1986): 298-313.

——. "Coherentism and the Evidentialist Objection to Belief in God." In *Rationality, Religious Belief and Moral Commitment*, ed. Robert Audi and William J. Wainwright. Ithaca: Cornell University Press, 1986.

——. *Warranted Christian Belief*. New York: Oxford University Press, 2000.

——, R. Douglas Geivett, Greg Jesson, Richard Fumerton, Keith E. Yandell, and Paul K. Moser. Symposium on Warranted Christian Belief, *Philosophia Christi* 3:2 (2001): 327-400.

Quinn, Philip. "On Finding the Foundations of Theism." *Faith and Philosophy* 2 (1985): 469-86.

——. "The Foundations of Theism Again: A Rejoinder to Plantinga." In *Rational Faith: Catholic Responses to Reformed Epistemology*, ed. Linda Zagzebski, pp. 14-47. Notre Dame: University of Notre Dame Press, 1993.

Wolterstorff, Nicholas. "Can Belief in God Be Rational If It Has No Foundations?" In *Faith and Rationality: Reason and Belief in God*, ed. Alvin Plantinga and Nicholas Wolterstorff, pp. 135-86. Notre Dame: University of Notre Dame Press, 1983.

Zagzebski, Linda, ed. *Rational Faith: Catholic Responses to Reformed Epistemology*. Notre Dame: University of Notre Dame Press, 1993.

8장 ●● 악의 문제: 신의 존재에 대한 반론

엘리 위젤(1928~)은 그의 소설에서 자신의 가족이 아우슈비츠에서 다른 유대인 포로들과 함께 화차에서 내렸을 때의 음산한 장면을 다음과 같이 묘사했다.

> 우리의 소중한 소지품들은 기차 안에 남겨졌고, 마침내 우리의 환상도 그것들과 함께 뒤에 남았다.
>
> 2야드마다 게쉬타포 요원들이 우리를 향해 총을 겨누고 있었다. 우리는 서로 손을 잡고서 무리의 뒤를 따랐다. 몽둥이를 손에 든 게쉬타포 하사관이 우리에게로 다가오더니 명령을 내렸다.
>
> "남자는 왼쪽으로, 여자는 오른쪽으로!"
>
> 네 마디의 명령이 냉담하고 무뚝뚝하게 떨어졌다. 네 마디, 정말 간단하고 짧은 낱말들이…… 나는 아무 생각도 할 겨를이 없었지만, 아버지가 내 손을 꽉 잡는 것을 느꼈다. 우리만 남겨지고, 지포라는 어머니의 손을 잡고 저쪽으로 사라졌다. 어머니는 누이동생의 금발을 어루만지고 있었다. 마치 그녀를 보호해주기나 하려는 듯이. 나는 아버지와 함께 남자들 틈에 섞여 걸어가고 있었다. 바로 그곳이 어머니와 지포라를 영원히 떠나보내는 자리가 될 줄이야 누가 알았겠는가![1]

나치 집단 수용소에서의 고통과 죽음에 대한 위젤의 이야기는 상상을 초월한다.

이 세상에서의 악으로 인해 많은 사람들은 사랑과 능력의 신을 믿기 어렵다고 말한다. 심지어 일부 종교인들은 신앙의 위기를 맞게 되기도 한다. 신학자인 보로비츠(1924~2000)는 나치의 유대인 대학살에 관해서 다음과 같이 쓰고 있다.

> 유대인 대학살을 용인하고, 그것에 대해서 침묵하며, 학살이 계속되는 동안 '얼굴을 가리는' 신이라면 그 신은 믿을 가치가 없다. 우리가 신을 이해하는 데에는 한계가 있을 수 있지만, 아우슈비츠 수용소는 이해의 중지를 요구했다. 그처럼 큰 죄악 앞에서 선하고 전능한 신은 너무도 이해할 수 없는 존재였다. 그래서 사람들은 "신은 죽었다"라고 말했다.[2]

나치의 유대인 대학살에서 나타난 형언할 수 없는 잔혹성이라든지, 테러에 의한 세계무역센터의 파괴, 미개발국에서 계속되는 기아, 말기의 암 환자가 겪는 절망스런 고통 등과 같은 악이 이 세상에 있다는 사실은 무시될 수 없다. 우리는 이러저러한 방식으로 악과 마주치게 된다. 그래서 신에 대한 믿음과 악의 존재를 조화시킬 수 없는 한, 어느 누구에게도 신을 믿을 지적인 권리가 없다고 생각하는 사람들이 있다.

종교적이든 세속적이든 간에 모든 주요 세계관들이 악의 현상들을 다루지만, 특히 역사상 서양 철학에서의 악의 문제는 기독교적 유신론의 주위를 맴돌았다. 신의 완전한 도덕성과 고상한 목적에 관한 기독교적 유신론의 주장들을 들으면, 지금처럼 악이 있는 세상과는 다른 세상이 있어야 되는 것이 아니냐는 생각을 하게 된다. 악의 문제가 신의 존재에 관한 무수한 철학적 및 신학적인 토론의 핵심에 서 있다는 것은 그리 놀라운 일이 아니다. 실제로 많은 사상가들은 이것이 실제로 유신론의 믿음에 대해서 가장 강력한 합리적인 반

---

1 Elie Wiesel, *Night* (New York: Bantam, 1960).

2 Eugene Borowitz, *The Mask Jews Wear* (New York: Simon & Schuster, 1973), p. 99.

론이 된다고 주장하는데 독일의 신학자인 큉(1928~)은 이 문제를 '무신론의 암초'라고 불렀다.[3] 6장에서 신의 존재를 옹호하는 주요 논변들을 살펴봤듯이, 이 장에서는 신의 존재에 대한 주요 반론이 되는 악의 문제를 고찰하겠다.

악의 문제에 대한 토론에서 대부분 악을 엄밀하게 또는 전문적으로 정의하지 않은 채, 광의의 상식적인 악의 개념이 폭넓게 이해된다고 전제하고 시작한다. 이것은 악에 대한 선행(先行) 이론을 전제하고서 논쟁을 벌이는 것을 피하기 위한 것이다. 비록 사람마다 악을 달리 정의하더라도 악한 사태란 어떤 것인지에 대해서는 일반적으로 의견이 합치된다. 철학적인 용어로 말하자면, '악'이라는 말이 적용되는 사례들의 집합에 대해서는 합의가 이루어지는 반면에, 그 말이 함축하는 바에 대해서는 격렬하게 대립할 수 있다. 악이라는 말이 적용되는 상황들을 꼽아보면, 극도의 고통, 결백한 사람들이 겪는 고난, 신체 장애, 이상 심리, 성격 결함, 불의, 자연재해 등을 들 수 있다. 우리는 이 현상들의 성격을 '부정적' 또는 '파괴적'이라고 정당하게 규정할 수 있다. 그러한 성격 규정은 최소한의 것이어서 악의 문제에 대한 앞으로의 논의가 편향되지 않게 해준다.

우리는 악을 크게 두 범주로 나눌 수 있다. 하나는 도덕적인 악이고, 다른 하나는 자연적인 악이다. 도덕적인 악의 범주에는 자유로운 인간들의 나쁜 성격뿐만 아니라 사악하고 해로운 행위들도 포함된다. 구체적인 예로서 살인, 거짓말, 절도와 같은 행위들과 정직하지 못함, 탐욕스러움, 비겁함과 같은 특성을 들 수 있다. 사람들은 이 모든 것들에 도덕적으로 책임이 있다고 여겨진다. 자연적인 악의 범주에는, 비인격적인 힘이나 인간의 행위들에서 기인하는 물리적인 고통과 재난이 포함된다. 여기에는 암, 파상풍, 후천성 면역 결핍증과 같은 질병에 의한 고통이나 죽음과 아울러, 홍수, 화재, 기근으로 인한 끔찍한 고통과 죽음도 포함된다. 실명, 귀먹음, 정신 착란과 같은 장애도 자연적인 악에 속한다고 할 수 있겠다.

3 Hans Küng, *On Being a Christian*, trans. E. Quinn (Garden City: Doubleday, 1976), p. 432.

악의 논리적 문제

유신론을 부정하는 사람들은 다양한 방식으로 악에 근거한 반론을 제기했다. 이들이 거론하는 악의 문제는 하나가 아니라 여러 문제들이다. 현대의 논의에서는 두 가지 유형의 반론이 두드러진다. 하나는 **논리적인 문제**요, 다른 하나는 **증거상의 문제**다. 여기서 '문제'란 하나의 논변으로서, 그것의 전제는 신빙성을 갖되 결론은 그것을 고찰하는 사람에게 문젯거리가 되는 논변이다. 논리적인 형태의 악의 문제를 제안한 비판가들은 신과 악에 관한 유신론적인 주장들이 일관성을 결여하고 있다고 비판한다. 맥키(1917~1981)는 "여기서 종교적인 믿음들이 합리적인 지지를 결여하고 있다는 것이 입증되는 것이 아니라, 종교적인 믿음들이 단연코 비합리적이요 본질적인 신학 교리의 여러 부분들이 서로 일치하지 않는다는 것이 입증된다"고 했다.[4] 유신론자는 (1) 전지전능하고 도덕적으로 완전하게 선한 신이 존재한다고 주장하는 한편, (2) 이 세상에는 악이 존재한다고 주장한다. 맥키를 비롯한 비판가들은 이 두 서술문이 서로 논리적으로 어긋나고 둘이 함께 참이 되지 못한다고 주장한다. 그 두 서술문이 상충하는 데에도 그것들을 함께 믿는다는 것은 비합리적이다. 그 비판가들이 옳다면, 유신론자는 심각한 논리상의 오류를 범했으며 적어도 그 두 서술문 중의 하나를 포기해야만 한다.

물론 신의 존재를 주장하는 진술과 악의 존재를 주장하는 진술이 서로 어긋난다는 점이 즉각 분명하게 드러나는 것은 아니다. 이 진술들 사이에 모순이 있다면, 그것은 **명시적**이기보다는 **묵시적**이고, 비판가들은 이 모순이 어떻게 일어나는지를 정확하게 보여주어야 하는 부담을 안게 된다. 비판가들은 그 모순을 명백하게 만들기 위해서는 어떤 부가적인 언명들—맥키는 이를 '준(準)논리적 규칙들'이라고 불렀다—이 필요하다고 말한다. 부가적인 서술문들로 제안된 것들 중에는 '전지한 존재자는 악을 어떻게 제거하는지를 안다', '전능한 존재자는 악을 제거하는 능력을 가지고 있다', '완전히 선한 존재자는 악을 제거하기를 원하거나 악을 제거할 의무를 지닌다', '악은 논리적으로

4 John Mackie, "Evil and Omnipotence," *Mind* 64 (1955): 200.

필연적이지는 않다' 등이 있다. 이러한 서술문들은 주요 용어들의 의미를 더욱 충실히 상술한다. 이제 유신론을 비판하는 자들은 다음과 같이 추론한다. 만일 신이 지식과 능력을 가지고 있고 악을 제거하기를 원한다면, 그리고 악이 필연적이지 않다면, 어떠한 악도 존재하지 말아야 한다. 유신론을 비판하는 사람들이 보기에, 이 보완적인 서술문들은 그 논리를 완결하고, 신과 악이 모두 존재한다는 유신론자의 주장에 담겨 있는 비일관성을 드러낸다.

유신론적 철학자인 플랜팅거(1932~)는 유신론이 일관성을 결여하고 있다는 비난을 반박하는 데에 심혈을 기울여온 사람으로 유명하다. 그의 자유 의지 옹호론은 관련 유신론적 주장들의 일관성을 입증할 수 있는 방안을 제공한다. 유신론에 대한 비판가들은 신과 악이 함께 존재한다는 것이 논리적으로 불가능하다고 주장하므로 유신론을 옹호하는 사람들은 그것이 논리적으로 가능하다는 것을 보여주어야 한다. 바꿔 말해서 유신론자들은 신이 존재한다는 언명과 악이 존재한다는 언명이 모두 실제로 참이라는 것을 보여줄 필요는 없더라도, 그 언명들이 모두 참일 수 있다는 것을 보여주어야 하는 것이다. 플랜팅거가 지적한 바와 같이, 임의의 두 언명들 간의 일관성을 입증하기 위한 일반적인 전략은, 그 두 언명들 중 첫 번째 언명과 일관성을 이루되 그 첫 번째 언명과 함께 두 번째 언명을 함축하는 제3의 언명을 찾는 것이다. 물론 이 제3의 언명은 참일 필요도 없고 참이라고 알려질 필요도 없으며, 그럴듯할 필요도 없다. 그 언명은 단지 가능하기만 하면 된다. 왜냐하면 명제들 간의 일관성을 결정하는 문제는 그 명제들이 모두 참이 될 가능성이 있는지의 여부와 관계가 있지 그 명제들 중의 어느 하나나 또는 모두가 실제로 참인지의 여부와는 관계가 없기 때문이다. 그러므로 자유 의지 옹호론자가 해야 할 일은 이러한 조건들을 만족시키는 언명을 찾아내는 것이다.[5]

플랜팅거는 현대 논리학자들의 가능 세계 개념이 바로 그 제3의 명제를 찾아낼 수 있는 방법을 제공한다고 생각한다. 가능 세계는 단지 전적으로 가능한 사태이며, 사물들의 가능한 존재 방식이다. 플랜팅거는 제3의 명제를 찾

5 Alvin Plantinga, *The Nature of Necessity* (Oxford: Clarendon Press, 1974), p. 165.

기 위해서 먼저 하나의 가능 세계에 대한 묘사—신의 전능성과 관련된 인간의 자유에 관한 간략한 시나리오—에서 시작한다.

> (악한 행위보다는 선한 행위를 더 많이 자유롭게 수행하는) 매우 자유로운 피조물들로 이루어진 세계와 자유로운 피조물이 전혀 없는 세계를 놓고 볼 때에 모든 조건이 동일하다면 전자의 세계가 더 가치 있는 세계다. 이제 신은 자유로운 피조물들을 창조할 수 있지만, 그들로 하여금 오직 올바른 일만 하도록 결정하거나 만들 수 없다. 왜냐하면 만일 신이 그렇게 할 경우 그 피조물들은 전혀 자유롭지 않거니와 그들은 올바른 일을 자유롭게 할 수 없기 때문이다. 그러므로 도덕적으로 선할 수 있는 피조물을 창조하기 위해서 신은 도덕적으로 악할 수 있는 피조물을 창조해야만 한다. 그리고 신은 이러한 피조물들이 자유로이 악을 행하도록 내버려두는 동시에 그러한 행동을 하지 못하도록 막을 수는 없다. 신은 실제로 충분히 자유로운 피조물들을 창조했지만 그들 중의 일부는 자유를 행사할 때 옳은 길에서 벗어났다. 이것이 도덕적인 악의 근원이 되었다. 하지만 이러한 자유로운 피조물들이 때때로 잘못 행동한다는 사실로 인하여 신의 전능성과 도덕적 선이 훼손되지는 않는다. 왜냐하면 그는 단지 도덕적 선의 가능성을 발휘함으로써 도덕적 악의 발생을 미연에 방지할 수 있었을 것이기 때문이다.[6]

이 이야기의 핵심부에서 끌어낼 수 있는 제3의 명제는 다음과 같다.

> 신은 전능하지만, 도덕적 선은 가지되 도덕적 악은 가지고 있지 않는 세계를 창조하는 것은 그의 능력 밖이다.

여기서 주장하는 바는, 다음 명제가 가능하다(또는 참인 것이 가능하다)는 점이다.

---

6 Plantinga, *Necessity*, pp. 166-7.

악을 선택할 수 있는 자유로운 피조물들의 세계를 신이 창조할 것이다

바꿔 말해서 신이 창조하고 자유로운 피조물들이 살고 있는 임의의 세계에 대해서, 그처럼 충분히 자유로운 피조물들이 전혀 잘못을 범하지 않게 하는 것은 신의 능력 밖이라는 것이다.[7] 이 새로운 명제는 신의 존재를 주장하는 명제와 함께 악의 존재를 함축한다. 이제 신의 존재와 악의 존재가 모두 가능하다는 것이 입증될 수 있다. 따라서 신과 악이 함께 존재할 수 없다는 비판은 반박된다.

맥키와 플루(Antony Flew, 1923~)를 비롯한 비판가들은 플랜팅거의 전략에 대해서 만만찮은 반론을 제기한다. 이들은 언제나 올바르게 행동하는 상당히 자유로운 피조물들이 사는 세계가 있다는 것은 논리적으로 가능하며 신의 전능성은 논리적으로 가능한 어떠한 사태도 발생시키는 능력이라고 주장한 후, 언제나 올바르게 행동하는 자유로운 피조물들이 사는 세계를 신이 창조할 수도 있었을 것이라고 결론짓는다. 확실히 그러한 상황 묘사에는 모순이 없다. 이러한 비판가들의 주장이 옳다면, 자유 의지 옹호론은 실패하고 만다. 맥키가 물었듯이, 신이 전능하다면, "왜 [신은] 사람들이 언제나 자유롭게 선(善)만을 선택하도록 만들 수 없었는가?"[8]

맥키의 반론에 대한 플랜팅거의 답변은 전능성과 자유의 논리에 관한 복잡한 추론을 포함하는데, 이것은 앞의 5장에서 고찰된 일부 논점들을 생각나게 한다. 그러한 문제들에 관한 플랜팅거의 논법은 자유 의지 옹호 논변의 힘을 더욱 분명히 드러낸다. 유신론자나 무신론자 모두는 전능성에 대한 표준적인 정의, 즉 논리적으로 자기 모순적이라고 묘사되지 않는 어떠한 사태도 발생시킬 수 있는 능력이라는 정의를 받아들인다. 이 정의는 전능한 존재가 할 수 있는 일에는 비논리적인 한계가 없다는 것을 뜻한다. 따라서 신은 본래적으로 가능

---

7 플랜팅거의 상세한 논변에서는 '라이프니츠의 과실(Leibniz's Lapse)'과 '통세계적(transworld) 타락'과 같은 개념들을 깊이 파고 들어간다. 이에 대한 상세한 논의를 위해서는 그의 저서 *God, Freedom, and Evil* (Grand Rapids: William B. Eerdmans, 1977)을 보라. 매우 분석적인 세부 사항을 위해서는 그의 저서 *Necessity*, Part 9를 참조하라.

8 J. L. Mackie, "Evil and Omnipotence," p. 209.

한(intrinsically possible) 사태를 발생시킬 수 있는 능력을 지닌다. 예를 들어 신은 흰색 북극곰들과 삼각형의 종이 조각들을 만들 수 있다. 왜냐하면 그것들은 본래적으로 가능한 것들이기 때문이다. 그러나 신은 결혼한 총각과 네모난 원을 만들 수는 없다. 왜냐하면 그런 것은 본래적으로 불가능하기 때문이다.[9]

여기서 플랜팅거는 그 자체로(즉 본래적으로) 가능하지만 신이 발생시킬 수 없는 사태들이 있다는 것을 지적함으로써, 전능성에 대한 논리적인 제한을 논할 때 한 가지 구별을 도입한다. 이 논점을 입증하기 위해서 플랜팅거는 자유 의지의 논리를 독특한 방식으로 이해할 것을 주장한다. 어떤 사람이 임의의 행위에 관해서 자유롭다면, 그가 그 행위를 수행할 것인지 아니면 하지 않을 것인지는 신이 아니라 그에게 달려 있다. 비록 모든 사람들이 언제나 자유롭게 올바른 일을 하는 세계가 확실히 가능하더라도, 그것은 신의 창조 능력 안에 있는 사태는 아니다. 그 세계에 있는 모든 자유로운 피조물들은 그들 자신의 선택에 의해서 그러한 일이 일어나도록 거들어야만 할 것이다. 자유 의지 옹호론자는 신이 자유로운 사람들의 행위를 결정할 수 없다고 주장한다.

그러나 맥키와 플루는 그러한 주장이 자유에 대한 **양립불가능론**(자유 의지와 결정론은 논리적으로 양립 불가능하다는 입장)에 근거해 있다고 받아친다. 반면에 그들은 **양립가능론**(물리적이든 신적이든 간에 자유 의지와 결정론은 논리적으로 양립 가능하다는 입장)을 채택한다.[10] 전형적으로 양립가능론자는 어떤 사람이 지금 행동한 것과는 다른 방식으로 행동하기로 선택했다면 그는 달리 행동했을 것이라는 점에서 자유롭다고 주장한다. 하지만 그럼에도 불구하고 양립가능론자는 주장하기를, 그 사람은 자기가 행했던 방식을 택하도록 결정되었다고 한다. 양립가능론자인 맥키와 플루에 따르면, 신은 도덕적인 선만 있고 도덕적인 악은 없는 세계를 창조할 수 있었을 것이라고 한다. 그리고 그러한 세계에서 사람들은 비록 그들의 선택이 결정되어 있더라도 오직

9 좀더 전문적으로 표현하자면 다음과 같다. '북극곰이 흰 사태', '총각이 결혼한 사태' 등.

10 John Mackie, "Theism and Utopia," *Philosophy* 38 (1962): 153–9; Antony Flew, "Compatibilism, Free Will and God," *Philosophy* 48 (1973): 231–44.

올바른 행동만을 수행하는 쪽을 선택할 수 있었을 것이라고 한다.

플랜팅거는 자유 의지가 어떠한 형태의 결정론과도 양립할 수 없으며, 따라서 신은 자기가 만족할 세계라고 해서 아무것이나 다 창조할 수는 없을 것이라고 답변한다. 신은 자유로운 피조물들, 즉 자기처럼 창조적인 활동의 중심이 되는 존재들로 차 있는 세계를 창조하는 것이 좋다고 생각했을 것이라고 플랜팅거는 설명한다. 그는 자유 의지 옹호론에서 기능하는 현저한 자유 개념을 매우 엄밀하게 다음과 같이 정의한다. "어떤 사람이 임의의 행위 A를 t시점에서 수행하거나 수행하지 않는 것이 어떠한 인과 법칙이나 선행 조건에 의해서도 결정되지 않을 때에만 그 사람은 t시점에서 A에 관해 자유롭다."[11] 이 정의가 자유에 대한 정의로서 받아들여질 수 있다면 자유 의지 옹호론은 성립한다. 도덕적으로 현저한 자유는 어떠한 형태의 결정론과도 양립할 수 없다. 따라서 오직 도덕적인 선만 있고 도덕적인 악은 없는 세계가 있을 수는 있지만, 그러한 세계의 존재 여부는 신이 아니라 그 세계 안에 살고 있는 자유로운 피조물들에 달려 있다.

양립가능론자와 양립불가론자들 간의 논쟁은 악의 논리적인 문제의 전반적인 틀 안에서 벌어지는 중요한 논쟁이다. 예를 들어, 다른 토론들은 비일관성 논변을 구성하기 위해서 선별된 악에 관한 엄밀한 서술문들에 초점을 맞췄다. 우리가 본 바와 같이, 가장 인기 있는 형태의 악의 문제는 악의 존재 자체에 관여한다. 하지만 어떤 비판가들은 악이 단지 존재한다는 것만으로는 신의 존재와 모순을 일으키지는 않지만, 이 세상에 있는 악의 양(量)이 신의 존재와 모순될 수 있다고 생각했다. 그들은 현실 세계보다는 훨씬 적은 양의 악을 가진 세계를 신이 창조할 수 있었을 것이라고 주장한다. 이에 대해 플랜팅거는, 신이 현재 세계보다 적은 도덕적 악을 가진 세계를 창조하는 능력을 가지고 있지 않다는 것을 자유 의지 옹호론이 입증해주며, 그 이론은 여전히 적합하다고 응수한다.

한편, 신의 존재와 도덕적 악이 양립불가능론자의 자유 개념과 양립하는

---

11 Plantinga, *Necessity*, pp. 170-1.

세계가 가능하다고 보면서도 자연적인 악만큼은 신의 존재와 상충한다고 생각하는 비판가들도 있다. 그들은 주장하기를, 비록 신이 자유 의지를 존중해야 하더라도 사람들에게 해를 가하는 맹목적인 물리력을 허용할 필요는 없다고 한다. 이런 비판에 대해서 플랜팅거는 자연적인 악의 원인은, 자유롭지만 사람은 아닌 인격체들(예, 반역적인 영혼들)이므로 자유 의지 옹호론은 여전히 유효하다고 반박한다. 흥미롭게도 플랜팅거가 그런 반역적인 영혼들이 실제로 존재한다고 주장하는 것으로 오해한 철학자들이 일부 있지만, 그가 주장하는 바는 단지 그런 영혼들의 존재 가능성만으로도 신과 자연적인 악의 양립 불가능성에 근거한 논변을 반박하기에 충분하다는 것이다.[12] 그의 반박은 자유 의지 옹호론의 논리를 끈덕지게 적용하는 것에 지나지 않는다.

악의 증거상의 문제

진행 중에 있는 논쟁에서 악의 논리적인 문제가 중요한 국면을 차지하더라도, 1980년대에 들어와서는 논쟁의 초점이 증거상의 문제로 점차 옮겨가게 되었다. 플랜팅거와 얀델(Keith Yandell, 1938~)을 비롯한 유신론적 철학자들이 온갖 형태의 악의 논리적 문제에 대해 그것이 성립하기 어렵다는 것을 보여줬다는 데에 대해서는 일반적으로 의견이 일치하지만, 유신론을 비판하는 사람들 중 상당수가 악이 여전히 유신론적인 믿음에 대해서 심각한 위협을 가한다고 확신했다. 악의 증거상의 문제는 신에 대한 자신의 믿음을 세상에 악이 존재한다는 사실과 일치시키려는 유신론자들에게 본질적으로 하나의 도전이 된다. 그들이 주장하는 바는, 유신론이 내부적으로 일관성을 결여한다는 것이 아니라 아예 그럴듯해 보이지 않는다는 것이다. 그들의 논변은 논리의 문제에 근거하지 않고, 유신론이 악의 사실들을 합리적으로 설명하느냐는 문제에 근거해 있다. 매든(1925~2006), 헤어(1935~2008), 마틴(1932~), 새먼(1925~), 로우(1931~)를 비롯한 다수의 비유신론적 철학자들은 이 증거상의 문제를 가지고

12 Plantinga, *God, Freedom, and Evil*, pp. 55–9.

각자 독특한 도전장을 내밀었다.[13]

이 논변을 존속 가능한 형태로 구성한 사람이 바로 새먼이다.[14] 그는 우주가 지적 설계에 의해 만들어졌어야 한다고 주장하는 전통적인 목적론적 논변에 초점을 맞춘다. 새먼은 **확률의 빈도(또는 통계적) 이론**—이것은 선행 확률에 관한 전제들에 근거해 있다—을 끌어들여서 주장하기를, 우주 안에 있는 명백히 무의미한 악은 전지전능하고 자비로운 존재를 추정하지 못하게 막는다고 한다. 그리하여 악의 증거는 신이 존재할 확률을 낮춘다고 새먼은 결론 내린다. 이 논변을 **악의 확률론적 문제**라고 부른다. 이에 대해 플랜팅거는 현존하는 확률론—개인적이든, 논리적이든, 빈도적이든 간에—중에서 어느 것도 악의 문제에 근거한 강력한 논변을 구성하는 데에 사용되기는 어렵다고 주장한다.[15] 확률론적 접근법이 봉착하는 장애들 중에는, 비판가들이 자신의 전제들로 하여금 선행 확률을 할당하는 데에 영향을 미치게 하는 성향(예컨대, 유신론의 신이 이 세상에 있는 악을 담고 있는 어떤 세계를 창조할 선행 확률에 대한 평가)뿐만 아니라, 현대의 확률에 일반적으로 내재해 있는 난제(즉 다른 서술문에 근거해서 하나의 서술문에 대하여 확률을 할당하기 위한 분명한 기준의 결여)들도 있다. 카트라이트(Nancy Cartwright, 1944~)는 새먼에 대해서 통계적 접근법은 형이상학적인 문제들을 다루기에 부적합하다고 일침을 가한다.[16]

---

13 Edward Madden and Peter Hare, *Evil and the Concept of God* (Springfield: Charles C. Thomas, 1968); Michael Martin, *Atheism: A Philosophical Justification* (Philadelphia: Temple University Press, 1990), chap. 14; William Rowe, *Philosophy of Religion: An Introduction* (Belmont: Dickenson, 1978), pp. 86–9; Wesley Salmon, "Religion and Science: A New Look at Hume's Dialogues," *Philosophical Studies* 33 (1978): 143–76.

14 그의 빈도(또는 통계적) 논변을 보강하기 위해서 새먼은 "전지전능하고 도덕적으로 완전하게 선한 신이 존재한다"는 서술문은 "악이 존재한다"는 서술문이 전제될 경우 확률이 매우 낮아진다(50% 이하가 된다)고 주장한다. 반대로 악의 존재가 전제될 경우, "전지전능하고 도덕적으로 완전하게 선한 신은 존재하지 않는다"는 서술문의 확률은 매우 높아진다(50% 이상)는 것을 입증하려고 시도한다. Salmon, "A New Look," pp. 143–76 참조.

15 Alvin Plantinga, "The Probabilistic Argument from Evil," *Philosophical Studies* 35 (1979): 1–53.

16 카트라이트는 악에 대한 확률론적 논증은 적절한 준거 집합을 명시해야 하는 어려움을 겪게 된다고 지적한다. 분명히 어느 누구도 우주들의 전체 집합을 직접적으로 숙지하고 있지는 않다. 그 우주들 중의 얼마나 많은 것이 신성하게 창조되었느냐에 비례해서 얼마나 많은 우주들이 악을 가지고 있는지를 우리가 통계적으로 측정할 수는 없다. 그래서 새먼은 우주를 다른 개체들과 비교하되 이 개체들의 기원은 우리가 실제로 관찰할 수 있는 경우를 택한다. 그러나 카트라이트는 이러한 방식이 기계적인 생산에 의해서 산출된 개체들을 준거 집합 안에 포

새먼의 제안이 반박되었더라도, 대부분의 무신론적 비판가들은 악의 증거상의 문제가 쉽게 활용될 수 있다고 확신한다. 이런 종류의 비논증적이거나 광의의 귀납적인 논변은, 악의 증거가 전제될 경우 신이 존재하지 않는다고 믿는 것이 더 합리적이라는 것을 보여준다. 어떤 악은 유신론적으로 이치에 맞게 설명될 수 있기에 악이 존재한다는 것만으로는 중요한 증거가 못 된다고 대부분의 비판가들은 본다. 그 대신에 어떠한 타당한 설명도 주어질 수 없는 악의 사례들은 일견적 증거로 간주된다. 물론 수용 가능한 유신론적인 설명을 통해서, 문제의 악들이 더 큰 선을 위해 필요한 이유가 제시된다고 일반적으로 추정된다. 만일 그런 필연적인 연결이 확인될 수 없다면, 문제의 악은 없어도 무방하거나 불필요하다고 여겨진다. 이 문제에 관해서는 뒤에 가서 좀더 살펴보겠다.

이러한 형태의 증거주의적 논변에서 유신론은 세계의 존재 방식에 대한 특정한 결론들을 함축하는 거대한 형이상학적 가설이나 설명 이론으로 취급된다. 만일 유신론이 옳다면, 세계는 일정한 방식으로 진행할 것이라고 정당하게 예상할 수 있을 것이다. 물론 복잡하고 포괄적인 가설들은, 그 위에 별도의 가정들이 추가되지 않는 한, 좀처럼 우리의 예상의 근거가 되는 명확한 결과들을 직접적으로 함축하지 않는다. 현재의 경우에, 유신론적 가설(즉 특정한 종류의 신이 존재한다는 가설)은 다른 가정들에 의해 보완되어야 한다. 유신론을 반대하는 사람들뿐만 아니라 유신론자들도 받아들이는 이런 가정들 중 하나는, 없어도 무방한 악의 존재를 신이 막거나 제거할 것이라는 가정이다. 로우는 그런 주장이 "유신론자와 무신론자들이 공유하는 우리의 기본적인 도덕률과 일치하는 믿음을 표현하는 것 같다"고 말한다.[17] 퍼넬름은 "없어도

함시킴으로써 순환 오류에 빠진다고 주장한다. 더욱이 빈도론적 기법은 신의 존재 문제와 같은 형이상학의 문제를 다루기에는 부적합하다고 카트라이트는 지적한다. 어떠한 형태의 귀납적인 접근법도 적합하다면 실험적인 방법도 적합할 텐데, 그렇다면 우리가 무작위로 뽑은 부속품들을 상자에 넣고 그것들이 소기의 목적에 부합하는 기구들이 될 때까지 흔드는 경우를 상상해보자고 그녀는 제안한다. 처음에 무작위로 뽑은 것들이 고도로 질서 정연한 형태가 될 확률은 0에 가깝게 되는데 이 결론은 새먼의 접근법이 도달한 결론과는 상반된다. 빈도론적 기법이 신의 존재와 같은 문제를 논하는 데에 적합하다는 스윈번의 주장을 연구해보면 흥미로울 것이다. Swinburne, *The Existence of God* (Oxford: Clarendon Press, 1979), pp. 5-21 참조.

17 Rowe, *Philosophy of Religion*, p. 88.

무방한 악의 존재를 유신론자들이 인정하는 것은 논리적으로 일관성이 없다"라고 말한다.[18] 여기에 근거해서 유신론을 비판하는 사람들은, 만일 신이 존재한다면 없어도 무방한 악을 우주 안에서 예상해서는 안 된다고 추리한다. 그런데 없어도 무방한 악이 존재하는 것처럼 보이며, 그렇다고 믿을 근거들은 매우 확고해 보인다. 그래서 유신론을 비판하는 사람들은 결론을 내리기를, 유신론은 사물들의 존재 방식을 적절히 설명하지 못하며, 신이 존재할 확률은 낮다고 한다.

로우는 지금은 철학적인 논의에서 표준이 된 이 논변을 다음과 같이 정식화했다.

1. 전지전능한 존재자가 더 큰 선을 잃지도 않으면서, 또는 똑같이 나쁘거나 아니면 더 나쁜 악을 허용하지 않으면서도 막아낼 수 있었을 법한 강렬한 고통의 사례들이 존재한다.(사실적 전제)
2. 전능하면서 완전하게 선한 존재자라면, 더 큰 선을 잃거나, 또는 똑같이 나쁘거나 아니면 더 나쁜 악을 허용하지 않고서는 강렬한 고통의 발생을 막을 수 없지 않는 한, 그런 고통의 발생을 막을 것이다.(신학적 전제)
3. 그러므로 전지전능하고 완전하게 선한 존재자는 존재하지 않는다.[19](결론)

위의 사실적 전제를 지지하기 위해 로우는 산불에 고통을 당하다 죽은 새끼 사슴의 사례와, 엄마의 술주정뱅이 남자친구에게 끔찍하게 학대당하다가 마침내 폭행당해서 죽은 다섯 살짜리 소녀의 사례를 들었다.

증거상의 논변의 논리가 옳다면, 자연스레 그 논변의 전제들로 논점이 옮겨가게 된다. 으레 유신론자들과 그들에 대한 비판가들 모두는 그 논변의 성

---

18 Terence Penelhum, "Divine Goodness and the Problem of Evil," in *Readings in the Philosophy of Religion: An Analytic Approach*, ed. Baruch Brody (Englewood Cliffs: Prentice-Hall, 1974), p. 226. (본문에 나오는 '없어도 무방한 악'에서 '없어도 무방한'은 영어의 'meaningless', 'pointless'를 옮긴 것으로서 '굳이 있어야 할 필요가 없는'의 뜻으로 이해해도 된다—옮긴이)

19 William Rowe, "The Problem of Evil and Some Varieties of Atheism," *American Philosophical Quarterly* 16 (1979): 336.

공 여부가 그 논변의 사실적 전제, 즉 없어도 무방한 악이 존재한다는 명제에 달려 있다고 생각한다. 유신론자인 얀델은 "자연적 악이건 도덕적 악이건 간에 정당화되지 않은 악이 존재하는 것이 확실한가, 아니면 적어도 존재할 확률이 존재하지 않을 확률보다 더 높은가의 여부가 쟁점"이라고 말한다.[20] 로우는 유신론자들이 증거상의 논변을 뒤엎을 수 있는지의 여부는 "그것의 [사실적인] 전제가 가지는 결함"을 찾아내는 데에 달려 있다는 점에 동의한다.[21] 사실적 전제를 반박하려는 유신론자들은 두 진영으로 나뉜다. 그 전제가 거짓이라는 것을 우리가 알 수 있다고 생각하는 진영과, 그것이 참이라는 것을 우리가 모른다고 주장하는 진영이 그것이다. 물론 이 접근법들 각각에 대해서 유신론을 비판하는 사람들은 다시금 반론을 제기하게 되어 매우 흥미롭고 중요한 논쟁이 계속 벌어지고 있다.

많은 유신론자들은 어떤 종류의 더 큰 선들이 어느 종류의 악과 연결되어 있는지(예: 고통은 인격을 도야한다, 고통은 선과 의미 있는 대비를 이룬다 등)를 묘사하는 이론이나 이론적 요소를 받아들인다. 전통적으로 그런 이론을 '신정론(神正論, theodicy)'이라고 부르는데, 이것은 신의 방식들을 정당화하는 것을 의미한다. 유신론을 비판하는 사람들은 신정론에 대한 반례로, 쓸모가 있으면서도 유신론자들에게는 난감한 악의 사례들을 인용함으로써 대응한다. 로우는 "전지전능한 존재자가, 더 큰 선을 잃지도 않거니와 똑같이 나쁘거나 아니면 더 나쁜 악을 허용하지 않으면서도 막아낼 수 있었을 법한 강렬한 고통의 사례들이 존재한다"고 주장한다.[22] 새끼 사슴의 예를 들면서 로우는, "그 새끼 사슴의 고통을 막기 위해서 더 큰 선이 상실되어야 할 것 같지도 않거니와, 그것의 고통과 똑같거나 그보다 더 나쁜 악이 발생할 것 같지도 않다"라고 말한다.[23] 그렇다면 그 새끼 사슴의 비극적인 상황은 분명히 무의미하다. 그 상황이 우리가 승인할 만한 목적에 이바지하리라고 믿는 것은 온당치 않으

---

20 Keith Yandell, *Basic Issues in the Philosophy of Religion* (Boston: Allyn and Bacon, 1971), pp. 62-3.
21 William Rowe, *Philosophy of Religion*, p. 88.
22 Rowe, "The Problem of Evil," p. 337.
23 Ibid., p. 338.

며, 다섯 살에 죽은 여아의 경우도 마찬가지다.

일부 유신론자들은 증거상의 논변에 나오는 사실적 전제에 대항하는 적극적인 신정론을 제시하지는 않지만, 그 전제의 인식론적 근거에 대해 의문을 제기하기도 한다. 예를 들어, 윅스트라(1949~)는 문제의 악을 정당화하는 선들이 있는 것 '같지는 않다' 라는 로우의 주장에 도전했다. 어떤 주어진 상황에서 현상적 주장(appearance claim)이 정당화되기 위해서는, 우리의 인지 기능을 사용해서 그 주장의 진위를 식별할 수 있어야만 한다고 윅스트라는 말한다.[24] 그는 신의 지식이 인간의 지식보다 훨씬 더 고차적이라고 설명한 후, 만일 신이 주어진 악을 정당화하는 선을 가질 경우 우리가 그것을 알거나 그것이 우리에게 분명한 것처럼 여겨지리라고(즉 우리가 '온당하게 인식론적으로 접근' 하리라고) 생각하는 것은 온당치 못하다고 결론 내린다. 신의 방식은 유한한 마음의 인식 능력을 넘어서 있다. 이처럼 인간의 인식적 한계에 근거한 방어론에 따르면, 우리는 악이 우리에게 의미가 있어 '보이지' 않는다고 해서 악이 무의미하다고 생각하는 것이 정당화되지는 않는다고 한다.

이에 대해 로우는 윅스트라의 논변은 한정된 유신론(전지전능하고 최상으로 자비로운 신이 존재하며 그가 이 세계를 창조했다는 주장)에서만 나오지는 않고, 어떤 선호하는 형태의 확장된 유신론(특정 종교 전통에서 나온 다른 주장들이 한정된 유신론에 덧붙여진 형태의 유신론)에서 도출될 수 있다고 응수한다.[25] 이것은 윅스트라가 무심코 신의 목적의 불가사의한 성격이라든지 인간의 인지 능력의 한계 등에 관한 부가적인 언명들을 몰래 끌어들였으며, 그래서 그의 논변은 처음에 논의되었던 입장인 한정된 유신론을 제대로 옹호하지 못했다는 것을 뜻한다. 만일 그런 부가적인 주장들을 담은 특정 형태의 확장된 표준적 유신론을 윅스트라가 옹호했다면 성공할 수 있었을 것이라는 점은 로우도 인정한다. 하지만 전통적인 종교(확장된 표준적 유신론의 종류

24 Stephen Wykstra, "The Humean Obstacle to Evidential Arguments from Suffering: On Avoiding the Evils of 'Appearance'," *International Journal for Philosophy of Religion* 16 (1984): 85.

25 William Rowe, "Evil and the Theistic Hypothesis: A Response to Wykstra," *International Journal for the Philosophy of Religion* 16 (1984): 95-100.

들)라고 해서 모두가 신의 지식과 인간의 지식 간에 엄청난 격차가 있다고 주장하는 것은 아니다. 실로 전통적인 종교들은, 악이나 고통과 연결된 의미들을 포함해서 우주 안의 인격적 및 도덕적 의미들에 대해서 이해할 수 있는 능력을 인간들이 가지고 있으며, 이 능력은 신이 창조한 것이라고 확언한다.

위의 사실적 전제에 대한 토론은 결론에 이르지 못했거나, 아니면 토론 당사자들이 일종의 궁지에 이른 것처럼 보인다. 그런데 그 궁지—그것이 최종 결과라면—가 무신론자들에게 이점(利點)이 될 수 있다. 아무튼 신의 존재와 본성에 관해 주장하는 사람은 유신론자인데, 심각한 악들이 있는 상태에서 그런 주장이 어떻게 뜻이 통할지를 설명할 때에 유신론자들은 심각한 어려움을 겪는다. 이로 인해 유신론을 비판하는 사람들은 악의 증거상의 문제가 유신론적 입장의 신빙성을 크게 감소시킨다고 장담한다. 물론 유신론 전반을 합리적으로 평가할 때에, 전통적인 유신론적 논변처럼 긍정적인 지지뿐만 아니라 여타의 비판들도 고려해야만 한다. 그러나 유신론을 비판하는 사람들은 대부분 악의 문제가 유효한 반면 전통적인 논변들은 파산 선고를 받거나 적어도 설득력이 없으므로, 유신론을 거부하는 것은 정당하다고 주장한다.

악에 근거한 증거상의 논변을 다른 각도에서 반박하기 위해 어떤 유신론자들은 그 논변의 사실적 전제를 받아들이되 신학적인 전제를 거부한다.[26] 그들은 사실적 전제를 철학적인 근거와 신학적인 근거에서 옹호한다. 철학적인 노선에 따라 그들은 우리의 일상적인 도덕 판단들의 일반적인 신빙성을 인정하면서, 우리가 이 세상의 많은 악을 전적으로 없어도 무방한 것으로 생각한다는 점을 지적한다. 사실적 전제를 지지하는 신학적인 근거로는, 기본적으로 신뢰할 만한 합리적이고 도덕적인 능력을 갖춘 인류를 신이 창조했다는 점을 든다. 이들은 윅스트라의 유신론과는 다른 형태의 확대된 유신론을 채택하면서, 없어도 무방한 악에 대한 인간의 경험이 규칙적이고 체계적으로 오류를 범한다고 유신론자들이 그토록 강하게 주장하는 것은 일관성이 없다고 본다.

26 Michael Peterson, *Evil and the Christian God* (Grand Rapids: Baker, 1982), chap. 4와 William Hasker, "The Necessity of Gratuitous Evil," *Faith and Philosophy* 9 (1992): 23–44를 참조하라. 후자의 초고는 1988년 4월에 오하이오 주 신시내티에서 개최된 미국철학회에서 발표된 바 있다.

이 유신론자들은 신의 영역과 인간의 영역 사이에 인지적인 간격이 있다는 점은 인정하면서도, 인간의 경험이 차지하는 비중을 감안하면 '없어도 무방한 악'에 대한 의문이 제기될 수 있다고 본다.

이와 반면에 그들은 신학적 전제를 거부한다. 그들은 신학적 전제에서 사용된 신의 표준 속성들을 포기하지 않는다. 그러나 없어도 무방한 악을 신이 허용하지 않을 것이라는 붙박이 가정에 대해서 의문을 제기한다. 만일 이 유신론자들이 유신론적인 세계관 안에서 없어도 무방한 악이 들어설 여지가 있다는 것을 설득력 있게 논증할 수 있다면, 그들은 증거상의 논변이 더 이상 진행하는 것을 막게 된다. 진정한 우연성이 내재하는 유신론적 우주 개념이 9장에서 더욱 상세히 고찰되겠지만, 우리는 여기서 없어도 무방한 악을 허용할 수 있는 종류의 유신론적 추리를 간단히 묘사할 수 있다. 그 추리는 자유 의지를 갖는 것이 의미하는 바를 인정하는 데에서 출발한다. 피조물들에게 입수 가능한 자유로운 선택의 범위가 사소하지 않고 실제로 중요하다면, 피조물들은 가장 끔찍한 악뿐만 아니라 최고의 선을 실행할 수 있어야 한다. 신이 매우 심각한 악의 가능성을 제한하는 것은 곧 중대한 선(善)들의 가능성을 제한하는 것과 같다. 그래서 의미 있는 자유는 전적으로 없어도 무방한 악을 일으킬 수 있는 능력—이것은 인류를 위한 신의 프로그램에 내재해 있는 모험이다—을 포함한다.

이 논변이 말하는 바는, 많은 악들의 현존이 더 중대한 선들에 필요하다는 것이 아니다. 그런 선들은 아마 이런 악들이 현실화되지 않더라도 존재할 수 있었을 것이다. 그래서 그런 악들은 진짜 불필요할지도 모른다. 하지만 이런 악들의 가능성은 유의미한 자유 의지의 보존에 필수적이다. 이러한 식의 추리에 따르면, 없어도 무방한 악을 신이 허용하지 않을 것이라는 무신론자들의 가정은 거부될 수 있다. 하지만 없어도 무방해 보이는 악들을 신이 허용하지 않을 것이라고 가정할 때에만 그 악들은 유신론에 대한 반증으로 간주된다.

방어와 신정론

우리는 악의 논리적 문제와 증거상의 문제를 논의하면서 많은 것을 배웠다. 무엇보다도 우리는 두 유형의 반응, 즉 방어와 신정론을 분명히 구분할 수 있었다. 방어는 악에 근거한 특정 논변 형식이 실패한다는 것을 입증하는 데에 목표를 둔다. 반면에 신정론은 신이 고통과 악을 허용하는 이유를 설명한다. 주지하다시피 플랜팅거는 악에 근거한 논리적 논변으로는 유신론의 비일관성을 입증하지 못한다는 것을 보여주려고 자유 의지 방어론을 고안했다. 플랜팅거의 노력이 성공했다는 것이 폭넓게 인정됨에 따라, 1980년대 초 이래로 점차 철학자들은 어떤 종류의 증거상의 논변이 여전히 존속할 수 있는지에 관해서 연구해왔다. 만만치 않은 증거상의 논변들이 점차 개발됨에 따라 유신론적인 대응책들도 많이 나왔다. 그러나 방어나 신정론이 최상의 전략인지에 대해서는 유신론자들 사이에서도 의견이 일치하지 않았다.

유신론을 비판하는 사람들이 제시한 악에 근거한 증거상의 논변 형태가 저마다 다르기 때문에 일부 유신론자들은 방어적인 전략으로 대응했다. 예를 들어, 플랜팅거는 새먼의 확률적 논변에 대응해서, 유신론이 옳을 개연성이 낮지는 않다고 논증한다. 윅스트라는 로우의 증거상의 논변에 대응해서 핵심적인 사실적 전제가 참인지는 알 수 없다고 주장한다. 증거상의 논변들에 맞춰진 방어 전략은 유신론의 개연성이 낮다는 것을 입증하지 못했다는 데에 초점을 맞춘다. 그러나 이런 전략들은 유신론의 입장에서 고통과 악에 대해 적극적으로 대처하지는 못한다.

일부 유신론자들이 보여준 방어에 대한 강한 관심은 이미 7장에서 논의된 개혁주의적 인식론이 지향하는 바와 아주 잘 일치한다. 우리가 살펴본 바와 같이, 개혁주의적 인식론은 우리의 믿음의 정당화에 관한 증거주의적 가정 및 강한 정초론의 가정들에 대해 날카로운 비판을 퍼붓는다. 분명히 이런 가정들로 인해 수세기 동안 유신론자들과 그 반대편에 있는 자들 간에는 수많은 논쟁이 벌어졌다. 게다가 개혁주의적 인식론은 믿음들이 어떻게 정당화되는지에 대한 대안적인 이해를 제공한다. 적절한 조건하에서 우리는 논변 없이도 어떤 믿음들을 '기초적으로' 가질 수 있다는 관점이 바로 그것이다. 그래서 어떤 사람의 믿음이 기초적이라면 그는 신을 합리적으로 믿을 자격이 있게 된다. 또한 그 사람은 자신의 믿음에 대해 반론들—악의 문제가 한 예다—이 제기되면 그 믿음을 성공적으로 방어할 수 있게 된다. 이런 입장은 신정론이 원리상 불필요하다는, 즉 유신론자는 악의 문제와 관련해서 신정론을 제공할 하등의 의무가 없다는 관점을 지지한다.[27]

로우에 대항해서 윅스트라가 제시한 인지적 한계 논변은 순수한 방어에 대한 또 다른 동기 부여를 함축한다. 로우가 주목했듯이, 윅스트라의 확대된 유신론은 신의 무한 정신과 인간의 유한 정신 사이에 개재하는 측정하기 어려울 정도의 간격을 강조한 나머지, 우리가 이 세상에 명백히 존재하는 악을 신이 허용하는 이유에 대해서 알고 싶어할 수조차 없다고 한다. 신정론을 특정 악—이를테면 로우가 인용한 악—에 대한 신의 이유를 명시하는 임무라고 본다면, 신정론은 선험적으로 불가능한 것처럼 보일 것이다.[28] 그러므로 신정론이 가능하지 않다면, 유신론자는 악에 근거한 상이한 논변들에 대항해서 방어할 수밖에 없게 된다.

모든 사람들이 신정론을 부정하는 것은 아니다. 분명히 전통적인 유신론자들과 그들을 비판하는 사람들은 모두가 신정론이 적절했다고 믿었다. 다양한 고전적인 신정론들과 그 신정론들에 대해 똑같이 다양한 비판들이 존재한 사실이 그것을 나타내준다. 아우구스티누스에서 라이프니츠와 스윈번에 이르기까지 풍부하면서도 치밀한 신정론들이 제시되었다. 그 반대편에는 볼테르, 흄, 도스토예프스키의 『카라마조프가의 형제들』에 나오는 이반의 혹독한 비판들—이것들은 이제 고전이 되었다—이 있다. 우리 시대의 가장 저명한 신정론자들로는 거의 틀림없이 힉과 스윈번을 꼽을 수 있다. 이 두 사람은 모두 악의 가능성을 포함해서 유신론적 우주를 도덕적 및 영적으로 성숙한 사람들을

27 우리는 개혁주의적 인식론을 받아들이는 유신론자가, 합리적으로 요구되는 것이라고는 악의 문제에 대항하는 방어뿐이라고 생각하는 이유가 무엇인지를 쉽게 알 수 있다. 유신론을 비판하는 자들은 신의 믿음을 공격하기 위해 악에 근거한 논변을 제시하고 유신론자는 거기에 대응해서 방어한다. 그러나 유신론자는 신에 대한 믿음을 옹호하는 논변을 가져야 한다고 생각할 필요는 없다. 대신에 그는 신에 대한 믿음을 기초적인 것으로 간주할 수 있다.

28 플랜팅거는 실제로 이런 논점을 다음과 같이 언급한 적이 있다. "아마 신은 [악]에 대한 타당한 이유를 가지고 있겠지만, 그 이유가 너무 복잡해서 우리가 이해할 수 없다." Plantinga, *God, Freedom, and Evil*, p. 10.

창조하는 데에 이바지하는 것으로 보는 관점을 피력했다. 이런 종류의 관점은 드레퍼와 같은 비유신론적 철학자들에 의해 맹렬한 비판을 받았다.[29]

물론 "신은 존재한다"는 명제가 모든 신학적인 주장들과 밀접하게 연결되어 있다고 보는 유신론자들은 신정론이 성립할 수 있다고 생각하는 경향이 강하다. "신은 존재한다"가 이미 신의 본성이나 속성, 목적을 이해하는 특정한 방식과 연결되어 있다면, 그것은 신정론이 취할 수 있는 일정한 방향으로 암암리에 기울어져 있다. 어쨌든 윅스트라에 대해 로우가 제기하는 반론의 논점은, 윅스트라가 자신이 방어하려고 했던 핵심적인 유신론적 주장을 이해하는 과정에서 특정 신학을 부지중에 끌어들였다는 것이다. 이 논점은 로우가 한정된 표준적 유신론이라고 부른 것이 실제로는 신정론을 발생시키기에 충분할 만큼 풍요롭지 못하다는 사실을 일깨워준다. 어쨌든 유신론은 현존하는 종교가 아니라, 현존하는 종교들의 더 큰 믿음 체계를 이루는 중요한 믿음 요소가 된다. 그렇다면 최소한의 또는 한정된 유신론은 기껏해야 최소한의 신정론을 산출할 수 있을 뿐이라고 생각하는 것은 합리적이다. 마찬가지로 신정론이 투쟁의 기회를 가지려 한다면, 그리고 그것이 흥미롭고 중요한 것이 되려면, 그 나름대로의 종교적인 전통의 충분한 자원(종교의 핵심 교리들, 경전들, 성자들의 경험 등)에 의존해야만 하리라고 생각하는 것은 온당하다. 사고력 있는 종교인이 비판가들에게 응수하기 위해서 신정론에 관여하든지, 또는 자신의 종교적인 믿음들에 대해 좀더 깊이 성찰하기 위해 신정론에 관여하든지 간에, 이 원천들은 신정론 사상의 원천들을 둘러싸고 있는 좀더 완전한 배경을 제공하는 것처럼 보인다. 흥미롭게도 기독교, 유대교, 이슬람교 중 어느 유신론적 전통이냐에 따라 강조하는 바가 달라질 여지가 있다.

방어 프로젝트는 비교적 성격 규정이 쉬운 반면에, 신정론 프로젝트는 다소 어렵다. 신정론의 성격, 범위, 근거에 관한 쟁점들은 메타 신정론(meta-theodicy)에서 다루는 것들이다. 몇 가지 미묘한 쟁점에 대해서는 유신론자들끼리도 이견을 보이며, 비유신론자들은 신정론이 떠맡아야 하는 짐이 있다고

29 Paul Draper, "Pain and Pleasure: An Evidential Problem for Theists," in *The Evidential Argument from Evil*, ed. Dan Howard-Snyder (Bloomington: Indiana University Press, 1996), pp. 12-29.

예상한다. 신정론은 신이 악을 허용하는 단지 가능한 이유들을 제안하려는 것인가, 아니면 악을 그럴듯하게 설명하려는 것인가? 신정론자는 악을 허용하는 신의 이유들을 제시해야 하는 짐을 지고 있는가, 아니면 단지 주어진 신학적 관점이 함축하는 바를 끌어내는 부담을 가질 뿐인가? 신정론은 악의 전체 집합에 대한 유신론적인 설명을 스케치하는가, 아니면 개별적인 경우들에 대한 설명을 스케치하는가? 신정론을 논할 때 도덕 이론—또는 우리의 일반적인 삶의 의미—은 어떤 역할을 수행하는가? 이러저러한 물음들은 신정론의 구조와 역할에 관해서 많은 논의를 할 수 있도록 자료를 제공해준다.

신정론의 주제들

신정론의 고전적인 문헌과 현대 문헌들에서 반복되는 주제들을 발견하게 된다. 이 주제들은 전통적인 유신론에서 등장하는 것들로서, 악의 문제를 논할 때 철학자가 아닌 사람들도 거론하는 것을 보면 폭넓고 지속적인 호소력을 가지고 있다. 우리는 여기서 이 주제들 중 몇 가지에 대해서만 주목하려고 한다. 왜냐하면 그것들 중 일부는 훌륭한 통찰을 담고 있는 반면에 다른 것들은 교훈적인 오류를 범하고 있기 때문이다.

종교인들 사이에서 인기 있는 한 가지 접근법은 악을 잘못된 행위에 대한 징계로 보는 것이다. 예를 들어 구약 시대의 족장인 욥이 고통을 당할 때, 그를 '위로하러 온 친구들'은 그가 죄를 범했다고 주장했다. 그들은 신이 통치하는 정의로운 우주에서 신은 의인들에게 (건강과 부와 자손을 통해서) 상을 주고 악인들은 (질병과 불행과 손실을 통해) 징계한다고 주장했다. 그러나 욥은 자신이 고통을 당해야 할 만큼 악한 짓을 하지 않았노라고 항변했다. 욥은 이 세상이 그 친구들의 단순한 답변이 포착할 수 있는 것보다 훨씬 더 복잡하다—즉 이 세상에서는 인생의 단맛과 쓴맛이 공평하게 분배되지 않거니와 공로에 따라 주어지는 것이 아니다—는 것을 직시한 일종의 종교적인 선구자였다. 이런 세상에서 사람은 단지 보상을 받고 징벌을 피하려는 동기보다도 더 순수한 동기에서 신에 대한 신앙을 가져야 한다.[30] 이외에도 포괄적인 신정론으로서 제시된 징계 이론은 순진무구한 유아들의 죽음이라든지 마을의 전 주민이 비극적으로 몰살당하는 것과 같은 경우를 통해 그 부당성이 드러난다.

악을 설명하기 위한 매우 흥미롭지만 더욱 복잡한 주제는, 이 세계가 모든 가능 세계들 중에서 최상의 것이라는 주장에서 구체화된다. 18세기에 라이프니츠(Gottfried Leibniz, 1646~1716)는 다음과 같은 식으로 추리했다. 신은 전능하기에 어떠한 가능 세계도 창조할 수 있다. 신이 완전하다면 그는 최상의 가능 세계를 창조할 것이다. 그러므로 이 세상에 악이 있더라도 그것은 여전히 최상의 세계임에 틀림없다. 흥미롭게도 이 세상보다 악을 적게 가진 다른 가능 세계들이 있을 수 있지만, 여기서 주된 취지는 이 세계에서는 선과 악이 최적의 균형을 유지하고 있어서 최상의 세계에 필적한다는 것이다. 분명히 어떤 선들은 악이 있어야 가능하다. (예를 들어, 측은히 여기는 마음은 고통을 목격함으로써 생기는 것이며, 불굴의 정신은 역경 속에서 가능해진다.) 이것은 신이 모든 가능 세계들의 전체 값을 저울질하고서 그 세계가 최상의 세계가 되도록 악이 기여하는 세계를 창조해야만 했다는 것을 뜻한다. 우리의 현실 세계에 있는 악보다 더 많이 악을 가진 세계뿐만 아니라 더 적게 가진 세계도 이 세계만큼 최상의 상태가 못 된다고 라이프니츠는 주장한다.

이 세계가 모든 가능 세계들 중에서 최상의 세계라고 보는 신정론이 오랫동안 지속적으로 논란거리가 되었기는 하지만, 몇 가지 문제점들이 금방 드러난다. 첫째로, 가장 큰 가능한 정수라는 개념이 논리적으로 비정합적이듯이 최상의 가능 세계라는 개념도 논리적으로 비정합적이다. 정수의 체계에는 끝이 없다. 그렇다면 우리가 최상의 가능 세계가 있다고 생각할 이유가 무엇인가? 둘째로, 라이프니츠식의 접근법은 우리의 세계가 발전할 수 없다는 것을 함축하는데 이는 우리의 일상적인 도덕 판단들과 상충된다. 셋째로, 그리고 아마 가장 심각한 문제는, 세계가 이처럼 많은 고통을 가져야만 한다면 선한 신이 왜 세계를 창조하기로 결정했는가라는 의문과 관련이 된다. 달리 말해서 만일 신이 더 나은 세계를 창조할 수 없다면, 아예 어떤 세계도 창조하지 않았

30 예를 들어, 욥기 7장과 12장에서는 때때로 의인이 고통을 당하고 악한이 번영을 누린다고 말한다.

어도 될 텐데 도대체 왜 이런 세계를 창조했을까? 도스토예프스키의 『카라마조프가의 형제들』에서 이반 카라마조프는 러시아정교 사제인 그의 동생 알료사에게, 어린이를 고문한 후 죽이는 경우를 비롯해서 악의 여러 사례들을 열거하고 나서 신랄한 질문을 던진다. "만일 네가 신이라면, 이 세계를 창조할 경우 고약한 냄새가 코를 찌르는 옥외 변소에서 어린아이가 고문을 당하면서 '오! 주님' 하고 울부짖을 때 흘리는 보상받지 못하는 눈물을 허용하게 된다고 하면 과연 너는 이 세계를 창조하는 데 동의했겠니?" 알료사는 잠시 침묵하다가 "아니, 나는 동의하지 않았을 거야"라고 답한다. 여기서의 논점은 도덕적으로 선한 존재자라면 이런 세상을 결코 창조하지 않았으리라는 것이다.[31]

신정론에서 나오는 또 다른 유형의 주제는 **궁극적인 조화**(ultimate harmony)에 의한 해결책이라고 불리는데 이것은 두 가지의 입장으로 구분된다. 하나는 신의 관점에서 보면 이 세상의 만사가 다 만족스럽다고 보는 입장이고, 다른 하나는 만사가 종국에 가서는 만족스럽게 될 것이다라고 보는 입장이다. 신의 관점에서 보면 만사가 다 만족스럽다는 입장인 첫 번째 접근법은 신의 두 가지 속성들에 의해서 지지될 수 있다. 그중 한 가지 속성은 **전지성**이다. 이 세상에 대한 신의 지식은 완전한 반면에 인간의 지식은 부분적이고 단편적이기 때문에 사물들의 상태에 관한 신의 판단만이 궁극적으로 타당하다. 따로 튀어나오는 소리는 귀에 거슬리지만 그 소리가 다른 소리들 속에 들어갈 때에는 조화롭게 들리는 법이다. 이 비유는 곧 신만이 전체 사건들이 어떻게 조화를 이루는지를 알 수 있을 뿐 보잘것없는 우리 인간들은 그럴 수 없다는 것을 뜻한다. 불행히도 이 접근법은 모든 인간의 도덕적인 판단들을 무력하게 만든다. 왜냐하면 그 판단들은 제한된 시각에서 내려지기 때문이다. 비록 한정된 유신론이 인간의 지식보다 신의 지식이 우월하다는 결론을 함축하더라도, 다양한 형식의 확장된 유신론은 이것이 함축하는 바를 다른 방식으로 그려낸다. 예를 들어, 어떤 형태의 기독교적 유신론에 따르면, 유한한 인간은 신의 형상을 지

31 이반과 알료사의 만남은 세계 문학의 백미 중 하나라서 주의해서 읽을 필요가 있다. Fyodor Dostoevsky, *The Brothers Karamazov*, trans. Constance Garnett (New York: Norton, 1976), Book Five, "Pro and Contra," chaps. 3–5. 위에서 인용한 알료사의 말은 p. 226에 있다.

닌 피조물이어서 합리적이고 신빙성 있는 도덕적 판단을 내릴 수 있다고 단언한다.

만사가 다 만족스럽다는 입장이 근거하는 신의 특성 중 또 하나의 특성은 신의 **도덕적 완전성**이다. 이러한 노선의 사상은 신의 도덕성이 인간의 도덕성보다 우위에 있다는 생각을 강조한다. 우리 인간들이 세상의 모든 사건들을 전체적인 맥락에서 볼 수 있더라도, 신이 그 사건들을 평가할 때와 같은 완전한 도덕적 기준을 동일하게 적용시키지는 못할 것이다. 이 전략을 취하는 유신론자들은 무의미하고 정당화되지 않는 악에 근거해서 신에 대한 믿음을 반박하는 시도들을 격퇴할 수 있다고 생각한다. 이러한 입장의 가장 강한 형태가 함축하는 바는, 신의 방식들이 "우리의 방식들보다 훨씬 더 우월해서,"[32] 도덕적으로 민감한 많은 사람들에게는 세상만사가 받아들여질 수 없다는 사실에도 불구하고 세상만사가 신에게는 도덕적으로 받아들여질 수 있다는 것이다. 분명히 이 입장은 우리의 모든 도덕 판단들이 체계적으로 오류를 범하고 있다는 것을 함축함으로써, 다시금 인간의 도덕 판단의 근간을 잘라낸다. 유신론을 비판하는 사람들은 우리가 면밀히 분석해보면 고차원적인 신의 도덕성 개념이 무의미해진다고 주장한다. 왜냐하면 우리는 그런 도덕성이 악의 문제에 답하려는 유신론자의 경우를 어떻게 지지하는지는 차치하고서라도 그런 도덕성이 어떤 것인지를 모르기 때문이다.

이런 유신론적인 입장을 직설적으로 비판한 밀(1806~1873)은 이 입장이 신을 우리의 심층적인 도덕적 확신과는 어울리지 않는 도덕 기준을 갖는 도덕적인 괴물로 만들어버린다고 말한다.

> 일상생활에서 나는 무엇을 옳은 것이라고 하고 무엇을 그른 것이라고 해야 하는지를 안다. 왜냐하면 나는 분명히 그것의 옳고 그름을 알 수 있기 때문이다.

---

32 이사야서 55장 8절에서 9절에 다음과 같이 씌어 있다. "이는 내 생각이 너희 생각과 다르며 내 길은 너희 길과 다름이니라. 여호와의 말씀이니라. 하늘이 땅보다 높음 같이 내 길은 너희의 길보다 높으며 내 생각은 너희의 생각보다 높음이니라." 그러나 이 구절을 신의 목적이 우리가 이해하는 바와는 극단적으로 다르다는 것을 의미한다거나, 신의 도덕적인 표준이 인간의 표준과 완전히 단절되어 있다는 것을 의미한다는 해석은 최상의 해석이 아니다.

이제 만일 내가 일상적으로 인간의 행위에서 그릇된 것이라고 보는 것을, 신이 자기가 그렇게 행동하니까 나보고도 옳은 것으로 보라고 요구한다면, 또는 내가 일상적으로 잘못된 행동이라고 보는 것을 자기는 옳은 것으로 보니까 나보고도 옳은 것으로 보라고 요구한다면, 그리고 이 요구를 거부할 경우 나를 지옥에 보내겠다고 한다면, 나는 기꺼이 지옥에 가겠다.[33]

이런 비판의 위력을 감지하면서 자기네의 종교 전통에서는 인간의 도덕성과 신의 도덕성이 연결되어 있다고 보는 유신론자들은 악을 설명하기 위해 고차원적인 도덕성이라는 주제를 들고 나오지는 않는다. 그들은 신의 도덕성이 완벽하다고 주장하는 반면에, 신의 도덕적 표준과 인간의 도덕적 표준이 완전히 단절되어 있다고 고집하지는 않는다. 그들은 애당초 우리 인간의 오류가능한 도덕 판단들의 합당성이 악의 문제에 대해 저항한다고 본다.

이상의 접근법과는 구별되는 두 번째의 접근법—만사가 종국에 가서는 잘 될 것이기에 좋은 것이라는 전략—은 모든 악이 더 중대한 선들과 현재 연결되어 있다고 주장하지는 않는다. 그 대신에 이 접근법은 모든 악이 종국적으로 현세든 내세든 간에 더 큰 선으로 귀결될 것이라고 단언한다. 신의 시각에서는 만사가 좋다고 보는 입장에 대한 비판적인 논점들이 만사가 종국에 가서는 좋게 될 것이라는 입장에 대해서도 해당이 되지만, 더 언급되어야 할 사항이 있다. 그것은 현재의 악과 연결되어 있는 미래의 선들이 있을 수(또는 없을 수) 있는 반면에 어떻게 그와 같은 미래의 선들이 현재의 악의 발생을 정당화시키는지는 분명치 않다는 점이다. 예를 들어, 부모가 살해되어 고아가 된 아이가 성장하여 의사가 된 후 강한 인도주의적인 동기에서 미개국에 가서 의료 봉사를 한다고 해서 살인자의 손에 의해서 죽은 그의 부모의 비참한 죽음이 어떻게 도덕적으로 정당화될 수 있는가? 또는 천국의 약속된 지복(至福)이 어떻게 암환자가 이 세상에서 겪는 말할 수 없는 고통을 정당화할 수 있는가? 그것은 악을 능가하는 선의 개념에서 악에 대한 보상 개념으로 넘어가는 개념

33 이 글은 밀의 *An Examination of Sir William Hamilton's Philosophy*에서 발췌한 것으로서 *Theism*, ed. Richard Taylor (New York: Liberal Arts Press, 1957), pp. 89-96에 재수록되어 있다.

상의 비약이며, 악의 존재를 정당화하는 선의 개념으로 넘어가는 매우 큰 비약이다. 만사가 다 좋다고 보는 관점을 지지하는 많은 사람들은 이러한 곤경을 염두에 두고서, 우리 인간의 제한된 능력으로는 미래의 선이 어떻게 현재의 악을 만회하는지를 모르지만 신의 심오한 지혜는 그것을 알 수 있다고 간단히 말해버린다. 선이 악을 만회하거나 선이 악을 정당화하는 것이 무엇을 의미하는지에 대해서 우리가 충분히 설명할 수 있기 전에 최소한 이 문제와 관계가 있는 도덕 이론을 좀더 진지하게 토론할 필요가 있다.

앞의 주제들은 악의 문제를 일반적으로 다루는 데에 사용되었다. 그런데 여기서 특별히 자연적인 악의 문제를 다루는 주제를 고찰하는 것이 도움이 될 것 같다. 자연적인 악의 문제에 대한 가장 중요한 해결책은 자연 법칙에 의한 설명으로 알려져 있다. 이 설명에 따르면, 신이 자신의 창조 프로그램의 일부로서 자연 질서가 생겨나게 만들었다고 한다. 자연 질서는 물리 법칙에 따라서 움직이는 대상들로 구성된 세계다. 온갖 종류의 물리 법칙들이 작용함으로써 우리는 매우 많은 자연적인 유익들—즐거움에 대한 생리적인 느낌이나 고통이 주는 유익한 경고 등—을 얻게 된다. 더욱이 일반적으로 안정되고 예측가능한 자연 질서는 도덕 질서를 지탱해준다. 이 도덕 질서로 말미암아 합리적인 성찰과 선택이 이루어질 수 있고, 자유로운 선택에 따라 행동할 수 있게 된다. 그러나 자연적인 악의 가능성은 자연 체계에 내재해 있다. 우리의 갈증을 해소시켜주는 물이 우리를 익사시킬 수 있으며, 즐거움을 전달하는 신경 세포들이 강렬하고 참을 수 없는 통증도 전달할 수 있다.

맥클로스키(1925~)처럼 자연 법칙적 신정론을 비판하는 사람들은 신이 현재의 자연 체계 안에 초자연적으로 개입하든지, 아니면 전적으로 다른 자연 체계를 창조함으로써 자연적인 악들을 현저하게 감소시키거나 제거할 수 있다고 주장해왔다.[34] 스윈번을 비롯한 일부 유신론자들은 이 두 방안이 갖는 문제점들을 지적한다. 한편으로는, 신의 빈번한 개입이라는 개념은 신의 속성들 중 '전(全, omni-)'이 붙는 속성들과 상충하며 자연 체계 개념과도 상충한다.[35]

---

34 H. J. McCloskey, "God and Evil," *Philosophical Quarterly* 10 (1960): 97–114.

아무튼 신이 전지전능하다면 그는 자신이 빈번히 개입할 필요가 없는 자연 체계를 창조할 것이며, 그가 완벽하게 선하다면 그는 전반적으로 선한 자연 체계를 창조할 것이다. 더욱이 자연 체계라는 개념은 그 체계를 외부에서 자주 조정할 수 없다는 뜻을 함축한다. 그리고 그 체계는 다소 자발적으로 진행하며, 신의 반복되는 개입으로 인해 폐기될 수 있다는 뜻도 함축한다. 다른 한편으로는, 이 세상보다 진정으로 더 나은 자연계가 어떠한 것이 될지 그 비판가들이 충분히 면밀하고 상세하게 그려낼 수 있을지 의심스럽다.[36]

특별히 도덕적 악의 문제를 겨냥한 신정론의 주제 중 하나가 자유 의지다. 이것은 대중적인 수준에서뿐만 아니라 학술적인 수준에서도 거론되는 주제다. 이 주제는 플랜팅거의 유명한 자유 의지 방어보다 앞선 것으로서 다양한 전통적인 신정론들을 구성하는 요소였다. 우리가 살펴본 바와 같이, 플랜팅거의 방어 전략은 자유 의지에 따라 도덕적인 악을 선택한 사람들을 신이 창조한 것이 가능하다는 주장에 근거해 있다. 이와는 대조적으로 자유 의지에 의한 신정론은 좀더 공격적인데, 악을 행하는 상당히 자유로운 존재들을 신이 창조했다는 것이 가능할 뿐만 아니라 사실이라고 단언한다. 자유로운 도덕적 존재들이 악을 의도적으로 범할 수 있다는 것을 신이 알았더라도, 충분한 선택권을 가진 자유로운 피조물들이 사는 세계가 자동 인형들이 사는 세계보다 더 가치 있기에 신은 자유 의지를 허용했다고 본다. 이 시나리오는 인간됨이 갖는 위엄과 위난(危難)을 모두 조망하는 유신론적인 시각에서 중요한 요소를 나타낸다.

무신론자들은 자유 의지 전략이 더 많은 정당화를 요한다는 점을 여러 방식으로 보여준다. 그중 하나는, 악을 설명할 때 나타나는 자유 의지에 대한 양립불가론을 받아들여야 하는 이유를 대라고 요구하는 것이다.[37] 아무튼 자유

35 Richard Swinburne, "Natural Evil," *American Philosophical Quarterly* 15 (October 1978): 295-301과 Bruce Reichenbach, *Evil and a Good God* (New York: Fordham University Press, 1982), chap. 5 참조.

36 Reichenbach, *Evil*, chap. 4.

37 Anthony Flew, "Divine Omnipotence and Human Freedom," in *New Essays in Philosophical Theology*, ed. A. Flew and A. MacIntyre (New York: Macmillan, 1955), pp. 144-69가 한 예다. 또한 Flew, "Compatibilism, Free Will and God," *Philosophy* 48 (1973): 231-44를 보라.

의지의 성격에 관해서는 서너 가지의 양립가능론이 있다. 양립불가론적인 가정을 기꺼이 인정하는 무신론자들조차도 올바른 행위를 하려는 실제의 성향보다도 더 강한 성향을 지닌 자유로운 인간들을 신이 창조할 수 있었을 것이라고 간단히 주장한다. 이렇게 할 경우, 자유 의지를 오용함으로써 생기는 악들 중 많은 악이 확실히 감소될 것이다. 이에 대해서 유신론자들은 선을 행하려는 인간의 경향성은 신에 의해서 최대한 강하게 만들어졌다고 응수하면서 여전히 선택의 자유와 일관성을 유지하려 든다. 이에 대해 그런 식의 대응은 임시 변통적인 데에 지나지 않으며 그렇게 생각해야 할 이유가 없다는 비판이 제기된다. 그래서 논쟁은 다시 이어지게 된다.

악의 문제에 대해서는 이외에도 여러 가지 답변들—예를 들자면, 악을 하나의 환각으로 보는 관점, 악을 피조된 현실에 내재하는 부당한 요소로 보는 관점, 악이 악령에 의해서 생겨났다고 보는 관점 등—이 있는데 그것들 중 대부분은 한정된 유신론이나 확대된 유신론에 비추어볼 때 지엽적이거나 별로 중요하지 않다. 그런 답변들이 제시되었을 때 비판가들은 엄격한 분석과 반증으로 응수했다.

포괄적인 주요 신정론들

악의 문제를 처리할 때 특정 주제만 다루는 것이 아니라, 여러 주제들을 엮어서 좀더 폭넓게 설명하는 방식도 있다. 이런 식의 설명은 우주를 주관하는 신의 방식을 더욱 폭넓고 체계적인 시각에서 본다. 이와 같은 접근 방식을 포괄적 신정론이라고 부르자. 그것들 중 세 가지—아우구스티누스적 신정론, 이레니우스적 신정론, 과정 신정론—는 악에 대한 문헌에서 매우 중요시되는 것들로서 면밀히 검토해볼 가치가 있다.

우리가 다루고자 하는 첫 번째 관점은 아우구스티누스적 신정론인데 그 연원은 초기 기독교 철학자이자 신학자인 성 아우구스티누스(354~430)로 거슬러 올라간다. 아우구스티누스는 서너 개의 사유의 가닥들을 하나로 묶는, 현실에 대한 기독교적이고 유신론적인 해석을 제시했다. 아우구스티누스의 사상 중 하나는 우주—즉 신의 창조 전체—가 선하다는 것이다. 신은 오직 선한 것들만을 창조한다. 따라서 모든 피조물은 본질상 선하다. 따라서 악은 하나의 개체가 아니다. 형이상학적으로 말해서 악은 어떠한 것에 대해서도 그것의 긍정적 존재를 표상하지 않는다. 오히려 그것은 선의 결여이자 결핍이라고 한다.[38] 영원하고 불변하는 신과는 달리, 우주는 무(無)에서 창조되었고, 따라서 무상하고 가변적이다. 아우구스티누스에게는 이것이 우주의 최초 선이 어떻게 타락할 수 있고 따라서 악을 드러내게 되었는지를 설명해준다.[39] 죄나 악이 인간의 경험에 들어오게 된 것은 자유 의지를 오용했기 때문이라고 본 아우구스티누스는, 최초의 완전한 창조가 아담의 위약(違約)으로 인하여 신을 반역했다는 것을 기독교의 타락 교리가 명시한다고 생각했다. 아우구스티누스는 어떻게 이 최초의 죄악이 전 인류에게 유죄 판결과 징벌을 초래했는지, 어떻게 신앙인들이 신의 은총에 의해서 구속(救贖)될 것인지, 어떻게 역사가 신국(神國)의 확립에서 절정을 이루게 될지를 계속해서 파고들었다.[40]

분명히 아우구스티누스식의 신정론은 5세기부터 서구 기독교계를 풍미했고, 현대에 들어와서도 악의 문제에 관한 기독교적이면서 대중적인 많은 답변들의 배경이 되었다. 그래서 그의 이론은 상당히 많이 검토되었다. 예를 들어, 아우구스티누스는 신의 위력과 확고한 주권에 대한 그의 강한 입장에 비추어서 악이 상정하는 역설을 충분히 설명하지 못했다는 비판을 받았다. 아마 가장 골치 아픈 물음은 최초에는 선하고 자유로운 피조물이 어떻게 범죄할 수 있느냐는 것이다. 만일 인간들이 죄악이 없는 이상적인 상태나 '황금기'를 누린다면, 어떻게 그들이 감히 악을 선택하겠는가? 이런 반론에 밀려 종국에 아우구스티누스는 '유한한 자유의 신비'[41]까지 후퇴했다.

신정론에 대한 두 번째의 접근법은 초기 동방 기독교계의 주요 사상가인 이레니우스 주교(Bishop Irenaeus, c. 130~c. 202 A.D.)로 거슬러 올라간다. 그

38 Augustine, *Enchiridion*, i. 8, 7.
39 Augustine, *City of God*, xii. 1, 6.
40 Augustine, *Confessions*, *City of God*, *Enchiridion*.
41 Augustine, *On Free Will*, Ⅲ. xvii. 49.

의 사상은 그리스의 영향을 받았으며 아우구스티누스나 서방 교부들의 사상과는 다르다. 이레니우스 식의 신정론을 지지하는 현대 종교 철학자인 힉(John Hick, 1922~)의 설명에 따르면, 이레니우스의 신정론에서는 아담을 비롯한 최초의 창조를 무죄하고 미숙한 상태로 보되 신과 주위의 피조물들을 사랑함으로써 선을 이루게 되는 상태로 여긴다. 그런데 최초의 무죄가 최초의 완전과 동일시될 수는 없다고 본다. 신이 도덕적으로 성숙한 인간을 즉시 창조할 수 있는지는 정말 분명치 않다. 왜냐하면 도덕적으로 성숙하려면 세월이 흐르면서 유혹을 경험해보고 죄악을 실제로 겪어봐야 하기 때문이다. 따라서 우리가 알고 있듯이 악은 오염되지 않은 순결하고 선한 상태에서 타락한 것으로 설명되어서는 안 되고 인류의 점진적인 발전 과정에 있는 불가피한 단계로서 설명되어야 한다고 이레니우스 신정론에서는 말한다.

힉이 이레니우스식의 접근법을 번안한 것을 놓고 영혼 형성 신정론(soul-making theodicy)이라고 부른다. 그렇게 부르는 이유는 그 이론이 인간들이 도덕적 및 영적으로 성숙해가도록 도와주는 신의 웅장한 체계를 그리고 있기 때문이다. 이 관점에 따르면, 특별한 종류의 환경이 영혼 형성의 전반적인 과정을 위해 요구된다고 한다. 인격의 성장에 도움이 되는 환경이란, 도덕적인 덕을 발휘할 수 있는 기회가 주어지고 도전이 주어지며 신앙을 표현할 수 있는 환경이어야만 한다. 이러한 환경의 주요 구성 요소로는 특정한 방식으로 상호 작용하는 도덕적인 행위자들의 공동체가 있고, 우리의 의지와는 별도로 작용하는 비인격적인 대상들의 자연적인 질서도 있다. 분명히 그런 조건에서는 실패와 파멸, 고통과 불의 등 악의 위험이 있다. 흥미롭게도 힉은 이 세계가 마치 신이 없는 것처럼 우리에게 비쳐지는 것조차 중요하다고 본다. 악이 바로 그러한 인상을 주는 데에 중요한 역할을 하는 것이다. 이 세계가 잠재적으로 무신론적으로 보임으로써, 피조물과 창조주 사이에 '인식적인 간격'이 생겨나고 진정한 신앙과 신에 대한 신뢰가 들어설 여지가 만들어진다고 힉은 생각한다. 실제로 이 논점은 1장에서 논의되었던 신의 침묵의 문제와 인생의 종교적 모호성의 문제와 관련이 있다.

이레니우스의 신정론에서 신의 궁극적인 계획은 모든 인간들의 보편적인 구원인데, 이것은 이생의 존재를 넘어서 내세로 확장되는 과정이다. 어떠한 이유에서든지 간에 적절한 정도의 도덕적인 성숙을 이루지 못한 채 생을 마감한 사람들을 위해서 신은 내세에서라도 그들을 구원하려는 목표를 추구해간다. 그래서 신은 모든 사람들이 그와 올바른 관계를 맺을 때까지 그들에게 내세에서라도 사랑과 신뢰를 발휘할 기회를 제공하려고 계속 애쓴다. 신의 끈기에 대한 이러한 확언은 이레니우스의 신정론이 지닌 진보적이고 발전적이며 종말론적인 정향성을 완성시킨다.[42]

힉이 만든 매우 유명한 이레니우스 식의 신정론은 그 자신의 독특한 주제들뿐만 아니라, 자유 의지에 의한 설명과 자연 법칙에 의한 설명과 성격 형성에 의한 설명의 요소들을 담고 있다. 그의 견해에 대하여 다양한 각도에서 비판이 제기되어왔다. 한 예로, 케인(1938~)은 신앙이 들어설 여지를 남겨놓기 위하여 힉이 인간과 신 사이에 상정한 '인식적인 간격'은 훨씬 적은 대가를 치르고도 유지될 수 있다고 주장했다.[43] 신이 자신의 존재를 숨길 수 있는 방법에는 여러 가지가 있기 때문에, 신이 존재하지 않는 듯한 인상을 주기 위해 심각한 도덕적인 악과 물리적인 악이 필요하지는 않을 것 같다는 것이다.

힉의 관점을 비판하는 사람들은, 세계가 영혼을 형성해가는 프로그램과 연관되어 있다는 핵심적인 주장이 경험적인 지지를 받지 못한다고 공격한다. 현세의 삶에서 많은 실패를 겪다 보면, 과연 영혼을 형성해가는 프로그램이 진행 중이냐는 회의를 품게 된다. 인격이 성숙해지기는커녕 망쳐진 사람들이 너무 많아서 생각이 깊은 사람들이라면 영혼 형성 과정의 존재와 효력에 대해서 의문을 제기하기 마련이다. 더욱이 많은 경우에 영혼의 형성이 성공하더라도 그 목적을 성취하기 위해서 사용되는 수단(예를 들어 격심한 고난, 고통, 재해)을 정당화할 수 있는지 의아해하는 비판가들이 많다. 우리는 인도주의적인 활동이나 도덕적인 용기의 빛나는 귀감이 되는 사람들에 관해서 듣기는 했지

---

42 힉이 이러한 유형의 이레니우스적 신정론을 만들어내는 특수한 방식을 위해서는 그의 저서 *Evil*의 3부와 4부를 참조하라.

43 G. Stanley Kane, "The Failure of Soul-Making Theodicy," *International Journal for Philosophy of Religion* 6 (1975): 1-22.

만, 이들 중의 많은 이들이 영문도 모른 채 가족을 잃거나 본의 아니게 오랫동안 혹독한 고통을 겪으면서 싸워야만 했다. 이 두 번째 논점에 대응해서 힉은, 각 사람은 영혼 형성 과정이 그러한 대가를 치르고서라도 얻을 가치가 있는지의 여부를 궁극적으로 결정해야만 한다고 지적했다.

과정 신정론은 우리가 고찰해야 할 악에 대한 주요 설명 중 세 번째 설명이다. 화이트헤드의 저술에서 주창된 과정 철학(process philosophy)은 유신론적 신의 고전적인 속성들을 변형시켜서 독특하게 다른 유형의 신정론을 만들어냈고, 현대 철학자들과 신학자들이 진지하게 주목한 사상이다. 과정 사상은 일반적으로 실재를 존재(being)보다는 생성(becoming)으로 보는 관점에 근거해 있는데 이것은 전통적인 접근법을 뒤집는 것이다. 그래서 신과 유한한 피조물들에서의 변화와 발전과 진화의 개념이 바로 과정 신정론의 중심적인 주제가 된다는 점은 놀라운 일이 아니다. 피조물들은 경험과 활동의 의식적이고 영원히 변하는 중심이 된다. 신은 두 가지 특성을 갖는데, 하나는 그의 원초적인 성격(primordial nature)이고 다른 하나는 그의 결과적 성격(consequent nature)이다. 신의 원초적인 성격은 피조(被造) 세계가 진보할 수 있기 위한 모든 영원한 가능성들을 담고 있다. 신의 결과적인 성격은 피조물들이 그 가능성들 중 어느 것을 그들의 삶 속에서 구현할지를 선택할 때 피조물들이 겪게 되는 경험과 반응들을 담고 있다. 신의 결과적인 성격은 피조 세계에서 일어나는 사건들에 대응해서 변하기 때문에, 신 역시 변화하며 과정 속에 있다고 할 수 있다.

과정 신정론은 거리낌 없이 신의 전능성에 대한 고전적인 개념을 거부한다. 과정 사상가들은 그 개념이 부적절하고 오류에 빠져 있다고 생각한다. 과정 철학자들과 신학자들은 전통적인 신학자들이 주장했던 신의 독점적인 능력이나 '무한 능력'을 부인한다. 유한한 피조물들도 능력의 중심이 되며 새로운 사태를 초래할 수 있다. 과정 사상가들은 이러한 피조물의 특징적인 능력을 '자유'에 의거해서 표현하는데 그들의 용어법은 좀더 전통적인 논의들을 생각나게 하는 면이 있다. 그들이 말하는 자유는 실재의 구조에 근거해 있으며, 각 피조물에는 스스로 결정할 수 있는 능력이 내재해 있다. 따라서 신은 하나의 존재자가 가질 수 있는 능력을 모두 가지고 있지만, 존재하는 능력을 모두 가지고 있지는 않다고 말할 수 있다. 피조물들은 그들의 삶을 위해서 선과 악의 여러 가능성들 중 어느 것을 선택할 수 있는 나름대로의 능력을 갖는다. 그래서 신의 능력은 피조물들의 실제적인 저항에 직면할 수 있다. 과정 사상가들에 따르면, 신의 능력은 강제적이기보다는 설득적인 것으로 봐야 한다. 신은 피조물들로 하여금 악을 멀리하고 선으로 나아가도록 유도할 수 있지만, 선을 선택하도록 강요할 수는 없다. 과정론의 대표자인 그리핀(1939~)은, "신은 어떠한 사태도 일방적으로 초래할 수 없기 때문에" 악을 제거할 수 없다고 말한다.[44] 그 대신에 신은 사람들에게 선을 실현하기 위한 가능성들을 제공하고, 그들이 신의 계획대로 살지 못할 때에는 자신의 계획을 적절하게 조정해서 그들로 하여금 그 다음의 이상적인 가능성을 성취하도록 유도한다. 그리하여 피조물들의 경험을 향상시키고 풍부하게 한다는 궁극적인 목표를 이루어 나간다.

과정 신정론의 한 가지 흥미로운 주제는, 피조 영역에서 모든 긍정적이고 부정적인 경험들이 신의 의식적인 삶 속에서 궁극적으로 보존되고 조화된다는 것이다. 따라서 신이 "그 자신 안에서 전 우주를 종합하는 한"[45] 만사가 다 잘 되어나간다고 할 수 있다. 신은 천국에서 지상의 모든 경험들을 종합하지만 일방적으로 모든 악을 없애지는 않는다. 전통적인 기독교 사상가들과는 달리 과정 신학자들은 '영생'이나 '내세'를 악의 문제에 대항해서 신의 선을 방어하는 데에 핵심이라고 생각하지는 않는다.[46] 더욱이 만물의 최종적인, 종말론적인 정점도 없다. 따라서 과정 신학자들이 보기에는, 선이 승리하고 세상이 대속되기를 바라는 기본적인 희망은 신의 의식적인 삶 속에서 이루어지는 만물의 지속적인 종합을 통해서 이루어질 수 있다.

44 David Ray Griffin, *God, Power, and Evil* (Philadelphia: Westminster, 1976), p. 280.

45 Alfred North Whitehead, *Religion in the Making* (New York: Macmillan, 1926), p. 98; *Process and Reality* (New York: Macmillan, 1929), pp. 524-5.

46 과정 철학자들 중에는 인격의 불멸성과 내세를 과정론적으로 설명하려고 시도한 사람들도 있다는 점에 주목해야 한다. 이에 관한 논의를 위해서는 David Ray Griffin, *Evil Revisited* (Albany: SUNY Press, 1991), pp. 34-40 참조.

과정 신정론은 고전적인 유신론자들이 기본 개념들을 재고하고 다듬는 작업을 피할 수 없게 만들었다.[47] 그러나 일부 비유신론자들을 포함해서 고전적인 유신론자들은 과정 개념들에 대해서 심각한 반론들을 많이 제기해왔다. 예를 들자면, 신의 능력에 대한 과정 개념이 신랄한 비판을 받았다. 과정 신학자들이 신의 능력에 대한 고전적인 개념들에 대해서 가한 공격은 '전체주의적'이라든가 '독점적인'이라는 과장된 용어들을 사용한 순전한 희화에 지나지 않는다는 비판의 소리도 있다. 이러한 희화는 강제력과 설득력 사이에서 너무 단순화된 '양자택일'의 구분을 설정하는데, 이 문제는 9장에서 좀더 충분히 논의될 것이다. 과정 신정론을 비판하는 사람들은 '생산력'이나 '유지력', '권능을 부여하는 능력'처럼 신의 능력에도 여러 양식이 있을 수 있으며, 이것들 중 많은 것들이 도덕적인 설득과 양립할 수 있다고 주장한다.[48] 또한 능력에 대한 과정 모델은 '능력의 소유'와 '능력의 소유권'을 혼동하고 있는 것 같다. 재화의 경우에 소유권은 배타적이다. (예를 들어 한 사람이 모든 대리석을 갖는다면 다른 사람들은 대리석을 전혀 가질 수 없다.) 그러나 능력의 경우에는 소유권이 배타적이지 않다. 그래서 어떤 사람이 책상 위에서 연필을 집어 올리는 능력을 가지고 있더라도, 다른 사람들이나 신도 똑같은 능력을 가질 수 있다. 많은 고전적인 유신론자들이 의도한 관점은, 신의 능력에 대한 독점적인 관점이나 경쟁적인 관점이 아니라 유한한 피조물들의 편에서 어떤 능력을 소유하는 것과 양립할 수 있는 관점이었다.

과정 신정론에 대한 또 다른 일반적인 비판은 신의 선에 대한 개념에 초점이 맞춰지는데, 과정 신정론의 개념이 도덕적으로 정향되어 있기보다는 본질적으로 미적으로 정향되어 있다고 말한다. 과정 신의 목표가 고통과 불일치의 대가를 치르고서라도 피조물의 경험을 더욱 풍부하고 복합적인 것으로 만드는 데에 있다면, 그 과정 안에서 일상적인 도덕률을 어길 위험이 있다. 고전적인 유신론자들과 유신론을 비판하는 사람들 모두가 이 반론을 제기해왔다.

---

47 과정 신학에 대한 전반적인 논의를 위해서는 Michael Peterson, "God and Evil in Process Theodicy," in *Process Theology*, ed. Ronald Nash (Grand Rapids: Baker Book House, 1987), pp. 121–39 참조.

48 Nancy Frankenberry, "Some Problems in Process Theodicy," *Religious Studies* 17 (1981): 181–4.

신이 단지 미적인 목표를 달성하기 위해서 고통을 일으키거나 허용한다면 신은 도덕적으로 불완전할 것이라는 견해가 고전적 신학에 함축되어 있다. 이에 대해서 과정 유신론자들은 미적인 가치가 도덕적인 가치보다 더 크고 더 포괄적인 범주라고 응수한다. 이는 신의 선으로 하여금 우리가 인지하고 입증할 수 있는 어떠한 것과도 같은 것이 되지 않게 하려는 책략이다. 물론 신이 숭배될 가치가 있느냐의 여부는 신이 도덕적으로 선하냐의 여부에 달려 있다.

끔찍한 악과 유신론에 대한 평가

포괄적인 신정론들의 완전한 목록은 우리가 이 장에서 다룰 수 있는 것보다 훨씬 더 길다. 그러나 여기서 추출한 표본적인 접근법들을 통해서, 우리는 유신론자들이 사용할 수 있는 넓은 범위의 수단들과 그 반대자들이 사용할 수 있는 여러 가지 대항 수단들을 알게 된다. 흥미롭게도 악에 근거한 반(反)유신론적 논변과 이에 대한 유신론적 답변들 근저에는 공통된 가정이 깔려 있다. 그것은 바로, (전지전능하고 완전하게 선한) 신은 더 중요한 선에 필요하지 않은 어떠한 악도 허용하지 않을 것이라는 가정이다. 신이 악을 허용하는 도덕적으로 충분한 이유를 제공해줄 수 있는 유일한 길은 바로 이 기준을 충족시키는 것이라고 많은 사람들이 주장한다. 유신론을 비판하는 사람들은 더 중요한 선을 이루는 데에 필요하지도 않은 악이 존재한다고 주장하는 반면에, 유신론자들은 악이 그런 선과 어떻게 연결되는지를 설명하려고 든다.

이어지는 논란에서 다양한 유신론적 답변들을 격퇴할 수 있다고 믿는 무신론자들은 당연하게도 불필요한 악(gratuitous evil)—더 중요한 선의 존재를 위한 것도 아닌 악—이 있다고 주장하려 든다. 무신론자들에게 열려 있는 또 다른 방안—이것에 관해서는 좀처럼 연구하지 않고 있다—은, 더 중요한 선에 근거해서 악을 정당화하려는 계획이 성립할 수 있는지의 여부를 따져보는 것이다. 여하튼 그런 계획은 본질적으로 결과주의적이어서 악의 도덕적 비중이 외적인 요인에 좌우되게끔 만든다. 이 무신론자들은 도스토예프스키의 이반 카라마조프를 통해 표현된 직관을 추구하는데, 그것은 일부 현실적인 악들은 본래적으로 너무 부정적이고 파괴적이어서 어떠한 외적인 선들도 그것들을 능가할 수 없다고 보는 관점이다.

이반의 논점은 신정론 자체의 본성과 목표에 대해 더 성찰하도록 부추긴다. 악이 들어 있는 세계가 대체로 선할 수 있다는 것을 신이 어떻게 보증하는지에 관해 신정론은 포괄적인 답변을 제공해야 하는가? 아니면 어떻게 신의 선함 덕분에 사람들이 악에 휘말려들어 삶의 가치를 잃어버리지 않게 되는지를 설명할 때에 신정론이 좀더 구체적이고 명시적이어야 하는가? 이반의 사고방식에 동조하는 무신론자들은 여기서 아주 만만치 않은 경우를 제시한다. 유신론자인 애덤스(1943~)는 신정론이 공정하려면 총괄적인 수준에서 개별적인 수준으로 옮겨가야 한다고 주장한다. 애덤스가 끔찍한 악(horrendous evil)이라고 부른 악은 일개인의 삶의 의미를 너무나 파괴해서 그 삶이 당사자에게 중요한 선이 못 되게끔 하는 악이다.[49] 우리는 로우가 예를 든 다섯 살 난 아이의 경우를 여기에 비추어볼 수 있다. 개인의 삶이 궁극적으로 끔찍한 악에 의해 파괴되는지의 여부는 무신론자들이 집요하게 물고 늘어질 만한 문제이자 유신론자들에게는 대답하기가 가장 어려운 물음이다.

이 주제를 논할 때 애덤스는 무신론자도 받아들이는 선들만 지칭함으로써 악의 문제에 대해 유신론자들이 답해야만 한다는 공유된 방법론적 가정을 포기해야 한다고 지적한다. 이 선들은 세속적이고 유한하고 일시적인 반면에 유신론자가 가지고 있는 개념적인 무기고에는 무한하고 영원한 선들이 들어 있다고 애덤스는 주장한다. 한 걸음 더 나아가 애덤스는, 신은 가치의 원천이고 그런 의미에서 선하지만 권리와 의무의 표준적인 틀—악의 문제를 공식화할 때 피조물들은 이 틀의 지배를 받는다고 추정된다—에 구애받지 않는 것이 신의 형이상학적인 본성이라고 주장한다. 아무튼 악에 근거한 대부분의 논변들은, 언급된 악들을 상쇄하는 선들을 발생시킬 의무—이 의무는 피조물에 적합한 의무와 유사하다—가 신에게 있으며, 신이 선한 길은 달리 없다고 추정한다.

49 Marilyn Adams, *Horrendous Evils and the Goodness of God* (Ithaca: Cornell University Press, 1999).

애덤스는 기독교 유신론에 대한 그 나름대로의 독특한 이해에 근거해서 어떻게 신이 선하며, 그 선이 개인의 삶—끔찍한 악들이 이 삶의 의미와 가치를 위협한다—과 어떻게 연결되어 있는지에 대한 여타의 개념들을 검토한다. 애덤스의 주장 중 하나는, 기독교의 성육신 교리(신이 나사렛 예수라는 사람으로 이 땅에 왔다는 교리)가 고통을 포함한 인간의 조건과 신의 밀접한 동일화를 상징한다는 것이다. 이에 근거해서 애덤스는 모든 고통은, 그것이 얼마나 끔찍한 것이든 간에, 이미 긍정적인 측면을 지닌다고 말한다. 또한 애덤스는 신성한 인격적 존재요 의미의 완전한 창조자인 신이 궁극적으로 모든 유한한 인간을 구원할 것이라고 주장한다. 그래서 그녀는 끔찍한 악을 경험한 사람들은 어느 시점에서 자신의 삶의 가치를 확인할 수 있을 것이라고 주장한다.

애덤스의 기여는 세부적인 데에 있다기보다는 오히려 악의 문제와 신정론에 대한 논의가 크게 바뀌지리라는 것을 예고한 데에 있다. 의심할 여지없이 다른 유신론자들은 애덤스의 보편주의가 기독교적 유신론에 대해 갖는 문제점들을 토론할 것이다. 유신론을 비판하는 많은 사람들이 애덤스가 악에 근거한 논변 중 가장 신랄한 형태의 논변을 분명하게 설명하는 데에 도움이 되었다는 점을 인정하겠지만, 기독교를 믿지 않는 사람들이 특정 기독교 교리를 포함하는 설명을 신뢰할 수 있어야 하는 이유가 무엇이냐는 문제를 틀림없이 제기할 것이다. 여기서 우리는 악에 대한 논쟁의 틀을 짤 때 다음 두 선택지 사이에서 균형을 잡는 문제에 봉착한다. 하나는 우리가 그 논쟁을 일반적인 수준에서 전개해가면서 가능한 한 공통된 근거를 주장하는 방안이다. 이 방안을 선택하게 되면 일반적으로 유신론자들은 신이 특정 목적을 추구하기 위해 특히 인간들과 함께 일정한 종류의 세계를 창조하고 유지할 것이라고 주장한다. 이에 대해 비판가들은 신의 접근법에 대한 전반적인 비용 편익 평가(cost-benefit assessment)를 중심으로 반박한다. 다른 하나는 구체적인 수준—유신론자들이 그들의 특정 종교 전통의 자원에 집중하는 수준—에서 논쟁을 벌이는 것이다. 이 단계에서는 비판가들은 유신론자들에게 비유신론적인 형이상학적 및 도덕적 시각에 부합하는 답변을 제시하라고 요구할지, 아니면 유신론자들의 (확장된 유신론적) 개입(commitment)이 어떻게 합당한 답변을 제시하는지를 보이라고 요구할지 결정해야 할 것이다.

결국 악에 대한 논쟁은 유신론적인 믿음을 합리적으로 받아들이거나 거부하는 것과 관련된 서너 가지의 고찰들 중의 하나다. 그러므로 신의 존재를 옹호하거나 반대하는 모든 관련 논변들에 비추어서 사리에 맞는 판단을 내려야만 한다. 더욱이 전반적인 유신론적 입장이 다른 세계관들—종교적인 것이건 세속적인 것이건 간에—과 비교해볼 때 얼마나 성공적인지를 고려하고 나서야 최종적인 판단을 내려야만 한다.

| 연구문제 |

1. 왜 악의 문제가 기독교의 유신론에게는 그토록 중대한가? 다른 세계관들이 어떻게 악의 문제에 대처할 수 있는지에 대해서 검토하라.
2. 두 가지 종류의 악의 문제를 구분하라. 유신론을 비판하는 사람들은 어떠한 전략을 가지고 각 문제를 주장하는가? 이에 대한 유신론자들의 대응 전략은 무엇인가?
3. 방어와 신정론의 차이를 설명하라. 신정론이 성립할 수 없다는 주장과 성립할 수 있다는 주장들을 열거하고 이에 대한 당신의 생각을 말하라.
4. 악이 어떻게 신의 존재에 대한 반증으로 간주될 수 있는지를 해석하는 방식을 찾을 때, 어떤 철학자들은 악에 근거한 논변을 확률적인 용어로 정식화했다. 이것은 유신론을 공격하기 위한 유망한 방안인가, 아닌가? 그 이유는 무엇인가? 악의 증거상의 문제를 정식화하기 위한 더 유망한 방법이 있는가?
5. 유신론자들이 제시한 전면적인 신정론들을 비롯해서 악에 대한 표준적인 답변들에 대해서 검토해보라. 이 이론들 중 어느 것이 당신이 생각하기에 가장 효과적인가? 효과가 낮거나 받아들이기 어려운 것은 무엇인가? 이 신정론들에 대해서 비판가들이 제시한 표준적인 반론들을 조사하라.
6. 당신은 악의 문제에 대한 유신론적인 답변이 설득력이 있으려면 한층 더 큰 선에 근거한 추리에 의존해야 한다고 생각하는가? 그 이유는 무엇인가?

7. 일부 유신론자들이 구분했듯이, 불필요한 악의 현실성에 개입하는 것과 불필요한 악의 가능성에 개입하는 것의 미묘한 차이에 대해서 검토하라.
8. 애덤스가 말하는 '끔찍한 악'이란 무엇인가? 이 개념이 유신론자들에 대해 중요한 주제가 되는 이유는 무엇인가? 로우와 같은 비유신론자들에게는 어떠한가?
9. 유신론자들이 끔찍한 악에 대한 신정론을 구축할 수 있는 방안으로 애덤스가 제시한 것은 어떠한 것인가? 애덤스의 제안에 대해 어떠한 비판이 제기되는가?

| 참고문헌 |

Adams, Marilyn. *Christ and Horrors: The Coherence of Christology*. Cambgidge: Cambridge University Press, 2006.

——. *Horrendous Evils and the Goodness of God*. Ithaca: Cornell University Press, 1999.

Basinger, David. *The Case for Free Will Theism*. Downers Grove: InterVarsity Press, 1996.

Drange, Theodore. *Nonbelief and Evil*. Buffalo: Prometheus Books, 1998.

Griffin, David Ray. *God, Power, and Evil: A Process Theodicy*. Philadelphia: Westminster, 1976.

——. *Evil Revisited: Responses and Reconsiderations*. Albany: SUNY Press, 1991.

Hasker, William. "The Necessity of Gratuitous Evil." *Faith and Philosophy* 9, no. 1 (1992): 23-44.

Howard-Snyder, Daniel. *The Evidential Argument from Evil*. Bloomington: Indiana University Press, 1996.

Larrimore, Mark, ed. *The Problem of Evil: A Reader*. Oxford: Blackwell, 2001.

Mackie, J. L. *The Miracle of Theism*. Oxford: Clarendon Press, 1982.

Madden, Edward, and Peter Hare. *Evil and the Concept of God*. Springfield: Charles C. Thomas, 1968.

Martin, Michael. *Atheism: A Philosophical Justification*. Philadelphia: Temple University Press, 1990.

O'Connor, David. *God and Inscrutable Evil: In Defense of Theism and Atheism*. Lanham: Rowman & Littlefield, 1998.

Peterson, Michael. *Evil and the Christian God*. Grand Rapids: Baker Book House, 1982.

———. *The Problem of Evil: Selected Readings*. Notre Dame: University of Notre Dame Press, 1992.

———. *God and Evil: An Introduction to the Issues*. Boulder: Westview Press, 1998.

Phillips, D. Z. *The Problem of Evil and the Problem of God*. Minneapolis: Fortress Press, 2005.

Pike, Nelson, ed. *God and Evil: Readings on the Theological Problem of Evil*. Englewood Cliffs: Prentice-Hall, 1964.

Plantinga, Alvin. *God, Freedom, and Evil*. Grand Rapids: William B. Eerdmans, 1977.

Reichenbach, Bruce. *Evil and a Good God*. New York: Fordham University Press, 1982.

Rowe, William, ed. *God and the Problem of Evil*. Oxford: Blackwell, 2001.

Steward, Mel. *The Greater-Good Defense*. New York: St. Martin's, 1993.

Swinburne, Richard. *Providence and the Problem of Evil*. Oxford: Clarendon Press, 1998.

Tilley, Terrence. *The Evils of Theodicy*. Washington, D.C.: Georgetown University Press, 1991.

Van Inwagen, Peter. *The Problem of Evil: The Gifford Lectures 2003*. New York: Oxford University Press, 2006.

9장 ●● 신의 역사: 신은 세계와 어떻게 관계를 맺을까?

제2차 세계대전이 발발한 무렵인 1940년 5월 하순, 30만 명 이상의 영국군과 프랑스군이 프랑스 북부에 있는 던커크에서 독일군에게 포위당했다. 독일군의 병력이 우세했고, 연합군은 절망적이었다. 연합군이 거의 사살되거나 포로가 될 상황이었다. 이들을 구출하기 위해 800척 이상의 선박으로 소함대가 구성되었는데, 이 중에는 자원한 소형의 상업용 보트와 개인 보트들이 다수 포함되었다. 그런데 영국 해협의 날씨가 평소와는 달리 고요했을 뿐만 아니라, 안개가 짙게 낌으로써 독일 공군이 폭격하기가 어렵게 되어 예상외로 인명 손실이 거의 없이 연합군을 철수시킬 수 있었다. 연합군의 대의명분이 옳고 신은 그 전쟁에서 연합군이 승리하기를 원한다고 믿었던 많은 사람들이 이 사건을 신의 섭리라고 해석했다. 신이 역사(役事)해서 연합군의 철수가 용이하도록 평소와는 달리 좋은 기상 조건이 만들어졌다고 본 것이다.

이 세상에서 신이 역사한다는 것은 일신교(一神教) 신앙의 핵심적인 요소다. 출애굽 사건은 유대교의 경우에 가장 중대한 사건이다. 신이 이스라엘 백성을 이집트에서 이끌어내어 모세의 영도 하에 약속의 땅으로 들어가게 했다는 것이다. 기독교의 핵심적인 사건들은 예수 그리스도의 삶과 죽음과 부활이다. 이슬람교의 경우에는 모하메드가 메카에서 메디나로 이동한 헤지라와 가브리엘 천사가 모하메드에게 코란을 준 사건들이 핵심적이라고 하겠다. 이러한 사건들은 해당 종교인들에게 매우 흥미로우면서도 중요한 것들이다.

이런 특정한 '신의 역사'는 아마 각 종교의 경전과 신학을 통해서 접근하는 것이 상책일 것이다. 하지만 이 세상에서의 신의 역사에 관해서 좀더 일반적인 물음들이 제기될 수 있고 이는 철학적인 고찰거리가 된다. 무엇보다도 5장에서 논의된 의미에서 신이 인격적이라고 여겨질 때에만, 신의 역사가 의미심장해진다. 비인격적이고 범신론적인 신성은 세상만사의 배후에 있는 힘은 될지언정 특정한 행위의 주체가 될 수는 없다. 이 세상에서 행위하기 위해 신은 특정 사건과 상황을 인지해야만 한다. 또한 신은 그런 문제들에 관심을 가져야 하고 세상사에 마음을 써야 한다. 더욱이 신은 사건들의 과정에 영향을 미치는 힘을 가져야 한다. 만일 신이 그 사건에 특별한 방식으로 개입하지 않았다면, '신의 역사'는 발생하지 않았을 것이다.

하지만 이렇게 말해버리면 신의 행위에 관한 많은 물음들이 해결되지 않은 상태로 남고 만다. 그런 행위가 고찰될 수 있는 방식들은 몇 가지 변수에 따라 달라질 수 있다. 무엇보다도 가장 중요한 변수는 신의 능력이다. 신은 세계 안에서 어떤 종류의 능력을 발휘하는가? 둘째로, 인간의 자유가 있다. 사람들(그리고 다른 피조물들)이 자유 의지를 타고났다면, 이 자유가 어떻게 이해되어야 하는가? 끝으로 신의 지식이 있다. 신은 세계에 대해서 엄밀하게 어떤 종류의 지식을 가지고 있을까? 이 모든 물음들은 논란거리이며, 어떻게 조합되느냐에 따라 신의 섭리에 관한 이론들—신이 자기가 창조한 세계를 감독하고 돌볼 때 어떻게 역사하느냐에 관한 이론들—도 다르게 구성된다. 이런 이론들은 이 장의 후속 절에서 논의될 것이다.

신의 역사에 관한 이런 물음들은 단순히 이론적인 관심거리만은 아니다. 그 물음들은 종교 생활을 비롯해서 많은 사람들이 관심을 갖는 물음들에 대해 함축하는 바가 크다. 물론 바로 이 때문에 논쟁도 크게 벌어진다. 우리가 다양한 견해들을 설명해나가면서 특히 두 가지 주제에 대해 그것들이 함축하는 바를 지적하게 될 것이다. 하나의 주제는 앞 장에서 토론한 악의 문제다. 신의 역사에 관해서 어떤 관점을 취하느냐에 따라 악의 문제에 대한 견해도 달라지고, 8장에서 소개된 접근법들 중에서 어느 것을 쓸 것인지도 결정된다. 또 다른 주제는 많은 신앙인들에게 매우 흥미로운 것인데 바로 기도다. 일반적으로 기도는 종교 생활에서 핵심적인 요소로 여겨진다. 하지만 그것은 많은 의문을 불러일으킨다. 우리가 신에게 말할 수 있는 모든 것을 신이 이미 안다면 기도는 왜 하는가? 우리가 기도함으로써 신이 하지 않았을지도 모르는 일을 그로 하여금 하게 할 수 있다고 생각해도 되는가? 우리가 신에게 기도를 할 때 실제로 어떤 일이 진행되는가? 이러한 물음들로 인해 이 장의 주제는 매우 중요해진다.

신은 어떤 종류의 능력을 발휘하는가?

전통적으로 모든 주요 일신교들은 신이 전능하다고 주장한다. 이때의 전능성은 5장에서 정의된 의미로 쓰이는데, 논리적으로 가능하면서 신의 완전성과 일치하는 것이면 신은 어떤 것이든지 할 수 있다는 뜻이다. 신은 이토록 광범위한 능력을 가짐으로써 인류의 역사(歷史)에서 그가 원하는 결과가 발생하도록 역사(役事)할 수 있다. 신이 처음에 세계를 창조할 때, 나중에 그가 바라는 대로 일이 벌어지도록 무수히 다양한 가능성들을 설정해야 하므로 최초의 창조 행위는 중요하다. 신은 자기가 의도한 대로 차후에 사건이 벌어지되 '순전히 자연적인' 방식으로 생겨나도록 여러 상황들을 사전에 조정할 수 있다. 또한 신은 특정인에게 특별한 방식으로 영향을 미칠 수 있도록 상황들을 사전에 조정할 수 있다. 예컨대 어떤 사람이 장엄한 일출 광경을 목도하게끔 만듦으로써 신 자신의 위대함과 아름다움을 드러내는 뭔가를 깨닫게 할 수 있는 것이다. 또한 신은 사람들에게 (불타는 수풀에서 들려오는 목소리라든지, 꿈이나 환상을 통해서) 직접적으로, 또는 본인은 모르게 비밀리에 영향을 미칠 수 있다. 전능성은 신이 기적을 행할 수 있다는 것을 뜻하기도 한다. 신은 자연계의 정상적인 능력을 넘어서는 사건들이 이 세상에서 일어나도록 할 수 있다.(기적의 문제는 10장에서 다루게 될 것이다.) 물론 신이 자신의 목적을 이루기 위해서 특정한 방식으로 역사할 수도 있을 것이라는 사실이 신이 실제로 그렇게 역사한다는 것을 보증하지는 않는다. 그럼에도 불구하고 신의 전능한 힘은 그가 원하는 대로 일이 벌어지게 해준다.

그러나 앞에서 논의된 광범위한 능력을 신이 가졌다고 보지 않는 탁월한 견해가 있다. 그것은 바로 5장과 8장에서 이미 소개된 바 있는 **과정 신론**(process theism)이다. 신의 능력에 대한 과정 신론의 설명은 그 이론의 전반적인 철학 체계에서 절대 필요한 부분인데 워낙 복잡해서 여기서는 상세하게 논하기가 어렵다. 하지만 과정 신론에서는 다음 두 가지 사상이 특히 중요하다. 첫째로, 사람들뿐만 아니라 모든 유한 개체들은 어느 정도의 자유를 부여받았다.[1] 자유가 더 많고 더 의미가 클수록, 그 개체는 더 '고차적'이고 더 복잡하다. (인간에게 자유가 의미하는 바는 쥐에 대한 자유의 의미보다 더 많으며, 쥐의 자유는 단세포 생물의 자유보다 더 크다.) 그러나 자유와 창조성은 모든 단계에서 존재한다. 진정한 결정론이란 자연계 안에서는 어디에도 없다. 두 번째 사상은 다음과 같다. 세계 내에서의 신의 역할은 모든 개체에 대해서 이 순간에 그것의 최상의 상태를 나타내는 '최초 목적'을 지속적으로 드러내는 것이다. 이를테면, 최초 목적은 바로 그 순간에 그 개체에 대한 신의 '이상적인 의지(ideal will)'를 나타낸다. 그러나 그 개체가 실제로 무엇이 되어야 하느냐—이른바, '주관적 목적' —에 관한 결정은 그 개체 자신이 내려야 한다. 신은 일단 최초 목적을 제시하기만 하면 그 결정에서는 더 이상 아무 역할도 하지 않는다. 이런 종류의 신의 능력 발휘는 "신은 언제나 설득하지만 강요하지는 않는다"라는 말로 요약된다. 더욱이 신의 능력에 대한 이런 제한이 신의 선택으로 인한 결과가 아니라는 점에 주목해야 한다. 신은 자기가 일방적으로 세속사에 개입하지 않으려고 결정하는 것이 아니라, 아예 그런 식으로 개입할 수 없다.

과정 신론자들은 전통적인 형태의 유신론과 비교했을 때 자기네 이론이 몇 가지 장점을 갖는다고 주장한다. 과정 신론은 현대 세계에서 여러 사람들에게 의문시되는 **자연적인 것**과 **초자연적인 것** 간의 대립을 극복한다. 신이 각각의 유한 개체에 대해 '최초 목적'을 제공할 때, 그가 자연계 밖에서 자연계

---

1 여기서 말하는 '개체(entity)'는 어느 정도의 고유한 단일체를 유지하는 것들이다. 이때 단일체란 단순 집합체(물이나 돌들이 아니라 분자들, 세포들, 유기체들)와 대조되는 개념이다.

안으로 밀고 들어오는 것이 아니다. 그렇기는커녕 오히려 자연계의 질서가 자신의 잠재력을 실현시키기 위해 신의 끊임없는 '최상에로의 유혹'을 필요로 하고 거기에 의존한다. 더욱이 신이 교감과 설득을 통해 우리를 인도한다고 과정 신론이 묘사할 때, 과정 신론은 신과 인간의 관계를 힘과 지배에 의한 관계가 아닌, 인간의 대인 관계 중 최상의 관계를 귀감으로 삼는다. 과정 신론의 설명에 따르면, 기도란 우리 자신과 세계를 향한 신의 목적에 순응하기 위한 영적인 훈련이 된다. 우리는 '신을 감동시켜서' 그가 원래 하고자 했던 바와 달리 역사하게 할 수는 없다. 신은 언제나 각각의 개체에 대해 최상의 가능한 '최초 목적'을 제공하고, 그것을 넘어선 어떤 것도 할 수 없다. 하지만 우리가 기도함으로써 변화되어 자신의 생각과 소망과 목적이 신의 의지에 좀더 밀접하게 일치한다면, 우리 인생의 후속 단계에서 '최초 목적'은 그렇지 않았을 때에 비해 달라질 수 있다. 우리가 세계에 대한 신의 목적에 더 가까워질수록 우리의 삶에서 선(善)이 실현될 가능성은 더 커진다. '기도가 상황을 바꾼다' 라는 말은 바로 이런 뜻으로 해석된다.

과정 신론의 중요한 장점들 중 하나는 악의 문제와 관련이 있다. 신의 능력이 언제나 설득에 한정된다는 점을 기억하라. 이것은 어떤 사람이 신의 설득에 저항하고 반발할 경우, 그것에 대해 신이 할 수 있는 것이라고는 정말로 아무것도 없다는 것을 뜻한다. 따라서 악과 고통을 방지하기 위해 신이 할 수 있는 일이란 더 이상 없기 때문에 왜 신이 더 이상 아무것도 하지 않느냐는 물음은 생겨나지 않는다. 그렇다고 해서 과정 신론이 악의 문제에서 완전히 면제된다는 뜻은 아니다. 신은 이 세계의 총체적인 특질에 대해 상당한 책임을 진다. 왜냐하면 이 세상에 있는 온갖 종류의 피조물들—큰 기쁨을 경험할 수 있을 뿐만 아니라, 큰 슬픔을 겪기도 하고 남에게 그런 슬픔을 입히기도 하는 피조물들—의 발달을 촉진시키는 것은 바로 그의 '유혹'이기 때문이다. 모든 것을 감안할 때, 인간의 악독한 힘과 파괴력을 똑같이 갖는 존재들로 이루어진 세계를 위해서는 대가를 치를 필요가 없다고 누군가가 말한다면, 과정 신론자는 우리와 같은 존재들이 생겨나도록 진화의 과정을 이끈 장본인이 신이라고 인정해야 할 것이다.[2] 그러나 과정 신론과 다른 유신론들을 비교해볼 때 과정 신론에서는 악의 특정 사례들에 대한 신의 책임이 훨씬 줄어든다. (이 주제를 더 자세히 알아보려면, 8장에서 진행된 과정 신정론에 대한 논의를 참조하라.)

이처럼 명백한 장점에도 불구하고, 과정 신론은 상당한 비판을 받아왔다. 대부분의 비판은, 모든 형태의 전통적 유신론에 비해 과정 신론에서 신의 능력이 축소되었다는 데에 집중되어 있다. 신의 '설득력' 발휘가 여러 모로 유익하다면, 신이 수시로 세상을 일방적으로 통어(統御)할 수 있어야 더 위대하고 완전해지지 않을까? 신의 능력을 이런 식으로 제한하는 것은 주요 유신론적 종교들이 전통적으로 고수해오는 핵심적인 사상과 양립하기 어려워 보인다. 그 종교들에서는 신이 과정 신론에서 허용되는 것보다 훨씬 더 광범한 능력을 갖는 존재로 묘사된다. 전통적인 유신론에서 신은 이 세상에서 선이 궁극적으로 승리하도록 보장할 수 있고 또 그렇게 하리라고 여겨진다. 그러나 과정 신론에서는 그런 보장이 성립할 수 없다. 신은 자기가 할 수 있는 모든 일을 해야 하고, 과정 신론자들은 신의 무한한 사랑이 충분히 오랫동안 설득력 있게 작용하면 좋은 일들이 벌어질 것이라고 믿는다. 하지만 현재보다 현저하게 더 나은 세계가 되리라는 보장은 할 수 없다.

신은 어떤 종류의 자유를 부여했는가?

5장에서 정의된 의미에서의 전능성을 신이 갖는다고 보는 점에서는 상이한 종류의 전통적인 유신론들이 서로 일치하는 반면에, 그 이론들은 과정 신론과는 대립한다. 더욱이 전통적인 유신론들은 신이 인류를 창조할 때에 자유, 또는 '자유 의지'를 부여했다는 데에도 일반적으로 동의한다. 그러나 이 자유가 이해되는 방식은 상당히 다르다. 양립가능론적 개념에 따르면, 인간의 행위가 자유롭기 위해서는 다음의 조건들이 충족되어야 한다. (1) 행위의 직접적인

2 과정사상의 전제들에 따르면, 신은 인간의 긍정적인 잠재력을 가졌지만 인간의 악한 능력은 갖지 않은 존재들이 생겨나게 할 수 없었을 것이다. 하지만 신은 인간이나 인간과 유사한 잠재력을 지닌 생물체가 생겨나는 식의 생명 발달은 막을 수 있었을 것이다.

원인은 행위자에 내재하는 욕구나 소망이나 의도여야 한다. (2) 강제적으로 행위를 수행하게 하는 외부 사건이나 상황이 있어서는 안 된다. 그리고 (3) 행위자는 자기가 원했으면 다르게 행동했을 수 있어야 한다. 이 조건들이 충족되면, 문제의 행위는 행위자의 '안에서' 생겨난 것이다. 그리고 강제적으로 그 행위가 수행되었다고는 말할 수 없게 된다. 이것은 '양립가능론적'(compatibilist) 자유 의지다. 왜냐하면 위의 세 조건이 충족되는 한, 자유 의지가 결정론적 인과관계와 양립할 수 있다고 보기 때문이다.

그러나 상당히 많은 철학자들과 신학자들은 이런 식으로 자유 의지를 이해하는 데에 대해 만족하지 않는다. 그들은 이런 종류의 자유로는 사람들로 하여금 자신의 행위에 대해 책임을 지게 하기에는 불충분하다고 생각한다. 이들은 진정으로 자유로운 행위가 되려면, 모든 선행(先行) 조건들이 동일하더라도 행위자가 다르게 선택하는 것이 실제로 가능해야만 한다고 주장한다. 어떤 철학자는 이러한 **자유주의적**(libertarian) 자유 의지론을 다음과 같이 표현했다. 한 사람이 어떤 행위를 수행하는 것에 관해서 자유롭기 위해서는, "A를 수행하는 것을 선택하거나 A를 수행하지 않는 것을 선택하는 능력이 그에게 있어야 한다. A를 하는 것과 A를 하지 않는 것이 모두 실제로 일어날 수 있는데, 어느 것이 실제로 일어날 것이냐는 것은 아직 결정되지 않은 상태다."[3]

과정 신론자들은 자유주의적 자유 의지를 옹호하고, 이 장 뒤에서 논의될 입장을 지지하는 사람들도 그렇다. 하지만 유신론적 전통에는 **양립가능론적** 자유 의지를 옹호하는 중요한 사조가 있다. 이 사조에 따르면, 우리는 가장 하고 싶어하는 일을 방해받지 않고 할 때에 '자유롭게' 행동하는 것이라고 한다. 문제의 행위가 인과적으로 결정되어 있고, 그런 의미에서 그렇게 될 수밖에 없었더라도 그 행위는 자유롭다고 한다. 이런 관점에서 이 유신론자들은 사람들이 대부분 자유롭게 행동한다고 주장하는 동시에, 인간의 모든 행위들은 신이 효과적으로 정해놓았기 때문에 그대로 수행되며 달리 일어날 수 없었을 것이라고 주장할 수 있게 된다. 이 후자의 주장으로 인해 이 입장을 신학적

3 David Basinger, "Middle Knowledge and Classical Christian Thought," *Religious Studies* 22 (1986): 416. (PRSR3e, pt. 8에 재수록)

결정론이라고 부르고, 때로는 '캘빈주의'라고 부르기도 한다. 캘빈주의라고 불리는 이유는 종교개혁자인 캘빈(John Calvin)과 이 관점이 연결되어 있기 때문이다.[4]

캘빈주의자나 신학적 결정론자들은 가장 강한 용어로 신의 주권을 주장한다. 신만이 그의 주권적 섭리에 의해 과거, 현재, 미래의 만사를 결정한다는 것이다. 캘빈주의자들은 그처럼 강한 의미의 주권이 확언되어야만 신의 위엄과 위대성이 충분히 확언될 수 있다고 주장한다. 신이 아니라 인간이 사건들의 진행 과정을 결정할 수 있다고 보는 관점은 신의 영광을 훼손시키고 신의 지위를 인간의 지위로 격하시킨다고 그들은 주장한다.[5] 더욱이 캘빈주의자들은 이런 식으로 신이 만사를 통어할 때에만 우리가 그를 절대적으로 신뢰할 수 있으며, 이런 신뢰는 참된 종교 생활에 필수적이라고 주장한다. 신학적 결정론의 맥락에서 간구(기도)는 신의 의지에 복종하겠다는 표현으로 가장 잘 해석된다. 신이 계획한 바가 없거나 의도한 바가 없던 일을 인간이 기도함으로써 그가 하도록 설득할 수 있다는 생각은 캘빈주의자들에게는 어불성설이다. 결국 신은 우리가 간구(기도)하기로 마음먹기 훨씬 전에 자신의 계획을 세웠고, 그런 계획들은 가장 작은 부분까지 정확하게 이루어질 것이라고 그들은 주장한다. 때로는 신이 어떤 일을 하려고 의도할 때 자신을 숭배하는 사람들을 감동시켜서 바로 그 일을 신이 해달라고 간구하게 하고, 신은 '그 기도에 대한 응답'으로서 그 일을 할 수는 있다. 하지만 그런 경우에도 언제나 진정한 신앙인은 기도를 하면서 '당신의 뜻이 이루어질 것입니다'라고 생각해야 한다.

신학적 결정론은 상당한 지지를 받지만 비판도 많이 받는다. 그런 주권이 인간의 자유와는 양립할 수 없다고 생각할 수도 있다. 그러나 캘빈주의자들은

---

4 역사적으로 말하자면, 이 입장을 '아우구스티누스주의'라고 부르는 것이 더 낫다. 왜냐하면 히포의 아우구스티누스가 그런 관점을 처음으로 명료하게 구성했기 때문이다. 아퀴나스도 가끔 신학적 결정론자로 해석되곤 하지만, 이것은 논란의 여지가 있다. 이슬람교의 경우에는 수니파가 신학적 결정론에 서 있으며, 그 학파의 대표적인 신학자가 알가잘리(Al-Ghazali)다. 반면에 시아파는 자유주의적 자유 의지를 주장한다.

5 그들은 때로는 자유주의적 자유 개념이 받아들여질 경우 **신의 능력**이 감소된다고 주장하기도 하는데 이것은 오류다. 신이 어떻게 그의 능력 발휘를 선택하느냐, 특히 어떤 종류의 자유를 피조물들에게 부여하느냐에 관해서 견해차가 나는 것이지, 능력 그 자체는 별로 문제될 바가 없다. 신학적 결정론자들이나 그들의 반대편에 서 있는 사람들 모두가 신의 능력 자체에 대해서는 같은 입장을 취한다.

양립가능론적 자유 개념이 받아들여지기만 하면 그런 양립불가능성은 성립하지 않는다고 지적하는데 이는 옳은 말이다. 이보다 좀더 중요한 반론은 다음과 같다. 매사에 우리가 신의(神意)에 따라 만들어진 '각본대로' 행동한다면 우리의 인생은 아무 의미가 없는 것이 아닌가? 실제로 우리는 꼭두각시를 조정하는 사람에 의해 움직여지는 꼭두각시처럼 인생을 살아가고 있는 것이 아닐까? 인간과 신 사이의 관계에서 한편이 다른 한편을 완전하게 일방적으로 통어한다면, 과연 양자 간에 진정 의미 있는 인격적 관계가 성립할 수 있을까? 인간이 신에 대해 표현하는 사랑이, 인간이 신을 사랑하도록 하겠다는 신의 뜻으로 인한 불가피한 결과라고 할 때, 신은 그 사랑에 대해서 어떻게 진정한 가치를 부여할 수 있을까? 페미니스트 신학자들은, 이런 종류의 관점은 신을 오로지 힘과 권위에 의해서 '남성적'으로만 해석하면서 관계와 양육의 '여성적' 가치를 무시하는 오류를 범했다고 비판한다.

그러나 무엇보다도 가장 강력한 반론은 악의 문제가 거론될 때 제기된다. 앞서 살펴본 바와 같이, 이것은 모든 종류의 전통적인 유신론에 대해 심각한 문젯거리이나, 특히 신학적 결정론에 대해서는 치명적이다. 캘빈주의자 중에서도 선도적인 위치에 있는 사람이 솔직히 시인했듯이, 신학적 결정론은 "이 세상의 악들을 인간의 의지나 자연 탓으로 돌리지 못하고 최종적으로 신의 뜻이나 의지에 귀속시킬 수밖에 없다."[6] 그러면 대번에 다음과 같은 의문이 제기된다. "신이 악과 고통이 없는 세계를 창조하려면 얼마든지 할 수 있는 데도 불구하고 왜 신은 그토록 많은 악과 고통을 담고 있는 세계를 고의적으로 창조했는가?" 이에 대한 답변으로 가장 유망한 것이 아마 앞 장에서 소개된 바 있는 "신의 관점에서 보면 만사가 다 좋아 보인다"는 관점에서 접근하는 것이라고 여겨진다. 그러한 접근법에 따르면, 문제의 악한 사태가 없었더라면 신이 얻을 수 없었을 더 나은 선을 이루기 위해 바로 그 악한 사태가 필요하다는 것이다. 하지만 실제로 존재하는 극악무도한 상태가 주어지면, 그런 주장은 당연히 의심을 받게 된다. 더욱이 '만사가 다 좋고' 신이 원하는 대로 이루어진다면, 코란

---

6 Paul Helm, *The Providence of God* (Downers Grove: InterVarsity Press, 1994), p. 198.

뿐만 아니라 성경에서도 그토록 강조되는 죄악에 대한 신의 분노를 우리는 어떻게 생각해야 하는가? 어떻게 신은 자기가 원하는 대로 만사가 진행되는 데에 대하여 흡족해하는 동시에, 자기가 계획하고 일어나게 한 사건들 중 일부에 대해서 분노하고 실망할 수 있다는 말인가?

분명히 이런 물음들에 대해서 답하기란 쉽지 않다. 신학적 결정론자들은 막다른 골목에 이르게 되면, 신과 악의 관계가 불가해(不可解)하다고 인정하면서, 우리 인간들은 그런 문제들이 신의 의지의 신비 속에서 해결되는 방식을 이해할 수 없다고 말한다. 하지만 그렇다고 해서 제한된 인간의 지성으로 이런 신비를 이해하려고 잘못 시도하다가 신의 위엄과 주권을 부인하게 되면 이는 용납될 수 없다는 말을 그들은 덧붙인다.

신은 무슨 일이 일어났을 것인지를 알까?

신의 역사에 관한 나머지 이론들은 한 가지 공통점을 갖는데, 그것은 신의 전능성과 자유주의적 자유 의지를 모두 수긍한다는 점이다. 이것은 곧 이 이론들을 지지하는 사람들이, 신이 인간에게 자유를 부여하는 한에서는 신은 인간의 의사 결정을 일방적으로 통어할 수 없다는 데에 동의한다는 것을 뜻한다. 신은 인간의 자유를 인정하거나 아니면 인간의 의사 결정을 통어하거나 둘 중의 하나만 할 수 있지, 양자를 한 번에 다 할 수는 없다. 반면에 신학적 결정론자들은 그렇게 할 수 있다고 본다.

하지만 이 이론들은 신의 지식의 성격에 관해서는 서로 다른 입장을 취한다. 바로 이 때문에 그 이론들은 세계 내에서의 신의 역사를 이해하는 방식에서 차이가 난다. 애덤스(1937~)는 핵심적인 문제를 다음과 같이 강조한다.

> 만일 케네디 대통령이 암살되지 않았다면, 그가 북부 베트남을 폭격했을까? 신만이 그것을 안다. 정말 그럴까? 신은 케네디가 무슨 일을 했을 것인지를 알까?[7]

여기서 애덤스는 우리더러 케네디 대통령이 암살을 모면한 후 베트남에서 격화되는 전쟁으로 인해 어려운 선택을 해야 하는 상황을 상상해보라고 한다. 케네디 대통령의 후임자였던 존슨은 북부 베트남을 폭격하기로 선택했고, 이는 치명적인 결과를 낳고 말았다. 케네디가 살았더라면, 똑같은 선택을 했을까? 애덤스의 진짜 관심은 케네디의 결정 자체에 있지 않고, 케네디가 어떻게 결정—그것은 실제로는 전혀 내려진 적이 없는 결정이다—했을 것인지를 신이 아느냐의 여부에 있다. 그 결정은, 그런 상황이 발생했을 경우, 케네디가 내렸을지도 모르는 결정이나 내릴 가능성이 높았을 법한 결정이 아니라, 그가 확실히 내렸을 결정이다. 신이 바로 그것을 알까?

당신이 이 물음에 대해서 긍정적으로 답한다면, 당신은 신의 중간 지식(middle knowledge)[8] 이론을 받아들이는 셈이 된다. 이 이론을 몰리니즘(Molinism)이라고 부르기도 하는데, 이는 그 이론의 창시자이자 예수회 신학자인 드 몰리나(Luis de Molina, 1535~1600)의 이름에서 유래한다. 몰리니즘에 따르면, 케네디에 관한 이 진리는 케네디뿐만 아니라 우리 각자에 관해서 신이 알고 있는 유사한 명제들로 이루어진 거대한 집합 중 하나에 불과하다고 한다. 신은 자기가 창조한 각각의 자유로운 사람에 대해, 그 사람이 자유주의적인 의미에서의 자유로운 선택을 할 수 있는 상황에서 어떻게 선택—비록 실제로는 그 선택이 이루어지지 않았더라도—을 했을 것인지를 안다. 실로 신은 자기가 실제로 창조하지는 않았지만 창조했을 수도 있는 가능한 사람[9] 각각에 대해서, 그 사람이 봉착했을지도 모르는 자유 선택의 가능 상황에서 그가 무엇을 했을 것인지를 안다. 이 명제들은 '자유의 반사실문들'이라고 알려져 왔는데, 그 이유는 임의의 사람이 반사실적 상황에서 어떻게 자유롭게 선택할지

---

7 Robert M. Adams, "Middle Knowledge and the Problem of Evil," in *The Virtue of Faith and Other Essays in Philosophical Theology*, ed. R. M. Adams (New York: Oxford University Press, 1987), p. 77. (PRSR3e, pt. 8에 발췌문이 수록되어 있음.)

8 이런 이름을 붙이는 이유는, 신의 '중간 지식'의 주요 내용을 이루는 '자유의 반사실문들(counterfactuals)'에 대한 신의 지식(이 장의 후반부를 보라)이, 어느 의미에서 모든 필연적 진리에 대한 신의 '자연적 지식(natural knowledge)'과, 신 자신의 행위들에 의존하는 진리들에 대한 신의 '자유로운 지식(free knowledge)' 사이에 있기 때문이다. 반사실문들은 논리적으로 우연적이지만 신의 통제를 벗어나 있다.

9 엄밀히 말해서 이것들은 존재하지 않는다고 가정한 인격체들 자체에 관한 것이 아니라, 인격체들의 **예화되지 않은 본질**에 관한 진리들이다.

를 그 명제들이 묘사하기 때문이다.[10]

그래서 어쨌단 말이냐고 당신은 물을지도 모르겠다. 신이 갖는다고 상정되는 이 모든 지식이 얼마나 중요하단 말인가? 이에 대한 답은, 실제로 상당히 중요하다는 것이다. 신이 정말로 중간 지식을 갖는다면, 그는 중간 지식을 사용해서 사건들의 전개 과정을 아주 효과적으로 통어할 수 있다. 예를 들어, 신이 당신을 창조할 것이냐 말 것이냐—당신을 신이 창조하는 세계의 일원이 되게 할 것이냐 말 것이냐—를 결정하느라 심사숙고하고 있다고 가정하자. 모든 것을 고려해볼 때 당신이 이 세계에 존재하는 것이 선한 것일까, 아닐까? 이에 대한 대답은 분명히 당신이 일생 동안 내릴 자유로운 선택들에 달려 있다. 더욱이 이 결정들은 당신의 유전자 구조나 환경 등에 근거해서 완전히 예측할 수 있지는 않다. (적어도 당신이 자유 개념에 대한 자유주의적 의미에서 자유롭다면 말이다.) 그러므로 신이 당신을 창조하는 모험을 감행할 것처럼 보인다. 만일 많은 경우에 당신이 신의 목적에 부합하는 행위를 하기로 결정한다면, 당신을 창조하기로 한 신의 결정은 잘한 것이 되고, 당신이 그렇게 행위하지 않는다면, 그의 결정은 잘못된 것이 되어버릴 수 있다.

그런데 중간 지식이 전제되면, 이런 위험 요소는 완전히 제거된다. 당신을 창조할 것이냐 말 것이냐로 고심할 때 신은 마음속으로 당신의 미래에서 벌어질 모든 가능한 시나리오들을 '펼쳐볼' 수 있고,[11] 각각의 가능한 상황에서 당신이 무슨 일을 할 것인지를 확실히 알 것이다. 물론 신이 당신의 결정들을 통어하지는 않는다. 그 결정들은 당신이 자유롭게 선택해서 내리는 것들이기 때문이다. 그리고 신은 당신에게 적용되는 '자유의 반사실문들'에 관해서 선택할 수 없다. 그것들은 신의 통제 범위를 넘어서 있기 때문이다. 하지만 그런 반사실문들이 주어지면, 그리고 신이 당신을 창조하기로 결정한다면, 신은 당신을 위한 최상의 인생 계획—신이 세계를 향해 가지고 있는 총괄 계획에

---

10 문제의 명제들은 실제로 이루어진 선택들을 포괄한다. 이로 인해서 이 명제들에 대한 더 정확한 이름은 '자유의 가언적 조건문들'이 될 것이다. 하지만 '자유의 반사실문들'이 고착된 명칭이다.

11 신이 무언가에 대해서 결심할 때 시간이 걸리는 것처럼 우리가 묘사하더라도 이것은 어디까지나 표현 방식에 지나지 않는다. 신에게는 전 과정이 순간적이다. 그러나 이 경우에는 신인동형적(神人同形的)으로 말해도 별 문제가 없다.

가장 잘 부합하는 계획—을 확신을 가지고 선택할 수 있다. 물론 그것이 그리 간단치만은 않다. 왜냐하면 당신의 인생 계획은 당신과 접촉하고서 당신에게 영향을 미치고 또 당신의 영향을 받을 다른 모든 사람들의 인생 계획과 맞물려질 필요가 있기 때문이다. 궁극적으로 신이 신경 써야 하는 것은 전 우주를 위한 시나리오가 된다. 그는 자신의 창조 작업에서 최상의 총괄적인 결과를 얻기 위해서는 어떤 사물과 사람들이 창조되어야 하는지, 그것들을 어떻게 배열할지 등을 결정해야만 하는 것이다. 신이 결정을 내릴 때에는, 비록 그 계획의 많은 요소들이 피조물들의 자유주의적 자유 선택에 의존하더라도, 그는 그 계획이 의도한 대로 정확히 실현되느냐를 우선적으로 고려할 수 있다.

이렇게 되면 몰리니즘 신봉자들이 몰리니즘의 가장 큰 장점으로 꼽는 사항에 이르게 된다. 이 세상에 자유로운 사람들이 살고 그들의 행위는 신이나 기타 외적인 어떠한 것에 의해서도 인과적으로 결정되지 않더라도, 중간 지식으로 말미암아 신은 세상사에 대해 고도의 통제력을 가질 수 있게 된다. 신이 자신의 세계를 계획할 때에, 피조물들이 어떤 선택을 하느냐에 따라 그 계획이 좋은 것이 되거나 아니면 나쁜 것이 되는 것은 아니다. 즉 피조물들의 선택은 '자유 변항(變項)'이 아니라, 그 계획 자체에 통합된다. 그리고 신은 그 계획이 애초의 의도대로 정확하게 수행될 것이라고 확신할 수 있다. 즉 그 상황에서는 어떠한 위험이나 불확실성도 존재하지 않는다.[12]

자유주의적 자유를 받아들이는 몰리니즘은, 어떤 것은 사람들이 간구했기 때문에 신이 실행하고 다른 것은 간구하지 않았기 때문에 신이 실행하지 않는다고 말할 수 있다. 심지어 몰리니즘은 미래에 사람들이 간구할 축복이기 때문에 신이 지금 축복하는 것이라는 입장도 지지한다. 이와 마찬가지로 '이미 일어난 일을 위해 간구한다' 든지, 우리가 이미 결정된 것으로 알고 있는 사건의 유리한 결과를 위해 간구하는 것이 완전히 의미 있고 사리에 맞다고 본

12 신이 그 결과를 얼마나 기뻐하느냐는 것은, 그가 창조 상황에서 작업할 때 갖는 반사실문들에 달려 있다. 상상컨대 신은 실제로 참인 반사실문들이 자신의 창조 목적에 매우 불리하다고 생각했을지도 모른다. 그렇다면 신은(자기가 보기에는 최상의 가능한 세계 중 하나더라도) 창조할 가치가 거의 없는—세계가 아예 없는 것에 비해 기껏해야 조금밖에 더 나을 바 없는—세계로 낙착을 본 것이라 할 수도 있다. 그러나 실제로 몰리니즘을 옹호하는 사람들은 그 상황을 훨씬 더 낙관적으로 보는 것 같다.

다. 단, 이때 우리는 그 결정이 어떤 내용으로 내려졌는지에 대해서는 아직 모른다는 것이 전제된다. (그래서 예수를 배신한 가롯 유다의 구원을 위해 간구해야 한다고 생각하는 사람들도 있다.) 신은 자신의 중간 지식으로 말미암아, 특정인이 특정 상황에 처하게 되면 문제의 축복을 간구하리라는 것을 알게 된다. 또한 신은 그런 상황들이 실제로 일어날 것이라는 것을 알며, 실제로 그런 기도를 하게 되리라는 것도 안다. (아직 실행되지 않은) 기도 때문에 신은 축복을 내리기로 결정하는 것이다.[13]

악의 문제에 대해서 몰리니즘 신봉자들은 캘빈주의자들과 같은 답변을 할 수 있다. 즉 모든 악한 사태는 더 나은 선(善)이 실현되기 위한 필요조건으로서, 문제의 악이 없다면 신은 그 선을 실현할 수 없을 것이라고 답하는 것이다. 하지만 신이 아무 손실도 입지 않으면서도 악한 사태를 피할 수 있을 때에도, 그 악한 사태를 세계에 집어넣는 이유가 무엇인가? 더욱이 이 입장은 캘빈주의보다는 몰리니즘에서 나올 때 더 그럴듯해 보인다. 신이 자기가 만든 세계에서 보존하기를 원하는 선한 것들 중 하나가 바로 자신의 피조물들의 자유주의적 자유다. 그리고 이것은 캘빈주의의 틀 안에서는 어떠한 역할도 하지 못하는 선이다. 더욱이 몰리니즘에 따르면, 신은 세계를 설계할 때 '백지 상태'에서 출발하지 않는다고 한다. 이 점에 대해서는 캘빈주의도 마찬가지의 입장을 취한다. 그 대신에 모든 자유의 반사실문들이 있으며, 이 명제들에 대해서는 신이 어떠한 통제도 하지 못한다. 하지만 이 명제들은 신이 어떤 종류의 세계를 창조할 것인지를 선택할 때 그 선택의 결과와 상당히 관련이 있다. 아마 신은 오사마 빈 라덴이 국제적인 테러리스트가 아니라 투자 은행가가 되는 세계를 선호했을 것이다. 그러나 빈 라덴에게 적용되는 반사실문들이 전제되면, 신은 그가 실제로 처했던 상황에 그를 놓고서 그의 생애가 실제와는 다르게 바뀌도록 만들 수 없다. 아마 다른 많은 경우에도 마찬가지일 것이다.

13 이것을 재미있게 설명할 수 있는 예로 어느 TV 광고—그런 의도로 방영된 것은 아니지만—를 들 수 있다. 미식축구 경기를 생중계로 보던 팬이, 선수가 공을 차려고 하자 갑자기 벌떡 일어나더니 '중지' 버튼을 누르고 밖으로 뛰어나간다. 그리고 근처 교회에 가서 몇 분간 간절히 기도하고 다시 와서 '재생' 버튼을 누르자 그 공은 골포스트를 넘어갔고 그는 승리의 환호를 지른다. 몰리니즘에 따르면, 그 선수가 찬 공이 골포스트를 넘어간 것은 그 팬의 기도 덕분이라고 할 수 있다.

그럼에도 불구하고 "모든 악은 더 큰 선으로 귀착된다"라는 주장은 앞 장에서 본 바와 같이 옹호하기가 쉽지 않다. 유대인 대학살처럼 끔찍한 악에 대해서 생각할 때 우리는 "이 악으로 인해 귀결되고 그 엄청난 악과 고통을 정당화해줄 만한 선이 도대체 어떤 것일까?"라고 묻지 않을 수 없다. 확실히 유대인 학살이 없었더라면 더 큰 악이 있었을 것이기 때문에 그 사건이 허용되었을 수도 있다. 그러나 이처럼 더 큰 악이 어떤 것인지를 가늠하는 것은 우리의 상상력을 넘어서 있다. 신은 실제로 발생하는 악의 각 사례를 의도적으로 계획했다는 몰리니즘의 주장을 우리는 유념해야 한다. 몰리니즘은 이런 의도적인 계획이 다 이유가 있기 때문이라고는 하지만, 어떤 때는 이런 확신이 별로 위로가 되지 못한다. 플린트(1954~)가 말했듯이, "만일 유다가 범죄한다면, 이는 신이 그로 하여금 죄를 범하는 환경에 고의로 처하게 한 것이고, 또 그가 선하게 행동할 법한 상황에는 처하지 않도록 의도했기 때문이다."[14] 이는 실로 받아들이기 어려운 발상이다.

여기서 몰리니즘이 강력한 공격을 받게 된다는 것은 그리 놀라운 일이 아니다. 먼저 캘빈주의자들을 비롯한 여타의 신학적 결정론자들은 몰리니즘이 신의 주권을 손상시켰다고 신랄하게 비판한다. 그 이유는 신이 어떤 종류의 세계를 선택하느냐가, 신의 통제 범위를 넘어선 자유의 반사실문들에 의해서 제한된다고 몰리니즘이 주장했기 때문이다. 그런데 몰리니즘을 표방하지 않는 자유주의자들이 최근에 가장 공격적인 비판을 제기했다. 이 절에서 언급되었던 바와 같이, 그들은 악의 문제를 지적한다. 그리고 몰리니즘의 관점에 따를 경우, 특정한 악의 사례들을 계획할 때에 신이 너무 깊이 개입하게 되어 그런 관점은 받아들일 수 없다고 그들은 주장한다. 또한 캘빈주의처럼 몰리니즘도 신앙인이 신과 맺는 진정한 인격적 관계의 특성을 훼손한다는 주장도 제기되었다. 신은 우리의 반사실문들을 알되, 원하는 결과를 우리에게서 이끌어내기 위해 '어느 버튼을 눌러야' 하는지를 정확히 안다. 실상 우리에 대한 신의 통제력은 캘빈주의에서 말하는 것에 비해 그저 약간의 차이만 있을 따름이

14 Thomas P. Flint, *Divine Providence* (Ithaca: Cornell University Press, 1998), p. 118.

다.[15] 어떤 상황이 있는데 우리가 그 상황에 처하게 되면 죄를 지으리라는 것을 신이 안다고 하자. 그러면 플린트가 말했듯이, 신이 의도적으로 우리를 그런 상황에 밀어넣고서도 우리가 범죄하지 않기를 바란다고 할 때 과연 그가 신실(信實)하다고 할 수 있을까? 사람들이 회개하지 않을 것임을 신이 확실하게 알면서도 그들이 회개하기를 촉구한다면, 과연 신이 신실한 것일까?[16]

또 다른 중요한 비판은 이 이론의 형이상학적인 전제들에 관한 것이다. 많은 비판가들은 신이 아는 것으로 추정되는 진리들—자유의 참된 반사실문들—은 존재하지 않기 때문에 인식의 대상이 되지 않는다고 주장한다. 어느 날 아침, 기숙사 식당에 가서 식사하는 대신에 늦잠을 자기로 결정한 대학생의 경우를 생각해보자. 그 학생이 아침을 먹으러 갔다면, 그는 포도 주스를 택했을까, 아니면 오렌지 주스를 택했을까? 그 학생이 기숙사 식당에 가서 아침을 먹을 때마다 그 둘 중에서 하나를 선택한 빈도가 동일하다고 전제하자. 그리고 그는 자유주의적 자유 의지를 가지고 있기에, 동일한 상황이 전제되면 그가 그 두 종류의 주스 중에서 하나를 선택하는 것이 가능하다고 가정하자. 그러면 이 세계의 어떤 가능한 사실이 그 학생으로 하여금 오렌지 주스가 아니라 포도 주스를 택하는 상황이 벌어지게 할 수 있을까? 이에 대한 해답은 없는 것 같다. 그래서 비판가들은 주장하기를, 그 대학생에 관해서 맞는 말은, 만일 그 학생이 아침을 먹으러 갔다면, 그가 포도 주스를 택했을 수도 있고 오렌지 주스를 택했을 수도 있다는 것이라고 한다. 그러나 그가 확실히 포도 주스를 택했을 것이라든지 그가 확실히 오렌지 주스를 택했을 것이라고 말하는 것은 옳지 않다.[17] 이 관점에 따르면, 그 대학생이 무엇을 할 것인지에 관한 진리는 없으므로 신은 그가 무엇을 할 것인지를 모른다는 결론이 나온다. 왜냐하

---

15 통제의 범위는 몰리니즘의 경우 완비성이 좀 떨어진다. 그 이유는 신이 우리에게서 끌어내는 반응들의 종류가 자유의 반사실문들에 의해서 제한되기 때문이다. 반면에 통제의 안전성은 똑같다. 어떠한 상황이더라도 그 상황에 대한 우리의 반응 방식은 신이 계획한 방식과 정확하게 일치하리라고 신은 확신할 수 있다는 것이다.

16 그렇지만 몰리니즘 쪽으로 기울어진 철학자인 웨인라이트(William Wainwright)는 다음과 같이 말한다. "캘빈주의는 신이 죄의 창시자라고 함축하는 것처럼 보이고, 따라서 죄를 짓지 말라는 신의 권고나 경고, 명령들은 때때로 우리를 기만하는 것처럼 보인다. 나는 알미니안주의 역시 그 함축하는 바가 이와 유사하다고 생각한 에드워즈(Jonathan Edwards)가 옳다고 주장한 바 있다."("Theological Determinism and the Problem of Evil: Are Arminians Any Better Off?," *International Journal for the Philosophy of Religion*, 50 [2001], p. 93.) 여기서 언급된 '알미니안주의자들'은 중간 지식을 믿는 것으로 추정된다는 점을 주목해야 한다.

면 신은 실제로 참인 것들만 알기 때문이다.

자유의 반사실문들의 진리에 관한 논변들은 매우 복잡하고 전문적이이어서 여기서는 더 이상 논의할 수 없다. 이 문제에 대해 철학자들 사이에서는 찬반양론이 분분해서 불원간에 합의가 이루어질 것 같지는 않다.

신은 사실상의 미래를 알까?

자유주의자이면서 유신론자들 중 많은 사람들이 신은 사실상의 미래를 완전히 안다고 주장한다. 이것을 단순 예지론(豫知論)이라고 한다. 여기서 '단순'이라는 말은, 그런 예지가 중간 지식이 갖는 복잡한 문제들을 포함하지 않는다는 것을 뜻한다. 마찬가지로 이 이론은 자유의 반사실문들로서 참인 것들의 존재에 관해 앞 절에서 논의된 곤혹스런 문제들을 피한다. 단순 예지론은 신의 지식이 사실상의 모든 미래 사건들을 포함한다고 주장한다. 그리고 자유로운 행위자들이 다양한 반사실적 시나리오 하에서 개연적으로 수행할 행동에 대해서는 신이 안다고 단순 예지론에서는 주장하지만, 그들이 그런 상황에서 확실히 할 법한 일은 없다는 것을 인정한다.

지금까지는 그런대로 좋다. 하지만 중간 지식을 버린다고 해서 이런 관점이 논란에서 자유로워지는 것은 아니다. 역사를 거슬러 올라가다 보면, 완전하고 확실한 신의 예지가 인간의 자유주의적 자유 의지와 양립할 수 없다고 주장하는 논변들을 발견하게 된다. 냉면을 몹시 좋아하는 철수의 경우를 사용해서 그런 논변을 예시해보겠다. 철수는 내일 점심에 냉면을 먹을 것인가, 안 먹을 것인가? 그 논변은 다음과 같이 진행된다.

1. 철수가 내일 점심에 냉면을 먹을 것이라는 것은 현재로서는 참이다. (전제)
2. 신은 어떠한 경우에도 거짓된 것을 믿을 수 없으며, 참인 것을 믿지 못할 수도 없다. (신의 전지성에 대한 전제)

---

17 반사실 명제를 다루는 논리학 분야에 따르면, "상황 C에서 행위자 A가 X를 행했을 수도 있다"의 모순 명제는 "상황 C에서 행위자 A는 X를 행하는 것을 삼갈 것이다"라고 한다.

3. 신은 철수가 내일 냉면을 먹을 것이라고 항상 믿어왔다. (1과 2의 결론)
4. 신이 항상 어떤 것을 믿어왔다면, 신이 그것을 항상 믿지는 않게끔 만드는 능력을 가진 사람은 없다. (과거의 불변성의 전제)
5. 그러므로 신으로 하여금 철수가 내일 점심에 냉면을 먹을 것이라고 항상 믿지는 않게끔 만드는 능력을 철수는 가지고 있지 않다. (3과 4에서의결론)
6. 철수가 점심에 냉면을 먹을 것이라고 신이 항상 믿는데 철수가 실제로는 냉면을 먹지 않는 것은 불가능하다. (2에서의 결론)
7. 그러므로 내일 점심에 냉면을 먹는 것을 삼갈 능력이 철수에게는 없다. (5와 6의 결론)

따라서 철수가 내일 냉면을 먹는 것은 자유로운 선택의 행위가 아니다.[18]

이 결론을 피할 수 있는 한 가지 방안은, (1)을 부인하고, (아리스토텔레스를 비롯한 많은 철학자들과 함께) 이제 결정되어야 할 미래에 관해서 현재로서는 어떠한 진위도 성립하지 않는다고 주장하는 것이다. 또는 그런 것에 관해서 진위가 성립하지만 그것을 아는 것은 논리적으로 불가능하다고 주장할 수도 있다. (이를 위해서는 전지성을 5장에서 정의한 것처럼 논리적으로 가능한 지식에 관한 것으로 제한할 필요가 있다.) 하지만 많은 철학자들이 그런 식의 응답을 불만스럽게 생각한다. 그들은 사람들이 자유주의적 의미에서 자유로우며, 사람들이 자유롭게 선택할 행동이 무엇인지를 신이 포괄적으로 안다고 주장하고 싶어한다. 이를 위해서는 철수의 예에서 제시된 논변의 결론을 피할 방안을 찾아야 한다. 그 한 방안은 5장에서 논의된 관점, 즉 신은 영속적이라기보다는 무시간적이라는 관점을 채택하는 것이다. 자유와 예지의 양립불가능성을 지지하는 논변은, 우리 각자가 미래에 무엇을 할 것인지를 신이 과거에 이미 알았다는 사실에 근거해 있다. 그런데 신이 무시간적으로 영원하다면, 그것은 옳지 않다. 우리가 무엇을 할 것인지를 신이 과거에 알았다는 것이 아니다. 신은 그것을 무시간적으로 알고 있으며, 현존하는 사실로서 그것

18 William Hasker, *God, Time, and Knowledge*, p. 69. (독자의 편의를 위해 원문에 나오는 클라렌스와 치즈 오믈렛을 철수와 냉면으로 대체한다—옮긴이)

을 아는 것이다. 왜냐하면 신에게는 모든 시간들이 현시되기 때문이다. 아퀴나스가 말했듯이, "길을 따라 걷는 사람은 자기 뒤에서 오는 사람들을 못 본다. 그러나 높은 곳에서 길 전체를 보는 사람은 그 길을 따라 걷는 사람들을 단번에 본다."[19] 물론 여기서 '높은 곳'이란 신의 영원성을 뜻한다. 거기서 신은 시간의 '길' 전체를 보며, 덧없는 나그네인 우리는 그 길을 따라가면서 조금씩 조금씩 알게 되는 것이다. 이제 어떤 행위가 현재 알려진다는 사실로 인해서 그 행위가 자유롭게 수행되지 않았다는 것이 입증되는 것은 아니라고 할 수 있다. 또한 우리의 행위를 신이 그의 현재 시점(時點)에서 영원히 알고 있다는 사실로 인하여 그 행위의 자유가 손상되지도 않는다.

우리가 예상할 수 있듯이, 이 해결책이 성공적이냐에 대해서는 논란의 여지가 많다. 철수가 냉면에 관한 결정을 진정 자유롭게 내린다면, 그가 그 반대 결정을 내리고 냉면을 먹지 않는 것이 실제로 가능해야만 한다. 그러나 철수가 냉면을 먹으리라는 것을 신은 무시간적으로 안다고 우리는 전제하고 있다. 그럼에도 불구하고 만일 철수가 냉면을 먹는 데에 자유롭다면, 다음 명제가 참이어야 한다.

> 신이 무시간적으로 어떤 것을 안다는 것은 사실일 수 있다. 그러나 신이 바로 그것을 무시간적으로 알지 못하는 일이 지금 당장 벌어지게끔 하는 능력을 가진 사람이 있다.

이 능력은 우리가 갖기에는 너무 비범한 능력이 아닐까?

이 논변에 대한 많은 답변들 중에서 가장 인기 있는 것은 **경성적(硬性的) 사실**과 **연성적(軟性的) 사실**을 구분하는 데에 근거해 있다. 다음의 진술을 생각해보자.

> (RMH) 대한민국의 제16대 대통령은 1946년에 경상남도에서 태어났다.[20]

19 Thomas Aquinas, *Summa Theologiae*, trans. Fathers of the English Dominican Province, 2nd ed.(London: Burnes, Oates & Washbourne, 1920), I, 14, 13, reply obj. 3.

이 진술은 틀림없이 참이다. 더욱이 1946년이라는 과거에 발생했던 사건에 관한 것이다. 1960년에 이 진술을 발언한 사람이라면 그는 참된 진술을 한 셈이 되었을 것이다. 그럼에도 불구하고 노무현 씨가 대통령으로 취임할 때까지는 누군가가 그의 선출이나 취임을 방해함으로써 이 진술을 거짓으로 만들 수 있었다. 따라서 1946년부터 2003년까지 위의 명제는 과거에 관한 연성적 사실(soft fact)—과거에 관한 참된 진술로서, 그 진술을 거짓으로 만드는 것이 누군가의 능력 안에 있는 사실—이었다. 반면에 2003년 2월부터 이것은 과거에 관한 경성적 사실(hard fact)이 되었다. 이는 과거에 관한 참된 진술로서 어느 누구도 그 진술이 거짓이 되게 만들 힘을 가질 수는 없도록 된 것이다. 이제 다음 명제를 생각해보자.

(3) 신은 철수가 내일 냉면을 먹을 것이라고 항상 믿어왔다.

이 사실은 노 대통령의 출생에 관한 앞서의 사실과 매우 유사하다. 즉 둘 다 참인 진술이고, 과거에 관한 것이다. 또한 양자는 특정 시점에 이를 때까지 그 진술을 거짓으로 만드는 일을 누군가가 할 수 있다는 점에서도 비슷하다. 왜냐하면 내일 냉면을 먹지 않는 것은 철수의 능력 범위 안에 있는 일이기 때문이다. 만일 그가 먹지 않는다면, 과거 어떠한 시점에서도 신은 철수가 냉면을 먹으리라고는 믿지 않았을 것이다. 따라서 신이 가졌던 믿음을 갖지 않게 할 수도 있는 일을 하는 것이 철수의 능력 범위 안에 있는 것이다. 그렇다면 다음 명제는 틀렸다.

(4) 신이 항상 어떤 것을 믿어왔다면, 신이 그것을 언제나 믿지 않게끔 하는 능력을 가진 사람은 없다.

철수는 그런 능력을 가지고 있다고 할 수 있다. 왜냐하면 철수가 냉면을 먹지

---

20 독자의 편의를 위해 원문의 조지 부시 대통령을 노무현 대통령으로 대체한다-옮긴이.

않는다면, 신은 자기가 가졌던 믿음을 갖지 않았을 것이고, 냉면을 먹지 않는 것은 철수의 능력 범위 안에 있기 때문이다. 따라서 전제(4)는 거짓이고, 그 논변의 결론은 성립하지 못한다.

그런데 (RMH)와 (3) 사이에는 상치되는 점이 한 군데 있다. (RMH)의 경우에 우리는 과거 사건에 관한 명제를 갖는데, 이 명제는 미래 사건—즉 노무현 씨가 대통령이 되는 사건—에 의거해서 서술된다. 만일 노무현 씨가 대통령이 되는 것이 차단된다—그래서 (RMH)가 거짓 명제가 된다—면, 이것은 과거의 실제 사건들에서 어떠한 변화도 포함하지 않을 것이다.(노무현 씨가 태어날 때, 그의 어머니는 그 차이를 전혀 알아채지 못했을 것이다.) 그런데 (3)의 경우에는, 과거에 실제로 발생했던 사건, 즉 신이 특정한 '심적 상태' —철수가 냉면을 먹을 것이라고 신이 믿었다는 말로 표현되는 상태—에 처한 사건이었다는 점에서 차이가 난다. 이런 차이점 때문에 (3)은 경성적 사실—(RMH)과 달리 미래 어느 시점에서도 거짓이 될 수 없는 사실—로 분류되어야 한다고 주장하는 철학자들이 많다. 하지만 다른 사람들은 이런 차이점에도 불구하고 (3)은 철수가 점심을 먹을 때까지 '연성적 사실'로 남는다고 주장하기도 한다. 이 문제에 관한 논쟁은 자유의 반사실문들에 대한 논쟁처럼 매우 복잡해서 여기서는 더 이상 다루기가 어렵다.

단순 예지론이 이 논변을 견뎌낸다고 가정해보자. 그래도 다른 문젯거리가 남는데, 이것은 논란의 여지가 비교적 적어 보이는 문제다. 단순 예지에 의해 신이 갖는 미래에 대한 지식은 신이 세계를 섭리하고 지배하는 데에 별 소용이 없어 보인다. 즉 신이 '오직' 과거와 현재에 대한 포괄적 지식만을 가질 때든 미래에 관한 지식을 가질 때든 간에, 신이 할 수 있는 일은 별로 다를 바가 없으며, 예지를 갖는다고 해서 특별히 더 나은 일을 할 수도 없다는 것이다. 이를 알아보기 위해, 신이 2000년에 자기가 20년 후 세계를 통치할 때 무슨 일을 할 것인지를 결정한다고 생각해보자.[21] 이 결정을 내릴 때 신이 2020년의 세계를 투시한다고 가정하자. 그런데 신이 2020년의 세계에서 자기가 승인하

21 앞에서 본 바와 같이, 신이 시간적인 틀 안에서 결정을 내린다고 묘사하는 것은 상상을 돕기 위한 방편일 뿐이므로 문자 그대로 해석되어서는 안 된다.

고 싶지 않은 일—신이 보기에 바뀌면 좋은 일—을 본다고 가정하자. 그러면 우리는 신이 2020년에 발생할 자기가 원치 않는 일을 피하기 위해 2000년에 뭔가 조치를 취한다고 생각할 수 있을까? 이런 생각이 일관성을 결여했다는 점은 금방 알 수 있다. 왜냐하면 신이 2000년에 투시하는 2020년의 세계는 2020년의 현실 세계라고 가정해놓고서, 신이 2000년에 뭔가 조치를 취한 결과 그가 투시하는 세계가 2020년의 현실 세계가 안 된다고 상정하는 것은 자기 모순이기 때문이다. 결론은 분명하다. 신은 2020년에 어떤 일들이 벌어질지를 '앞서 내다보기' 전에 2000년에 자기가 하려는 일을 먼저 결정해야 한다는 것이다. 그러나 이것은 신이 세계를 지배할 때에 취할 행위를 결정하기 위해 그의 예지를 사용할 수 없다는 것을 뜻한다. 단순 예지라는 것이 있다 하더라도 아무 쓸모가 없다. (신이 무시간적이라면, 무시간적인 신이 소유한 미래에 대한 지식에도 유사한 논변이 적용될 것이라는 점에 주목하라. 또한 신이 미래에 대해 무시간적 지식을 갖는다고 해서, 그가 과거와 현재에 대해서만 아는 경우에 비해 세계를 지배하는 데에 더 많은 일을 할 수 있게 되지도 않을 것이다.)

결과가 이렇다고 해서 단순 예지론이 반드시 제거되는 것은 아니다. 이 논변에 대해 그럴듯한 답변이 제기될 수도 있다.[22] 반면에 어떤 이들은 단순 예지가 신의 섭리적 통치에 별 쓸모가 없더라도 신이 그런 지식을 갖는 것은 유익하다고 생각할 수 있다. 이 논변은 비교적 새로운 것이라서 이 주제에 대해 더 많은 논의가 이루어질 가능성이 높다.

미래가 진정 열려 있다면 어떻게 될까?

이제 마지막으로 열린 유신론(open theism), 또는 개방 신론(the openness of God)으로 알려진 이론을 고찰해보겠다. 이 이론은 중간 지식과 단순 예지를

22 이 노선을 따르려고 애쓴 사람들도 있지만, 지금까지의 결과는 별로 가망이 없어 보인다. David Hunt, "Divine Providence and Simple Foreknowledge," *Faith and Philosophy* 10 (1993): 394-414 참조. 이에 대한 답변으로 William Hasker, *Providence, Evil, and the Openness of God* (London: Routledge, 2004), pp. 188-93을 보라. James K. Beilby and Paul R. Eddy, eds., *Divine Foreknowledge: Four Views* (Downers Grove: InterVarsity Press, 2001)에 실린 헌트의 논문과 Alexander R. Pruss, "Prophecy Without Middle Knowledge," *Faith and Philosophy* 24 (2007)도 참조하라.

모두 거부한다. 앞에서 제시된 논변들에 비추어볼 때, 이 이론에서는 신을 포함해서 어느 누구도 확실히 알 수 없는 면이 미래에 있다고 한다. 이것은 신의 지식에 결함이 있어서가 아니라, 불확정성이 바로 미래의 고유한 성질이기 때문이다. 신은 이미 확정되고 확실한 미래의 측면들에 대해서는 확실히 안다. 그러나 현재로서는 열려 있고 불확정적인 미래의 측면들에 대해서 신은 그것들을 불확정적인 것으로 안다. (실제로는 불확실하고 불확정적인 것을 신이 확실하고 확정적인 것으로 '안다'면, 그의 지식을 완전하다고 할 수 없을 것이다.)

열린 유신론에서 생각하는 신은 전능해서 논리적으로 가능한 어떠한 행위도 수행할 수 있으며, 본래 알려질 수 있는 모든 것을 그가 안다는 점에서 전지하다. 그런데 이 신관에서 가장 인상적인 점은 신의 관계적 성질이다. 이것은 다른 이론들에서는 나타나지 않는 특징이다. 우리는 캘빈주의에서, 그리고 이보다 약하기는 하지만 몰리니즘에서, 통제와 지배에 대한 지나친 강조로 인해 어떻게 신과 그의 숭배자들 사이에서의 인격적 관계가 훼손되는지를 살펴봤다. (하지만 그 두 이론 모두 대체적으로 그 관계를 확언하고 싶어한다.) 그런데 열린 유신론은 신의 관계적 및 보양적(保養的) 측면을 강조한다. 이는 다른 누구보다도 페미니즘 신학자들이 강조하는 바이기도 하다. 열린 유신론은 신이 자기 자신과는 확연히 다른 피조물을 만들어냈다고 본다. 그리고 그 피조물에게 비록 제한된 것이기는 하지만 상당한 정도의 자유와 자율성을 부여했다. 이 자유와 자율성은 (양자 역학의 불확정성에서 드러났듯이) 어느 정도 물리적인 창조에서도 나타나지만, 합리적인 피조물, 특히 인간에게 부여된 자유에서 가장 분명해진다. 신은 자신의 피조물들이 이 자유를 활용해서 잠재력을 충분히 발전시키고, 특히 자기에게 사랑과 숭배의 반응을 보여주기를 원한다. 더욱이 이런 사랑과 숭앙을 위해서는 자유가 필수적이다. 기계적이고 부득이하게 주어지는 사랑과 숭배는 비디오 제작자가 전자 비트에서 만들어내는 시청자의 박수갈채처럼 별다른 가치를 가지지 못할 것이다. 피조물들은 실제로 존재하고(비록 자신의 존재를 신에게 거의 의존하더라도) 어느 정도는 신에게서 독립해서 자신들의 삶을 결정하기 때문에 신은 유신론적 종교의 경전에서 묘사되듯 그들의 반응에 따라 기뻐하거나 실망할 수 있다. 반면에 캘빈주의는(그리고 약간 정도는 낮지만 몰리니즘은) 신의 무감각설을 받아들이는 경향이 있다. 신의 무감각설에 따르면, 결국 신은 자신의 창조에서 일어나는 일에 대해 전혀 관심이 없거나, 아니면 엄청나게 많은 죄와 악과 고통에는 아랑곳하지 않고 그 창조에 대해서 지극히 기뻐한다.

열린 유신론은 다른 이론에 비해 간구(기도)를 매우 중요시한다. 이 입장은 신자 개인의 인생 방향을 바꾸고 영적인 발전을 도모하는 등등의 일을 위해 기도가 중요하다는 것을 충분히 인정할 수 있다. 미래가 진정으로 열려 있다는 점에서 간구—원하는 바가 이루어지기를 신에게 요청하는 것—는 의미를 가지며, 열린 유신론 외의 이론들에서는 이에 필적하는 의미를 간구에 대해서 부여하기가 어렵다. 간구의 내용은 확실히 그 자체가 신의 목적과 조화되어야 한다. 무가치한 요청을 신이 존중하리라고 생각하기는 어렵다. 신이 자신의 사람들에게 부여하고 싶어하는 것들이 있지만(종교에서는 그렇게 가르친다), 그들의 요청에 대한 응답으로서만 그렇게 할 것이다. 진정한 관계 속에서라야 간구는 효과가 있다.

또한 악의 문제를 다룰 때에도 열린 유신론은 다른 종류의 전통적인 유신론에 비해 유리한 입장에 서게 된다. 캘빈주의와 달리 열린 유신론은, 신이 모든 사건들을 일방적으로 통어한다고 주장하지 않는다. 그리고 악이 없는 세계보다는 악이 있는 세계를 신이 선호하므로 그가 주권적으로 이 세계의 악을 정한다고 보지도 않는다. 또 몰리니즘처럼 신이 악의 각 사례를 고의로 선택하고 계획을 세웠다고 보지도 않는다. 열린 유신론에 따르면, 신은 이 세상의 악에 대해서 진정으로 마음 아파하며 분노하고 실망하지만, 그는 자신의 궁극적인 목적을 이루기 위해 악을 극복할 수 있다고 한다. 이 세상만사가 신이 원하는 대로만 생겨나는 것은 아니다. 신은 위험을 무릅쓰고 자유로운 인간을 창조했다. 오든(1931~)이 말한 바와 같이, "에덴동산이 제1계획인데, 변덕스럽고 유혹에 빠지기 쉬우며 잘못을 범하기 쉬운 인간의 자유로 인하여 에덴동산이 망가진다면, 신은 제2, 제3의 계획을 가지고 있다."[23] 이 관점에 따르면, 악의 모든 사례들이 '더 나은 선'으로 귀착된다고 볼 필요가 없다. 그러하기는커녕 신이 바라지 않거나 승인하지 않는 악들이 있고, 결국 이로 인하여 세계는 악이 없을 때보다 더 나빠지게 된다. 그러나 신은 (필요하다면 '제2계획', '제3계획'을 사용해서라도) 악을 극복할 수 있고 자신의 궁극적인 목적을 이루어낼 수 있다. 따라서 열린 유신론은 다른 어떠한 형태의 전통적 유신론보다도 악의 문제에 대한 답변으로서 더 나은 입장에 서 있다고 할 수 있겠다.

열린 유신론은 지금까지 고찰한 다른 이론들처럼 반론과 비판에 봉착한다. 신학적 결정론자들은 몰리니즘과 단순 예지론보다도 열린 유신론에 대해서 더 혹독하게 비판적이다. 왜냐하면 신학적 결정론자들이 본질적이라고 여기는, 신에 의한 절대적인 통제를 열린 유신론자들이 더 느슨하게 만들기 때문이다. 또 몰리니즘 신봉자들은 열린 유신론이 상정하는 신의 위험 감수는 도덕적으로 용인될 수 없다고 주장한다. 만일 신이 자신의 창조적 활동의 정확한 결과를 보장받을 수 없다면, 그는 아무것도 창조하지 않았을 것이기 때문이다. 이에 대해 열린 유신론자들은, 신이 모험 그 자체를 위해서가 아니라, 신의 관대한 창조 행위에 의하여 가능해지는 바로 그 큰 선을 위해서 모험을 감수한다고 응수한다. 또 다른 비판에 따르면, 열린 유신론은 예측 형태의 예언(predictive prophecy)을 설명할 수 없다고 한다. 그 예언은 선지자가 신에게서 영감을 받아 미래에 일어날 일을 선포하는 것이다. (앞 절에서의 논변이 옳다면, 이 반론은 단순 예지와 신의 무시간적 지식에도 적용된다는 점을 주목해야 한다.) 열린 유신론자들은 대부분의 예언이 조건적이라고 답변한다. 즉 사람들이 어떤 식으로 행한다면 무슨 일이 벌어질지를 신이 말하는 것이다. 다른 예언은 세계 내의 추세나 경향에 근거해 있는 반면에, 또 다른 경우에는 신이 인간의 행위에 좌우되지 않고서 그 자신이 독자적으로 해내고자 하는 바를 선포한다.

과정 신론자들은 전통적으로 신봉되어 오는 신의 전능성과 무에서의 창조 교리들—과정 신론은 이 교리들을 거부한다—을 열린 유신론이 그대로 간

23 Thoma C. Oden, *The Living God, Systematic Theology: Volume One* (San Francisco: Harper, 1987), p. 306. 오든은 열린 유신론자가 아니었고 열린 유신론의 신관에 대해서 대단히 비판적이었다는 점에 주목해야 한다. 하지만 그는 이 핵심적인 논점에 대해서는 열린 유신론에 동의하면서 다른 이론들에 대해서 등을 돌렸다.

직하고 있다고 비판한다. 과정 신론자들은 이러한 교리들로 인해서 열린 유신론이 악의 문제와 관련된 심각한 난제들을 떠안게 된다고 생각한다.[24]

열린 유신론이 신학적인 전통에서 떠났기 때문에 많은 비판들이 제기되었다. 신적 예지의 포괄성과 관련하여 그런 결별이 있다는 것은 부정할 수 없는 바다. 이것이 열린 유신론에게 얼마나 불리한지는 그 자체가 신학적 문제여서 여기서는 더 이상 논의할 수 없다.[25] 때로는 과정 신론처럼 열린 유신론도 가장 일반적인 점에서조차 신의 계획이 성취되는 것을 보장하지 못한다는 주장이 제기된다. 이 비판에 대해서 열린 유신론자들은, 자기네가 보는 신의 능력은 캘빈주의나 몰리니즘이 상정하는 신의 능력과 엄밀하게 똑같으며, 이 능력은 신이 자신의 목적을 성취하기에 충분하다고 응수한다.

지금까지 고찰한 신의 역사에 관한 서로 다른 견해들은 많은 종교인들의 종교적인 삶에서 핵심에 있는 주제들과 연결되어 있다. 동시에 그것들은 종교철학의 논변들 중에서 가장 복잡한 논변들이 다루는 쟁점이다. 이런 이유들로 인해 이 문제는 가까운 장래에 지속적인 토론과 논쟁의 주제가 될 것 같다.

| 연구문제 |

1. 신이 이 세상에서 역사할 수 있다는 것이 종교적 신앙에 중요하다고 생각하는가? 왜 그렇게 생각하는가? 그렇게 생각하지 않는다면, 그 이유는 무엇인가?
2. 신이 역사했다고 여겨지는 사건들을 알고 있다면, 그 상황을 묘사해보라.
3. 과정 신론처럼 신의 역사를 '설득력'의 발휘에 한정하는 것이 장점인가, 단점인가?
4. 자유 의지의 자유주의적 개념과 양립가능론적 개념의 차이를 설명하라.

---

24 이 점에서 열린 유신론은 과정 신론과 거의 동등하다는 주장을 위해서는, William Hasker, "The Problem of Evil in Process Theism and Classical Free Will Theism," *Process Studies* 29 (2000): 194-208 참조.

25 일부 정통파 기독교인들은 이런 식으로 전통에서 이탈한 것 자체가 열린 유신론을 거부해야 할 유력한 이유라고 보는 반면에, 다른 이들은 그것을 비교적 사소한 것으로 보고서 심각한 문제가 일어나지 않는다고 생각한다. 이 후자의 입장에 서 있는 철학자로는 기치(Peter Geach), 루카스(J. R. Lucas), 스윈번(Richard Swinburne)이 있고, 신학자로는 폴킹혼(John Polkinghorne), 브로이그만(Walter Brueggemann), 몰트만(Jürgen Moltmann)이 있다.

5. 신이 세상만사를 결정한다는 주장의 장점과 단점은 무엇인가?
6. 실제로는 전혀 발생하지 않은 상황에서 사람들이 무엇을 자유롭게 선택할지에 관한 참된 명제들(몰리니즘에서 상정하는 '자유의 반사실문들')이 있다는 주장이 당신에게는 설득력이 있어 보이는가?
7. 몰리니즘이 상정하는 인간의 행위에 대한 고도의 통제가, 본문에서 제시된 바와 같이 신과 인간 사이의 진정한 인격적 관계를 위태롭게 할까?
8. 미래에 대한 포괄적인 신의 지식과 인간의 진정한 자유 의지가 공존하는 것이 논리적으로 불가능하다면, 둘 중에서 어느 것이 더 중요한가?
9. 포괄적인 신의 예지가 인간의 자유주의적 자유 의지와 양립할 수 없다는 주장에 대해 당신은 어떻게 평가하는가? '경성적 사실과 연성적 사실'에 근거한 논변이 충분한 답변을 제공하는가?
10. (열린 유신론처럼) 신이 세계와 밀접하게 관련을 맺는다고 보는 것이 더 중요한가, 아니면 캘빈주의와 몰리니즘처럼 세상만사에 대해 신이 확고하게 통제한다고 보는 것이 더 중요한가?

| 참고문헌 |

Beilby, James K., and Paul Rhodes Eddy, eds. *Divine Foreknowledge: Four Views*. Downers Grove: InterVarsity Press, 2001.

Berkouwer, G. C. *The Providence of God*. Trans. L. B. Smedes. Grand Rapids: William B. Eerdmans, 1952.

Cobb, John B., Jr., and Clark H. Pinnock, eds. *Searching for an Adequate God: A Dialogue between Process and Free Will Theists*. Grand Rapids: William B. Eerdmans, 2000.

Fischer, John Martin, ed. *God, Foreknowledge, and Freedom*. Stanford: Stanford University Press, 1989.

Flint, Thomas P. *Divine Providence: The Molinist Account*. Ithaca: Cornell University Press, 1998.

Griffin, David Ray. *God, Freedom, and Evil: A Process Theodicy*. Philadelphia: Westminster Press, 1976.

——. *Evil Revisited: Responses and Reconsiderations*. Albany: SUNY Press, 1991.

Hasker, William. *God, Time, and Knowledge*. Ithaca: Cornell University Press, 1989.

——. *Providence, Evil, and the Openness of God*. London: Routledge, 2004.

Helm, Paul. *The Providence of God*. Downers Grove: InterVarsity Press, 1994.

Molina, Luis de. *On Divine Foreknowledge: Part IV of the Concordia*. Trans. Alfred J. Freddoso. Ithaca: Cornell University Press, 1988.

Pinnock, Clark, Richard Rice, John Sanders, William Hasker, and David Basinger. *The Openness of God: A Biblical Alternative to the Traditional Conception of God*. Downers Grove: InterVarsity Press, 1994.

Sanders, John. *The God Who Risks: A Theology of Providence*. Downers Grove: InterVarsity Press, 1998.

Tiessen, Terrance. *Providence and Prayer: How Does God Work in the World?* Downers Grove: InterVarsity Press, 2000.

Zagzebski, Linda. *The Dilemma of Freedom and Foreknowledge*. New York: Oxford University Press, 1991.

10장 ●● 기적: 신은 속세의 일에 개입하는가?

> 앞을 못 보고 한쪽 몸이 마비된 채 퇴역한 프랑스의 한 회계사는 어느 날 자신의 주치의로부터 더 이상은 도저히 치료할 수 없다는 말을 들었다. 그러나 그는 자기를 도와줄 사람이 아무도 없다고 생각하지는 않았다 …… 그는 유명한 '루르드의 성모 마리아'에게 가서 기적을 베풀어달라고 간청하기로 했다 …… 몇 시간 동안 샘물에 몸을 담그고 났을 때 그는 시력을 회복했고 목발 없이 걸을 수 있었다.[1]

루르드의 샘에서 일어난 것과 같은 극적인 치료는 기적적인 사건들의 일부에 불과하다. 대규모의 지진이 나서 다른 사람들은 전부 사망했는데 한 사람이 가까스로 살아났다든지, 물이 변하여 포도주가 되었다든지, 동정녀가 잉태했다든지 하는 사건들도 모두 기적이라고 할 수 있다. 기적들에 대해서는 흔히 종교적인 의미가 부여된다. 특히 기적 개념은 으레 신 개념이라든가 신과 세계 간의 관계와 연결된다. 종교 철학자들이 오랫동안 이 흥미로운 주제에 대해서 관심을 가져왔다는 것은 그리 놀랄 일이 아니다.

---

1 *Prayers God Has Answered* (West Palm Beach: Globe Communications, 1985), pp. 5–6.

기적의 정의

기적이라는 말은 일상적인 토론에서 매우 다양한 사건들을 가리킬 때 사용된다. 어떤 사람들은 전혀 예기치 않았던 사건을 서술할 때 그 말을 사용한다. 어려운 시험을 예상외로 합격했을 경우라든지, 거의 잃을 뻔했던 상속 재산을 되찾았을 경우, 또는 어떤 사람의 행동이 급격하게 바람직한 방향으로 바뀐 경우에 기적이라는 말을 사용하는 것이다. 그러나 다른 사람들은 익히 알려진 과학 법칙과 명백하게 상충되는 매우 드문 사건들—일만 피트 상공에서 추락한 항공기 승무원이 살았다든지, 암으로 죽어가던 사람이 완전히 회복된 경우 등—에만 국한해서 기적이라는 말을 쓰기도 한다.

그러나 흔히 '기적'이라는 말은 지극히 종교적인 의미로 정의된다. 즉 대부분의 사람들에게는 기적이 흔치 않은 사건일 뿐만 아니라 모종의 신의 활동의 결과로 여겨진다. 예를 들어 서두의 예화에서 말하는 바는, 단지 퇴역한 어느 회계사가 자신의 시력을 회복하고 다시 걷게 되었다는 것이 아니라 신이 이 모든 일들을 가능케 했다는 것이다. 바로 이러한 용법으로 인하여 기적에 대한 심도 깊은 철학적 논의가 아주 많이 벌어졌다.

신이 어떤 사건을 일으켰다는 것은 정확하게 무엇을 의미하는가? 신이 역사(役事)해서 많은 사건들이 일어났다는 말이 근본적으로 의미하는 바는, 신이 우주를 창조했고 이 우주 안에서의 인과적인 상호 작용이 근거해 있는 '법칙'들을 만들었으며 신의 능력에 의해서 그러한 상호 작용을 끊임없이 유지해 간다는 것이라고 많은 유신론자들은 주장한다.[2] 이러한 의미에서 아기의 출산이나 여름날의 심한 뇌우는 신의 역사라고 할 수 있다. 하지만 만일 신이 직접적으로 개입하지 않았다면, 즉 신이 어느 지점에서 자연 질서를 조종하지 않았다면, 어떤 사건들—예컨대 환자가 기적적으로 치유되는 사건 등—은 실제로 벌어진 방식과는 달라졌을 것이라고 대다수의 유신론자들은 주장하기도 한다. 기적적인 사건들이 '신의 직접적인 행위들'의 범주에 속하는 것으로 여겨지는 것은 놀라운 일이 아니다.[3]

---

2 중세 철학자들은 신의 '일차적 인과'와 피조물들의 '이차적 인과'를 구분하고서, 후자는 신의 능력 덕분에 존재한다고 보았다.

그런데 신의 직접적인 활동 중에서 어떤 종류의 활동이 기적으로 분류될 수 있는지에 대해서는 의견이 엇갈린다. 흄(1711~1776)의 시대 이래로 철학자들은 흔히 기적을 자연 법칙을 '위반'하는 신의 직접적인 행위라고 정의했다.[4] 그렇다면 자연 법칙을 위반했다는 것은 정확하게 무엇을 의미하는가? 이 물음은 매우 복잡하고 논란의 여지가 많은 문제다. 하지만 대부분의 사람들이 기적을 자연 법칙의 위반이라고 말할 때 염두에 두는 것이 무엇인지를 서술하는 것은 가능하다.

자연 법칙들이란 명시 가능한 조건들 하에서 무엇이 발생할지 또는 발생하지 않을지를 서술하는 명제들이라고 정의하면 우리의 논의를 위해서 큰 무리가 없을 것이다. 자연 법칙들은 세계 내에서 사물들이 일정한 방식으로 작용하고 반작용하는 내재적인 성향이나 경향성을 서술한다. 일반적으로 인정된 과학 법칙들은 이러한 자연 법칙들 중 일부를 상술(詳述)한 것으로 간주될 수 있다. 예를 들어, 잘 확립된 과학 법칙들을 알고 있는 사람들은 물이 갑자기 포도주로 변한다고 믿지는 않으며, 진짜로 죽은 사람들이(적어도 물리적인 의미에서) 다시 살아난다고 믿지도 않는다. 그런데 어떤 사람이 실제로 물을 가지고 포도주가 되게 했다든지, 죽었다가 다시 살아났다고 가정해보자. 그러면 우리의 과학 법칙적 지식으로는 믿기 어려운 사건이 발생했다는 것을 인정할 수밖에 없다. 그뿐만 아니라 한층 더 중요한 사실은, 도저히 자연과학적으로 설명할 수 없는 사건의 발생을 어쩔 수 없이 인정해야 한다는 점이다. 이렇게 되면 자연 법칙이 위배되었다는 생각이 정당화될 것이다.

하지만 자연과학적으로 도저히 설명할 수 없는 사건들에 대해서만 '기적'이라는 말을 적용해야 한다고는 생각하지 않는 유신론자들이 많이 있다. 일례로 홀랜드(1932~)가 말한 다음의 이야기를 생각해보자. 장난감 자동차를

3 사탄과 그의 부하들처럼 사악한 초자연적인 행위자들도 세속사에 직접 개입할 수 있고 실제로 개입한다고 믿는 유신론자들이 많이 있다. 그러나 이런 행위자들의 활동을 기적이라고 부르는 사람은 별로 없다. 그래서 이 장에서 신의 행위에 관해 언급되는 많은 내용이 이런 사악한 초자연적인 행위자들의 행위에도 해당되지만, 우리는 '기적'에 관한 논의를 신이 직접 초래한 사건들에 국한하겠다.

4 David Hume, *Enquiries concerning the Human Understanding and concerning the Principles of Morals*, ed. L. A. Selby-Bigge, 2nd ed. (Oxford: Clarendon Press, 1972), pp. 109-31.

타고서 놀던 어린이가 집 근처를 지나는 철도로 잘못 들어섰는데 바퀴가 한쪽 레일에 걸렸고 바로 그 순간에 급행열차가 신호를 울리면서 달려오고 있었다. 궤도가 커브길이어서 기관사가 열차를 제때에 멈춘다는 것은 불가능한 상황인데다가 그 아이는 바퀴를 빼는 데에 열중하는 바람에 기차 소리도 못 들었거니와 집에서 달려나온 어머니의 부르짖는 소리도 듣지 못하고 있었다. 그 아이의 운명은 거의 끝날 판이었다. 그런데 그 기차가 막 커브를 돌기 전에 브레이크가 걸렸고 불과 몇 피트 앞에서 멈추게 되었다. 그의 어머니는 그 기차의 브레이크가 걸릴 때 초자연적인 현상이 나타난 것이 아니라는 사실을 알게 되었지만, 그래도 신이 기적을 일으켰다고 하면서 고마워했다. 기관사가 철로에 있는 어린이와는 아무 상관없는 이유로 인해서 기절했는데 그의 손이 조종 지렛대를 놓자마자 브레이크가 자동적으로 걸렸던 것이다.[5]

이 상황에서 묘사된 일련의 사건들치고 자연과학적으로 설명할 수 없는 사건들이라고는 하나도 없다. 어린이들은 때때로 철로에서 놀며, 기술자들이 졸도하는 경우들도 가끔 있고, 기관사의 손이 조종 지렛대를 놓으면 기차의 브레이크가 자동적으로 걸리게 되어 있다. 그러나 이 경우에 다른 설명이 나온다. 그것은 바로 그 순간에 신이 직접 개입해서 기관사가 졸도하게 만들었다는 것이다. 많은 유신론자들이 생각하듯이, 만일 신이 이 경우에 직접 개입했다면, 완전히 자연적인 설명이 가능하더라도, 그 사건은 정당하게 기적으로 간주될 수 있을 것이다. 일반적으로 말해서, 많은 유신론자들은 '기적'이라는 말을 어떠한 자연적 설명도 제공될 수 없는 신의 직접적인 행위에만 국한해서 쓰기를 원하지 않는다. 그들은 기적에 대한 정의를 확대해서, 인과적으로 설명될 수 있건 없건 간에, 신이 자연 질서를 직접 교묘하게 조종해서 초래한 사건이면 기적으로 간주하려고 한다.[6]

더욱이 여기서도 좀더 세밀한 구분이 이루어진다. 신이 어떤 사건을 직접 일으켰다고 우리가 생각할 때, 신이 자연 질서를 교묘하게 조종하는 시점이 바로 그 사건의 발생 시점과 일치한다고 생각하는 것이 매우 합당하다. 예를

5 R. F. Holland, "The Miraculous," *American Philosophical Quarterly* 2 (1965): 43.

6 이 주제에 대한 확장된 논의를 위해서는, Hughes, "Miracles," pp. 179-205를 참조하라.

들어, 위의 예화에 나오는 기관사가 졸도하는 사건을 신이 일으켰다고 우리가 생각한다면, 그 기차가 커브를 돌기 바로 직전에 신이 뭔가를 했다고 생각하는 것이 당연하다. 하지만 애덤스(1937~)와 같은 철학자들이 지적했듯이, 이 맥락에서 신의 활동에 대해 생각하는 다른 방식이 있다. 신이 세계를 창조할 때, "신이 그 필요성을 예견하는 시점에서 자연계가 적절한 방식으로 운행하도록 처음부터 물리적으로 예정해놓았다"고 우리는 생각할 수 있다.[7] 예를 들어, 신이 어린이의 생명을 구하기 위해서 특정 기관사가 특정 시점에서 기절하도록 세계를 창조했다고 우리는 생각할 수 있다. 이 경우에, 신은 기존의 자연 질서를 직접 조종한다는 의미에서 직접 개입하는 것은 아니다. 그러나 신의 의도적인 활동이 없이는 발생하지 않았을 사건이 일어나도록 신이 의도적으로 자연 질서를 조정한다는 의미에서는 여전히 신이 직접 개입한다.[8]

우리가 이러한 의미의 기적들을 고찰할 때, 여러 가지 철학적인 물음들이 생겨난다. 그 중 하나의 물음은 자연 법칙들이 위배될 수 있느냐의 여부다. 그래서 먼저 자연 법칙의 위배가 가능한지의 여부에 관한 문제를 살펴보겠다. 맥키논(1925~)은 흔히들 생각하는 부정적인 답변을 제시한다.[9] 그에 따르면, 자연 법칙들이란 '사물들이 실제로 발생하는 방식에 대한 속기록', 즉 '사건들의 실제적인 과정'에 대한 속기록이라고 한다. 따라서 어떤 사건이 자연 법칙에 대한 위배라는 말은 문제의 사건이 '사건들의 실제 과정이 정지한 것'이라는 말과 같은데 이는 불가능하다. 우리가 사물들의 정상적인 발생 방식이라고 생각하는 바와는 현저히 다른 방식으로 사건들이 발생할 수 있다는 점을 맥키논도 인정한다. 그러나 우리가 지금 자연 법칙이라고 믿고 있는 것에 대한 진정한 반례는 단지 그 법칙이 부적합하다는 것을 보여줄 뿐이다. 정의에 의하면 자연 법칙들은 '사건들의 실제 과정'을 서술하기 때문에, 아무리 비정상적

7 Adams, Robert Merrihew, "Miracles, Laws and Natural Causation(II)," *Proceedings of the Aristotelian Society* 66 (Supplement: 1992), p. 209.

8 모든 사람이 이런 구분에 흡족해 하는 것은 아니다. 휴즈는 어떤 사건에 대해서 자연적인 설명을 가할 수 있더라도 그 사건을 기적이라고 볼 수 있다고 한다. 그러나 휴즈는 신이 세계를 창조하는 동안에 이루어지는 섭리적인 활동을 기적이라고 부르지는 않으려 한다. 그는 이 맥락에서 '기적'을 좁게 적용한다. 기적이라는 말은 '신이 직접적인 원인이 되는, (작동중인) 자연계 내에서 발생하는 사건'에 국한된다. (p. 202)

9 Alistair McKinnon, "'Miracle' and 'Paradox'," *American Philosophical Quarterly* 4 (1967): 308-14.

인 사건이라도 그것을 수용할 수 있도록 우리는 원칙적으로 언제나 우리의 법칙들을 확장해야 한다. 당연히 우리는 그 예외와 그 규칙을 모두 가질 수는 없다.[10]

그러나 많은 사람들이 이러한 식의 추론을 미심쩍게 생각한다. 자연 법칙이 자연 질서를 정확하게 서술한다고 주장하는 것은, 특정 자연 조건에서 발생할 일이 무엇인지를 그 법칙이 정확하게 확인하고 있다는 것을 말할 뿐이다. 하지만 어떤 사건이 자연 법칙에 대한 기적적인 반례—예컨대 물이 포도주로 변한 사건—라는 주장은, 이 법칙이 적용되는 자연 조건들에서 어떤 사건이 발생했다고 주장하는 것은 아니다. 그것이 주장하는 바는, 신의 직접적인 활동이라는 비자연적인 부가적 인과 요인이 이 경우에도 나타났다는 것이다. 따라서 초자연적인 활동이 불가능하다는 것이 전제되지 않는 한, 자연 법칙에 대한 기적적인 반례—신이 자연 질서를 교묘하게 빠져나가거나 수정함으로써 생긴 반례—가 개념적으로 불가능하다고 생각해서는 안 된다.[11]

이것은 기적의 가능성에 관한 좀더 근본적인 물음으로 귀착된다. 신이 세속사에 개입할 수 있는가? 물론 많은 사람들이 어떠한 형태의 초자연적인 존재자도 부인한다. 과정 신론자들처럼 그런 존재자의 존재를 긍정하는 사람들조차도 이런 존재자가 일방적으로 세속사에 개입해서 기적적인 사건들을 일으킬 수 있다는 것을 부인한다. 하지만 오늘날 초자연적인 존재자가 존재하지 않는다는 것이 입증되거나, 그런 존재자가 세속사에 개입하는 것이 불가능하다는 것이 입증될 수 있다고 주장하는 철학자는 드물다.[12]

일반적으로 대부분의 철학자들은 기적과 관련해서 다른 유형의 물음에

10 기적의 가능성에 대한 이런 유형의 선험적 논변을 흄이 제안했는지에 관해서는 아직도 논란이 벌어지고 있다. Robert Fogelin, "What Hume Actually Said about Miracles," *Hume Studies*, 16, no. 1 (1990): 81–6; Antony Flew, "Fogelin on Hume on Miracles," *Hume Studies* 16, no. 2 (1990): 141–4; Kenneth G. Ferguson, "An Intervention into the Flew/Fogelin Debate," *Hume Studies* 17 (1991): 105–11.

11 예를 들어, Hughes, "Miracles, Laws of Nature and Causation,"or David Basinger, "Miracles as Violations," *Southern Journal of Philosophy* 22 (1984): 1–7을 보라. 자연 법칙이 위배되는 것이 무엇을 의미하는지에 관한 최근 논의를 보려면, Michael Levine, "Miracles," in the *Stanford Encyclopedia of Philosophy*, 1997, http://plato.stanford.edu/entries/miracles을 참조하라.

12 신의 존재를 입증하는 논변과 반박하는 논변의 지위에 대해 철학자들이 현재 어떻게 생각하는지를 알고자 한다면 6장을 참조하라.

관심을 가지고 있다. 그것은 '무엇이 알려질 수 있고 무엇이 합리적으로 믿어질 수 있는가?' 라는 물음이다. 특히 그들은 세 개의 연관된, 그러나 구별되는 의문들에 관심을 갖는다. '보고된 바와 같이 어떤 이상한 사건들이 실제로 발생했다고 우리가 합리적으로 주장할 수 있는 조건들은 무엇인가?', '어떤 사건이 자연적으로 설명될 수 없다는 주장이 합리적이기 위해서 충족해야 할 조건은 무엇인가?', '주어진 사건이 발생할 때 신이 직접 개입했다고 우리가 합리적으로 주장할 수 있는 조건들은 어떤 것들인가?' 이제 이 물음들을 상세히 고찰해보자.

역사적 사건으로서의 기적

많은 종교인들은, 만일 특정 유형의 사건들이 발생한다면 그것들은 정당하게 기적으로 간주될 수 있을 텐데라는 정도로 말하지 않는다. 그들은 기적이라고 부를 수 있는 사건들이 실제로 발생해왔다고 주장한다. 앞에서 소개한 홀랜드의 예화처럼, 만일 이러한 사건을 자연적으로 설명할 수 있다면, 그런 주장들의 정확성은 우리가 역사적인 보고를 평가하는 것과 똑같은 방식으로 평가될 수 있다. 예를 들어 그 사건을 처음 제보한 사람들이 신뢰할 만한지, 처음에 보고된 것이 충실히 전달되었는지를 확인할 수 있는 것이다.

그러나 현행의 자연 법칙들과 도저히 양립하기 어려운 기적적인 사건들의 경우는 어떻게 되는가? 예를 들어, 예수가 죽은 지 사흘 만에 부활했다는 기독교인들의 믿음이라든지 그가 물을 포도주로 변하게 했다는 믿음에 대해서는 어떻게 말해야 하는가? 또는 신이 팔이나 다리와 같은 신체 기관들 중 기형적인 기관들을 원래의 모양으로 회복시켰노라고 어떤 사람이 오늘 주장할 때는 어떻게 되는가? 이러한 종류의 설명 불가능한 사건들이, 보고된 그대로 실제로 발생했다고 유신론자가 정당하게 주장할 수 있는 조건들이 있는가?

대부분의 현대 철학자들은, 현행의 법칙들에 대한 반례가 반복해서 보고되는데도 이를 무시하는 것은 정당하지 못하다는 점을 인정한다. 즉 현행의 법칙들에 대한 반례가 반복될 수 있다면, 동일한 자연 조건들이 전제될 경우 우리는 이 사건의 반복적인 발생을 무시할 수 없다. 그리고 많은 철학자들이 이를 수긍한다. 그런데 유신론자들이 기적이라고 보는 현행 법칙들에 대한 반례들—예를 들어, 치유나 부활—중에서 이 범주에 해당하는 유형은 매우 드물다. 현재로서는 그것들은 규정 가능한 자연 조건 안에서 반복될 수 없다. 그리고 많은 철학자들—가장 유명한 이가 플루(Antony Flew)다—이, 이런 유형의 사건들에 대한 보고의 정확성을 고려해보면 우리는 훨씬 더 회의적일 수밖에 없다고 주장한다.

잘 확립된 자연 법칙들에 대한 반례이기는 하되 반복될 수 없는 것들이 발생해왔다(또는 발생할 것이다)는 것은 분명히 있을 수 있는 일이라고 플루는 인정한다. 그러나 흄이 옳게 지적한 바와 같이, 현명한 사람은 믿음을 가질 때 증거에 근거한다. 우리가 증거를 합리적으로 고려하면, 수중에 있는 문제는 어렵지 않게 이해될 수 있다. 예를 들어, 죽은 사람들은 죽은 채로 있으며 물은 포도주로 변하지 않는다는 믿음을 정당화해주는 잘 확증된 자연 법칙들을 우리는 가지고 있다. 그러한 법칙들은 난해한 과학적인 연구 결과도 아니요, 시대에 뒤떨어진 역사적인 풍문도 아니다. 그러한 법칙들은 매일같이 검증될 수 있고 또 실제로 검증되며, 재확인된다. 죽은 자들은 죽은 채로 있고, 물은 물인 채로 있으며, 마른 다리는 기형적으로 남아 있는 법이다.

반면에 현행의 자연 법칙들에 대한 반례들은 예전부터 개인적인 증언에 의해서만 지지될 뿐이다. 그리고 그런 식의 증언에 근거한 증거는 그것과 상충하는 법칙들을 지지하는 증거보다 언제나 더 약하기 마련이다. 우선, 문제의 법칙들이 성립한다고 보는 사람들은 많은 반면에, 오직 소수의(아마 편견을 가진) 사람들만이 반례가 발생했다고 주장한다. 그리고 문제의 법칙들을 지지하는 증거가 객관적인 반면에 그 사건을 목격했다고 주장하는 사람들의 증언은 매우 주관적이다.

따라서 플루는 결론짓기를, 우리가 현행 법칙들에 대한 반복될 수 없는 반례가 발생했다는 보고—예를 들어, 예수가 죽은 자들 가운데서 부활했다는 주장—를 들었을 때, 그 보고를 받아들여야 할 이유가 그것이 부정확하다고 거부해야 할 이유보다 더 나을 바가 없다고 한다. 만일 그런 사건들이 반복될 수 있다면, 즉 명시 가능한 자연 조건 아래에서 그것이 누군가에 의해 산출될 수 있다면, 우리는 그 사건들을 진지하게 고려할 필요가 있다. 하지만 반복되지 못하는 반례들에 대한 보고의 경우, "그 증언이 얼마나 인상적이든 간에, 역사가 내릴 수 있는 가장 호의적인 판결은 불가지론적인 판결로서, '증거 불충분'이라는 인색한 판결임에 틀림없다."[13]

그런데 이런 식의 논법은 독단적이고 교조적인 자연주의적 편견을 보여주고 있는 것이 아닐까? 플루는 무슨 권리로 과학 법칙들이 역사와 관련해서 궁극적이거나 최종적인 발언권을 갖는다고 전제하는가? 여타의 비자연적인 요소들이 어떻게 자동적으로 배제될 수 있는가? 예를 들어, 많은 유신론자들은 특정한 '기적적인' 사건들이 성경과 같은 '신성한 글'에 기록되어 있기 때문에, 그리고 그것의 정확성은 신에 의해서 보장된다고 생각되기 때문에 그 사건들이 발생했다고 믿는다. 더욱이 그러한 계시에 기록된 유형의 기적들은 신앙인들에게 신이 어떻게 현대에서도 여전히 역사하는지에 관한 단서를 제공한다고 흔히 여겨진다. 예를 들어, 많은 기독교인들은 성경이 신의 개입을 기도에 대한 응답이라고 가르친다고 믿는다. 그래서 이러한 유신론자들이 신의 방식에 들어맞는 사건들에 관해서 들을 경우, 그 보고는 합당한 정도의 신빙성을 보장받는다. 요컨대 실제로 많은 유신론자들은 비자연적인 증거가 현재의 문제와 매우 밀접하게 관련된다고 믿는다. 그러면 플루가 어떻게 정당하게 그런 증거를 완전히 제거할 수 있겠는가?

하지만 이러한 비판은 잘못된 비판이다. 플루는 거듭 강조하기를, 자기가 이 맥락에서 논의하는 바는 우리가 역사적인(자연적인) 증거에만 근거해서 내릴 수 있는 결론이 무엇이냐는 것일 뿐이라고 한다. 플루는 일부 사람들의 경우에 어떤 사건들의 역사성이 비자연적인 기준들—예를 들어, 신의 계시—에 근거해서 확정될 가능성이 있다는 것을 배제하지는 않는다. 더욱이 오직 '자연적인' 역사적 기준들만을 고려하려는 플루의 결정이 이 맥락에서 독단적이라고 볼 수 있을지는 분명치 않다. 일반적으로 유신론자들이 종교적인 믿음을

---

13 Antony Flew, "Parapsychology Revisited: Laws, Miracles and Repeatability," *The Humanist* 36 (May/June 1976): 28–30.

확립하거나 지지하기 위해서 기적을 사용하려 든다고 플루는 추정하기 때문에 그런 결정을 내린 것이다. 그리고 특정한 기적의 발생이 '자연적인' 근거에서 객관적으로 입증될 수 있을 때에만 그 기적은 변증적인 가치를 지닐 수 있다고 플루는 생각하는데 이는 옳은 생각이다.[14]

물론 오늘날 일부 유신론자들은, 특정한 기적적인 사건들이 보고된 바와 똑같이 실제로 발생했다는 것을 모든 합리적인 사람들이 만족할 수 있을 정도로 확증하려 들지도 않거니와 그렇게 믿지도 않는다. 그 대신에 그들은 자기 스스로 이것을 정당하게 믿을 뿐이라는 주장을 펴고 싶어한다. 그러나 역사적으로 유신론자들은 흔히 신의 존재에 대한 믿음을 지지하기 위해서, 또는 예수가 하나님이라는 사실을 입증하기 위해서, 또는 성경이 신의 진정한 계시라는 주장을 입증하기 위해서 기적을 사용하기를 원했다. 따라서 이것이 사실인 한, 독단적이고 교조적인 자연주의를 담고 있다는 이유로 플루의 논법을 비난하기는 어려워 보인다. 보고된 사건들이 실제로 발생했다는 것을 어떻게 공적이고 객관적인 의미에서 입증할 수 있느냐는 물음은 이런 맥락에서 여전히 우세하다.

그런데 이 모든 것을 인정하더라도 플루의 추론이 타당할까? 자연 법칙들이 지속적으로 확증되거나 반증될 수 있기에, 우리가 그런 법칙들을 정당하게 사용해서 특정 조건하에서 발생하거나 발생하지 않을 일을 일반적으로 예측할 수 있다는 데에 대해서는 이론의 여지가 없다. 예를 들어, 말라빠진 다리가 금방 정상적인 모양으로 바뀌지는 않으므로 우리는 그런 사건의 발생을 기대해서는 안 된다고 정당하게 믿게 해주는 확립된 법칙들이 있다는 것을 부인할 사람은 없다. 더욱이 잘 확립된 현행 법칙들에 대한 반복될 수 없는 반례들이 보고될 때 처음에는 그 보고들이 상당히 의문시된다는 점을 부인할 사람은 없을 것이다. 그러나 아무리 잘 확증된 법칙들을 입증해주는 증거라 하더라도, 그 법칙들에 대한 반복 불가능한 반례들에 대한 보고를 단번에 기각하는 것을 항상 충분히 뒷받침해주기는 어렵다고 보는 사람들이 있다.

14 Antony Flew, "Miracles," *Encyclopedia of Philosophy*, Vol. 5 (New York: Macmillan, 1967), p. 351.

하지만 그런 생각은 감각 기능—이 기능으로 인해 우리는 믿음을 가지게 된다—의 일견적(一見的)인 신빙성을 고려하지 못한 소치라고 지적하는 사람들도 있다. 우리는 매일 이런 기능에 의존하며, 으레 그 기능 덕을 잘 보면서 지낸다. 우리가 자연 법칙들을 구성할 때 우리의 감각 기능의 일반적인 신빙성이 전제되어야 한다. 따라서 이런 믿음 형성 기능들의 신빙성을 의심해야 할 이유가 없다면(예를 들어, 자연 법칙과 완전히 상충되는 사례를 우리가 직접 보거나, 또는 충분히 신뢰할 만한 친구가 직접 그것을 목격한다면), 비록 자연 법칙들이 아주 잘 확립되어 있고 그것과 상충되는 사건이 반복적으로 일어날 수 없더라도, 문제의 자연 법칙에 유리하도록 결정하는 것이 항상 정당할 수 있을지는 분명치 않다.[15]

게다가 스윈번(1934~)이 말했듯이, 우리는 자신의 믿음-형성 기능의 신빙성과 자연 법칙들의 증거만 가지고 있지는 않으며, 관련된 물리적인 기록들도 고려해야만 한다. 비근한 예로, 근육이 마른 다리가 치유되는 사건의 경우, 우리는 그 '치유'가 있기 전과 후에 다리를 찍은 X선 사진(또는 일반 사진)들을 비롯한 관련 기록들을 가질 수 있다. 그 사건을 찍은 비디오테이프라면 좀더 확고한 기록이 될 것이다. 물론 X선 사진이나 일반 사진, 비디오테이프는 변조될 수 있기에, 그러한 물리적인 기록들이 그 사건이 보고된 그대로 실제로 발생했다는 것을 결정적으로 검증하지 못할 수도 있다. 또한 이 경우에 그런 물리적인 기록들은 잘 확립된 자연 법칙들과 양립할 수 없을 것이기 때문에, 마땅히 신중하게 결론을 내려야 할 것이다. 하지만 X선 사진이나 일반 사진, 또는 비디오테이프의 신빙성을 평가(분석 · 검사)하기 위한 방법들을 우리가 일반적으로 받아들여왔고 그 기록들의 높은 신빙성이 그런 평가 방식을 통해 밝혀진다면, 그 자료는 문제의 보고의 정확성을 입증하는 매우 강력한 증거가 될 것이다.[16]

요컨대 일부 사람들에게는, 현행의 자연 법칙들에 대한 반복 불가능한 반례들이 보고되기만 하면 무조건 그것의 정확성을 부정해야 할 강한 근거는 없

15 이 논점을 좀더 포괄적으로 논의한 내용이 8장에 실려 있다.

16 Richard Swinburne, *The Concept of Miracle* (London: Macmillan, 1970), pp. 33-50.

는 것처럼 보인다. 보고된 사건이 잘 확립된 자연 법칙들과 양립 불가능하다는 사실은 그 보고를 매우 불리하게 만든다. 그리고 우리의 감각 기능이나 물리적 증거가 신빙성을 갖는다고 추정되더라도, 그것이 도대체 언제쯤 유구한 과학적 증거의 효과를 상쇄하거나 능가한다고 정당하게 말할 수 있는지를 정확하게 밝히는 것은 쉽지 않다. 하지만 그러한 보고들의 정확성에 관한 결정은 결국 사안별로 이루어져야만 한다.[17]

설명할 수 없는 사건으로서의 기적

우리가 앞에서 본 바와 같이 모든 사람들이 기적에 대해서 어떠한 자연적인 설명도 불가능하다고 믿는 것은 아니다. 그러나 흄 이래로 대다수의 철학자들은 기적을 자연 법칙의 '위배'라고 생각했다. 즉 그들은 기적을 자연적으로 도저히 설명할 수 없는 사건이라고 생각해온 것이다. 그러한 철학자들에 대해서 두 번째의 중요한 물음이 자연스럽게 제기된다. 현행의 법칙들에 대한 반복 불가능한 반례가 발생했다는 것을 어느 누구도 부인할 수 없는 경우에, 우리는 그 사건이 위에서 말한 의미에서 영원히 설명 불가능하다고 정당하게 주장할 수 있을까? 예컨대 만일 누군가가 죽은 지 사흘 만에 실제로 다시 살아났다면, 우리는 현행의 법칙에 대한 이 반례가 자연적으로 전혀 설명될 수 없다고 정당하게 주장할 수 있을까?

이에 대한 한 가지 유망한 답변을 바로 기적에 대한 정의에서 찾을 수 있을 것 같다. 앞에서 언급한 바와 같이, 기적을 이해하는 최상의 길은 십중팔구 신의 직접적인 역사의 결과라고 보는 것이다. 관련된 자연적인 인과 패턴을 신이 직접 조종하지 않았더라면, 그 결과가 실제로 발생한 방식과 똑같이 발생하지는 않았을 것이다. 그러나 이것은 그러한 사건들이 전적으로 자연적인 인과적 설명들을 가지지 않는다고 말하는 또 다른 방식에 지나지 않는다. 따

17 맥키는 플루의 논법에 공감하는 많은 무신론자들 중 한 사람이다. 하지만 그는 그런 고찰들로 인해서 기적적인 사건의 발생 가능성이 "여하한 경우에도 적어지는 것처럼 보인다"는 점만 주장하고 싶어한다. J. L. Mackie, *The Miracle of Theism* (Oxford: Clarendon Press, 1982), pp. 18-29 참조.

라서 자동적으로 신의 어떠한 직접적인 행위도 영원히 자연적인 설명이 주어질 수 없는 사건처럼 보일지도 모른다. 좀더 정확하게 말하자면, 어느 기적이 적절하게 자연적으로 설명될 수 없다고 우리가 정당하게 주장할 수 있느냐는 물음은 어느 사건이 신의 직접적인 행위라고 우리가 정당하게 주장할 수 있느냐는 물음으로 귀착되는 것처럼 보인다.

하지만 이런 식의 논법은 뭔가 혼동에서 비롯된다고 보는 사람들도 있다. 어떤 사건이 신의 직접적인 행위라면, 이 사건의 발생 자체는 전적으로 자연적인 인과적 설명을 가질 수 없다는 점을 그들도 인정한다. 그러나 자연 과학의 주된 목적은 자연이 실제로 무엇을 산출했느냐를 결정하는 데에 있지 않다. 과학의 주된 목표는 자연이 산출할 수 있는 것이 무엇이냐, 즉 오로지 자연 조건 아래에서 무엇이 발생할 수 있느냐를 결정하는 데에 있는 것이다. 예를 들어, 자연 과학의 주요 목적은 자연적인 요인들만이 특정인의 암을 완화시키는 원인이 되었느냐의 여부를 결정하는 데에 있지 않다. 과학의 주된 목적은 자연적인 요인들만이 이런 유형의 사건을 산출할 수 있었을 것인지의 여부를 결정하는 것이다. 따라서 우리가 한 사건이 영구적으로 과학적으로 설명될 수 없다고 주장할 수 있는지의 여부를 고찰할 때, 문제가 되는 것은 하나의 특정 사태 자체가 자연에 의해서만 산출되지 않았다고 우리가 정당하게 주장할 수 있느냐의 여부가 아니다. 문제는 바로 이런 유형의 사건이 자연에 의해서만 산출될 수 있었을 것이라고 우리가 정당하게 주장할 수 있느냐의 여부인 것이다.[18]

우리가 문제를 이런 식으로 해석한다면 어떤 결론을 내려야 마땅한가? 우리가 어떤 사건을 이러한 의미에서 영원히 설명될 수 없는 사건으로 분류할 수 있을까? 이 가능성을 부인하는 가장 흔한 논변은 다음과 같이 간명하게 표현될 수 있다. 어떤 유형의 사건이 현재로서는 설명될 수 없는 것처럼 보이더라도, (과학적인 탐구가 진전됨에 따라) 새로운 정보를 얻게 되면 그 사건과 관

18 이런 식의 논법은 스윈번의 저서 중 pp. 23-32에서도 암암리에 나타난다. 좀더 명시적인 논의를 보려면 다음 책을 참조하라. David Basinger and Randall Basinger, *Philosophy and Miracle: The Contemporary Debate* (Lewiston: Edwin Mellen Press, 1986), pp. 68-71.

련된 현재의 자연 법칙들이 수정될 것이다. 그러므로 임의의 사건 유형에 대해서 그 유형에 속한 사건들은 자연적으로 설명될 수 없다고 단정적으로 말하기는 어렵다.[19]

이에 대해서 모든 철학자들이 동조하는 것은 아니다. 이들은 자연 질서에 대해서 이론의 여지가 없는 완전한 지식을 자기네가 가지고 있다고 주장하지도 않거니와, 수정에서 면제되었다고 생각할 수 있는 법칙이 있다고 생각하지도 않는다. 그들은 이보다는 좀더 약한 주장을 한다. "우리가 새로우면서도 중요한 과학적인 자료들을 모아서 현행의 법칙들을 크게 수정할 수 있다는 것을 인정하더라도, 어떤 사건들이 발생했을 경우 이런 유형의 사건들은 자연적으로 설명할 수 없다고 정당하게 판정내릴 수 있다."

그러면 그런 부류의 사건들을 확인할 수 있는 기준은 무엇인가? 스윈번에 따르면, 언뜻 보기에 설명될 수 없는 것처럼 보이는 사건들을 수용할 수 있는 새로운 과학 법칙들을 만들어내는 우리의 능력에 문제 해결의 열쇠가 있다고 한다. 우리는 어느 정도 '자연 법칙들'에 관해서 좋은 증거를 가지고 있다. 이 법칙들 중 일부는 너무도 확고하게 확증되어서, 이상한 반례—예컨대 부활—를 설명하기 위해 그 법칙들을 수정할 경우 과학의 전체 구조가 뒤집어지는 결과를 초래하게 될 것이다. 따라서 만일 이러한 종류의 사건들이 발생한다면, 그 사건들은 영구히 설명될 수 없는 사건들로 정당하게 간주될 수 있다고 스윈번은 결론짓는다.[20]

보든(1936~)도 이와 유사한 방식으로 논증한다. 그녀는 관찰 가능한 현상들이 영원히 과학의 영역 밖에 놓일 수 없다는 것을 인정하지만, 언제나 그런 것은 아니라고 생각한다. 보든은 한센병 환자의 문드러진 손가락이 의사나 TV 카메라가 지켜보는 가운데 다시 정상적으로 회복되는 논리적으로 가능한 경우를 생각해보라고 한다. 보든은 주장하기를, 그런 사건은 기존의 많은 과학적인 사실들과 너무 상충하기 때문에 이러한 유형의 사건들을 수용하기 위

19 Michael Martin, *Atheism: A Philosophical Justification* (Philadelphia: Temple University Press, 1990), chapter 9; Flew, "Miracles," pp. 348–9.

20 Swinburne, pp. 29–32.

해서 현재의 과학 법칙들을 수정해버리면 그 법칙들의 예측력이 매우 약화됨으로써 그 법칙들은 더 이상 실용적인 가치를 지닐 수 없을 것이라고 한다. 따라서 그런 사건이 실제로 발생할 경우에는 어쩔 수 없이 과학자들은 그 사건을 영원히 설명될 수 없는 현상으로 간주하게 될 것이라고 보든은 결론짓는다.[21]

이런 식의 논법은 언뜻 보기에 호소력이 있는 것 같지만, 분명한 의문이 제기된다. 스윈번과 보든은 우주 안에 존재하는 인과 관계에 관한 놀랍고도 예기치 않은 새로운 정보가 과학적인 작업을 통해서 계속 발견된다는 사실을 기꺼이 인정한다. 또한 오랫동안 유지되어온 과학 법칙들에 대한 반례가 훗날 (때로는 현저한 개념적인 변화가 있은 후에만) 그 법칙들이나 수정된 법칙들과 일치하는 것으로 입증된 경우가 무수히 많다는 사실이 과학사 연대기에 기록되어 있다는 점도 그들은 거리낌 없이 인정한다. 따라서 현재 입수 가능한 자료들에만 근거해서 어떤 사건들을 영원히 설명될 수 없는 사건으로 낙인찍는 것은 과학적으로 너무 편협한 태도가 아닐까?

스윈번과 보든은 분명히 그렇게 생각하지 않는데 그 이유를 이해하는 것이 중요하다. 앞에서도 언급했듯이, 그들이 '실재의 참된 본성'에 대해서 특권적인 이해 능력을 자기네가 지니고 있다고 믿어서 그런 것은 아니다. 고도로 확증된 법칙들에 대한 승인된 반례에 직면할 때 그들은 다음 둘 중의 하나를 선택할 수밖에 없다. 하나는 그 사건을 수용하기 위해서 법칙들을 수정하는 것이고, 다른 하나는 그 법칙들의 적합성을 확인하고 그 사건을 영원히 설명될 수 없는 것으로 선언하는 것이다. 어떤 경우에는 후자를 선택하는 것이 더 합당할 수도 있다고 그들은 생각한다.

하지만 이것들 말고는 달리 선택할 방도가 없을까? 광범위한 시험을 거친 후에도 우리가 물이 어떻게 포도주로 변했는지를 설명하지 못한다고 가정해 보자. 이 경우에 관련 법칙들을 근본적으로 수정하든가, 아니면 그 사건을 영원히 설명할 수 없는 사건으로 선언해야 하는 이유가 무엇인가? 계속해서 더

21 Margaret Boden, "Miracles and Scientific Explanation," *Ratio* 1 (1969): 137–41.

심사를 하든지, 아니면 더 이상 심사하기 전에 그 사건을 '변종(變種)의 사건'으로 분류하고 그것과 유사한 사건들이 발생하기를 기다릴 수 없는 이유는 무엇인가?

홀랜드에 따르면, 그런 식으로 어물쩍 넘어가는 태도는 관련 법칙들이 불확실한 상태에 놓이게 하며 과학적인 방법의 힘을 약화시킬 것이라고 한다.[22] 그러나 모든 사람이 이런 답변을 납득하지는 않을 것이다. 현행의 법칙들에 대한 승인된 반례들이 그 법칙들의 신빙성을 무너뜨릴 수 있다는 것은 누구나 인정한다. 만일 잘 확립된 법칙들에 대한 승인된 반례들의 발생으로 인해 우리가 그 법칙들을 즉각 수정하거나 아니면 그 반례들을 영원히 설명될 수 없는 것으로 선포해야 한다면, 어떤 경우에는 후자가 차라리 가장 합당한 선택이 될 수 있다. 하지만 오직 반복 가능한 반례들이 나타났을 경우에만 우리가 그런 결정을 내릴 수 있다고 비판가들은 주장한다. 반복될 수 없는 반례들에 대해서는 이것은 잘못된 딜레마가 된다. 반례가—그것이 아무리 진기(珍奇)하더라도— 반복될 수 없다면, 제3의 대안은 언제나 우리에게 열려 있다. 그것은 문제의 현행 법칙의 기능적 적합성을 계속 인정하면서, 문제의 진기한 사건을 수용하는 새롭거나 수정된 법칙들을 찾는 방안이다.[23]

하지만 이것이 맞더라도, 틀림없이 종교적인 의미는 별로 따라나오지 않을 것이다. 앞에서 언급한 바와 같이, 많은 철학자들이 특정 유형의 사건들을 자연 법칙의 위반 사례라고 할 수 있는지의 여부에 대해서 관심을 갖더라도, 대부분의 유신론자들이 실제로 이런 관심을 공유하고 있는지는 의심스럽다. 대부분의 유신론자들의 일차적인 관심사는, 신이 역사하지 않았더라도 문제의 사건들이 실제로 발생한 시점과 같은 시점에서 같은 방식으로 발생했을 것이냐의 여부다.

---

22 Holland, pp. 43–51.

23 Basinger and Basinger, pp. 59–71. 과학자가 이런 선택 방안을 받아들일 수 있는지의 여부에 관한 흥미로운 논의를 위해서는, Peter van Inwagen, "Of 'Of Miracles'," in *Philosophy and Faith: A Philosophy of Religion Reader*, ed. David Shatz (New York: McGraw-Hill, 2002), pp. 402–9를 참조하라.

신의 역사로서의 기적

이제 신이 세속사에 직접 개입해왔다는 것을 우리가 입증할 수 있느냐는 물음을 마지막으로 생각해보자. 일부 철학자들이 보기에 이와 관련된 물음들 중 가장 중요한 물음은 다음과 같다. 합리적인 사람이라면 누구든지 신이 직접 개입해왔다는 것을 인정할 수밖에 없는 조건들이 있을까? 즉 합리적인 사람조차도 엄격한 자연주의자로 남기 어렵게 만드는 조건들을 생각할 수 있을까?

이에 대해 긍정적으로 대답하는 사람들이 있다. 얀젠(1948~)은 예수가 죽은 자 가운데서 살아났다고 믿게 하는 강력한 증거를 우리가 가지고 있을 경우에, 관련된 자연 법칙을 수정하려는 시도는 적절한 반응이 될 수 없다고 말한다. 왜냐하면 그렇게 수정된 법칙은 다음과 같은 것이 되기 때문이다. "오직 한 경우에만 관찰되며 지금까지 신의 개입에 의해서만 설명되는 미지의 성질을 지닌 사람들을 제외하고서는 모든 사람들은 죽는다." "완벽하게 잘 확립되고 잘 이해된 법칙에 대한 단일한 예외가 있고 이 예외가 신의 개입에 의존하지 않고서는 설명될 수 없을 경우에는, 회의적인 답변이 부적절해질 것이다."[24]

라머도 이와 비슷한 결론에 도달했다. "신의 능력으로 병이 치유되는 기적을 수행하노라고 주장하는 사람을 우리가 보고 있다고 가정하자." 여기서 더 나아가 "이 사람이 기도를 한 직후, 나병으로 인해 문드러졌던 손가락들이 금방 원래의 형태와 길이대로 커지는 사건과 염산에 심하게 화상을 입은 눈이 즉시 시력을 회복하는 사건들을 우리가 녹화할 수 있었다"고 가정하자. 그리고 "이 사람이 어떠한 종류의 질병이나 상처도 치유할 수 있을 뿐만 아니라, 어떠한 것(대상이나 능력)도 그의 명백한 치유 능력을 간섭할 수 없다고 가정하자. 또한 먼 외국에 있는 환자들도 이 사람이 기도하면 극적으로 치료되는 경험을 했기 때문에 그 사람의 능력은 분명히 거리와도 무관하다고 가정하자." 이런 경우에 가장 합리적인 반응은 신의 개입을 인정하는 것이라고 라머는 주장한다. 순전히 자연적인 설명만을 끝까지 요구한다면 이는 무비판적이

24 Grace Jantzen, "Hume on Miracles, History and Politics," *Christian Scholar's Review* 8 (1979): 325.

고 독단적이며 논점을 회피하는 짓이 될 것이라고 라머는 주장한다.[25]

여기서 얀젠이나 라머가 주장하려는 바는, 자연만으로 그 사건을 산출할 수 없다는 것이 입증될 때에는 초자연적인 행위가 인과적 설명으로 정당하게 고려될 수 있다는 정도가 아니다. 그들은 이보다 더 강한 주장을 하고 있다. 그들이 말하려는 바는, 만일 상상 가능한 사건들이 발생할 경우, 합리적인 사람들이라면 누구나 신이 직접 개입했다고 생각해야 가장 합당하다는 것이다.

그러나 어떤 사람들은 이런 주장이 한 가지 중요한 요인을 간과했다고 생각한다. 기적이 발생한 상황을 따로 떼어놓고 생각할 경우에는 신의 개입이 그럴듯한 인과적 가설이 될 수 있다. 그러나 어떠한 실제적인 사건이나, 그 사건을 설명하기 위한 인과적 가설도 여타의 관련 증거와 무관하게 고찰될 수는 없다. 예컨대 신이 개입한 결과 놀라운 치유가 일어났다고 생각하는 것은, 신이 존재한다는 것뿐만 아니라 신의 존재가 이와 관련된 여타의 경험적 자료들과 양립할 수 있다고 생각하는 것과 같다. 좀더 구체적으로 말하자면, 그런 생각은 우리가 경험하는 악과 신의 존재가 양립할 수 있다는 생각과 같다고 할 수 있겠다. 따라서 그러한 '치유'가 발생한다면, 핵심적인 문제는, 얀젠과 라머가 함축한 식으로 신을 원인으로 보는 것이 바로 이 한 가지 사건에 대한 가장 합당한 인과적 설명이 되느냐의 여부가 아니다. 핵심적인 문제는, 그 사건이 함축하는 바가 모두 전제될 때, 신을 원인으로 보는 것이 가장 합당한 설명이 되느냐의 여부인 것이다.[26]

이제 신이 문제의 환자를 치유했다는 믿음(그래서 신의 존재와 이 세상의 악은 양립 가능하다는 믿음)의 타당성과, 신의 존재는 우리가 흔히 경험하는 것들과 양립 가능하지 않다는 믿음(그래서 신은 문제의 환자를 고치지 않았다는 믿음)의 타당성을 비교해볼 때, 어떤 사람이 신의 비존재가 전반적으로 더 강하게 와닿는다고 결론 내렸다고 가정해보자. 얀젠이나 라머가 그러한 사람을 놓고 완고하다거나 지적으로 정직하지 못하다거나 비합리적이라고 정당하게 비난할 수 있을까? 라머는 그렇다고 생각한다. 그는 특히 신의 존재를 입증

25 Robert Larmer, "Miracles and Criteria," *Sophia* 23 (1984): 4-10.

26 예를 들어, David Basinger, "Miracles and Natural Explanation," *Sophia* 26 (1987): 22-6을 보라.

하는 증거가 너무 강력해서 그것이 신의 존재를 반박하는 증거—예를 들어, 악에 의해 발생된 증거—를 분명히 능가한다는 것을 합리적인 사람이라면 누구나 인정할 수밖에 없는 상황—앞에서 언급된 것과 같은 상황—을 생각해볼 수 있다고 믿는다.[27]

그런데 라머의 주장은, 우리가 믿음을 평가하기 위한 중립적이고 비순환적인 기준들을 가지고 있으며(또는 원리상 가질 수 있으며), 이 기준에 근거해서 신의 존재를 입증하는 증거와 반박하는 증거의 힘을 비교할 수 있다는 전제에 근거해 있다. 반면에 흄이나 키에르케고르처럼 서로 다른 부류의 인물들에 동의하여 그런 기준이 존재하지 않는다고 믿는 철학자들도 많이 있다. 즉 신의 존재를 입증하는 증거와 반박하는 증거의 상대적인 평가는 결국 그 본성상 주로 주관적이고 상대적인 문제가 될 것이라고 생각한다.[28]

그러나 많은 유신론자들에게는, 모든 합리적인 사람들이 신의 개입을 인정해야만 하는 조건들이 있느냐가 중요한 문제가 아니다. 그들이 보기에 중요한 문제는 신이 특정한 사건들에 대해서 적어도 부분적으로나마 직접 책임이 있다고 그 유신론자가 정당하게 주장할 수 있느냐의 여부다. 즉 그 유신론자가 특정 사건들을 놓고서 그것들이 신의 직접적인 행위라고 합리적으로 주장할 수 있는 조건들이 있느냐의 여부가 중요한 문제라는 것이다.

이에 대해서 유신론자들은 순전히 방어적인 태도를 취할 수 있다. 즉 주어진 사건이 신의 직접적인 행위가 아니라는 것이 입증되지 않는 한, 그 사건은 신의 직접적인 행위로 봐야 한다고 주장하는 것이다. 종교적 믿음에 대한 이런 접근법에 관해 7장에서 논의했는데 우리의 논의가 전제된다면, 이 유신론자들은 성공적이라고 할 수 있다. 하지만 많은 유신론자들은 정당화를 단지 방어적 견지에서만 생각하지는 않는다. 신이 세속사에 직접 개입한다(또는 적어도 개입할 수 있다)고 주장할 수 있는 긍정적인 이유들을 제시하는 유신론자들이 많다. 특히 그들은 이 세상에서의 신의 일반적인 '활동 패턴'에 관해

27 Robert Larmer, "Miracles, Evidence and Theism: A Further Apologia," *Sophia* 33 (1994): 51–7.

28 예를 들어, Alvin Plantinga, "The Probabilistic Argument from Evil," *Philosophical Studies* 35 (1979): 1–53을 보라.

(성문화된 계시, 구전, 또는 개인적인 경험에 근거해서) 자기네가 정확한 정보를 가지고 있다고 주장한다. 그 유신론자들은 그러한 패턴에 들어맞는 특정 사건을 자기네가 관찰하게 되면 그것을 신의 직접적인 행위라고 정당하게 부를 수 있다고 생각한다.[29]

이러한 종류의 신적 패턴 논제(divine-pattern thesis)를 받아들인다고 해서, 인지된 패턴대로만 신이 역사(役事)한다고 주장하는 것은 아니다. 예를 들어, 다음과 같은 상황을 생각해보라. 어느 날 준영은 정원에 있는 채소들이 한 시간 만에 씨앗의 상태에서 숙성한 상태로 자랐다가 다시 씨앗으로 급격하게 되돌아가는 기이한 현상을 보게 되었다. 그가 아무리 노력을 하더라도 이 기이한 현상의 자연적인 원인을 찾을 수가 없었다. 더욱이 준영은 신적 패턴 논제를 옹호하는 사람이기는 하지만, 이 기이한 현상이 들어맞는 신의 역사 패턴에 대해서는 전혀 모른다. 따라서 준영은 이것이 신의 직접적인 역사라고 주장하기를 꺼릴 것이다. 그렇다고 해서 그 사건이 실제로 신의 직접적인 역사가 아니라고 주장하지는 않을 것이다. 그는 단지 신이 직접 개입했다고 생각하기에 충분한 이유를 현재 가지고 있지 않다고만 말할 것이다.

또는 신이 어느 야구 선수를 직접 도와서 경기를 승리로 이끄는 홈런을 칠 수 있게 하거나 학생이 중요한 시험에서 좋은 성적을 받도록 도와줄 수 있다는 것을 부인하지 않지만 "신은 스스로 돕는 자를 돕는다"라고 믿는 유신론자를 생각해보라. 이 유신론자는 그 선수나 학생이 최선을 다하지 않을 경우에도 신이 그를 직접 도울 것이라는 주장을 당연히 의심할 수 있다.

또한 신적 패턴 논제를 받아들이는 유신론자들은 신이 언제나 예측 가능한 방식으로 개입해야만 한다고 주장하지는 않는다. 다음과 같은 시나리오를 가정해보자. 유신론자인 준호가 성경을 문자 그대로 진리로 받아들이는 집안에서 자랐고, 곤경에 처할 때 신에게 기도하면 신이 직접 응답해주리라고 배워왔다고 가정해보자. 즉 준호는 기도와 관련된 신의 특정 행위 패턴에 대해

29 유신론자들 중 많은 사람들이 어떤 사악한 초자연적인 행위 패턴들—예컨대 악마가 결백한 사람들에게 고통을 주는 경우—을 정당하게 확인할 수 있다고 믿고, 따라서 주어진 억울한 고통의 사례를 사악한 초자연적인 행위자의 탓으로 돌리는 것도 정당화된다고 믿는다는 점도 주목해야 한다.

자기가 안다고 믿는 것이다. 어느 날 준호는 심각한 개인적인 위기에 처하게 되었다. 그의 어린 딸이 중병에 걸려서 회복될 기미가 보이지 않는 것이었다. 준호는 신에게 딸을 살려달라고 간구했다. 다음날, 그 딸은 형언할 수 없을 만큼 빠르게 회복하더니 며칠 뒤에는 완치가 되었다. 이 경우에, 그 '치유'가 신이 세계와 어떻게 작용하느냐에 대한 용인된 패턴과 들어맞기 때문에 이 사건은 신의 직접적인 역사라고 준호가 주장하더라도, 그렇다고 해서 자신의 기도가 신으로 하여금 역사하도록 '강요했다'라고 그가 말하는 것은 아니다. 단지 그가 주장하는 바는, 그 치유가 신의 역사 패턴에 들어맞는다는 사실만 보더라도 우리는 이 경우에 신이 직접 개입하기를 원했다고 충분히 믿을 수 있다는 것이다.

더욱이 그러한 경우에도 유신론자들은 절대적인 확실성을 공언하지는 않는다. 다만 그들은 주어진 사건이 신의 직접적인 역사가 될 가능성이 그렇지 않을 가능성보다 더 높다는 믿음이 정당하다고 주장할 뿐이다.

물론 이런 해명에도 불구하고 한 가지 중요한 의문이 제기된다. 신의 역사 패턴이 도출된 출처—계시, 전통, 또는 개인적인 경험—가 정확한 정보를 제공한다는 유신론자들의 생각은 정당화되는가? 일부 특정한 경우에는 그런 생각이 합리적이라고 보기 어려울 때도 있다. 일부 기독교인들이 단언하는 특정 패턴들의 경우, 적절한 성경 해석이나 기독교 전통에 대한 올바른 지식에 비추어볼 때 실제로 받아들이기 어렵다는 것이 입증될 수 있다. 또는 이슬람교도들이 신봉하는 특정한 역사적 출전이 신빙성이 없는 것으로 밝혀질 수도 있다. 그러나 신의 존재가 결정적으로 반박될 수 있다거나 신과 인간의 의사소통 개념이 자기 모순적이라고 주장하는 철학자들은 오늘날 거의 없기 때문에, 신의 역사 패턴의 정확성에 대한 유신론자들의 믿음이 불합리하며 그런 패턴에 일치하는 사건들을 신의 직접적인 역사로 분류하는 것은 정당하지 못하다는 주장은 거의 없다. 그리고 이것은 그리 놀랄 일이 아니다.[30]

30 마틴(Martin)이 예외적인 사람이다. 그의 저서, *Atheism*이나 *The Case against Christianity* (Philadelphia: Temple University Press, 1991)를 참조하라.

실제적인 고찰

그러면 기적이 정말 실제로 발생했는가? 이 물음은 최근에 상당한 철학적인 논란거리가 되어왔다. 특히 예수의 부활만큼 주목을 받은 기적도 드물다.

이 논쟁에 참여한 사람들—그중에서도 가장 두드러진 철학자로 플루를 꼽을 수 있고, 그 외에 마틴, 데이비스, 하버마스, 켈러가 있다—은 일단 논의 전개를 위해, 예수가 죽고 장사 지낸바 되었다가 다시 살아날 수 있었을 것이라고 본다. 그러나 이 사건을 입증하는 역사적인 증거의 강도와, 이 증거와 합리적 믿음 간의 관계에 대해서는 견해차가 크게 난다.

세부 사항에서 차이가 나기는 하지만, 예수의 부활을 입증하는 일반적인 '증거' 사례—여기에 관해서는 데이비스와 하버마스가 가장 명료하게 서술했다—는 다음과 같이 요약될 수 있다.[31]

(부활에 대한 개인적인 관점이 무엇이든 간에) 모든 성경학자들은 대부분 다음 다섯 가지 사항에 대해 의견이 일치한다. (1) 나사렛 예수는 생존했고, 십자가에 달렸고, 장사 지낸바 되었다. (2) 그의 제자들은 그가 죽은 후에 얼마 있지 않아서 그의 무덤이 비었다고 주장했다. (3) 어떤 이들은 살아 있는 예수를 경험한 바 있다(만났다, 마주쳤다, 서로 영향을 끼쳤다)고 주장했다. (4) 이 경험들로 인하여 그의 제자들은 예수가 죽은 자들 가운데서 부활했다고 믿게 되었다. (5) 이것은 초기 기독교에서 핵심적인 믿음이었다.

신약 성경에서 부활에 대해 설명할 때 차이가 있기는 하지만(심지어 세부 사항에 들어가서는 서로 모순된 설명을 할 때도 있지만), 예수가 죽은 후 장사되었다가 죽은 자들 가운데서 살아났다는 것은 한결같이 주장하는 내용이다. 더욱이 예수의 제자들이 거짓말했다고 믿어야 할 확실한 이유도 없다. 왜냐하면 그들의 삶은 예수의 부활에 대한 믿음으로 인해 현격하게 변화되어 많은 제자들이 자신의 신앙을 버리지 않고 오히려 죽음을 선택했기 때문이다. 또한

---

31 Stephen Davis, "Is It Possible to Know that Jesus was Raised from the Dead?" *Faith and Philosophy* 1 (1984): 147–159; "Naturalism and the Resurrection: A Reply to Habermas," *Faith and Philosophy* 2 (1985): 303–8; "Doubting the Resurrection: A Reply to James A. Keller," *Faith and Philosophy* 7 (1990): 99–111. Gary Habermas (with Antony Flew), *Did Jesus Rise from the Dead?* ed. Terry L. Miethe (San Francisco: Harper & Row, 1987), pp. 19–29.

제자들이 환각 상태에 빠져 있었다(실제로 일어나지 않은 일을 단지 상상하고 있었다)고 믿어야 할 타당한 이유도 없다. 환각을 일으키는 일상적인 원인들—식량 부족이나 수면 부족, 약물, 집단 광란—이 있었던 것 같지는 않기 때문이다. 마지막으로, 유대교 지도자들이 예수의 부활을 결정적으로 반박할 수 있는 힘과 동기를 가지고 있었지만 전혀 그렇게 하지 못했다. (예를 들어, 그들은 예수의 시신을 제시하지 못했다.) 따라서 예수의 부활을 입증하는 역사적인 증거를 달리 설명할 수 없는 반면에, "예수가 죽은 자들 가운데서 문자 그대로 부활했다는 것이 그 사실들에 대한 최상의 설명이 된다."[32]

그러나 많은 무신론자들(그중에서도 마틴과 플루)과 일부 유신론자들(특히 켈러)은 그런 증거가 결코 확고하지 못하다고 주장했다. 세부 사항에서는 서로 차이가 나지만, 그들이 제기하는 비판의 핵심은 다음과 같다.[33]

첫째, 예수가 생존했고 십자가에서 처형되었다는 것에 대해서는 학자들이 동의한다. 그러나 예수가 죽은 자들 가운데서 부활한 후 많은 사람들에게 나타났다고 제자들이나 초대 교회가 실제로 믿었느냐의 여부는 상당한 논란거리다. 일부 학자들은 부활 이야기가 기독교 발생 직후에 기독교 전통에 들어갔다고 생각하는 반면에, 다른 이들은 이 이야기가 언제 신앙의 핵심 요소가 되었는지를 입증해주는 증거가 우리에게는 없다고 생각한다.[34]

둘째, 부활에 대한 성경의 설명을 입증할 독립적이고 객관적인 증거가 미흡하다. 그리고 무덤 입구를 막았던 돌이 여자들이 도착하기 전에 굴러갔는지의 여부, 어느 여인들이 무덤에 갔는지, 누가 무덤 안에 있었는지, 예수의 시신이 사라진 것을 발견한 후의 여인들의 행적은 어떠했는지, 제자들은 어떻게 반응했는지와 같은 문제들에 대해 복음서들 사이에서도 일치하지 않는 점은

---

32 Habermas, p. 29.

33 Martin, *The Case against Christianity*; Flew, *Did Jesus Rise from the Dead?*, James A. Keller, "Contemporary Christian Doubts about the Resurrection," *Faith and Philosophy* 5 (1989): 40–60; "Response to Davis," *Faith and Philosophy* 7 (1990): 112–6.

34 예를 들어, Willi Marxsen, *The Resurrection of Jesus of Nazareth*, trans. Margaret Kohl (Philadelphia: Fortress Press, 1970), pp. 36–78; Hugh Anderson, *Jesus and Christian Origins* (New York: Oxford University Press, 1964), pp. 185–240; Reginald Fuller, *The Formation of the Resurrection Narratives*, rev. ed. (Philadelphia: Fortress Press, 1980), pp. 50–154를 보라.

사소한 문제가 아니다. 이것들은 성경의 역사적인 신빙성에 대해 심각한 의문을 제기한다.

셋째, 제자들이 예수의 부활을 믿고서 현격히 변화되어 신앙을 위해 순교도 감내했지만, 그렇다고 해서 부활이 실제로 발생했을 확률이 높아지는 것은 아니다. 역사를 돌이켜보면, 자기네가 진리라고 믿는 것을 위해 목숨을 버린 종교적인 광신도들의 사례가 즐비하다. 비행기로 세계무역센터를 공격한 이슬람교 순교자들, 일본 제국주의의 가미가제 조종사들, 짐 존스(Jim Jones)나 데이비드 코레시(David Koresh)의 추종자들이 그 예다. 부활의 역사성을 믿는 대부분의 사람들은, 이런 광신도들의 경우에 헌신의 동기가 되었던 기초적인 믿음들이 참되다(또는 그 지지자들의 열성으로 인해 참이 될 확률이 더 높아진다)는 것을 단호하게 부인한다.

넷째, 유대교 지도자들이 부활에 대한 소문을 인지했고, 시신을 보여줌으로써 부활 소문을 받아칠 수 있었더라도, 이것이 부활의 실제적인 발생 개연성을 높이지는 않는다. 시신을 도난당하거나 제자들이 감췄다고 믿는다든지, 유대교 지도자들이 그 무렵에는 예수의 추종자들에 대해서 별로 관심을 두지 않았다고 믿는다든지, 부활과 관련된 사건들에 대한 독자적이고 공평한 목격자들이 없었기 때문에 유대교 지도자들이 객관적인 반박을 위한 충분한 증거를 가지고 있지 않았을 뿐이라고 생각하는 것도 얼마든지 가능하다.

다섯째, 증명해야 할 부담은 예수의 부활을 믿는 사람들에게 있다. 인간의 경험은 달갑지 않지만 명백한 사실, 즉 죽으면 죽은 상태로 계속 있다는 사실을 가장 강한 의미에서 확증해주고 있다. 따라서 그 사실과 반대되는 주장을 입증하기 위한 역사적인 증거는 매우 강해야만 한다. 하지만 관련 증거는 있어봤자 미약하다. 결국 예수의 부활이 확고한 사실(또는 납득할 만한 정도의 개연성을 갖는 사실)이라고 주장하기 위한 타당한 역사적 근거가 없는 셈이다.

물론 부활의 역사성을 믿는 사람들은 이런 도전을 의식하고 반론을 전개한다. 예를 들자면, 그들은 부활에 대한 복음서의 설명이 제대로 해석되기만 하면 어떠한 모순도 담고 있지 않다고 주장한다. 또한 예수의 제자들뿐만 아니라 신심이 깊은(그러나 잘못된) 많은 사람들이 진리라고 믿는 것을 위하여 목숨을 버린 사례를 가지고 비판하는 것은 논점을 잃었다고 반박한다. 예수의 제자들이 잘못된 광신도들과 다른 점은 예수가 되살아났는지의 여부를 제자들이 알 수 있었다는 사실에 있다고 한다.

그러나 '증거와 관련된' 이 논쟁이 역사적인 자료에 대한 평가와 관련해서 중요한 의문을 제기한다는 데에는 관련자들이 모두 공감한다. 과거에 발생한 사건을 평가할 때에 어떤 유형의 증거가 적절한가? 그런 증거가 사건의 발생을 입증하기 위해서는 얼마나 강력해야 하는가? 그런 결정을 내리기 위한 최상의 입장에 서 있는 사람은 누구인가?

하지만 부활을 입증하는 역사적인 증거와 합리적인 믿음 간의 적합한 관계에 대한 현행의 논쟁은 철학적으로 똑같이 중요하다. 그 문제에 대한 양 진영의 입장은 분명하다. 예컨대 하버마스는 예수의 부활을 입증하는 역사적인 증거가 너무 강해서 진지하고 식견 있는 사람이라면 누구나 이 사건이 실제로 발생했다는 것을 합리적으로 부인하기 어렵다고 생각한다. 반면에 마틴과 플루는 역사적인 증거가 너무 빈약해서 "합리적인 사람이라면 누구나 예수의 부활을 믿지 말아야 한다"고 주장한다.[35]

그런데 데이비스는 절충안을 제시한다. 그의 절충안은, 믿음을 가질 수 있는 권리를 옹호하는 것과, 어느 누구도 합리적으로 동의할 수 없다고 주장하는 것을 구분하는 것에 근거해 있다. 이미 언급한 바와 같이, 데이비스의 개인적인 소신은 역사적인 증거만 고려한다면 예수의 부활이 지지를 받는다는 것이다. 그러나 진지하고 식견이 있는 사람이라고 해서 의견이 다를 수 없는 것은 아니다. 초자연주의자들은 실재(實在)가 전적으로 자연 과학으로만 설명되기에는 어려운 면이 있기에, 역사적인 증거를 통해서 실제의 부활이 입증될 수 있다고 주장했고, 이런 주장은 사리에 맞다. 그러나 자연주의자들은 모든 사건들이 일양(一樣)한 자연 질서의 일부이고, 이것이 전제되면 부활의 실재성을 믿지 않는 것도 합리적이라고 정당하게 주장할 수 있다. 요컨대 데이비

35 Martin, *The Case against Christianity*, p. 96.

스의 생각처럼, 예수가 실제로 부활했느냐의 여부에 대한 우리의 입장은 결국 우리의 기본적인 세계관—실재의 본성에 대한 기본적인 관점—으로 귀착된다. 초자연주의와 자연주의 모두 합리적인 사람들이 고수할 수 있는 입장들이라서, 부활 사건의 역사성에 대한 합리적인 관점들이 서로 달라지는 것은 허용되어야 한다.[36]

하지만 이런 결론은 또 다른 중요한 의문을 제기한다. 예수가 죽은 후 부활했다는 것을 우리가 인정하더라도, 신이 바로 그의 부활의 원인이고 부활은 정말 기적이라고 믿어야 할 이유가 있는가? 하버마스와 데이비스는, 부활을 입증하는 증거는 매우 강할 뿐만 아니라 그런 사건이 신의 개입에 준거하지 않고서도 설명될 확률은 매우 낮다고 믿는다. 실제로 하버마스는 부활을 입증하는 증거가 '예수의 주장—예를 들자면, 자기가 신과 유일무이하게 관련을 맺고 있으며 부활이 이 사실을 입증할 것이라는 예수의 주장—들과' 결합되어 있을 때 신의 직접적인 활동을 부인한다는 것은 비합리적이라고 생각한다.[37] 이에 대해 데이비스는 반대한다. 우리가 부활의 발생을 인정하면서도 신의 개입은 부인할 수 있는지에 대해서 그는 회의적인 반면에, 자연주의자들이 이 사건—어떠한 설명도 필요치 않는 사건—의 역사성을 합리적으로 부인할 수 있다고 주장한다.

마틴과 같은 비판가들은 여기서 한 걸음 더 나아가 주장하기를, 우리가 예수의 부활을 인정하더라도 그 사건의 원인이 신이라는 것은 합리적으로 부인할 수 있다고 한다. 왜냐하면 아직 발견되지 않았거나 충분히 이해되지 않은 자연 법칙들의 결과로 이 기이한 사건이 발생했다거나, 자연적인 수단이건 초자연적인 수단이건 간에 어느 것에 의해서도 이 사건이 발생되지 않았다고 해도 별 무리가 없기 때문이다.[38]

누가 옳은가? 아니면 최소한 어느 관점이 가장 그럴듯하다고 할 수 있을까? 아직까지는 이런 해석상의 문제들에 대해서 철학계 안에서 합의가 이루어

---

36 Davis, "Naturalism and the Resurrection." 이와 다소 비슷한 논법이 J. Houston, *Reported Miracles* (Cambridge: Cambridge University Press, 1994), pp. 208–57에도 나타나 있다.

37 Habermas, pp. 39–42.

38 Martin, *The Case against Christianity*, pp. 96–100.

지지는 않고 있다. 하지만 과거의 사건 발생이 논란거리가 될 때, 증거와 세계관 간의 적합한 인식적 관계에 대한 논의가 단연 핵심이라는 데에는 대부분의 철학자들이 동의한다.

그러나 이런 맥락에서 분명히 주의를 기울일 만한, 기적과 관련된 다른 문제가 있다. 준호와 그의 딸의 경우를 다시 생각해보자. 준호는 신이 빈번히 개입할 수 있고 또 개입하리라고 믿어서, 그의 딸이 중병에 걸렸을 때 신에게 도움을 간청했다. 딸이 회복되었을 때 준호는 그 회복을 부분적으로 신의 직접적인 활동의 탓으로 돌렸고 긍휼을 베풀어준 신에게 감사했다.

이제 우리의 이야기를 확장해보자. 준호의 친구인 민재는 준호의 딸이 기적적으로 나았다는 소식을 듣고서 매우 기뻐했다. 그 역시 신이 세속사에 수시로 개입할 수 있다고 항상 믿었고, 준호의 딸의 경우에도 신이 실제로 그렇게 개입했다고 생각한다. 그래서 민재는 사업차 인도를 여행하는 동안에 많은 굶주린 어린이들을 보고서 신의 도움을 구했다. 만일 신이 준호의 딸을 고칠 수 있었다면, 틀림없이 신은 이 어린이들도 도와줄 수 있으리라고 그는 생각했던 것이다. 그러나 그의 열성 어린 기도에도 불구하고 어린이들은 서서히 고통스럽게 죽어갔다.

여기서 언뜻 보기에 도덕적 긴장이 있다는 것은 분명하다. 왜 신은 어떤 경우에는 개입하고 다른 경우에는 개입하지 않는가? 불필요한 고통의 사례들을 고찰할 때, 8장에서 논의한 바와 같이 많은 종교인들은 신의 자기 제한 정도를 강조한다. 신은 모든 사람들을 돌보지만, 인간의 자유와 그것을 뒷받침해주는 자연 질서가 어떠한 제약도 받지 않은 채 작용하는 도덕적인 상황을 신이 창조해왔다고 주장한다. 그런 세계에서는 원치 않는 악들이 불가피하다. 하지만 왜 준호의 딸은 치유를 받았는가? 신의 창조적인 섭리 계획으로 인하여 인도의 굶주린 어린이들의 경우에는 신이 개입하지 않았다면, 우리의 도덕적인 세계의 구조를 침해하지 않고서 신은 어떻게 준호의 딸에 대해서는 직접 개입할 수 있는가? 신이 어떤 사람들을 위해서는 개입하고 다른 사람들에 대해서는 개입하지 않는다고 어떻게 우리가 생각할 수 있는가?

여기서 기본적인 물음은 신이 수시로 개입할 수 있느냐의 여부가 아니라,

그러한 개입이 좀더 이해하기 쉽고 규칙적인 방식으로 일어나지 않는 이유가 무엇이냐는 것이다. 과정 신학자인 그리핀이 언급한 바와 같이, 일방적으로 개입할 수 있는 신이 '각별히 끔찍한 악을 막기 위해서' 더욱 빈번히 개입하지 않는 이유는 무엇인가?[39]

물론 유신론자들이 구사할 수 있는 답변들은 많다. 우리의 관점에서 보면 서로 비슷한 상황들이더라도 신의 관점에서 보면 그렇지 않을 수 있다는 주장이 제기된다. 또는 서로 비슷한 상황이더라도 우리가 적합하다고 생각하는 방식으로 신이 행동해야 할 도덕적인 의무가 신에게는 없다는 주장도 있다. 신은 인간의 이해를 넘어선 이유들로 인해서 자신의 원하는 바를 정당하게 행할 수 있다는 것이다.

그러나 일부 유신론자들에게는 여전히 긴장이 남아 있어서 신이 실제로 오늘날 개입하는지의 여부를 묻게 된다. 더욱이 이 '긴장'을 스스로 해결한 유신론자들에 대해서도 일반적인 논점이 타당해 보인다. 원치 않지만 불가피한 악이 발생하는 빈도와 자비롭고 직접적인 신의 개입이 발생하는 기대 빈도는 역비례의 관계에 있다. 유신론자가 악의 특정 사례들에 대응하기 위한 논거로서, 우리의 도덕 세계의 본성 때문에 신은 악을 제거하지 못하게 된다고 주장할수록, 그 유신론자가 특정 상황에서 신의 (기적적인) 개입을 기대할 근거는 줄어든다. 더욱이 유신론자가 "신의 방식은 우리의 방식보다 우월하다"라고 주장함으로써 문제의 긴장을 해소하려 들수록, 그가 언제 그리고 어디에서 신이 개입할지를 예측하기는 더 어려워진다.

하지만 이런 유형의 긴장은 균형감 있게 유지되어야 한다. 기적이 복합적인 개념이라는 것도 사실이고, '기적들'을 확인하는 우리의 능력에 관해서 이론적으로나 실천적으로 의문들이 제기된다는 것도 사실이다. 그러나 이 장에서 제시된 논증들 중에서 어느 것도 기적의 발생 가능성이나 기적의 발생 사실에 대한 유신론자들의 믿음이 원리상 정당하지 않다는 것을 보여주지는 않는다.[40]

---

39 David Griffin, in *Process Philosophy and Social Thought*, ed. John B. Cobb and W. Widick Schroeder (Chicago: Center for the Scientific Study of Religion, 1981), p. 193.

| 연구문제 |

1. '기적'에 대한 최상의 정의는 무엇이라고 생각하는가? 특히 자연적인 설명이 가능한데도 하나의 사건이 기적으로서 간주될 수 있는가?
2. 잘 확립된 자연 법칙들에 대한 반복 불가능한 반례들의 발생을 우리가 인정할 수 없다고 플루가 믿는 이유는 무엇인가? 이에 대해서 당신은 동의하는가?
3. 기적에 대한 보고를 들을 때 당신은 회의적인가? 왜 그런가? 어떤 조건하에서 그러한 회의가 정당화되는가?
4. 스윈번은 자연적인 설명이 주어질 수 없는 어떤 사건들을 우리가 생각할 수 있다고 믿는다. 그 이유는 무엇이며, 당신은 여기에 동의하는가? 자연적으로 설명될 수 없는 사건들을 당신은 생각할 수 있는가?
5. 상상에서나 가능한 사건들이 발생한다면, 초자연적인 원인을 인정하는 것이 가장 합리적일 것이라고 라머와 얀젠은 믿고 있다. 그들의 논법과 이에 대한 반론을 간단히 설명하라. 당신은 초자연적인 설명이 요구되는 사건들을 생각해볼 수 있는가?
6. 신이 기적적으로 세속사에 개입한다고 믿는 사람들은 다음과 같은 물음에 봉착한다. '이 세상에 존재하는 모든 악과 고통이 주어진다면, 왜 신은 좀더 빈번히, 또는 좀더 체계적인 방식으로 개입하지 않는가?' 이 물음에 대해서 유신론자는 어떻게 답변할 수 있는가?
7. 기적이 발생할 수 있다고 믿는 사람은 개인적인 문제나 사회적인 문제에 대한 자연적인 해결책을 추구할 가능성이 적을 것이라고 당신은 생각하는가?
8. 기적들이 실제로 발생해왔다고 당신은 생각하는가? 그렇게 믿는 이유는 무엇이며, 그렇게 믿지 않는다면 그 이유는 무엇인가?
9. 예수의 부활을 지지하는 증거와 반박하는 증거를 간단히 서술한 후, 어느 것이 더 설득력이 있다고 생각하는지 말하라.

---

40 지면이 제한된 탓에, 인간이 기적에 연루되는 문제들에 관해서는 더 이상 논의하지 않겠다. 예를 들어, 인간이 (아마도 기도를 통해) 신의 개입을 촉발할 수 있는가? 좀더 중요한 문제는, 신이 개입하도록 인간이 자유로운 선택에 따라 요청하므로(또는 요청하지 않으므로) 신이 개입한다(또는 개입하지 않는다)고 주장할 수 있는가하는 것이다.

| 참고문헌 |

Adams, Robert Merrihew. "Miracles, Laws and Natural Causation(II)." *Proceedings of the Aristotelian Society* 66 (Supplement; 1992): 207-24.

Clarke, Steve. "Luck and Miracles." *Religious Studies* 39 (2003): 471-4.

Earman, John. *Hume's Abject Failure: The Argument against Miracles.* New York: Oxford University Press, 2000.

Flew, Antony. "The Impossibility of Miracles." *Hume's Philosophy of Religion*, ed. Flew, et al. Winston Salem: Wake Forest University Press, 1986.

Fogelin, Robert J. *A Defense of Hume on Miracles.* Princeton: Princeton University Press, 2003.

Houston, J. *Reported Miracles: A Critique of Hume.* Cambridge: Cambridge University Press, 1994.

Hume, David. *Enquiries concerning the Human Understanding and concerning the Principles of Morals.* ed. L. A. Selby-Bigge. 2nd ed. Oxford: Clarendon Press, 1972.

Keller, James. "A Moral Argument Against Miracles." *Faith and Philosophy* 12 (1995): 54-78.

Larmer, Robert, ed. *Questions of Miracle.* Montreal: McGill-Queen's University Press, 1996.

Martin, Michael. "Why the Resurrection Is an Impossibility" *Philo* 1 (1998): 63-73.

Mavrodes, George. "Hume and the Probability of Miracles." *International Journal for the Philosophy of Religion* 43 (1998): 167-82.

Mawson, T. J. "Miracles and Laws of Nature." *Religious Studies* 37 (2001): 33-58.

Nichols, Terence L. "Miracles in Science and Theology." *Zygon* 37 (2002): 703-15.

Otte, Richard. "Mackie's Treatment of Miracles." *International Journal for the Philosophy of Religion* 39 (1996): 151-8.

Swinburne, Richard. *The Concept of Miracle.* London: Macmillan, 1970.

——, ed. *Miracles*. New York: Macmillan, 1989.

Ward, Keith. "Believing in Miracles." *Zygon* 37 (2002): 741-50.

Williams, T. C. *The Idea of the Miraculous: The Challenge of Science and Religion*. New York: St. Martin's Press, 1991.

Woodward, Kenneth. *The Book of Miracles: The Meaning of the Miracle Stories in Christianity, Judaism, Buddhism, Hinduism and Islam*. New York: Simon & Schuster, 2000.

11장 ●● 내세: 소망할 이유가 있는가?

그때 물가의 사람들은
물 위로 떠올라 높이 일어섰다 가라앉는 그를 바라보았네
자작나무 카누가 황홀한 바다 위로 들어올려져
초생달이 자줏빛 아득한 곳으로 서서히 가라앉듯
물보라 속으로 가라앉을 때까지.
그리고 그들은 "영영히 안녕" 이별을 고하고
또다시 "오 히아와타 안녕!" 했네.
그리고 숲들도 어둡고 외로운 모습으로
더욱 짙은 칠흑 속으로 자리를 옮기며
"오 히아와타, 안녕!" 하며 한숨을 내쉬었도다. ……
이렇게 히아와타는 떠나갔도다
사랑스런 히아와타는,
일몰의 영광 안에서
저녁의 자줏빛 안개 속에서
북서풍 키와이딘을 따라
순풍의 나라로
축복의 섬나라로

포네마의 왕국으로

저승의 나라로!

— 헨리 롱펠로우(Henry W. Longfellow) 지음, 김영호 옮김

「히아와타의 노래(The Song of Hiawatha)」

죽음이 인생의 종말이 아니라는 주제는 모든 종교에서 나타난다. 고대 이집트인들은 귀족이 죽으면 미이라로 만들고 저승 여행에 필요한 음식이나 귀중품들과 함께 정교하게 만든 무덤에 묻었다. 이 무덤은 저승 세계의 왕인 오시리스의 조각이나 그림으로 장식했다. 유교도들과 전통적인 아프리카 종교를 숭상하는 사람들은 무덤이나 신성한 장소에서 특별한 예식을 통하여 조상들을 기리는 반면에, 힌두교와 불교에서는 업보(業報)와 윤회에 대해서 말한다. '내세'라는 말을 113번이나 사용하는 코란에서는 빈번히 환생과 심판을 논한다. 많은 기독교인들은 "몸이 다시 사는 것과 영원히 사는 것을 믿사옵나이다"라고 고백하는 사도신경을 암송한다. 실제로 내세에 대한 믿음은 종교에서 너무도 중심적인 사상이어서, 내세 사상이 신에 대한 믿음보다도 더 근본적이라고 주장하는 사람들도 있다. 급기야 만일 신이 존재하지 않았다면, 신은 '인간의 불멸을 공급'해주기 위해서 창조되었어야만 했을 것이라는 주장도 나왔다.[1]

우리 모두가 죽는데, 죽은 후에 다시 살 것이라고 믿는 것이 합당한가? 여론 조사에 따르면, 많은 사람들이 그럴 것이라고 믿는다고 하지만, 그런 여론 조사가 내세에 대한 믿음이 참되다는 것을 결정하는 데에는 별로 도움이 되지 못한다. 우리의 임무는 내세의 의미를 분명히 하고, 그것의 가능성을 결정한 후, 내세의 삶을 입증하는 증거를 평가하는 것이다.

용어상의 문제

첫 번째 문제는 내세를 논할 때 사용하는 용어에 관한 것이다. 사람들이 불사

1 Corliss Lamont, *The Illusion of Immortality* (New York: Philosophical Library, 1965), p. 7. (원문의 'life after death'를 문맥에 따라 '내세'나 '내세의 삶'으로 번역하겠다—옮긴이)

(不死)에 대해서 자주 말하지만, 우리는 이 말을 조심스럽게 사용해야 한다. 문자 그대로 보자면, 이 말은 '죽지 않음'을 의미하는데, 이것은 모든 사람들이 죽는다는 사실과 상충되는 듯하다. 만일 문자 그대로 이해된 불사가 가능하다면, 우리의 자아동일성(personal identity)을 담보해주는 일정 부분이 물리적인 죽음과 부패 이후에도 잔존해야만 한다. 어떤 이들은 이런 존속을 비물리적인 것(이 세상과는 다른 존재 영역에서 무한히 살되 모종의 몸을 가질 수도 있고 안 가질 수도 있는 영혼)으로 보는 반면에, 다른 이들은 그것을 물리적인 존속으로 생각한다.

이와 관련된 또 다른 개념이 환생—우리가 죽은 후에 또다시 몸을 입은 존재로 지상에 언젠가 태어난다—이다. 언제나 그런 것은 아니지만,[2] 이러한 관점은, 죽지 않고 독립적으로 존재하되 한 몸에서 다른 몸으로 윤회하는 영혼이나 자아를 인정한다. 환생을 믿는 사람들은 대체로 우리가 최종적인 자유를 성취할 때까지 윤회가 무수히 일어난다고 주장한다.

어떤 종교에서는 죽은 후 언젠가 발생할 일을 가리켜서 부활이라는 말을 쓴다. 전통적인 해석에 따르면, 여러 개의 몸이 부활해서 하나의 영속하는 영혼과 재결합된다고 한다. 가톨릭 전통에 따르면, 영혼과 재결합된 몸이 이전에 죽었던 몸과 동일한 몸이 아닌 한, 죽은 사람과 부활한 사람은 동일할 수 없다고 한다.[3] 다른 종교 전통에서는 부활된 몸은 현세의 몸과 내용 면에서 다를 것이라고 주장한다.

어떤 이들은 사람이 죽은 후에 언젠가는 재창조될 것이라고 말하기도 한다.[4] 문자 그대로의 불사란 없으며, 영속하는 영혼도 없고, 단지 내세만이 있을

---

2 소승 불교의 아나타(anatta) 교리에 따르면, 영존하는 자아는 없다고 한다. David Kalupahana, *Buddhist Philosophy* (Honolulu: University of Hawaii, 1976), pp. 38–42 참조.

3 Thomas Aquinas, *Summa Theologica*, trans, Part III supplement, Q.79, A.2. 아일랜드와 미국에서 승인된 1976년판 성인용 가톨릭 교리 문답서에 따르면, 각 사람은 어느 날 다시 살아나되 "과거의 자신과 동일한 사람으로서 살아나며 동일한 영혼과 동일한 육체로 살아날 것"이라고 한다. Paul Badham and Linda Badham, *Immortality or Extinction?* (New York: Barnes & Noble, 1982), p. 5에서 재인용.

4 John Hick, *Death and Eternal Life* (New York: Harper & Row, 1976), chap. 15; Bruce R. Reichenbach, *Is Man the Phoenix? A Study of Immortality* (Grand Rapids: William B. Eerdmans, 1978), chap. 5.

뿐이라고 한다. 인간의 존재는 간격을 포함한다. 즉 우리는 살다가 죽고, 우리의 몸은 분해된 후 미래에 재창조되어서 다시 산다는 것이다. 죽기 전과 동일한 사람이 재창조되기는 하지만, 많은 특질들(예를 들어, 생김새, 물리적인 구성, 질병의 결여)이 죽기 전의 상태와 달라질 수 있다고 한다.

내세의 문제를 우리가 논할 때 사용하는 언어가 철학적으로 중립일 수 없다는 점은 분명하다. 불사에 관한 언어는 자아동일성의 중심이 되면서 물리적인 죽음 속에서도 영존할 수 있는 영혼, 자아, 물리적 존속 개념을 끌어들인다. 그런 시나리오대로 하자면, 우리는 자신의 장례식을 목격할 수 있다. 내세에 관한 언어는 우리 모두가 죽는다는 자명한 이치와 일치하지만, (문자 그대로 이해하자면) 그렇게 할 때 영속적인 영혼과 우리 자신의 동일시가 배제된다. 물론 죽음을 오직 육신에만 국한시키고, 내세의 삶을 육신의 죽음 이후의 삶으로서 이해할 수도 있다. 그러면 '내세' 는 사람을 영혼이 들어 있는 존재로 보는 관점과 양립할 수 있지만, 죽음을 달리 이해(육신의 죽음 대 사람의 죽음)하게 된다.

앞으로의 논의를 진행할 때 우리는 언어를 선택해야만 한다. '내세'라는 말이 가장 중립적인 듯이 보이기 때문에, 우리는 일반적으로 내세의 문제에 대해서 말하겠지만, 어떤 문맥에서는 '불사' 라는 말이 그 생각을 좀더 정확히 포착할 것이다.

내세의 개념들

내세에 관한 언어가 다양하듯이, 내세 개념도 사람마다 다른데 여기서는 네 가지를 살펴보겠다.

광범위하게 고수되는 첫 번째 관점에 따르면, 우리는 생존할 때 자신의 불사를 성취하려는 성향을 가지고 있는데, 자신이 죽은 후에도 지속하는 사물이나 사람들에게서 그것을 얻어내려 한다. 이 관점을 기억에 의한 불사라고 부르겠다. 아프리카와 중국의 종교에서 신봉하는 관점으로서, 죽은 사람들은 그들을 아는 사람들의 기억을 통해서 계속 살게 된다고 본다.[5] 장인(匠人)이나 작가, 예술가들은 자신의 사상, 믿음, 소망, 두려움, 세계관과 같은 자신의 일부를 작품에 옮겨놓는다. 그들은 자신의 창작품이 영원한 의미를 지녀서, 죽은 이후에도 자신의 사상이나 명성이 오랫동안 지속되기를 바란다. 다른 사람들은 역사상에 기록을 남김으로써 불사를 얻으려고 한다. 정권을 잡는다든지, 전투에서 승리하거나 패한다든지, 반란을 일으킨다든지, 잔인무도한 죄를 범한다든지, 위대한 발견이나 발명을 하는 것이 그 예다. 또는 타인의 삶을 향상시킴으로써 불사를 얻는 사람들도 있고, 자식에게서 본인의 삶을 영속시키려는 목적으로 자식에게 자기 이름이나 조상의 이름을 붙여주기도 한다.[6]

기억에 의한 불사가 확실히 불사의 한 종류를 묘사하고 있기는 하지만, 그것은 사람들이 흔히 불사와 연결짓는 도덕적 및 영적인 차원과 단절되어 있다. 종교적인 맥락에서, 불사에 대한 믿음과 그것을 준비하려는 생각은 도덕적인 행위를 권장하고 강화하는 역할을 한다. 그러나 기억에 의한 불사는 단지 괄목할 만한 것이나 기억에 남을 만한 것을 성취하라고 권할 뿐이다. 부도덕하고 비인간적인 행위들도 도덕적인 행위 못지않게 기억에 남기 쉽다. 케네디 대통령을 저격했던 오스왈드(Lee Harvey Oswald)를 기억하는 사람들이 노예 해방을 위해 일했던 터브만(Harriet Tubman)을 기억하는 사람들보다 더 많다. 더욱이 이 관점은 우리 자신의 미래의 존재에 대한 사실적인 물음을 건드리지 못한다. 다른 사람들이 우리를 기억해주기를 바라는 것이 무의미하지는 않지만, 우리는 죽은 후에 어떤 일이 자신에게 벌어질지 알고 싶어한다. 무덤이나 화장터가 끝이란 말인가?

말 그대로의 부활을 믿을 때 생기는 철학적인 문제들로 인하여 내세에 관한 두 번째 관점이 제시되었다. 예를 들어, 불트만(1884~1976)은 "죽은 자들 가운데서 부활했다는 역사적인 사실은 좀처럼 상상하기 어려운 일이다!"라고

---

5 "그의 죽음 이후에도 그가 한 말은 확고하게 남아 있다. 이것은 고대의 격언이 의미하는 바다. 내가 듣기로는, 최상의 방책은 덕을 확립하는 것이고, 그 다음 좋은 것은 업적을 이루는 것이며, 그 다음 좋은 것이 말을 남기는 것이라고 한다. 시간이 흘러가도 이것들이 버려지지 않을 때, 그것을 불사라고 부를 수 있다." *Tso chuan, in A Source Book in Chinese Philosophy*, ed. Wing-Tsit Chan (Princeton: Princeton University Press, 1963), p. 13. 아프리카의 종교에서 그 관점이 차지하는 위치를 알아보려면, J. S. Mbiti, *African Religions and Philosophy* (New York: Doubleday, 1970), pp. 32-3 참조.

6 George Santayana, *Reason in Religion* (New York: Collier, 1962), pp. 174-8.

결론 내렸다.[7] 죽은 사람들은 되살아날 수 없다. 신화적인 사건으로서의 부활은, 우리의 현재 삶에 대해 그것이 갖는 실존적인 의미를 확인하기 위해서 비신화화(非神話化)되어야 한다. 부활의 언어는 죄에 대한 능력과 죄에서의 해방에 관한 언어다. 부활된 사람들이란 자신의 진정한 자아를 새로이 실현하면서 사는 사람들이다.

이와 마찬가지로 필립스(1934~)는 영혼의 불사는 죽음을 넘어서거나 죽음 이후에 시작하는 삶과는 무관하다고 주장한다.[8] 죽음은, 커피를 마시거나 수두에 걸리듯이 한 사람이 경험하는 사건이 아니라 그 사람의 모든 가능성이 끝나는 것이다.[9] 따라서 우리가 겪는 현재의 경험과 삶의 견지에서 불사를 재해석할 필요가 있다. 영생이란 우리의 삶이 연장되는 것이 아니라 선(善)이 현재 실현되는 것이다. 영생은 삶을 더 산다는 말이 아니라 현재의 삶의 질을 의미한다. 따라서 종교가 영혼의 영생에 관해 말할 때 그것이 지적하는 바는, 우리가 죽음을 넘어선다는 의미에서가 아니라 이타적인 삶을 영위함으로써 우리가 자신을 버린다는 의미에서 죽음을 극복하는 것이 중요하다는 것이다.

이 관점은 현재의 삶의 질을 강조함으로써, 기억으로서의 불사를 내세우는 앞의 관점을 교정하는 데에 도움을 준다. 내세의 교리는 우리의 도덕적 삶에 대해 함축하는 바가 있어야 한다고 보는 것이다. 그러나 이 관점은 그런 함축을 내세 교리의 의미로 잘못 간주함으로써 그 교리의 양적인 차원을 질적인 차원으로 환원시키는 데에 머물렀다. 즉 이 두 번째 관점도 사실적인 물음을 건드리지 않은 채로 넘어간 것이다. 우리가 앞으로 보겠지만, "죽음은 우리의 존재의 종말인가?", "우리는 미래의 삶을 대비하여야 하는가?"와 같은 물음들은 무의미하지 않다.

힌두교의 베단타파와 대승 불교에서 우세한 세 번째 관점은, 죽음 후에 존재의 순환에서 자유로워진 자들은 불이(不二)나 일자(一者)와의 결합을 경험한다고 본다. 베단타에서 실재는 궁극적으로 불이인데, 우리는 그것을 볼

---

7 Rudolph Bultmann, *Kerygma and Myth*, ed. Hans Werner Bartsch (New York: Harper & Row, 1953), p. 39.

8 D. Z. Phillips, *Death and Immortality* (London: Macmillan, 1970), pp. 41–55.

9 Ludwig Wittgenstein, *Tractatus Logico-Philosophicus*, 6.4311.

때 자신을 이 세상으로서 전개해나가는 실재(브라만)의 관점에서, 또는 주체나 자아(아트만)의 관점에서 다양하게 볼 수 있다. '나'라는 자아(아트만)는 나의 감각, 마음, 지성, 느낌, 의지를 초월하는 순수 의식이다. 그러나 나의 의식은 다른 모든 의식에서 독립해 있지 않고, 나의 자아 안에서 우주적인 의식이 구현된다. 아트만은 곧 브라만이므로, 비록 진상(眞相) 그대로를 드러내는 방식은 아니더라도 개별적인 인간의 의식은 불이를 현시한다. 우리는 자신의 본질적인 단일성이나 불이와의 동일성을 잊고서, 자신이 불이와 구별된다고 잘못 생각하기 때문에 고통의 순환에 빠져든다. 불이와 구별되는 것으로서의 자아상이 착각이라는 것을 미래의 어느 시점에서 깨닫게 되면, 우리는 해방되어 그 불이와 결합하게 될 것이다.

여기서는 개인의 미래의 존재에 관한 사실적인 물음에 대한 답변이 주어지지만, 어느 면에서 그 답변은 당사자에 대해서는 별로 의미를 지니지 못할 수도 있다. 일단 불이와의 결합이 일어나면, 그 사람은 더 이상 어떠한 유일성이나 구별된 존재를 의식하지 못한다. 그것은 대양에 물 한 방울을 떨어뜨리는 것과 같다. 그 한 방울이 전체에 보태지지만, 그것의 정체성은 보존되지 못한다. 우리의 정체성을 보존하려는 욕구는 우리의 문제의 뿌리다. 내세에 관한 이 관점을 받아들이는 것은 실재와 인간의 곤경에 대한 우리의 한층 더 넓은 관점에 달려 있다. 즉 모든 것이 하나(형이상학적 일원론)이고, 고통과 불행의 원천은 그 일자와 나 자신의 동일성을 깨닫지 못하는 데에 있다고 우리가 믿느냐의 여부에 달려 있는 것이다.

네 번째 관점은 내세의 인격적 삶(personal life after death)이라고 부를 수 있다. 이 관점에 따르면, 각 사람들은 몸이 죽은 후에도 계속해서 살아가거나, 또는 그들이 죽은 후 어느 시점에서 존재하기 시작한다고 주장한다. 이를 위해서는 두 가지 요구 조건이 충족되어야 한다. 첫째로, 죽은 후의 사람은 죽기 전의 사람과 비슷한 정도가 아니라 동일해야 한다. 둘째로, 각 사람들은 자기가 죽기 이전의 사람과 동일한 사람이라고 생각하기에 충분한 이유를 가져야만 한다. 즉 자기동일성(self-identity)에 대한 의식이 있어야만 한다. 이것이 없다면 그들의 불사는 자신에게 아무 의미도 갖지 못한다. 이것은 마치 그들이 죽은 후에 탄자니아에서 어떤 사람이 태어나는 것이 그들에게 아무 의미도 갖지 못하는 것과 같다. 이러한 동일성의 확인은 자기가 누구인지에 대한 의식(1인칭 관점을 가짐)[10]과 과거의 삶에 관한 올바른 기억의 존재에 의해서 적어도 부분적으로나마 보증될 수 있다.[11]

우리는 사람들이 죽은 후에도 실제로 존재한다는 관점을 상세히 검토할 것이다. 우리가 알고자 하는 바는 사후에도 개인이 인격적 삶을 실제로 영위하느냐, 또는 영위할 것이냐의 여부다. 그러나 이 물음은 선행(先行) 물음을 전제로 한다. 왜냐하면 사람들이 죽은 후에도 살 수 있을 때에만, 실제로 그렇게 할 수 있기 때문이다. 거의 예외 없이 내세의 삶에 대한 부정은 그것의 현실성에 대한 반론에 근거해 있는 것이 아니라 그것이 아예 불가능하다는 주장에 근거해 있다.

내세의 가능성을 논할 때 몇 가지 고려해야 할 사항이 있다. 우선 내세에 대한 고찰은 강력한 매개자의 존재를 필요로 한다. 내세의 삶이 하나의 자연적인 사건이라면, 그리고 힌두교에서 믿듯이 영혼이 살아남아서 어떤 자연스런 방식으로 다른 몸을 덧입을 수 있다면, 강력한 매개자가 별도로 존재할 필요가 없다. 만일 내세의 삶이 자연적인 상태가 아니라면, 내세의 삶을 가능케 하는 특별한 힘을 지닌 존재자의 존재와 행위가 필요해진다. 즉 우리 모두가 몸뿐만 아니라 자아도 죽는다면, 극도로 강력한 신이 존재하지 않는 한, 내세의 삶이 가능하다고 생각할 근거가 없다. 논리 전개를 위해서, 우리는 그러한 신이 존재한다고 전제하겠다.

두 번째 고찰은 인간의 본성과 관련이 있다. 내세의 삶이 가능하려면, 인

---

10 Lynne Rudder Baker, *Persons and Bodies: A Constitution View* (Cambridge: Cambridge University Press, 2000), chap. 3.

11 이 조건들 중에서 두 번째 조건과 관련된 문제가 윤회를 주장하는 사람들을 골치 아프게 만든다. 환생한 사람들은 그들의 부모에게서 유전된 독특한 유전 암호를 가지고 태어나며 그들 나름대로의 물리적인 특성과 인격, 기억, 그리고 이해의 범주를 발전시켜나간다. 그들은 전생에 대해서 아무 기억도 하지 못하는 유아들로서 태어난다. 그리고 전생을 기억하는 사람들은 별로 없다. 어떤 이는 영혼의 연속성을 가설로 세울지도 모르겠다. 그러나 기억도 없고 자기동일성에 대한 의식도 없으며 과거의 경험의 연속성이나 지속성에 대한 의식이 없는 경우에, 우리는 그 사람이 환생된 사람인지 아니면 새로운 사람인지를 분별할 수 없다. 하지만 환생론자들은 예외적인 경우를 지적한다. 어린이가 과거의 경험을 기억하고, 태어나기 전에 존재했다는 것이 전제되는 특징들(예를 들어, 특정 언어로 말할 수 있는 능력)을 드러내는 경우가 거기에 해당된다.

간은 죽고 나서도 살 수 있는 종류의 존재여야 한다. 그렇지 않다면, 내세의 삶이 실제로 일어난다는 것을 보여주는 논변들은 논란의 여지가 많다. 따라서 "내세의 삶을 믿기 위한 타당한 이유들이 무엇인가?"라는 물음을 논하기 전에, 내세의 삶의 가능성을 목적으로 "인간의 본성은 무엇인가?"라는 철학적으로 선행하는 물음을 논해야만 한다.

자아동일성과 영혼

"인간의 본성은 무엇인가?"라는 물음은 우리의 일상적인 경험에서 시작된다. "우리는 상식적인 관점에서 벗어나기 어렵다. 이 상식적인 관점에서 볼 때 심적 상태를 나타내는 말은 주체의 일대기를 이루는 요소들로 여겨진다. 고통을 느끼는 사람이 없는 고통, 인식 주체가 없는 지각은 직관의 눈으로 봤을 때 도대체 이해하기 어렵다."[12] 이 경험들의 주체는 두뇌나 몸, 또는 물리적인 어떤 것이 아니라 우리의 자아로서 인격적 정체성을 이루는 것이다.

몸 전체, 또는 두뇌와 같은 신체 기관들의 지속성만으로는 사람의 지속성을 보장하기에 불충분하다. 스윈번은 미친 외과 의사의 예를 든다. 그 의사는 당신의 좌뇌를 어떤 몸에 이식하고, 당신의 우뇌는 다른 몸에 이식하겠다고 말하면서, 이식 후에 그 두 몸 중 어느 몸이 고문을 당하게 하고 어느 몸을 편안하게 만들어주면 좋겠냐고 묻는다 하자. 틀림없이 당신은 편안해지는 사람 쪽을 택하고 싶어할 것이다. 하지만 그 두 이식 중 어느 것이 당신이 될지를 어떻게 결정할 수 있을까? 두뇌의 일부가 지속하는 것이 어느 몸이 당신인지를 명확하게 정할 수 없다는 사실은 그런 지속성이 자아동일성을 확보하기에 불충분하다는 점을 보여준다.[13] 우리의 몸은 우리의 현 존재의 중요한 부분을 이루지만 우리 자체는 아니다.

또한 사람은 의식의 개별적인 상태, 사유의 범주, 기억, 특정 경험 방식,

---

12 John Foster, "A Brief Defense of the Cartesian View," in *Soul, Body and Survival*, ed. Kevin Corcoran (Ithaca: Cornell University Press, 2001), p. 17.

13 Richard Swinburne, *The Evolution of the Soul* (Oxford: Oxford University Press, 1986), p. 149.

세계 이해 방식과 동일시될 수 없다. 첫째로, 개인의 기억, 개념적 범주와 의식 상태는 자아동일성의 상실 없이도 변경되거나 상실될 수 있다. 우리는 다섯 살이나 열 살이었을 때, 심지어는 작년에 일어났던 일들을 대부분 기억하지 못한다. 그리고 수년 전의 우리의 사고방식은 지금의 사고방식과 다르다.

둘째로, 기억에 관한 진술들이 틀릴 때도 있다. 전혀 발생하지 않았는데도 마치 일어났던 일인 것처럼 기억하기도 하고, 실제로 일이 벌어진 방식과 다른 방식으로 기억할 때도 있는 것이다. 따라서 우리는 기억에 관한 진술과 기억에 관한 참된 진술을 구별해야만 한다. 후자만이 자아동일성의 기준으로서 적합하다. 그러면 나의 기억 진술을 참되게 만드는 것은 무엇인가? 첫째로, 그 진술이 실제로 일어난 일을 정확하게 보고해야만 한다. 둘째로, 그 진술은 나의 기억을 서술해야 한다. 그러나 진정한 기억들만이 자아동일성의 기준으로서 사용될 수 있다면, 그리고 나의 진정한 기억들은 오직 나만이 가지는 기억들이라면, 순환 오류에 빠지지 않고서 참된 기억 진술들이 자아동일성을 구성한다고 주장하기란 어렵다. 요컨대 우리의 심적 상태는 자아동일성을 확립하거나 배정하기 위한 증거로서 사용될 수 있을지는 몰라도 심적 상태가 자아동일성을 구성하지는 않는다.

따라서 우리는 환원될 수 없고, 궁극적이며, 분해될 수 없는 자아라고 생각하는 것이 합당하다.[14] 우리는 "내가 자아를 가지고 있다"라고 말하지 않고, "내가 곧 자아다"라고 말한다. 비록 우리가 다른 사람들의 물리적인 특성과 행동 양식에 의해 그들을 인식하더라도, 우리는 어떤 내적이고 직관적인 자기 의식에 의해서, 또는 경험들을 가짐으로써 자아를 알게 된다.[15] 우리의 경험의 중심이요 주체인 현재 구현된 자아는 사유하고 기억하고 느끼고 이해하는 행위 주체다. 요컨대 우리는 영혼이라는 본질적 구성 요소와 몸이라는 우연적인 요소로 이루어져 있다.

인간에 대한 이러한 식의 이원론적 관점을 옹호하기 위해 다섯 가지의 논변들이 제시되었는데 이것들을 살펴보자. 첫째 논변은 사밀성(私密性, privacy)

---

14 Richard Swinburne, *The Coherence of Theism* (Oxford: Oxford University Press, 1977), p. 119.

15 H. D. Lewis, *The Self and Immortality* (New York: Seabury, 1973), p. 45.

논변이라고 불린다. 우리는 자의식, 믿음, 욕구, 의도, 느낌 등으로 이루어진 심적 경험들의 개별화된 집합을 지닌 의식적 존재다. 이런 의식적 경험에 대한 나의 접근은 직접적이고 사적이다. '국외자(局外者)'로서의 당신은 내 행동을 보고서 내 생각이나 느낌을 미루어 짐작할 수 있지만, 나의 사적인 심적 상태에 대해서는 직접적으로 접근할 수 없다. 하지만 물리적인 것들은 공적(公的)이다. 내 몸과 그것의 과정들이 나에게 지각되는 방식과 남에게 지각되는 방식은 서로 같다. 공적인 것과 사적인 것은 상호 모순되므로, 사적인 것에 관한 것들이 동시에 공적인 것에 관한 것들이 될 수 없다. 따라서 우리 자신과 우리의 심적 상태에 관한 내성적인 보고들이 공적이거나 물리적인 것에 관해 말하지는 않는다.[16]

두 번째 노선의 논변은 인간의 자유에 초점을 맞춘다.[17] 그 논변은 우리가 자신의 행위에 대해 도덕적인 책임을 지고 있으며, 도덕적 설명가능성은 우리의 자유를 전제한다는 데서 출발한다. 자유에 대한 양립불가능성(또는 자유주의적) 이론에 따르면, 동일한 인과적 조건들이 주어질 경우 사람은 특정 행위를 할 것인지 말 것인지를 선택할 수 있다고 한다. 하지만 만일 우리가 자신의 물리적 구성 요소들과 동일시된다면, 그리고 우리의 심리적 언어는 두뇌나 중추 신경계에서 발생하는 생리적인 사건들을 가리키는 데에 지나지 않는다면, 우리의 선택은 선행(先行) 인과 조건들의 산물이자 그 조건들에 의거해서 설명될 수 있다. 그뿐만 아니라, 우리의 선택들은 우리 자신을 넘어서서 우리가 존재하기 이전부터 있던 다른 인과 조건들의 산물이요, 그것들에 의해서 설명될 수 있다. 이것이 사실이라면, 우리의 행위는 자유롭지 못하며 우리는 자신의 행위에 대해서 도덕적으로 책임지지 않아도 된다. 우리가 자유로운 도덕적 행위자가 되려면, 결정론적인 인과 연쇄의 일부인 단순한 물리적 존재여서는 안 된다. 우리는 비물리적인 면을 가져야 하거나 비물리적인 행위자가 되어야

16 J. P. Moreland and Scott B. Rae, *Body and Soul* (Downers Grove: InterVarsity Press, 2000), pp. 159-60.

17 Swinburne, *Evolution of the Soul*, chap. 13; William Hasker, *The Emergent Self* (Ithaca: Cornell University Press, 1999), chap. 4; Moreland and Rae, *Body and Soul*, chap. 4.

만 한다.

세 번째 논변은 지식 논변이라고 불린다. 태어날 때부터 시력을 상실한 사람이 빛에 관한, 또 빛이 대상에게 어떤 영향을 미치는지에 관한 물리적인 사실을 모두 배우고, 시각의 신경생리학에 관해서도 통달했다고 가정하자. 그런데 어느 날 그 사람이 볼 수 있게 된다면, 그는 심적 사실들—특정 색깔이 어떻게 보이는지, 한 색조와 다른 색조의 차이는 어떤지, 생생한 것처럼 보인다는 것이 무엇인지—에 관해서 부가적인 지식을 얻게 될 것이다. 하지만 우리의 지각 대상에 관한 심적 사실들은 광파와 신경생리학에 관한 물리적인 사실들과 다르다. 다양한 종류의 사실들은 다양한 종류의 실체들—물리적인 실체와 심적 실체—을 필요로 한다.[18]

네 번째 논변은 지향성 개념에서 나온다. 어떤 것이 지향성을 갖기 위해서는 자신을 넘어서 있는 무언가를 향해 있어야 한다. "일부(아마도 모든) 심적 상태들—생각, 믿음 등—은 지향성을 갖는다. 반면에 어떠한 물리적인 상태도 지향성을 갖지 못한다. 그러므로 (적어도) 지향성을 지닌 심적 상태들은 물리적이지 않다."[19]

마지막으로, 어떤 이원론자들은 인간이 가진 초능력의 존재에 호소한다. 마음은 (물리적인 인과 연쇄에 의거한) 어떠한 정상적인 의사소통도 할 수 없는 경우인데도 불구하고 다른 마음들과 의사소통하는 능력(텔레파시), 물리적인 사태를 지각할 수 없는 데에도 그것을 식별하는 능력(투시력), 물리적인 수단을 사용하지 않고서도 물리적인 대상들을 움직이는 능력(염력)을 갖는다고 알려져 있다. 예를 들자면, 납과 철로 된 벽으로 둘러싸인 방안에 갇힌 사람이 멀리 떨어져 있는 타인과 의사소통할 수 있다는 실험 보고가 있다.[20] 그러나 초능력 현상들은 유물론적인 마음 개념과 양립하기 어렵다. 왜냐하면 이런 초능력은 물리적인 매개자가 없어도 마음이 세계나 타인의 마음에 관한 정보를

18 Moreland and Rae, *Body and Soul*, pp. 160–3.

19 Ibid., p. 164.

20 L. L. Vasiliev, *Experiments in Mental Suggestion* (Church Crookham: Institute for the Study of Mental Images, 1963).

받아들일 수 있거나 물리적인 결과를 산출할 수 있다는 것을 전제하기 때문이다.[21]

일부 철학자들은 이상의 증거와 다른 증거들[22]을 근거로 해서 인간은 비물리적인 자아나 영혼이되, 몸과 밀접하게 기능적으로 결합되어 있는 존재라고 주장한다. 철학자들은 이 영혼의 본성에 대해 의견이 분분하다. 아퀴나스의 관점을 변용한 현대판 이원론에 따르면, 영혼은 비공간적인 방식으로 몸을 점유한 실체라고 한다.[23] 영혼은 "그 몸을 인간의 몸이 되게 하고, 그 몸의 생물학적 기능을 확산시키고 생기 있게 만들고 발전시키고 통합시키고 근거 지우는 개별화된 본질이다. 형태발생에 연루된 다양한 화학적 과정과 부분들(예를 들어, DNA)은 영혼이 사용하는 도구나 수단, 또는 수단적 원인들이 된다. 왜냐하면 영혼 자체가 본성에 따라 마땅히 기능하듯이 성숙한 신체도 기능하는데 그런 신체가 형성되도록 영혼은 자신의 능력을 목적론적으로 전개해나가기 때문이다."[24] 어느 의미에서 영혼은 단순하지만, 다양한 기능이나 능력(그중에서도 특히 생명을 유지하는 능력과 심적인 능력)을 가진 점에서 복잡하다.

데카르트적인 실체론에서는 두 종류의 실체, 즉 공간을 차지하는 실체와 공간을 차지하지 않는 실체가 있다고 주장한다. 공간을 차지하지 않는, 사유하는 실체로서의 영혼(나, 자아, 마음)은 몸과 다르지만, 일반적으로 몸과 관계를 맺는다. 영혼의 기능들은 심적인 것으로서, 자의식, 기억, 생각, 감성을 포함한다. 영혼이 몸과 밀접하게, 또는 통합적으로 결합되어 있더라도, 영혼의 기능은 몸과 분리된 채로 유지될 수 있다. 데카르트식의 관점은 생명과 관련된 기능을 물리적이거나 생물학적인 것들에 할당함으로써 아퀴나스적 관점과

---

21 Hick, *Death and Eternal Life*, p. 121; Badham and Badham, *Immortality*, pp. 90–2.

22 다른 논변들은 다음 문헌에서 찾아볼 수 있다. Hasker, *Emergent Self*, pp. 122–46; Charles Taliaferro, *Consciousness and the Mind of God* (Cambridge: Cambridge University Press, 1994), chap. 3.

23 토마스 아퀴나스가 어느 정도로 이원론을 옹호했는지는 논쟁거리다. 그에게 인간은 단일체로서, 영혼은 몸의 실체적 형태라고 보았다. 동시에 그는 영혼이 비물질적이고 불멸하며, 몸과 분리되어서 존재할 수 있다고 보았다. 아퀴나스의 관점을 주의 깊게 재서술한 문헌으로, Eleanor Stump, "Non-Cartesian Substance Dualism and Materialism without Reductionism," *Faith and Philosophy* 12 (1995): 505–31 참조.

24 Moreland and Rae, *Body and Soul*, p. 202.

부분적으로 차이가 난다.

창발적 이원론이라고 불려지는 세 번째 관점은, 영혼을 신이 보태준 것으로 보지 않고 물리적인 것들에서 창발한 것으로 본다는 점에서 다른 두 이론과 다르다. 예를 들어, 의식을 가진 유기체들이라 하더라도 복잡성의 정도에서 차이가 나는 영혼들을 갖는다. 그러므로 인간은 그의 진화상의 선조와 완전히 결합되어 있다. 동시에 이 관점은 실로 이원론적이다. 왜냐하면 물리적인 것에서 창발한 것은 심적 속성들일 뿐만 아니라, 인간의 경험에 통일성을 부여하고, 그것을 발생시킨 물리적인 것들이 사라진 후에도 지속적으로 존속할 수 있기 때문이다.[25]

영혼의 불사성

내세의 삶에 대해 심리물리적 이원론이 함축하는 바는 분명하다. 현재, 그러나 우연적으로만 구현된 비물리적인 개체나 실체가 바로 자아라고 한다면, 죽음은 물리적 과정이므로 물리적으로 죽더라도 영혼의 존재가 종결되지 않을 수 있다. 죽음은 영적인 생명의 질적 상태에 대해 현저하게 영향을 미칠 수 있다. 몸이 죽으면, 물리적인 것과 비물리적인 것 간의 상호 작용을 요하는 기능들—감각이 한 예다—도 종식된다. 하지만 물리적인 것에 의존하지 않는 것은 살아남아 존속할 수 있다. 더욱이 영혼은 자아이므로, 내세의 삶은 인격적이고 심적이며 자아동일성과 자의식이 손상되지 않은 채 물리적인 죽음에도 불구하고 살아남을 수 있다는 주장이 성립한다.

영혼을 믿는 사람이 예상하는 죽음 이후의 존재는 어떤 종류의 존재일까? 서로 중복되는 면도 있지만, 세 가지 부류가 있다. 첫 번째 견해는, 사람이 죽자마자 곧 그 영혼이 모종의 신체와 결합한다는 것이다. 어떤 종교에서는 이것을 죽기 전의 몸과는 다른 몸이라고 믿는 반면에, 다른 종교에서는 그것이 영적인 몸이라고 믿는다. 두 번째 견해는, 영혼은 죽음 이후에도 계속 존재하

25 Hasker, *Emergent Self*, chap. 7.

지만 그것이 기능하기 위해서는 그 기능에 필요한 것을 제공해주는 것과 결합되어야 한다고 본다.[26] 어떤 사람들은 이것을 영혼이 잠자는 것이라고 부른다.[27] 세 번째 견해는, 영혼이 신체와 결합될 때까지 일시적으로, 또는 영원히 몸이 없는 상태에서 존재하면서 기능한다고 본다. 천주교의 연옥설에서는 이처럼 일시적으로 육체가 없는 상태를 언급한다.

육체가 없는 상태에서 영혼이 활동하는 것은 과학적으로 설명될 수 없을 것이다. 그런 상태에서 지각하려면, 현재와는 다른 새로운 능력이 더 필요하며 투시력이나 텔레파시처럼 현재는 별로 사용되지 않는 지각 능력이 확대될 필요가 있다. 염력에서처럼 생각과 욕구만으로도 영혼은 작용할 것이다. 프라이스(1899~1984)는 내세는 심상(mental image)을 갖는 영혼들로 이루어지고 이 영혼들은 심상에 대한 믿음과 욕구를 갖는다고 주장한다. "서로 원근법적으로 연결되어 있는 시각적 상(visual image)들의 집합이 있을 수 있다. 이것들은 모두 전후좌우의 시계(視界)를 가지되 지금의 일상적인 시각 현상들과 마찬가지로 말끔하게 합치될 것이다."[28] 그 심상 집합에는 촉각, 미각, 청각, 후각의 심상들도 들어 있어서 상호 관련이 있는 심상들이 연합해서 하나의 대상을 구성할 것이다. 우리는 거기서 금생에 가졌던 몸에 대한 시각적 심상도 가질 수 있을 것이다. 이 몸의 심상은 현재 우리 몸이 하듯이 우리의 심상 세계의 중심이 된다. 몸이 없는 개인을 둘러싸고 있는 전체 환경은 그런 심상들의 집합으로 이루어져 있고 불사의 세계의 역할을 할 것이다. 유아론(개인의 자아만이 실재한다는 관점)을 피하려면 그런 시나리오를 발전시킬 필요가 있을 것이다.

---

26 Swinburne, *The Evolution of the Soul*, chap. 10.

27 Oscar Cullmann, *The Immortality of the Soul or Resurrection of the Dead?* (London: Epworth Press, 1958), pp. 51–3.

28 H. H. Price, "Survival and the Idea of 'Another World,'" *Proceedings of the Society for Psychical Research* 50, pt. 182 (Jan. 1953). (PRSR3e, pt. 11, pp. 500–9 참조)

영혼 개념에 대한 비판

인간에 대한 위의 관점에 문제가 없는 것은 아니다. 아마도 불사와 관련해서 가장 실질적인 문제는, 사후에 이러한 비물질적인 자아가 의미 있는, 또는 의식적인 방식으로 계속 기능하려면, 그 자아는 개념 형성이나 기억 회상과 같은 기능들을 유지해야만 하는데, 이것은 곧 영혼이 몸과 즉각 결합되지 않을 경우 물리적인 두뇌가 인지 과정의 필요조건이 아니라는 것을 함축한다는 점이다. 하지만 이것은 심적 과정들이 두뇌의 특정 부위와 밀접하게 연결되어 있다는 것을 강하게 보여주는 꽤 많은 심리학적 및 생리학적 증거와 상충한다. 우선 어떤 정신적인 능력과 그 능력이 성공적으로 발휘되는 정도는 부분적으로 유전된다. 가족 구성원의 지능을 비교해볼 때, 지능 지수의 상관관계는 함께 자란 일란성 쌍생아에게서 가장 높게 나타나고, 이란성 쌍생아(.60), 형제자매(.47), 부모와 자녀, 조부모와 손자 순으로 점차 감소한다. 유전 관계가 멀어질수록 지능 지수의 상관관계는 점점 감소해서, 서로 무관한 성인들 간에는 0에 도달한다.[29] 이것은 형질 유전이 정신 능력이나 기능을 결정할 때 주된 역할을 수행한다는 것을 보여준다.

둘째로, 마음이나 질병 감수성에 영향을 미치는 질병이나 장애(예를 들어, 다운 증후군이나 알츠하이머병)는 유전적인 요인을 갖는다. 난독증(難讀症)은 유전(난독증 환자의 80%가 난독증 환자의 자식이다)될 수 있을 뿐만 아니라, 난독증을 유발하는 염색체 부위에 유전인자가 위치한 것으로 확인되었다는 점을 생각해보라.[30]

셋째로, 두뇌 손상은 인지, 의식, 기억, 개념 능력에 직접 영향을 미친다. 예를 들자면, 대뇌 반구가 절단된 사람(분단뇌를 가진 사람)들의 경우 좌측에 대상이 주어질 때 이것은 대뇌의 우반구에 의해서만 감각되는데, 그것을 자신의 왼손으로 가리킬 수는 있더라도 자기가 뭘 보는지는 말하지 못한다. 오른손을 통제하는 우반구는 그 대상을 알지만, 말하기와 의사소통 능력을 좌우

29 A. Elving Anderson, "A Genetic View of Human Nature," in *Whatever Happened to the Soul*, ed. Warren S. Brown, Nancey Murphy, and H. Newton Malony (Minneapolis: Augsburg Fortress, 1998), p. 58.

30 Ibid., p. 60.

하는 좌반구는 그 대상에 대해 모른다. 왜냐하면 어떠한 정보도 단절된 뇌량(腦梁)을 통해서 전달되지 않기 때문이다.

넷째로, 어떤 정신적 능력들은 두뇌 안에 위치할 수 있다. 기억 작용은 대뇌 피질의 전두엽에서 일어난다. 이것은 "여러 개의 기억 영역으로 분할되는데 각 영역은 상이한 종류의 정보—대상의 위치, 대상의 특징(색상, 크기, 모양), 사람의 경우에는 의미론적 지식과 수학적 지식—를 암호화하도록 특화되어 있다."[31] 아직은 개별적인 사고 과정을 두뇌에서의 특정 에너지 전이와 상호 연결 짓기는 어렵고 아마 앞으로도 그렇게 되지는 않을 것이다. 하지만 에너지 사건들의 식별 가능한 패턴이나 활성 세포들의 네트워크 덕분에 두뇌 연구를 통한 심적 과정 연구가 가능해진다.[32]

그러나 이런 증거가 있다고 해서 이원론이 거짓이라는 것이 입증되지는 못한다. 영혼을 믿는 사람들은 영혼이 사후에 육신을 떠나 있는 동안에 활동을 중지했다(자고 있다)고 주장할 수 있다. 또는 죽은 후에 영혼이 즉각적으로 환생을 하거나 천상의 몸과 결합함으로써, 의식 작용과 사고 작용을 위해서는 두뇌와 인과적으로 연결되어야 한다는 조건이 충족된다고 그들은 주장할지도 모른다.[33] 많은 이원론자들은 영혼들이 살아 있고, 죽음 이후에 육신에서 벗어난 채 의식적으로 기능한다고 믿는다. 하지만 그런 이원론자들은 두뇌가 마음의 존재와 기능에 필요하다는 것을 나타내는 대부분의 심리학적 및 생리학적 증거를 부인해야 하는데, 이것은 현대 두뇌 연구에 비추어볼 때 받아들이기 어려운 일이다.

존속하되 육신에서 벗어난 영혼이 죽기 전의 사람과 동일한가의 여부를 어떻게 결정하느냐는 것도 똑같이 문젯거리다. 앞에서 논한 바와 같이, 기억이 자아동일성의 기준으로 사용될 수 없다면, 그 육신에서 벗어난 영혼과 죽기 전의 사람이 동일한지의 여부를 판정하는 기준은 무엇일까? 어떤 사람들이 생각하듯이 앞의 논변이 틀렸고 기억이 자아동일성의 기준으로 사용될 수 있

31 Patricia S. Goldman-Rakic, "Working Memory and the Mind," *Scientific American* (September 1992): 115.

32 Malcolm Jeeves, *Brain, Mind, and Behavior* (Minneapolis: Augsburg Fortress, 2000), pp. 79–81.

33 Swinburne, *Evolution of the Soul*, chap. 15. (PRSR3e, pt. 11, pp. 510–20 참조)

다면, 오직 참된 기억만이 그런 역할을 감당할 수 있을 것이다. 하지만 참된 기억인지를 결정하려면 신체적 사건들에 접근할 수 있어야 하고 그 영혼이 특정 신체와 연결되어야 하기 때문에, 동일성의 기준으로서의 참된 기억을 보완하기 위해서는 신체적 동일성이 필요할 것이다.[34] 그러나 어느 신체도 탈육화된 상태로 존재할 수 없다. 끝으로 이원론자는 영혼 실체의 지속성이 동일성의 기준이 된다고 제안할지도 모르겠다. 그러나 실체는 속성들을 '떠받치고' 있을 뿐 그 자체는 무속성적이므로, 그것은 동일성을 결정하는 데에 별로 도움이 못 된다. 이원론자는 차라리 다음과 같은 입장에 의존해야만 할 것 같다. "자아동일성은 분석될 수 없는 원초적인 것이다. 그것은 자아동일성을 구성한다고 여겨지는, 더 기초적인 다른 어떤 것으로 분해될 수 없다."[35]

심리물리적 단일체로서의 자아

많은 현대 철학자들은 비물리적인 영혼이나 마음이 인간을 물리적인 존재로서 파악하는 우리의 지식과 양립할 수 없다는 이유에서 그런 것을 거부한다. 자아동일성은 심신(심리물리적) 단일성에 있든지, 아니면 그 자체가 허구적 개념이다.[36] 어느 경우든 간에 우리는 근본적으로 생물학적인, 또는 물리적인 존재들이다.

지난 반세기 동안 철학자들은 이 심리물리적인 단일성을 설명하기 위해 다양한 유물론적, 또는 자연주의적 이론들을 제시해왔다. 방법론적 행동주의는 심리학이 하나의 과학이 되기 위해서는 심적 과정들이 측정가능한 행동에 의거해서 이해되거나 그것으로 환원되어야 한다고 주장했다. 라일(1900~1976)과 같은 논리적 행동주의자들은 마음에 관해서 말하는 것 자체를 거부했다. 왜냐하면 그렇게 말하다 보면 마치 비물질적인 유령이 눈에 보이는 물리적인 기계에 늘 붙어 다니는 것처럼 들리기 때문이다. 논리적 행동주의자들은

34 Terence Penelhum, *Survival and Disembodied Existence* (London: Routledge and Kegan Paul, 1970), chaps. 5 and 6.

35 Moreland and Rae, *Body and Soul*, p. 180.

36 Derek Parfit, *Reasons and Persons* (Oxford: Clarendon Press, 1984).

심적 상태와 과정에 관한 우리의 언어에 관심을 기울이고서, 그런 언어를 행동의 발생에 관한 서술문이나 특정 방식으로 행동하는 성향에 관한 서술문으로 번역할 수 있다고 주장했다. 그래서 '안다'는 능력을 나타내는 동사로서 우리가 어떤 것을 성취하거나 획득할 수 있다는 것을 의미한다. '믿다'라는 동사는 우리의 성향에 대해 말하는 동사다. 그러나 행동주의는 여러 암초에 걸려 침몰했다. 심적 상태의 인과적 작용을 설명할 수 없을 뿐만 아니라, 어떤 사람이 심적 상태를 가진 것을 측정하거나 결정할 때에 사용되는 수단과 심적 상태 자체를 혼동하는 오류를 범했다는 문제점이 그것이다.

행동주의의 뒤를 이어 심신동일론은 인간이 물리적 유기체에 지나지 않는다고 주장했다. 그런데 이 주장이 지각, 개념화, 기억과 같은 심적 상태가 실제로 일어나지 않는다는 것을 함축한다고 생각해서는 안 된다. 그것이 의미하는 바는, 심적 상태에 관한 서술문이 어떤 사건을 보고하는 한, 그 사건은 두뇌 과정이거나 두뇌 상태, 또는 중추신경계의 과정이라는 것이다.[37]

우리는 이와 비슷한 사례를 생각해볼 수 있다. 번개에 대한 보고는 두 가지 방식으로 표현될 수 있다. 하나는 특정한 시점에 특정한 장소에서 발생한 전기 방전에 관해 물리학자의 언어로 표현되는 것이고, 다른 하나는 폭풍우가 몰아치는 하늘에서 번쩍이는 섬광을 보고하는 일상적인 관찰자의 언어로 표현되는 것이다. 비록 이 두 표현 방식은 상호 교환될 수 없는 언어 체계를 사용하지만, 동일한 사건을 참되게 보고하고 있는 것이다.[38]

심신동일론이 당면하는 주요 문제는 이러한 범주 교차적 동일성(cross-category identity)의 본성에 관한 것이다. 심신동일론자들은 심적 상태와 두뇌 상태가 단순히 인과적인 관계를 맺는 것도 아니요 항상적인 상관관계를 맺는 것도 아니라, 양자는 엄격하게 동일하다고 본다. 그런데 라이프니츠의 동일성 원리에 따르면, 갑과 을이 동일하기 위한 필요충분조건은 갑과 을의 모든 속성이 같아야 한다는 것이다. 그런데 심적 상태의 속성과 두뇌 상태의 속성들

37 J. J. C. Smart, "Sensations and Brain Processes," *Philosophical Review* 68 (1959); reprinted in Borst, ed., *The Mind/Brain Identity Theory* (New York: Macmillan, 1970), chap. 8, p. 56.

38 U. T. Place, "Is Consciousness a Brain Process?" *British Journal of Psychology* 47 (1956); reprinted in Borst, ed., *Mind/Brain Identity*, p. 47.

을 비교해보면, 전자가 비공간적이고 사적인 반면에 후자는 공간적이고 공적이라는 점에서 전혀 다르다. 이에 대해 라이프니츠의 원리는 범주 교차적 동일성에는 적용되지 않는다는 주장이 나올지도 모르겠다. 특히 하나의 범주에 대한 속성 적용이 무의미할 경우(공간적인 술어들을 심적 상태에 적용시키는 경우가 한 예다)에는 전체 속성들이 동일할 것을 기대할 수는 없다. 그러면 상이한 범주에 속하는 속성들을 가진 두 개체들이 동일하기 위해서는 어떤 기준들이 충족되어야 하는가? 마음과 몸의 경우에, 심적 사건과 두뇌의 사건이 동시에 발생하더라도 그 사건들이 단순히 인과적으로 관계를 맺기보다는 동일하다는 것을 보이기 위해서는 무언가가 더 필요하다.

현대 유물론자들은 일반적으로 제거주의적 유물론자이거나 기능주의자들이다. 제거주의적 유물론에 따르면, 심적 현상은 실재하지 않으므로 신경과학이 인간의 정신적 능력을 올바르게 설명할 수 있다. 호프스태터(1945~)와 같은 현대 환원주의자들은 주장하기를, 자아란 "그것이 진화함에 따라 세계를 '반영'하기 위해 조직화된 구조들의 적극적이고 자기 갱신적인 집합"이다.[39] 이 상위 구조들은 하위의 활동적인 패턴들로 이루어지고, 이 하위 패턴들은 그보다 더 하위의 패턴들로 이루어져서 최하위 패턴의 구성 요소는 신경 자극들(neural firings)에 지나지 않는다. 개별적으로 보면, 이러한 신경 자극들은 무작위적이고 무의미하지만, 그 유기체가 주변에 있는 여타의 상징 패턴들에 대해 상호 작용적으로 반응하기 위해 필요한 정보를 암호화(encode)하는 패턴이 통계적인 규칙성을 통해 드러난다. 그 자극 패턴들이 최상위에서 해석될 때, 우리는 그 패턴들에 대해서 의미를 부여하며, 이 의미 할당 패턴들은 우리가 누구인지를 설명하는 대안적인 방법이 된다.

호프스태터는 개미군의 비유를 든다. 하나의 군체는 서로 다른 수준으로 이루어진다. 군체 자체, 일개미 집단과 같은 그 하위의 집단들, 그리고 개별적인 개미들이 그것이다. 우리는 상위의 수준에 대해서 의미를 부여하고(예를 들어, 한 무리의 일개미들이 죽은 파리를 옮기고 있다고 말한다), 이러한 상위

39 Douglas R. Hofstadter and Daniel C. Dennett, *The Mind's I* (New York: Basic Books, 1981), p. 192.

의 수준들이 그 군체에 필요한 정보를 암호화한다고 주장한다. 그러나 상위의 행동 패턴들은 궁극적으로 개별적이고 비지성적인 개미들의 무작위적인 운동의 단순한 산물이다.

이러한 환원주의적 설명이 갖는 문제점 중 하나는, 심적 사건이 진정한 사건으로 보일 뿐만 아니라 그것과 근접해 있지만 하위에 있는 생리적인 사건이나 신경적인 사건들의 진짜 원인처럼 보인다는 점이다. 즉 하향적(top-down) 인과의 증거가 있다는 비판이 제기되는 것이다. 심적 작용이 결합을 보이는 경우가 한 예다. 예를 들어, 실인증(失認症)에 걸린 사람들은 시각적인 자극을 받더라도 자기가 보는 것(이를테면 얼굴)을 인지할 수 없는 반면에, 다른 감각을 통해 전달된 자료에 근거해서는 그것을 인지할 수 있다.

기능주의에 따르면, 두뇌의 상태는 마음의 원인이 된다. 두뇌 상태는 유기체가 특정 방식으로 행동하도록 야기하는 기능을 가지고 있다. 어떤 기능주의자들은 우리가 프로그램화될 수 있는 기계로서 복잡한(그러나 아직 개발되지 않은) 컴퓨터에 의해 잠재적으로 복제될 수 있다고 주장한다. 이런 견해는 써얼(1932~)과 같은 이들의 반론에 직면한다. 이들은 순전히 형식적이거나 구문론적인 구조들은 이해를 산출할 수 없다고 주장한다. 이해를 위해서는 의미론적 내용들이 필요한데, 그런 내용은 단순한 알고리듬 과정을 넘어선 두뇌나 이에 필적할 만한 것들에 의해 생겨난다.

환원주의적인 성격은 옅지만 여전히 유물론적인 관점에서 인간을 보되 하향적 인과를 용인하는 이론이 있다. 써얼은 심적 현상들이 생리학적 미시 요소들에서 창발하고 여타의 속성들 못지않게 실제적인 속성들이라고 주장한다. 창발적인 심적 속성으로서의 심적 현상은 일종의 물리적, 즉 생물학적 속성이다. 그래서 이 속성은 '지향적 인과'를 통해 결과를 낳을 수 있는데, 여기서 "원인은 결과를 표상하고 산출한다."[40] 다른 유물론자들은 심적 속성들이 물리적 속성들에 수반한다고 본다. 즉 심적 속성들이 물리적 속성들을 통해서 작용한다고 보는 수반론적 설명을 제시하는 것이다.[41] 또 어떤 이들은 사람이

40 John Searle, *Minds, Brains and Science* (Cambridge: Harvard University Press, 1984), p. 61.

자신의 몸과 동일하지는 않지만 몸에 의해서 구성된다고 하는 구성주의적 관점을 주창한다.[42] 이토록 다양한 유물론적 인간론을 일일이 검토할 수는 없다. 우리의 관심은 그 이론들이 내세의 삶의 가능성에 대해 함축하는 바에 있다.

재창조와 시공간적 연속성

대부분의 유물론자들은 시공간적 연속성이 자아동일성을 위해 필요하다고 주장한다. 인간은 구성 요소들의 단순한 집합체가 아니라 특정한 인과적 내력을 지닌 요소들로 이루어진 물리적 존재이기 때문에, 자아동일성이 성립하기 위해서는 단순한 존속 이상의 것이 필요하다. 즉 앞서 존재한 것이 뒤에 존재하는 것과 적절한 방식으로 인과 관계를 맺는 존속 상태가 요구되는 것이다. 따라서 만일 우리가 내세의 삶을 경험한다면, 우리의 자아와 동일시되는 물리적인 것이 인과적으로 지속해야만 한다. 자아에 필적할 만한 것치고 육신이 죽은 후에 존속하는 것이라고는 없으므로, 유물론적 관점에서 보면 사후에 살 가망성은 희박하다.

이런 양상에도 불구하고 유신론적 유물론자들은 내세의 삶이 가능하다는 것을 보여주는 몇 가지 시나리오를 발전시켰다. 밴 인와건(1942~)은 우리의 구성 요소들을 연결하는 인과 연쇄가 단절될 경우, 신이 그 요소들을 재조합하더라도 그 사람이 재창조될 수는 없다고 주장한다. 재조합된 존재는 자연과정이 아니라 신의 기적으로 말미암은 것이어서 더 이상 인간이 될 수 없을 것이다. 따라서 삶을 영위하는 데에 이바지하는 인과적으로 관련된 특징들의 시공간적 연속성이 자아동일성을 위해 필요하므로, 나의 현재의 물리적 구성과, 미래에 존재할 물리적 유기체로서의 인간이 되기 위한 나의 미래의 구성 사이에 모종의 인과적 · 물질적 연속성이 성립해야 한다. 사람이 죽는 순간에, 신이 나중에 그 사람을 다시 만들 때 사용하게 될, 바로 그 사람이 되게 해주는

41 Jaegwon Kim, *Supervenience and Mind: Selected Philosophical Essays* (Cambridge: Cambridge University Press, 1986).

42 Baker, *Persons and Bodies*.

본질적인 물질을 신이 보존한다고 밴 인와건은 주장한다. 그는 이 물질이 정확하게 무엇이냐에 대해서는 더 이상 논의를 발전시키지 않은 채로 남겨두었다. 밴 인와건은 그것을 '껍질을 벗긴 중핵(naked kernel)'이라고 칭한다. 즉 신이 '그것에다가 새로운 육신이라는 축제의 옷을 덧입힐' 때까지 계속 존재하는 씨앗과 같다는 것이다.[43] 다른 곳에서는 그것을 "'중핵 인간(the core person)' —두뇌와 중추신경계— 또는 그것의 특별한 부분"이라고 부르기도 했다.[44]

그런데 이 중핵 인간(또는 물질)이 시신의 부패나 화장(火葬)에도 불구하고 어떻게 보존될 수 있는가? 이에 대해 밴 인와건은 답하기를, 우리는 단지 죽는 것처럼, 부패하거나 화장되는 것처럼 보일 뿐이라고 한다. 우리가 죽기 바로 직전에 신은 우리의 중핵 물질을 잡아채서 보존하면서 그것처럼 보이는 어떤 것을 그 자리에 바꿔놓는다. 이 변환을 성공적으로 해내기 위해 신은 주변 사람들을 속여야 한다. (어떤 사람의 표현을 빌면, 신은 속이는 일을 기가 막히게 해내야 한다.) 왜냐하면 어느 의사나 장의사도 고인의 유해의 진정한 상태를 파악한 적이 없기 때문이다.

이런 속임수를 피하기 위해 코코란(1964~)은 이 시나리오를 수정했다. 그에 따르면, 우리가 죽기 직전에 신은 우리 몸을 구성하는 (더 이상 분할될 수 없는) 단순 요소들을 분열시켜(둘로 나눠서), 인과적으로 관련된 단순자들로 이루어지되 공간적으로 분리된 집합들이 되게끔 한다. 한 집합은 시체가 되는 반면에, 다른 집합은 다른 어떤 영역에서 계속 존재한다는 것이다.[45]

그러면 그 두 집합 중 어느 것이 진짜 사람인가? 시체인가(그래서 그 사람은 실제로 죽었다), 아니면 다른 공간에 있는 분열되어 생긴 인간인가(그래서 그 사람은 실제로 죽지 않았다)? 이것들 중의 어느 하나만이 그 사람이고 다른

---

43 Peter van Inwagen, "Dualism and Materialism: Athens and Jerusalem?" *Faith and Philosophy* 12 (1995): 486.

44 Peter van Inwagen, "The Possibility of Resurrection," in *Immortality*, ed. Paul Edwards (New York: Macmillan, 1992), p. 246.

45 Kevin Corcoran, "Physical Person and Postmortem Survival without Temporal Gaps," in *Soul, Body, and Survival*, ed. Kevin Corcoran (Ithaca: Cornell University Press, 2000), pp. 210-7.

하나는 아니라고 생각해야 할 이유가 별로 없는 것 같다. 왜냐하면 그 두 집합의 각각의 구성이 서로 같기 때문이다. 하지만 둘 중에서 어느 하나를 선택해야 할 이유가 별로 없다면, 어떻게 사람들은 자기네가 죽은 게 아니라 죽음에서 살아났다고 결론지을 수 있는가? 아마 그 두 집합 중 어느 것도 사람이 아닐 것이다. 왜냐하면 동일성에 대한 전통적인 관점에서 볼 때, 사망자와 생존자가 모두 사람일 수 있다면 둘 다 사람이 아니라고 봐야 하기 때문이다.

이에 대해 코코란은 **가장 근접한 지속자**(the closest continuer)가 사람이 된다고 응수한다. 사망자는 지속하지 않으므로, 오직 하나의 지속자만이 있고 그것이 바로 사람이다. 하지만 지속자가 사람이 되는 것은 우연적이지, 필연적이지는 않다. 왜냐하면 시체가 죽기 전에 일정 시간 동안 실제로 생존할 수 있기 때문이다. 시체가 될 것을 일정 시간 동안 살게 한 후에 죽게 만드는 것은 가능한 시나리오가 아니라고 코코란은 답변한다. 그 이유는 사랑의 존재인 신이 사람들로 하여금 죽음의 고통을 겪게 할 수 없기 때문이다. 전능자로서의 신은 논리적으로 불가능한 일이나 신의 본성과 상반되는 일을 할 수 없으므로, 사망자가 사람이 되는 것은 불가능하다.

이 답변은 신이 사람의 절멸(絶滅)을 결정할 수 없다는 것을 전제한다. 그러나 전통적으로 신은 자기가 원하는 대로(비록 도덕적인 제한은 있더라도) 피조물을 처치할 수 있다.[46] 또한 이 관점은 절멸이 신의 사랑과 양립할 수 없다고 전제한다. 하지만 절멸은 (지옥에 떨어뜨리는 것에 비해) 신의 사랑과 양립할 수 있다고 주장하는 사람들도 많이 있다.

세 번째의 유물론적 시나리오는 시공간적 연속성의 조건을 거부한다. 그 대신에 우리는 코드화된 물질로 이루어진 생리학적인 유기체들이므로, 신은 우리를 물리적으로 재창조한 후, 우리가 죽기 전에 지녔던 모든 물리적 및 심리적 특징들이 담긴 프로그램을 주입할 수 있을 것이라고 주장한다. 특히 의식은 두뇌 과정이거나 두뇌의 창발적인 생물학적 속성이므로, 우리의 두뇌는 재창조된 후에, 사망할 때 가졌던 신경 성분 및 구조들을 갖도록 프로그램화

46 Stephen T. Davis, "Physicalism and Resurrection," in Corcoran, *Soul, Body, and Survival*, p. 238.

되어서 죽기 전과 동일한 기억, 관념, 관점, 인격적 특성을 충분히 지니게 될 것이다.

이 시나리오는 극단적인 환원주의적 인간관에서도 성립될 수 있다. 우리가 어느 정도 특정 하드웨어와 독립해 있는 프로그램에 불과하다면, 전지전능한 존재는 우리의 유일무이한 소프트웨어 프로그램을 특정 종류의 하드웨어에 설치함으로써 우리를 재창조할 수 있을 것이다. 하드웨어가 부팅된 후 작동하면서 해당 프로그램의 기능과 명령을 수행할 수 있는 한, 하드웨어의 정밀한 성격은 별로 중요하지 않다. 그래서 우리는 간극을 포함한(gap-inclusive) 사람들이 될 것이다. 즉 우리는 존재하다가, 죽게 되면 존재하지 않다가, 재창조시에 다시 존재하게 될 것이다.

그런데 재창조된 사람들이 죽은 사람들과 동일할까? 아무튼 그들은 간극을 포함할 테니까 죽은 사람들과 공간적으로나 시간적으로 연속적이지 않다. 그런데 왜 우리는 시공간적 연속성이 자아동일성의 필요조건이라고 생각해야 하는가? 시공간적 연속성이 동일성의 필요조건이라고 흔히 생각하는 것은 사실이다. 불이 나서 밴 고흐의 자화상이 훼손되었는데 솜씨 좋은 화가가 그것과 똑같은 그림을 재생했을 때, 우리는 재생된 작품이 밴 고흐의 정품이라고 단언하거나 그 작품을 구입하기 위해 거액을 지불하려 들지는 않을 것이다. 시공간적 연속성이 밴 고흐의 자화상에서 중요한 이유는, 밴 고흐의 작품으로서의 그 그림의 동일성이 화폭에 칠해진 물감의 특정 배열 상태 이상의 것을 포함한다는 것이다. 그것이 밴 고흐의 작품인 이유는 바로 밴 고흐가 그렸기 때문이다. 그 작품이 화재로 훼손되어서 다른 솜씨 좋은 화가가 다시 그렸다면, 비록 그 내용이 동일하더라도 그것은 더 이상 밴 고흐의 그림은 아닐 것이다. 그 그림이 밴 고흐의 작품이 되게 하기 위해서—그 그림을 밴 고흐의 작품으로 확인할 때 포착되는 특별한 인과적 의미를 보전하기 위해서—는 시공간적 연속성이 그 그림의 동일성을 이루는 핵심적 요소가 된다.

하지만 그 작품이 자화상으로서의 정체성을 갖는 데에 시공간적 연속성이 필요한가? (그 작품의 출처가 작품의 정체성을 결정하는 조건이 되지 않을 경우에) 그 그림이 자화상인 한에서 우리가 그 그림을 고려한다면, 그 작품이 다른 화가의 자화상이 아니라 밴 고흐의 자화상이라는 것을 결정하기 위해서 우리는 그 그림의 속성들을 살펴볼 것이다. 즉 대상의 확인 기준은 그 대상의 본질적인 특징들의 집합이며, 그것의 출처는 거기에 포함될 수도 있고 안 될 수도 있다.

이에 대해 비판자들은 응수하기를, 어떤 것의 동일성이 확보되려면 독특한 본질적 특성들을 가져야 할 뿐만 아니라 그것들을 시공간에서 연속적으로 가져야 한다고 말한다. 그러나 시공간적 연속성을 동일성의 기준으로 삼는 데 대해서 흥미로운 예외가 있다. 우리는 전쟁이나 경기, 음악과 같은 추상적인 대상에 대해 연속성을 요구하지 않는다. 하지만 우리 자신과 같은 추상적인 대상들은 어떠한가? 값비싼 목걸이를 생각해보자. 그 목걸이의 다이아몬드들이 제거되어서 몇 년 동안 흩어졌는데 그 목걸이를 똑같이 복원하고 싶어한 보석상이 그 다이아몬드들을 모두 모아서 똑같은 순서(목걸이가 그것의 다이아몬드의 배열 순서에 의해 정의되지 않는다면 순서가 달라도 상관없다)로 꿰었다(다른 줄에 꿰어도 상관없다)고 하자. 그러면 그 목걸이를 구성하는 요소들의 결합이 연속성을 결여하더라도, 그 보석상은 동일한 목걸이를 재조합했다고 말하는 것이 적절하지 않을까?

하지만 적어도 그 다이아몬드들은 계속 존재했다는 반론이 제기될 수 있다. 그렇다면 연극에서 등장인물로 나오는 사람들이 역할을 수행하는 방식을 생각해보자. 햄릿은 연극의 막(幕)들이 거듭되는 동안 내내 동일성을 유지한다. 그 사람의 존재는 막간마다 중단되더라도 우리는 그 공연 자체에서 그를 간극을 포함하는 사람으로 생각하는 데에 어떠한 논리적인 어려움도 느끼지 않는다. (물론 그 배우는 장면마다 또는 막간마다 시공간적인 연속성을 가지겠지만, 우리는 그 배우와 햄릿을 분명히 구별할 수 있다.) 무대 뒤의 경험들에 준거할 수 있는 막의 내용은 그 등장인물이 막간에도 생존하는 것을 전제한다는 반론이 나올 수 있다. 하지만 그 주인공이 막간에는 어떠한 경험도 하지 못하도록 각본을 만들 수 있을 것이다. 극중에 나오는 사람들이 간극을 포함함에도 불구하고 동일성을 갖듯이, 현실 세계에서 사는 사람들도 신의 재창조의 도움을 받아 간극을 포함한 상태로 지낼 수 있다. 1막에 나오는 주인공이 자기가 간극을 포함하고 있다는 것을 모르듯이, 우리도 인간이 간극을 포함한 인생을 산다는 것을 모르고 지낼 수 있는 것이다.

시공간적인 연속성과 관련된 두 번째 반론은, 죽은 사람과 재창조된 사람이 동일할 수 없다는 점이다. 죽은 사람과 똑같이 생겼거나, 동일한 기억을 가지거나, 또는 동일한 인격을 가진 사람을 신이 여러 명 창조하는 것은 논리적으로 가능하다. 이러한 다수 복제 시나리오에 따라, 자기가 철수의 재창조된 사람이라고 주장하는 갑수와 을수가 있다고 할 때, 누가 실제로 철수인지를 결정할 근거를 우리는 가지고 있지 않다.[47] 우리가 그런 근거를 전혀 확보하지 못한다면, 동일률에 따라 두 사람이 동시에 철수가 될 수 없기 때문에 갑수와 을수 모두 철수가 아니라는 결론이 나온다. 누군가가 철수와 똑같이 생겼고 생전에 철수가 행했던 바를 기억한다고 해서 그 사람이 실제로 철수요 그런 행위를 했던 사람이라고 간주할 수는 없다.

이에 대해 신은 논리적으로 가능한 것만 행할 수 있다는 답변이 주어질 수 있다. 수적으로 구별되는 둘 이상의 사람들이 서로 동일하면서 죽은 사람과 동일하다는 것은 논리적으로 불가능하므로, 신은 죽은 사람과 동일한 두 사람을 재창조할 수 없다. 따라서 다수 복제 시나리오는 실패한다. 죽은 철수와 동일한 사람이 갑수인지 을수인지를 우리가 식별할 수 없거니와 신이 철수와 동일한 두 사람을 만드는 것이 아예 불가능하다. 적어도 한 사람은 철수와 비슷할 뿐이다.

하지만 어느 사람이 죽은 사람과 비슷하고 어느 사람이 그와 동일한지를 우리가 어떻게 알 수 있는가라고 비판가들은 반문한다. 이에 대해 우리가 기억에서 동일성을 연역할 수 없는 것은 사실이지만, 어떤 사람이 특정인의 경험에 관한 참된 기억을 갖지 못함에도 불구하고 바로 그 사람이 될 수는 없다는 답변이 나온다. 동일성은 참된 기억에서 연역될 수 있어 보인다. 따라서 우리가 갑수나 을수가 죽은 철수와 동일한지의 여부를 식별할 수 없을지라도, 오직 한 사람만이 참된 기억을 진술할 수 있다는 것이 전제될 경우 갑수와 을

47 B. A. O. Williams, "Personal Identity and Individuation," *Proceedings of the Aristotelian Society* 57 (1956–1957): 239.

수가 모두 철수와 동일할 수는 없다.

그런데 기억을 검사할 길이 없으므로, 참된 기억에 호소하는 것으로는 주어진 경우에 동일성을 확립하기에 충분하지 못하다. 구성적 인간관(Constitution View of the Person)을 제창한 베이커(1944~)는 일인칭적 관점에 호소할 것을 제안한다. 베이커는 유기체가 되는 데에 필요한 조건과 사람이 되는 데에 필요한 조건을 구별한다. 사람이 사람이 되는 이유는 그가 일인칭적 관점을 가지고 있기 때문이다. 그런데 일인칭적 관점을 갖는 것이 몸을 지닌 존재가 되는 데에 필요하지는 않다. 모든 종류의 짐승들은 일인칭적 관점을 결여한 채 몸을 지닌 존재들이다. 그런데 사람은 몸으로 구성되어 있어도 그 몸과 동일하지는 않다. 시간이 흐르는 동안에 사람의 동일성이 유지되는 것은 그 사람의 일인칭적 관점의 동일성이 유지되기 때문이지 몸의 동일성이 유지되기 때문에 그런 것은 아니다.[48] 나와 내 일인칭적 관점 간의 관계는 필연적인 반면에, 나와 내 몸의 관계는 본질적(내가 존재하기 위해서는 어떤 형태로든 육신을 입어야 한다)이기는 해도 우연적이다. 이런 인간관을 전제로 하고서 신이 내 몸을 1백 개 복제했다고 상상해보자. 이 복제품들이 동일하게 구성된 육신을 입고 있더라도, 한 사람을 나로 만드는 나의 일인칭적 관점을 그 복제품들은 갖지 못한다. 비록 다른 사람들은 나와 그 복제품들을 구별하지 못하더라도, 나는 나의 일인칭적 관점 덕분에 내가 누구인지를 안다.

이 관점이 지니는 뚜렷한 장점은 "한 사람의 부활한 몸이, 살아 있을 때의 생물학적 몸과 동일하지 않을 수 있다는 것이 허용된다"는 점이다.[49] 나는 내 몸과 동일하지 않지만 내 몸에 의해서 구성되므로, 나의 일인칭적 관점이 다른 몸 안에 있거나 다른 몸에서 그 관점으로 보는 것이 가능하다. 이것은 마치 미켈란젤로가 그의 걸작 다비드상을 현재와는 다른 종류의 대리석이나 심지어 나무를 깎아 만드는 것이 가능한 것과 똑같다. 조각된 매개체가 없었다면

48 Lynne Rudder Baker, "Material Persons and the Doctrine of Resurrection," *Faith and Philosophy* 18 (2001): 160.

49 Ibid., p. 164.

다비드상이 존재할 수 없었더라도, 미켈란젤로가 사용했던 특정 대리석은 우연적인 것이었다. 그래서 구성적 인간관에는, 동일성의 심리적 기준을 주장하는 사람들과 시공간적 연속성이 자아동일성의 필요조건이라는 것을 부정하는 사람들을 모두 수용할 수 있다는 장점이 있다.

비록 일인칭적 관점의 동일성이 시간의 경과 속에서 사람의 동일성을 판별하기 위한 기준이더라도 일인칭적 관점의 동일성을 판별하기 위한 기준은 없다고 베이커는 주장한다.[50] 이제 우리는 원점으로 되돌아온 듯한 느낌이 든다. 이 토론의 흥미로운 특징은 우리가 자아동일성 문제에 대한 일부 이원론자들의 답변으로 돌아왔다는 점이다. 그 답변이란, 자아에 대한 이런 기초적인 의식으로 인하여 영혼이나 재창조된 사람은 죽은 사람과 동일하다는 것이다.

이 모든 논의의 결론은 인간에 대한 두 관점들—우리는 영혼이 깃든 존재라는 관점과, 우리는 심리물리적인 단일체, 또는 단순 프로그램이라는 관점—이 모두 내세의 삶의 가능성을 고려한다는 것이다. 우리는 내세의 삶이 모순되다는 이유로 그것을 거부할 수 없다. 동시에 그 두 관점은 심각한 도전에 직면한다. 하나는 육신을 벗어난 영혼이 인지적으로 민활한 사람으로서 존재할 수 있다고 생각하기 위한 적합한 근거가 우리에게 있느냐의 여부이고, 다른 하나는 시공간적 연속성이 모든 경우의 자아동일성을 위한 필요조건이냐의 여부다.

내세의 삶에 대한 후험적 논변들

우리가 내세의 삶을 인정한다면, 두 번째의 물음이 제기된다. "사람들이 실제로 내세에 산다고 생각할 이유가 있는가?" 내세의 삶을 옹호하는 사람들은 두

---

50 해스커는 일인칭적 관점 기준은 전혀 기준이 아니라고 주장한다. 일인칭적 관점을 갖는 것은 특정 사람의 관점에서 사물들을 보는 것과 같다. 나는 내 방식대로 사물을 보는데 이것은 내가 남들과는 독립된 사람이기 때문이다. 하지만 "P1과 P2가 동일한 일인칭적 관점을 갖는다고 말하는 것은 P1과 P2가 동일한 사람이라고 말하는 것에 지나지 않는다. 그리고 [일인칭적 관점]의 기준은 항진 명제로 환원된다." William Hasker, "The Constitution View of Persons: A Critique," 미발표 논문, p. 16.

종류의 논변을 제시하는데, 하나는 선험적인 철학적 논변이고 다른 하나는 특정 종류의 경험에 근거한 후험적 논변이다. 우리는 먼저 후험적 논변을 살펴본 후에 선험적 논변을 다루겠다. 이 문제에 대해서 생각하는 사람들의 관심을 끌 만한 후험적 논변에는 세 종류가 있다.

첫 번째 논변은 거의 죽게 되었거나 죽었다가 다시 살아난(이것은 죽음을 어떻게 정의하느냐에 따라 달라질 수 있기는 하다) 사람들의 특정 경험에 주목한다. 많은 사람들이 진술하기를, 병실에서 자기가 임종에 가까웠을 때 간병인들이 자기를 보고 임종을 맞고 있다, 또는 죽었다고 말하는 소리를 들었다고 한다. 그러고 나서 그들은 자기 몸에서 빠져나와 다른 각도에서(흔히 자기 몸보다 높은 위치에서) 병실 주변을 보게 되고, 자기 몸을 소생시키려고 애쓰는 의료진을 목격했다고 진술한다. 그 사람들은 새로운 몸을 입게 되었는데, 이 몸은 이전의 물리적인 신체와 같은 형태의 영적인 몸이거나 무정형적인 구름으로 묘사되었고, 또한 원래의 몸 주위에 있던 물리적인 환경과 상호작용할 수 없었다고 한다. 이어서 그들은 터널과 같은 어두운 곳을 통과해서 지금까지 지내던 세상과는 다른 곳에 이르게 되는 경험을 했다고 한다. 여기서 그들은 자기가 알았던 사람도 만나고 낯선 사람들도 만났는데, 그들은 물리적인 몸을 입고 있지는 않았지만 알아볼 수 있었고 그들과 텔레파시로 의사소통을 하게 되었다고 한다. 또한 그들은 밝게 빛나는 어떤 존재자를 만났는데 이 존재자는 사랑과 동정심이 넘쳤고 그들로 하여금 과거를 기억해내고(마치 즉석 비디오테이프로 보듯이) 평가하는 것을 도와주었다고 한다. 이처럼 평화롭고 행복한 경험을 계속 즐기면서 머무르고 싶었지만, 그들은 자기의 물리적인 몸으로 되돌아가기를 원했거나 그렇게 하라는 말을 들었다고 증언한다.[51]

사람들이 그런 식의 임사체험을 갖는다는 것은 의심의 여지가 없다. 문제는 어떻게 그 경험들을 이해하고 설명하느냐는 점이다. 어떤 사람들은 이 경험들이 환각이고, 몸 안의 생리 조건들로 인해 생겨났다고 생각한다. "내이(內

51 Raymond A. Moody, Jr., *Life After Life* (New York: Bantam, 1976) 참조.

耳) 안에서 혈압이 변할 때 공중으로 올라가서 둥둥 떠다니는 느낌을 받을 수 있다." 그러한 변화는 심장 박동의 정지처럼 몸 안의 혈류가 정지될 때 일어날 수 있다. 마찬가지로 "자기 몸 밖에서 자기 몸을 보는 듯한 경험은 사람이 (임종 경험에서 흔히 일어나듯이) 심각한 정서적 스트레스를 받거나" (막 숨지는 사람들에게서 나타나듯이) 독한 마약을 먹었을 때에 흔히 나타난다.[52]

이에 대해 그 보고들은 스트레스나 마약으로 인해 생겨난 증세에 대한 보고 내용과는 다르다는 반론이 제기된다.[53] 죽어가는 환자에 대한 연구 보고에 따르면, 통증 치료약이나 스트레스는 임종 경험의 빈도에 대해 이렇다 할 영향을 미치지 못한다.[54] 더욱이 임종 경험을 가진 사람들이 당시 주변 상황을 묘사한 것을 보면, 놀라울 정도로 정확해서 마약을 먹은 상태에 비견할 수 없다. 때로는 그 방 안에서 벌어지긴 했지만 자신의 침상에서는 볼 수 없는 일이나 옆방의 일을 묘사하기도 한다. 배덤(1942~)에 따르면, 어떤 환자는 그 방 안에 있는 찬장 꼭대기에 동전 두 개가 있는 것을 정확하게 보고했다고 한다.

하지만 천장 근처에 있는 외과 수술 장치에 숫자들을 몰래 놓고—이것은 위에서만 볼 수 있는 위치에 있다—행한 실험에서는 일관성 있는 긍정적인 결과가 나오지 못했다. 그런 장소에서 임종 경험을 가졌다고 보고한 사람들은 숨겨진 숫자들을 제시하지 못했다.

아마도 이러한 내세의 경험들은 심리적인 요인이나 물리적인 요인들에 근거해서 설명될 수 있을 것 같다. 예를 들어, 기독교인들은 죽은 후에 보게 된 빛의 존재자를 예수로 해석하고, 힌두교도들은 죽음의 신인 야마(Yama)나 다른 힌두교의 신으로 해석하는 경향이 있다. 내세의 경험에 대한 묘사는 이따금 특정 종교에서만 나타나는 형상—예를 들자면, 진주의 문—을 담고 있기도 하다. 이것은 곧 이러한 경험들이 개인적인 투사(投射)로서, 그 사람의 종교적인 배경과 믿음으로 물들여져 있고 그가 겪었던 외상적(外傷的)인 경험으로

---

52 Paul Badham and Linda Badham, *Immortality or Extinction?* (Barnes and Noble Imports, 1982), p. 73.

53 R. W. K. Paterson, *Philosophy and the Belief in Life after Death* (London: Macmillan, 1995), pp. 145–9.

54 K. Osis and E. Haraldsson, *At the Hour of Death* (New York: Avon, 1977), pp. 186–7.

인해 일어났다는 것을 암시한다.

하지만 그런 경험에 대한 묘사는 표준적인 종교적 기대와는 현저히 차이가 난다. 무디(1944~)는 다음과 같이 말한다. "지금까지 나는 우리 사회에서 늘 듣는 모습에 가까운 천국이나 지옥을 언급하는 경우를 한 번도 못 봤다. 실로 많은 사람들이 자기가 종교적으로 훈련받는 동안에 기대하게 되었던 것과 내세의 그들의 경험이 얼마나 달랐는지를 강조했다."[55]

이러한 경우들에 들어 있는 수수께끼는 사후에 갖게 된 몸을 자세히 설명할 때 경험되는 어려움이다. 그 몸은 눈에 보이지 않고, 물체를 통과할 수 있으며, (공중에 떠다닐 정도로) 무게를 가지고 있지 않지만, 지각하는 능력을 가지며 소리를 들을 수 있다. (청각 경험을 가져서 듣는다기보다는 사유의 전이에 의해서 듣게 된다.) 따라서 내세와 내세에서 사는 사람들이 '몸을 갖는다'고 말할 때에는, 식별 가능하고 소재가 파악될 수 있되 현세와는 오직 부분적이고 일방적인 관계를 맺는(물리적인 환경을 인지하되 거기에 영향을 미치지는 못하는) 방식으로 몸을 갖는다는 것을 뜻한다. 그런데 우리가 이러한 새 몸을 어떻게 해석하든지 간에, 자아의 불사를 위해서 필요하다고 생각되는 두 가지 요소—하나는 자기 자신의 정체성에 대한 인식이고, 다른 하나는 자신의 과거에 대한 기억이다—는 모두 나타나고 있다.

두 번째의 후험적 논변은 죽은 사람들의 환영(幻影)이 나타나는 사건이나 영매를 통해서 그들과 의사소통하는 심령술적인 사건들에 근거해 있다. 죽은 사람들이 실제로 나타나거나 영매가 망자와 실제로 의사소통을 한다면, 이것은 사람들이 죽은 후에도 생존한다는 것을 입증하는 셈이 된다.

흔히 우리는 교령회(交靈會)의 영매들에게 의존하는 것을 도외시한다. 그 이유는 사기 행각에 걸려들 수 있을 뿐만 아니라, 영매가 죽은 사람들에 관해 말하는 내용을 그 영매의 의식적이거나 무의식적인 인성(人性)에 의해서 설명해도 되고, 죽은 사람에 관해서 정보를 알기 원하는 사람들과의 텔레파시에 의한 의사소통에 근거하면 그 내용이 더 쉽게 설명될 수 있기 때문이다. 의뢰인의

55 Moody, *Life after Life*, p. 140.

기대가 어떤 식으로든 영매에게 전달되어 충족된 것이라고 보는 것이다.

그러나 이러한 식으로 설명하기 어려운 경우들이 있다. 죽은 사람들이 살아 있는 사람들에게 나타나서 이전에는 알려지지 않았지만 검증될 수 있는 정보를 전해준 사례가 있다. 브로드(1887~1971)에 따르면, 노스캐롤라이나의 어느 농부의 경우 죽은 지 4년 후에 아들에게 나타나서 자기가 남겨놓았던 분실된 유언장의 위치를 말해주었다고 한다.[56] 패터슨은 전달된 정보가 독립적으로 확인된 일련의 흥미로운 경우를 보고했다. 데이비드 케네디 목사의 부인은 1970년에 사망했는데, 케네디 목사는 서너 명의 영매를 통해서 아내와 의사소통을 했다고 한다. 그의 아내는 그에게 다가와서 예배에서 설교를 해야 하는 것을 생각나게 해줬고, 세탁한 칼라가 어디 있는지 알려주기도 했으며, 그의 투표에 대한 평(評)도 해주었다는 것이다.[57]

그런데 대부분의 경우에 영매와 말하는 자들이 자기가 내세에서 의미 있게 계속 살아오고 있다는 표시를 하지 않는다는 것은 납득하기 어려운 점이다.[58] 그들은 새로운 환경이나 직업이나 관심거리에 대해서 자세하게 말해주지 않는다. 그들이 말하는 내용은 주로 과거에 관한 정보로 이루어지거나, 내세에 대한 영매의 신념 탓으로 돌릴 수 있는 모호한 일반화를 담고 있다. 혼령들이 시각화될 경우에는, 옷을 입고 있는 상태로 나타나거나 그들이 죽을 당시나 생존 시의 상황에서 나타난다.

세 번째의 후험적 논변은 어떤 사람들이 실제로 되살아났다는 주장에서 출발한다. 기독교에서는 예수가 죽은 자들 가운데서 부활했다는 믿음을, 예수의 부활 사건이 우리의 부활을 가능케 하고 부활의 전조가 된다는 신학적 주장과 결부시킨다. 사도 바울은 다음과 같은 식으로 논증한다. "만일 그리스도가 죽은 자들 가운데서 살아나셨다면, 우리도 죽은 자들 가운데서 살아날 것이다. 그런데 그리스도는 살아나셨다. 그러므로 우리도 살아날 것이다."[59]

---

56 C. D. Broad, *Lectures on Psychical Research* (London: Routledge & Kegan Paul, 1962), pp. 137–9.

57 R. W. K. Paterson, *Philosophy*, pp. 161–72.

58 Hick, *Death and Eternal Life*, p. 140.

59 고린도전서 15:12–23.

이 논변의 타당성은 두 전제들이 참이냐에 달려 있다. 첫 번째 전제는 신학적인 것이어서, 그것이 참인지를 알려면 다른 많은 주장들을 받아들여야 한다. 신은 존재한다, 그는 자신의 언약과 목적을 계시할 수 있다, 신은 그 언약과 목적들을 실행할 수 있을 만큼 능력이 있고 신실하다, 그리고 신은 이것을 실제로 바울에게 계시하였다는 주장들이 이에 해당된다. 아마 정통적인 기독교 유신론자들은 이 전제들에 대해서 이의를 제기하지 않을 것이다. 두 번째 전제의 진위 여부는 예수가 부활했다는 주장이 역사적으로 참이냐의 여부에 달려 있다. 흔히 기독교인들은 부활을 입증하는 증거로서, 살아 있는 예수에 대한 목격담, 빈 무덤, 기독교의 부흥과 발전을 꼽는다.[60]

이 후험적인 논변들 각각은 사람들이 자기 경험을 진술하는 데에 의존한다. 이 진술들을 평가하는 것은, 곧 다른 사람들의 증언이나 보고를 평가할 때 일상적으로 사용되는 기준들을 우리가 고찰해야 한다는 것을 뜻한다. 일반적으로 문제가 되는 것은, 사람들이 자기네가 가졌노라고 주장하는 경험들을 가졌느냐가 아니라 그러한 경험들을 어떻게 이해하고 해석하느냐는 것이다. 이것은 우리 각자가 자신의 경험을 비롯해서 타인의 보고에 적용시킨 더욱 넓은 세계관으로 되돌아가게 만든다. 이 책은 바로 그런 세계관을 구체화하기 위한 것이다.

내세의 삶에 대한 선험적 논변들

개별적인 경험에 근거한 후험적 논변들을 보완해주는 선험적인 논변들이 많이 있는데, 이 선험적 논변들은 경험보다는 관념들에서 출발한다.

첫 번째 논변은 아퀴나스(1224~1274)가 발전시킨 것이다.[61] 그의 논변에 따르면, 우리는 행복이라는 궁극적인 목적을 위해서 창조되었는데 이 행복은 이생에서는 이루어질 수 없다고 한다. 왜냐하면 우리의 개인적인 운명은 불안

60 이러한 결과를 도출하는 확대된 논변을 보려면, Frank Morison, *Who Moved the Stone?* (London: Faber and Faber, 1930)을 참조하라.

61 Aquinas, *Summa Theologica*, Supplement to part II, Q.79, A.2.

정하고 우리의 몸과 의지는 약하며 우리의 지식은 불완전하기 때문이다. 그러나 신이 우리를 헛되이 만들었을 리는 없으므로 우리는 이 목적을 성취할 수 있어야만 한다. 그러기 위해서는 우리는 죽은 이후에도 계속 살아가야 한다.

이에 대해 우리가 이생에서 행복을 성취할 수 없다고 생각하는 이유가 무엇이냐고 반문할 수 있다. 아리스토텔레스(384~322 B.C.)는 행복이란 순간적인 쾌감이 아니라 우리가 일생에 걸쳐 덕을 발휘하는 상태라고 말한 바 있다.[62] 우리가 추리나 명상을 할 때 그 상태에 도달할 수 있으며, 단지 순간적인 불행으로 인해서 행복을 잃지는 않는다고 한다.

그러나 아퀴나스는 행복을 다르게 이해한다. 인간의 행복은 인간이 만들어진 궁극적 목적, 즉 신과 관련이 되어야 한다. 신앙에 의해서 우리가 신을 아는 것은 의지의 작용이지 지성의 작용이 아니므로, 우리가 자연적인 이성에 의해 신을 아는 것은 오류 가능하고 불확실할 수 있다. 따라서 우리의 궁극적인 행복이 놓여 있는 신에 대한 지식이나 명상은 (순간적이지 않는 한) 이생에서는 얻어질 수 없다. 우리가 이러한 행복을 경험하기 위해서는 죽은 후에도 계속 살아야만 하는 것이다.[63]

아퀴나스의 논변은 우리가 궁극적인 목적을 성취할 수 없다면 우리는 헛되이 만들어졌을 것이라는 매우 흥미로운 (그러나 논란의 여지가 있는) 논제에 근거해 있다. 하지만 우리가 성취하는 다른 목적들이 무엇이든지 간에 궁극적인 목적을 성취하지 못한다면, 신이 우리를 창조한 것이 훼손되는가? 우리가 인간으로서의 잠재력을 제한적으로나마 성취하거나 부분적으로 행복한 삶을 이룬다면, 또는 우리가 신을 제한된 방식으로 알게 되고 진리에 대한 명상을 통해서 우리의 지적인 능력을 발휘하고 덕스러운 삶을 살고 신의 은총에 참여한다면, 우리가 헛되이 살아왔다고 주장할 근거가 없는 듯하다. 반면에 우리의 목적의 일부가 신과의 영적인 교감을 통해서 이루어진다면, 신이 우리로 하여금 이 최고의 목적을 못 이루게 하지는 않을 것이라고 생각하는 것이 합당해 보인다. 분명히 이 논변은 철학적인 전제뿐만 아니라 신학적인 전제들

---

62 Aristotle, *Nicomachean Ethics* (Indianapolis: Bobbs-Merrill, 1962), Bk. I, chaps. 7-10.

63 Thomas Aquinas, *Summa Contra Gentiles*, III, chap. 35.

을 갖게 된다.

두 번째의 선험적인 논변은 기본적으로 첫 번째의 논변과 구조는 같은데 도덕적인 전제들에서 시작한다. 이러한 도덕적인 논변에 따르면, 유한한 인간의 존재는 도덕적인 이상을 성취하거나 악보다 선을 수행하기에 적합한 기반을 제공하기에는 불충분하므로 인간은 불사적(不死的)이어야 한다. 이런 주장을 편 사람이 바로 칸트(1724~1804)였다.[64] 도덕률은 우리에게 최고선(最高善)을 성취하기 위해 애쓰라고 말하지만, 우리가 이 최고선을 실현할 수 없는 한, 그것에 도달하라는 명령을 따르기가 어렵다. 그런데 이 최고선—즉 우리의 개별적인 의지와 도덕적인 선의 완벽한 합치로 인하여 우리가 경향성에서가 아니라 오로지 도덕률에 대한 존중(칸트는 이를 신성하다고 불렀다)에서 행위하는 것—은 이생에서 이루어질 수 없다. 따라서 우리가 도덕률에 따라 살아야 할 의무가 있다면, 우리는 죽음 이후에도 살 수 있어야 하고, 적어도 거룩하게 될 수 있는 시점까지는 그래야만 한다. 내세의 삶은 도덕률의 요청이다.

이에 대해서 다음과 같은 의문이 제기된다. 왜 우리는 최고선을 추구하라는 명령에 따르기 위해서 최고선을 완전히 실현할 수 있어야만 하는가? 흔히 목표는 우리가 그것을 향해서 몸부림치는 이상이고, 기껏해야 부분적으로나마 실현될 수 있다. 비록 내가 완벽하게 진실된 사람이 되는 환상을 가지고 있지 않더라도, 나는 진실된 사람이 되려는 이상을 품고서 진실을 말하라는 도덕적인 명령을 따라 살아간다. 완벽을 이루라는 명령은 "'현재의 도덕적 성취 수준에 만족하지 말라' 고 말하는 수사학적인 방식에 지나지 않는다."[65]

칸트를 옹호하는 입장에서 다음과 같이 말할 수 있다. 목표를 달성하도록 노력하라는 명령과 목표를 달성하라는 명령에는 차이가 있는데 도덕률은 전자가 아니라 후자에 해당한다. 하지만 우리의 논증은 이와는 반대 방향이었다. 우리는 도덕적 의무에서 출발해서 수행 가능한 것으로 논증하는 대신에, 우리가 할 수 있는 것에서 출발해서 우리가 해야만 하는 것으로 논증해야 한다. 우리가 성취할 수 없는 것이라면, 우리에게는 그것을 해야만 하는 의무가 없다.[66]

---

64 Immanuel Kant, *Critique of Practical Reason* (Indianapolis: Bobbs-Merrill, 1956), Bk. II, chap. 2.

65 C. D. Broad, *Five Types of Ethical Theory* (London: Routledge and Kegan Paul, 1930), p. 140.

세 번째 논변은 플라톤(428~347 B.C.)이 제시한 것으로서, 이원론적 인간 개념에 적용된다. 플라톤은 영혼은 단순하므로(부분으로 나누어지지 않으므로) 파괴되지 않고, 파괴되지 않으므로 불멸하며, 불멸하므로 불사적이라고 주장했다.[67] 그런데 영혼이 간단히 절멸됨으로써 사라질 수 없는 이유는 무엇인가? 단순한 것이 절멸되지 못할 이유도 없는 것 같다. 반면에 절멸은 외부의 행위자의 활동을 요구하므로, 플라톤의 논변이 타당하다면, 영혼은 원래 계속해서 살아가며 물리적인 신체의 분해로 인하여 죽지 않는다고 봐야 할 것이다.

전망

지금까지 우리가 벌인 토론에서 어떤 결론을 끌어낼 수 있을까? 첫째로, 인간을 이해하는 최상의 방식에 대해 상당한 논쟁이 벌어진다는 점을 살펴봤다. 연구자가 도출해내는 결론은 도입되는 특정 증거에 달려 있을 뿐만 아니라 그 결론이 우리의 더 큰 철학적인 틀에 어떻게 부합하느냐에도 달려 있다. 우리는 내세의 삶이 가능하다는 논변들을 다양한 인간관에 근거해서 고찰했으며, 저마다 문제를 안고 있었다. 영혼이 실제의 사람이라는 관점을 우리가 채택하면, 물리적인 죽음이 반드시 영혼의 종말을 의미하지는 않으므로 죽음 이후에도 영혼이 존속할 수 있게 된다. 만일 우리가 유물론적 인간관을 채택한다면, 내세의 삶의 가능성은 죽기 전과 본질적으로 똑같은 사람을 재창조할 수 있는 전지전능한 신의 존재에 달려 있다. 우리가 신의 존재를 부인하거나 신이 그런 능력을 가지고 있다는 것을 부인한다면, 또는 시공간적인 연속성이 동일성을 위한 필요조건이라면, 유물론적인 인간학자에게 내세의 삶은 불가능하거나, 아니면 그 가능성이 낮아 보인다.

그것의 현실성은 어떠한가? 여기서 그 증거는 명확치 않다. 후험적인 논변들이 근거해 있는 주장들은 달리 설명될 수 있는 것들이기도 하다. 선험적

66 Paterson, *Philosophy*, p. 111.

67 Plato, *Phaedo*, 100b–107a. René Descartes, "Synopsis," *Meditations on First Philosophy*.

인 논변들은 인간 행위의 적합한 목적에 관한, 또는 도덕률이 요구하는 바가 무엇이냐에 관한 주장들에 근거해 있다. 이 두 경우에 독자들은 그 주장들을 평가하고, 어느 설명이 자료들을 가장 잘 설명하는지를 현명하게 판정해야 한다.

불사를 옹호하는 논변에 대해서 설득력이 없다고 생각하는 사람들은 흔히 비(非)유신론적인 세계관을 먼저 채택한 반면에, 불사를 옹호하는 논변이 설득력 있다고 보는 사람들은 특정한 유신론적인 세계관을 채택한다. 이 유신론적 세계관에서는 내세의 삶에 대한 주장이 의미가 있을 뿐만 아니라 이생에서의 유의미한 존재를 위해 중요하게 기여한다. 또 유신론적 세계관에서는 신과의 만남과 그들의 목적을 신 안에서 실현시키려는 욕구가 본질적인 역할을 하며, 내세는 이러한 가능성들을 한층 고도로 실현시키는 역할을 한다. 이것은 하나의 결함이 아니라 어떠한 세계관도 구조와 의미의 정합성을 지녀야 한다는 점을 인정하는 것이다.

| 연구문제 |

1. 당신은 내세의 삶을 믿는가? 이에 대한 답변을 지지하기 위해서 당신이 제시하는 증거나 논변은 무엇인가?
2. 인간이 문자 그대로 죽지 않는다고 말하는 사람들은 인간에 관해서 어떻게 전제하는가? 이 전제들과 내세의 삶에 관해서 단순히 말하는 사람들의 전제는 어떻게 다른가? 우리가 중요한 문제를 다룰 때 언어가 문제가 된다고 생각하는 이유는 무엇인가?
3. 우리는 내세의 삶에 대한 네 가지 다른 입장을 살펴보았다. 그 입장들의 유사점과 차이점은 무엇인가? 각 입장의 장점과 약점은 무엇인가?
4. 우리가 비물리적인 자아라는 견해를 가장 잘 지지해준다고 생각하는 증거는 무엇인가? 이 증거의 장점과 약점을 말하라.
5. 유물론적 인간관을 서술하라. 이 관점의 장점과 약점을 말하라. 내세의 가능성에 대해 이 관점이 함축하는 바는 무엇인가?

6. 영혼의 존재를 믿는 사람의 내세관은 유물론자의 내세관과 어떤 면에서 다를까? 인간이 죽은 후에도 살 수 있게 되면 어떠한 문제들(예컨대 인구, 인간의 욕구 성취, 시간 의식)이 발생할까?
7. 이 장에서 제시된 내세의 현실성을 옹호하는 논변들 중에서 어느 것이 가장 강력하다고 생각하는가? 그렇게 생각하는 이유는 무엇인가? 그 논변들 중 하나를 골라서 거기에 들어 있는 핵심적인 전제의 진위를 평가하라.

| 참고문헌 |

Badham, Paul. *Christian Beliefs about Immortality*. London: Macmillan, 1976.

——, and Linda Badham. *Immortality or Extinction?* New York: Barnes and Noble, 1982.

Baker, Lynne Rudder Baker. *Persons and Bodies: A Constitution View*. Cambridge: Cambridge University Press, 2000.

Blackmore, Susan. *Dying to Live: Near-Death Experiences*. Buffalo: Prometheus Press, 1993.

Cooper, John. *Body, Soul, and Life Everlasting*. Grand Rapids: William B. Eerdmans, 1989.

Corcoran, Kevin. *Soul, Body and Survival*. Ithaca: Cornell University Press, 2001.

Davis, Stephen T., ed. *Death and Afterlife*. London: Macmillan, 1989.

Edwards, Paul. *Immortality*. New York: Macmillan, 1992.

——. *Reincarnation*. Amherst: Prometheus Press, 1996.

Hasker, William. *The Emergent Self*. Ithaca: Cornell University Press, 1999.

Hick, John. *Death and Eternal Life*. New York: Harper & Row, 1976.

Kvanvig, Jonathan L. *The Problem of Hell*. New York: Oxford University Press, 1993.

Lewis, H. D. *Persons and Life after Death*. London: Macmillan, 1978.

——. *The Self and Immortality*. New York: Seabury, 1973.

Paterson, R. W. K. *Philosophy and the Belief in Life after Death*. London: Macmillan, 1995.

Penelhum, Terence. *Survival and Disembodied Existence*. London: Routledge and Kegan Paul, 1970.

Perry, John. *Personal Identity and Immortality*. Indianapolis: Hackett, 1979.

Reichenbach, Bruce R. *Is Man the Phoenix? A Study of Immortality*. Grand Rapids: William B. Eerdmans, 1978.

Swinburne, Richard. *The Evolution of the Soul*. Oxford: Oxford University Press, 1986.

Taliaferro, Charles. *Consciousness and the Mind of God*. Cambridge: Cambridge University Press, 1994.

Tipler, Frank. *The Physics of Immortality*. New York: Doubleday, 1994.

Walls, Jerry L. *Hell: The Logic of Damnation*. Notre Dame: University of Notre Dame Press, 1992.

12장 ●● 종교 언어: 우리는 신에 관해서 어떻게 의미 있는 발언을 할 수 있을까?

어떤 흥미로운 공상 과학 소설에서 라마교의 고승이 티벳에 있는 그의 사원에 마크 V 자동 연속 컴퓨터를 설치하는 장면이 나온다. 그 고승은 컴퓨터가 숫자는 출력하지 않고 문자들만 출력하게 하라고 요구했다. 그 이유는 자기 휘하에 있는 승려들이 수록하는 신의 이름들을 목록으로 빨리 만들기 위해서였다. 15세기가 걸렸을 일이 이제 100일 만에 이루어지게 되었다. 글자들이 체계적으로 조합되어서 하나의 특수한 알파벳이 되면 신의 실제 이름들이 모두 목록으로 만들어지게 된다. 그 컴퓨터가 티벳의 산골짜기에 있는 라마교의 사원에 설치되는 데에는 별로 시간이 오래 걸리지 않았다. 그 컴퓨터의 작동을 감독하기 위해서 파견된 기술자들인 조지와 척크는 이름들의 긴 목록을 풀로 붙여서 참을성 있게 책을 만드는 승려들을 보고서 머리가 돌 지경이었다.

척크는 마침내 컴퓨터가 마지막 단계에 들어갔다는 소식을 고승에게 알려주었다. 그러자 고승은 그 컴퓨터의 작동이 갖는 종교적인 의미에 대해서 한 번 더 연구해볼 것을 진지하게 권했다. 그 고승은 말하기를, "저 승려들은 자기가 신의 모든 이름들을 목록으로 만들었을 때, 다시 말해서 90억 개의 이름들이 있다는 것을 알게 될 때에, 신의 목적이 이루어질 것이라고 믿고 있소. 인류는 자신이 부여받은 임무를 끝내게 될 것이오. 더 이상 살아간다는 것은 의미가 없게 될 것이오"라고 말했다. 척크는 이 믿기 어려운 이야기를 조지에게 전해주었다. "글쎄 말이야, 이 목록이 완성되면 신이 개입해서 만물이 종말을 맞을 것이라더군." 이 작업이 끝나면 세계에 종말이 온다는 생각에 조지는 웃음을 터뜨리고 말았다. 그러나 이 작업이 끝나더라도 세계가 종말을 맞지 않을 경우에는 그 승려들의 필생의 작업이 컴퓨터에 의해서 망가져버린 셈이 되고 이로 인하여 분노한 승려들이 자기들에게 무슨 짓을 할지 모른다는 생각이 들자 그 두 기술자는 컴퓨터가 목록을 완성하기 전에 탈출을 하기로 마음먹었다. 그들은 이 탈출 계획을 '샹그릴라 작전'이라고 부르고서 마지막 날 저녁에 승려들에게 작별 인사를 한 후 야생 조랑말을 타고서 줄행랑을 놓았다. 그들을 기다리고 있던 DC3기가 있는 곳까지 가기 위해서 그들은 차갑고 맑은 히말라야의 밤 공기를 가르면서 구불구불한 길을 따라 달렸다. 하늘에는 별들이 반짝이고 있었다.

> "한 시간 내로 갈 수 있을 거야." 조지가 시계를 보면서 등 뒤에 있는 척크에게 소리쳤다. "아마 지금쯤 그 컴퓨터가 작동을 멈췄을지도 몰라."
> 척크는 아무 대답이 없었다. 조지가 안장에서 몸을 돌려 척크를 보니 척크는 하늘을 바라보고 있었다.
> "저것 봐." 척크가 중얼거렸다. 조지는 하늘을 올려다보았다.
> 그들의 머리 위에서는 별들이 조용히 꺼져가고 있었다.[1]

인간의 언어와 무한자

이 소설은 신에 관한 언어에 대해서 인류가 보편적으로 관심을 갖고 있다는 사실을 새삼 실감케 한다. 신을 부르면 마력을 갖게 된다고 생각한 물활론적인 종교에서, 어떻게 인간의 언어가 신에게 적절히 적용될 수 있는지를 심사숙고한 지성인들에 이르기까지 그런 관심은 상존해왔다. 20세기에 들어와서 철학자들은 언어 일반의 본성과 역할에 관해서 관심을 갖게 되었고, 특히 종

1 Arthur Clarke, "The Nine Billion Names of God," in *The Nine Billion Names of God* (New York: Harcourt, Brace, and World, 1967).

교 언어에 대해서 매우 많은 상이한 이론들을 발전시켜왔다.

철학자들이 종교 언어에 대해서 면밀한 주의를 기울인 데에는 두 가지 이유가 있다. 첫째로, 그들이 의미의 문제에 대해서 흥미를 갖게 됨에 따라, 신에 관한 낱말들이 어떻게 의미를 얻는지도 관심거리가 되었다. 예를 들어서, 유대 기독교의 전통에서 사용되는 신에 관한 언어는 우리가 일상적인 담화, 즉 우리가 피조 현상에 대해 매일 말할 때 사용하는 언어에서 왔다. 유대 기독교 전통에 따르면, 조물주는 피조물과 다르며, 신은 '높고 존귀하게 여김을 받을 분'이고 '초월적'이라고 한다. 그리고 대부분의 주요 종교에서는 신의 초월성에 관해 가르친다. 그러면 어떻게 유한한 영역에 관한 언어가 신에 관해서 사용될 수 있는가? 우리는 일상적인 바위와 일상적인 눈에 대해서 말할 때 무엇을 의미하는지를 안다. 그런데 신이 '반석'이라는 말이나, 신이 '눈'을 가졌다는 말이 의미하는 바는 무엇인가? 바위나 눈은 단순한 피조물이지 않은가?

철학자들이 종교 언어에 대해서 흥미를 갖게 된 두 번째 이유는 그들이 믿음을 분석하고 평가하려고 한다는 점에 있다. 물론 믿음은 진술이나 명제의 형태로 표현된다. 종교적 믿음을 철학적으로 정밀하게 파고들기 위한 전 단계로서, 그 믿음을 표현하는 언어를 이해하는 것이 중요하다. 물론 많은 종교 언어가 믿음을 직접적으로 발언하는 데에 사용되는 것이 아니라, 기도나 예배, 훈계처럼 뚜렷하게 종교적인 목적을 위해서 사용된다. 그러나 철학자들은 언어의 다른 종교적인 용법들이 어떤 선행(先行) 믿음들에 근거하거나 그것을 전제한다고 알고 있다. 예를 들어, 신에 대한 숭배는 신이 존재하고 그가 우리의 경배와 헌신을 받을 가치가 있다는 것을 전제한다. 신에게 기원하는 것은 신이 실제로 듣고 기도에 응답해준다는 것을 전제한다. 이러한 종교적인 행위의 배후에 있는 믿음이 명백하게 드러나면 우리는 신에 관한, 그리고 신과 세계의 관계에 관한 진리 언명들로 이루어진 신학적인 언명들의 집합을 갖게 된다. 그래서 일단 우리가 신학적인 용어들의 의미를 파악하고 그 용어들을 담고 있는 신학적인 언명들의 의미를 파악하기만 하면, 그러한 언명들을 받아들이거나 거부하기 위한 합리적인 근거가 무엇이냐는 물음을 물을 수 있다. 이 책의 다른 장들에서는 신의 속성에 관한 문제나, 신학적인 주장들을 합리적으로 정당화할 수 있느냐는 문제들을 논하기 위해 종교 언어를 사용하는 반면에, 이 장에서는 한 걸음 뒤로 물러나서 신학적인 담화 자체의 구조, 의미, 영향을 검토하고자 한다.

고전적 유비 이론

중세의 위대한 사상가들도 피조물의 언어를 가지고 신에 관해서 말함으로써 생기는 문제를 잘 알고 있었다. 그들은 종교 언어가 의미를 갖는지의 여부를 문제 삼지는 않았으나 종교 언어의 의미를 설명하는 것이 어려운 문제라는 점은 인식하고 있었다. 이 문제를 해결하기 위해서, 아퀴나스(1224~1274)는 고전적 '유비(analogy)' 이론, 또는 '유비적 술어' 이론으로 알려진 이론을 발전시켰다. 이 이론은 수세기 동안 종교 언어에 대한 토론에서 매력적이자 표준적인 이론으로 여겨졌다.

한 문장 안에서 술어는 주어에게 어떤 속성이나 관계나 활동을 보태는 역할을 한다. 그래서 술어는 주어를 특정한 방식으로 정의하거나 규정한다. 신학이나 종교에서 사용되는 서술문 중에서 전형적인 사례를 찾기란 어렵지 않다. 유대교와 기독교 전통에서 뽑은 일부 사례들을 생각해보자.

> 하나님이 하늘과 땅을 창조하셨다.
> 주는 나의 목자가 되신다.
> 하나님이 이스라엘 백성들을 애굽에서 인도하셨다.
> 여호와께서 선지자들에게 말씀하셨다.
> 하나님은 정의롭다.

아퀴나스에 따르면, '정의롭다'와 같은 하나의 낱말이 피조물과 신에게 똑같이 적용될 때 그 낱말은 두 경우에 일의적(一義的)으로(즉 정확히 같은 뜻으로) 사용되는 것은 아니라고 한다. 그렇다고 해서 영어의 'hot'이라는 낱말이 매운 고추장과 뜨거운 물에 적용될 때처럼 '정의롭다'는 말이 이의적으로

(즉 완전히 다른 두 개의 뜻으로) 사용되는 것도 아니다. 신의 성질과 인간의 성질 사이에는 유사성이 있으며, 신의 정의와 인간의 정의 사이에도 연관성이 있다. 아퀴나스가 지적한 바, 정의롭다는 술어가 이의적으로 사용될 수 없는 것은 바로 이 유사성 때문이며, 그 낱말이 일의적으로 사용되지 못하는 것은 신과 유한한 인간 사이에 있는 차이 때문이다. 아퀴나스가 지적한 바와 같이, 이로 인해 그 낱말은 유비적으로 사용된다.[2] 두 가지 다른 문맥 안에서 동일한 낱말을 유비적으로 사용할 수 있는 것은 이질성 안에 있는 유사성과 유사성 안에 있는 이질성으로 말미암는다.

로스(1927~)는 전통적인 유비 이론이 종교 언어의 일의적 용법과 이의적 용법 사이에서 절충점을 찾게 해줌으로써 신인(神人)동형론과 불가지론(不可知論)을 피할 수 있게 해준다고 생각한다. 신인동형론(anthropomorphism)이란, 신과 피조물은 정도의 차이에 지나지 않으므로 우리가 신에 관해 말할 때 사용하는 말들의 의미가 달라야 할 필요는 없다고 보는 입장이다. 불가지론(agnosticism)은 신과 우리는 너무 달라서 우리가 신에 관해서는 아무것도 말할 수 없다고 보는 입장이다. 따라서 유비 이론은 신과 피조물 사이에 엄밀하게 공통점은 없다고 전제하면서도 우리가 인간의 언어로 신에 관한 진리를 실제로 표현할 수 있는 길을 확보해준다.

그러나 로스는 유비 이론이 이미 수많은 주해를 받아왔고 아직도 면밀한 검토를 요하는 매우 복잡한 이론임을 인정한다. 그는 아퀴나스의 저서에서 도출된 정교한 유비 이론을 확장시키고 현대적인 의미론적 분석의 견지에서 체계적으로 제시하려고 한다. 아퀴나스처럼 로스도 일상적인 용어들이 종교적인 맥락에서 적절하게 사용되기만 하면 분명히 의미를 가질 수 있다고 보고서, 의미가 일상적인 문맥에서 종교적인 문맥으로 어떻게 전이되는가를 긍정적으로 설명하는 이론이 유비 이론이라고 본다. 그러한 의미의 전이는 우리가 대상과 관련 성질을 이미 알고 있는 공통적인 상황에서 흔히 발생하며, 그 전이로 인하여 유비는 포괄적인 언어 이론에 의해서 설명되어야 하는 일상적인

2 Aquinas, Summa Theologica, Ⅰ, Q. 13, A. 5; *Summa Contra Gentiles*, bk. 1, chaps. 28–34.

담화 구조에 포함된다. "민호의 분노가 화산처럼 폭발했다" 라든지 "여우가 매우 영리하다" 와 같은 말들을 하는 일상적인 경우들을 생각해보라. 종교 언어 이론의 특징은, 그 이론이 일상적이고 관찰 가능한 피조물의 영역에 관해 말하는 맥락에서 신과 영적인 존재들에 관해 말하는 맥락으로 의미가 전이되는 것을 기술해야 한다는 데에 있다.

일상적인 맥락에서건 종교적인 맥락에서건 간에, 우리가 선택한 유비만을 단순하게 사용할 수는 없다. 어떻게 하나의 용어가 유비적으로 사용될 수 있는지를 규제하는 원리가 언어에 있는데 아퀴나스를 비롯한 스콜라 철학자들은 이러한 규제 원리를 유비 규칙들에 의거해서 설명했다. 그 규칙들 중 하나가 바로 **적절한 비례의 유비**라고 불리는 규칙이었는데 그들은 이 규칙이 종교 언어의 기초가 된다고 생각했다. 이 규칙에 따르면, 신과 피조물은 그들 각자의 존재 양식—무한과 유한—에 비례하는 특질을 갖고 활동한다. 그래서 우리는 "신은 지혜롭다" 와 "소크라테스는 지혜롭다" 는 말을 하되, 그 두 문장의 맥락 사이에서 의미가 전이되는 것을 조정(調整)한다. 그 전이는 '지혜롭다' 는 술어가 관계를 맺는 존재의 두 가지 양식에 비례한다.

"신은 지혜롭다" 와 "소크라테스는 지혜롭다" 라는 두 서술문의 경우에, 소크라테스가 '지혜로움' 이라는 상태와 맺는 관계 방식은, 신이 '지혜로움' 이라는 상태와 맺는 관계 방식과 유사하다고 말할 수 있다. 신과 피조물이 지혜로운 방식은 유사하므로 '지혜로움' 이라는 말은 신과 소크라테스에 대해서 모두 사용될 수 있다. 그래서 '지혜로움' 이라는 술어의 용법은 다의적이지 않다. 하지만 '지혜로움' 이라는 말이 그 두 서술문에서 일의적이지 않은 이유는, 인간과 신에 의해서 예화된 두 가지 존재 양식 간의 차이에 근거해 있다. 소크라테스는 한 인간이 지혜로운 방식으로 지혜로우며, 유한한 피조물로서의 존재 양식에 적합한 방식으로 지혜롭다. 신도 역시 그의 무한한 존재 양식에 적합한 방식으로 지혜롭다.

이런 종류의 의미의 전이는 여러 문맥에서 발생한다. 예를 들어, "바둑이는 충직하다" 와 "갑돌이는 충직하다" 는 충직성의 유형에서 일어나는 전이를 드러낸다. 여기서 충직성의 관계가 그 두 경우에 비록 유사하더라도, 엄밀히 동일한 관계는 아니다. 왜냐하면 바둑이의 충직성 양식과 갑돌이의 충직성 양식은 서로 다르기 때문이다. 하지만 그들의 행동 패턴상에 유사성이 있고 이것을 지각할 수 있기에 우리는 동일한 낱말을 동물과 인간에게 공히 사용할 수 있다. 이와 동일한 적절한 비례의 규칙은 여타의 많은 문맥들에서 성립한다.

적절한 비례의 유비에 대한 비판가들처럼 페레(1932~)도 그 이론이 신에 대한 실질적인 지식을 전혀 제공하지 못한다고 주장한다. 우리의 예에서 신의 성품은 '무한'하고 그의 속성들 중의 하나가 '지혜'라고 주어졌다. 이 유비를 하나의 공식으로 만들면 다음과 같다.

$$\frac{\text{신의 지혜}}{\text{신의 무한한 성품}} = \frac{\text{소크라테스의 지혜}}{\text{소크라테스의 유한한 성품}}$$

그러나 페레가 주장하듯이, 그 이론은 "그 자체의 공식에서 주어진 것들을 설명하지 못하거니와, 그것들이 의존하는 독립된 비(非)유비적인 지식의 가능성을 설명하지도 못한다."[3] 이런 종류의 유비에는 미지(未知)의 사항이 하나가 아니라 둘이 들어 있는데, 그것은 바로 신의 지혜와 신의 무한한 성품이라는 것이다. 그래서 우리는 이 문제들에 대해서 어떠한 긍정적인 지식도 가질 수 없다고 페레는 주장한다.

로스는 페레의 비판이 극단적으로 단순화된 수학적 모델에 근거해서 유비 이론을 해석함으로써 그 이론을 왜곡한다는 점을 지적한다. 로스에 따르면, 종교 언어와 일상 언어 사이의 엄밀한 수학적 관계를 규정함으로써 종교 언어의 유의미성을 논하는 것은 아퀴나스의 본래 목적과는 거리가 멀다고 한다. 아퀴나스가 의도했던 바는, 종교 언어의 모든 뉘앙스와 여러 의미를 보존하면서, 동시에 종교 언어와 일상 언어 사이의 유사성을 지적함으로써 종교 언어의 유의미성을 분명하고 명료하게 만들려는 것이었다. 페레가 유비 이론

3 Frederick Ferré, "Analogy in Theology," in *Encyclopedia of Philosophy*, vol. 1 (New York: Macmillan, 1967), pp. 94–5.

을 수학적으로 모델화함으로써, 아퀴나스가 유비를 의미 이론으로 사용했지만 페레는 이를 추론 이론과 혼동했다고 로스는 비판한다. 이 추론 이론에서는 유비가 신에 관한 지식을 도출하는 데에 사용된다. 그런데 이것은 아퀴나스가 전혀 사용한 적이 없는 논증 유형이다. 로스에 따르면, 아퀴나스가 신에 관한 정보를 얻는 방편으로 이런 의미 이론을 만들어낸 것은 아니라고 한다.[4] 그래서 로스는 유비 이론을 옹호하되, 신의 속성들의 구체적인 성격을 상세히 설명하는 이론으로서가 아니라 신에게 적용되는 술어들이 어떻게 의미를 갖는지를 설명하는 이론으로서 옹호한다. 이러한 의미 이론을 갖추고 나면 우리는 신에 관한 발언들이 무엇을 의미하는지를 이해할 수 있고, 그럼으로써 신에 관한 논증들을 구성할 때에 치명적인 모호한 표현들을 피할 수 있게 된다고 로스는 생각한다.

유비 이론은 좀더 많이 논의될 필요가 있다.[5] '유사성' 개념을 분명하게 정의할 수 있는지, 신의 단순성에 대한 중세의 중요한 교리가 유비의 해석 방식에 대해서 어떻게 영향을 미치느냐는 의문들이 해결되어야 한다. 중세의 주요 교리 중 하나인 '신적 단순성'의 교리(피조물과 그들의 속성 사이에 차이가 없듯이 신과 신의 속성 사이에도 차이가 없다는 주장)가 유비의 해석 방식에 어떻게 영향을 미치느냐에 대해서도 흥미로운 물음들이 제기된다. 그러나 역사적으로 종교 언어가 유의미한 것으로 여겨져 왔고, 많은 사람들이 전통적으로 종교 언어의 의미에 대한 설명으로서 유비 이론을 받아들였다는 것은 여전히 사실이다. 단지 현대에 와서야 종교 언어의 유의미성이 무차별적으로 도전을 받고 있을 뿐이다.

---

4 유비 이론을 수학적인 모델에 준거해서 해석하면 그 이론이 왜곡된다는 반박을 받아들이더라도 다음과 같은 반론이 다시 제기될 수 있다. 주지하다시피 유비 이론이 의미 이론인 반면에 그 등식에서 신의 편에는 하나가 아니라 두 가지 사항들이 미지의 것이다. 이에 대해서 정교한 형태의 유비 이론은, 신의 속성들의 고유한 성격들뿐만 아니라 (우리가 여기서 '무한하다'고 부른) 신의 존재 양식이 충분한 개념적 지식의 대상이 아니라는 사실을 설명하려 든다는 점을 지적하는 것으로 충분하다. 로스가 말한 바와 같이, 신의 무한성에 대해서는 어림잡아서 "우리가 신이 무한하게 지혜롭고, 무한하게 선하고, 무한한 지성을 갖춘 존재라고 말할 수" 있을 뿐이다. 예를 들어 우리는 신이 지혜롭다고 말할 수 있지만 어떻게 그가 지혜로운지를 이해할 수는 없다. 그러한 문제들은 우리의 유한하고 개념적인 그물을 빠져나간다. James F. Ross, *Philosophical Theology* (Indianapolis: Bobbs-Merrill, 1969), p. 56 참조.

5 이 문제에 대한 뛰어난 논의로서 James F. Ross, "Analogy as a Rule of Meaning for Religious Language," *International Philosophical Quarterly* 1 (1961): 468-502가 있다.

검증과 반증의 문제

전통적으로 종교 철학자들은 신에 관한 발언이 유의미할 수 있다는 점에 대해서 그리 심각하게 의심하지는 않았다. 그러나 20세기 초에 논리실증주의자로 알려진 일단의 철학자들이 이러한 확신에 대해서 강하게 의문을 제기했다. 그들은 언어의 의미를 경험적인 관찰과 연결짓는 이론을 발전시켰다. 과학을 신중한 언어의 대표로 꼽는 논리실증주의자들은 인지적으로 유의미한 서술문과 그렇지 않은 서술문을 판별할 수 있는 기준을 만들었다. 그들의 기준을 검증가능성 원리라고 부른다. 분석 명제가 아닌 모든 명제들에 대해서 적용된[6] 그 원리는 다음과 같다. 한 명제가 진정한 사실적 명제이기 위한 필요충분조건은 그 명제가 참이거나 거짓이라는 것을 보여줄 경험적으로 관찰 가능한 사태가 있을 수 있다는 것이다.

에이어(1910~1989)는 그 원리를 다음과 같이 표현했다.

> 사실에 관한 서술문의 진위를 시험할 수 있는 기준은 검증가능성의 기준이다. 한 문장이 임의의 사람에게 사실적으로 유의미한 것이 되기 위한 필요충분조건은 그 문장이 표현하려는 명제를 검증하는 방식을 그가 알아야 한다—즉 일정한 조건들 하에서 어떠한 관찰들이 그로 하여금 그 명제를 참인 것으로 받아들이게 하는지, 또는 거짓된 것으로 거부하게 하는지를 그가 알아야 한다—는 것이다.[7]

에이어를 비롯한 논리실증주의자들은 신학적인 언어가 검증가능성의 경험적 기준을 충족시키지 못하므로 인지적(cognitive) 의미를 갖지 못한다고 생각했다.[8] 그들이 보기에 언어가 인지적 의미를 지니기 위해서는, 원리상 경험적인 증거를 제공할 수 있는 문제들, 진위를 논하는 것이 의미가 있는 문제들에 대해 그 언어가 말해야 한다는 것이다. 그런 언어는 사실적인, 또는 정보를 제공

6 검증가능성 원리를 공식화할 때 대부분 문제의 명제가 분석 명제가 아니라는 조건이 붙는다. 즉 그 명제의 진위가 단순히 명제의 논리 구조의 함수가 아니라 경험적 사실과의 관계 함수가 되는 명제라는 것이다.

7 A. J. Ayer, *Language, Truth and Logic* (New York: Dover, 1952), p. 35.

8 형이상학과 윤리학도 논리실증주의자들의 의미 기준을 만족시키지 못한다는 판정이 내려졌다.

하는 의미를 가지며, 따라서 적절히 이해될 수 있다.

논리실증주의자들을 비롯해서 그들에 동조하는 자들은 검증가능성 원리가 대부분의 일상 언어뿐만 아니라 과학 언어에 대해서도 적용된다고 생각했다. 마찬가지로 똑같은 언어를 사용하는, 유신론에 대한 전통적인 공격은 무의미하다고 본다. 실증주의적 비판가들은 유신론적 주장과 무신론적 주장이 모두 거짓이 아니라 무의미하다고 여긴다.

흥미롭게도 의미에 대한 검증 원리는 심각한 비판에 직면했다. 한 가지 잘 알려진 문제점으로, 인지적 유의미성의 검증 원리 자체가 그것이 표방하는 의미의 경험적 기준을 충족시키지 못한다는 점을 들 수 있다.[9] 아무튼 어떠한 관찰 가능한 경험도 다음의 검증 원리에 대한 서술문을 검증할 수 없다. 한 서술문이 진정한 사실적 발언이 되기 위한 필요충분조건은 그 서술문의 진위 여부를 입증해줄 경험적으로 관찰 가능한 사태가 있어야 한다는 것이다. (여기서 의미의 검증 원리는 자기 지칭적인 부정합성의 문제에 직면한다. 이것은 7장에서 강한 정초론을 논의할 때 말한 바 있다.) 다소 반어적(反語的)이기도 한 또 다른 문제점은 의미의 검증주의적 원리대로 하면 과학이 무의미해져버린다는 점이다. 과학의 역사나 관행을 볼 때, 과학자들은 여러 가지 주장을 하기도 하고 그 주장들에 대해서 곰곰이 생각하기도 한다. 그런데 자기네는 그 주장들이 완전히 유의미한 명제들이라고 보면서도 엄밀한 검증 조건들을 전혀 명시하지 못하는 경우가 많다. 빛의 파동설과 입자설 간의 논쟁이 단적인 예다. 결국 논리실증주의는 과학적인 서술문들이 의미를 갖기 위한 조건들을 올바르게 기술하지 못하거니와, 여러 다른 종류의 서술문들(예컨대 윤리적인 서술문)에 대해서도 그렇게 하지 못하고 말았다.

비록 일부 종교 사상가들이 검증 원리의 몰락을 즐거워했으나, 여전히 실증주의자들뿐만 아니라 많은 철학자들이 우리의 서술문들이 경험적 관찰과

9 실제로 이 논점은 일차적인 서술문과 이차적인 의미 규칙에 대한 흥미로운 논쟁을 유발시킨다. 검증가능성 기준을 옹호하는 사람들은, 검증가능성 원리가 단지 하나의 기준이므로 그것이 그 자체의 의미 기준을 만족시킬 필요는 없다고 주장한다. 바꿔 말해서 검증가능성 기준은 일차 언어에 적용되어야 하는 이차 규칙이라는 것이다. 물론 비판가들은 그 기준도 그 자체의 의미 기준을 만족시켜야 한다고 주장한다. 그런데 그 기준대로 하면 검증가능성 원리는 의미가 없으므로 자기가 자기를 반박하는 결과를 낳는다고 본다.

직결되어야 한다고 생각했다. 그들은 검증주의적인 방법이 서술문들에 대해서 긍정적인 의미를 공급할 수 있을 것이라고 생각하는 한편, 반증(falsification)의 전망을 탐색하기 시작했다. 그들은 사실에 관한 주장이 발언될 때 발언자는 그 주장이 거짓이 될 법한 조건들을 확인할 수 있어야 한다는 조건을 개발했다. 이 맥락에서 유신론적 주장에 대한 매우 흥미로운 도전이 부상했다.

플루(1923~)는 '반증 원리'를 가지고 유신론자들을 공격했다. 그는 위즈덤(1904~1993)의 글[10]을 모방한 아주 효과적인 이야기를 통해 비판했다.

> 옛날에 두 탐험가가 밀림에서 빈터를 발견하게 되었다. 그 빈터에는 많은 꽃들과 잡초들이 자라고 있었다. "이 땅을 관리하는 정원사가 틀림없이 있어"라고 한 탐험가가 말하자, "정원사는 없어"라고 다른 탐험가가 말했다. 그래서 이 두 탐험가는 천막을 치고 불침번을 섰다. 정원사라고는 보이지 않았다. "아마도 그 정원사는 우리 눈에 안 보이는 정원사일지도 몰라." 그래서 그들은 가시철조망을 치고서 거기에 전류를 흐르게 했다. 그리고 후각이 예민한 개들을 데리고서 순찰을 했다. (그들은 웰즈의 『투명 인간』이 보이지는 않지만 어떻게 냄새와 촉감에 의해서 식별되는지를 기억하고 있었기 때문이다.) 그러나 침입자가 충격을 받았다는 것을 알리는 어떠한 비명도 들리지 않았다. 철조망이 전혀 흔들리지 않는 것을 봐서 눈에 보이지 않는 침입자가 넘어오지도 않는다는 것을 알 수 있었다. 경비견들은 전혀 짖지도 않았다. 그러나 여전히 정원사의 존재를 믿는 탐험가는 단념하지 않았다. "전기 충격을 받지 않는, 눈에 보이지 않는, 만질 수 없는 정원사가 있어. 그는 냄새를 풍기지도 않고 소리도 내지 않을 거야. 아마 자기가 사랑하는 정원을 돌보기 위해서 몰래 오겠지." 마침내 정원사의 존재에 대해서 회의적인 탐험가가 단념하면서 말했다. "도대체 자네가 처음에 내세웠던 주장은 어디로 갔나? 자네가 말하는 눈에 보이지도 않고 만져지지도 않고 잘 피해가는 정원사하고 가공의 정원사하고 다를 바가 무엇이며, 정

10 John Wisdom, *Logic and Language*, vol. 1 (Oxford: Blackwell, 1951), chap. 10.

원사가 없는 것하고 다를 바가 무엇인가?"[11]

플루는 종교인들이 자기네 주장이 반증되지 않게 하기 위해서 계속 그 주장을 수정하고 조건을 첨가함으로써 어떠한 반론도 허용하지 않는다고 주장한다.

플루의 추론은 직선적이다. "아버지가 자식을 사랑함과 같이 하나님이 우리를 사랑하신다"라는 종교인들의 말을 들은 우리는 심각한 곤경에 처하거나 질병을 앓게 되면 신의 도움을 기대한다. 그러나 신은 침묵한다. 그러면 종교인들은 "신의 사랑은 인간의 사랑과 다르다"든지 "신의 사랑을 헤아리기가 어렵다"고 제한을 가함으로써, 불행과 고통이 애초의 신학적인 선언과 양립가능할 수 있게 만든다. 이러한 책략에 대응해서 플루는 다음과 같은 핵심적인 의문을 제기한다. "무슨 일이 일어나야 당신은 신의 사랑이나 존재가 반증되었다고 보겠는가?"[12] 만일 애초의 신학적인 서술문을 반증할 사태가 아예 없다면 그 서술문은 참된 발언이 되지 못한다는 것이 그의 논점이다. 그 서술문은 아무것도 말하지 않으며, 어떤 것이 실제로 사실이라는 것을 긍정하지도 부정하지도 않는다. 플루는 종교인들이 수많은 제한 조건들을 첨부함으로써 자기네 주장을 스스로 무력화(無力化)시킨다고 주장한다.

종교 언어에 대한 반증주의적 비판으로 인해 과연 종교적인 주장들이 사실적인 의미를 갖느냐의 여부가 초미의 관심사가 되었다. 의심할 여지없이, 많은 비판가들이 보기에 사실적 의미야말로 유일한 종류의 인지적 의미가 된다. 반증 원리가 본질적으로 그 문제를 정의한다고 보는 철학자들은 두 진영으로 나눠진다. 하나는 종교 언어가 반증될 수 없다고 생각하는 사람들이고, 다른 하나는 종교 언어의 반증가능성이 입증될 수 있다고 보는 사람들이다.

헤어(1919~2002)와 미첼(1917~)은 종교적인 언설(言說)이 대부분의 신앙인들에게 반증 불가능하므로 사실에 대한 직접적인 서술문이 아니라고 주

---

11 Anthony Flew, "Theology and Falsification," in *New Essays in Philosophical Theology*, ed. Anthony Flew and Alasdair MacIntyre (New York: Macmillan, 1955), p. 96.

12 Ibid., p. 99.

장했다. 종교적인 언설과 사실적인 언설을 구분하기 위해 헤어는 전자를 '블릭(blik)'이라고 불렀다. (블릭은 헤어가 만들어낸 말이다.)[13] 종교인은 신이 존재하며 특정한 종교적인 삶의 방식이 옳다는 '블릭'을 가지며, 어느 것도 그 확신을 바꿀 수 없다고 헤어는 말한다. 헤어는 모든 옥스퍼드의 교수들이 자기를 죽이려 한다는 '블릭'을 갖고 있는 정신병자의 비유를 든다. 그 정신병자는 옥스퍼드에서 우호적인 교수들을 아무리 많이 만나더라도 좀처럼 그 믿음을 버리지 않는다. 사실적인 언설의 수준에서는 유지될 수 없기에 반대 사실들에 의해서 뒤집어질 수 없기 마련이라고 헤어는 지적한다. 비록 헤어의 용어법이 종교적인 언설들을 사소한 것으로 만들기 쉽지만, 헤어는 한층 심원한 논점을 제시하고 있다. 그것은 바로 종교적인 언설들이란, 경험적인 관찰에 의해 쉽사리 뒤집어질 수 없는, 세계에 관한 깊이 신봉되는 해석적인 믿음이나 전제들을 표현한다는 점이다. 다른 중요한 주장들—예컨대 인간의 자유 의지나 타자의 마음의 존재에 관한 주장들—도 이런 특징을 공유한다.

미첼은 종교적인 언설들이 곧바로 반증될 수 있지는 않다고 주장한다. 미첼은 어느 레지스탕스 요원의 이야기를 예로 든다. 이 요원은 자기에게 깊은 인상을 남긴 어느 방문객을 만났다. 그 후 "그 방문객은 자기가 레지스탕스 편이라고 그 요원에게 말했다. 심지어 자기가 그들을 지휘하고 있으며, 무슨 일이 일어나더라도 자기를 신뢰하라고 그 요원에게 당부했다. 그 만남 이후로 그 요원은 문제의 방문객의 신실성과 충성심을 확신하게 되었고 그를 신뢰하게 되었다."[14] 그 후 두 사람은 다시는 직접 만나지 못했고, 그 젊은 요원은 그 방문객이 자신의 동지들을 생포하는 장면을 목격했지만, 그는 자기가 만난 방문객의 말을 여전히 확신했다. 미첼이 이 이야기를 통해 지적하는 바는, 다양한 상황에서 믿음이 결정적으로 반증되지 못하는 데에는 신뢰와 위탁(commitment)이 한몫을 한다는 점이다.[15]

이와는 대조적으로 힉(1922~)은 종교적인 주장들의 사실적인 의미를 입

13 R. M. Hare, "Theology and Falsification," in Flew and MacIntyre, eds., *New Essays*, pp. 99–103.
14 Basil Mitchell, "Theology and Falsification," in Flew and MacIntyre, eds., *New Essays*, p. 103.
15 Ibid., p. 104.

증하기 위한 구체적인 검증 조건 및 반증 조건들을 제시하려고 한다. 이를 위해 힉은 같이 길을 걸어가는 두 나그네의 비유를 든다. 이 중 한 사람은 그 길을 계속 걸어가면 거룩한 성에 이른다고 믿는 반면에 다른 사람은 아무리 가봤자 종착점이 없다고 믿는다고 가정하자. 두 사람은 동고동락하면서 함께 여행을 한다. 한 사람은 즐거운 순간들을 천국에서 누릴 기쁨이 예고되는 것으로 해석하고 괴로운 순간들은 자신을 연단하기 위한 장애들이라고 해석하지만, 다른 사람은 그 여행을 목적 없는 방랑으로 여긴다. 여행을 하는 동안에 그 두 나그네 사이의 문제는 실험과 경험적인 관찰에 의해서 결정되는 문제가 아니다. "그러나 마지막 모퉁이를 돌아서기만 하면 그들 중 한 사람은 내내 옳았고 다른 사람은 틀렸었다는 것이 분명해질 것이다. 검증과 반증이 관련되는 것은 바로 이 시점에서다. 그들 사이의 쟁점은 실험에 의해서 결정되는 것은 아니었지만, 그것은 처음부터 실제적인 쟁점이었다."[16] 힉은 검증을 가능케 하는 경험으로서 천국에서의 사회적 존재와 신의 현존에 대한 강한 느낌을 들었다. 그런 경험이 없으면 반증될 것이다.

검증과 반증에 대한 전반적인 관심은, 실제적이거나 가능한 관련 관찰 경험과 서술문이 연결됨으로써 그것의 사실적 의미가 도출되는 데에 있다고 힉은 본다. 그는 종교적인 서술문들이 현세에서의 경험에 의해서가 아니라 내세에서의 가능한 경험에 의해서 사실적인 의미를 갖는다고 여겨질 수 있는 시나리오를 제시한다. 물론 내세가 없다면, 종교적인 서술문들에 대한 검증도 없게 될 것이다. 그런데 힉이 검증과 반증에 입각한 반론의 논리를 기술적으로 만족시켰을지는 모르겠으나, 현재 우리가 경험할 수 없는 내세에서의 실제적인 검증이나 반증이 우리에게 무슨 유익이 되는지는 의심스럽다.

검증 및 반증과 관련된 문제가 종교 언어에 관한 토론에서 더 이상 중심적인 위치에 있지는 않지만, 우리에게 귀중한 교훈들을 많이 제시해준다. 우선 사실이라는 개념이 진지하게 재검토를 받아야 한다. 특히 종교에 관한 한 더 그렇다. 많은 종교인들은 검증적인 분석이나 반증적인 분석으로는 올바르

16 John Hick, "Theology and Verification," *Theology Today* 17 (1960): 260–1. 힉은 그가 제시한 사례를 그의 저서인 *Faith and Knowledge*, 2nd ed. (New York: Macmillan, 1966), chap. 8 에서 발전시키고 있다.

게 이해하기가 어려운 사실적인 차원이 종교 언어에 있다고 생각하는데 이는 정당하다. 핵심적인 신학 명제들은 일정한 우주론적인 주장들을 필연적으로 함축한다. 이 주장들은 물리적인 영역에 관한 주장들보다는 더 복잡하기도 하고 얻기도 더 어렵지만, 그럼에도 불구하고 사물들의 존재 방식에 관한 광범한 진리라고 자칭한다. 예를 들어, "신은 언제나 그의 자녀들과 동행한다"라는 서술문은 "눈에 보이지 않고 영원하고 무소부재하고 전지한 영이 존재하며, 그 영은 그를 신뢰하는 사람들과 대화하고 그들을 인도한다"라는 사실적인 주장을 필연적으로 함축한다. 실증주의를 거부하고 나면, 우리가 어떻게 그런 서술문들의 사실적인 의미를 가장 잘 설명할 수 있을지는 두고 볼 일이다. 두 번째 교훈은, 우리가 의미의 문제와 진리의 문제를 논리실증주의자들처럼 혼동해서는 안 된다는 것이다. 우리의 서술문이 어떻게 의미를 갖느냐는 문제를 해결하기 위해서, 어떻게 그 서술문의 진리를 알게 되느냐는 매우 다른 문제에 대한 해결책에 의존해서는 안 되는 것이다.

종교적 담화의 기능

사실적인 의미의 문제는 지엽적이거나 부적절한 것이라고 주장하는 일부 사상가들은, 종교 언어를 논의하기 위한 틀을 논리실증주의가 설정하게 한 것은 아예 잘못이라고 생각한다. 그들이 보기에 우리가 어떻게 종교적 담화의 사실적 의미를 설명하느냐와는 무관하게 종교적 담화는 다른 중요한 종류의 의미를 갖는다. 이 철학자들은 페레가 '기능적 분석'이라고 부른 것에 주의를 기울였다.[17] 언어의 다양한 측면들을 보라는 비트겐슈타인(Ludwig Wittgenstein, 1889~1951)의 충고를 따라, 그들은 언어의 주요 기능을 몇 가지로 나눈다. 명령적 기능("나에게 그 잔을 가지고 와"), 수행적 기능("나는 이제 당신들을 남편과 아내라고 선언한다"), 의문적 기능("지금 몇 시지?")이 그것이다. 이런 문장들에 대해서 검증 원리를 적용하는 것은 부적절하지만, 그것들은 인간의 언

17 Frederick Ferré, *Language, Logic and God* (New York: Harper, 1961), p. 58.

어 교류에서 완벽하게 잘 작용한다.

종교 언어를 비롯하여 종교적인 맥락에서 사용되는 일상 언어의 다양한 기능들에 관한 새롭고 흥미로운 이론들이 제기되었다. 기능적 분석론자들은 (논리실증주의자들이 서술문을 관찰 가능한 사태에 연결시키려고 했던 것처럼) 언어를 외부 실재에 연결시키는 의미 조건들을 규정하기보다는 사용 중인 종교 언어의 기능을 이해하려고 노력했으며, 종교 언어가 어떠한 종류의 임무를 수행하는지를 알고자 했다. 그들은 언어를 인간들의 항상 가변적인 목적에 순응할 수 있는 복합적인 사회 현상으로 보았다. 그러므로 종교 언어는 독특한 인간의 목적에 이바지하는 것으로 여겨졌다. 비록 종교 언어를 연구하는 기능적 분석론자들이 종교 언어의 기본적인 기능에 대해서는 서로 의견 차이를 보이기는 하지만, 두어 가지 주목할 만한 연구들을 간략하게나마 살펴보면 도움이 될 것이다.

이 접근법의 초기 선도자였던 브레잇웨이트(1900~1990)는 종교적인 발언들이 본질적으로 도덕적인 진술문으로서 기능한다고 주장했다. 종교 언어의 한 가지 특징은, 선한 사마리아인의 이야기라든지 인간에 대한 예수의 사랑의 표현들과 같이 도덕적인 생활 방식을 서술하고 강화하는 이야기들을 담고 있다는 점이다. 이러한 종교적인 이야기들이 사실에 대해 직접 발언하는 것처럼 보이지만, 그 이야기들은 실제로 그 이야기를 말하는 사람이 도덕적으로 살려는 의도를 표현하는 데에 기여한다. 브레잇웨이트에게는 그 이야기들이 참일 필요도 없거니와, 그 이야기들이 주된 목적을 이루기 위해서 참인 것으로 믿어져야 할 필요도 없다. 그는 그 이야기들과 도덕적인 생활 방식 간의 연결을 '심리적이고 인과적인 것'으로 간주한다. 왜냐하면 대부분의 사람들은 자신의 행위와 어떤 이야기를 연결시키면, 일정한 방식으로 행동하는 것이 자연스레 더 쉬워진다고 생각하기 때문이다.[18]

브레잇웨이트의 분석은 종교 언어의 한 가지 중요한 용법을 강조하는데, 그것은 도덕적인 의도를 표현하고 도덕적인 행동을 강화하는 용법이다. 그러

---

18 R. B. Braithwaite, "An Empiricist's View of the Nature of Religious Belief," in *The Existence of God*, ed. John Hick (New York: Macmillan, 1964), pp. 229–52.

나 이런 식의 종교 언어의 기능 이론을 비판하는 사람들은, 이 이론이 종교 언어를 이야기들로 윤색된 도덕 언어로 변형시킨다고 말한다. 이는 종교적인 서술문을 경험적인 사실로 환원시킨 실증주의자들의 오류에 필적하는 환원주의적 오류다.[19] 허드슨(1940~)은 이런 종류의 오류를 종교의 '심층 문법'을 위반한 오류라고 일컫는다. 그는 종교적인 담화가 그 나름대로의 독특한 성격과 기능을 갖는다고 주장했다.[20] 그래서 철학자의 임무는 종교 언어가 어떻게 작용하는지를 밝히고, 인간사에서 그것이 수행하는 정확한 역할을 드러내는 것이라고 한다.

밴 뷰런(1924~1998)은 기독교의 언어를 '언어의 가장자리'에 놓는 해석을 발전시켰다.[21] 비트겐슈타인은 후기에 들어와서 언어를 많은 '언어 놀이(language-game)'로 이루어진, 인간들에게서 나타나는 복잡한 현상이라고 보았다. 언어 놀이 비유는 특정 목적을 성취하기 위해서 사람들이 사용하는 확인 가능한 언어 행동을 가리킨다.

> 명령을 내림, 대상의 현상에 대한 기술, 사건에 대한 사색, 가설의 구성과 검사, 도표와 그림을 통해서 실험의 결과를 제시함, 이야기를 만들고 그것을 읽음, 연기를 함, 돌림 노래를 부름, 수수께끼를 맞춤, 농담하기, 산수 문제 풀기, 부탁함, 감사함, 악담을 함, 인사함, 기도함 등.[22]

비트겐슈타인의 추종자들은 과학의 언어, 낭만과 사랑의 언어, 윤리 언

---

19 또 다른 오류들은 다음과 같다. 첫째로 그 이론은 객관적인 규범("살인은 나쁘다")에 대한 서술문을 주관적인 의도("나는 결코 다른 사람을 죽이지 않겠다")를 표현하는 서술문으로 바꾸는 부적합한 윤리 언어 이론을 처음부터 전제하고 있다. 따라서 우리가 따르려고 의도하는 어떠한 행위 과정도 **도덕적**이게 되는데, 이는 우리의 상식적인 도덕 경험과 상치되는 결과다. 둘째로 브레잇웨이트는 매우 다른 논리적인 유형의 종교적인 이야기들을 뒤섞고 있다. 이를테면 어떤 이야기들은 예수의 삶에 대해서 역사적으로 서술하고 다른 이야기들은 비유적으로 서술된 것들인데 이들을 혼용해서 사용하고 있다. 그래서 브레잇웨이트는 기독교의 이야기들의 용법에 있는 많은 미묘한 차이들을 간과한다. 셋째로 종교인들이 자신의 다양한 발언과 이야기의 기능과 의미로 이해한 것을 브레잇웨이트는 전적으로 무시하고 있다.

20 W. Donald Hudson, *Ludwig Wittgenstein* (Richmond: John Knox Press, 1968), p. 62.

21 Paul van Buren, *The Edges of Language* (New York: Macmillan, 1972).

22 Ludwig Wittgenstein, *Philosophical Investigations*, trans. G. E. M. Anscombe (New York: Macmillan, 1953), sec.23 (p. 11e).

어, 종교 언어 등에 관해서 말하기 시작했다. 이들 상이한 언어 행위나 언어 놀이들은 인간의 언어 영역에서 일정한 위치를 점한다. 각각의 언어 놀이에는 낱말들이 그 영역 안에서 어떻게 기능하는지를 규정하는 규칙이나 사회적인 이해가 들어 있다. 예를 들어 '딱딱한' 이라는 낱말의 경우, 우리가 물리학에서 고체에 대해 말할 때와 윤리학 분야에서 사람의 엄격한 성격을 말할 때, 그 의미하는 바가 서로 다르다. 물론 이러한 언어 놀이의 규칙들은 책에 씌어 있지 않고 관련된 언어 공동체의 구성원들이 다소 무의식적으로 준수한다. 그래서 철학자들은 이 규칙들을 드러내야 한다고 비트겐슈타인은 보았다.

밴 뷰런은 언어의 지도(地圖)에서 기독교의 언어가 놓이는 자리는, 오해가 전혀 발생하지 않는 '명확하고 규칙이 지배하는 중심' 에서 멀리 떨어진 곳이라고 말한다. 그는 말장난이나 시, 역설을 기독교의 언어와 강한 공통성을 갖는 언어 행위라고 간주한다. 이 언어 행위들은 우리가 언어를 가지고 정상적으로 말할 수 있는 것보다 더 많은 것을 말하려고 하고, 그 언어 행위에서 사용되는 낱말들의 용법이 일상적인 용법을 넘어서서 거의 무의미에 가까워진다는 공통점을 갖는다. "문이 열려 있을 때는 문은 문이 아니다" 와 같은 말장난의 경우라든가 "밤하늘의 별들보다 더 영롱한 당신의 눈망울" 과 같은 시구를 생각해보면 이 언어 행위들이 얼마나 정상적인 언어 영역을 넘어서 있는지 알 수 있다.

밴 뷰런에 따르면, 현대의 유물론적인 서구 문화는 우리에게 과학, 경제학, 역사, 상식과 같이 안전하고 중심적인 언어 영역 안에서 우리가 언어 행위를 수행하도록 압력을 가한다. 그러나 언어의 중심 영역 안에 사는 것은 풍부한 표현을 상실하고, 일정한 세계 내의 존재 방식을 포기하는 것과 같다. 그래서 밴 뷰런은 종교 언어가 인간성의 여러 면 중에서 특정 면을 표현하는 역할을 수행한다고 보았다. 기독교인들은 언어의 세속적인 중심 영역에 머무는 것을 거부하고 일상적인 담화나 과학적인 담화에서 말해질 수 있는 것보다 더 많이 우리 자신과 세계에 관해서 말하려 한다고 밴 뷰런은 지적한다. 기독교의 '가장자리 담화(edge-talk)' 의 예로서 "하나님이 예수를 죽은 자들 가운데서 일으키셨다" 와 같은 발언을 들 수 있는데 이 문장을 역사적인 사실에 대한 진술로 간주하는 것은 오해라고 한다. 그것은 예수와 그의 지속적인 영향력을 말할 때 언어를 극한까지 몰고 가는 신앙적인 진술이며, 이 진술이 기독교인들한테 발휘하는 기능은 역사가들에 대한 기능과는 매우 다르다고 본다.[23] '인격적이지만 인간은 아닌' 신에 대한 담화와 '영적인 몸'에 대한 담화는 기독교의 가장자리 담화의 사례들이다.

기능적 분석에 관여하는 사람들은 종교 언어의 매우 상이하고 다양한 용법들을 드러내는 데에 일익을 담당했다. 비트겐슈타인처럼 그들은 목록을 만들어서 종교 언어의 다양한 용법을 보여주었다. 즉 기도와 간구, 찬양, 위로, 권면, 신앙의 확신 등에 사용된다는 점을 예시했다. 그러나 다른 기능적 분석가들과 함께 밴 뷰런도 신앙이 외적인 비판에서 면제되어 있다고 하는 신앙주의(4장에서 논의된 관점)에 빠질 위험을 감수한다.[24] 종교 언어가 그 나름대로의 독특한 성격과 기능을 가지고 있기 때문에, 다른 언어 영역에서 일어나는 종류의 물음과 언어적 절차에 구애되지 않는다는 결론이 나온다. 우리는 이런 입장을 언어적 신앙주의라고 부를 수 있을 것이다.

밴 뷰런에 따르면, '신'이라는 낱말이 누군가를 또는 어떤 사물을 명명하는지, 즉 어떤 대상이 그 이름을 갖는지, 또는 그 낱말이 실재의 어떤 것을 지칭하는지를 묻는 것은 전적으로 부적절하다. 물론 그런 물음은 대상을 명명하는 기법이 포함되는 사실 중심적 언어 행위나 물리학과 같은 영역에는 적합하다. 그러나 종교는 자기네가 쓰는 가장 근본적인 용어—'신'이라는 말처럼, 종교 담화 영역 전체를 구성하고 지배하는 용어—가 명명과 지칭이 주요 기법이 되는 타 분야의 규칙에 따라 쓰여질 수 있는지를 물을 수 없다.[25] 하지만 이런 식으로 종교 공동체 내의 종교 언어의 기능에만 초점을 맞추게 되면 종교 언어의 정보적인 차원이 간과된다. 이것은 마치 기능적 분석가들이 종교 언어가 인지적으로 무의미하다는 논리실증주의자들의 비판에 항복하고서 종교 언어가 유의미할 수 있는 길을 다른 곳, 즉 기능적 유의미성에서 찾는 것과 같다.

---

23 Van Buren, *Edges of Language*, p. 157.

24 신앙주의에 대한 충분한 논의를 위해서는 3장을 참조하라.

25 Van Buren, *Edges of Language*, p. 134, p. 137. "'신'이라는 낱말은, 종교인이 자신의 관심 대상에 관해서 말할 수 있는 바의 최종적인 한계에 직면하는 지점을 나타낸다." (p. 135)

밴 뷰런을 비롯한 비트겐슈타인 추종자들은 인간의 삶의 모든 영역과 언어가 밀접하게 연결되어 있는 사실에 주목하게 했으며, 인간의 본성 대부분이 언어적인 생물이라는 사실과 밀접히 연결되어 있다는 점을 주지시켰다. 그러나 과학과 일상적인 담화만이 중심적인 언어 관행이라고 전제해야만(이것은 논리실증주의에 대해서 항복하는 것이다) 밴 뷰런은 종교를 언어의 '가장자리'에 놓는 것을 정당화할 수 있다. 이보다 좀더 적절한 해석법은, 엄밀성이나 과학과의 사실적 의사소통의 문제를 포기할 필요 없이 과학처럼 종교 언어도 그 나름대로의 고유한 엄밀성과 표현가능성의 기준을 가질 수 있다고 보는 것이다.

더욱이 밴 뷰런은 종교 언어의 복합적인 구조가 형이상학적, 윤리적, 역사적 진술들—종교인들이 이런 진술을 할 때에는 단지 형이상학적, 윤리적, 역사적 발언을 하려고 할 뿐이다—을 포함한다는 점을 간과한 것 같다. 밴 뷰런은 종교 언어를 세계에 대한 독특한 관점을 표현하는 행위로 환원시킴으로써, 그는 종교인들이 신이라고 믿는 궁극적 실재에 관해서 우리의 언어로 말할 수 있느냐는 더욱 근본적인 물음을 미해결 상태로 남겨놓았다. 아퀴나스와 같은 전통적인 사상가들은 밴 뷰런의 접근법이(브레잇웨이트나 기능적 분석론자들의 접근법처럼) 일상적인 종교인들이 말하는 바를 진지하게 고려하지 못한다고 말할 것 같다. 종교인들은 자기네가 신학적인 교훈이나 담화의 사실적인 진리를 발언한다고 생각거나, 적어도 그런 사실적인 진리들을 전제하는 예배의식이나 여타의 종교적인 행동들에 관여한다고 생각한다.

상징으로서의 종교 언어

많은 철학자들이 검증주의적 분석에 만족하지 못하듯이 기능적 분석에 대해서도 불만스러워한다. 검증주의적 분석은 종교적 담화에 대해서 인지적인 의미를 부인하며, 기능적 분석은 기본적으로 종교적 담화의 비인지적인 용법을 찾으려고 시도한다. 이제 대부분의 현대 철학자들은 종교 언어가 정당한 인지적 의미를 가지고 있다는 것을 인정하지만, 그들 중 많은 사람들이 종교 언어의 의미가 축자적(逐字的)일 수 없다고 생각한다. 신에 대해서 축자적으로 말할 수 없다는 것은 현대 신학자들의 근본적인 가정이기도 하다. 철학자들과 신학자들은 우리가 피조물들에 관해서 말하는 것처럼 신에 관해서도 말할 수 있다고 하는 신인동형론으로 빠지는 것을 우려한다. 신인동형론을 피하기 위한 전통적인 유비론에 만족하지 못한 현대 사상가들은 축자적이지 않은 많은 해석들을 발전시켰다. 종교적인 담화의 본질적인 양식으로서 어떤 사람들은 신학적인 '모델'들에 대해서, 어떤 이들은 '이야기'에 대해서, 다른 이들은 '은유'에 대해서, 또 다른 이들은 '비유'에 대해서 말한다.[26]

신학자인 틸리히는 신에 대한 담화가 상징적이라는 입장을 표방한 것으로 유명하다. 다른 많은 사람들과 마찬가지로 틸리히는 "여호와께서 선지자들에게 말씀하셨다"라든지 "주는 나의 목자이십니다"와 같은 서술문들이 축자적으로 해석될 수 없는 것으로 흔히 여겨졌다는 점을 인정한다. 신은 성대를 통해 공기를 내뿜음으로써 실제로 '말하는' 것은 아니며, 우리가 '목자'라는 말을 축자적으로 이해하는 의미에서의 목자는 아니다. 물론 일상 언어에서 넓게 상징적으로 말하는 경우가 많다. 우리가 "주전자의 주둥이"라든지 "장군 앞에 선 졸병이 얼어붙었다"라고 일상적인 담화에서 말할 때, 그런 상징적이거나 은유적인 표현은 문자 그대로 받아들여질 수 있다. 물이 흘러나오는 입구를 주전자가 가지고 있다는 점에서 주전자가 '주둥이'를 가지고 있는 것이라고 우리는 설명할 수 있다. 또 졸병이 꼼짝도 못하고 경직되었다는 뜻이라고 '얼어붙었다' 라는 표현을 설명할 수 있다.

이런 문장들은 모두가 술어적 서술들(predications)—주어에 속성, 관계, 활동을 귀속시키는 문장—이다. 일상적인 상징적 서술문들은 축자적으로 해

---

26 모델에 대해서는 Ian T. Ramsey, "Talking about God," *Myth and Symbol*, F. W. Dillistone (London: SPCK, 1966), pp. 76-97과 James Kellenberger, *Religious Discovery, Faith, and Knowledge* (Englewood Cliffs: Prentice-Hall, 1972), chap. 3을 참조하라. 이야기에 대해서는 Alasdair MacIntyre, "The Logical Status of Religious Belief," *Metaphysical Beliefs*, 2nd ed. (London: SCM Press, 1970), pp. 158-201과 Ian Crombie, "The Possibility of Theological Statements," in *Faith and Logic*, ed. B. Mitchell (London: George Allen and Unwin, 1957), p. 60을 참조하라. 은유에 대해서는 Paul Ricœur, "Biblical Hermeneutics," in *Semeia* 4, ed. J. D. Crossan (Missoula: Scholars Press, 1975): 29-148을 참조하라. 비유에 대해서는 Ronald Hepburn, *Christianity and Paradox* (London: C. A. Watts, 1958), pp. 192-204를 참조하라.

석될 수 있는 반면에 신학적인 서술문들은 그럴 수 없다고 틸리히가 주장하는 이유는 무엇일까? 틸리히에 따르면, 신이 술어적 서술의 주어가 될 때 그에게 귀속된 모든 속성, 관계, 활동 등은 상징적이어야 하는데 그 이유는 신은 초월적이고, 무한하고, 창조된 존재 구조에 구애받지 않기 때문이다. 신은 우리가 알고 있는 어떠한 것과도 현격히 다르다는 것을 강조하기 위해 틸리히는 신을 '전적으로 다른 존재'라고 부른다.[27] 틸리히는 신이 하나의 존재에 지나지 않는 것이 아니라 '존재의 근거'가 된다고 말한다.[28] 따라서 신에 관해서 문자 그대로 말하려는 시도는 금지된다. 왜냐하면 그럴 경우 신은 여러 개의 존재자들 중에서 단지 하나의 별개의 존재자로 취급되기 때문이다. 즉 그렇게 말하는 것은 신이 특정한 종류의 존재자이며, 일정한 속성들을 가지고, 일정한 행위를 수행한다고 잘못 가정하는 것이다. 이것은 곧 신의 궁극성을 침해하는 것이다. 틸리히에게 신은 그 모든 것을 '넘어서' 있다. 따라서 상징적인 서술문들이 신에 관해서 말하는 것이 무엇인지를 축자적으로 명시한다는 것은 전적으로 불가능해진다. 우리의 언어에 있는 술어들을 가지고 신을 묘사할 수 없기 때문에 축자적인 의미로 신에 관해 말할 수는 없다. 따라서 우리는 어떤 속성에 관해서 신이 그것을 가지고 있다거나, 특정 주장이 옳기 위한 필요충분조건은 바로 신이 실제로 그 속성을 갖는 것이라고 말할 수 없다. 축자적인 진위에 대한 물음은 논점에서 벗어나 있다.

틸리히는 종교적인 상징이 축자적으로 해석될 수는 없지만 계시의 한 방편이 될 수 있다고 생각한다. 즉 우리의 '궁극적 관심'에 초점을 맞추는 수단이요, 신을 만나는 기회가 된다는 것이다. 틸리히는 '기호(sign)'와 '상징(symbol)'은 그 자신을 넘어서서 다른 어떤 것을 가리킨다고 설명한다. 교차로 신호등의 붉은 불빛과 같은 기호는 그 자체가 아니라 자동차 정지의 필요성을 가리킨다. 상징도 마찬가지로 그것을 넘어선 무언가를 가리킨다. 틸리히는 다음과 같이 설명한다.

---

27 이런 종류의 접근법을 취하는 사상가들로, 틸리히를 비롯해서 바르트(Karl Barth), 맥쿼리(John Macquarrie), 부르너(Emile Bruner), 오토(Rudolph Otto)를 들 수 있다.

28 이것은 틸리히의 다음 저서들을 관통하는 주제다. *Systematic Theology* (Chicago: University of Chicago Press, 1951-1963)와 *The Dynamics of Faith* (New York: Harper & Row, 1957).

> 기호와 상징의 근본적인 차이는, 기호가 그것이 가리키는 실재와 실재의 힘에 어떠한 식으로도 관여하지 않는 반면에, 상징은 비록 상징되는 대상과 동일하지는 않더라도 그것의 의미와 힘에 관여한다는 데에 있다. 상징과 기호의 차이는 그 상징의 성격을 규정하는 상징화된 실재에 관여한다는 것과, 기호의 성격을 규정하는 '지시된' 실재에 관여하지 않는다는 것의 차이이다. 예를 들자면, 알파벳의 철자가 씌어질 때 'A'나 'R'과 같은 문자는 그것들이 가리키는 음(音)에 관여하지 않는다. 반면에 깃발은 그것이 나타내고 상징화하는 왕이나 국가의 힘에 관여한다.[29]

틸리히에게는 모든 상징이 비상징적 언어가 부적합해지는 실재(實在)의 수준을 열어놓는다. 예를 들어, 예술적인 상징들—시, 시각 예술, 음악—은 다른 어떤 방식으로도 열릴 수 없는 수준의 실재를 열어놓는다.

실재의 가장 깊은 수준을 열 때에 종교적 상징들은 실제로 인간 영혼에서 경험의 가장 깊은 차원을 열어놓는다. 사회 집단이나 전통들 간의 집합적 의식에서 나타난 종교적 상징들은 궁극적 실재의 차원—이것은 신의 차원이다—에 관여한다. 하지만 신은 자신의 모든 구체적인 상징을 초월한다. 종교의 역사 내내 시공간상의 다양한 자료는 어느 시점에서 신의 상징이 된다. 틸리히에 따르면, 종교의 역사를 이해하기 위한 열쇠는 종교를 존재의 궁극적 근거에 기초한 상징들(로터스의 열매, 별, 십자가 등이 그 예다)을 사용하는 것으로 보는 것이다. 그리고 이렇게 안 보면, 종교의 역사는 혼란스러워 보일 것이라고 틸리히는 말한다. 종교적 상징들이 갖는 엄청난 힘과 완고함은 그 상징들이 그것의 궁극적 근거와 의미에 대한 관계를 인간의 마음에 새긴다는 사실에 의해 설명된다.

신학 언어에 대해서 틸리히는 그 언어 덕분에 우리가 궁극적 실재에 대한 경험을 매개하는 것으로 향할 수 있게 된다는 입장을 취한다. 기독교인들이 "신이 세상을 구원하러 자기 아들을 보냈다"라고 말할 때 틸리히는 그들이 상

---

29 Paul Tillich, "The Nature of Religious Language," *Christian Scholar* 38 (1955): 189-97. (이 글은 PRSR3e, pt. 9, pp. 435-41에 재수록되어 있다.)

징적으로 말한다고 본다. 이런 문장을 축자적으로 받아들이는 것은 터무니없는 일이라고 틸리히는 주장한다. 하지만 우리는 여전히 그 상징의 영향을 받을 수 있다. 예를 들어, 우리는 어떤 것을 한 장소에서 다른 장소로 옮기거나 보내는 것이 무엇인지를 안다. 우리는 아들에 관한 담화가 아버지에 관한 담화를 함축하며, 정다운 부자 관계에 대한 풍부하고 긍정적인 이미지를 가져야 그런 담화를 할 수 있다는 것을 안다. 우리는 '세상'이라는 말의 기본적인 의미가 '모든 사람'이라는 것을 안다. 그래서 신의 사랑이 그의 아들을 통해 모든 사람에게 확대되는 것을 그려볼 수 있다. 이 모든 것으로 인하여 우리는 그 상징의 힘에 민감해진다.

종교 언어의 상징성에 대한 틸리히의 입장은 현대의 토론 마당에서 고전이 되었다. 그의 견해는 중요하고도 흥미롭지만, 그것이 일관성 있게 주장될 수 있을지는 의문이다. 틸리히 자신은 종교(특히 기독교)적 상징들의 의미를 '해석'하라고 우리에게 요구한다. 이것은 신학적인 담화에 대해 좀더 확정된 명제적 내용을 부여하려는 시도에 지나지 않는다. 공식적으로 상징론을 표방하는 다른 사람들도 상징들에서 (이론적이고 실천적인) '함축들을 이끌어내는 것'에 대해 말한다. 하지만 신에 관한 상징들이 '함축하는 바'가 있다는 생각은 축자적인 언설(言說)에 적합한 온갖 종류의 논리적 관계에 스며들어 있다. 범상징주의자들(pansymbolists)마저도 신에 관한 축자적인 담화 쪽으로 기울어지는 강한 경향으로 인해 우리는 과연 축자적인 방식으로 신에 관해 말하는 것을 피할 수 있을까 하는 의문을 갖게 된다. 비축자적인 이론들이 피하려고 하는, 우리의 종교 언어에 내재하는 위험한 함정들을 피하려고 할 때나, 우리가 신에 관해 실제로 어떻게 말할 수 있는지에 대한 긍정적인 설명을 발전시킬 때, 공히 곤란한 문제들이 발생한다. 페미니스트 사상가들은 엄격한 축자주의를 배격하면서 그들 나름대로 독특한 관점을 제시한다.

페미니즘과 남성적 신 담화

페미니스트 신학자들에 따르면, 우리는 더 이상 종교 언어에 대한 상징적 분석이 전제하는 세계에 대한 상징적인 이해를 가지고 있지 않기 때문에 더 이상 그런 상징적 분석에 의존할 수 없다. 우리 시대의 불화, 유물론, 회의주의로 인해, 더 이상 세속적인 것과 신성한 것이 연속성을 가짐으로써 전자가 후자를 의미할 수 있다고 보기가 어려워졌다. 그럼에도 불구하고 불행히도 종교 언어는 전통적인 표현들을 가지고 있고, 그 표현들은 원래의 문맥과는 무관하게 축자화되고 절대화된다.

전통적인 서양 종교 언어에 대한 페미니즘적 비판의 핵심은 '하나님 아버지'라는 표현이다. 역사적으로 가부장적 사회에서 아버지의 이미지가 신을 이해하기 위한 유일한 방식으로 여겨졌고, 신에 대한 다른 유한한 상들을 배제할 만큼 지배적이었다. 페미니스트들은 '가부장 제도'가 우리의 세계를 해석하고 우리의 활동들을 배열하기 위한 모델이 되었다고 지적한다. 과학 철학자들에 따르면, 덜 익숙한 것에 관한 우리의 생각들을 더 익숙한 것에 의해서 정리하는 것을 돕는 격자나 체, 여과기의 역할을 하는 것이 모델이다. 가부장적 모델은 신의 본성뿐만 아니라 신에 대한 우리의 관계와 우리 상호 간의 관계에 관해서 말해준다. 그래서 '가부장 제도'는 서양 종교에서 남성으로서의 신과 상호 연결된 상들—왕, 아버지, 신랑, 주인, 지도자—의 집합일 뿐만 아니라, 국가, 교회, 상업, 가정 수준에서 서구적인 생활양식이자 지배 패턴이기도 하다.

페미니스트 신학자들은 종교에 대한 가부장적 모델은 우상 숭배와 현대성의 결여라는 두 가지 위험 요소를 갖는다고 경고한다. 아버지의 이미지가 갖는 우상 숭배적 요소에 맞서기 위해 페미니스트 종교 사상가들은 우리의 낱말들이 신에 관해 얼마나 많이 말할 수 있는지에 대해서 과신해서는 안 된다고 주의를 준다. 예를 들어, 페미니스트 신학자들은 종교의 부정어법적 전통(apophatic tradition)에서는 신은 그 자신이 해당되지 않는 것에 의해서만 일컬어질 수 있다고 주장한다. 이런 주장을 암시하는 단서들은 종교 문헌에서 찾아볼 수 있다. 하나님은 모세에게 자신을 드러낼 때 이름이 붙여질 수 없는 유일한 존재("나는 스스로 있는 자니라")라고 자칭했다. 아우구스티누스는 하나님은 중요한 의미에서 형언할 수 없는 존재라고 했다. 안셀무스는 "그분보다 더 위대한 존재를 생각할 수 없는 존재"라고 정의했다. 베이유는 자기가 "하나님"이라고 말할 때 자기가 생각할 수 있는 것과 닮은 존재는 하나도 없다고 말했다.[30] 진정으로 독실한 종교 사상에서는 무한 존재와 그 무한 존재를 가리킬 때 우리가 사용하는 말들 사이에 간격을 인식하는 것이 건전하다고 본다. 이 쟁점에 대해서 페미니스트 신학자들은 신은 실제로 물리적인 존재도 아니요, 남성도 아니요, 여성적이기보다 남성적이라고 봐야 할 이유도 없다고 주장한다. 따라서 신의 남성적인 상을 축자적으로 해석할 어떠한 근거도 없게 된다.

가부장적 모델이 갖는 또 다른 문제는 다수의 여성뿐만 아니라 제3세계 국민과 소수 인종에 대해 가부장적 모델이 부적합하다는 점이다. 페미니스트 사상가들에 따르면, 이것은 일반적인 가부장적 모델이 묘사하는 세계와, 유색 인종으로서 서양인이 아닌 여성들의 경험이 일치하지 않는 광범한 현상이다. 모든 영역에서 백인 남성의 권력과 특권이 지배하는 서열적인 세계—이것은 일신교가 지배하는 세계관이다—는 그 서열에서 하위에 있는 사람들에게 억압적이다. 댈리(Mary Daly, 1933~)는 수천 년 넘도록 세계의 종교들이 여성을 혐오의 대상으로 만들고 하찮고 무력한 존재로 취급해왔다는 것이 입증되었다고 말한다.

류터(1936~)는 여성에 대한 종교의 적합성을 회복하려고 시도했다. 류터는 고대 유대인들 사이에서 발현했고 유대교와 기독교와 이슬람교에서 표출된 역사상의 일신론은 고대 근동의 초기 종교 의식에서 현격하게 멀어졌다고 주장한다. 류터는 다음과 같이 말한다. "남성적 일신론은 남성 지배 계급이 주변 현실과의 관계 속에서 심리문화적인 변혁을 일으키는 수단이 되었다."[31] 이 서열은 마치 우주적 원리로서 일신론에 본질적인 것인 양 신성시되었다. 그리하여 남성성(maleness)은 신의 최상의 상징이 되었다. 그러나 일신론보다 훨씬 더 오래되었고 일신론에게 자리를 뺏긴 다신교들은 짝을 이룬 남신(男神)과 여신(女神)의 영역을 하나의 물리적이고 영적인 실재계(實在界) 안에서 실제로 그려보았고, 신에 대한 남성적 이미지와 여성적 이미지를 모두 인정했

30 출애굽기 3장; Augustine, *The Confessions*; Anselm, "Proslogium"; Simone Weil, "Waiting for God."
31 Rosemary Ruether, in PRSR3e, p. 442.

다. 신을 서술하는 언어에서 나타나는 남성적 독점을 수정하기 위해서, 류터는 양성의 이미지와 경험들에 의존하는 포괄적인 언어를 사용해서 신을 서술할 것을 제안한다.

류터를 비롯한 페미니스트 신학자들은 기독교 전통 안팎에서 신에 대한 포괄적인 언어를 사용한 역사적인 전례들이 있다는 점을 지적한다. 성경에는 명백한 남성적인 표현들뿐만 아니라 일련의 여성적인 이미지들도 들어 있다. 이사야서에서 "이제 해산하는 여자처럼 내가 울부짖노라, 헐떡이노라, 숨이 차도다"라는 표현을 찾아볼 수 있다. 분명히 여기서 이스라엘을 구속(救贖)하고자 하는 신의 노력을 해산의 진통을 겪는 여자의 노력에 비유하고 있다. 14세기 로마 가톨릭 사상가인 노리치의 줄리안은, "하나님이 우리의 아버지인 것 못지않게 하나님은 진실로 우리의 어머니다"라고 적었다.[32] 캘빈은 신이 유대인들에게 아버지이자 어머니로서 자신을 현시했다고 주장한 또 다른 인물이다.[33] 또한 페미니스트 신학자들은 기독교 전통 밖에서 신에 대한 여성상을 더 찾아내서 인용한다. 고대 근동 지역의 종교에서는 여신에게 긍정적인 성질들이 부여되는 사례를 쉽게 찾을 수 있다. 신의 여성적인 면모는 종속적이지 않거니와 평가절하되지도 않는다. 류터가 보기에 (여)신은 남성적 은유뿐만 아니라 여성적 은유를 통해서도 표현되어야 한다. 카머디(1935~)는 여신에 대해 더욱 초점을 집중시키는 동양 및 부족 종교 체계를 이해하기 위해 '여신학(thealogy)'이라는 새로운 신학을 제안하기도 한다.[34]

종교에서 페미니스트 프로그램이 종교 언어에 대한 신중한 이론을 요구한다는 점을 깨달은 맥페이그(1933~)는 은유의 엄청난 힘을 강조한다. 그녀는 신을 남성적으로 묘사하려는 남성 우월주의적인 유비 이론이나 언어적 상징주의의 위험을 감수하는 대신에 '은유적 신학' 프로그램을 받아들이자고 제

---

32 Julian of Norwich, *Showings*, trans. Edmund Colledge, OSA, and James Walsh, SJ (New York: Paulist Press, 1978), p. 295.

33 John Calvin, *Commentary on the Book of the Prophet Isaiah*, trans. William Pringle, 4 vols. (Grand Rapids: William B. Eerdmans, 1948), 3:326-37.

34 Denise Lardner Carmody, *Feminism and Christianity: A Two-Way Reflection* (Nashville: Abingdon, 1982), p. 23.

안한다. 신에 대해 말하는 것은 은유적으로 말하는 것이라고 맥페이그는 주장한다. 물론 은유는 하나의 대상이 마치 다른 대상인 것처럼 말하는 화법이다. 어떤 것을 다른 것으로서 보는 것이다. 은유적으로 생각하는 것은, 두 개의 다른 대상이나 사건 간의 유사성을 포착하고서 더 잘 알려진 것을 사용해서 덜 알려진 것에 관해 말하는 것을 뜻한다. 은유적 신학이 추구하는 사항들은 다음과 같다. 다양한 근본적인 은유들이 종교에서 어떻게 모델들을 만들어가는지를 이해한다. (신에 대한 남성적 담화를 포함한) 축자화된 모델들을 비판한다. 은유, 모델, 개념들 간의 관계를 그려나간다. 변화시키는 힘이 있는 혁명적인 모델들의 가능성을 탐구한다. 신성한 대상들을 지칭하는 상징적인 담화와는 달리, 은유적인 담화는 일상적인 대상에 관한 일상적인 용어들을 사용해서 우리의 현대적인 감성과 연결된다.

맥페이그는 최근 저서인 『신의 모델들』에서 신은 우리를 훨씬 넘어서 있어서 우리는 신의 본성을 실제로 모른다고 주장한다. 그러므로 우리 인간은 본질적으로 우리의 인간적인 경험에 비추어서 신에 대한 우리의 언어를 투사한다. 엄밀히 말해서 무한과 유한 사이의 거리로 인하여 신에 대한 모든 담화는 단지 남성적 언어뿐만 아니라 가언적인 형태—신은 마치 이것인 것 같지만 그렇지 않을 수도 있다는 식—로 표현된다. 그녀는 특히 '아버지'가 전통적으로 신에 대한 모델이 되어온 것처럼 '어머니'와 '친구'의 은유들을 신에 대한 모델로 제안한다.[35] 제안된 페미니스트 모델들은 신적 초월보다는 신적 내재성을, 권위보다는 양육을, 통제보다는 관계의 속성들을 강조한다.[36]

종교 언어에 대한 페미니스트의 제안은 예상대로 격론을 불러일으켰다. 예를 들어, 전통적인 기독교의 유신론자들은 고전적인 신학에서 신을 남성적인 존재로 본 적이 없으며 언제나 신을 무한한 인격적 영혼으로 보았다고 주장한다. 이에 대해 페미니스트들은 가부장적 사회에서 신에 대한 남성적인 은유들만이 정당화됨으로써 가부장적 사회 구조가 재강화되고 신성시되었다고

35 Sallie McFague, *Metaphorical Theology: Models of God in Religious Language* (Philadelphia: Fortress Press, 1982).

36 McFague, p. 21.

반박한다. 또 다른 논점은 종교 언어에 대한 페미니스트적인 접근법이 신에 대한 우리의 지식에 관해서 상당한 정도의 불가지론을 함축하지 않느냐는 점이다. 신에 대한 남성적 담화가 갖는 특권적인 지위를 제거하기 위해서 페미니스트들은 인간과 신 사이의 형이상학적인 간격을 강조한다. 하지만 그들의 강조가 지나치다 보니 우리가 신의 고유한 본성에 대해 실제로 알 수 없다거나 선택된 은유를 통해 매개되지 않는 것이라고는 없다고 페미니스트들은 흔히 결론 내린다. 페미니스트의 입장을 비판하는 사람들은 이로 인해 그 논점이 상대화되어서 신에 대한 인간의 은유를 선택하는 것에 관한 문제가 되고, 그것은 일종의 자기 투사나 집단 투사가 되어버린다고 지적한다. 여자는 남자와 다른 방식으로 신을 경험한다—성(性)에 특유한 인식 방식이 있다—는 페미니스트의 주장은 이 문제와 연결되어 있다. 그리하여 그들은 여자는 여자로서의 독특한 경험을 반영하는 은유들을 선택해서 신을 묘사해야 한다는 분명한 결론에 도달한다. 물론 가부장적 모델들이 유색 인종의 비(非)서양인들과 관련이 없다는 비판을 논리적으로 확대하면 인종 특유의 인식 방식이 있다는 더 넓은 결론을 지지한다. 종교 언어에 대한 페미니스트 문헌에서는 이러한 입장이 받아들여지고 신성에 대한 다양한 이미지를 인정할 필요가 있다는 주장을 피력한다. 확실히 성 특유의 인식 방식과 인종 특유의 인식 방식—이것들은 통약할 수 없다(incommensurable)—이 있다는 주장은 인식론적인 입장으로서 더 평가될 필요가 있지만 그 논의는 현재의 연구를 넘어서 있다. 여전히 논쟁거리로 남는 것은 축자적 담화의 성격, 즉 신에 대한 축자적인 담화 가능성을 우리가 평가할 수 있느냐는 점이다.

신에 대한 담화는 축자적일 수 있는가?

신에 대한 담화가 축자적일 수 없다고 주장하는 사상가들에 대항해서 얼스턴(1921~)은 그것이 어떻게 축자적일 수 있는지를 보여주는 정교한 이론을 제시한다. 그는 우리의 언어 형식과 그것이 표현하는 실재를 우선적으로 구분한다.[37] 얼스턴은 인간의 언어가 신에 관해 말하기에는 결함이 있다고 본다. 그 이유는 주어-술어 구조가 대상과 그것의 속성들 간의 구분을 전제로 하는 반면에 신의 본질에는 그런 구분이 없다고 고전 철학에서 주장하기 때문이다. 그래서 술어('사랑한다')가 속성을 주어('테레사 수녀')에 귀속시킬 때, 문장의 주어-술어 구조는 테레사 수녀와 그의 사랑을 구분할 것을 전제한다. 그런데 신의 경우에는 그런 구분이 없음에도 불구하고 우리는 신과 신의 사랑에 대해 말할 때 주어-술어를 구분하는 언어를 사용해야 한다. 그러므로 우리의 언어에 반영된 개념적 틀은 신적인 실재를 충분히 포착할 수 없다고 얼스턴은 주장한다.[38]

그러나 우리의 주어-술어 언어가 갖는 한계로 인해 모든 술어를 신에게 축자적으로 적용하는 것을 배제할 필요는 없다고 얼스턴은 주장한다. 우리 인간의 용어들이 신에 관해 말하는 데에 결함이 없을 가능성은 여전히 남아 있다. 즉 우리의 용어들의 의도된 목표가 되는 진정한 실재가 있을 수 있다. 우리는 전형적으로 사랑이나 지식, 능력, 행위와 같은 개념들을 사람들에게 축자적으로 적용한다. 인간은 피조적인 특징들—유한성, 덧없음, 구체화—을 갖는다. 그러나 얼스턴은 사랑, 지식, 능력, 행위 등의 개념들이 피조적인 조건들을 반드시 포함할 필요는 없다고 주장한다. 따라서 그는 이런 개념들이 갖는 의미의 핵심이 신에게 축자적으로 귀속될 수 있다고 생각한다.

얼스턴은 특정 범주의 술어에 초점을 맞추는데,[39] 그 술어를 **인격적 술어**(personalistic predicate)라고 부른다.

인격적 술어는 집단적으로 '인격적 행위자'—지식이나 믿음에 비추어 행동하

---

37 얼스턴은 동일한 논점을 제시하기 위해 좀더 고전적인 중세 언어를 사용했다. 중세 사상가들은 **의미의 양식**(우리의 언어 형식)과 **표현된 완전**(우리가 말하는 실재)의 구분에 대해서 말했다. 여기서 '완전'은 '속성'이나 '성질'과 동의어다. William Alston, "Being-Itself and Talk about God," *Center Journal* 3 (1984): 21.

38 여기서 얼스턴이 말하려는 논점은, 신이 사랑**한다는 것**을 우리가 알 수 있지만, 신이 **어떻게** 사랑하는지를 우리가 이해할 수는 없다는 것이다.

39 비축자적 담화를 지지하는 사람들조차도 **부정적 술어**와 **외래적**(extrinsic) **술어**가 축자적으로 신에게 적용된다는 데에 동의할 수 있다고 말한다. '불변적인,' '세종대왕과 동일하지 않는'과 같은 부정적 술어들은 신에 대해 축자적으로 적용되지만, 축자적인 종교 언어를 반대하는 어느 누구도 이것을 부정하려들지 않는다. 더욱이 '나에 의해서 지금 생각되는'과 같은 다양한 외래적 술어들은 신에게 해당되는 것 같다. 그래서 얼스턴은 논점을 다음 물음에 국한시킨다. **본래적인**(intrinsic) **술어**, 특히 그가 **인격적 술어**라고 부르는 것이 신에게 정말 적용될 수 있는가, 없는가?

되 의도, 계획, 행위의 목적을 수행하는 행위자—인 존재에 적용되는 술어다. 이 존재의 행위는 태도를 표현하고 기준 및 원칙의 지배를 받는다. 이 존재는 다른 행위자와 의사소통할 수 있으며 그와 인격적인 관계를 맺는다.[40]

신에게 적용될 수 있는 인격적 술어는 다양한데 '명령하다', '사랑하다', '인도하다' 등이 여기에 속한다.

여기서 핵심적인 물음은, 신을 지칭하기 위해 사용된 주어를 가진 주어-술어 문장들을 우리가 만들고 인격적 술어를 축자적으로 사용해서 그 술어가 그 주어에 해당된다고 주장할 수 있느냐의 여부가 아니다. 분명히 일상적인 종교 담화뿐만 아니라 전문적인 신학도 그런 문장들을 다양하게 포함한다. "신은 우리를 사랑한다", "여호와는 의롭다", "알라는 자비롭다"와 같은 문장들이 거기에 해당된다. 진짜 문제는 그런 진리 주장이 성공할 수 있느냐의 여부다. 바꿔 말해서, 축자적으로 사용된 인격적 술어가 신에게 해당되는지, 또는 신에게 올바르게 적용되는지, 또는 신에게 축자적으로 해당되는지의 여부다.

비(非)축자주의자들은 신의 극단적인 '타자성(otherness)' 때문에 인격적 술어들이 신에게 축자적으로 적용될 수 없다고 주장한다. 얼스턴은 신이 피조물과 다른 것으로 여겨지는 다른 측면들이 있다는 것을 인정한다. 그는 그것들을 점층적으로 극단적인 '타자성'의 등급에 따라 배열한다.

A. 무형적 존재성.

B. 무한성. 이것은 다음 두 가지로 나누어진다.

B1. 각각의 완전성의 무제한적인 실현.

B2. 모든 완전성, 없는 것보다 있는 것이 더 나은 모든 것의 예화.

C. 무시간성.

D. 절대적 단순성.

E. 하나의 존재가 아님(신은 '존재 자체'임).[41]

---

40 William Alston, "Can We Speak Literally of God?" in *Is God GOD?* ed. Axel D. Steuer and James W. McClendon Jr. (Nashville: Abingdon Press, 1981), pp. 144-77. (PRSR3e, pt. 7, pp. 447-67에 재수록)

'신의 타자성'에 대해서 입장이 다른 사상가들은 이 목록 중에서 저마다 다른 항목들을 강조한다. 더욱 극단적인 형태의 '타자성'을 나타내는 목록의 맨 밑에 있는 항목들을 좋아하는 사람들도 있다. 각 항목을 하나씩 따져보면서 개념적으로 표현된 '타자성'의 유형이 본래적이고 인격적인 술어들을 신에게 축자적으로 적용하는 것을 금하는지의 여부를 결정하는 것은 매우 가치 있는 일일 것이다.

얼스턴은 위의 목록 중에서 첫 번째 항목인 신의 무형적 존재성을 택해서 고찰한다. 그의 목표는 무형적 존재성 개념이 인격적 술어들과 양립할 수 없지는 않다는 것을 보여주는 것이다. 인격적 술어들이 무형적 존재에 대해 축자적으로 적용될 수 있다는 것을 그가 보여줄 수 있다고 해서, 그 술어들이 신에게 축자적으로 적용된다는 것을 그가 입증한 것은 아니다. 하지만 그렇게 함으로써 신의 무정형성 개념이 그런 술어들을 배제하지 않는다는 것을 보여줄 수 있을 것이다. 인격적 행위자로서 신을 축자적으로 생각하지 못하게 하는 다른 신적 속성들(예컨대 무한성이나 무시간성)이 있을 수 있는데 이 문제들을 해결하는 것은 이 책에서는 좀더 크고 포괄적인 논의를 할 때 다루어져야 할 것이다.

얼스턴은 인격적 술어들(P-술어들)을 두 범주로 나눈다. 하나는 심적 술어(M-술어)이고, 다른 하나는 행위 술어(A-술어)다. 심적 술어들은 인식, 느낌, 정서, 태도, 소망, 사고, 공상을 비롯한 기타 내적 심리 상태, 사건, 과정들과 관계가 있다. 반면에 행위 술어들은, 넓게 말하자면, 행위자가 행하는 것과 관련이 있다. 철학자들은 심적 술어의 의미와 행위 술어의 의미에 대해 입장을 서로 달리한다.

심적 술어들의 문제와 관련해서, 철학자들은 그것들을 행동상의 현시에 의해서 정의할 수 있느냐를 놓고 의견이 갈린다. 사적(私的) 패러다임 관점에 따르면, M-술어의 의미는 행동상의 현시를 통해서 정의되지 않지만, 내적 경험

---

41 William Alston, "Functionalism and Theological Language," *American Philosophical Quarterly* 22 (1985): 221. William Alston, *Divine Nature and Human Language: Essays in Philosophical Theology* (Ithaca: Cornell University Press, 1989), p. 64.

이나 내성을 통해서 알려진다고 한다. 어떤 내적 상태들(예를 들어, 우울감)이 일정한 행동 방식(예를 들어, 축 늘어진 외양과 활력의 상실)으로 규칙적으로 자신을 드러내는 성향이 있다는 사실과 상관없이 이것은 옳다. 사적 패러다임 관점 지지자들은 관련 행동들이 내적 상태 개념에 필수적이지는 않다고 주장한다. 왜냐하면 다른 내적 상태가 나타날 때 그런 행동들이 표출되지 않을 수도 있기 때문이다. 예를 들어, 우리가 우울하더라도 (입사 면접에서 잘 보이려고) 축 늘어진 모습을 감추고 겉으로는 쾌활한 것처럼 보이려고 할 수 있다. 얼스턴에 따르면, 사적 패러다임 관점에서 볼 때 심적 상태를 갖는 무정형적 존재를 생각하는 것은 아무 문제가 없다고 한다. 왜냐하면 그 관점은 내적 상태들이 신체 행동들과 연결되어야 할 것을 요구하지 않기 때문이다.

논리적 연결 관점은 사적 패러다임 관점에 반대하면서, 심적 상태와 그것의 외적 표현 사이에 논리적인(개념적인) 연결이 있다고 주장한다. 얼스턴은 A-술어가 주체 S에게 적용될 수 있을 때에만 M-술어가 S에게 적용될 수 있다는 데에 동의한다. 이 관점에 따르면, 신이 외적 행위를 축자적으로 수행할 수 있을 때에만 신은 축자적으로 알 수 있고, 목적과 의지를 가질 수 있다. 흥미롭게도 이 논제는 유대 기독교적 신학에서 신의 행위가 차지하는 근본적인 위치를 반영한다. 그러나 논리적 연결주의를 옹호하는 많은 사람들이 한 존재가 외적으로 행위를 하기 위해서는 신체적인 운동을 할 수 있어야 하고, 역으로 몸이 없는 존재는 외적 행위를 수행할 수 없다고 전제한다. '만듦', '명령함', '용서함'과 같은 M-술어들의 개념들은 필연적으로 제작자, 명령자, 용서하는 이의 신체적인 운동 개념을 포함할 것이다.

이 토론은 **행위 술어**의 문제로 귀착된다. 신의 개념은 무정형적이거나 무신체적인 존재 개념이므로, 많은 사상가들은 신 개념은 외적인 행위 수행 능력을 배제한다고 결론 내린다. 하지만 얼스턴은 외적 행위에 대한 우리의 개념이 유형적 존재들에 의한 신체 운동들을 명시할 것을 요구한다고 전제하는 것은 순환적이라고 비판한다. 그는 행위 개념이 신체적 운동을 개념적으로 요구하지 않는다는 것을 보여줌으로써, 무정형적 존재가 외적 행위를 수행한다고 생각하는 데에 대한 장애를 제거하려고 시도한다.

얼스턴은 기초적 행위(basic action)에 대한 20세기 철학에서 벌어진 잘 알려진 토론을 언급한다. 기초적 행위는 다른 행위를 수행함으로써, 또는 다른 행위를 수행할 때 (동시에) 수행되지 않는 행위다. 비기초적 행위는 다른 행위를 수행함으로써, 또는 다른 행위를 수행할 때 수행되는 행위다. 예를 들어, 수표에 배서하는 것(비기초적 행위)은 일정한 방식으로 내 손을 움직임(현재의 목적을 위해서는, 기초적 행위)으로써 수행된다. 우리가 이런 사례들을 많이 분석해보면, 인간의 많은 개별적인 기초적 행위들에 대한 우리의 개념들이 실로 신체적 움직임에 대한 명시를 포함한다고 결론 내릴 것이라고 얼스턴은 생각한다. 분명히 이런 개별적인 종류의 기초적 행위들이 축자적으로 무정형적인 존재에 적용될 수는 없다. 마찬가지로 인간의 비기초적인 행위들의 무수한 사례들을 검사해보면, 그것들이 신체적인 움직임을 요구하지만 특정 유형의 신체 운동을 명시하지는 않는다고 결론 내릴 것이다. 예를 들어, 미역국을 만드는 것은 미역국이 생겨나게 하는 것을 포함하지만, 이를 위해 사용되는 신체적 운동의 범위는 열려 있다. 미역국을 젓기 위해 오른손을 쓸 수도 있고, 왼손을 쓸 수도 있는 것이다. 사람들이 자신의 몸을 움직이지 않고서는 그런 결과들을 생겨나게 할 수 없다는 것은 당연하다.

그러나 신체 운동이 우리가 숙지하고 있는 모든 종류의 인간의(기초적 및 비기초적) 행위에 포함되어 있다고 해서 신체 운동 개념이 인간의 행위 개념들에 들어 있다는 결론이 나오지는 않는다. 인간의 A-개념들이 모두 신체적인 운동 요구 조건을 포함한다는 것을 우리가 인정하더라도, 우리가 끌어낼 수 있는 결론은, 인간에 적용되는 A-개념 중 어느 것도 신과 같은 무형적 존재에게는 축자적으로 적용될 수 없다는 것이지, 어떠한 A-개념도 일체 적용될 수 없다는 것은 아니다. 이 세상에 존재하는 행위 개념에는 인간에게 적용되는 행위 개념들밖에 없다고 우리가 생각해야 할 이유가 무엇인가? 이것은 분명히 행위 개념들이면서도 행위자의 신체적 운동을 요구하지 않는 A-개념들을 우리가 만들어낼 수 있느냐 없느냐는 문제를 제기한다.

이 논점을 다루기 위해서 얼스턴은 자신의 논의를 지향적 행위, 즉 행위자가 수행하려고 의도하는 행위에 국한시킨다. 신체적인 움직임만으로는 행위를 구성하지 못한다는 점은 분명하다. 왜냐하면 신체적인 움직임들 중 많은 것들(예를 들어, 자동적인 반사 운동, 경련, 반사 작용)이 지향적이지 않기 때문이다. 그러면 행위가 행위가 되게 하는 것은 무엇인가? 얼스턴은 오직 두 가지 이론만이 이 물음에 대해 적절한 답을 제시할 수 있다고 보는데, 하나는 심리적 인과론이고 다른 하나는 행위 인과론이다. 그는 이 두 이론 중 어느 것도 무정형적인 행위에 대해 제한을 가하지 않는다는 것을 보여주는 논변을 만들어낸다.

심리적 인과론(psychological causation theory)은 심리적인 배경(예: 동기, 믿음, 태도, 의도 등)이 '신체 운동'을 일으키고 그것을 '단순한' 운동이 아닌 행위가 되게 한다고 주장한다. 무정형적인 존재가 의도를 갖는다고 생각하는 데에 어떠한 개념적인 장애도 없기 때문에 우리에게는 신체적 운동에 관한 물음이 남겨져 있다. 무정형적 존재의 경우에 기초적 행위를 이루는 신체적 운동 요소를 대체하는 무언가가 있어야 할 것이다. 얼스턴은 신체적 운동만이 직접적인 자발적 통제 하에 있다는 것은 인간에 관한 사실일 뿐이지 기초적 행위 자체에 대해 가해지는 개념적인 제한이 아니라고 주장한다. 자신의 신체 말고 다른 것이 자신의 직접적인 자발적 통제 하에 있게 되는 행위자—그것이 정형적인 존재일 수도 있고 그렇지 않을 수도 있다—가 존재하는 것이 논리적으로 가능하다. 이를테면 어떤 행위자들은 아무것도 하지 않으면서(그들에게는 이것이 하나의 기초적인 행위일 수 있다)도 미역국이 생겨나게 할 수 있다. 그래서 (신체적 운동뿐만 아니라) 어떠한 변화도 기초적 행위의 핵심이 될 수 있는 것 같다. 임의의 무정형적인 행위자의 레퍼토리 안에 어떤 변화들이 들어 있는지는 그 행위자의 본성에 달려 있다. 그래서 얼스턴은 결론 내리기를, 심리적 인과론에서는 행위 술어들을 무정형적 존재자에게 귀속시키는 데에 개념적으로 어떠한 장애도 발생하지 않는다고 한다. 신의 경우에 그가 '빛을 창조'한다든지, '홍해를 가른다'든지, '미역국을 만든다'든지 하는 것은, 신의 직접적인 자발적 통제 하에 있으면서 신이 다른 것을 먼저 할 필요 없이 생겨나게 할 수 있는 기초적 행위들로 생각할 수 있다.

두 번째 이론인 행위 인과론은 첫 번째 이론에 비해서는 문제가 적은 이론이다. 이 관점에 따르면, '신체적인 움직임'이 행위가 되기 위한 필요충분조건은 특정한 방식으로 발생하되 다른 어떤 사건이나 상태에 의해 발생하지 말고 단지 행위자에 의해 발생되어야 한다는 것이다. 그래서 우리가 기초적인 행위를 수행할 때, 우리는 '직접' 신체적인 움직임을 발생시키지, '다른' 어떤 것을 행함으로써 그런 움직임이 일어나게 하지는 않는다. 우리는 기초적인 행위를 수행하기 위해 그저 자신의 기초적인 능력을 이용한다. 행위자 인과 개념이 유형적인 실체에 국한되지 않거나 특정 종류의 내적 구조나 메커니즘을 그 행위자가 갖는 것과 관련되지 않는다면, 그 개념은 A-술어들을 신에게 귀속시키는 데에 어떠한 개념적인 장애도 되지 않는다.

전반적으로 얼스턴은 자신의 입장이 성공적이라고 생각한다. 그는 자기가 입증한 것은, 본래적 술어들을 축자적으로 신에게 적용할 수 있다는 것이 아니라, 심적 술어와 행위 술어들을 무형적인 존재에 대해 적용할 때 개념적인 불가능성이 없다는 것이라고 한다.[42] 이것을 보여줌으로써 그는 신에 관해 축자적으로 말하는 것이 흔히 생각하는 것만큼 전망이 어둡지는 않다는 것을 입증했다.[43] 얼스턴이 옳다면, 그는 유신론적 사상가들이 주장하고 논하는 신에 관한 명제들이 불합리하거나 터무니없지는 않다는 것을 입증하는 데에 크게 기여한 셈이다. 마찬가지로 그는 유신론적인 믿음들에 대한 고전적인 비판과 거부가 요점에서 벗어나 있지 않다는 것을 보여주는 데에도 기여했다고 할 수 있다.

---

42 종교 언어에서 아퀴나스적인 프로젝트를 언급할 때 혹자는 얼스턴이 유한 존재와 무한 존재에 대해서 모두 일의적(一義的)으로 말하는 방식을 보여주었다고 생각할 것이다. 아퀴나스가 염려했던 신인동형론을 피하기 위해서는 유한적인 요소나 정형적인 요소들을 끌어들이지 않도록 용어를 정의하면 된다. '안다'(일관성 있는 정당화된 참인 믿음을 받아들인다), '욕구'(의도에 따라 목적을 성취하려는 강한 충동), '창조하다'(생겨나게 하다), '선함'(도덕적으로 책임감 있고 덕스러운 성격을 가짐으로써 옳게 행하는 성향을 가짐)은 피조물과 신에 대해 일의적으로 적용될 수 있다.

43 종교 언어에 대한 얼스턴의 작업은 좀더 넓은 맥락에서 검토될 가치가 있다. 이를 위한 좋은 방편은 그의 저서 *Divine Nature and Human Language: Essays in Philosophical Theology* (Ithaca: Cornell University Press, 1989)를 검토하는 것이다.

| 연구문제 |

1. 종교 언어가 철학적으로 홍미를 일으키는 이유들을 논하라. 우리는 종교 언어를 사용하기 전에 종교 언어에 대한 철학적인 이론을 가져야만 하는가?
2. 종교 언어의 의미를 설명하기 위한 유비 이론이란 무엇인가? 이 이론은 어떤 힘을 가지고 있는가? 또 그 이론의 약점은 무엇인가?
3. 논리실증주의자들이 제안한 의미의 검증가능성 원리를 설명할 수 있는가? 그것이 철학에 도움이 된다고 여겨지는 이유는 무엇인가? 그 원리는 종교 언어에 대해서 어떤 영향을 미쳤는가? 어떤 종류의 반응이 이어졌는가?
4. 검증가능성 원리가 의미의 문제와 진리의 문제를 혼동하고 있다는 비판이 말하는 바는 무엇인가?
5. 검증이나 반증이 전적으로 논리적이고 객관적인 과정—이 경우 모든 사람에게 동일하게 성립한다—인가? 아니면 개인들의 정신적인 상태를 참작하는 심리적인 측면—이 경우에는 사람마다 다르다—을 가지고 있는가?
6. 종교적인 서술문이 무의미하다고 말하는 것과 그것이 거짓이라고 말하는 것 사이의 차이는 무엇인가?
7. 기능적 분석에 담긴 기본적인 생각을 당신 나름대로 표현해보라. 종교 언어에 대한 기능적 분석이 일반적으로 진위의 문제를 무시하는 것은 왜 그런가?
8. 언어가 일반적으로 언어 공동체 안에서 충족시킨다고 여겨지는 다양한 기능들에 대해서 검토하라. 그리고 종교 언어가 수행한다고 여겨지는 기능들을 검토해보라. 어느 한 기능이 '기초적'이라고 간주될 수 있는가?
9. 틸리히처럼 신에 대한 모든 담화를 상징적으로 보는 입장을 평가하라.
10. 신을 남성주의적 언어로 표현하는 것에 대한 페미니스트의 반론을 설명하라. 신에 관해서 우리가 어떻게 말해야 하는지에 대한 페미니스트의 제안을 논하라.
11. 우리가 축자적으로 신에 대해 말할 수 있다는 것을 보여주기 위해 얼스턴이 사용하는 전략은 무엇인가? 당신은 그가 성공했다고 생각하는가? 그 이유는 무엇인가? 그렇게 생각하지 않는다면, 그 이유는 또 무엇인가?
12. 우리가 신인동형론을 피하고 신에 대해 일의적으로 말할 수 있는 방안을 얼스턴이 보여줬는지의 여부에 대해서 논하라.

| 참고문헌 |

Alston, William P. *Divine Nature and Human Language*. Ithaca: Cornell University Press, 1989.

———. "Religious Language." In *The Oxford Handbook of Philosophy of Religion*. William J. Wainwright, ed. Oxford: Oxford University Press, 2005.

———. "Aquinas on Theological Predication: A Look Backward and A Look Forward." In *Reasoned Faith: Essays in Philosophical Theology in Honor of Norman Kretzmann*. Eleonore Stump, ed. Ithaca: Cornell University Press, 1993.

Ayer, A. J. *Language, Truth and Logic*. New York: Dover, 1952.

Cooper, John. *Our Father in Heaven: Christian Faith and Inclusive Language for God*. Grand Rapids: Baker, 1998.

Daly, Mary. *Beyond God the Father: Toward a Philosophy of Women's Liberation*. Boston: Beacon Press, 1973.

Diamond, Malcolm, and Thomas V. Lizenbury Jr., eds. *The Logic of God*. Indianapolis: Bobbs-Merrill, 1975.

Ferré, Frederick. *Language, Logic and God*. New York: Harper & Row, 1969.

Gilkey, Langdon. *Naming the Whirlwind*. Indianapolis: Bobbs-Merrill, 1969.

Gilson, Etienne. *Linguistics and Philosophy*. Notre Dame: University of Notre Dame Press, 1988.

High, Dallas, ed. *New Essays in Religion Language*. New York: Oxford University Press, 1969.

Kimel, Alvin, ed. *Speaking the Christian God: The Holy Trinity and the Challenge of Feminism*. Grand Rapids: William B. Eerdmans, 1992.

Mascall, E. L. *Existence and Analogy*. New York: Longmans, Green, 1949.

———. *Words and Images*. New York: Ronald Press, 1957.

McFague, Sallie. *Metaphorical Theology: Models of God in Religious Language*. Philadelphia: Fortress Press, 1982.

——. *Models of God: Theology for an Ecological, Nuclear Age*. Philadelphia: Fortress, 1988.

Mitchell, Basil. *Faith and Logic*. London: Allen and Unwin, 1957.

Mollenkott, Virginia. *The Divine Feminine: The Biblical Imagery of God as Female*. New York: Crossroad, 1983.

Ramsey, Ian. *Religious Language*. London: SCM Press, 1957.

——, ed. *Words about God: The Philosophy of Religion*. New York: Harper & Row, 1971.

Ruether, Rosemary. *Sexism and God-Talk: Toward a Feminist Theology*. Boston: Beacon Press, 1983.

Soskice, Janet. "Religious Language." *Blackwell Companion to Philosophy of Religion*. Oxford: Blackwell, 1997.

Striver, Dan. *The Philosophy of Religious Language: Sign, Symbol and Story*. Oxford: Blackwell, 1996.

13장 ●● 종교와 과학: 양립 가능한가, 불가능한가?

1616년 로마 가톨릭 교회의 검사성성(檢邪聖省)은 지동설을 거짓된 과학이요 성경의 가르침에 위배된다고 판결을 내렸고, 코페르니쿠스의 저술은 금서 목록에 올랐다.

> 성경에 위배되고 거짓된 피타고라스의 지동설을 코페르니쿠스가 『천구(天球)들의 회전』에서 가르치고 있으며, 외국에도 그 이론이 전파되어 많은 사람들이 받아들이고 있다는 것을 그 성성(聖省)에서도 알게 되었다.[1]

동시에 교회는 갈릴레오(1564~1642)가 저술과 공개 토론에서 옹호해왔던 코페르니쿠스의 입장을 버리기를 바랐다. 하지만 명석할 뿐만 아니라 용감했던 갈릴레오는 계속해서 코페르니쿠스의 입장을 옹호했다. 혹성의 운동과 태양 흑점, 해양의 조수, 혜성, 그리고 다른 자연 현상들에 대한 그의 저술들은 분명히 지동설을 지지했다. 1633년 69세의 늙고 병든 갈릴레오는 로마의 종교 재판관 앞에 출두하라는 소환을 받았다. 그는 허위를 가르쳤다는 이유로 유죄 판결을 받았고, 그의 주장을 철회하도록 강요당한 후 가택 연금 상태에서 8년

---

1 *Opere*, XIX, 323. Jerome Langford, *Galileo, Science and the Church* (New York: Desclee Company, 1966), pp. 97-8에서 인용.

의 여생을 보냈다.[2]

과학사가들은 교회가 갈릴레오로 하여금 지동설을 하나의 가설로 논하는 것은 기꺼이 허용하려고 했으나 그 이론이 태양과 혹성의 운동에 관한 진리라고 주장하는 것은 원치 않았던 것으로 알고 있다. 실재에 관해서 선언할 독자적인 권리를 확보하려고 했던 교회는 갈릴레오와 그 외의 진보적인 과학자들에게 지동설이 수학적인 허구, 즉 관찰된 천체 현상들을 설명할 수 있는 몇 가지 가능한 계산 체계들 중의 하나에 지나지 않는다고 말해주기를 원했다고 한다.

오시안더(Andreas Osiander, 1498~1552)는 코페르니쿠스의 『천구들의 회전』에 대한 서문을 써줄 때에 그 책을 당시의 과학자 집단과 교부 신학자들의 입맛에 맞추려고 애썼다. 그는 지동설이 단지 행성의 운동을 예측하기 위한 편리한 장치일 뿐이지 행성의 운동의 원인들에 대한 참된 설명은 아니라고 주장했다. 오시안더는 과학은 수학적인 허구들을 공식화하지만 신학은 실재를 기술한다는 식으로 과학의 영역과 신학의 영역을 분리시킴으로써 그 논쟁을 완화시킬 수 있다고 생각했다. 그러나 문제의 열쇠는 그 차이를 어떻게 정의하느냐에 달려 있다. 실재를 기술하고 관찰 가능한 사건들의 배후에 있는 원인들을 발견하는 것을 과학의 임무로 보지 않는 오시안더의 선택을 갈릴레오는 받아들이지 않았다. 갈릴레오는 지동설이 진정으로 실재를 기술한다고 믿었기에 그는 교회의 천동설과 정면으로 충돌했던 것이다.

갈릴레오 사건은 복잡한 쟁점들을 많이 담고 있다. 제도화된 종교에 의한 권위의 남용, 프톨레마이오스 학파의 불공정한 로비 행위, 과학적인 사실들이 성경에서 도출된 신학적 절차, 과학 내부에서 구시대의 연역적 방법과 새로운 귀납적 방법 간에 점증하는 긴장, 자신의 관점을 선전하기 위한 갈릴레오의 외교술 부족 등이 그것이다. 그러나 가장 뿌리 깊은 중요한 문제는 과학과 종교에 대한 작용 개념들과 관련이 있다. 이 개념들로 인해 과학과 종교 간의 갈등이 초래되었다. 갈릴레오 사건은 종교와 과학이라는 이 두 가지 강력하면서

2 Ibid., chap. 6.

도 중요한 인간 활동의 본성을 각각 이해할 필요가 있다는 사실을 극명하게 드러냈다. 과학과 종교의 관계에 대한 사려 깊은 입장을 취하는 것은 과학과 종교의 경계선상에서 일어나는 여러 가지 특수한 문제들에 접근하기 위한 전조가 된다.

그런 입장을 추구할 때에 우리는 철학의 역할을 이해할 필요가 있다. 거의 모든 지적 탐구가 철학에서 발현했다는 것을 모르는 사람들이 많다. 서구 문화의 초기에는 행성의 운동, 음악의 본성, 정부의 형태, 궁극적 실재의 구조 등에 관한 연구가 '지혜에 대한 사랑'을 뜻하는 철학이라는 일반적인 덮개 밑에 들어갔다. 그러나 각 연구의 구체적인 대상과 방법이 점차 명확하게 정의됨에 따라 새로운 학문들이 생겨났다. 결국 많은 연구 분야가 생겨났고, 각 분야는 철학과는 별도로 독자적으로 공식적인 탐구를 수행할 수 있게 되었다. 현존하는 자연 과학의 여러 분과 학문들, 다양한 사회 과학들, 수학 등과 같은 상이한 분야들은 분화 과정을 통해서 서서히 출현했다.

이 장에서 진행되는 연구는 세 분야를 다룬다. 신학(종교적 믿음들의 체계적인 서술), 자연 과학(자연의 질서에 대한 경험적인 연구), 철학(실재와 지식의 가장 일반적인 특징을 이해하려는 시도)이 그것이다. 신학과 자연 과학에 대한 정의, 구분, 상호 연결은 철학적인 작업이다. 철학적인 관심사들 중에서 두 가지 넓은 관심사가 이 임무와 특히 관련이 있는데, 하나는 (실재를 다루는) **형이상학적인 물음들**이고 다른 하나는 (지식을 다루는) **인식론적인 물음들**로서 이것들은 다양한 모델을 구별하는 데에 결정적이다. 우리가 신학과 자연 과학의 철학적인 가정들을 살펴보면, 그것들이 각각의 목적, 대상, 방법에 따라 구분된다는 것을 알 수 있다.

바버(Ian Barbour, 1923~)는 종교와 과학의 관계를 이해하기 위한 네 가지 기본적인 모델들—**상충**, **독립**, **대화**, **통합**—을 확인했다. 이 모델들을 각각 차례로 살펴보자. 우리는 과학에 대한 논의를 넓은 범위의 자연 과학으로 한정하겠다.

종교와 과학은 상충하는가?

갈릴레오 사건은 종교와 과학 간의 고유하면서 해결할 수 없는 갈등을 상징하는 것으로 오랫동안 여겨져왔다. 물론 다른 중요한 주제들도 그 갈등을 나타내는 것으로 간주되어왔다. 예를 들어, 창조와 진화에 대한 논쟁은 백 년 이상 벌어진 열띤 논쟁이다.[3] 다른 예들도 많이 있다. 물리학의 상대성 이론은 우리의 시공간과 인과성 개념들을 과감하게 재해석함으로써 신과 세계를 연결 짓는 모든 종교적 관점들에 도전한다.[4] 컴퓨터와 인공지능 분야에서의 과학기술의 발달은 호모 사피엔스의 유일무이한 지위를 위태롭게 하는 것 같다.[5] DNA 분자의 암호 해독은 '생명의 신비'가 과학자들의 손아귀에 들어가게 할 만큼 위협적이다.[6]

현대에 들어와 극적으로 대립하고 있는 두 학파, **과학적 유물론**과 **성경적 직해(直解)주의**(biblical literalism)는 한 가지 핵심적인 논점에 대해 의견을 같이 한다. 그것은 종교와 과학이 전적으로 **상충**한다는 것이다. 이 학파들의 기본적인 입장을 개괄하고 이 논점에 관해서 이들의 의견이 일치하는 이유를 살펴보자. 과학적 유물론은 과학의 경험적인 방법이 지식을 획득하기 위한 신빙성 있는 절차로서 유일하다는 인식론적인 가정과, 물리적인 것들(즉 물질과 에너지)이 우주의 궁극적인 실재의 기초가 된다는 형이상학적인 가정을 단다. 이

3 다윈의 저술이 나오기 전에 지질학과 기타 과학들에서 이미 진화론적인 유형의 저술들이 나왔지만 창조와 진화에 대한 열띤 논쟁은 다윈의 저술에서 시작되었다고 할 수 있다. Charles Darwin, *The Descent of Man and Selection in Relation to Sex* (New York: A.L. Burtt, 1874)와 *The Origin of Species by Means of Natural Selection* (Chicago: Encyclopedia Britannica, 1955)을 보라.

4 Albert Einstein, *On the Method of Theoretical Physics*(이것은 1933년 6월 10일에 옥스퍼드에서 개최된 허버트 스펜서 강연회에서 발표한 연설문이다)와 *Relativity, the Special and the General Theory: A Popular Expositions*, trans. R. W. Lawson, 15th ed. (London: Methuen, 1954) 참조. 또한 Hans Reichenbach, *The Philosophy of Space and Time*, trans. M. Reichenbach and J. Freund (New York: Dover, 1957)를 보라.

5 이 분야에서 가장 영향력이 컸던 저술로 A. M. Turing, "Computing Machinery and Intelligence," *Mind* 59 (1960)을 들 수 있다. 이 논문은 Alan R. Anderson, ed., *Minds and Machines* (Englewood Cliffs: Prentice-Hall, 1964), pp. 4-30에 재수록되어 있다. 이 주제에 관한 최근의 논의를 보려면 D. Hofstadter and D. Dennet, *The Mind's I* (New York: Basic Books, 1981)를 참조하라.

6 이 분야에서 독창적이면서 영향력이 컸던 문헌으로 J. D. Watson and F. H. C. Crick, "A Structure for Deoxyribose Nucleic Acid," *Nature* 171 (1953): 737을 들 수 있다. 1990년에 미국 에너지부와 국립보건원(NIH)이 발족시킨 인간게놈연구 프로젝트는 완성하는 데에 15년이 걸릴 것으로 예상되었다. 그러나 국제적인 공조와 사기업과의 경쟁, 컴퓨터 공학의 발달 덕에 게놈 지도는 2000년에 완성되었다. 미국의 빌 클린턴 대통령과 영국의 토니 블레어 수상은 공동으로 2000년 6월 26일에 이 프로젝트가 성공했음을 발표했다.

가정들과 함께, 과학이 연구하는 개체들만이 실재하며 과학만이 실재를 드러낼 수 있다는 보조 가설들이 과학적 유물론의 관점을 완결시킨다. 아무튼 과학적인 작업은 과학의 이론들을 확증하거나 반증한다고 여겨지는, 공적으로 관찰 가능하면서 재생산될 수 있는 자료들에서 시작한다. 따라서 과학은 철두철미하게 객관적이라고 일컬어진다. 이와는 대조적으로 종교적인 믿음들이 자료들에 대해 맺는 관계는 과학적인 이론들과는 다르다. 그래서 종교적 믿음들은 주관적이고 편협하며 무비판적이라는 소리를 듣는다.

아마 지적인 운동 중에서 1920년대에서 1940년대에 걸쳐 전성기를 구가한 **논리실증주의**만큼 과학적 유물론의 성격을 잘 드러내는 사례도 드물 것이다. 우리가 12장에서 논의했던 에이어(1910~1989)와 같은 논리실증주의자들은 감각 경험에 의해서 검증되거나 반증되는 문장들만이 유의미하다는 강한 인식론적인 노선을 견지했다. 종교와 형이상학과 윤리학은 경험할 수 없거나 감각할 수 없는 실재들에 관해 논하므로 이런 학문들은 인지적인 의미가 전혀 없는 사이비 문장들로 이루어져 있다고 비판했다. 예를 들어, 종교는 신에 대해 말하는데 이 신은 관찰될 수 없는 존재다. 형이상학은 존재 일반에 대해 말하지만 이 또한 관찰될 수 없는 추상적 개념이다. 윤리학은 가치에 대해서 논하는데 우리는 그것에 관한 어떠한 감각 경험도 가지고 있지 않다. 논리실증주의자들은 관찰할 수 없는 그런 것들에 대해 실재성을 부여하기를 거부하고, 따라서 그것들에 관한 진술들의 인지적 의미도 부정한다. 실증주의자들은 주장하기를, 관찰할 수 없는 개체를 가리키는 낱말은 우리 자신의 주관적이고 심리적인 상태를 표현하는 것이지, 객관적인 실재를 지칭하는 것은 아니라고 한다.

그런데 역설적으로 감각적인 입력이 과학의 의심할 수 없는 출발점을 제공하지 않는다는 것을 철학자들이 깨닫기 시작하면서 논리실증주의는 몰락하게 되었다. 과학 철학자들은 이론과 관찰의 상호 작용이 실증주의자들이 생각했던 것보다 훨씬 더 미묘하고 복잡해서 그것들이 본래 갖는 객관성을 위협한다는 것을 점차 의식하게 되었다. 실증주의자들은 과학적인 서술문들의 인지적인 의미도 설명할 수 없기 때문에, 지성인들은 종교나 윤리학과 같은 다른 분야의 모든 서술문에 대해서도 자기가 의미 기준을 가지고 있다는 실증주의자들의 주장에 환멸을 느끼게 되었다.

전문적인 철학 밖에서도 과학적 유물론을 표방하면서 종교와 과학이 상충한다는 확신을 심어주는 사람들이 있다. 세이건(1934~1996)은 일반인들에게 과학적 유물론의 대변자 역할을 했다. 세이건은 자신의 저서—이것은 나중에 교육용 TV 시리즈로 제작되었다—에서 "과거, 현재, 미래에 우주 말고 다른 것은 없다"라고 말한다.[7] 세이건은 우주가 영원하고 근본적으로 물리적이며, 과학이야말로 우주에 관한 신뢰할 만한 지식을 얻을 수 있는 유일한 길이라고 생각한다. 그는 신에 대한 전통적인 생각들이 너무 신비적이고 주관적이며 궁극적으로 과학적인 방법을 위협한다는 이유로 공공연하게 비판했다.

과학적 유물론과 정반대의 위치에 있는 입장이 성경적 직해주의다. 성경적 직해주의는 기독교 사상사에서 이례적인 입장으로서 성경과 과학 간의 관계에 대해 다양한 견해들을 포함한다. 예를 들자면, 성 아우구스티누스(354~430)는 성경의 특정 구절이 기존의 과학 사상과 상충하는 것처럼 보일 때에는 그 구절을 은유적으로 해석해야 한다고 주장했다.[8] 다른 중세 철학자들과 신학자들은 성경의 문학 형식들이 매우 다양하고 많은 수준에서의 진리를 드러낸다는 것을 인정했다. 영국 성공회의 전통에서는 성경에 대한 이런 접근법이 지속되었고, 문제가 되는 성경 본문의 문맥과 문학 장르에 따라 직해적 해석뿐만 아니라 상징적 해석도 용인된다. 교황 요한 바오로 2세(1920~2005)는 갈릴레오 논쟁에 대해 종래 교회가 취한 태도와는 아주 다른 태도를 표방하면서, "우리가 다른 등급의 지식에 적합한 방법들을 좀더 정확하게 인식한다"라고 말했다.[9] 이것은 분명히 종교적 지식과 과학적 지식을 모두 인정하는 셈이다.

이와는 대조적으로 19세기 후반과 20세기 초반에 미국에서는 직해주의가 미국 개신교파의 보증서가 되다시피 했다. 성경적 직해주의—흔히 '개신교

---

7 Carl Sagan, *Cosmos* (New York: Random House, 1980), p. 4.

8 Ernan McMullin, "How Should Cosmology Relate to Theology?" in *The Sciences and Theology in the Twentieth Century*, ed. Arthur Peacocke (Notre Dame: University of Notre Dame Press, 1981), p. 21.

9 *Origins: NC Documentary Service* 13 (1983): 50–1.

적 근본주의'나 간단히 '근본주의'로 일컬어진다—는 성경 문헌 연구에서 '고등 비평(higer criticism)'[10]이 발흥하고 과학 분야에서는 진화론적인 생물학이 발흥하자 이에 대한 반작용으로 생겨났다고 볼 수 있다. 근본주의자들은 그 수가 점점 늘어나는 추세인데 성경이 '무오(無誤)'하며 직해되어야 한다고 주장한다. 물론 그들은 성경을 직해한다는 것이 무엇을 뜻하는지에 대해서 특정한 관점을 가지고 있다. 근본주의가 이 접근법을 어떻게 사용하는지를 보여주는 가장 두드러진 사례가 바로 과학적 진화론에 대한 근본주의자들의 지속적인 저항이라는 점은 의심의 여지가 없다. 이들은 창세기를 직해해서, 신이 우주를 엿새 만에 창조했고 이 하루는 24시간이며 여섯째 날에 인간을 즉각 창조했다고 믿는다. 이 믿음은 호모 사피엔스가 수백만 년 동안 진화해왔다는 과학적인 논제와 정면으로 충돌하는데 근본주의자들에게는 타협할 용의가 전혀 없다.

1925년에 일어났던 스콥스(John T. Scopes: 미국 고등학교의 생물 교사로서 법률로 금해졌던 다윈의 진화론을 가르쳐서 재판을 받음)의 '원숭이 재판' 사건은 이 문제와 관련된 세력들 간에 벌어진 충격적인 사건이었다.[11] 그 재판에서 브라이언(William Jennings Bryan)은 생물학의 진화는 성경과 명백히 상충하므로 공립학교에서 이를 가르쳐서는 안 된다고 주장했다. 여기서 우리는 종교인들이 자기네가 읽은 성경에 근거해서 과학적인 자연에 대해 사실적인 선언을 하고 있는 모습을 보게 된다. 브라이언이 그 재판에서 승소하기는 했지만, 나중에 그 결정은 뒤집어졌고 진화론 교육은 공립학교에서 허용되었다. 그러나 근본주의자들의 반대는 오늘날까지도 이어져 오고 있다.

지난 몇십 년 동안 근본주의자들은 '과학적 창조론'으로 알려진 새로운

---

10 고등 비평에 대한 설명을 위해서는, *The Cambridge History of the Bible: The West from the Reformation to the Present Day*, ed. S. L. Greenslade (Cambridge: Cambridge University Press, 1963)에 수록된 William Neil, "The Criticism and Theological Use of the Bible, 1700-1950," pp. 283-93과 Alan Richardson, "The Rise of Modern Biblical Scholarship and Recent Discussion of the Authority of the Bible," pp. 294-338을 참조하라.

11 이 재판에 이어서 벌어진 논쟁과 창조론에 대한 반론을 논한 논문들을 보려면, Roland Frye, *Is God a Creationist? The Religious Case against Creation-Science* (New York: Scribners, 1983)를 참조하라. 또한 David B. Wilson, ed., *Did the Devil Make Darwin Do It? Modern Perspectives on the Creation-Evolution Controversy* (Ames: Iowa State University Press, 1983)도 참조하라.

논변을 발전시켰다. 창조 과학자들은 과학적 수단에 의해서 창조론적 입장을 정당화하려고 한다. 그들은 인류의 시초를 신이 즉각 창조했다는 믿음의 근거를 자신들이 읽은 성경에 두는 대신에, 그 믿음에 대한 과학적 근거를 가지고 있다고 주장한다. 그들은 '참된 과학'이 창조에 대한 직해된 성경적인 설명과 상관관계를 맺는다고 본다.[12] 창조론을 신봉하는 과학자들은 진화론을 '거짓된 과학'이라고 부르면서 학교에서 진화론을 가르치는 시간 수만큼 '창조론'도 가르치라고 요구한다. 예를 들어, 1981년에 근본주의자들은 아칸소 주 법정에서 신이나 성경을 언급하지 않고 창조론을 지지하는 과학적 사실에 근거하는 조건하에서 '창조론'을 동등하게 가르치도록 하는 판결을 얻어냈다. 하지만 상급 법원은 1년 후에 그 판결을 뒤집었는데, 그 판결이 특정 종교를 편듦으로써 교회와 국가를 구별한 헌법 정신을 침해했다는 이유에서였다. 그리고 그 법원은 창조 과학을 사이비 과학이라고 선언했다. 더욱이 아칸소 주 하급 법원의 판결에 불리한 증언을 했던 꽤 많은 사람들이 종교계 지도자와 신학자들이었다. 이들은 근본주의자들이 성경을 문자주의적으로 접근하면서 당파적인 목적으로 과학을 끌어들이는 것은 우리의 지적, 종교적 자유에 위협적이라고 주장했다.

이 문제에 대한 우리의 개인적인 느낌에 상관없이, 우리는 종교와 과학 간의 경쟁과 충돌이 어떤 식으로 일어나는지와 관련해서 좀더 근본적인 교훈을 얻을 수 있다. **목적**, **대상**, **방법** 면에서 종교와 과학이 같다고 여겨질 때 확실히 충돌이 생겨날 수 있다. 신학의 **목적** 중 하나가 기존의 과학적 설명과 똑같은 발판에 근거해서 자연계의 대상과 사건들을 설명하는 것일 경우, 충돌은 불가피해진다. 마찬가지로 신학적인 탐구의 **대상**들에 과학이 탐구하는 자연 현상이나 물리적인 현상들이 포함될 때에는 경쟁 상황에 돌입하게 된다. 신학의 **방법**이 과학의 방법과 같다면(또는 과학의 방법과 별로 큰 차이가 나지 않는다면), 그 두 분야가 맹렬하게 경쟁을 벌일 것은 뻔하다.

진화와 창조에 대한 오랜 논쟁에서 한 가지 분명한 교훈을 얻을 수 있다.

---

12 예를 들어, Henry Morris, *The Twilight of Evolution* (Grand Rapids: Baker Book House, 1963)과 Henry Morris, ed., *Scientific Creationism* (San Diego: Institute for Creation Research, 1974)을 보라.

그것은 종교와 과학의 대상과 목적과 방법이 충분히 구별되지 않을 경우에는 경쟁과 충돌이 생기게 된다는 점이다. 우리는 이 문제의 역사에 대해서 몇 가지 일반화를 시도해볼 수 있다. 학문들 간의 경계가 계속해서 흐려질 때, 우리는 일부 신학자들이 과학에 대해서 쓸데없이 참견하고, 심지어 과학적인 이유가 아니라 종교적인 이유들로 인해서 과학이 발견한 사실들을 전복시키려 드는 모습을 보게 된다. 다른 한편으로는 일부 과학자들과 과학적인 지식을 습득한 사람들이 현대 과학의 결과들을 가지고 철학적 자연주의를 확증하고 종교를 전적으로 불신하는 데에 사용하기도 한다. 우리는 종교와 과학의 본성을 갈등 모델에서 파악하는 것보다는 더 잘 이해할 수 있게 되기를 원한다.

종교와 과학은 독립적인가?

종교와 과학을 상충하는 것으로 보는 대신에 그것들이 제각기 매우 다른 목적과 대상과 방법들을 가진 전적으로 독립된 분야인 것처럼 취급하려는 사상가들과 운동들이 있다. 일반적으로 이런 독립 모델은 종교와 과학이 자기만의 업무에 몰두한다고 본다. 종교와 과학이 철저히 격리되어 있는 이미지가 여기서는 적합하다. 따라서 아주 분명히 상호 충돌은 피하게 된다.

중세 시대에 종교와 과학을 분리시키는 발상은 형이상학적인 요소와 인식론적인 요소를 모두 갖는 폭넓은 이원론적 사상의 지지를 받았다. 형이상학적으로 중세인들은 실재가 초자연과 자연이라는 두 영역으로 나누어진다고 보았다. 신은 초자연적인 실재이고, 인간의 영혼과 신학의 다른 대상들도 우선적으로 이 영역과 결합되었다. 반면에 물리적인 우주는 현세의 자연계로 이루어진다. 인식론적으로 말하자면, 초자연 영역은 계시에 의해서만 충분히 알려질 수 있는 반면에, 자연계는 인간의 합리적인 탐구에 적합한 기술에 의해서 알려진다는 것이 중세 시대의 일반적인 관점이었다. 그래서 신학과 과학의 대상과 방법은 서로 다른 것으로 여겨졌다. 물론 신의 존재와 몇 가지 형이상학적 속성들은 자연의 존재와 설계에서 추론될 수 있다고 주장한 (6장에서 논의한 논변들을 발전시킨) 자연 신학의 중세적 전통이 완충 지대를 제공했다는 사실은 분명하다. 영적인 영역이 물질적인 영역에 스며들어서 일상생활에 심원한 의미를 부여한다는 강한 확신이 그 당시에 있었다.

현대에 들어와서 종교와 과학의 엄격한 분리를 옹호한 몇 가지 지적(知的) 운동들이 있었고 각기 고유한 방식으로 그 운동을 전개했다. 개신교의 신정통주의와 실존주의, 그리고 언어 분석이 그것이다. 신정통주의의 대표자로서 가장 유명한 개신교 신학자인 바르트(Karl Barth, 1886~1968)는 기독교를 위해서 그리스도의 중심성을 강조하고 신을 알기 위한 특별 '계시'의 우위를 강조하려고 했다.[13] 바르트가 보기에 신학은 그리스도 안에서의 신의 자기 계시를 다루므로 인간의 지식 능력을 넘어서 있는 종교 지식의 원천을 제공한다. 바르트에 따르면, 죄로 말미암아 인간의 이성은 신에 대한 지식에 가려져 있으므로 신이 그 간격을 메우고 우리에게 그 자신을 드러내는 것이 절대적으로 필요하다고 한다.[14] 더욱이 종교의 목적은 신과 인간이 인격적인 접촉을 이루는 것이다. 반면에 바르트는 과학은 관찰, 실험, 합리적인 추론 등을 사용해서 자연계에 대한 지식을 추구한다고 본다. 과학의 근본적인 목표는 경험계의 패턴들에 관한 이해를 얻는 것이다.

신정통주의 신학에 영향을 미친 실존주의도 종교와 과학을 예리하게 구분했다. 신정통주의는 종교와 과학의 구분을 지지하기 위해 초월적 영역과 유한한 인간의 영역을 구분했다. 하지만 실존주의에서 종교와 과학을 범주화할 때에는 주로 인격적 자아의 영역과 비인격적 대상의 영역을 구분했다. 어떠한 형태의 실존주의든지 간에 우리는 자유롭게 결정을 내릴 때 직접 개입함으로써 인간의 존재 의미를 이해할 수 있다고 확신한다. 우리는 분리된 사변(思辨)을 통해서가 아니라 인간다움을 책임감 있게 떠맡음으로써 인생의 의미를 구현한다.

니체(1844~1900)나 사르트르(1905~1980)와 같은 무신론적 실존주의자들은 우리가 신에 준거하지 않고서도 의미를 성취할 수 있다고 믿은 반면에, 종교적

13 신정통주의의 관점의 주요 논점들 중 일부를 한층 더 발전시킨 예로서 Thomas Torrance, *Theological Science* (Oxford: Oxford University Press, 1969), p. 281을 보라.

14 바르트는 그의 저서 *Dogmatics in Outline* (London: SCM Press, 1949)에서 그의 사상을 쉽게 소개하고 있다.

실존주의자들은 인생의 온전한 의미를 경험하기 위해서는 신에게 순응할 필요가 있다고 주장했다. 이런 실존주의자들에게 종교는 우리의 인간성을 주관적이고 내적으로 정향하는 것인 반면에 과학은 대상들을 연구하고 교묘하게 처리하는 것이 된다. 다시 말해서, 주제 면에서 종교와 과학은 엄격하게 구분된다. 종교는 개인의 고유한 존재 영역을 다루는 반면에 과학은 대상들의 영역과 그것들을 조작하는 일을 다룬다. 지식의 방법 면에서는 하나는 주관적이고 다른 하나는 객관적이다. 종교의 목표가 개인적인 의미의 길을 제공하는 데에 있는 반면에 과학적 작업의 목표는 우리의 물리적 환경 안에서 비인격적인 대상의 행태를 설명, 예측, 통제하는 것이다. 유명한 유대교 신학자인 부버(1878~1965)는 날카롭게 종교와 과학을 구분하면서, 사람과 물질적 대상의 관계는 나와 그것의 관계지만 신앙인과 신의 관계는 나와 당신의 관계라고 말했다. 인간성의 완전한 실현은 신과의 관계를 통해서 이루어진다. "인격체로서의 신은 인격적인 삶을 부여한다. 신은 인간으로서의 우리로 하여금 그를 만날 수 있게 하고 우리가 서로를 만날 수 있게 한다."[15]

언어 분석은 종교와 과학을 완전히 별개로 보는 또 다른 철학적인 운동이다. 비록 실증주의 철학자들이 언어를 경험적인 사실들에 대한 서술문에 국한시키고 거기에 근거해서 이상 언어를 구축하는 전망에 사로잡혔더라도, 일상 언어 철학자들은 인간의 언어가 수행하는 매우 다양한 기능에 매료되었다. 일상 언어 철학자들은 종교와 과학의 대상들 각각에 대해 실재성을 할당하는 것보다는 상이한 언어 용법과 상이한 문맥들을 분석하는 데에 더 관심을 갖는다. 특히 비트겐슈타인의 후기 작품에서 단서를 포착해서 이 접근법을 옹호한 사람들은, 종교와 과학이 두 개의 구별되면서도 동등하게 정당한 '언어 놀이들'로서 각기 독자적인 어휘와 범주와 논리를 갖추고 있다고 말한다. 언어 철학자들에 따르면, 종교적인 맥락에서의 언어 용법은 과학 언어의 용법과 현격히 다르다고 한다. 그들이 보기에 종교 언어의 목적(이에 대해서는 12장에서 심도 있게 고찰했다)은 특정한 생활 방식을 지지하고 추천하는 데에 있다. 종

---

15 Martin Buber, *I and Thou*, trans. R. G. Smith (Edinburgh: T. & T. Clark, 1937), p. 136.

교가 이런 목적을 수행할 때에 쓰는 방법은, 특정한 태도들을 유도하고 특정한 도덕적 관점을 신봉하도록 독려하는 데에 효과적인 언어를 사용하는 것이다. 반면에 과학 언어가 이바지하는 목표는 본질적으로 관찰 가능한 현상들을 설명, 예측하고 기술적으로 정교하게 처리하는 것이다. 이 언어는 극도로 엄밀하고 고도로 경험적이어야 한다. 일상 언어 철학에서는 신학과 과학을 별개의 언어활동들로 취급한다. 이 활동들은 본질적으로 다른 목표와 방법을 가지고 있고 이것들은 각각의 언어와 얽혀 있는데 이것들이 상호 작용하거나 충돌할 가능성은 없다고 본다.[16]

대화는 가능한가?

우리는 종교와 과학이 서로 독립적이라는 논제에서 어떻게 그것들이 상호 작용할 수 있는지에 대한 논제로 넘어갈 수 있는지 궁금하다. 양자는 어떤 형태로든 대화할 수 있을까? 바버(Ian Barbour)는 그 두 분야가 의미 있는 대화를 나눌 수 있는 방안으로 두 가지를 제시한다. 첫 번째 방안은 **한계 문제들**(boundary questions)이라고 불릴 수 있는 논의와 관련이 있고, 두 번째 방안은 종교와 과학 간의 **방법론적인 평행**(methodological parallel)에 대한 고찰과 관련되어 있다.

두 개의 다른 방향에서 과학의 한계에 관해 말함으로써 논의를 진행해보자. 그것은 과학의 기반에서 요구되는 전제들과 과학 이론들의 한계에서 제기되는 물음들에 대한 답변이 그 본성상 더 이상의 과학적 탐구에 의해 얻어질 수 없다는 것이다. 한계의 문제에 대한 이 접근법들 각각은 신학과 과학 사이의 흥미로운 대화 가능성을 열어놓는다.

과학 철학자들은 흔히 과학이 어떤 전제들—과학이 입증할 수 없지만 과학적인 작업을 구체화할 수 있는 믿음들—에 근거해 있다고 말한다. 이 전제들은 과학적인 작업이 수행되는 세계의 근본적인 성격들을 스케치해주고, 과

16 이와 관련된 유용한 요약을 보려면 Frederick Ferré, *Language, Logic and God* (New York: Harper and Brothers, 1961)을 참조하라.

학의 목표와 대상과 방법들에 관해 좀더 구체적으로 개입하게 만든다. 예를 들어, 많은 사상가들은 물리적인 자연이 실재한다는 전제—이 전제에서 과학의 대상들은 경험적으로 실재하는 개체들이라는 믿음으로 이어진다—에 과학이 근거해 있다고 본다. 또 다른 중요한 전제는 자연이 이해될 수 있다는 것, 즉 지적으로 파악될 수 있다는 것이다. 자연 세계의 운행은 필연적이 아니라 우연적이어서 그것은 귀납적이고 경험적인 방법들을 통해 알려져야 한다고 전제하기도 한다. 과학의 마지막 전제는 자연이 중요한 의미에서 훌륭하고 가치 있다는 것이다. 이 전제들은 자연을 이해하고 그것과 교섭한다는 과학의 목표를 지지한다.

이 전제들은 너무 지당하고 분명해 보여서 별로 흥미를 끌지 못하지만, 언제나 폭넓게 받아들여지는 것만도 아니다. 실제로 이 전제들이 현대에 수용되기까지 흥미롭고도 오랜 역사를 거쳐왔다. 자연의 합리적인 구조에 대해서 그리스의 고전 사상가들이 가진 확신이 초기에 과학의 추동력이 되었다는 점에서 현대 과학이 희랍 사상에 빚을 지고 있다고 흔히 말한다. 그러나 그리스의 세계관을 좀더 깊이 들여다보면 과연 그 세계관이 근대 과학의 방향으로 발전할 수 있었을지 의문이 든다. 플라톤과 아리스토텔레스는 사물의 참된 본성은 그 사물의 '질료'가 아니라 '형상'에 있다고 생각했다. 그래서 그들이 보기에 과학의 대상은 사물들의 본질적인(비경험적인) 형상이다. 이러다 보니 고대 그리스의 과학에서는 우리가 대상의 속성들을 그 대상의 본질에 대한 정의에서 논리적으로 연역해서(경험적인 연구를 통해서가 아니라!) 알 수 있다고 추정했다. 이것은 근대 과학의 방법이 결코 아니다.

이로부터 수세기가 지난 후 정형화되었고 결국에는 선구적인 사상가들에게 영향을 미쳤던 유대교 및 기독교의 창조 교리는 근대 과학을 탄생시켰고, 근대 과학은 면밀한 경험적인 기술과 귀납적 추리로 무장했다. 이 교리는 신의 자유로운 선택에 따라 세계가 생겨났고, 이로써 이 세계의 운행은 우연적이어서 귀납적이고 경험적인 방법의 연구 대상이 되었다. 신은 선하므로 그의 창조도 선하고 연구될 가치가 있다. 매스컬(1905~1993)은 창조 교리가 그리스적 관점을 뒤집고 근대 과학을 확고하게 지지하는 자연 철학을 제공했다고 설명한다.

> 기독교의 신이 창조한 세계는 우연적이고 규칙적이게 될 것이다. 세계의 창조자는 합리적이기에 세계는 규칙적이고 패턴화한다. 그러나 세계가 구현할 특정한 규칙성과 패턴들은 신이 자유롭기 때문에 선험적으로 예측될 수 없다. 즉 그 규칙성과 패턴들은 검사에 의해서만 발견될 수 있는 것이다. 그래서 기독교 유신론의 세계관에서 보자면 세계는 관찰과 실험이라는 과학적 방법이 적용되기에 이상적인 장(場)이다.[17]

기독교 사상가들은 창조 교리가 함축하는 바를 단번에 포착한 것이 아니라, 수세기의 성찰을 거쳐 터득했다. 그 이상의 함축하는 바가 도출됨에 따라 기독교 철학자들은 물질이 그 자체로 실재하고 이해될 수 있으므로 그것을 연구하기에 적합한 방법들이 개발되어야 한다고 확언하게 되었다. 그래서 근대 과학의 개념적인 씨앗들은 신학적인 통찰에 의해 심어졌다.[18] 과학은 그리스적 개념과는 급격히 다른 양상으로 발전하면서 근대에 들어와서 새롭게 발흥했다. 이것은 갈릴레오 사건이 남긴 많은 교훈들 중 하나다.

또 다른 종류의 한계와 관련된 문제는 최고의 과학 이론들이 더 이상 설명할 수 없는 한계 지점에 도달할 때 생겨난다. 좀더 일반적이고 포괄적인 과학 이론들이 과학적인 방법으로는 대답할 수 없는 의문들을 실제로 제기한다. 이 의문들은 본질적으로 형이상학적이어서 과학과 신학 사이에 대화의 문을 열어놓는다. 예를 들자면, 천문학자들과 이론 물리학자들은 우주의 최초 역사로 되돌아가서 초기 조건들에 관해 의문을 제기한다. 물리학자인 호킹(1942~)은 우주의 만물이 최초의 극미 지점에서 팽창했는데 이 지점에서는 가장 기본적인

17 E. L. Mascall, *Christian Theology and Natural Science* (New York: Ronald Press, 1956), p. 132. 또한 M. B. Foster, "The Christian Doctrine of Creation and the Rise of Modern Natural Science," *Mind* 43 (1934): 446-68을 참조하라.

18 비종교적 전통들이 제공하는 과학의 전제들을 검토하고 그것들이 유대교 및 기독교의 세계관의 전제들과 어떻게 대비되는지를 살펴보는 것은 이론적인 흥밋거리다. 역사적인 사실의 관점에서 보자면, 자연주의적 전통이 과학을 탄생시키지는 않았더라도 논리적인 면에서는 그럴 수도 있었을 것 같다는 생각을 해봄직하다. 또한 우리가 아는 근대 과학을 낳을 수 있었을 법한 비기독교적 종교들의 자연 개념들을 연구해보는 것도 이론적인 흥밋거리다.

물리 법칙들도 작용하지 않는다고 한다.[19] 이것은 과학이 설명할 수 있는 한 최대한 거슬러 올라간 것이기 때문에 과학은 한계에 도달한 셈이다. 이 탐구의 수준에 이르면 다음과 같은 심원한 물음이 제기된다. 물리학의 근본 법칙들이 존재하지 않는 시점이 있었다면, 어떻게 그 법칙들이 처음에 생겨났을까? 과학은 이런 의문에 대답할 수 없기 때문에, 어떤 이들은 우주의 존재와 구조의 창조적 근거로서 신에 관해 뭔가를 말해주는 신학이 여기서 들어서게 된다고 말할 것이다. 신학은 그 나름대로의 독특한 방법을 써서 과학이 우주에서 발견하는 우연성과 일반적인 질서를 이해할 수 있게 해준다. 그렇게 함으로써 신학은 같은 대상들을 다른 관점에서 보게 한다.

다양한 사상가들이 과학의 한계 문제들에 대해 신학이 대응할 수 있는 방법에는 여러 가지가 있다는 것을 알게 되었다. 예를 들어, 맥멀린(1924~)이라는 과학 철학자는 신학의 서술문들과 방법들을 과학의 그것들과 구별하면서 이 두 분야는 서로 다른 수준의 설명을 제시한다고 본다. 맥멀린은 우주에 대한 과학적 설명이 그 자체의 수준에서 대체로 완전하다고 주장한다. 그는 신학과 과학의 관계가 간격을 메우는 관계—즉 과학 내의 불완전한 설명들에 근거해서 신의 존재를 입증하는 논변들을 도출하는 관계—라고 생각할 필요는 없다고 본다. 게다가 과학이 발달함에 따라 그런 간격들은 종국에 가서 좁혀져서 신학이 할 역할은 아무것도 없게 된다. 그 대신에 맥멀린은 신학의 목적이 궁극적인 설명들을 제시하는 것이고 신학의 방법은 그 설명들을 구성하는 쪽으로 진행된다고 강조한다. 신학의 창조 교리는 우주가 어떻게 시작되었는지에 대한 역학을 설명하는 것이 아니라, 신에 대한 우주의 절대적인 의존을 확언한다고 맥멀린은 주장한다. 창조 교리가 이런 식으로 해석되면, 그 교리는 근대의 과학적인 우주론과 '일치'하며, 그 교리가 제시하는 우주에 대한 설명은 과학적 설명과 상충하지 않고 오히려 그것을 보완해준다. 그래서 신학은 과학, 역사, 문학 등과 마찬가지로 정합적인 세계관에 기여한다.[20]

---

19 Stephen Hawking, *A Brief History of Time* (New York: Bantam Books, 1988), chap. 8.

20 Ernan McMullin, "How Should Cosmology Relate to Theology?" in *The Sciences and Theology in the Twentieth Century*, ed. Arthur Peacocke (Notre Dame: University of Notre Dame Press, 1981), p. 52.

트레이시(1939~)는 종교가 다소 다른 방식으로 과학의 한계 지점에서 대화에 끼어들 수 있다고 본다. 신학은 과학의 용도(예컨대 대량 파괴 무기를 만들기 위해 원자 이론을 사용하는 경우)와 관련된 윤리적 문제들에 대한 통찰을 제공할 수 있다. 또한 신학은 과학의 가능성에 필요한 전제들(예를 들자면, 세계는 고전적인 종교적 맥락과 인간 경험의 구조에서 이해될 수 있는 합리적인 근거를 요구한다는 전제)에 영향을 미칠 수 있다고 트레이시는 생각한다.[21] 이것은 종교가 과학에 대해 줄 수 있는 영향력이다. 즉 과학의 한계 문제들에 대한 답을 주는 것이다. 반면에 과학은 신학에 대해 정보를 제공할 수 있다. 신학의 교리들은 문화적으로 조건화되어 있고 제한을 받기 때문에 신학적 방법이 발달하려면 과학의 새로운 진보를 감안해야 한다고 트레이시는 주장한다. 예를 들어, 근대적 의식에 영향을 미친 진화론으로 인해 창조 교리가 재구성되어야 하는 문제가 발생하는 것이다.

앞서 언급된 바와 같이, 종교와 과학 간의 대화의 장을 마련하기 위한 또 다른 방안은 그 두 분야의 방법론적인 유사성과 관련이 있다. 실증주의자들을 비롯해서 신정통주의 신학자들과 실존주의 사상가들이 과학을 객관적인 것으로, 종교를 주관적인 것으로 규정했더라도, 종교가 처음에 생각했던 것보다는 더 객관적인 반면에 과학은 중요한 면에서 주관적이라는 연구 결과로 인해 위의 이분법은 점차 퇴색해갔다. 그런 연구로 인해 사상가들은 종교의 방법과 과학의 방법 간의 뚜렷한 차이에 집중하기보다는 그것들 간의 유사성을 찾는 데에 주력하게 되었다. 현재의 목적을 위해, 과학과 종교의 방법론적인 유사성을 옹호하는 데에 인용될 수 있는 네 가지 요인들을 살펴보자. 그것들은 바로 공용 패러다임, 연구 프로그램, 관찰자 참여, 모델의 역할이다.

지난 수십 년 동안 핸슨(1924~1967),[22] 툴민(1922~1997),[23] 쿤(1922~1996)[24]과 같은 철학자들은 과학이 종전에 생각되던 만큼이나 객관적이지는

21 David Tracy, *Blessed Rage for Order* (New York: Seabury, 1975); *Plurality and Ambiguity* (San Francisco: Harper & Row, 1987).

22 Norwood Russell Hanson, *Patterns of Discovery* (Cambridge: Cambridge University Press, 1958).

23 Stephen Toulmin, *Foresight and Understanding* (Bloomington: Indiana University Press, 1961).

24 Thomas Kuhn, *The Structure of Scientific Revolutions* (Chicago: University of Chicago Press, 1970).

않다고 설득력 있게 주장해왔다. 그들은 과학적인 자료가 이론 의존적이며, 이론들은 증거를 분석할 때 못지않게 자유롭고 창조적인 과학적 상상에서 생겨나고, 이론들을 받아들이는 문제는 엄격하게 증거에 근거한 계산뿐만 아니라 과학자들의 역사적인 공동체에 의해 결정된다고 본 대표적인 과학 철학자들이다. 이 새로운 경향의 과학 철학에서는 '개인적인 관여(personal involvement)'라는 주제가 여러 다양한 방식으로 강조된다.

아마 쿤만큼 영향력을 크게 미친 과학 철학자도 드물 것이다. 쿤은 이론과 무관한 자료들을 언급하는 선명한 기준들에 의해 이론들을 검사할 때 과학의 방법이 객관적이지는 않다고 주장했다. 그 이유는 이론과 자료들이 모두 과학 공동체의 유력한 패러다임들에 의존하기 때문이다. 쿤이 그의 저서에서 '패러다임(paradigm)'이라는 말을 쓸 때 약간씩 다르게 사용하기는 했지만, 아래의 인용문은 계몽적이다.

> 한편으로는 ['패러다임' 이라는 말은] 주어진 공동체 구성원이 공유하는 믿음, 가치, 기술 등의 전체 집합을 나타낸다. 다른 한편으로는 그 말은 그 집합의 원소를 가리킨다. 그것은 퍼즐에 대한 구체적인 해결책들로서 정상 과학의 나머지 퍼즐들을 해결하기 위한 기초로서 명시적인 규칙들을 대체할 수 있는 것들이다.[25]

'정상 과학'이란 과학자들이 직면하는 연구 문제들을 지배적인 패러다임에 따라 해결하는 과학 공동체의 집단적인 노력을 뜻한다. 지배적인 패러다임에는 이미 해결된 퍼즐들의 사례들이 들어 있고, 그 패러다임은 다른 퍼즐들의 적합한 해결책으로 간주될 수 있는 것이 무엇인지를 결정하도록 도와준다. 기존의 패러다임은 약간의 부정적인 사례들을 가지고 반증하려 들면 저항하면서도, 그런 사례들을 예외적인 사례들로 간주하거나 임시 변통의 가설들을 명시함으로써 보존될 수 있다.

---

25 Ibid., p. 175.

쿤의 과학 혁명 개념은 종교와 유사한 면이 많다. 흔히 보수적이면서 전통의 지배를 받는 정상 과학은 지배적인 패러다임이 주요 퍼즐들을 해결할 때 난관에 봉착하면서 위기를 맞는다. 어느 시점에서 대안적인 패러다임이 기존의 자료들을 설명하면서 새로운 자료들을 좀더 만족스럽게 다루게 됨으로써 과학자들에게 매력적으로 보이게 된다. 그런 상황이 발생하면 과학에서는 전형적으로 중요한 패러다임 변환이 일어나고 이것이 바로 '과학 혁명'이 된다. 마찬가지로 지배적인 신학 패러다임—또는 세계관과 인생관—이 압력을 받고 새로운 패러다임이 상당히 많은 종교 공동체 구성원들에게 유망하게 보일 때에는, 신학 혁명이 거의 불가피하게 일어나게 된다. 이를테면 우리는 로마 가톨릭에서 개신교의 종교 개혁이 일어난 사건이라든지 페미니스트 신학자들이 전통적인 기독교 교리들을 거부하고 재구성하는 일을 이런 관점에서 해석할 수 있을 것이다. 또한 소승불교에서 대승불교가 출현한 것도 중요한 패러다임 변환이라고 여겨질 수 있다.

이 모든 것은 패러다임의 엄청난 사회적 성격을 강조한다. 과학에서의 주관성의 정도에 관해서 논란이 계속되고 있지만, 쿤의 도발적인 분석을 등에 업고 일부 사상가들은 종교적 전통들이 공동의 패러다임을 공유하는 공동체들로 간주될 수 있다고 주장하기도 했다. 종교 공동체들을 위한 자료에는 종교적 경험, 역사적 사건, 경전들이 있으며, 이 모든 것들은 지배적인 패러다임 안에서 해석되고 의미가 부여된다. 공인된 패러다임의 과학적 이론에 대한 도전과 마찬가지로 종교적 믿음에 대한 도전들에 대해서는 예외적인 사례로 치부하거나 임시 방편의 가설을 만들어서 벗어날 수 있다. 이것은 종교인들이 불리해 보이는 증거 앞에서도 자신의 믿음을 내세우는 성향을 설명해주는데, 과학자들도 종종 이와 같은 일을 한다는 것은 쿤이 보여준 바다. 그것은 바로 패러다임을 받아들이는 공동체 안에서 그 패러다임이 작용하는 방식이다.

과학과 종교 간의 방법론적인 유사성을 드러내기 위한 좀더 적합한 방식을 찾을 때, 어떤 이들은 쿤식의 혁명적인 패러다임 변환은 너무 극단적이라고 생각했다. 머피(1951~)는 연구 프로그램 개념이 좀더 나은 방법론적 유사성 개념을 제공해준다고 주장한다.[26] 라카토스(1937~1974)는 진행 중인 프로젝트에 참여하는 과학자들의 공동체는 보조 가설로 둘러싸여 있는 중핵 이론을 보존하려고 애쓴다는 의견을 제시한 바 있다. 보조 가설들은 중핵 이론을 보호하는 역할을 수행한다. 그래서 보조 가설들은 자료들이 중핵 이론을 뒤집지 못하도록 막기 위해 수정되고 심지어 거부되거나 교체되기도 한다. 연구 프로그램 개념은 불리해 보이는 자료들 앞에서 과학자들이 자신의 주요 이론에 집착하는 성향을 설명해주는 동시에, 그들이 이론적으로 적절하게 적응하는 능력을 설명해준다.

머피는 신학의 임무를 연구 프로그램으로 해석하는 것이 매우 유익하다고 생각한다. 신학적 연구 프로그램의 중핵에는 관련 공동체의 신앙의 최소한의 본질—신의 삼위일체적 본성, 신의 신성함, 예수를 통한 신의 계시 등—을 어떻게 요약하느냐에 관한 신학자의 판단이 들어 있다. 그 다음 단계는 그 중핵 이론에 의해 설명되는 보조 가설들을 개발하는 것이다. 이 보조 가설들은 장차 중핵 이론을 보호하기 위해 수정될 수 있다. 세 번째 단계는, 신학이 진정으로 과학과 유사하다면, 신학자가 중핵 이론과 보조 가설들을 확증하는 데에 도움이 되는 자료들을 찾는 것이다. 그 자료들은 일련의 종교적 경험들(예컨대 순종, 사랑, 온순, 영적 욕구, 공동의 지지)을 기술한다.

우리는 머피가 종교를 좀더 객관화함으로써 종교와 과학 간의 유사성을 찾으려고 한 반면에, 쿤의 추종자들은 과학을 좀더 주관화함으로써 그렇게 했다고 말할 수 있다. 하지만 다음과 같은 의문이 제기된다. 우리가 과학적 방법을 신학에(관점에 따라서는 신학을 과학적인 방법에) 적응시키려고 하는 이유가 무엇인가? 라카토스의 방법의 핵심은 경합하는 개념 틀이나 연구 프로그램들 중에서 어느 것을 선택하기 위한 객관적인 결정 절차를 제공하는 것이다. 새롭고 확증 가능한 자료들을 생성하는 대규모의 이론들은 진보하지만, 그렇

26 Nancy Murphy, "Revisionist Philosophy of Science and Theological Method"(이 논문은 1983년 봄에 개최된 *Pacific Coast Theological Society*에서 발표되었다). 또한 머피의 또 다른 저서, *Theology in the Age of Probable Reasoning* (Ithaca: Cornell University Press, 1990)을 참조하라. (PRSR3e, pt. 12, pp. 563-80에 재수록된 머피의 논문을 보라.)

지 못한 이론들은 퇴보한다. 분명히 신학은 수용 여부를 둘러싸고 경합하는 다양한 이론적인 입장들—기독교적인 입장과 비기독교적인 입장—에 직면한다. 우리는 그것들 중에서 어느 것을 선택할지 어떻게 결정해야 할까? 머피는 객관적으로 검증될 수 있는 인간의 경험에 관한 새롭고 중요한 사실들을 각각의 종교적 연구 프로그램들이 안출해내야 하리라고 대답할 것이다. 이 연구 프로그램들에서 도출되는 경험적인 주장들이 확증되면 그 연구 프로그램들이 지지를 받게 된다. 이와는 반대로 만일 그 경험적인 주장들의 부당성이 입증되지 않거나 심각한 예외적인 사례들에 봉착한다면, 그 연구 프로그램은 앞으로 나아가기보다는 퇴보하게 될 것이다. 이것이 의미하는 바는, 그 연구 프로그램이 다시금 진행할 수 있도록 일부 보조 가설들이 재평가를 받을 필요가 있다는 것이거나, 아니면 그 프로그램이 폐기되어야 한다는 것이다. 머피의 제안을 최종적으로 평가하기 전에 더 많은 논의가 필요하다. 그러나 여기서 우리는 머피가 신학과 과학의 방법들 사이에 긍정적인 관계—이 관계는 신학과 과학이 간주관적인 검사에 이바지하는 결정적인 객관성을 드러낼 수 있다는 사실을 반영한다—가 있다는 점을 간파했다고 말할 수 있다.

과학 철학자인 롤스턴(1932~)은 종교가 과학과 같다고 주장하는 대신에 과학이 중요한 면에서 종교와 같다고 주장한다. 그의 설명에 따르면, 과학에서도 개인적인 관여가 모종의 역할을 하는데 이것은 종교에서 나타나는 개인적인 관여의 본성과 다소 유사하다고 한다. 종교와 과학의 방법들은 개인적인 관여를 요구하는 반면에, 종교에서의 개인적인 관여가 목표하는 바는 사람의 개심(改心)과 방향 전환이라는 점을 롤스턴은 인정한다.[27] 물리학에서의 상대성 이론과 양자 역학의 출현은 종교와의 유사점을 찾는 사람들에게 흥미로운 사례 연구거리를 제공했다. 상대성 이론과 양자 이론 간의 관계가 논란거리이기는 하지만, 그 두 이론들은 과학에서의 관찰자의 지위를 재고하게끔 만들었다. 전통적인 개념에 따르면, 과학에서 관찰자는 관찰 대상과 분리된다. 그러나 양자 이론을 발전시킨 하이젠베르크(1901~1976)를 비롯한 물리학자들은

27 Holmes Rolston III, *Science and Religion: A Critical Survey* (New York: Random House, 1987), p. 12.

관찰 행위 자체가 관찰 결과에 영향을 미치며, 관찰자는 자료들에 연루된다고 주장했다. 하이젠베르크의 불확정 원리에 따르면, 우리가 전자의 위치를 엄밀하게 정하면 정할수록, 그것의 속도는 더욱더 덜 엄밀하게 결정된다고 한다. 그 이유는 위치를 결정하는 데에 빛이 사용되어야 하는데, 빛에 있는 한 개의 양자가 그 전자의 속도를 바꾸기 때문이다.[28] 또한 상대성 이론이 대상의 질량, 속도, 길이와 같은 가장 근본적인 측정치가 관찰자의 준거틀에 의존한다고 주장할 때에는 상대성 이론이 개인적인 관여를 전제하고 있다.[29] 예를 들어, 움직이는 대상은 운동 방향에서 보면 더 짧아 보이지만, 움직이는 대상 자체의 관점에서 보면 다른 대상들이 압축되어 있는 것처럼 보인다. 이 모든 것은 관찰자와 관찰 대상 간의, 탐구자와 실재 간의 밀접한 연결—분리불가성—을 강조한다.[30]

우리가 알 수 있듯이, 과학과 과학 철학에서 이루어진 놀라운 발전을 통해서 과학자들의 작업이 갖는 개인적 및 공동체적 특징들이 드러남에 따라 과학을 전적으로 객관적인 것으로, 종교를 전적으로 주관적인 것으로 보는 구식의 이분법이 압박을 받게 되었다. 그런데 종교가 주관적인 것으로 간주되어서는 안 된다고 주장하는 일부 학자들도 그 이분법에 대해 압박을 가했다. 예컨대 과학이 하듯이 종교도 공적인 고찰을 위한 그 나름대로의 자료들을 가지고 있는 것으로 해석될 수 있다는 것이다. 그 자료 중에는 종교적 경험, 예식, 경전들이 들어 있다. 더욱이 신학은 설명적인 임무를 수행할 때 정합성, 포괄성, 유용성이라는 개념적인 기준들에 근거할 수 있는데 이것은 바로 경험적인 이론을 과학에서 평가할 때 사용되는 기준들이다.

신학과 과학 간의 방법론적인 유사점을 드러내는 데에 도움이 되는 또 다

28 Norwood Russell Hanson, "The Philosophical Implications of Quantum Mechanics," *Encyclopedia of Philosophy*, vol. 7, ed. Paul Edwards (New York: Macmillan, 1967), p. 44. Hawking, *A Brief History of Time*도 참조하라.

29 상대성 이론을 대중적으로 번안한 책으로, Lincoln Barnett, *The Universe and Dr. Einstein* (New York: New American Library, 1952)과 Paul Davies, *Other Worlds* (London: Abacus, 1982)를 들 수 있다.

30 동양 종교를 신봉하는 일부 종교인들은 이런 분리불가성이 바로 우리가 절대자에 참여하는 것과 다름없다고 말한다. 이런 제안에 대한 후속 논의에서는 인식자와 인식 대상 간의 관계가 본질적으로 인식론적이냐(우리의 실험 방법들의 본성 및 범위와 관련이 있느냐), 아니면 존재론적이냐(사물들의 본성과 관련이 있느냐)를 결정해야 할 것이다. Fritjof Capra, *The Tao of Physics* (New York: Bantam Books, 1977) 참조.

른 요소로 각 분야에서 모델들을 사용하는 것을 들 수 있다. 바버가 지적했듯이, 과학이 직접 관찰할 수 없는 것을 상상하는 것을 돕기 위해 은유와 모델들을 사용하는 것과 똑같이 종교도 그것들을 사용한다.[31] 여기서 말하는 모델이란 관찰된 현상들을 설명하기 위해 고안된 상상에 의한 심적인 구성 개념이다. 바버는 다음과 같이 말한다.

> 모델은 대개 상상된 메커니즘이나 과정이다. 그것은 익숙한 메커니즘이나 과정들과의 유비에 의해 가정된다 …… 그것의 주된 용도는 예측을 하는 것뿐만 아니라 우리가 세계를 이해하는 것을 도와주는 것이다 …… 수학적인 모델처럼 그것은 물리적인 체계를 상징적으로 표상한다. 그러나 세계의 기반 구조를 표상하려고 의도한다는 점에서 차이가 난다. 그것은 어느 의미에서 현상들을 설명하는 이론을 발전시키는 데에 사용된다.[32]

전문적인 신학뿐만 아니라 실천적인 종교의 모델 사례들을 찾는 일은 그리 어렵지 않다.

페미니스트 신학자인 맥페이그(1933~)는 기독교 공동체에서 두드러진 모델들 중 일부를 거론하는데 이 모델들은 인간의 경험에서 생겨나고 우리가 신의 특정한 측면들을 이해하는 것을 도와준다. 그녀는 세 가지 인격적인 모델들을 분석한다. 어머니로서의 신(양육과 보살핌을 표상), 연인으로서의 신(인간에 대한 신의 열정을 표상), 친구로서의 신(신과 신앙인 사이의 상호 유대를 표상)이 그것이다.[33] 종교에 대한 이와 같은 연구들을 통해서 종교가 상투적인 모델들이 인정하는 것보다 더 많은 구조를 가지고 있고 더 객관적이라는 점이 드러날 뿐만 아니라, 종교의 구조와 객관성은 과학적인 탐구에서 발견되는 요소들과 유사하다는 것이 확인된다.

---

31 Ian Barbour, *Myths, Models, and Paradigms: A Complete Study in Science and Religion* (New York: Harper & Row, 1974), pp. 41–51.

32 Ibid., p. 30.

33 Sallie McFague, *Metaphorical Theology: Models of God in Religious Language* (Philadelphia: Fortress Press, 1982).

통합에의 시도

일부 사상가들은 종교와 과학이 대화 모델이 인정하는 것보다도 더 밀접하고 유기적인 관계를 맺을 수 있다고 주장한다. 우리가 실재를 통합적이고 포괄적으로 이해하기 위해서는 그 두 분야 간의 통합이 가능할 뿐만 아니라 필요하다고 그들은 주장한다. 바버는 신학의 내용과 과학의 내용 사이에 세 가지 형태의 통합—자연 신학, 자연의 신학, 체계적 종합—이 이루어질 수 있다고 본다.

전통적인 자연 신학은 우주의 존재에서, 그리고 자연 내부의 설계에 대한 증거에서 신의 존재로 추론해간다. 6장에서 살펴본 바와 같이, 자연 신학자들은 신성한 계시나 종교적 경험보다는 인간의 이성에 근거한 논변들을 구축한다. 아마 자연 신학의 가장 통속적인 예가 바로 다양한 형태의 목적론적 논변이 될 것이다.[34] 현대에 들어와서는 새롭고도 풍부한 과학적인 연구 결과에 근거한 약한 인류발생론적 원리(anthropic principle)가 흔히 목적론적 논변을 만드는 데에 사용된다.[35] 그래서 과학의 새로운 이론들과 연구 결과들은 자연 신학이 이용할 수 있는 소재거리가 된다. 자연 신학의 목표와 방법들은 경험 과학의 그것들과 다른 반면에, 자연 신학과 경험 과학의 설명 대상들은 동일하다. 이것은 자연 신학이 과학의 내용과 신학의 내용 간의 통합을 이루는 한 형태로 간주될 수 있다는 것을 뜻한다.

종교와 과학을 다른 방식으로 통합하려는 시도가 자연의 신학(theology of nature)에 관심을 갖는 사상가들에 의해 이루어졌다. 자연 신학(natural theology)과 달리, 자연의 신학은 과학에서 출발해서, 독특한 종교적 경험과 경전을 가진 특정 종교 전통으로 옮겨가지 않는다. 자연의 신학은 과학의 내용을 신의 존재를 입증하는 데에 사용하는 것이 아니라 전통적인 신학 교리들을 교육, 재구성, 재해석하는 데에 사용한다. 예를 들어, 기독교의 지적 공동체 안에서 창조 교리, 섭리 교리, 인간의 본성에 대한 교리들은 여러 과학들에서 제시된 최신 이론들의 영향을 받는다. 피콕(1922~2006)에 따르면, 지금은 과학이

34 흄은 그의 저서에서 이런 식의 논변을 엮어 나갔다. David Hume, *Dialogues concerning Natural Religion* (Indianapolis: Hackett, 1980).(이 책의 제10부가 PRSR3e, pt. 7, pp. 296-304에 재수록되어 있다.)

35 L. Stafford Betty and Bruce Cordell, "The Anthropic Teleological Argument," *International Philosophical Quarterly* 27 (1987): 409-35. (PRSR3e, pt. 5, pp. 235-46에 재수록)

자연의 성격을 역동적이고 진화적인 것으로 규정한다. 그리고 자연의 긴 역사는 우연과 법칙이 상호 작용함으로써 생겨나는 새로움의 역사라고 한다. 사물들에 대한 새로운 과학적인 상을 설명할 때 피콕은 다음과 같이 말한다. "사건들의 자연적이고 인과적이며 창조적인 연계 자체가 신의 창조 행위다."[36] 많은 사람들이 피콕의 접근법을 평가하기를, 종교와 과학 간의 관계가 자연 신학에서 가능한 것보다도 더 밀접해지는 길을 열어놓았다고 한다. 그 이유는 (일반적인 방식으로 성격이 규정된) 과학의 대상들이 이 세상에서의 신의 현존과 활동을 매개하는 것으로 해석되기 때문이다.

세 번째 형태의 통합은 자연 신학이나 자연의 신학과는 아주 다른데, 그것을 체계적 종합(systematic synthesis)이라고 한다. 이것은 포괄적인 형이상학적 체계, 즉 통합적인 세계관 아래에서 핵심적인 종교적 주제들을 기본적인 과학적 통찰과 종합하려는 시도다. 이런 시도의 현대적인 예로서 가장 중요하면서도 가장 영향력 있는 것이 아마 화이트헤드(1861~1947)의 과정 철학일 것이다. 화이트헤드는 어떻게 종교와 과학의 목표들이 더 크고 더 포괄적인 목표에 유착(癒着)하는지, 그 두 분야가 어떻게 각기 이 세상에 실재하는 대상들의 본성에 대한 통찰력을 갖는지, 우리가 그 두 분야의 방법들을 통해서 우주를 이해하기 위한 새로운 보편적인 주제들을 어떻게 알게 되는지를 보여줌으로써 종교와 과학을 통합했다는 평을 들을 수 있다. 요컨대 화이트헤드는 종교와 과학이 형이상학적인 비전에 이바지하도록 만든 셈이다.

화이트헤드는 뉴턴적인 자연관뿐만 아니라 중세적인 자연관도 거부한다. 중세적인 자연관에 따르면, 자연은 고정되고 불변하는 계층적 질서를 구현하면서 목적론적으로(합리적인 목적을 향하도록) 작용한다. 중세 사상가들이 보기에 실재를 구성하는 모든 실체들은 영혼과 물질이라는 이원론을 포함한다. 영혼은 영원하고 신과 우리가 연결되는 끈인 반면에, 물질은 일시적이고 불완전하다. 뉴턴적인 관점에서 보면 자연은 우주의 불변하는 구성 요소들을 지속적으로 재배열한다. 원자론(실재가 엄밀한 인과적 필연성에 따라 작용

36 Arthur Peacocke, *Intimations of Reality* (Notre Dame: University of Notre Dame Press, 1984), p. 63. 또한 그의 다른 저서 *Creation and the World of Science* (Oxford: Clarendon Press, 1979)를 참조하라.

한다는 신념)은 뉴턴적인 자연관의 특징이다.

화이트헤드는 새로운 자연 개념들을 통해서 자연이 진화적이고 역동적이어서 시간이 흐름에 따라 새롭고 신기한 형태들이 나타나는 것으로 보게 된다고 주장한다. 결정론적 개념들은 우연, 무작위성(randomness), 무질서의 개념들로 교체되어 자연은 구조뿐만 아니라 개방성에 의해서도 그 성격이 규정된다. 더욱이 자연은 관계적이고 생태학적이며 상호 의존적인 것으로 이해된다. 실재는 분리된 실체들과 그것들의 작용으로 이루어는 것이 아니라, 사건과 관계들로 구성되는 것으로 여겨지게 되었다. 화이트헤드에 따르면, 실재에 대한 통전적(通全的, holistic) 개념은 모든 형태의 이원론을 무효로 만든다고 한다. 인간 본성에 대한 이원론적 관점은, 인류의 특별한 역량을 인정하면서도 그것이 자연 질서 안에서 다른 피조물들과 상호 의존적이며 그 산물이라고 주장하는 진화론적 관점으로 대체된다. 그리하여 자연을 왕국으로 보는 중세적 관점과 자연을 기계로 보는 뉴턴적 관점은 자연을 공동체로 보는 관점으로 대체된다.

20세기 과학이 고수하는 진화론적 자연관과 일치하는, 실재에 대한 체계적이고 형이상학적인 해석을 제시하는 것이 화이트헤드 철학의 진수다. 화이트헤드의 형이상학에서는 존재보다는 생성이, 영속성과 지속성보다는 변천과 활동이 우위에 있다. 화이트헤드가 '현실적 발현(actual occasion)'이라고 부른 모든 개체들은 의식 경험의 중심이고, 각각은 다른 모든 발현에 영향을 미치면서 실재를 상호 의존적이고 생태학적이게끔 만든다. 자연의 거대한 서열은 경험의 조직과 통합의 스펙트럼을 표상한다. 전자(양자물리학에 따르면 전자는 일시적이고 불확정적으로 존재한다)와 같은 개체는 통합의 수준에서 상대적으로 낮은 위치에 있고, 세포는 그것보다는 상당히 높은 수준에 있으며, 식물과 동물들이 위치해 있는 수준은 점점 더 높아진다. 인간은 매우 높은 통합 수준에 있으며, 여기서 모든 하위 수준들이 통합된다. 이러한 핵심적인 사상들로 인해 화이트헤드는 자신의 이론을 '유기체의 철학'이라고 칭했다.[37] 8

37 물론 과정 철학의 고전적인 원천은 Alfred North Whitehead, *Process and Reality* (Cambridge: Cambridge University Press, 1929)이다.

장에서 악의 문제에 대한 과정 신학의 답변을 논할 때, 과정 철학에서는 각각의 개체가 전체 실재와 상호 연결되어 있으면서도 각자 고유한 개체성과 자기 결정력을 보유하고 있는 것으로 본다는 점을 확인했다.

화이트헤드는 현대 과학이 고취한 사상들과 신학적인 사상들을 매우 복잡한 방식으로 연결시킨다. 화이트헤드에게 신은 (그의 초생적 본성에서) 세계 내에 있는 질서의 궁극적인 근거요 사건들의 진전 방식을 위한 모든 가능성을 제공한다. 신은 특정한 '최초의 주관적인 목표들'을 선택해서 세계 내의 개체들에게 그 목표들을 나눠주고 자기가 계획하는 가능성들이 실현되도록 추구한다. 그러나 신은 (그의 결과적 본성에서) 세계 내의 사건들에게서 영향을 받는다. 신은 현실적인 결과들에 반응하고 거기에 적응하면서 언제나 사물들을 위한 자신의 이상적인 목적들을 향해 사물들을 유혹하려 들기 때문이다. 그의 결과적인 본성에서 신은 피조 세계의 모든 가치 있는 경험과 성취들을 보존하여, 불멸적인 과정의 형태로 귀착한다. 신과 세계는 상호 의존적이고 호혜적이다. 화이트헤드의 신은 우주를 자신의 왕국으로 생각하고 군주처럼 통치하는 존재가 아니다. 오히려 그 신은 사건들을 '설득'하고 아주 깊은 수준에서 그것들에 대해 '영향을 미친다.'

통찰

우리가 종교와 과학의 목적, 대상, 방법들에 관해서 어떻게 생각하느냐에 따라 그것들 간의 관계를 갈등, 독립, 대화, 통합 중 어느 것으로 볼 것이냐가 결정된다. 핵심적인 사상가들은 철저한 갈등이나 독립으로 귀착되는, 종교와 과학의 목적, 대상, 방법 개념들에서 점차 멀어지고 있으며, 지성인들 사이에서 모종의 대화나 통합에 대한 관심이 대두되고 있다. 이러한 변화는 서로 다른 분야의 경험들이 유의미한 대화나 포괄적인 시각에서 서로 맞물려져야 한다는 근본적인 직관에 근거해 있는데 이는 옳은 일이다. 이런 노력에 대한 학문적인 관심은 너무 높아서 창조적인 새로운 제안들이 불원간에 쏟아져 나올 것이다.

| 연구문제 |

1. 종교와 과학의 관계에 대해 여기서 제안된 네 가지 상이한 견해들의 성격을 규정하라. 그리고 각 견해의 근거를 논하라.
2. 종교와 과학의 관계는 매우 복잡하다. 어떤 수준에서는 그것이 철학적인 문제인 반면에, 다른 수준에서는 정치적이고 제도적인 문제가 된다. 갈릴레오 사건과 창조론 대 진화론의 논쟁을 출발점으로 삼아, 이 서술문이 의미하는 바를 고찰하라.
3. 수세기 동안 신학적인 탐구는 뉴턴이 세계에 대한 우리의 과학적인 이해에 기여했다는 것을 인지한 상태에서 이루어졌다. 물리학에 나오는 상대성 이론에 관한 문헌들을 읽은 후 그 이론이 현대 신학에 어떤 영향을 미쳤을지 고찰해보라. 양자역학에 대해서도 마찬가지로 고찰해보라.
4. 자연 과학과 사회 과학은 현격히 차이가 나는가? 이에 관해 생각하기에 앞서 사회 과학의 방법, 목적, 대상들을 먼저 확인하고, 그것들과 자연 과학의 방법, 목적, 대상들을 구분하라.
5. 이 장에서는 신학과 자연 과학의 관계를 논했다. 신학과 사회 과학 간의 관계에 대한 논의가 어떻게 진행될지 설명하라.
6. 우리가 알고 있는 바로서의 과학은 우리가 실재의 구조에 관해서 어떤 가정을 하게끔 만든다는 생각에 대해 연구해보라. 유대-기독교의 세계관에서 발견되는 전제들은 다른 종교의 세계관들에서 발견되는 전제들보다 과학에 더 도움이 된다는 주장에 대해서 어떻게 생각하는가? 또 비종교적인 세계관들과 비교해서는 어떠한가?
7. 종교와 과학이 완전히 독립적이거나 구분되어 있다고 보는 사상을 하나 골라서 그 입장의 장점을 옹호하는 논변을 구성하라. 그렇게 한 후 그 입장을 반대하는 논변을 구성해보라.
8. 일반적인 물리 법칙에 따라 작용하는 세계 질서를 신이 창조했다고 유신론자들은 주장한다. 그 자연 법칙들 중 일부가 생물학적 진화론에 들어 있다는 주장을 조사해보라.
9. 종교와 과학 간에 갈등이 내재한다고 보는 모델과 잠재적인 갈등을 허용하면서도 대화나 통합의 관계로 보는 모델의 차이는 무엇인가?

| 참고문헌 |

Ayala, Francisco. *Darwin's Gift to Science and Religion*. Washington, D.C.: Joseph Henry Press, 2007.

Barbour, Ian G., ed. *Ethics in an Age of Technology: The Gifford Lectures*. Vol. 2. San Francisco: Harper & Row, 1993.

——. *Religion in an Age of Science: The Gifford Lectures*. Vol. 1. San Francisco: Harper & Row, 1990.

——. *When Science Meets Religion: Enemies, Strangers, or Partners?* San Francisco: Harper Collines, 2000.

Brooke, John Hedley. *Science and Religion*. Cambridge: Cambridge University Press, 1991.

Davies, Paul. *God and the New Physics*. New York: Simon and Schuster, 1983.

Dawkins, Richard. *The Blind Watchmaker*. New York: W. W. Norton, 1986.

——. *The God Delusion*. New York: Houghton Mifflin, 2006.

Dillenberger, John. *Protestant Thought and Natural Science*. New York: Doubleday, 1960.

Gould, Stephen Jay. *Ever Since Darwin*. New York: W. W. Norton, 1977.

Hawking Stephen. *A Brief History of Time*. New York: Bantam, 1988.

Mascall, E. L. *Christian Theology and Natural Science*. London: Oxford University Press, 1979.

McGrath, Alister. *The Foundations of Dialogue in Science and Religion*. Oxford: Blackwell, 1998.

Murphy, Nancey. *Theology in the Age of Scientific Reasoning*. Ithaca: Cornell University Press, 1990.

Nebelsick, Harold. *Theology and Science in Mutual Modification*. New York: Oxford University Press, 1981.

O'Connor, Daniel, and Francis Oakley, eds. *Creation: The Impact of an Idea*. New York: Scribner's, 1969.

Peacocke, Arthur. *Imitations of Reality: Critical Realism in Science and Religion*. Notre Dame: University of Notre Dame Press, 1984.

——. *Theology for a Scientific Age*. Oxford: Blackwell, 1990.

Peters, Ted, ed. *Toward a Theology of Nature*. Louisville: Westminster/John Knox Press, 1993.

Polkinghorne, John. *Science and Theology: An Introduction*. Minneapolis: SPCK/Fortress, 1998.

——. *One World*. Princeton: Princeton University Press, 1987.

——. *Reason and Reality: The Relationship between Science and Theology*. Philadelphia: Trinity Press International, 1991.

——. *Serious Talk: Science and Religion in Dialogue*. Valley Forge: Trinity Press International, 1995.

——. *The Way the World Is: The Christian Persepective of a Scientist*. London: Triangle Press, 1983.

Rae, Murray, et al. *Science and Theology*. Grand Rapids: William B. Eerdmans, 1994.

Ratzsch, Del. *Philosophy of Science: The Natural Sciences in Human Perspective*. Downers Grove: InterVarsity Press, 1986.

Rolston, Holmes, III. *Science and Religion: A Critical Examination*. Philadelphia: Temple University Press, 1986.

——. *Genes, Genesis, and God: Values and Their Origins in Natural and Human History*. Cambridge: Cambridge University Press, 1999.

Wilson, E. O. *Consilience: The Unity of Knowledge*. New York: Knopf, 1998.

14장 ●● 종교적 다원성: 우리는 종교들 간의 차이를 어떻게 이해할 수 있는가?

어떤 선(禪)불교도는 그의 종교적인 경험과 믿음을 다음과 같이 묘사하고 있다.

> 오늘은 극도로 격앙된 상태에 이르렀다 …… 감시자들은 나를 여러 번 호되게 때렸다 …… 그들이 강하게 휘두르는 몽둥이는 더 이상 성가시지 않았고, 하나의 자극에 불과했다 ……
>
> 그 다음에 스승은 다시금 무(無)를 요구했다.[1] 마치 그를 때리려는 듯이 내 손이 재빨리 올라갔다. 실제로 그를 치려고 하지는 않았지만 그는 몸을 피했다 …… 전혀 계획되지 않았던 이 움직임들이 얼마나 기분 좋고 상쾌하고 자유로운지 ……
>
> …… 스승에게 나의 직관을 말하려고 하지 않았지만, 내가 그의 앞에 서자마자 그는 "어젯밤에 무슨 일이 있었느냐?" 고 물었다 …… 그는 나에게 질문을 퍼붓기 시작했다. "어디서 너는 무를 보느냐? …… 어떻게 너는 무를 보느냐? …… 무를 무엇이라고 보느냐? …… 무는 얼마나 오래되었느냐? ……"
>
> 아홉 시간 동안 내 자신을 무에게 던지고 몰입할 때 나는 완전히 사라졌다

1 무는 고대 선불교의 코안(koan)의 일부로서 '아님, 무소유, 아무것도 가지지 않음' 을 의미한다.

…… 나는 조반을 먹지 않았지만 무는 먹었다. 내가 조반 후에 마루를 쓸고 닦지 않았지만 무는 그렇게 했다. 나는 점심을 먹지 않았는데 무가 먹었다 ……

내가 스승의 방에 들어가서 그의 앞으로 걸어나가 부복한 다음 정신을 가다듬고 명랑하게 그의 앞에 앉자 스승은 마치 매처럼 나를 빤히 쳐다보았다.

그는 "우주는 일자다"라고 말하기 시작했다. 그의 말 한 마디 한 마디가 총알처럼 나의 마음을 꿰뚫었다. "진리의 달—." 갑자기 스승도 방도 그리고 모든 사물들도 현란한 빛 속으로 사라졌고 나는 감미롭고 이루 말할 수 없는 기쁨에 잠기게 되었다 …… 흘러가는 영겁 속에서 나 혼자만 있었다 ……

"아! 이제 알겠다! 아무것도 없다. 전적으로 아무것도 없다. 내가 모든 것이고 모든 것은 무다!" 나는 스승보다도 나 자신에게 더 외치면서 벌떡 일어나 걸어나왔다 ……[2]

선불교도의 종교적 믿음과 관행은 서양 종교와 관련된 믿음이나 관행과는 동떨어진 것처럼 보인다. 그러나 선불교도는 이런 믿음들이 참되다고 보고 이런 종교적 생활 방식이 만족스럽다고 생각한다. 만일 그의 믿음들이 다른 종교적 믿음들과 현저하게 다르다면, 이 모든 믿음들이 참될 수 있을까? 참되다면, 궁극적인 실재를 이해하는 데에 이것이 함축하는 바는 무엇인가? 참되지 않다면, 어느 것이 참되고 어느 것이 참되지 않다는 것을 우리가 어떻게 결정하는가? 요컨대 우리는 다양한 종교적인 주장들을 어떻게 이해하고 해석해야 하는가?

종교적 다원성

복잡한 세계 속에서 살고 있는 우리는 어느 하나의 종교적 관점만을 진지하게 옹호하면서 다른 관점들을 쉽사리 무시할 수는 없다. 현대적인 통신 및 교통수단, 관광 여행, 교육의 교류, 이민, 국제 무역 등으로 인하여 문화적인 통합

2 Philip Kapleau, ed., *The Three Pillars of Zen* (Garden City: Anchor Press, 1980), pp. 237-9.

이 이루어져 왔고 이것은 새천년의 특징이 되었다. 다양성과 다원성은 이 시대의 표제어들이다. 다양한 종교들 간의 접촉도 그리 새로운 현상이 아니다. 주요 종교들 중 어느 것도 완전히 고립된 채로 존재한 적은 없었다. 종교들 간의 기원과 발전은 서로 얽혀 있다. 유대교는 다양한 셈족 종교들 속에서 독자적으로 발전했고, 기독교는 유대교에서 갈라져 나왔으며, 이슬람교는 나중에 그 두 종교와 접촉하면서 발전했다. 힌두교는 인도 고유의 드라비다 종교에 침략자인 아리아족의 사상과 관습이 혼합된 것이다. 불교는 힌두의 금욕적인 문화에 반응하면서 발흥한 후 유교 및 도교와 상호 작용하면서 중국에서 발전했다. 그리고 주요 종교들에 해당되는 사항은 그 종교들에서 파생되어 나온 종파와 종교들에 대해서도 해당된다. 그 예로 이슬람교에서 나온 바하이교가 있고, 기독교에서 나온 몰몬교나, 크리스천 사이언스, 유니테리언파라든지, 한국의 개신교와 신유교와 불교를 배경으로 한 통일교, 그리고 힌두교와 이슬람교에서 나온 시크교 등을 들 수 있다.

순전히 역사적인 관점에서 볼 때, 우리는 종교를 고립된 견지에서 생각해서는 안 된다. 어떤 이들은 우리가 개별적인 종교들의 통합된 역사뿐만 아니라 종교적 신앙과 관행의 포괄적인 역사도 구축할 수 있다고 주장하기도 한다.[3] 그러한 설명은, 각 종교마다 한 장씩 배정하고 거기서 그 종교의 역사, 인물, 믿음, 관행들을 논하는 표준적인 종교 교과서의 설명과는 매우 다를 것이다. 그것은 한 종교의 믿음과 관행들이 다른 종교들의 믿음과 관행들에 어떻게 영향을 미치는지를 도출하는 역사가 될 것이다. 예컨대 포괄적인 종교사(宗教史)에서는, 부유한 왕자가 세속적인 권력을 버리고 출가해서 가난한 금욕 생활을 했다는 이야기가 힌두교나 자이나교에서 시작해서 불교와 마니교와 이슬람교를 통해 전래되었으며, 마침내 기독교화되어 톨스토이의 기독교적인 종교 경험에서 일익을 담당했다는 식으로 설명하게 될 것이다. 또는 그런 종교사는 불교에서 시작해서 이슬람교를 거쳐 가톨릭에 이른 묵주의 사용과 같은 종교적 관행을 추적하기도 할 것이다.[4]

3 이것은 Wilfred Cantwell Smith, *Towards a World Theology* (Philadelphia: Westminster, 1981)의 핵심 주제이기도 하다.

우리는 다양한 종교들의 관행, 의식, 신념들 간의 유사성을 무시할 수 없다. 많은 종교 의식들이 촛불과 향료를 사용하고, 신에게 다양한 종류의 예물을 바치는 예식을 담고 있다. 힌두교도와 기독교도들은 성병(聖餠)을 먹는다. 이슬람교도, 힌두교도, 자이나교도, 시크교도들은 성소(聖所)에 들어갈 때 신을 벗는다. 종교적인 신념들을 보자면, 유대교와 기독교와 이슬람교는 일신론적이고, 대다수의 종교들이 인간사에 영향을 미치는 영적인 존재를 믿는다. 기독교와 힌두교에서는 신의 성육신 교리가 중요한 역할을 하며, 황금률이 유교와 기독교에서 두드러지게 나타난다.

반면에 종교들 간의 현저한 차이도 여전히 존재한다. 소승불교는 신의 존재를 인정하지 않고, 힌두교의 베단타 학파는(브라만이나 불이론적 절대자라고 불리는) 궁극적 실재에서는 어떠한 구별도 없다고 믿는다. 정통 기독교는 삼위일체를 믿고 힌두교는 다신론을 믿는 반면에, 이슬람교와 유대교는 엄격한 일신교다. 이런 차이는 계속 들춰낼 수 있지만, 비교 종교학적인 상세한 연구는 이 책의 범위를 넘어선다. 우리가 말하려는 논점은 이것이다. 다양한 종교들이 서로 비슷한 진리를 주장하기도 하고 다른 주장을 하기도 하는데, 그렇다면 한 종교의 신봉자가 자신의 종교의 진리들을 공언하면서 다른 종교들의 진리에 관한 주장에 대해서는 어떻게 접근해야 하는가? 이것은 바로 이 장의 근본적인 물음이기도 하다.

우리의 물음은 자주 오해를 받는다. 우리는 한 종교의 신봉자가 어떻게 다른 종교의 신봉자에 대해서 접근해야 하는가를 묻는 것이 아니라, 한 사람이 다른 사람이 신봉하는 것에 어떻게 접근해야 하는지를 묻는 것이다. 우리가 다른 종교의 진리 주장들을 어떻게 접근해야 하는지를 묻는 것은, 어떠한 믿음들을 믿는 것이 합리적인지를 묻는 인식론적인 물음이 되는 한편, 실제로 존재하는 것이 무엇이냐는 존재론적인 물음이 되기도 한다. 이러한 물음들에 대답하려면 다양한 종교들의 진리 주장들을 고찰해야 한다. 그 물음을 묻는 사람은 다른 사람들의 종교적인 주장들을 호의적으로 이해하고, 그 주장들이

4 이 두 가지 사항들은 Smith, *World Theology*, pp. 6–13에서 자세히 서술되어 있다.

의미하는 바와 그 종교의 신봉자들의 삶에 대해서 그 주장들이 갖는 의의를 해석하며, 그 주장들의 진리성을 비판적으로 평가하려고 한다. 반면에 우리가 다른 사람들에 대해 어떻게 접근해야 하는지를 묻는 것은 도덕적인 물음이다. 우리가 다른 종교의 신봉자들을 대할 때에는, 적어도 우리의 종교 윤리가 다른 사람들을 어떻게 대우하라고 가르치는 만큼은 대우해줘야 한다. 흔히 관용, 이해, 돌봄, 동정과 같은 말들이 그런 논의를 지배한다.

진리의 주장들을 평가하는 것과 사람들을 도덕적으로 대하는 것은 별개의 문제라는 점이 자주 잊혀진다. 따라서 사람들이 옳다고 생각하는 것은 무엇이든지 그들에게 옳다는 상대주의를 우리가 채택하지 않는다면, 그리고 종교적 진리들이 이문화(異文化) 간에 간주관적으로 평가될 수 있다는 신념을 포기하지 않는다면, 우리는 타 종교인들을 용납하지 못하고 있는 셈이라고 주장하는 사람들도 있다. 그래서 그들은 종교의 오점들—이슬람교도들의 성전(聖戰), 십자군, 테러리즘, 종교 재판, 대학살 등—을 들먹인다.

우리는 종교인들이 자신의 종교를 명분으로 내세워 저지른 잘못들을 무시해서는 안 된다. 그 악행들이 어디—암리차르(Amritsar), 베이루트, 벨파스트, 예루살렘, 카시미르, 코소보, 뉴욕 등—에서 저질러졌든 간에 과거와 현재를 불문하고 통탄스러운 짓이다. 그러나 우리와 의견을 달리하는 사람들을 어떻게 대해야 하는지에 관한 서술문들이 그들이 신봉하는 진리나 허위에 관한 인식론적인 서술문들에서 직접 나온다고 잘못 추론해서는 안 된다. 또한 그것은 불일치의 정당성에 관해서 어떠한 것도 함축해서는 안 된다. 타인들에 대해 관용하고 열린 마음을 갖는다고 해서 그들이 믿거나 생각하는 바에 우리가 동의해야 한다는 결론이 나오지는 않는다. 만일 그런 결론이 나온다면, 이 책에서 불일치에 관해 합리적으로 토론하는 것은 도덕적으로 용인될 수 없을 것이다.

배타주의

종교적 다원성에 대한 철학적인 접근법에는 세 가지가 있다. 배타주의, 다원주의, 포섭주의가 그것이다.[5] 배타주의자들은 구원, 해방, 인간성의 완성을 비롯해서 우리가 종교의 궁극적인 목표라고 간주하는 것은 무엇이든지 간에 오로지 하나의 특정 종교에서만 찾을 수 있다고 본다. 다른 종교들에도 진리가 있지만 하나의 종교만이 구원이나 해방의 길을 제공함으로써 배타적으로 유효하다고 보는 것이다. 또한 다른 종교를 신봉하는 사람들은 비록 경건하고 도덕적이더라도 그들의 종교를 통해서는 구원받을 수 없으며, 그들이 구원받으려면 유일한 길에 관해서 듣고 그것을 인정해야만 한다고 배타주의자들은 주장한다. 이 종교가 명시하는 유일한 구원의 구조는 존재론적으로 필연적(구원의 객관적인 조건들이 실제로 적소에 있어야 한다)이면서 인식론적으로도 필연적(구원을 추구하는 사람들은 그 조건들에 관해 알아야만 한다)이다. 이러한 종류의 믿음들은 종교적인 전도와 선교의 열정을 설명하는 데에 도움이 된다.

자신들의 견해를 면밀하게 검토해온 배타주의자들은 각 종교에서 진리라고 내세우는 주장들이 양립할 수 없다는 데에 근거해서 배타주의를 옹호한다. 양립할 수 없는 진리 주장들은 함께 참이 될 수는 없다. 따라서 그 주장들이 모순될 경우 적어도 그중 하나는 거짓임에 틀림없다. 이것을 교리적 배타주의라고 부를 수 있겠다. 한 종교의 교리들은 대개 참인 반면에 다른 종교들에 있는 교리들 중 그것들과 모순되는 주장들은 대개 거짓이라고 보는 입장이다. 종교적 교리들은 흔히 구원과 연결되기 때문에, 한 종교의 구원에 관한 교리들이 대개 옳다면 그것과 모순되는 교리들은 옳지 않다고 본다.

기독교적 배타주의의 한 사례로, 종교와 계시를 대비시킨 개신교의 신학자인 바르트(1886~1968)를 들 수 있다. 그는 종교가 신의 계시에 대항하는 도전적이고 오만한 인간의 노력으로서 신앙과 대립한다고 본다. 종교는 우리의 관점에서 신을 이해하고 우리와 신과의 불화를 우리 자신의 노력에 의해서 극복하려는 불가능하고 죄스런 시도라고 한다. 종교가 불가능한 이유는 신만이 화해를 성취할 수 있기 때문이며, 종교가 죄스런 이유는 우리가 만든 우상으

5 Alan Race, *Christians and Religious Pluralism: Patterns in the Christian Theology of Religions* (Maryknoll: Orbis Books, 1982).

로 신을 대체하려고 하기 때문이다.[6] 구원은 신의 참된 계시를 통해서만 이루어지며, 신은 계시에서 자신을 우리에게 보여준다. 우리 자신을 구원하려는 시도는 실패할 수밖에 없으므로 우리가 구원에 대한 신의 주도권이 있는 곳을 찾아내는 것은 중요한 문제다. 신이 자신만이 가지고 있는 목적들을 어디서 계시하는지를 우리가 일단 발견하기만 하면, 구원을 위해 다른 곳으로 가는 것은 어리석은 짓이 된다.

바르트는 다른 종교들이 진리와 높은 수준의 도덕적 이념과 미적 가치를 가지고 있음을 부인하지 않거니와 그 종교를 신봉하는 사람들이 도덕적이거나 성실하다는 점을 부인하지 않는다. 바르트는 기독교가 모든 인간 종교의 정점이거나 극치라는 의미에서 기독교가 참된 종교라고 말하지는 않는다. 그러나 예수 그리스도의 유일성으로 인해 기독교는 참된 종교의 중심이 된다고 한다. 예수 그리스도의 사건에서 신은 우리가 신과 화해할 수 있는 수단을 제공하고 계시한다. 계시는 종교를 파괴할 뿐만 아니라 참된 종교를 창출한다. 그래서 기독교인들조차도 은혜와 계시의 밖에서 바라볼 때에는 그들의 종교가 불충분하다는 것을 깨달아야만 한다.

배타주의는 기독교만의 특유한 현상이 아니다. 대부분의 종교들에는 배타적인 경향이 있다. 예를 들어, 이슬람교의 배타주의적인 전통은 오래되었다.[7] 이슬람교도들은 이슬람 이전의 종교들이 권위를 갖고 존중되더라도 그 종교들의 계시는 불완전하며 종종 잘못 해석되었다고 주장한다. 마호메트만이 신의 참되고 최종적인 선지자로서, 그의 "가르침은 절대적으로 완전하다. …… 신과 신의 삶의 체계에 관한 지식의 유일한 원천이 바로 마호메트다."[8] 신은 유일무이한 방식으로 그를 통해서만 말하며, 인간의 말과 뒤섞이지 않은 신의 말씀이 코란에만 있다. 오직 여기에서만 신의 말씀이 개인이 아니라 모든 인류에게 선포되었고, 코란만이 올바른 삶을 위해 필요한 모든 것을 담고 있다. "세상의 모든 사람들이 코란을 믿을 수밖에 없는 것은 바로 코란이 갖는

---

6 Karl Barth, *Church Dogmatics* Ⅰ, 2 (Edinburgh: T. & T. Clark, 1956), p. 303.

7 Lloyd Ridgeon, ed., *Islamic Interpretations of Christianity* (New York: St. Martin's Press, 2001), pp. xi–xii.

8 A. A. Maududi, *Towards Understanding Islam* (Pakistan: n.p., n.d.), p. 60.

이런 특수한 성격 때문이다. 그들은 다른 모든 책들을 버리고 오로지 코란만을 따르라는 말을 들어왔다."[9] 하지만 그 책의 사람들, 특히 기독교인들과 유대인들은 신을 숭배하고 최후의 심판을 믿기 때문에 용인되어야 한다.[10]

배타주의에 대한 비판

다른 종교를 가진 사람들은 특정 종교의 복음을 듣지 못했고 규정된 방식으로 구원을 추구하지 않았으므로 망할 수밖에 없다고 생각할 사람들은 별로 없다. 어느 종교이건 간에 신과 타인을 위해 도덕적으로 올바르게 살거나 정의로운 삶을 산 사람들은 많이 있다. 그들은 인간을 변화시킨다는 그들의 종교의 전제를 입증하는 산 증거들이다. 이들이 어느 특정 종교의 중보자를 인정하지 않았다고 해서, 누군가의 가르침이나 관행을 따르지 않았다고 해서, 또는 특정한 신관을 가지지 않았다고 해서 실패한 인생을 살았을까? 구원의 필수 요건을 들은 적이 없거나 이해하지 못한 사람을 신이 책망한다면 이는 불공평하다.

이 비판에 대해 배타주의라고 해서 모두가, 이생에서 참된 종교를 만나지 못한 사람들을 신이 정죄(定罪)하리라고 보는 것은 아니라는 답변이 제기된다. 일부 배타주의자들은 사랑이 풍성하고 정의로운 신이 사람들에게 죽은 후에라도 구원의 메시지를 듣고 이해할 수 있는 기회를 주어 궁극적으로 모든 이들이 동등하게 구원의 기회를 가지게 될 것이라고 생각한다.[11] 구원을 좌우하는 것은, 구원의 메시지를 입수할 수 있었느냐, 또는 들은 적이 있느냐가 아니라 그 사람이 의식적으로 그 메시지를 받아들였느냐는 것이다.[12] 신이

9 Ibid., p. 81.

10 코란의 메시지는 뒤섞여 있다. 어떤 구절들(5.51; 9.29)은 배타주의를 암시하고, 다른 구절들(2.62; 3.113-5)은 좀더 융통성을 보인다. 이에 관한 논의를 위해서는 David Marshall, "Christianity in the Qur'ān," in Ridgeon, 21-2를 참조하라.

11 Jerry L. Walls, *Hell: The Logic of Damnation* (Notre Dame: University of Notre Dame Press, 1992), ch. 4. 배타주의자라고 해서 모두가 사후(死後)의 복음 전도에 만족스러워하는 것은 아니다. Ronald H. Nash, *Is Jesus the Only Savior?* (Grand Rapids: Zondervan, 1994), pp. 150-8을 보라.

12 이런 견해는 배타주의와 포섭주의 사이의 간격을 좁혀주는데, 이에 관해서는 뒤에서 논의하겠다.

이런 기회를 제공한 후에야, 진리를 계속 불신한 사람들에 대해 판결을 내릴 것이다.

모든 사람들이 자신을 알고 사랑하고 숭배하기를 진정으로 바라는 신이 그의 계시를 오로지 특정 시점에 특정한 방식으로 특정인이나 특정 공동체, 또는 특정 문화에 대해서만 좁게 국한하지는 않을 것이라는 근거에서 배타주의에 반대하는 사람들도 있다. 광고주들이 자신의 메시지를 청취자에 따라 달리 맞추듯이, 무한한 신은 각 문화권의 특성에 맞춰서 다양한 방식으로 말할 수 있다. 즉 그의 메시지를 그 문화의 기조(基調)와 사고 패턴에 맞추는 것이다. 다양한 계시들은 다양한 문화적인 옷을 입고 표현되기 때문에 상이한 특성과 사상을 담을 것이다. 그래서 종교는 인간의 창조적인 이성을 신의 계시와 싸움 붙일 필요가 없지만, 신의 계시나 구원의 진리에 대한 다양한 인식을 구현할 수는 있다. 바르트는 오직 하나의 계시만이 있다고 전제했기에 그는 모든 종교를 그 계시와 대비시킬 수 있다. 그러나 상이한 형태로 의사소통할 수 있는 무한한 신과, 신의 계시들을 받았다거나 자기가 바로 그 계시라고 주장하는 사람들이 주어지면, 바르트의 그 전제는 의문시된다.

배타주의와 정당화된 믿음

이러한 반론들에 부딪칠 때, 다음과 같은 결정적인 의문이 제기된다. 그것은 배타주의자들이 자신의 입장이 유일하게 참된 입장이라고 주장할 때 정당화되는지, 또는 배타주의가 오만의 표지인지의 여부다. 첫째로, 많은 사람들이 특정 믿음을 갖는다고 해서 그것이 그들의 믿음이 옳다는 것을 의미하지는 않는다. 예를 들어, 어떤 사회에서 많은 사람들이 인종 차별적인 관점을 옹호한다고 해서 인종 차별이 옳다는 결론이 나오지는 않는 법이다. 문화들 간의 종교적 다양성은 우리의 환경(출생지, 부모, 교육, 공동체)이 우리의 신념에 강한 영향을 미친다는 것을 보여줄 뿐이지, 그 믿음들이 정당화되거나 참이라는 것을 보여주지는 않는다. 사려 깊은 배타주의로 하여금 주저하게 만드는 것은 다양한 의견들이 존재한다는 사실이 아니라, 자신과 타인의 신앙을 면밀하게 고려하고서 자신의 관점이 정당화된다고 믿는 성실한 사람들이 저마다 다른 종교적인 관점들을 옹호한다는 사실이다.

둘째로, 종교적 믿음들이 다양하다는 단순한 사실은 배타주의자들에게 아무 문젯거리가 되지 않는다는 점을 주목하는 것이 중요하다. 사람들 간에 의견이 불일치한다고 해서, 그들의 견해가 각기 정당화되지 않는다는 것을 뜻하지는 않는다. 논쟁자들은 저마다 자기네 견해가 옳고 반대편 사람들의 견해는 그르다고 생각하기에 합당한 이유들을 가지고 있다. 우리가 다른 사람들과 의견을 달리하면서 그들이 틀렸다는 것을 보여주려고 할 때 특히 그러하다. 우리는 자기가 (설령 틀렸더라도) 옳다고 생각한다. 만일 우리가 옳지 않다고 생각하는 견해를 적극적으로 옹호하려 든다면 이는 어리석은 짓이 되고 말 것이다. 더욱이 논쟁자들은 상대방이 자기네 입장을 주장하는 것이 정당화된다는 데에 동의하면서도 여전히 상대방의 견해가 옳지 않다고 생각한다. 왜냐하면 정당화된 견해를 갖는다고 해서 그 견해들이 참되다는 결론이 나오지는 않기 때문이다. 어떤 사람이 어떤 음식을 유해하다고 믿는 것이 정당화된다는 것이 그 음식이 실제로 유해하다는 것을 의미하지는 않는다.

플랜팅거는 신앙인들이 종교적 다원성에도 불구하고 자기네의 배타주의적 신념을 유지하는 것이 전적으로 정당화될 수 있다고 주장한다. 신앙인들은 자기네 믿음이 참되고 그것과 양립할 수 없는 믿음들은 거짓이라고 주장할 수 있는데, 그 이유는 그 믿음들이 증거에 입각한 추리에 의해서 보장될 뿐만 아니라 정확히 기초적이기 때문이다(7장 참조). 정확히 기초적인 믿음들이 형성되는 방식은 다음과 같다. 믿음의 주체가 그 믿음들이 참이라고 받아들이는 것이 정당화되고, 이와 상충하는 믿음들은 정당한 인식 조건들 아래에서 형성되지 않았다고 믿는 것이 정당화되어야 한다. 신앙인들은 자신의 믿음을 비판에 대항해서 옹호해야 한다. 우리는 종교적 주장들 중 어느 것이 옳은지를 판정하기 위한 중립적인 기준을 사용할 수 없다. 따라서 신앙인들이 자기네 믿음과 상충하는 믿음들에 직면했을 때 그들이 정당하다고 보는 믿음들을 버려야만 할지는 언뜻 보기에 분명치 않다.

이런 식의 논조가 오만하다는 반론에 대해 플랜팅거는 경합하는 견해들은 모두 같은 처지라고 응수한다. 종교인이 "중요한 인식론적인 차이가 있다고 생각하고, 다른 사람이 여하튼 실수를 했거나, 당사자가 깨닫지 못하는 약점을 가지고 있거나, 또는 세심한 주의를 기울이지 못했다고 생각하는" 것과 꼭 같이, 배타주의에 대해 반대하는 사람들도 배타주의자가 실수를 했거나 약점을 가지고 있다고 주장한다.[13] 배타주의가 오만하다는 비판을 받는다면, 배타주의자들이 오류를 범했고 그들의 견해는 정당화되지 않는다고 주장하는 사람들도 마찬가지의 비판을 받게 된다.

요컨대 종교적 다원성에 호소하는 것은 배타주의를 논파하는 것이라기보다는 그것을 근절하는 것이다. 그것은 종교인이 갖는 확신의 수준이나 믿음의 정도를 감소시킬 수는 있지만 굳이 그렇게 할 필요는 없다. 우리의 믿음들이 정확히 기능하는 신체 기관들에 의해서 형성되었으므로 우리가 그 믿음들을 가지는 것은 보장되며 그 믿음들을 버려야 할 어떠한 타당한 이유도 우리에게는 없다고 배타주의자들은 여전히 정당하게 주장할 수 있다.[14]

그리피스(1947~)는 종교적인 교리들이 다섯 가지 기능을 한다고 주장한다.[15] 종교 교리는 종교 공동체의 생활과 행위를 지배하는 규칙들을 제공한다. 종교 교리는 정교(正教)의 한계라고 부르는 진리들을 표현하면서 어떤 믿음들이 그 공동체 안에서 받아들여질 수 있는지의 여부를 말해준다. 종교 교리는 영적인 경험과 그 공동체의 종교 관행을 형성한다. 종교 교리는 교육과 선교에 의해 사람들을 종교 공동체로 끌어 모으는 도구가 된다. 종교 교리는 구원을 위해 필요한 것을 설명하는 진리들을 표현한다. 그리피스는 종교 교리에

---

13 Alvin Plantinga, "Pluralism: A Defense of Religious Exclusivism," in *The Philosophical Challenge of Religious Diversity*, ed. Philip L. Quinn and Kevin Meeker (New York: Oxford University Press, 2000), p. 182.

14 우리의 인지 기관이 정확히 기능하는 것은 우리의 믿음들이 참되다는 표시라는 플랜팅거의 주장이야말로 변론을 필요로 한다. 아마 우리의 믿음들은 우리가 살고 있는 문화나 공동체와 일치해서 우리로 하여금 그 맥락에서 정확히 기능할 수 있게 해주는 것 같다. 기초적 믿음과 정확한 기능에 관한 플랜팅거의 견해는 7장에서 제시되었으니, 더 많은 논의를 위해서는 그곳을 참고하기 바란다. David Basinger, *Religious Diversity: A Philsophical Assessment* (Aldershot: Ashgate, 2001), p. 62 참조.

15 Paul J. Griffiths, "The Uniqueness of Religious Doctrines," in *Christian Uniqueness Reconsidered: The Myth of a Pluralistic Theology of Religions*, ed. Gavin D'Costa (Maryknoll: Orbis Books, 1990), 157–70. (PRSR3e, pt. 13, pp. 588–97을 보라.)

대한 이런 분석이 보여주는 바는, 종교 공동체들이 공동체 생활의 핵심적인 요소들을 희생시키지 않고서는 그들의 믿음을 쉽사리 포기하거나 약화시킬 수 없다는 사실이라고 말한다. 그들의 독특한 믿음들은 그들의 공동체를 만들고 유지하는 데에 핵심적인 기능을 한다.

다원주의

앞의 논의에 비추어 어떤 이들은 배타주의적인 주장들을 버리고, 상이한 종교들이 신에 대해서 상이한 반응을 보이더라도 각자 구원이나 해방이나 자기 성취를 성공적으로 이룰 수 있다는 데에 동의한다. 힌두교에서 주장하는 바와 같이 해방이나 구원에 이르는 길은 많이 있다. "어떤 길로 가든지 사람들은 나에게로 온다. 나는 그들에게 관대하다. 도처에서 온 사람들이 나의 길을 따른다."[16] 어떤 내적인 검사와 균형이 종교적인 주장들을 지배할 수 있지만, 종교적인 전통이 심오한 경전과 인상적인 지적 체계, 인간의 존재에 대한 새로운 통찰, 거룩한 삶을 산출하면 그런 기준들은 충족된다. 힉은 이 두 번째 입장을 다원주의라고 보면서, 다른 입장들을 제치고 이것을 채택했다.

이에 대해서 몇 가지 의문이 제기된다. 첫째로, 힉은 일부 종교들이 궁극적인 실재에 대해 근본적으로 다르면서 양립할 수 없는 견해들을 가지고 있다는 점을 인정한다. 어떤 종교에서는 궁극적 실재가 비이원적이고, 비인성적이며, 유와 무를 넘어서 있고, 우리가 살고 생각하는 현상계를 초월해 있다고 여겨진다. 다른 종교에서는 실재가 인간사에 개입하는 인격적인 창조주 신이라고 본다. 실재에 대한 이러한 개념들이 양립하기 어렵기 때문에, 이러한 다양한 종교적 신관들이 모두 참이 될 수는 없다. 그러면 다원주의자는 양립할 수 없는 진리 주장들에 관한 배타주의자의 논변을 어떻게 처리할까?

이에 대해 답변하기 위해 힉은 칸트를 따라 실재 그 자체(본체계)와 인간이 지각하고 경험하는 실재(현상계)를 구분한다. 종교인들이 본체계의 궁극적

16 *Bhagavad-Gita*, trans. Eliot Deutsch (New York: Holt, Rinehart & Winston, 1968), IV, p. 11.

인 존재에 대해서 말할 때, 그들은 그 본체계가 자신들에게 보여지는 모습을 서술할 수 있을 뿐이다. 그러한 존재의 성격을 규정할 때에는 그들의 세계를 이해하고 구조화하며 그들의 존재에 의미를 부여하기 위해서 사용하는 해석적인 개념들에 의존한다. 따라서 궁극적 실재는 비이원적이고 서술할 수 없다고 주장하는 사람들이 사용하는 해석적 개념과 은유와 심상의 집합은, 궁극적 실재를 인격적인 존재로 보는 사람들이 사용하는 집합과 다르다. 궁극적 실재가 다양한 방식으로 서술될 수 있는 이유가 바로 여기에 있다.

힉은 우리가 익히 아는 시각 장애인과 코끼리의 이야기를 사용해서 설명한다.

> 코끼리를 이전에 한 번도 본 적이 없는 시각 장애인들에게 코끼리 한 마리를 끌고 왔다. 한 장님은 다리를 만져보고서 코끼리는 매우 큰 살아 있는 기둥이라고 말했고, 다른 사람은 몸통을 만져보고서 코끼리는 매우 큰 뱀이라고 말했다. 또 다른 사람은 엄니를 만져보고서 코끼리는 날카로운 쟁기날과 같다고 말했다 …… 물론 이들은 모두 옳지만, 각 사람은 실물 전체 중 일면만을 말했을 뿐이며, 매우 불완전한 유비로 표현했다.[17]

우리는 어느 관점이 옳은지 말할 수 없다. 왜냐하면 코끼리를 만지고 있는 시각 장애인들을 볼 수 있는 궁극적인 관점을 우리가 가지고 있지 않기 때문이다. 실재를 추구할 때, 우리 모두는 맹목적이며 개인적인 개념과 문화적인 개념들로 물들어 있다.

그렇다고 해서 일군의 개념들이나 구조들이 참이고 다른 군(群)의 개념들이나 구조들은 거짓이라는 뜻은 아니다. 힉이 보기에 궁극적 실재에 관한 서술문들은 은유이고 이 은유들은 구원이나 인격적인 변화를 초래하는 효능에 의해 확인된다. 많은 사람들이 그 서술문들이 유의미하다고 보기 때문에 종교적 전통에서는 그 서술문들이 보존된다. 종교적 개념들이란 인간의 특성들을

17 John Hick, *God and the Universe of Faiths* (London: Macmillan, 1977), p. 140. (PRSR3e, pt. 13, pp. 612-3 참조)

신에게 투사한 것이라고 주장하는 사람들이 부분적으로는 옳다고 힉은 생각한다. 신인동형론적 투사(投射)가 있다고 해서 이것이 종교의 정체를 드러내는 데 사용되어서는 안 된다. 왜냐하면 우리 자신의 개념적 틀을 궁극적 실재에게 연결시키려는 의식적인 시도와, 그 실재가 우리의 삶에서 활동하는 데에 대해 반응하려는 의식적인 시도들이 그런 투사를 통해 나타나기 때문이다. 그러나 우리의 종교적인 개념들을 전적으로 투사 탓으로 돌리는 것은 옳지 않다. 종교적 개념들은 종교적 경험에서 나오기에, 그 개념들은 우리가 궁극적인 실재를 경험하고 그것에 대해 생각하고 그것에 반응하는 방식들을 표현한다. 힉은 우리의 제한된 이해에서 궁극적 실재의 성격에 대한 명확한 서술적 규정을 투사하는 것에 관해 경고를 한다.

둘째로, 다원주의자들은 예수 그리스도가 신의 유일한 계시이며 구원을 얻기 위한 유일한 길이라고 주장한 바르트와 같은 배타주의자들에 대해 무엇을 말할 수 있을까? 힉의 반응은 성육신, 즉 예수가 실제로 신이라는 정통적인 관점을 부인하는 것이다.[18] 신의 정신은 모든 사람에게서 작용할 수 있고, 그들을 변화시켜서 그들이 신을 충분히 현시하게끔 할 수 있다. 성육신은 인간의 삶에서 신의 활동을 묘사하는 하나의 신화다. 힉에게 신화는 "문자 그대로 참은 아니더라도 그 신화가 묘사하는 대상에 대한 적절한 성향적 태도를 불러일으키는" 진술이다.[19] 성육신의 신화에서 기독교인들은 궁극적 실재 중심의 삶으로 충실히 변화한 사람(예수)을 본다. 그러나 이런 묘사는 다른 위대한 종교 창시자나 성인들에게도 마찬가지로 적용될 수 있다.

교리의 중요성을 강조한 그리피스와는 아주 대조적으로 힉은 종교의 중심을 신학적인 교리에 두지 않고 인격적인 변화에 둔다.[20] 힉은 성육신과 같은 종교적인 교리들을 지나치게 강조해서도 안 되거니와 과학적인 믿음들의 진위를 가려내는 방식으로 그 진위를 가려낼 수 있는 것으로 생각해서도 안 된다고 경고한다. 역사적 사실에 관한 주장과 종교의 교리는 인간의 존재와 종교

---

18 John Hick, ed., *Problems of Religious Pluralism* (New York: St. Martin's Press, 1985), p. 35; John Hick, ed., *The Myth of God Incarnate* (London: SCM, 1977). (PRSR3e, pt. 13, p. 611 참조)

19 John Hick, *An Interpretation of Religion* (New Haven: Yale University Press, 1989), p. 348.

20 Hick, *An Interpretation*, chap. 3.

적 경험에 관한 개인적인 의문에 대해서 대답하려는 시도다.[21] 그러기에 그것들이 우리의 태도와 삶의 양식을 성공적으로 변화시키는 한, 그것들은 참되다. 따라서 여러 종교들의 교리가 서로 상충하는 것처럼 보이더라도, 삶을 표현하는 진리로 그것들을 보게 되면 더 이상 상충하는 것처럼 보이지 않는다. 그것들은 단지 상이한 문화에 속한 사람들이 각자 대면하는 궁극적 실재에 대해 반응하는 다양한 방식들을 표현할 뿐이다. 양립할 수 없는 진리 주장들이 모두 참될 수는 없다는 배타주의자의 전제를 힉은 이런 식으로 받아친다.

바꿔 말해서 힉은 (명제로서 이해된) 신학적인 진리보다는 종교의 실존적인 면이나 삶을 변화시키는 면에 대해서 더 관심을 가지며, 교리보다는 종교적 경험에 더 많이 관심을 둔다. 종교의 의의는 인간의 존재를 자기 중심에서 실재 중심으로 변화시키는 데에 있다. 우리가 무엇을 믿느냐는 것은 중요한 것이 아니다. 왜냐하면 그것은 우리 자신의 경험과 문화와 개념적인 범주들을 궁극적인 실재에 대해서 상상을 통해 투사하는 것에 지나지 않기 때문이다. 그러므로 힉이 보기에 모든 종교들을 단일한 종교의 왕국 안으로 쓸어 넣으려는 배타주의자들의 시도는 종교의 본질을 포착하지 못한다. 중요한 것은 바로 그 궁극적 실재가 우리에게 영향을 미쳐서 우리가 변화되는 것이다.

다원주의에 대한 비판

다원주의는 매력적이다. 다른 사람들을 판단하지 않고서 그들을 받아들이고자 하는 우리의 시도와 잘 들어맞는 입장이다. 그러나 때때로 이런 매력은 이 장 앞부분에서 주목한 바 있는 인식론적 고찰과 윤리적 고찰을 혼동하게끔 만든다. 우리가 거기서 논한 바와 같이, 진리 주장이나 믿음들에 대한 판단이 의견을 달리하는 사람들에 대한 학대를 요한다는 생각은 잘못이며, 관용함은 합리적인 평가를 함축하지 않고 다양한 진리 주장들을 받아들이는 것을 함축할 뿐이라고 생각하는 것도 잘못이다. 따라서 우리는 다원주의의 입장이 갖는 장

21 이 장 앞부분에서 논의한 바 있는 종교 교리의 기능에 대한 힉의 관점과 그리피스의 관점을 비교해보라.

점과 약점을 좀더 주의 깊게 고찰할 필요가 있다. 다른 종교들에 대해서 우리가 어떤 태도들을 취해야 하느냐는 애초의 물음에 답하기 위해서 우리는 앞 절에서 제기된 인식론적인 물음과 존재론적인 물음을 좀더 면밀히 고찰할 필요가 있다.

그렇다면 이 논쟁에서 문제가 되는 것은 무엇인가? 부분적으로는 그 답은 종교의 본성이라 할 수 있다. 많은 다원주의자들이 보기에도 개인을 변화시켜 자아 중심의 삶에서 신 중심의 삶으로 옮기는 능력이 종교의 중요한 면이다. 이것이 사실이라면, 종교적인 믿음과 관행은 개인과 사회의 변화를 위한 수단으로서 중요하지만, 그것들이 본래적이거나 궁극적으로 중요한 것은 아니다. 따라서 두 사람이 특정 믿음이나 관행에 관해서 의견이 다를 수 있더라도, 궁극적인 면에서 다르지는 않을 수 있다. 힉은 다음과 같이 말한다. "예수가 육신의 아버지를 가졌는지에 관해서 나와 의견을 달리하는 사람은 (확실하지는 않더라도) 아마도 오류를 범하고 있는 것이라고 나는 주장한다. 하지만 내가 그렇게 주장하면서도, 그 사람이 나보다도 더 신과 가까울 수 있다는 점을 나는 의식한다. 이 의식은 중요하다. 왜냐하면 그런 의식으로 인하여 역사적인 사실 판단의 차이가 지니는 중요성을 깎아내리는 효과가 나타나기 때문이다. 그것들은 그리 중요한 것이 못 된다."[22]

그런데 이것이 아주 적절한 종교관일까? 종교들은 궁극적인 실재에 관한 진리를 주장하지 않는가? 다원주의자들은 이 물음에 대해서 의견이 엇갈린다. 어떤 사람들은 진리를 명제적으로 이해해서는 안 된다고 본다. 즉 명제가 시간, 관점, 그 명제를 믿는 주체와는 별도로 참이거나 거짓인 것처럼, 진리도 그러하다고 생각해서는 안 된다고 보는 것이다.[23] 오히려 진리는 명제와 믿음이 개인에게 의미하는 바에 따라 인간적으로 이해되어야 하는데, 이것은 역사적인 문제이자 실존적인 문제다. 진리는 실재가 특정한 시점과 장소에서, 특정한 역사적인 관점에서 우리에게 나타나는 방식이다. 종교적인 정향은 "인생과 우주의 패턴을 통해서 그것들을 바라보는 사람들로 하여금 좀더 작거나 좀더

22 Hick, *Problems*, p. 89.

23 Smith, *Toward a World Theology*, p. 190.

큰 실재의 영역을, 덜 중요하거나 더 중요한 영역을 볼 수 있게 해준다는 의미에서, 덜 중요하거나 더 중요한 문제들을 구성하고 곰곰이 생각해볼 수 있게 해준다는 의미에서, 좀더 참되게 또는 덜 참되게 행동할 수 있게 해준다는 의미에서 진리에 가깝거나 또는 먼 것으로 여겨질 수 있다."[24] 진리에 관한 이런 주장이 갖는 문제점은, 바로 그 일반적인 주장이 참이라고 말할 수 없게 된다는 점이다. 왜냐하면 그 주장은 자기가 다른 진리 주장들에 대해 가하는 제한—진리는 명제적이지 않고 특정 시점과 장소에 상대적이라는 제한—을 똑같이 받기 때문이다. 혹시 이런 진리관을 종교적인 진리 주장들에 국한하려 들 수도 있지만, 그것은 독단적이고 논점을 회피하는 짓이다.

다른 다원주의자들은 종교 신봉자들이 진리를 주장하지만, 이것은 현상적으로 이해된(즉 그들에게 느껴지는 바로서의) 궁극적 실재에 관한 주장일 뿐이라고 본다. 따라서 종교적 주장들은 상충하지 않는다. 예를 들어, 어떤 것이 나에게는 푸르게 보인다는 주장과 그것이 당신에게는 푸르게 보이지 않는다는 주장은 모순되지 않다. 그 대상 자체의 색깔은 우리 각자에게 보여지는 색깔이라고 당신과 내가 주장해야만 우리의 주장은 서로 상충하게 될 것이다. 마찬가지로 이 관점에 따르면, 종교인들이 종교적인 진리에 관해 주장할 때에는, 어떤 외적이고 객관적인, 전체를 포괄하는 관점에서가 아니라 그들의 문화적 및 종교적인 관점에서 말한다. 따라서 그들의 주장들은 실제로 상호 모순되지는 않는다.

더욱이 우리의 일상적인 경험은 과학적으로 검증할 수 있는 반면에, 우리가 궁극적 실재에 접근하기 위해서 사용하는 언어와 개념들은 그렇지 않다. 그런 언어와 개념들은 "우주에 대한 언어적인 그림이거나 지도로서 이것의 기능은 우리로 하여금 구원(해방)을 찾을 수 있게 해주는 것이다 …… 그러므로 그것들은 이러한 구원론적인 기능을 충족시키느냐의 여부에 따라 자기가 자기를 검사한다."[25] 궁극적 실재가 실제로 어떠한 것인지는 오직 종말론적으로만 검증될 수 있다.[26]

---

24 Ibid., p. 94.
25 Hick, *Problems*, p. 80.

힉은 우리가 종교적인 체계들을 합리적으로 정밀 검사를 할 수 있다는 데에 동의한다. 실재가 진짜로 현시한 것인지 가짜로 현시한 것인지를 구분하는 기준은 '구원론적 조정(soteriological alignment)'이다. 여기서 힉이 의미하는 바는, 참된 종교는 인간의 존재를 자기 중심에서 실재 중심으로 변화시키고, 이런 변화는 그 종교의 신도들이 보여주는 성스러운 삶에 의해, 그리고 영적이고 정치 · 경제적인 해방에서 그 종교가 수행하는 역할에 의해 입증된다는 것이다.[27]

그런데 이 기준은 너무 넓다. 이 기준에 따라, 힉은 전통적인 종교들뿐만 아니라 세속적인 (정치 · 사회적) 운동들도 궁극적 실재가 진짜로 현시한 것으로 봐야 한다. 예를 들어, 중국에서의 후기 모택동주의적 개혁과 공산주의에 대한 규범도 그런 현시의 일종이라고 힉은 본다. 왜냐하면 그것도 사회를 변혁하는 데에 일조했기 때문이다.[28] 반면에 힉의 입장은 너무 좁다는 평가를 받을 수도 있다. 그 이유는 주요 종교에서 성인들이 배출되기는 했어도 그들의 성공은 제한되었기 때문이다. 세계적인 종교들조차도 성인뿐만 아니라 그 종교의 이름으로 악행을 일삼은 사람들도 배출했다. 궁극적 실재가 진짜로 현시한 것인지 아니면 가짜로 현시한 것인지를 판가름하기 위해서는 신봉자들의 거룩한 삶뿐만 아니라 다른 기준들이 더 보태져야 한다.

다원주의자들의 주장—진리 주장들이 역사적으로나 문화적으로 주관적이고 현상들에 관한 것에 지나지 않는다는 주장—은 궁극적 실재에 관한 회의주의로 불가피하게 귀결된다는 반론도 제기될 수 있다. 우리가 궁극적 실재에 관해 말할 수 없는 한, 우리는 (힉의 유비를 쓰자면) 진짜 코끼리에 관해 아무것도 모르거니와 코끼리가 있다고 단언할 수도 없다.

이에 대해 힉은 다음과 같이 응수한다. 비록 우리가 궁극적 실재가 존재

---

26 힉이 일관성 있게 이런 주장을 펼 수 있을지는 미지수다. 왜냐하면 현재의 우리 의식을 괴롭히는 동일한 인식론적인 문제들이 여전히 적용될 것이라고 생각할 이유가 있기 때문이다. 우리가 내세에 관한 다양한 견해들을 고려할 때에 힉에게는 이런 문제가 더 악화된다. 예를 들어, 개인은 불이론적 실재와 결합한다고 보는 형이상학적인 절대주의는 어떠한 개별적인 검증도 허용하지 않을 것이다. 종말론적 검증은 기독교적 유신론자였던 그의 초기 시절을 생각나게 하는 것 같다.

27 Hick, *An Interpretation*, pp. 248, 300–1.

28 Ibid., p. 308.

한다는 것을 입증할 수는 없더라도 우리의 종교적 경험과 생각이 갖는 기본적인 진실성을 신뢰해야 한다. 종교적 경험이 단지 인간의 투사에서 비롯된다는 주장에 대항해서 그 진실성을 지켜내려면, 우리는 본체적 실재의 존재를 자명한 것으로 간주해야만 한다.

하지만 우리가 궁극적 실재 자체에 관한 진리를 이해하거나 그 진리를 말할 수 있는 길이 없다면, 종교적 경험이 인간의 투사가 아니라고 결론짓는 이유는 무엇인가? 우리가 실재에 관해 말할 수 없다면, 우리가 자명한 것으로 간주하는 것은 무엇인가? 시각 장애인이 자기가 만진 것이 코끼리라고 간주하기 위해서는, 먼저 코끼리가 뭔지를 그가 알았어야만 한다. 힉 자신도 궁극적 실재에 관해 뭔가 말하지 않고는 배길 수 없었다. 그에게 궁극적 실재는 '내용이 풍부'하고, '언제나 단일'하다. 왜냐하면 궁극적인 존재가 다수일 수는 없기 때문이다. 힉은 한 술 더 떠서 궁극적 실재가 '우리의 현상적 세계를 …… 산출하며', 신성한 현상적 속성들의, 종교적 경험의, 그리고 사랑과 정의, 의식과 지복(至福)의 '근거나 원천'이 된다고 말했다. 궁극적 실재는 현존하고 현상들에 대해 영향을 미친다. 이것들이 말하는 바는 인과적 술어들이 궁극적 실재에 적용된다는 것이다. 구원에 이르는 변화를 궁극적 실재가 북돋우거나 막는 한,[29] 궁극적 실재는 인간에 대한 의식과 관심을 가져야만 한다.

다원주의자들이 선, 사랑, 정의를 궁극적 실재에게 귀속시킬 수 없는 한, 배타주의에 대한 그들의 반론—이런 속성들을 지닌 신은 자신의 계시와 구원 사역을 특정 문화나 종교에 국한시키지는 않을 것이라는 주장—은 실패하고 만다. 배타주의의 일관성에 대한 이런 비판이 성공하려면, 궁극적 실재에 적합한 술어들을 먼저 알고 있어야 한다.

간단히 말해서 다원주의자들이 궁극적 실재를 말하는 것은 좋으나, 궁극적 실재란 무엇인가? 일부 다원주의자들이 무신론적인 마르크스주의와 자연주의적 인본주의를 유신론과 대등한 관계로 놓고 그것들을 기꺼이 종교로 보려는 시도[30]는 문제의 심각성을 말해준다. 유대교도, 이슬람교도, 기독교인들

---

29 Ibid., pp. 243, 247, 249, 350.

은 신이 실제로 존재하며 신과의 만남을 통해서 우리의 삶이 의미를 얻게 된다고 주장한다. 자연주의자들은 우리가 신을 긍정하든 만나든 상관없이 의미 있는 존재를 찾을 수 있다고 주장한다. 악마 숭배자들은 악과 권력을 숭배한다. 그런데 이들 믿음 체계에 들어 있는 합리적인 주장들은 매우 다르다. 첫 번째의 경우에는 선하고 인격적인 신과의 만남을 통해서 의미를 얻게 된다. 두 번째의 경우에는 의미가 스스로 생겨난다. 세 번째의 경우에는 권력과 의미를 주는 것이 악이라고 한다.

힉과 같은 다원주의자들은 딜레마에 빠진다. 우리가 분명한 신 개념을 가지고 있지 않다면, 즉 신이나 궁극적인 실재에 관해서 별로 할 말이 없다면, 우리의 종교적인 믿음은 불가지론과 다를 바가 없게 된다. 반면에 우리가 신에 관해서 말할 수 있다면, 신의 속성들을 서술하기 위해 일관성 있는 일군의 술어들을 사용할 수 있다. 따라서 우리는 발언을 할 수 있는 내용을 가지고 있으며, 완전히 아무것도 모르는 상태에 있는 것은 아니다. 원리상 우리는 시각 장애인들의 주장들 중 어느 것이 옳은지를 평가할 수 있다.[31]

요컨대 힉과 같은 다원주의적 관점을 받아들이려면, 회의주의라는 값비싼 대가를 치러야 할 뿐만 아니라 종교인들이 자기네 종교에 대해 확신하는 바를 무시해야 한다. 근본적인 교리들을 신화로 취급해버릴 때, "규범적인 것에 대해 사람들이 갖는 가장 고귀한 믿음들이 배제된다. 그것은 마치 이슬람교도에게 코란이 신의 목적에서 중심적인 위치에 있다는 것을 부인하라는 말과 같다. 또 유대교도에게 신이 모세를 통해 명확하게 말씀하셨다는 것을 부인하라는 말과 같고, 기독교인들에게 성육신 교리를 부인하라는 말과 같다."[32] 또한 그것은 신앙인들이 자신의 신앙을 둘러싼 문제들을 처리하지 못하게 막는다. 우리는 고통의 문제에 대한 하나의 접근법으로 8장에서 힉의 영혼 형성 신정론을 논의한 바 있다. 그런데 이제 힉은 그 신정론을, 초월적인 실재에 대

30 Smith, *Toward a World Theology*, chap. 7.

31 Peter Byrne, "John Hick's Philosophy of World Religions," *Scottish Journal of Theology* 35 (1982): 297.

32 Clark Pinnock, *A Wideness in God's Mercy* (Grand Rapids: Zondervan, 1992), p. 70.

해서는 적용될 수 없어서 그 실재의 선이나 능력, 정의를 정당화하는 데에 사용될 수 없는 참된 신화로서 취급한다.[33]

다원적 구원관으로서의 다원주의

신학자인 하임은 힉을 포함한 대다수의 다원주의자들이 실제로는 위장된 포섭주의자들이라고 주장한다. 왜냐하면 비록 그들이 구원에 대한 다양한 접근법들을 인정했더라도 사실상 궁극적 실재에 의한 한 가지 구원만을 옹호했기 때문이다. 다원주의자들이 "종교적 전통을 해석할 때에 구원을 보편적이고 간(間)문화적인(cross-cultural) 상항(常項)처럼 간주하는데, 그럴 경우 세계의 종교들에 대해 다원주의자 자신들이 옹호하는 한 가지 구원 방식—자기 중심에서 실재 중심으로 변환하는 삶—을 강요함으로써 자신의 종교적 다원주의를 포기하게 된다."[34] 게다가 다원주의자들이 다양한 종교들 간의 차이를 부정할 때에는 자신의 다원주의를 저버리게 된다.

하임은 힉의 다원주의와는 거리를 두면서, 종교적 전통들 간에는 실제로 차이가 있으며 그 차이는 인정되어야 하고 존중되어야 한다고 보는 것이 진정한 다원주의라고 주장한다. 각 종교 전통의 세부적인 사항들은 의미 있는 진리치를 가지므로 어떤 지배적인 구원 개념을 위해 희생되어서는 안 된다. 오히려 각 종교 특유의 가르침을 통해 국외자들은 그 공동체가 구원과 관련해서 중요시하는 것이 무엇인지를 알게 된다.

그래서 각 종교는 여타의 종교와 유사한 구원관을 갖기도 하고, 다른 구원관을 갖기도 한다. 하지만 그 종교의 내적인 정합성에 의거해서 그 구원관은 특유의 접근법이 성취된 결과이거나 그 접근법의 정점이 된다. 이런 의미에서 각 종교는 철두철미 배타주의적이다. 이런 배타주의—각 종교는 '다른 데에서는 입수할 수 없는 특유의 진리나 통찰'을 제공한다는 관점—에 대한

33 Hick, *An Interpretation*, pp. 359–60.

34 S. Mark Heim, *Salvations: Truth and Difference in Religion* (Maryknoll: Orbis Books, 1995), p. 129.

인식은 다른 종교들을 정확히 평가하는 데에 필요하다.[35] 종교들을 융합하거나 동화시키려고 시도하다 보면, 각 종교의 특이한 구원관과 독자성을 정당하게 다루지 못하게 된다.

각 종교가 저마다 주창하는 구원에는 현세적인 차원과 내세적인(종말론적인) 차원이 있다. 하임은 특히 전자를 강조하되 후자에 대해서는 약간 불가지론적인 입장을 취한다. 각 종교가 추천하는 구원에 이르는 길이 현세에서는 성취로 귀착하더라도, 상이한 종교들에서 발견되는 성취들은 동일한 구원의 상이한 비전들이 아니라 대안적인 개념들을 표현한다. 각 종교는 특유의 비전을 성취하는 구원으로 귀결하므로 종교적인 성취는 각 종교가 묘사하는 특유한 행로를 요구한다.

이것이 의미하는 바는, 각 종교는 자기가 내세우는 구원의 약속들에 대해서 독자적인 정당성을 가질 수 있다는 것이다. 우리는 각 종교와 그 종교의 주장들을 평가하기 위한 최종적인 관점을 가지고 있지 않다. 각 사람은 자기 나름대로의 평가적 정향(定向)에서 논증한다. 신앙인들은 자신들의 관점에 대해 특권을 부여하는데 이것은 정당화된다. 우리는 다른 어떤 것도 할 수 없다. 왜냐하면 우리 자신의 관점이 옳다고 생각하지 않는다면, 우리는 그 관점을 견지할 이유가 없기 때문이다. 그러나 우리 자신의 관점을 선호한다고 해서 여타의 종교들과 그 종교들의 주장을 평가할 수 있는 객관적인 관점이 존재한다는 결론이 나오지는 않는다. 코끼리를 정확하게 묘사할 수 있는 특별한 시력을 가진 사람은 없다.

하임은 **정향**(定向)**적 다원주의**(orientational pluralism)를 채택한다. 이 이론에 따르면, 실재는 다면적(多面的)이지 않고, 오직 하나의 실재만이 존재한다. 사람들이 이 실재를 알아내려고 할 때에 상이하게 방향을 설정하는데 이때 동일한 사람이 여러 관점들을 일관성 있게 유지할 수는 없다. 각 관점은 특정 관점과 일치할 수 있고, 그 특정 관점에서 도출될 수도 있고, 그 특정 관점에 근거해서 정당하게 옹호될 수도 있다. 동시에 상이한 종교적 관점을 견지

35 Ibid., p. 227.

하는 사람들의 믿음이 정당화된다고 생각하는 종교인이더라도 다른 종교들의 결론이 참되다고 생각할 필요는 없다. 즉 한 사람이 어떤 종교나 관점을 신봉하는 것이 정당화되면서도 여전히 틀릴 수 있는 것이다.

각 종교가 그것의 타당성을 논증할 수 있기 때문에 종교적 믿음의 다양성이 허용될 뿐만 아니라 이런 다양성이 각 종교의 실제적인 독특한 성격을 구성하게 된다. 믿음이 실제로 차이가 나지 않는다면, 우리에게는 대화를 할 이유가 없게 된다. 믿음들 간의 차이를 은폐하거나 어떤 메타 종교에 기여하도록 만드는 대신에, 믿음들의 다원성은 장려되어야 한다. 왜냐하면 이처럼 다른 믿음들 덕분에 사람들은 실제로 더 나아지고 완성되어 가기 때문이다.

하지만 다양한 전통들이 상충할 때에 어떻게 다양한 목표들이 성취될 수 있느냐는 정당한 의문이 제기될 수 있다. 이에 대해 하임은, 구원이나 목표 성취가 많이 있더라도 다양한 종교들이 이런 구원들에 관해 제시하는 세부 사항들이 참되다는 결론은 나오지 않는다고 응수한다. 구원은 많이 있을 수 있기 때문에, 한 사람이 자기를 포기함으로써 해방(해탈)을 경험한다고 해서, 다른 사람들이 그리스도에 대한 믿음에 의해 개인적인 불멸을 경험할 수 없다거나 유교의 덕을 제도화한 결과로 사회적인 조화를 이룬다는 주장이 틀리다고 말할 수 없다는 것이 핵심적인 논점이다. 서로 다른 사람들이 서로 다른 방식으로 서로 다른 구원을 얻을 수 있다. 하임이 보기에, 최종적이거나 종말론적인 구원의 결정은 종교들이 다양한 구원들을 즉각 제공할 수 있다는 사실과 무관하다. 그래서 하임은 다양한 종교들이 실제적으로 제공하는 주관적인 성취와, 객관적이고 미래적인 구원의 가능성을 모두 갖기를 원한다.

종교가 복합적인 성취 방식을 제시한다고 볼 때에는 하임의 분석이 통찰력이 있다. 힉의 다원주의가 내세우는 주관적인 변화를 넘어서서 구원의 성취에 도달하는 길들이 다양하고 상호 양립하지 않을 수도 있다는 점을 볼 수 있게 해준 것은 잘한 일이다. 하지만 그의 분석이 유효하기 위해서는 다양한 구원관들이 다루는 인간의 다양한 곤경들이 실제로 있어야 한다. 하임은 궁극적인 구원에 관해 불가지론적인 입장을 취하면서 이차적인 인간 구원이 그런 구원을 신봉하는 다양한 종교들을 정당화해주기에 충분하다고 주장할 수 있지만, 궁극적인 인간의 곤경에 관해서는 불가지론적인 입장을 취할 수 없다. 왜냐하면 인간의 궁극적인 곤경이 있다면, 이차적인 곤경들을 다뤄봤자 그 근본적인 곤경은 손대지 않은 채 남게 되어 종교들이 제공하는 구원은 부차적인 문제들에 대한 이차적인 해결책이나 미봉책에 지나지 않게 되기 때문이다. 인간의 궁극적인 곤경이 다뤄져야 할 필요가 있다는 주장과 어느 한 종교가 이 곤경을 성공적으로 처리할 수 있다는 주장은 우리로 하여금 포섭주의적 관점으로 눈을 돌리게 한다.

포섭주의

서로 다른 종교들이 삶의 변화에 대한 체험들을 제공해주고, 신은 다양한 장소에서 다양한 방식으로 그 자신을 드러내고 은혜를 베푼다는 점을 인정하면서 동시에 종교적인 주장들이 참이거나 거짓이라고 확신한다면, 우리는 종교적 포섭주의(inclusivism)를 채택할 수 있다. 포섭주의자들은 구원의 절대적인 길이 오직 하나의 종교에만 있다고 보는 점에서는 배타주의와 일치한다. 포섭주의는 오직 하나의 참된 종교에서 계시된 특별한 기준들이 만족될 때에만 구원을 얻게 된다고 본다. 반면에 다양한 종교들을 통해서 다양한 방식으로 신을 만나게 되고 그의 은총도 그렇게 현현한다고 보는 점에서는 포섭주의는 다원주의와 공통된 점이 있다. 모든 사람은 하나의 참된 종교의 기본적인 신조들을 듣고 그것을 인정했느냐는 여부와는 상관없이 구원을 체험할 수 있다고 포섭주의에서는 본다. 그래서 포섭주의는 배타주의를 넘어선다. 포섭주의는 한 종교의 절대적인 진리와 그것이 성취하는 바를 옹호하는 배타주의적인 주장을 하면서도, 다른 종교의 신봉자들도 그 참된 종교가 명시한 상황이 발생했기 때문에 다른 종교 신봉자들도 구원받을 수 있다는 것을 인정한다. 이를 철학적인 언어로 표현하자면, 구원을 초래하는 특정 사건이 구원을 위해 존재론적으로 필요(구원은 그 사건 없이는 발생할 수 없다)하지만, 인식론적으로는 불필요하다(우리는 구원받거나 해방되기 위해 그것에 관해 알 필요가 없다)고 할 수 있다.

가톨릭 신학자인 라너(1904~1984)는 구원을 초래하는 특정 사건이 일어났기 때문에 사람들은 구원받을 수 있다고 주장한다. 기독교는 절대적인 종교여서 다른 종교도 구원의 길을 제공한다는 것을 인정할 수 없다. 기독교는 신의 유일한 복음, 즉 모든 사람들을 위해서 십자가에서 죽은 예수 안에서 화신(化身)한 말씀을 우리에게 말해줄 뿐만 아니라, 예수 그리스도가 사람들에게 다가서는 사회적인 맥락을 제공해준다. 그러나 신은 사랑이며, 모든 사람들이 구원받기를 원한다. 이 구원을 성취하기 위해서 신은 예수의 속죄를 위한 죽음과 부활의 결과를 모든 사람에게, 심지어 예수와 그의 죽음에 대해서 전혀 들어본 적도 없거나 그의 주권을 인정하지 않았던 사람들에게도 적용시킨다. 이러한 식으로 해서 신은 모든 사람들, 심지어 역사적인 기독교의 맥락 안에 들어 있지 않은 사람들조차도 변화되고 신과 화해할 수 있게끔 해준다.

이 생각을 다음과 같은 비유로 설명할 수 있겠다. 어느 마을에 매우 많은 가난한 주민들이 살고 있는데 이들은 자기가 갚을 수 없는 빚을 지고 있었다. 그들이 채권자들에게 돈을 갚지 않으면, 채권자들은 그들의 재산을 차압할 것이다. 그런데 건넛마을에 부유한 부인이 그 마을 사람들의 곤경을 알고서 그 마을 은행에 많은 액수의 돈을 적립하고서 이 돈으로 그 가난한 사람들의 빚을 갚아주라고 했다. 그 마을 사람들은 이 돈을 사용하지 않고서는 빚을 갚을 수 없기 때문에 이 돈은 그들의 곤경을 덜어주는 데에 객관적으로 필요하다. 하지만 그 마을 사람들이 빚에서 해방되기 위해 그 부인의 신분을 알 필요가 없거니와 그 부인이 어떤 식으로 자신들을 재정적으로 도와주었는지를 알 필요도 없다. 그 부인의 재력이 적용되었기에 그들의 빚은 청산되었고 그들의 삶은 변화되었을 뿐이다.

라너는 비록 기독교가 역사적으로는 나사렛 예수에서 시작했지만 선(先)역사를 가졌다고 본다. 기독교 이전 시대에 살았던 많은 이스라엘 사람들과 다른 종교를 신봉했던 사람들은 그들의 신앙에 의해서 주관적으로, 그리고 그리스도에 대한 미래의 순종에 의해서 객관적으로 구원받았다고 신약 성경은 말한다. 멜기세덱과 같은 사람들은 이방 종교의 제사장이기도 했다. 예수의 출현은 기독교가 유대인들을 대면하고서 복음을 듣는 사람들이 돌아올 것을 촉구하는 시점이 되었다. 즉 기독교가 1세기의 팔레스타인에서 하나의 역사적인 요인이 되었을 때에 비로소 구원이 복음에 대한 반응에 달려 있다는 주장이 현실성을 갖게 된 것이다. 그러나 기독교의 복음을 들어본 적이 없는 사람들이 많이 있는 다른 문화권에서 기독교는 실제적인 역사적 요인이 되지 않는다. 따라서 이러한 문화권에 있는 사람들은 기독교 이전 시대의 사람들과 마찬가지의 입장에 놓여 있으므로 우리는 기독교 이전 시대의 유대인과 이방인에 관해 말하는 것을 그대로 이들에게 적용시킬 수 있다. 신은 모든 사람이 구원받기를 원하기 때문에, 신은 기독교 이전 시대의 사람들에게 베풀었던 은총을 예수에 관해서 들어본 적이 없는 현대인들에게도 동일하게 베푼다고 생각하는 것이 합당하다. 다른 종교를 신봉하는 사람들이 기독교식으로 신의 활동을 인식하지 못하더라도 성령은 그들의 삶 속에서도 작용한다. 라너는 이 사람들을 익명의 기독교인들이라고 부른다. 그 이유는 그들이 명시적으로 기독교 신앙을 결여하더라도 의식적으로나 무의식적으로 신을 추구하고 숭배하기 때문이다.[36]

그런데 기독교는 참된 종교인 반면에 다른 종교들은 거짓된 요소들이 섞여 있다면, 비기독교인들은 그럼에도 불구하고 자기들의 종교를 신봉해야만 하는가? 라너는 종교적인 신앙은 내적인 문제에 그치는 것이 아니며 사회적인 형식도 구원에 필요하다고 주장한다. 이 형식은 그 사람이 받아들이고 있는 (관행과 믿음들을 포함한) 종교 안에서 문화적으로 언제나 구현된다. 상이한 종교들은 상이한 정도의 진리성을 구현하므로, 적법성—즉 신과 올바른 관계를 용이하게 하는 능력의 정도—도 저마다 다르다. 그러나 기독교 이전의 유대교가 신학적으로 불순하다고 해서 신자들이 그들의 종교 안에서 그리고 그 종교를 통해서 신을 못 만난 것은 아닌 것과 마찬가지로 현대 종교들의 신학적 불순으로 인하여 그 신봉자들이 신을 못 만나는 것은 아니다. 실로 이러한 종교들은 초자연적인 은총을 중재해줄 수 있다. 이것은 전부를 갖느냐 아니면

36 어떤 사람들은 이 용어에 대해 반대한다. 왜냐하면 그 말이 생색내는 것처럼 보이거나, 아니면 "복음에 대한 신앙을 통해 예수가 알려질 때 예수가 갖는 차별성이 흐려지는 경향이 있기" 때문이다. Pinnock, *A Wideness*, p. 105.

아예 포기하느냐의 문제가 아니다. 초자연적인 은총은 모든 종교에서 정도가 다양하게 구현될 수 있다. 단지 신약 성경에서는 옳고 그름의 명확한 차이와 예수 그리스도를 통한 신의 유일한 구원의 계시가 그려지고 있을 뿐이다. 그리고 신의 충만함이 알려지고 경험될 수 있는 길은 예수 그리스도 안에서 신과 관계를 맺는 것이다.

다른 종교를 믿는 포섭주의자들도 이와 유사한 관점을 내놓을 수 있다. 기독교인이 기독교를 유일하게 참된 종교라고 말하면서 신의 은총을 실현하는 삶을 사는 사람들을 익명의 기독교인들이라고 말하듯이, 이슬람교도들은 이슬람교가 절대적인 진리라고 말하면서 기독교인이나 유대교인들을 익명의 이슬람교도들이라고 말할 수 있다. 유대교인들은 다른 종교인들을 익명의 유대교도들이라고 볼 수 있고, 불교도들은 다른 종교인들을 익명의 불교도라고 볼 수 있다. 하나의 특정 종교가 절대적인 또는 참된 종교더라도 다른 종교들 역시 의미 있는 진리를 담고 있다고 각자 주장할 수 있다. 유일하게 참된 종교 안에서는 좀더 명료하게 발견되는 진리들을 이들 종교에서는 희미하게, 부분적으로, 그리고 특정 관점에서 보게 된다. 모든 종교적인 교리들이나 관행들이 참된 것은 아니므로 각 종교들이 교차적으로 비판될 수 있는 것이다. 이로써 종교 상호 간의 대화를 위한 확실한 기초가 마련될 수 있다. 이 대화에서 종교들 간의 차이는 그 진가를 인정받고 합리적인 토론거리가 된다.

포섭주의에 대한 비판

만일 사람들이 특정 종교의 전통에 관해 아무것도 모르면서도 구원을 받을 수 있다면, 왜 그들을 개종시키려고 애쓰는가? 그들이 알고 믿는 바대로 계속 살도록 격려해서 그들의 종교에 따라 변화된 삶을 영위하게 하면 안 될 이유는 무엇인가? 라너는 주장하기를, 다른 종교 신봉자들로 하여금 그들의 신앙의 참된 기초를 알게 해주는 것이 그들의 기독교적 정신을 발전시키는 한 단계라고 한다. "이전에는 익명의 기독교도였다는 것을 반성하고 자각하는 것이 은혜와 기독교적 신앙의 성육신적인 구조와 사회 구조로 인해 요구된다. 그리고 기독교를 좀더 명확하고 순수하게, 그리고 좀더 효과적으로 파악한 사람은 다른 모든 조건이 같을 경우 익명의 기독교인보다 구원받을 가능성이 더 크기 때문에 그런 반성과 자각이 요구된다."[37] 해방은 지식을 통해서 오기에 진리가 중요하므로 사람들이 자기의 구원의 참된 기반을 아는 것이 중요하다고 다른 포섭주의자들은 응수할지도 모르겠다. 따라서 종교들은 다른 종교를 신봉하는 사람들의 변화의 객관적인 기반에 관해서 그들을 깨우쳐야 할 의무를 갖는다. 여하튼 포섭주의에 들어 있는 배타주의적인 내용은 개종을 위한 전도를 정당화하는 근거를 제공한다.

다른 사람들은 라너가 다른 종교들의 정당성에 대해 갖는 확신에 대해 의문을 제기한다. 예를 들어, 기독교 신학자인 피녹(1937~)에 따르면, 종교는 이따금 "어둡고 기만적이며 잔인하다. 종교에는 추함과 오만과 오류와 위선이 들어 있으며," 구원으로 귀결될 수 없는 다른 성격들을 갖는다. 그는 종교의 어두운 면을 아즈텍의 살아 있는 제물을 바치는 행위, 아이티 섬의 부두교, 힌두교의 칼리와 시바 신들을 비롯해서 "빈민층의 종교를 빙자한 태만을 용인하는" 인도의 카스트 제도에서 찾아볼 수 있다고 주장한다.[38] 그러나 사회 현상으로서의 종교들이 우상 숭배적일 수 있더라도 신은 기독교 신앙 밖에 있는 사람들의 삶에서 역사(役事)한다. 피녹은 신이 사람들에게서 나타나는지를 찾아볼 수 있는 두 가지 기준들을 제시한다. 하나는 그들이 신을 두려워하는 것이고, 다른 하나는 그들의 행위에서 정의를 추구하는 것이다.

이보다 더 심각한 반론은, 각자 자기가 유일하게 참된 종교라고 주장하는 종교들이 많이 있을 때 어느 종교가 진짜인지를 어떻게 결정하느냐는 것이다. 이에 대해서 그것은 유일한 신의 계시가 있는 곳을 결정하는 문제일 뿐이라고 생각하는 사람들도 있다. 라너와 바르트는 신이 예수 그리스도에게서 나타난다고 확신하며, 이슬람교도들은 모하메드가 알라의 완성된 계시를 우리에게

---

37 Karl Rahner, "Christian and the Non-Christian Religions," in *Christianity and Other Religions*, ed. John Hick and Brian Hebblethwaite (Glasgow: Collins, 1980), pp. 76-7. (PRSR3e, pt. 13, pp. 605-6 참조)

38 Clark Pinnock, *A Wilderness*, pp. 90-1.

주었다고 주장한다. 또 불교도들은 부처가 각(覺)의 길을 보여주었다고 역설한다. 그러나 이것은 문제를 원점으로 돌아가게 한다. 우리가 신의 계시에 관한 주장들에 대해 어떻게 판정할 수 있는가? 어떤 사람들은 그 주장을 하는 사람들의 삶을 평가함으로써 판정할 수 있다는 제안을 했다. 그러나 어느 한 종교 창시자가 정신적으로나 도덕적으로 다른 종교 창시자들보다 우월하다는 것을 확정지을 수 있을 만큼 우리가 그 창시자에 관해서 충분히 알 수 있을까? 예수의 도덕적인 삶이 부처의 도덕적인 삶보다 더 우월한가? 다른 사람들은 그 창시자의 업적에서 생겨난 전통의 성격에 호소하기도 했지만, 이것도 위험하다. 그 이유는 각 종교의 역사는 그 종교의 가르침들을 신뢰할 수 있게 하는 사건들뿐만 아니라 신뢰하기 어렵게 만드는 사건들로 점철되어 있기 때문이다.

종교들을 평가하는 또 다른 방식은 종교 체계 자체를 평가할 수 있는 기준들에 호소하는 것이다. 이제 이 접근법을 검토해보겠다.

종교를 평가하기 위한 기준

지금까지의 논의에서 도출할 수 있는 한 가지 결론은 종교마다 실재에 관해서 특정하게 진리로 내세우는 것이 있다는 주장을 진지하게 고려해야 한다는 것이다. 어떤 사람들은 신이 존재한다고 말하고 다른 사람들은 그렇지 않다고 한다. 예수가 육신을 입은 신이라고 주장하는 사람들이 있는 반면에 크리슈나 신이 바로 그렇다고 주장하는 사람들도 있다. 어떤 사람들은 그리스도가 성찬식의 떡과 포도주에 실제로 현현해 있다고 주장하는 반면에, 다른 사람들은 그 요소들은 상징에 지나지 않는다고 주장한다. 어떤 사람들은 마호메트의 사위인 알리가 최초의 이맘(Imam)이요 그 선지자의 정통 후계자라고 믿는 반면에 다른 사람들은 그렇게 믿지 않는다. 어떤 사람들은 우리가 메카를 향해서 기도해야 한다고 믿지만 다른 사람들은 통곡의 벽을 맞대고서 기도한다. 이렇게 대비하자면 끝이 없을 것이다. 요컨대 종교인들이 진리로 내세우는 것들이 있다고 생각할 충분한 이유가 있으며, 그들의 주장은 정당한 대우를 받아야 한다.

종교인들이 실재에 관해서 진리라고 내세우는 것들이 있다면, 특정한 믿음들은 합리적인 평가를 받게 된다. 어떤 믿음들이 옳고 다른 믿음들은 거짓되다는 것을 개연적으로나마 입증하기 위해서 때로는 논리적인 기준들과 인간의 경험, 그리고 훈련된 직관을 사용할 수 있다. 실제로 이 책의 내용 대부분이 이런 근거에서 종교적인 주장들을 평가하는 쪽으로 향해 있다. 하지만 우리가 살펴본 바와 같이, 개개의 종교적인 믿음들을 합리적으로 평가하는 것은 쉽지 않은 일이다.

더욱이 우리는 개개의 종교적 믿음들을 평가하는 것을 넘어서기 원한다. 왜냐하면 종교적인 믿음(예를 들자면, 그리스도가 성찬식의 떡과 포도주에 현현한다는 믿음)들 중 많은 것들이 특정한 종교 전통이 고수하는 좀더 넓은 범위의 종교적인 주장들의 맥락에서만 의미를 갖기 때문이다. 우리는 개별적인 믿음들을 평가하기를 원할 뿐만 아니라, 종교들 자체를 비교 평가할 수 있기를 원한다. 우리가 이슬람교도가 될지, 힌두교도가 될지, 시크교도가 될지, 유대교도가 될지, 기독교도가 될지를 결정할 때에, 우리는 그 특정 종교 체계가 옳은지, 또는 다른 종교보다도 더 옳은지의 여부를 알고 싶어한다. 이것은 개개의 종교적인 믿음들을 평가하는 것보다 더 어려운 일이다. 왜냐하면 종교 체계들마다 많은 명제들을 담고 있는데 그중에는 참된 것들도 있지만 거짓된 것들도 같이 들어 있기 때문이다. 따라서 우리는 개별적인 서술문들뿐만 아니라 서술문들의 전체 체계를 비(非)순환적인 기준에 근거해서 평가해야만 한다.

종교적으로 중립적이면서 순환에 빠지지 않는 기준들을 찾기 어렵다고 보는 철학자들에 대항해서 얀델(1938~)은 다음과 같은 기준들을 제안했다.

1. 그 종교의 본질적인 명제들은 상호 일관성이 있어야만 한다.
2. 그 종교 체계가 참이라는 것을 아는 것과 그 체계가 참인 것은 양립할 수 있어야 한다. 만일 그 체계가 참될 경우 그 체계가 참되다는 것을 우리가 알 수 없다는 결론이 나올 수밖에 없다면(예를 들어, 중관파 불교처럼 모든 생각은

거짓되다고 주장한다면), 그것이 바로 그 종교의 진리성을 의심해야 할 이유가 된다.

3. 종교 체계의 진리는 그 체계가 참되기 위해서 존재해야만 하는 것과 양립할 수 있어야 한다. 예를 들어, 궁극적인 실재에서는 어떠한 구별도 나타나지 않는다는 주장은 이것을 단언하는 종교적 진술문들이 참되고 거짓이 아니라는 주장과 양립할 수 없다.
4. 종교 체계를 제공하는 유일한 이유가 문제에 대한 해결책을 제공해준다는 것인 반면에 실제로는 그 종교 체계가 문제를 해결하지 못한다면, 그 체계를 받아들일 이유가 없다. 예를 들어, 어떤 종교 체계가 고통의 문제를 해결하기 위해서 도입되었지만 이 목적을 성취하지 못한다면, 그 종교 체계를 옹호해야 할 이유가 없다.
5. 종교 체계의 본질적인 진리들은 과학이나 심리학에서 잘 입증된 자료들과 모순되어서는 안 된다.
6. 종교 체계와 상반되는 증거를 피하기 위한 억지 가설들은 그 종교 체계에 불리하다.
7. 하나의 체계는 인간의 경험을 폭넓게 설명할 수 있어야 한다.[39]

얀델의 기준에 한 가지 덧붙인다면,

8. 종교 체계는 기본적인 도덕적 직관과 미적 직관을 만족시켜야만 하고, 사람들로 하여금 도덕적으로 더 민감하고 책임성 있는 삶을 영위하도록 해야 한다.

이 목록은 면밀하게 만들어지기는 했지만, 과연 그 기준들이 순환에 빠지지 않는다고 볼 수 있을까? 예를 들어, 모든 세계적인 종교들이 일곱 번째 기준을 만족시킨다고 주장하지만, 주어진 종교 전통이 제시하는 설명이 적절한지

---

39 Keith E. Yandell, "Religious Experience and Rational Appraisal," *Religious Studies* 8 (1974): 185–6.

를 결정하기 위해서는 어떤 기준이 더 보태져야 하느냐는 의문이 제기된다. 결국 이 목록에 들어 있는 기준들은 재고의 여지가 있는 것이다.

이것은 마지막 문제를 제기한다. 비록 우리가 종교를 진리 명제를 만들어내는 체계로 보더라도, 그 종교를 신봉하는 모든 신자들이 한결같이 받아들이는 종교적인 믿음들에 관한 비인격적이고 객관적인 서술문들로 종교 체계가 이루어진다고 보는 것은 잘못이다. 종교 체계는 역사적으로 자라오고 발전해온 복합체다. 오늘날 기독교도이나 힌두교도가 믿는 것은 1세기의 기독교도나 8세기의 힌두교도가 신봉했던 것과는 (어떤 경우에는 현저하게) 다르다. 이것은 현대의 종교인들이 기독교도나 힌두교도가 아니라고 말하는 것은 아니다. 그들은 특정 믿음들을 받아들일 뿐만 아니라, 기독교나 힌두교의 역사적인 전통에 참여하기 때문에 기독교도이고 힌두교도인 것이다. 그 전통은 원시 상태에 있지 않다. 우리는 최초의 창시자에게로 되돌아가서 그가 믿었던 것을 그대로 믿고 그가 행한 그대로 행할 수는 없다. 전통은 누적적이요 역동적이며, 사회적이고 인격적이다. 따라서 그 종교에 대한 어떠한 서술도 중요한 주관적인 차원을 담게 된다.

종교는 문화 안에서 역사적으로 구현되므로 종교적인 믿음과 문화적인 믿음을 분리하기는 어렵다. (예컨대 일부일처제는 기독교의 종교적인 규범인가, 아니면 서구의 문화적인 규범인가? 힌두교를 카스트 제도와 분리시킬 수 있는가?) 종교는 개개의 신자들 안에서 구현되며, 두 신자가 엄밀하게 동일한 믿음을 갖지는 않는다. 그러므로 종교들을 평가할 때, 우리는 종교인들의 발언 전부가 아니라 특정 종교에 본질적이라고 할 수 있는 발언들에 관해서만 논해야 한다. 그러나 여기에도 어려움이 있다. 어떤 사람이 기독교인이 되기 위해서, 또는 이슬람교도나 힌두교도가 되기 위해서 본질적으로 믿어야만 하는 것은 무엇인가? 각 종교의 다양한 전통들은 특정한 교리적인 본질을 추출해내는 것이 얼마나 어려운 일인지를 보여준다.

각 종교가 세계 종교사의 한 줄기라는 주장은 흥미 있는 생각이다. 그러나 신앙이나 신과 같은 공통적인 종교 개념들이 있더라도, 이 개념들에 관한 모든 주장이 참된 것은 아니다. 사람들이 보편 과학에 참여하는 것과 꼭 같은 방식으로 하나의 보편 종교에 역사적으로 계속 참여해왔다고 상상해보라. 과학에서는 공공연히 인정되는 과학적인 믿음이라고 해서 모두가 참이지도 않거니와 모든 관행이 용인되는 것도 아니다. 예를 들어, 연금술은 잘못된 과학이었다. 그러나 과학자들은 저마다 실재와 씨름하면서, 그것이 어떻게 작용하는지, 그리고 어떤 인과적인 설명이 가장 만족스러운지를 알아내려고 애쓴다. 이와 마찬가지로 만일 신이 세계 안에서 활동하면서 인간들과 마주친다면, 그 신을 이해하고 신에 대한 믿음을 자신의 삶에서 전유(專有)하는 것은 신봉하는 종교 전통이 무엇이냐를 불문하고 모든 사람의 임무가 된다. 일부 종교적인 믿음들은 참되고 일부는 거짓이라는 것, 어떤 관행들은 호의적이지만 그렇지 않은 관행들도 있다는 것은 인간의 유한한 이해의 결과로 받아들여져야 한다.

| 연구문제 |

1. 당신이 알고 있는 다양한 종교들 간의 차이들을 목록으로 만들어보라. 이 차이들은 중요한가, 중요하지 않은가? 그 중요성을 결정할 때 당신이 사용한 기준들에 유의하면서 당신의 입장을 옹호해보라.
2. 종교적 배타주의란 무엇인가? 배타주의를 어떻게 비판할 수 있을까? 배타주의자는 그 반론들 각각에 대해서 어떻게 응수할 수 있을까?
3. 시각 장애인과 코끼리의 이야기가 종교 다원주의를 이해하는 데에 어떻게 도움이 되는가? 이 유비가 다원주의를 비판하는 데에 어떻게 쓰여질 수 있을까? 그 사람들의 시력이 완전히 상실된 것이 아니라 부분적으로만 상실되었다고 한다면 그 이야기와 논점은 현저하게 바뀔까? 설명해보라.
4. 힉이 인격적인 변화가 종교적인 믿음들보다 더 중요하다고 생각한 이유는 무엇인가? 인격적인 변화와 종교적인 믿음 사이의 적절한 관계는 무엇이라고 생각하는가? 믿음들이 문제되는가? 당신의 입장을 옹호하라.
5. 힉의 종교적 다원주의에 대한 두 가지 비판들을 전개해보라. 힉은 이 비판들 각각에 대해서 어떻게 대응할까?
6. 하임의 다원주의가 힉의 전통적인 다원주의와 어떤 점에서 다른가? 하임은 자신

의 관점이 어떤 장점을 갖는다고 보는가?

7. 종교적 포섭주의는 배타주의 및 다원주의와 어떤 점에서 유사하고 어떤 점에서 다른가? 라너는 자신의 입장을 어떻게 옹호하는가?
8. 포섭주의에 대한 두 가지 비판을 개진한 후 포섭주의자들은 이 비판들에 대해 각각 어떻게 응수할 것인지 논하라.
9. 종교들이 실재에 관해서 참된 주장을 하느냐의 물음에 대한 다원주의와 포섭주의의 입장을 비교하라. 이 문제와 관련해서 힉이 직면하는 딜레마는 무엇인가? 그 딜레마에 대해서 힉은 어떻게 답변하는가?
10. 얀델이 제시한 기준들을 사용해서 당신이 신봉하는 종교적 전통이나 다른 종교 전통을 평가하라. 그 기준들은 적용하기에 충분할 만큼 명료한가? 또 종교들을 잘 구별해내는가? 당신의 답변을 정당화시켜보라.

| 참고문헌 |

Basinger, David. *Religious Diversity: A Philosophical Assessment*. Aldershot: Ashgate, 2001.

Dean, Thomas, ed. *Religious Pluralism and Truth*. Albany: State University of New York Press, 1995.

D' Costa, Gavin. *Theology and Religious Pluralism: The Challenge of Other Religions*. Oxford: Blackwell, 1986.

——, ed. *Christian Uniqueness Reconsidered: The Myth of a Pluralistic Theology of Religions*. Maryknoll: Orbis Books, 1990.

Dupres, Jacques. *Toward a Christian Theology of Religious Pluralism*. Maryknoll: Orbis Books, 2001.

Griffin, David Ray. *Deep Religious Pluralism*. Louisville: Westminster John Knox Press, 2005.

Griffiths, Paul. *An Apology for Apologetics: A Study in the Logic of Interreligious Dialogue*. Maryknoll: Orbis Books, 1991.

——. *The Problems of Religious Diversity*. Malden: Blackwell, 2001.

Heim, S. Mark. *Salvations: Truth and Difference in Religion*. Maryknoll: Orbis Books, 1995.

Hick, John. *God and the Universe of Faiths*. London: Macmillan, 1977.

——. *An Interpretation of Religion*. New Haven: Yale, 1989.

——, ed. *Problems of Religious Pluralism*. New York: St. Martin's Press, 1985.

——, and Brian Hebblethwaite, eds. *Christianity and Other Religions*. Glasgow: Collins, 1980.

Kiblinger, Kristin Beise. *Buddhist Inclusivism*. Aldershot: Ashgate, 2005.

Knitter, Paul. *No Other Name? A Critical Survey of Christian Attitudes toward World Religions*. Maryknoll: Orbis Books, 1985.

Küng, Hans, et al. *Christianity and the World Religious*. Garden City: Doubleday, 1986.

Nash, Ronald. *Is Jesus the Only Savior?* Grand Rapids: Zondervan, 1994.

Netland, Harld. *Dissonant Voices: Religious Pluralism and the Question of Truth*. Grand Rapids: William B. Eerdmans, 1991.

Pinnock, Clark H. *A Wideness in God's Mercy*. Grand Rapids: Zondervan, 1992.

Quinn, Philip L., and Kevin Meeker, eds. *The Philosophical Challenge of Religious Diversity*. New York: Oxford University Press, 2000.

Rice, Alan. *Christians and Religious Pluralism*. Maryknoll: Orbis Books, 1982.

Sanders, John. *No Other Name! A Biblical, Historical, and Theological Investigation into the Destiny of the Unevangelized*. Grand Rapids: William B. Eerdmans, 1992.

Smith, Wilfred Cantwell. *Towards a World Theology*. Philadelphia: Westminster Press, 1981.

15장 ●● 종교 윤리: 신과 도덕성의 관계

> 공정하게 생각해보면 [적극적이고 자발적인 안락사]를 허용해야 할 것 같다 …… 하지만 적극적이고 자발적인 안락사를 합법화해버리면 자신의 의사를 표현할 수 없는 환자들의 비자발적인 안락사를 합법화하라는 강한 압력이 곧바로 가해지게 될 것이다.
>
> —브록(Dan Brock), 해스팅스 센터 보고서(1992년 3월~4월)

우리가 윤리를 논할 때 무엇에 관해서 말하고 있는 것일까? 우리가 앞으로 보게 되겠지만, 이것은 매우 복잡한 문제다. 하지만 기초적인 구분을 하면 우리가 출발하는 데에 도움이 된다. 극심한 고통을 겪고 있는 말기 환자가 자신의 삶을 마감할 권리에 관한 윤리적인 토론을 우리가 벌이게 되었다고 하자. 우리가 고려할 수 있는 문제들 중의 일부는 주로 기술적(記述的)인 문제들이 될 것이다. 즉 실제로 벌어진 일이 무엇이냐에 관한 문제들이다. 자기가 격심한 고통을 겪고 있다고 생각하는 사람들 중에서 얼마나 많은 사람들이 자신의 삶을 마감하려고 시도할까? 현재의 여론은 적극적인 안락사를 지지하는가? 말기 환자들은 안락사가 허용된다면 기꺼이 자신의 삶을 끝내려고 들까? 어떤 폐해가 있을까?

이와 반면에 윤리적인 논의에서 다뤄지는 문제들 중 또 다른 일부는 주로 규범적(prescriptive, normative)이다. 즉 우리가 무엇을 믿어야 하느냐, 또는 우리가 어떻게 행동해야 하느냐에 초점이 맞춰진 문제들이다. 더 이상 살 가치가 없다고 생각하는 사람에게는 자신의 삶을 끝낼 법적 권리가 있는가? 말기 환자들만이 이런 권리를 가져야 하는가? 정신 장애자도 그런 결정을 내릴 권리를 가져야 하는가? 의사가 환자의 안락사를 도와주도록 허용해야 하는가?

철학자들이 기술(記述)적인 윤리학의 중요성을 부인하지 않는다는 점은 확실하다. 사람들이 실제로 무엇을 믿으며 그들이 어떻게 사는지를 우리가 모르면, 또는 정책 변화가 초래할 가능한 결과들을 생각하지 못한다면, 우리는 올바른 공공 정책을 만들 수 없다는 점을 철학자들도 인정한다. 그러나 대부분의 철학자들은 그러한 고찰들이 주로 인류학자나 사회학자, 또는 정치학자들의 영역에 속하는 것이라고 생각한다. 반면에 철학자들은 규범 윤리학에 상당히 흥미를 갖는다. 즉 사람들이 생각해야 하는 것과 생각해서는 안 되는 것은 무엇인지, 또 어떻게 행동해야 할지, 말아야 할지에 대해서 철학자들은 계속 흥미를 갖는다. 특히 철학자들은 다음과 같은 유형의 물음들에 대해서 매우 흥미를 느낀다. 우리가 확언하는 규범적인 도덕률의 근원은 무엇인가? 그러한 원칙들이 어떠한 조건하에서 합리적으로 확언될 수 있는가? 규범적인 도덕률(이하에서는 간단히 도덕률이라고만 부르겠다) 중 어느 것이 타당한가?

종교 윤리적 진리의 근원

위에서 언급된 것과 같은 윤리적인 문제들이 논의될 때 밟아야 하는 표준적인 순서는 없다. 그러나 종교 윤리의 영역에서는 논의를 자연스럽게 진행하는 방식이 있다. 우리 모두는 삶의 모든 면과 관계를 맺는 도덕률을 확언한다. 즉 우리와 가족과 친구들이, 그리고 심지어 직접 만나본 적이 없는 사람들이 어떻게 행동해야 하는지를 우리는 이해하고 있다고 생각한다. 그런데 우리가 참되다고 믿는 도덕률은 어디에서 온 것들인가? 이에 대한 손쉬운 답변은, 우리가 미국 대통령이나 올바른 영양 섭취, 자동차의 종류에 관해서 참되다고 생각하는 것을 처음 습득할 때와 꼭 같은 방식으로 대부분의 도덕률을 습득한다는 것이다. 즉 어떤 훌륭한 권위에게서 그것을 습득한다. 예를 들어, 대부분의 우리는 부모에게 불순종하는 것은 잘못이며, 특정 형태의 성적 행동을 하는 것은 잘못이라고 처음부터 생각하는데, 그 이유는 부모나 교사, 또는 종교 지도자들이 우리게 그렇게 가르쳤기 때문이다.

그런데 우리가 진리라고 신봉하는 도덕률의 궁극적인 원천은 무엇인가? 그것들은 단지 인간의 사고의 산물인가? 아니면 신에 의해서 '창조' 되었는가? 아니면 그 둘과는 상관없는 다른 근원에서 나온 것인가? 그 근원들이 여럿인가?

이것들 각각에 대해서 지지하는 사람들이 나눠진다. 심지어 유신론자들 사이에서도 매우 다양한 의견들이 공존한다. 그러나 대다수의 유신론자들은 자기네가 확언하는 기본적인 도덕률의 원천은 신으로서, 인간의 사상도 아니요 양자와 무관한 별개의 원천도 아니라고 주장한다.

그러면 도덕률이 신에게서 왔다고 말하는 것은 정확하게 무엇을 의미하는가? 이에 대한 한 가지 해석은 언뜻 보기에 역설적인 주장인데, 우리가 확언하는 기본적인 도덕률이 신과 무관하지는 않더라도 신의 창조물은 아니라고 말하는 것이다. 이를 논리 법칙들에 비유해보면 도움이 될 것 같다. 예를 들어, 어떤 것이 현재의 그것이면서 동시에 그것이 아닐 수 없다는 모순율을 생각해보자. 유신론자들 중에 이 법칙이 신과 전적으로 무관하다든지, 또는 신이 발견한 것이라고 생각하는 사람은 별로 없다. 하지만 이 법칙이 신에 의해서 창조되었다거나 신의 명령에 의해서 생겨났다고 주장하는 유신론자들도 별로 없다. 일반적으로는 모순율을 신의 마음 안에 언제나 존재해온 영원한 진리라고 생각해왔다. 이런 식의 사고방식에 따르면, 인간이 살아 있는 동시에 살아 있지 않다는 것이 참이 아닌 이유는, 그렇게 되어야 한다고 신이 명령했기 때문이라는 것이다. 실재의 본성(살아 있거나 살아 있지 않은 것)으로 인해 그러한 사태는 불가능하다. 신이 한 일은 인간들이 실제로 존재하게 될지의 여부를 결정하는 것이었고, 따라서 문제의 논리적 진리가 현실 세계에 실제로 적용될 것인지의 여부도 결정했다.

어떤 사람들은 기본적인 도덕률도 이와 마찬가지로 생각할 수 있다고 주장했다. 예를 들어, 불필요하게 고통을 가하는 것은 잘못이라는 광범위하게 받아들여지는 도덕적인 신념을 생각해보자. 이 도덕률을 신과는 무관한 것으로 봐서는 안 된다. 즉 신이 그 원리를 접촉하고 난 후에 그것이 신과 인간의 모든 행동을 인도하는 것인지를 결정하는 것은 아니다. 물론 즐거움과 고통을 경험할 수 있는 존재들을 신이 창조하지 않았다면, 이 특정 '진리'는 우리의 세계와 아무 상관이 없을 것이다. 그러나 이 도덕적 신념은 신의 명령의 결과로서 생겨난 것이 아니며, 신이 마음대로 그것을 제거할 수도 없다. 그렇기는커녕 불필요한 고통을 가하는 것은 잘못이라는 사실은 그런 고통을 경험할 수 있는 존재에 대한 개념에 내재해 있을 뿐이다. 따라서 논리 법칙들과 마찬가지로 이 원리는 신의 마음 안에 언제나 존재해온 것으로서 보는 것이 가장 좋다.[1]

위의 논제를 '자율 논제'라고 부르는데, 이 논제를 지지하는 사람들은 우리의 도덕률들의 원천을 이런 식으로 보는 것이 유신론에 대한 위협이 되지 않는다고 주장한다. 예를 들어, 포이만(1935~2005)은 다음과 같이 말한다.

> 신이 선과 악을 만드는 것을 배제하는, 선에 내재하는 논리가 있다고 해서 종교인들이 괴로워할 이유가 무엇인가? 논리 법칙들이 신과 독립해서 존재한다는 사실로 인해 신의 전능성이 위협받지 않는다는 것은 주지의 사실이다. 윤리에 대한 논리가 있다는 사실이 신의 주권이나 전능성 개념을 위협해야 할 이유가 무엇인가?[2]

그러나 많은 유신론자들은 신과 무관한 것이나 신의 활동을 제한하는 것에 대한 생각을 싫어하여 그들이 신봉하는 기본적인 도덕률의 근원은 강한 의미에서 오직 신이라고 주장하고 싶어했다. 그래서 이를 실현하는 가장 인기 있는 방안은 도덕률이 신의 명령에서 비롯되었다고 주장하는 것인데 신의 명

---

1 예를 들어, A. C. Ewing, "The Autonomy of Ethics," in *Divine Command Morality*, ed. Janine Marie Idziak (Lewiston: Edwin Mellen Press, 1979), pp. 228–30을 보라.

2 Louis P. Pojman, *Ethics: Discovering Right and Wrong* (Belmont: Wadsworth, 1990), p. 188.

령 이론(divine command theory)을 주장하는 사람들이 주로 이런 입장을 취한다.[3]

그런데 이렇게 주장한다고 해서 그 명령들 자체가 도덕률의 기원으로 간주된다고 주장하는 것은 아니라는 점이 지적되어야 한다. 신이 무심코 문장들을 내뱉으면 그 문장들이 '신의 입술'을 떠나는 순간에 요술처럼 도덕률의 기반이 되는 것으로 생각해서는 안 된다. 신의 명령은 신의 의지의 표현으로 봐야 한다.[4] 자기 아이에게 잠자리에 들어가라는 부모의 명령이 그 아이가 그렇게 행동하기를 원하는 부모의 마음을 표현하는 것과 마찬가지로 신의 명령은 신이 우리가 어떻게 살기를 원하는지를 표현하는 것으로 보는 것이 가장 옳다.

이 관점을 이런 식으로 분명하게 설명하더라도 잘 알려진 반론이 여전히 남는다. 만일 우리의 삶을 지배하는 도덕률이 신의 의지를 표현하는 명령에 그 기원을 두고 있다면, 우리는 신이 명령한 것—예를 들어, 무고한 사람을 고문하라는 명령—이면 무엇이든지 수행하더라도 신의 명령이라는 이유만으로 그 행위는 정당화될 것처럼 보인다. 이에 대해 비판가들은 이것은 당연히 용인될 수 없다고 주장한다. 타당한 도덕률에 관한 이론이 이러한 결과를 함축한다면 합리적인 유신론자치고 그 이론을 받아들일 사람은 없을 것이다.[5]

윤리학자인 애덤스(1937~)는 이에 대해서 한 가지 인기 있는 답변을 개발했다.[6] 그는 윤리적인 진리의 원천과 신의 의지를 결합하고 싶어하지만, "신의 의지라는 이유만으로 종교인이 신의 의지를 수행한다"는 것은 부인한다. 즉 애덤스는 신이 명령한 것—예컨대 잔인하게 행동하라는 명령—을 신의 명령이라는 이유만으로 유신론자가 수행할 것을 언제나 요구받는다는 것을 부

---

3 예를 들어, Emil Brunner, *The Divine Imperative* (Philadelphia: Westminster Press, 1947); Carl F. H. Henry, *Christian Personal Ethics* (Grand Rapids: William B. Eerdmans, 1957)를 보라.

4 William of Ockham, *On the Four Books of the Sentences*, bk. 11, question 19, in Idziak, ed., pp. 55–9.

5 Patrick Nowell-Smith, "Religion and Morality," *Encyclopedia of Philosophy*, vol. 7 (New York: Macmillan, 1967), p. 156; A. C. Ewing, *Prospect for Metaphysics* (London: George Allen and Unwin, 1951), p. 39 참조.

6 Robert Adams, "A Modified Divine Command Theory of Ethical Wrongness," in Louis Pojman ed., *Philosophy of Religion* (Belmont: Wadsworth, 1987), p. 527.

인하는 것이다. 그 이유는, 신의 명령은 “일정한 조건이 전제될 때에만, 즉 우리가 신의 속성이라고 생각하는 속성, 이를테면 자신이 창조한 인간을 사랑한다는 속성을 신이 갖는다는 것이 전제될 때에만” 순종할 가치가 있는 것으로 볼 수 있기 때문이다.[7] 그렇지 않을 경우에는 신을 불순종하더라도 잘못이 아니다. 애덤스의 답변을 좀더 긍정적인 말로 다시 표현한다면, 신은 자신이 창조한 인간들을 사랑하는 인격적인 행위자라고 우리가 전제—애덤스는 이것을 우리가 정당하게 전제할 수 있다고 생각한다—한다면, 신의 의지에서 나온 명령들이 우리로 하여금 변덕스럽고 무자비한 방식으로 행동하게끔 하지나 않을까 걱정할 필요는 없다는 것이다.[8]

다른 사람들은 신의 명령과 신의 성격 간의 연관성에 대해서 좀더 깊이 파고들었다. 그들은 신이 우리에게 무고한 사람들을 죽이도록 명령할 능력을 가지고 있다는 것을 인정한다. 신은 분명히 관련 개념들을 구성할 수 있고, 그의 의도를 우리에게 전달할 수 있을 것이다. 그러나 신의 명령에 의해서 표현되는 신의 도덕적 의지는 공허한 상태로 존재하지 않거니와, 신의 마음 안에서 영원히 존재해온 어떤 자율적인 도덕 기준에 의존하지도 않는다. 오히려 신의 의지는 신의 본성의 한 측면이다. 즉 그것은 신의 존재 양식의 한 표현인 것이다. 일단 우리가 신이 실제로 어떤 유형의 존재인지를 이해하기만 하면, 문제의 비판은 그 힘을 잃게 된다.

첫째로 신은 만물을 창조한 전지한 존재다. 그래서 신은 그의 피조물들이 최상의 상태로 기능하려면 어떠해야 하는지를 정확하게 안다. 예를 들어, 신은 우리를 개별적으로 만족시켜주는 것이 무엇인지, 우리로 하여금 조화를 이루면서 살게 해주는 것이 무엇인지를 정확히 알고 있다. 둘째로 신이 사랑을 베푸는 것은 어쩌다 생기는 일이 아니다. 신의 본질은 불변하기에 사랑을 베

---

7 Adams, pp. 533-4.

8 애덤스의 ‘수정된’ 신적 명령 이론은 실제로 ‘자율성 논제’의 ‘수정’판에 지나지 않는다는 주장이 제기되곤 한다. 왜냐하면 어떤 독립된 도덕률의 경우에는 신의 명령보다 우선권이 부여되기 때문이다. 어느 의미에서 이것은 옳은 듯이 보인다. 만일 신이 어떤 명령을 내린다면 우리는 그 명령에 순종하는 것을 거부할 때에 좀더 고차원적이고 독립적인 윤리적 기준에 호소할 수 있을 것이라고 애덤스는 가정법을 써서 주장한다. 그러나 신이 그런 명령을 내릴 수는 없다고 애덤스는 본다. 따라서 신의 실제적인 명령은 우리의 도덕률의 실제적인 근거로 봐도 정당하다고 애덤스는 결론을 내린다.

풀지 않을 수 없다. 신은 반드시 우리의 개별적인 성취와 협력적인 성취를 원한다. 따라서 신의 명령은 비판가들이 생각하듯이 임의적이고 변덕스러울 수 없다. 예를 들어, 신은 우리로 하여금 '단지 재미로' 무고한 어린이들을 죽이라고 명령할 수 없다. 왜냐하면 이것은 신의 본성과 불일치하기 때문이다.[9]

하지만 신이 다른 유형의 존재일 수도 있지 않을까? 이를테면 무고한 어린이들을 속이거나 죽이는 것이 원래 가치 있는 행위라고 믿는 존재일 수 있지 않을까? 그런 믿음을 고수하는 강력하고 초자연적인 존재자가 존재할 수도 있다는 것은 우리가 생각해봄직하다고 유신론자들은 응수한다. 하지만 우리가 숭배하는 신은 그러한 존재가 아니다. 실제로 그는 그런 존재자가 될 수 없었을 것이라고 대다수의 사람들은 주장한다. 따라서 문제의 비판은 성립하기 어려우므로, 우리가 참이라고 믿는 도덕률의 궁극적인 기원이 신의 본성이라고 주장하는 것은 완벽하게 합당하다.[10]

종교 윤리적 진리의 권위적 기초

신의 본성이 도덕률의 원천이라고 하더라도 다음과 같은 중요한 의문이 남는다. 신에게 기원을 두는 도덕률이 그 권위를 가질 수 있게 해주는 것은 무엇인가? 유신론자들이 신의 의사(意思)에 순종해야 하는 이유는 무엇인가? 매킨타이어(1929~)의 표현대로 하자면, "어떤 사람이 신의 [윤리적인] 믿음들을 권위 있는 것으로 생각하는 것이 합리적이기 위해서 충족되어야 하는 조건들은 무엇인가?"[11]

종교인들이 신의 명령을 따르는 동기도 갖가지다. 어떤 이는 주로 두려움 때문에, 다른 이는 사랑에서 우러나서, 또는 신의 명령이 최상의 결과를 가져올 것이라는 믿음 때문에, 또 다른 이들은 자기네 문화 속에서 이런 욕구나 의

---

9 Bruce Reichenbach, "The Divine Command Theory and Objective Good," in *Georgetown Symposium on Ethics*, ed. R. Porreco (New York: University Press of America), pp. 219–31. 애덤스가 모든 면에서 이러한 노선에 반드시 동조할 필요는 없다는 점에 유의해야 한다.

10 Adams, pp. 525–37.

11 Alasdair MacIntyre, "Which God Ought We Obey and Why?" *Faith and Philosophy* 3 (1986): 359.

무를 암암리에 전수받았기 때문에 신의 명령을 따른다. 그러나 매킨타이어와 다른 사람들이 옳게 지적한 바와 같이, 유신론자들이 신을 완벽하게 선한 존재로 생각하지 않을 경우에는 신에게 그 기원을 두는 도덕률을 궁극적인 도덕 기준으로 정당하게 볼 수는 없을 것이다.

그런데 유신론자들이 신의 선을 주장하기 위한 근거가 무엇인가? 종교를 비판하는 닐센(1925~)은 이에 대한 대응 방안은 두 가지밖에 없다고 주장한다.[12] 한 가지 방안은 유신론자들이 신의 선이 사실적인 또는 증거상의 문제라고 주장하는 것이다. 즉 신이 그들에게 인생의 목적을 제시해줬기 때문에, 또는 사랑하는 자를 고쳐줬기 때문에, 또는 어려울 때에 인도해줬기 때문에 신은 선하다고 유신론자들이 주장하는 것이다.

하지만 이 방안은 전혀 쓸모가 없다고 닐센은 즉각 반박한다. 우리가 어떤 개인이 일정한 특성을 가지고 있다고 말할 수 있으려면 우리가 이미 그 특성을 이해하고 있어야 한다. 예컨대(이것은 닐센의 저작에서 나온 예는 아니다) 첫 면식이 우호적이다라고 말할 수 있으려면 어떤 사람이 우호적이라고 할 때 그것이 무엇을 의미하는지를 먼저 이해해야 한다. (닐센의 논변으로 돌아가서) 이와 마찬가지로 신의 행위들에 근거해서 신이 선하다고 주장할 수 있으려면, 우리는 신의 행위를 판단할 수 있는 선의 기준을 이미 가지고 있어야 한다. 그런데 이것이 맞다면, 신에게 기원을 두는 도덕률이 궁극적인 윤리 기준을 제공한다고 더 이상 주장할 수 없게 된다고 닐센은 결론짓는다. 오히려 우리 자신의 윤리적인 직관이 궁극적인 기준이 되고 마는 것이다.

닐센이 말하는 두 번째 방안은 "신은 선하다"라는 서술문이 정의상으로 참이 된다, 즉 '선'은 '신'의 필연적인 정의적 특성이라고 주장하는 것이다. 신의 태도(그리고 행위)가 선한 이유는 단지 신이 그 태도를 갖기(또는 그 행위를 수행하기) 때문이라는 것이다. 그러나 이 답변은 또 다른 문제를 불러일으킨다. 종교인들은 무슨 근거로 그들이 숭배하는 존재자를 '신'이라고 부르는가? 닐센의 물음을 다소 다른 방식으로 표현하자면, 유신론자들이 그 권위를

12 Kai Nielsen, *Ethics Without God* (London: Pemberton, 1973), chap. 3.

인정하고서 받아들인 도덕률을 자기네에게 준 존재자가 실제로 신이라는 것을 그들이 어떻게 아는가?

유신론자들은 그 존재자가 자칭 선하다는 이유만으로 그 존재자를 신이라고 정당하게 주장할 수는 없다고 닐센은 지적한다. 그래서 위의 물음은 다음과 같은 물음이 된다. 그런 존재자의 주장들을 믿을 수 있는 근거가 무엇인가? 유신론자들은 자기네가 숭배하는 존재자가 우주를 창조한 전지전능한 존재라고 자기네가 믿는다는 이유만으로는, 그 존재자의 행위들이 선하다고 주장할 수 없거니와, 그 존재자가 신이라고 정당하게 여겨질 수 있다고 주장할 수도 없다. 그러한 존재자의 명령을 따르지 않는 것은 현명한 처신이 아니지만, 전지전능한 창조주가 사악한 것이 불가능하지도 않다. 유일하게 타당한 답변은, 유신론자들이 섬기는 존재자를 '신'이라고 부르는 이유가 이 존재자의 행위와 태도가 합치하게 되는 선에 관한 독립된 윤리적 기준을 자기네가 가지고 있기 때문이라고 유신론자들이 인정하는 것이다.

유비를 통해서 이 중요한 논점을 분명히 설명할 수 있다. "모든 강아지는 어리다"라는 문장이 정의적인 진리라고 주장하는 사람이 있다고 하자. 그 사람은 이것만으로는 지금 막 방에 들어온 개가 강아지라고 정당하게 주장할 수 없다. 이 주장을 정당하게 하려면, 그 개가 어린지를 먼저 결정해야 한다. 그리고 이 결정을 하기 위해서는 그가 이미 어린 개의 특징들 —예를 들자면, 작은 몸통, 쉽게 까부는 성격 등—을 알고 있어야 한다. 마찬가지로 유신론자들은 그들이 복종하는 명령을 내린 존재자가 바로 신이고 우리가 받아들일 수 있는 윤리적 권위자라고 주장할 수 있기 위해서는 이 존재자가 선하다는 것을 (다른 사항들에 덧붙여서) 결정할 수 있어야만 한다고 닐센은 주장한다. 그러나 이것은 그 존재자를 판단할 수 있는 선의 개념을 그들이 이미 마음속에 가지고 있을 때에만 이루어질 수 있다. 따라서 유신론자들은 그들 자신의 윤리적 직관이 궁극적인 윤리적 기준임을 인정해야 한다.

닐센의 이런 주장은 옳은가? 첫째로, 닐센의 논증은 윤리적 진리의 기원이 전적으로 신—예컨대 신의 본성—에게만 있다고 주장하는 유신론자들에게만 적용된다는 점이 강조되어야 한다. 윤리적 진리가 어떤 의미에서는 신에게 의존적이지만 다른 의미에서는 신과 무관하다고 주장하는 유신론자들에게는 그의 비판이 해당되지 않는다.

윤리적인 진리가 전적으로 신에게 그 기원을 둔다고 주장하는 유신론자들은 어떠한가? 이 경우에 닐센의 논변을 제어할 방도가 없을까? 많은 유신론자들은 신의 태도와 행위가 자신의 도덕감과 일치하므로 신이 선하다고 주장한다는 점은 맞다. 즉 많은 유신론자들이 일반적으로 신이 선하다고 판단할 때에는, 이 판단을 내리기 전에 이미 가지고 있던 윤리적 기준들에 근거한다. 닐센의 입장을 이 정도로 이해한다고 해서 해로울 것은 없다. 그의 논지의 핵심은, 유신론자가 신의 선을 평가하기 위해서 사용하는 윤리적 기준들이 판단의 대상이 되는 신의 기본적인 윤리적 믿음들과는 분리된, 그리고 그것보다는 더 근본적인 윤리적 기준을 구성한다는 그의 주장이다.

그런데 닐센이 이런 논점을 취하고 있다고 유신론자들이 인정할 필요가 있을지는 분명치 않다. 유신론자들이 신의 선을 판단할 때 사용하는 윤리적 기준들이 닐센이 요구하는 의미에서 '독립적'이고 '더욱 근본적'이기 위해서는 각 유신론자가 신의 영향력과는 무관하게 그 기준들을 공식화해야 한다. 그러나 전통적으로 유대 기독교적 신학에서는 인간들이 신의 피조물이라고 주장했다. 좀더 정확히 말하자면, 인간으로서, 즉 신의 형상대로 만들어진 피조물로서 우리가 지지하는 기본적인 도덕률의 기원은 신에게 있다는 것이 전통적인 주장인 것이다. 우리가 앞으로 살펴보겠지만, 이것이 정확히 어떤 의미에서 그렇게 되는지에 대해서는 유신론자들 사이에서도 의견이 분분하다. 하지만 그러한 도덕률이 신에게 그 기원을 둔다면, 앞의 분석에서 언급된 식으로 유신론자들이 신을 판단할 때 사용하는 윤리적인 기준이 신의 기준과는 독립되어 있고 그것보다 더 근본적이라는 것을 그들이 인정할 필요가 있을지는 분명치 않다. 오히려 유신론자들은 신이 갖게 해준 기준에 의해서 자기네가 신을 판단한다고 주장할 수 있다. 요컨대 유신론자들은 자신의 도덕감의 '신적' 기원을 긍정함으로써, 신의 선을 자신의 윤리적 기준에 의해서 판단한다는 것을 인정하면서도 그들 자신이 개인적으로 형성한 윤리적인 기준이 최종적인 윤리적 권위를 갖는다는 것은 정당하게 부인할 수 있다.[13]

물론 닐센은 인간의 기본적인 윤리적 직관의 기원을 이렇게 종교적으로 이해하는 것을 받아들이지 않는다. 그러나 이것은 상관없다. 닐센은 신의 존재와 태도와 행위에 관한 유신론자의 믿음들의 진위 여부를 평가하고 있지는 않다. 그가 주장하는 바는, 유신론자들이 어떤 종교적인 가정을 하더라도 자기네의 윤리적인 결정이 궁극적으로 인간의 사고와는 무관한 윤리적 기준에 근거해 있다고 그들이 일관성 있게 주장할 수 없다는 것이다. 그러나 이러한 닐센의 주장은 성공적으로 반박될 수 있을 것 같다.

종교에 근거한 윤리적 진리의 획득

유신론자들이 윤리적 진리의 기원이 신이라고 주장할 수 있을 뿐만 아니라 바로 그렇기 때문에 그 진리가 권위를 갖는다고 정당하게 주장할 수 있다고 일단 가정하자. 이렇게 가정할 경우, 유신론자들이 어떻게 이런 윤리적인 통찰력을 획득하게 되었냐는 의문이 남게 된다.

이러한 통찰력을 획득하게 되는 방법으로서 흔히 세 가지가 언급되는데 이것들은 서로 구별되기는 하지만 배타적이지는 않다. 첫째로, 유신론자들은 신이 일정한 형식의 씌어진 계시(예를 들어 성경이나 코란)를 통해서 윤리적 진리들을 말해줬다고 주장한다. 신이 이런 계시를 내릴 때 어느 정도로 직접 관련되었다고 여겨지는지에 대해서는 의견이 분분하다. 신이 모든 말에 대해서 직접 책임이 있다고 믿는 사람들이 있는 반면에, 기본적인 개념들에 대해서만 책임이 있다고 믿는 사람들도 있고, 인간의 가장 정밀한 윤리적 통찰들을 대조해보는 것을 도와주는 데에만 신이 책임을 질뿐이라고 믿는 사람도 있다. 그러나 신이 우리로 하여금 살아가면서 준수하기를 바라는 도덕률에 관한 정보를 제공하는 가장 중요한 원천은 바로 씌어진 계시라고 주장하는 유신론자들이 (대부분은 아니더라도) 많다.

그런데 율법이나 성경이 분명하게, 그리고 직접적으로 신의 뜻을 전한다

13 E. I. Carnell, *Christian Commitment* (New York: Macmillan, 1957), p. 134.

고 믿는 보수적인 유대교도나 기독교도들은 여기서 유명한 딜레마에 봉착하게 된다. 그것은 바로 신의 행위들 중 일부는 액면 그대로 윤리적으로 문제가 된다는 점이다. 예를 들어, 민수기 31장에서 이스라엘의 적인 미디안의 모든 사람들을 죽이라고 명령한 이도 신이요, 생포된 삼만 이천 명의 처녀들을 어떻게 분배해야 할지를 결정한 이도 신이었다. 그리고 역대상 21장에서는 다윗왕이 저지른 죄의 대가로 칠만 명의 무고한 백성들이 죽은 사건이 나오는데 신이 바로 그렇게 한 것처럼 보인다.

이에 대해 일부 보주적인 유신론자들은 신이 활동할 때 준거하는 도덕률과 인간의 행동에 적용될 수 있는 도덕률을 분리시킴으로써 응수한다. 신은 인간들을 위하여 일관성 있고 사려 깊은 윤리적 기준을 만들었는데, 이 기준을 따를 때에 비로소 신이 바라는 바가 구현되고 모든 사람들의 목적이 최고로 성취되는 상태가 실현된다. 그러나 신은 그런 기준에 구애받지 않는다. 신은 자기가 가지고 있는 이유들로 인해 원하는 바를 무엇이든지 행할 수 있으며, 그러한 행위들은 단지 그가 그 행위들을 수행했다는 이유만으로 윤리적으로 정당화될 수 있다.[14]

물론 이 주장은 명백한 의문들을 낳는다. 만일 신이 활동할 때 다른 윤리적 기준을 따른다면, 어떻게 신이 우리의 윤리적 존경의 대상이 될 수 있는가? 우리는 신이 인간을 위해서 제정한 규칙들이 인간의 성취를 극대화시켜주기 때문에, 또는 규칙을 제정한 그가 무서워서 복종할 수도 있다. 그러나 우리가 사는 동안 준수해야 한다고 들어온 가장 기본적인 윤리 개념들을 어길 수 있을 뿐만 아니라 실제로 어겼던 존재를 숭배하거나 경외할 수 있을까?

많은 유신론자들이 그럴 수 없다고 생각한다. 그들은 두 개의 구별되는 기준들이 존재한다는 것을 부인한다. 물론 인간에게만 적용되는 윤리 신조들을 신이 만들었다는 것을 그들도 인정한다. 예를 들어, 인간의 물리적인 신체가 잘 지내기 위한 규칙들은 신에게는 적합지 않다. 왜냐하면 신은 그런 신체를 가지고 있지 않기 때문이다. 그러나 신이 우리에게 계시한 기본적인 도덕

---

14 예를 들어, Gordon Clark, *Religion, Reason and Revelation* (Philadelphia: Presbyterian and Reformed Publishing Company, 1961), pp. 221-41을 보라.

률은 신의 활동을 '안내'해주는 도덕률과 같다. 따라서 이러한 도덕률을 어기는 것처럼 보이는 것은 궁극적으로 인간의 관점이 가지는 문제라고 그들은 결론짓는다. 우리가 신의 관점에서 전체의 모습을 볼 수 있다면, 즉 모든 문맥상의 요소들을 우리가 안다면, 신이 실제로 말하고 행하는 모든 것이 신의 본성—이 본성은 우리가 사랑이라는 말을 이해하는 기본적인 방식에서의 사랑이다—과 일치함을 알게 될 것이다.[15]

둘째로 (유신론자들의 윤리적인 믿음들을 어떻게 획득하느냐는 우리의 주된 물음으로 돌아가서), 아퀴나스의 '자연법' 전통에서 일부 유신론자들은 인간의 이성이 신의 윤리적 진리를 발견할 수 있다고 믿는다. 이 관점에 따르면, 신은 모든 윤리적 지식의 궁극적 원천이다. 즉 선과 악을 궁극적으로 나누는 존재가 바로 신이라는 것이다. 그러나 신의 형상에 따라 창조된 인간은 자연 안에서 계시되어온 윤리적인 기준의 그러한 측면들을 이해할 수 있는 합리적인 능력을 가지고 있다. 즉 우리는 인간이 어떻게 행동해야 하고 대우받아야 하는지를 자연 질서에 대한 관찰을 통해서 연역해낼 수 있는 것이다.

예를 들어, 우리는 자기 자신을 보존하고 자식을 낳으며 다른 사람들과 더불어 사는 자연적인 성향을 가지고 있다. 이러한 원리들에서 우리는 신이 자기 방어를 인정한다는 것을 연역해낼 수 있다. 우리에게는 어린이들을 보호하는 자연적인 성향이 있다는 사실과 우리 모두는 고통을 피하기를 원한다는 사실에서, 우리는 무고한 어린이들을 죽이는 것을 신이 용인하지 않는다고 추론할 수 있다.

아퀴나스적인 자연법 이론가들은 그런 식의 윤리적인 성찰과 씌어진 계시를 비교해볼 때 윤리적 진리를 식별하기 위한 방책으로서 전자가 후자보다 더 많은 신뢰를 받지는 못한다고 즉각 지적한다. 실제로 갈등 상황에서는 씌어진 계시에 우선권이 주어져야 한다고 생각하는 사람들이 많다. 그러나 씌어진 계시가 우리에게 신의 기본적인 윤리적 관점을 부여하기에 충분하더라도 그것이 언제나 필요한 것은 아니다. 사물들의 본성에 대한 인간의 성찰을 통

15 Adams, pp. 525–37.

해서 신의 기본적인 윤리 기준들과, 그 기준들을 우리의 일상생활에 적용하는 것에 관해서 많은 것을 알아낼 수 있다고 한다.[16]

셋째로, 어떤 유신론자들은 신의 윤리적 진리가 적어도 부분적으로는 본유적이라고 주장하기도 한다. 이들의 관점에 따르면, 우리 각자는 '신의 형상'대로 창조되었는데 이것은 신의 '윤리적인 형상'도 포함한다. 이것은 우리의 기본적인 윤리적 직관—예를 들어, 우리는 무고한 어린이들을 죽여서는 안 된다는 믿음—이 신의 기본적인 윤리적 관점을 자동적으로 반영한다는 것을 의미한다. 라이프니츠(1646~1716)를 비롯한 철학자들이 옳게 지적했듯이, 그러한 본유적인 직관들은 우리가 그것들을 의식하기 전에 어떤 외적인 조명을 요구할지도 모른다.[17] 예를 들자면, 어린이들을 죽이는 것은 잘못이라는 사실을 우리가 의식하기 전에 우리는 어린이란 무엇이며, 죽이는 것은 무엇을 의미하는지를 이해할 필요가 있다. 더욱이 윤리적 직관이라고 해서 모두가 이러한 식으로 우리에게 오는 것은 아니다. 글로 씌어진 계시와 이성도 필요하다. 그러나 우리가 참이라고 믿는 기본적인 도덕률들 중 일부는 '학습'되지는 않았다고 이 유신론자들은 주장한다. 신의 피조물로서의 우리는 단지 그것들을 가지고 '태어날' 뿐이다.

그런데 신적인 윤리적 진리를 획득하기 위한 위의 세 가지 양식들을 모두 지지하는 사람들이 직면하는 심각한 문제가 있다. 그것은 바로 유신론자들 사이에서 윤리관이 그토록 다른 이유는 무엇이냐는 것이다. 즉 신실하고 박식해 보이는 유신론자들 사이에서 인간의 사고 및 행위와 관련된 많은 문제들에 대해 그토록 현저하게 견해차가 생기는 이유가 무엇인가? 유신론자들의 주장처럼 그들이 기본적인 윤리적 진리에 접근해 있다면, 그들 사이에서 윤리적인 합의가 좀더 많이 이루어지지 않는 이유는 무엇인가?

물론 이러한 윤리적 차이점들 중 일부는 종교적 관점의 차이에 기인하는

16 예를 들어, R. E. O. White, *Christian Ethics* (Atlanta: John Knox Press, 1981), pp. 124–35; Garth L. Hallet, *Christian Moral Reasoning* (Notre Dame: University of Notre Dame Press, 1983), pp. 83–4, 114–5; E. Albert, T. Denise, and S. Peterfreund, *Great Traditions in Ethics*, 5th ed. (Belmont: Wadsworth, 1984), pp. 106–25를 보라.

17 Gottfried Leibniz, *New Essays on the Human Understanding* (1765), bk 1, chap. 2, sec. 5.

것으로 여겨질 수 있다. 대부분의 종교인들은 이성이나 타고난 인식 능력, 또는 글로 씌어진 계시를 통해서 윤리적 진리에 접근한다고 주장한다. 그러나 종교적인 관점들이 '글로 씌어진 계시들'의 내용에 관해서뿐만 아니라 진리를 발견할 때의 본유적인 의식과 합리적인 성찰의 역할에 관해서도 차이가 난다면, 일반적인 종교 공동체에서 상당히 많은 윤리적인 차이가 상존한다고 해서 놀랄 필요는 없다.

그런데 다양한 종교들 안에(이를테면 유대교 및 기독교적 관점 안에) 남아 있는 상당한 윤리적인 차이에 관해서는 뭐라고 말할 수 있을까? 그런 차이는 기본적인 도덕률과 그것의 실천적인 적용을 구분함으로써 부분적으로 설명할 수 있다. 예를 들어, 의사가 말기 환자들을 안락사시키는 것을 허용해야 하느냐는 문제를 생각해보자. 원칙적인 수준에서는 대부분의 종교적인 관점들이 별로 상충하지 않는다. 양심적인 유신론자들이라면 공정하고 배려하는 자세로 이 물음에 대답해야 한다고들 주장할 것이다. 그러나 실천적인 면에서 이것은 무엇을 의미하는가? 그것은 참을 수 없는 고통을 겪는 사람들이 그런 고통을 끝내도록 도움을 받을 합법적인 권리를 보장해주도록 유신론자들이 애써야 한다는 것을 의미하는가? 아니면 죽음의 문턱에 도달한 환자들로 하여금 자신의 삶을 끝내야 한다는 도덕적인 의무감을 느끼게 할 수 있는, '죽을 권리'를 합법화하려는 일체의 시도에 대해 유신론자들은 투쟁해야 하는가? 어느 쪽이든 간에 공정하고 배려하는 반응으로 해석될 수 있기 때문에, 거의 모든 종교들에 속한 진실된 유신론자들이 이 경우에 어느 것이 적절한 답변이냐에 대해 (때로는 현저하게) 의견 차이가 나는 것은 놀랍지 않다. 요컨대 대부분의 종교들에서 일반적인 도덕률이 적용될 때에는 차이가 나는 것을 허용하기 때문에, 심지어 주어진 하나의 종교적인 관점에서도 다양한 윤리적인 행동을 보게 되는 것은 으레 예상해야 한다.

한 종교 안에서 윤리적으로 견해차가 나는 것은 이따금 서로 다른 '사실적인' 가정들에서 비롯되기도 한다. 낙태가 좋은 예다. 유대-기독교적 전통에 속한 대부분의 사람들은 이와 관련해서 같은 도덕률—예를 들어, 무고한 생명을 취하는 것은 잘못이다라는 도덕률—을 받아들인다. 그들의 입장 차이는 태아가 이 도덕률이 적용되기에 충분할 만큼의 인간이냐는 문제에서 나타난다.

일부 다양성이 이러한 식으로 설명될 수 있다는 것을 인정하더라도, 주어진 종교 전통 안에 있는 일부 유신론자들이 기본적인 '본유적' 또는 '합리적' 원리들 자체에 대해서 견해차를 보임으로써 근본적인 긴장은 여전히 남는다. 예를 들어, 어떤 기독교인들은 생명을 위협하는 무력을 사용해서는 절대로 안 된다고 믿는 반면에 다른 기독교인들은 전시(戰時) 상황이나 무고한 사람을 보호할 경우에는 그러한 무력이 정당화된다고 믿는다. 어떤 이들은 배아 줄기세포 연구를 지지하는 반면에 다른 이들은 그것을 생명을 조작하는 용인될 수 없는 짓으로 간주한다. 또한 동성애자들의 결혼이 자기네의 종교적 전통과 양립할 수 있다고 보는 사람들이 있는 반면에 그렇지 않다고 생각하는 사람들도 있다. 우리가 현재 자연 환경을 다루는 방식이 부도덕하다고 보는 사람들도 있고, 그런 방식이 청지기의 역할에 부합한다고 보는 사람들도 있다. 같은 종교를 믿는 사람들인데도 어떤 사람들은 남녀가 어떠한 경우에도 동등하게 기능해야 한다고 믿지만, 다른 사람들은 남자는 특히 가정과 교회에서 여자에 대해 여전히 권위를 발휘해야 한다고 믿는다. 이러한 근본적인 종류의 다양성이, 과연 특정 종교의 신봉자들이 권위 있는 윤리적 진리에 접근할 방도를 가지고 있다는 주장과 양립한다고 볼 수 있을까?

이에 대한 답변으로서 많은 유신론자들이 '상이한 기본적인 도덕률을 확언하는 것'과 '동일한 기본적인 도덕률을 상이하게 분류하는 것'의 중요한 구분을 강조한다. 제2차 세계대전 중에 유대인을 집에 숨겨준 기독교인의 경우를 예로 들어보자. 나치가 와서 유대인이 안에 있느냐고 물었을 때 어떤 기독교인들은 거짓말하는 것이 옳다고 생각한 반면에 그렇게 생각하지 않은 기독교인들도 있었다. 그러나 여기서의 문제는 원칙의 문제가 아니다. 관련된 모든 기독교인들은 무고한 생명을 보호해주는 것과 거짓말하지 않는 것이 모두 신이 그들에게 부여한 의무라고 생각했다. 그런데 이 경우에 어느 원칙이 우선하느냐의 문제에 대해서 그들은 의견을 달리했다.[18]

18 Norman Geisler, *The Christian Ethic of Love* (Grand Rapids: Zondervan, 1973), pp. 76-127을 보라.

다른 유신론자들은 신의 도덕률을 정확하게 확인할 수 있는 인간의 능력이 '타락'으로 말미암아, 즉 인간의 반역 행위로 인한 신과 인간의 관계 단절로 말미암아 훼손되었다고 주장한다. 그래서 이따금 우리들 중에 많은 사람들이 신이 선포한 도덕률을 비교적 정확하게 분별할 수 있더라도, 불가피하게 그렇게 못 하거나, 적어도 일관성 있게 그리하지는 못할 사람들이 있다고 그 유신론자들은 주장한다.[19]

끝으로, 일부 윤리적 진리가 '생득적'이라고 주장하는 유신론자들은 문화적 조건화(cultural conditioning)를 강조한다. 기본적으로 각 사람이 신의 도덕률을 이해한다고 말하는 것과, 그러한 이해가 지배적인 것으로 언제나 의식될 것이라고 말하는 것은 서로 별개의 문제다. 개인은 자기가 속해 있는 문화의 영향을 크게 받는다. 예를 들어, 도둑질, 사기, 거짓말이 묵과되는 문화 속에서 자란 사람들은 그러한 행동을 하는 것이 옳다고 생각하기 쉬울 것이다. 그들이 그러한 행위가 옳지 않다는 막연한 느낌을 가질 수는 있겠지만, 이런 '신적인 관점'이 언제나 가장 영향력이 있다고 볼 필요는 없다.[20]

물론 이 모든 것이 인정되더라도, 종교적 관점들 사이에서 그리고 종교적 관점들 안에서 만연해 있는 윤리적 다양성으로 인하여 여전히 다음과 같은 의문이 제기된다. 종교 윤리적 기준들 중 어느 것이 신의 기준에 가장 가까운가? 역사적으로 봤을 때 신이 인정하는 도덕률이 어떤 것이냐는 문제로 갑론을박해왔다는 점에서 이것은 확실히 중요한 물음이다. 실제로 종교들 사이에서 윤리관이 다양하기 때문에 유신론자들은 자신의 윤리적인 믿음들(그리고 그 믿음들로 인한 행동)을 주기적으로 재평가할 만큼 그것은 중요한 문제다. 그러한 다양성이 윤리적 독단주의, 특히 행위에서의 독단주의에 대한 도전이 되는 것은 당연하다.

그러나 우리는 이 모든 것을 바로 보도록 조심해야 한다. 유신론자들이 윤리적 진리를 얻기 위해서 사용하는 방법과, 그렇게 얻어진 '진리들'도 다양하다. 정치적인 견해가 다양한 현실로 인해 우리가 정치적 상대주의자나 회의

---

19 Mark Talbot, "On Christian Philosophy," *Reformed Journal* 34 (1984): 19–20.

20 John Hick, "The Philosophy of World Religions," *Scottish Journal of Theology* 37 (1984): 231–6.

주의자가 될 필요는 없듯이, 윤리적 다양성으로 인해서 윤리적 상대주의자나 회의주의자가 될 필요는 없다. 유신론자들이 윤리적 믿음들을 행위로 옮길 때 윤리적 다양성을 인정하고 감안해야 한다. 그러나 유신론자들이 윤리적으로 다양한 현실을 인정한다고 해서, 그들이 윤리적 진리가 있다고 정당하게 주장할 수 없다든지, 그러한 진리의 근원은 신이라고 주장할 수 없다든지, 또는 그들이 그 진리에 접근할 수 없다는 결론이 나오지는 않는다.

종교에 근거한 윤리적 진리의 의미

이상의 논의가 종교를 믿지 않는 사람들에게 무엇을 의미할까? 만일 윤리적 진리의 근원이 신이고 그 진리에 접근할 방도를 자기네가 가지고 있다고 주장하는 유신론자들이 옳다면, 신을 믿지 않는(아니면 적어도 윤리적 진리가 신에게 의존하지 않는다고 보는) 사람들에 대해서 이것이 함축하는 바는 무엇인가?

예컨대 윤리적 진리가 신에게 달려 있지 않다고 믿는 사람들은 그렇게 믿는 사람들과 도덕적 의미의 문제에 관해서 의사소통을 할 수 없다는 뜻인가? 대부분의 유신론자들은 그런 뜻은 아니라고 본다. 즉 우리가 신의 기본적인 도덕률을 알기 위해서 신을 믿어야만 한다(또는 윤리적 진리가 신에게 달려 있다고 믿어야만 한다)고 그들이 주장하지는 않는다. 오히려 대부분의 유신론자들은 신이 모든 사람들을 창조할 때 일정한 기본적인 도덕률에 대한 '생득적인' 이해나 그것을 발견할 수 있는 합리적인 능력을 부여했으며, 유신론자들과 무신론자들이 모두 그 도덕률을 가지고 있기에, 비록 무신론자들이 자기네의 기본적인 윤리적 믿음들의 '신적' 기원을 깨닫지 못하더라도, 서로 의미 있는 윤리적 담화를 나눌 수 있게 된다고 주장한다.[21]

그러나 한 가지 중요한 의문이 남는다. 종교를 믿지 않는 사람이나, 또는 윤리적 진리가 신에 의존한다고는 믿지 않는 사람이 윤리적으로 절대적인 진리를 확언할 수 있을까? 즉 신이 윤리적 진리의 근거라고 생각하지 않는 사람

21 Adams, pp. 535–7.

이 어떤 행위를 모든 시공간에서 모든 사람들에 대하여 옳지 않은 것이라고 (또는 옳은 것이라고) 정당하게 주장할 수 있는가? 실제로 비종교인들도 윤리적으로 절대적인 진리를 확언한다. 예를 들어, 대다수의 사람들은 무고한 어린이들이 고문을 당해서는 안 된다고 생각한다. 하지만 그런 절대적인 진리들이 정당하게 확언될 수 있을까? 오히려 사르트르(1905~1980)의 말처럼, "신이 존재하지 않는다면, 모든 것이 허용된다"라는 결론이 나오지 않을까?[22]

이에 대하여 닐센은 "신이 존재하지 않는다고 해서 도덕 판단의 근거가 되는 객관적인 기준이 없다는 결론은 나오지 않는다"고 주장한다. 그는 말하기를, "우리가 지금 가지고 있는 것과 같은 도덕률을 왜 가져야 하는지에 대한 타당하면서도 완전히 세속적인 종류의 이유들이 있다 …… 도덕성은 종교와 전혀 상관없이 객관적인 근거를 갖는다"고 한다.[23]

그러면 '종교와는 상관없는' 이러한 '객관적인 근거'는 무엇인가? 닐센의 주장에 따르면, 그러한 객관성은 '행복은 선하다'라든지 '모든 사람들은 공평하게 대우받아야 한다'와 같은 윤리적인 믿음들에 근거할 수 있다고 한다. 그 이유는 그러한 믿음들은 대부분의 사람들이 직관적으로 참이라고 아는 도덕률일 뿐만 아니라 실천될 경우 관련된 모든 사람들에게 가장 유익한 원칙들이기 때문이다.

하지만 어떤 사람이 다른 사람들을 부당하게 대하는 것—예컨대 세금을 포탈하는 것—이 실용적인 면에서는 유익하기에 그렇게 행동한다고 가정해보자. 또는 어떤 사람들이 현격히 다른 윤리적 직관—예컨대 거짓말하고 도둑질하는 것이 옳다는 주장들—을 가지고 있노라고 주장하는 경우를 가정해보자. 어떠한 근거에서 그 사람들을 비윤리적이라고 판단하게 되는가? 닐센은 이러한 난점들을 의식한다. 예컨대 닐센은 행복이 선하다는 것을 자기가 입증할 수 없다는 것을 인정하면서, 그는 "우리가 실천적인 면에서 인정하는 것을 지적으로 인정하도록 우리를 설득하기 위해서는 단지 심리주의적 실재론에 호

---

22 Jean-Paul Sartre, "The Humanism of Existentialism," in *Philosophy: A Literary and Conceptual Approach*, ed. Burton Porter (New York: Harcourt Brace Jovanovich, 1974), pp. 70-1.

23 Nielsen, pp. 48, 64.

소할 수 있을 뿐"이라고 주장한다. 그리고 닐센은 공정성이 언제나 가장 유익한 원리가 된다는 것을 자기가 입증할 수 없다는 것을 인정하지만, "도덕적이기 위해서는 [인간의] 권리를 존중해야 한다"고 주장한다.[24] 닐센은 다른 문헌에서 이 논점을 다음과 같이 표현한다. 그러한 원리가 확언되지 않는 한, "도덕성 개념에 대한 이해는 있을 수 없으며, 도덕적 관점을 취한다는 것이 무엇을 의미하는지를 이해할 길도 없다."[25]

닐센은 옳은가? 그는 객관적인 도덕성을 위한 비유신론적이면서도 타당한 근거를 우리에게 제공해주었는가? 우리가 이 문제를 고찰할 때, 유신론자들이 흔히 정의하는 방식대로 닐센이 '객관적 도덕성'을 정의하지는 않고 있다는 점을 먼저 분명히 파악하는 것이 중요하다. 대부분의 유신론자들에게는 절대적인(객관적인) 도덕률이란 모든 시공간에서 모든 사람들에게 참되며 경험에 근거하지 않는(선험적인) 서술문들이다. 하지만 닐센에게는 '절대적인' 도덕률은 합리적인 고찰에 근거해서 모든 사람들이 현재 긍정해야만 하는 경험에 근거한(후험적인) 서술문들이다. 따라서 대부분의 유신론자들이 "살인하지 말라"를 인간의 이성적인 사유에 근거하지는 않지만 그것이 긍정하는 영원한 진리로 보는 반면에, 닐센은 이 도덕률을 모든 사람들이 합리적인 사유에 근거해서 지금 이 순간에 마땅히 긍정해야 하는 진리로 본다.

그런데 이렇게 되면 닐센의 '객관적인' 윤리적 관점은 인간의 사고에서 나타나는 명백한 편차와 관련 자료의 양에 따라 상대적이게 되지 않을까? 이에 대해서 닐센은 만일 도덕률이 오로지 인간의 사고의 산물이라면 그것은 이런 의미에서 어느 정도는 상대적이라는 점을 기꺼이 인정한다. 그러나 윤리적 진리가 상대적이라고 주장하는 것은 하나의 윤리적 관점을 다른 관점보다 선호할 객관적인 근거가 없다—무엇이 옳으냐는 것은 모든 경우에 각 사람이 개인적으로 옳다고 생각하는 것의 함수일 뿐이다—는 것을 뜻한다고도 볼 수 있다. 예컨대 그것은 사형을 찬성하기 위한 객관적인 근거가 그것을 반대하기

---

24 Nielsen, pp. 86, 62.

25 Kai Nielsen, "On Religion and the Grounds of Moral Belief," *Religious Humanism* 11 (Winter, 1977): 33–4.

위한 근거보다 더 강하지 않다는 것을 뜻하는 것으로 받아들여질 수 있다. 분명히 닐센은 그의 윤리관이 이런 의미에서 상대적이라는 데에는 반대한다. 우리가 살펴본 바와 같이, 행복에 대한 인간의 욕구가 전제되고, 일정한 행동 양식이 우리가 이러한 목표를 달성하도록 도와줄 것이라고 믿기에 충분한 실용적인 이유들이 있다고 한다면, 대부분의 사람들이 거의 언제나 일정한 방식으로 행동해야 한다고 말할 수 있는 객관적인 근거를 비유신론자들이 갖게 되는 정황이 있다고 닐센은 생각한다.

하지만 인간의 사고나 경험을 구성하는 공통 요소들을 윤리적인 믿음들의 근거로 삼는 것은 사실의 문제와 윤리의 문제를 혼동하는 오류—어떤 도덕 규범들이 확언되고 있다는 관찰 가능한 사실에서 사람들은 그 규범들을 마땅히 확언해야만 한다고 부당하게 연역해내는 오류—를 범하는 셈이라고 계속 주장하는 사람들이 있다. 이에 닐센은 응수하기를, "사람들이 신이라고 부르는 존재자가 존재한다는 명제에서 그 존재자의 명령은 무엇이든지 수행해야만 한다라는 명제를 도출할 수 없는 것과 마찬가지로 사람들이 어떤 것을 행하거나 추구한다는 것을 발견했다고 해서 그들이 그것을 행해야만 한다고 결론 내릴 수 없다"고 한다. 그러나 "우리는 사실적인 주장들에 근거해서 도덕적인 주장들을 정당화하며, 사람들이 심사숙고해서 욕구하는 것과 그들이 선한 것으로 여기는 것 사이에는 밀접한 연관성이 있다"라고 그는 덧붙인다.[26]

여기서는 닐센의 주장이 적어도 부분적으로나마 옳은 것처럼 보인다. 종교인이든 비종교인든 간에 사실에서 당위를 직접 연역해낼 수 없다는 데에 대부분의 철학자들은 동의한다. 그러나 종교인과 비종교인 모두 사실적인 주장에 의거해서—예컨대 신의 본성이나 자연적인 인간의 욕망이나 공유된 윤리적 직관에 관한 특정 주장들에 의거해서—적어도 부분적으로나마 자기네의 윤리적 주장들을 정당화하는 것 같다.[27]

더욱이 닐센이 제시한 객관적인 비종교적 도덕성을 위한 근거를 우리가 거부하더라도 비종교인이 극단적인 윤리적 상대주의에 빠질지는 분명치 않

26 Nielsen, *Ethics*, p. 56.
27 Reichenbach, p. 230.

다. 종교에 근거하지 않은 윤리 규범들은 적용 맥락에 따라 다소 상대적이거나, 종교에 근거한 규범보다는 적어도 더 상대적임에 틀림없다. 그러나 종교에 근거하지 않은 윤리의 전적인 상대성을 입증—비종교인에게 윤리적 진리는 개인적인 선호에 지나지 않는다는 것을 입증—하기 위해서는, 인류가 임의의 윤리적 규범을 확언하기 위한 합리적인 근거가 존재하지 않는다는 것이 입증되어야 한다. 하지만 아직까지도 그런 것이 입증되지는 않은 것 같다. 심지어 일부 유신론자들은 그렇게 입증하려는 시도가 잘못된 것이라고 실제로 생각한다. 예를 들어, "선한 삶이라는 개념에 근거한 세속적 도덕성은 그 자체로 고무적인데, 그 이유는 그것이 인간의 번영을 증진하고, 신의 존재 여부와는 상관없이 우리 모두에게 유익하다는 것이 입증될 수 있기 때문이다"라는 닐센의 의견에 대해 포이만은 동의한다.[28]

이 사실을 인정하더라도, 만일 윤리적 진리가 인간이 고안해낸 것에 지나지 않는다면, 즉 우리 인간의 관점과는 별도의 궁극적인 가치 기준이 존재하지 않는다면, 인생이 진정한 의미를 가질 수 있을까? 이 물음을 달리 표현하자면, 일부 유신론자들이 주장해온 것처럼, 인생이 의미 있는 목적을 가지려면 신에 대한 믿음이 필요하다는 것이 사실인가?

이 물음에 답하기 위해서 우리는 유신론자들이 윤리적인 상대주의가 '무의미'로 귀결된다고 주장할 때 염두에 두고 있는 바가 무엇인지를 좀더 분명하게 이해해야만 한다. 대부분의 사람들은 비유신론자들이 전체 우주의 궁극적인 목적을 상정할 수 없다고 주장한다. 예를 들어, 큉(1928~)은 "인간이 신을 부정하면 실재의 궁극적인 이유와 지지(支持)와 목적을 거스르는 판정을 내리는 셈이 된다"고 주장한다.[29] 그러나 이 주장은 제한된 의미를 갖는다. 신이 없는 우주가 궁극적으로 무목적적이라는 점을 일부 비유신론자들에게 상기시킬 필요가 있더라도, 사려 깊은 비유신론자들은 이 사실을 기꺼이 인정한다.

그러나 일부 유신론자들은 여기서 한 걸음 더 나아가기를 원한다. 그들

---

28 Pojman, p. 191.

29 Hans Küng, *On Being a Christian* (Garden City: Doubleday, 1976), p. 75. (본문에서 '비유신론자'라고 표현하는 이유는, 유신론자가 아닌 사람들 중에는 무신론자뿐만 아니라 불가지론자도 있기 때문이다—옮긴이)

의 주장에 따르면, 일단 비유신론자들이 우주 전체를 위한 궁극적인 목적이 존재하지 않는다는 것을 깨닫기만 하면 그들은 더 이상 어떠한 개인적인 의미도 경험하지 못할 것이라고 한다. 큉의 표현대로 하자면, 그들은 "의심과 공포와 절망을 낳는 자포자기와 위협과 쇠퇴의 위험에" 노출된다.[30]

하지만 대부분의 비유신론자들이 이러한 식의 추론을 어쩔 수 없는 것으로 여기지는 않는다는 사실은 그리 놀라운 일이 아니다. 첫째로, 일부 비유신론자들이 신이 없는 우주 안에서는 어떠한 궁극적인 우주적 의미도 없다는 것을 깨닫게 될 때 개인적인 의미의 손실을 경험한다는 것을 비유신론자들은 인정한다. 하지만 모든 비유신론자들이 그런 것은 아니라고 본다.

그런데 이 문제보다 더 중요한 것은, 개인적인 의미의 문제에 대한 이런 식의 '여론 조사적인' 접근법이 그 본성상 순환 오류에 빠진다는 비유신론자들의 주장이다. 그들은 많은 유신론자들이 우주적 의미와 개인적 의미 사이의 밀접한 연관성을 경험을 통해 발견한다는 점을 부인하지는 않는다. 예를 들어, 많은 유신론자들이 아우구스티누스처럼 인간의 '마음'은 신 안에서 평안을 얻지 못하는 한 불안하다고 주장하는 것을 비유신론자들은 부인하지 않는다. 실제로 많은 비유신론자들은 유신론자들이 그러한 연관성의 존재를 정당하게 주장할 수 있다는 것을 부인하지도 않는다.

중요한 문제는 유신론자가 합리적으로 주장할 수 있는 것이 무엇이냐는 것이 아니라, 비유신론자가 합리적으로 주장할 수 있는 것이 무엇이냐는 점이라고 비유신론자들은 지적한다. 여기서 증명의 부담은 분명히 유신론자들에게 있다고 그들은 주장한다. 유신론자가 입증해야 하는 것은 신이 없다면 어떠한 개인적인 의미도 갖지 못할 것이라는 주장이 정당화된다는 것도 아니요, 비유신론자들도 이런 식으로 생각할 수 있다는 것도 아니다. 유신론자가 입증해야 하는 것은, 우주적 의미를 부인하지만 여전히 개인적인 의미를 가지고 있노라고 주장하는 비유신론자들이 이러한 입장을 주장할 경우에는 정당화되

30 Küng, p. 75. 어떤 유신론자들은 이것보다는 약한 주장을 한다. 예컨대 포이만은 "유신론자들의 세계가 어떤 면에서는 신이 존재하지 않는 세계보다도 더 낫고 만족스럽다고 주장할 수 있을 것 같다"라고 말한다.(p. 194)

지 못한다는 점이다. 대부분의 비유신론자들은 유신론자들이 이것을 입증하지 못했다고 주장한다. 우리가 우주적인 의미를 부인할 경우에는 개인적인 의미를 정당하게 주장할 수 없다는 입장이 광범위한 과학적인(심리학적이거나 생리학적인) 또는 논리적인 지지를 받지 못할 것 같으면, 대부분의 비유신론자들은 어떻게 유신론자들이 그러한 연관성을 순환에 빠지지 않고서 입증할 수 있겠느냐고 의아해한다.

비유신론자가 이 논쟁을 구성하는 방식이 전제되면, 그가 옳은 것처럼 보인다. 비종교적인 세계관은 어떤 형태로든 개인의 의미에 대한 전통적인 개념을 개정할 것을 요구할지도 모른다. 실제로 일부 비유신론자들은 더 이상 개인의 의미를 경험하지 않을 수도 있다. 하지만 그렇다고 해서 개인적인 의미 개념이 갖는 영구적인 의미를 비유신론자들이 정당하게 주장할 수 없다고 결론짓기는 어려워 보인다. 그런 결론을 끌어내려면 별도의 논증이 필요하고, 그 논증은 증명되어야 하는 것의 진리를 미리 전제하지 않는 것이어야 한다.

현행 쟁점들

최근에 철학자들이 지대한 관심을 표명해온 윤리학 접근법이 덕의 윤리학(virtue ethics)인데, 이것은 종교의 영역에도 파급되었다.[31] 이 논의를 이해하기 위해서 우리는 먼저 사람들이 무엇을 하는가와 왜 그것을 하는가라는 잘 알려진 구분을 맨 앞에 내놓아야 한다. 예를 들어, 다음과 같은 두 상황을 생각해 보자.

사례 A: 스미스 할머니는 어느 날 우체국에 가다가 보도에 생긴 틈새에 걸려 넘어졌다. 팀은 공놀이를 하러 자전거를 타고 지나가다가 그 사건을 보게 되었다. 그는 늦었기 때문에 계속 가야 한다는 생각이 순간적으로 들었으나 곧 그 할머니를 염려하는 생각으로 바뀌었다. 그래서 그는 가던 길을 멈추고 할머니

31 Alasdair MacIntyre, *After Virtue* (Notre Dame: University of Notre Dame Press, 1981); Stanley Hauerwas, *The Peaceable Kingdom* (Notre Dame: University of Notre Dame Press, 1983) 참조.

가 일어나는 것을 도운 후에 다치지 않은 것을 확인하고서 다시 갔다.

사례 B: 스미스 할머니는 어느 날 우체국에 가다가 보도에 생긴 틈새에 걸려 넘어졌다. 빌은 공놀이를 하러 자전거를 타고 지나가다가 그 사건을 보게 되었다. 그는 늦었고 평소에 그 할머니를 싫어했기에 가던 길을 멈추고 싶지 않았다. 오히려 그는 할머니가 넘어진 것을 보고서 고소하다고 생각하면서 지나가려고 했다. 그런데 멀리서 자기 교회의 목사님으로 보이는 신사가 다가오고 있는 것을 알게 되었다. 빌은 이 신사가 할머니의 넘어지는 모습과 할머니를 도와주지 않고 달아나는 자신의 모습을 봤을까봐 겁이 났다. 그래서 빌은 가던 길을 멈추고 할머니가 일어나는 것을 도운 후 다치지 않은 것을 확인하고 다시 갔다.

이 두 사례에서 관찰되는 행동은 동일하다. 스미스 할머니는 넘어졌고, 젊은이는 돕기 위해서 멈췄다. 따라서 윤리적 판단은 오로지 관찰 가능한 행동에 근거해야만 한다고 보는 윤리 이론에서는 팀과 빌의 행동을 윤리적으로 동등한 것으로 판정해야 한다. 그러나 서구의 윤리적 전통 속에서 자라온 사람들은 대체로 이것을 받아들이려 하지 않는다. 우리는 위의 각 사례에서 나온 '윤리적 출력(ethical output)'에 대해서 만족스러워 한다. 즉 스미스 할머니가 도움을 받은 것에 대해 다행스럽게 생각하는 것이다. 그러나 빌과 팀에 대한 윤리적 평가는 오로지 그들의 관찰 가능한 행동에만 근거할 수는 없다. 그 평가는 그들의 '윤리적 입력(ethical input)'—즉 그들의 동기나 의도—에 대한 평가에 주로, 또는 적어도 상당히, 근거하게 될 것이다. 이러한 점에서 빌과 팀은 현저히 다르다. 팀은 도와주고자 했지만, 빌은 그러지 않았던 것이다.

윤리적 입력에서의 이런 차이를 논할 때 의무나 덕(德)의 견지에서 논할 수 있다. 의무의 견지에서 보자면, 팀의 행동은 칭찬받을 만하다고 할 수 있다. 왜냐하면 그는 곤경에 처한 사람들을 도와야 한다는 윤리적 의무에 따라서 행동하려고 했기 때문이다. 반면에 빌의 행동은 윤리적 의무에 의해서 비롯된 것이 아니므로 빌은 칭찬받을 수 없다. 덕의 관점에서 보자면, 팀의 행동은 덕성—예컨대 자비심—의 한 표현이므로 우리는 팀만이 칭찬받을 만하다고 말할 수 있다.

물론 윤리적 입력을 서술하는 이 두 방식은 상호 배타적이지 않다. 실제로 많은 사람들이 보기에 그 두 방식은 윤리적 행동을 충분히 이해하기 위해서 모두 필요하다. 그러나 최근에는 의무나 덕 중에서 어느 것을 더 기본적인 (또는 주요한) 윤리 개념으로 봐야 하느냐는 문제가 관심거리가 되었다. 의무를 강조하고 싶어하는 사람들은 우리가 어떤 행동을 하려는 의도가 덕스러운 이유는 그것을 해야 하는 의무를 우리가 가지고 있기 때문이라고 주장한다. 이 점을 좀더 형식적으로 표현하자면, 우리가 칭찬받을 만한 성격을 갖는다고 말해질 수 있는 것은 승인된 의무에 따라 행동하고자 하는 기본적인 성향을 가지고 있기 때문이라고 그들은 주장한다. 앞의 예에 적용시켜서 말하자면, 스미스 할머니를 도와주려는 팀의 바람이 덕스러운 이유는 곤경에 처한 사람들을 도와야 한다는 공인된 의무에 따라서 그가 행동했기 때문이라고 할 수 있다.

덕을 강조하고 싶어하는 사람들은 주장하기를, 우리가 어떤 행동을 하거나 하지 말아야 하는 윤리적 의무를 갖는 이유는 그런 의무가 덕성을 표현하기 때문이라고 한다. 앞의 사례에서 팀은 스미스 할머니를 도와야 한다는 그의 윤리적 의무를 수행함으로써 칭찬받을 수 있는데 그 이유는 이 의무가 그의 자애로운 성격을 표현하기 때문인 것이다. 이와는 달리 덕이나 의무 모두 주된 것이 아니라 양자는 부분적으로 중복되면서 상호 의존적인 윤리관들이라고 보는 철학자들도 있다.

이 문제가 종교 윤리와 관련이 있다는 점은 분명하다. 이 장에서 전통적인 윤리 문제들을 논할 때 주로 도덕률을 거론했는데, 도덕률은 윤리적인 의무를 서술하는 명제들이라고 이해해도 무방하다. 즉 이 장의 논조로 볼 때, 종교적인 관점에서 윤리적인 것이 되려면 신이 계시한 규칙들(의무들)에 따라 행동해야 한다. 그러나 덕 윤리학에 대한 최근의 관심으로 인해 종교 윤리를 다르게 보는 사람들이 나타나게 되었다. 특히 그들은 더 이상 윤리적 행위를 신이 원하는 대로 행동하는 견지에서 생각하는 것이 아니라, 신이 우리에게

원하는 유형의 인간이 되는 견지에서 생각한다.[32]

이 구분을 좀더 분명히 하기 위해서, 우리가 서로 사랑해야 한다는 종교적인 믿음을 생각해보자. 전통적인 의무 윤리의 틀 안에서 유신론자의 주된 임무는 이 원칙을 일상생활의 모든 면에 적용시키는 것이다. 물론 그러한 과정은 부분적으로는 정황에 따라 달라진다. 예를 들어, 신경질 부리는 세 살 난 아이에게 어떻게 사랑으로 대할지, 또는 아무 도움도 안 되는 상점 점원에게 어떻게 사랑으로 대할지는 상황에 따라 달라져도 무방하다. 그러나 각 경우에서 유신론자의 임무는 가장 자애로운 반응이 무엇일지를 의식적으로 결정하는 것이다.

하지만 덕 윤리에서는 상황이 근본적으로 다르다. 일단의 의무에 대해서 의식적으로 충실한 것이 윤리적 행위의 본질로 간주되지는 않는다. 특히 종교적 전통에서 추출되고 문화에 합리적으로 적용될 수 있는 무언가로 윤리적 삶의 열쇠를 생각해서는 안 된다. 윤리적 삶의 본질은 종교적이 되는 것(예컨대 기독교적이거나 이슬람교적이 되는 것)이다. 우리는 전통의 일부요, 신앙 공동체의 일원이 되어야 하고, 이 공동체의 성격—그것의 의도, 욕구, 가치—이 우리 자신의 것이 되어야 한다. 그렇게 되면 우리는 마땅히 살아가야 하는 방식대로 살고 있는 자신을 아주 자연스럽게 발견하게 될 것이다. 달리 말해서, 일단 우리가 종교적이게 되면, 우리는 올바른 종교적인 방식대로 행동할 것이다. 우리의 종교성 개발은 종교적인 의무의 실현에 앞서 발생한다.

또한 이 관점을 받아들이게 되면 윤리 문제들에 대한 전통적인 철학의 답변들을 덜 강조하게 된다. 예를 들어, 많은 유신론자들이 전통적으로 악의 문제에 대해서 답변하는 것을 중요하게 여겼다. 전지전능하고 완전하게 선한 신이 창조했다고 하는 이 세상에 왜 그토록 불필요한 악과 고통이 존재하는가? 영향력 있는 어느 기독교 '덕 윤리학자'의 말을 빌어 표현하자면, 기독교인이 이 물음에 대해서 답하려고 시도는 것 자체가 '하나의 오류다.' 악은 '해답을 필요로 하는 형이상학적인 문제'가 아니라 '답변을 요구하는 실천적인 도전'

32 Stanley Hauerwas, *The Peaceable Kingdom and a Community of Character* (Notre Dame: University of Notre Dame Press, 1981).

이다. '모든 인간 관계를 파괴하려고 끊임없이 위협하는 악의 파괴적인 공포를 없앨 수 있는 관심의 공동체'가 바로 그 물음에 대한 적절한 답변이 된다.[33]

물론 의무와 덕이 모두 중요한 윤리적 개념이라고 생각하는 유신론자들도 많이 있다. 그러나 덕 윤리학을 강조하는 추세는 불원간에 종교 윤리의 본성에 영향을 미칠 것 같다.

철학자들의 점증적인 관심을 끄는 또 다른 윤리학적 접근법은 페미니스트 윤리학이다. 페미니즘 자체에 대한 다양한 해석을 감안할 때, 페미니즘적 윤리학을 선명하게 이해하지 못하는 것은 별로 놀라운 일이 못 된다. 그러나 이런 유형의 윤리학을 수행한다고 주장하는 대부분의 사람들이 의견을 같이하는 몇 가지 논점들은 있다.

윤리학에 대한 페미니스트 접근법들은 전통적인 서양 윤리 이론들—공리주의적인 것이든지, 아니면 의무론적인 것이든지 간에—이 부적합하다고 주장한다. 가장 중요한 것은, 전통적인 서구 윤리 이론들은 한결같이 "여성이 아니라 남성의 경험들을 표상한다"는 뜻에서 남성 편향적이라는 주장이다.[34] 특히 전통적인 이론들은 "여성과 관련된 문제들이나 삶의 영역을 평가 절하하거나 무시했으며, 여성의 덕은 남성의 덕에 비해 그 의미가 약한 것으로 간주되었다. 여성이 하는 일은 무시되거나, 그것의 창조성은 그 진가를 인정받지 못했다. 여성과 어린이, 특히 소녀들에 대한 학대는 무시되었다."[35]

우리가 특정한 정황에서 어떤 행동이 적합한지를 판단할 때 준거하는 일반적인 도덕 규칙들을 윤리 체계가 어느 정도 필요로 하는지에 대해서 페미니스트들 사이에서 의견이 갈리는 반면에, 전통적인 윤리 체계들이 가상적인 상황에 적용되는 추상적이고 일반화된 원리들에 너무 많이 의존함으로써 현실에서 개인들의 직접적인 필요를 자주 희생시킨다는 점에 대해서는 대체로 의

---

33 Stanley Hauerwas, "God, Medicine and the Problems of Evil," *Reformed Journal* (April 1988): 19.

34 John D. Arras and Bonnie Steinbock, "Moral Reasoning in the Medical Context," in *Ethical Issues in Modern Medicine*, ed. John D. Arras and Bonnie Steinbock, 4th ed. (Palo Alto: Mayfield, 1995), p. 28.

35 Alison M. Jaggar, "Feminist Ethics: Projects, Problems, Prospects," in *Feminist Ethics*, ed. Claudia Card (Lawrence: University of Kansas Press, 1991), p. 85.

견의 일치를 보고 있다.

끝으로, 페미니스트들은 여성의 도덕적 경험을 인정하고 존중하는 것이 필요불가결하다고 주장한다. 그 이유는 그런 경험이 우리로 하여금 "이전에 인식하지 못했던 윤리적인 쟁점들을" 확인시켜주고, "기존의 윤리적인 쟁점들에 대해 신선한 관점을 도입하며 …… 여성을 완전한 도덕적인 행위자로서 보기보다는 어린아이나 원시 상태에 가까운 존재로 보는 전통적인 관점에 대항"하기 때문이다.[36]

따라서 페미니스트 윤리학이 명백히 '정치적'이라는 점—즉 우리 인간의 상호 작용을 제어하는 현실적인 규칙과 규제들에 대해 관심을 갖는다는 점—에 대해서 놀랄 필요는 없다. 그렇다고 해서 페미니스트 윤리학자들이 이론적인 문제에 대해서는 무관심하다는 뜻도 아니다. 명시적으로 그들은 "여성의 도덕적 경험을 존중하되 무비판적으로 다루지는 않는, 도덕성에 대한 이론적인 이해를 발전시킬" 필요가 있다는 점을 인정한다.[37] 그러나 "충실한 페미니스트 윤리학자들은 무엇보다도 여성의 종속—그리고 다른 억압받는 사람들의 종속—을 제거하는 것을 으뜸으로 삼는다."[38] 바꿔 말해서 페미니스트들은 "여성들이 겪어온 억압과 차별과 배제를" 이론적으로 "폭로하고 거기에 도전"할 뿐만 아니라, 이와 관련된 공공 정책에도 영향을 미치려고 한다.[39]

페미니스트 윤리학 일반에서와 마찬가지로 종교적 또는 유신론적인 페미니스트 윤리학은 성격과 범위에서 매우 다르다. 하지만 몇 가지 공통점들은 있다.

첫째로, 종교적인 페미니스트들은 "여성들을 억압하는 권력 및 세력, 구조와 관습"[40]을 전통적인 신학적 윤리 체계에서 확인하는 작업이 필요하다고 생각한다. 대부분은 아닐지라도 많은 종교들이 남녀에 대해 윤리적인 지위를

---

36 Ibid., pp. 86, 91.

37 Rosemarie Tong, "Feminist Ethics," *Stanford Encyclopedia of Philosophy*, http://plato.stanford.edu/entries/feminism-ethics/, p. 12.

38 Jaggar, p. 98.

39 Arras and Steinbock, pp. 28-9.

40 Sally B. Purvis, *The Power of the Cross: Foundations for a Christian Feminist Ethic of Community* (Nashville: Abingdon Press, 1993), p. 14.

평등하게 부여하지 않고 있다고들 본다. 예를 들어, 보수적인 기독교의 몇 교파에서는 아직도 여성에게 악에 대한 궁극적인 책임을 지운다. 설령 이렇게까지는 하지 않더라도 남성이 여성보다 더 합리적이라고 보고서 우리가 살아가면서 준수해야 할 윤리적 기준들—남성과 여성에게 각기 달리 적용되는 기준들—을 만들고 해석하는 일이 남성에게 있다고 보는 종교들이 여전히 있다. 남자들은 자신의 목적을 성취하기 위해서 타인을 이용해서는 안 된다는 소리를 듣는 반면에, 여자들은 될 수 있는 대로 다른 사람들(특히 남자들)을 도와서 그들의 목적을 성취할 수 있게 해줘야 한다는 소리를 명시적으로나 암시적으로 들으면서 산다. 남자들은 자신의 성적인 행동을 잘 제어하도록 요청받는 반면에, 여자들은 생각과 행동에서 순결을 유지하라는 소리를 듣는다. 남자들은 최종 결정을 내리도록 격려되는 반면에, 여자들은 도움이 되는 말을 해주라는 충고를 듣는다. 종교적 유신론자들은 종교 윤리에서 나타나는 이런 종류의 남성적 편견을 확인하는 것만으로는 부족하다고 강조한다. 그런 편견들은 공개적으로 비판받아야 한다는 것이다.[41]

대다수의 종교적 페미니스트들은 이런 '해체적' 작업에 덧붙여서, 페미니스트의 기본 신조와 양립할 수 있는 종교 윤리적인 관점을 '재건'하려고 시도한다. 특히 여성을 가부장적 억압에서 해방할 뿐만 아니라, 여성들이 종교 및 윤리의 장(場)에서 대등한 참여자로서 자아를 확인하도록 격려하는 윤리를 구축하려고 시도한다. 그런데 이런 재건 작업은 다양한 형식을 취한다. 일부 종교적 페미니스트들은, "모든 남자와 남성적 사고 및 행위는 모든 여자와 여성적 사고 및 행위와 다르고 대비" 되므로 종교 윤리 영역에서 남자들의 말과 행동들은 거부되어야 한다고 전제한다. 따라서 그들은 완전히 새로운 종교 윤리—여성의 경험들에서 나온 개념과 언어에 근거한 윤리—의 창안을 목표로

41 예를 들어, Sally Purvis; Linda Woodhead, "Feminism and Christian Ethics," in *Women's Voices: Essays in Contemporary Feminist Theology*, ed. Teresa Elwas (London: Marshall Pickering, 1992); Marilyn J. Legge, *The Grace of Difference: A Canadian Feminist Theological Ethic* (Atlanta: Scholars Press, 1992); McClintock Fulkerson, *Changing the Subject: Women's Discourses and Feminist Theology* (Minneapolis: Fortress Press, 1994); Denise Lardner Carmody, *Virtuous Woman: Reflections on Christian Feminist Ethics* (Maryknoll: Orbis Books, 1992)를 보라.

삼는다.[42]

그런데 다른 페미니스트들은 전통적인 신학적 윤리 체계들이 여성의 권익에 대해 반드시 적대적이지만은 않다고 본다. 예컨대 일부 기독교 페미니스트들의 주장에 따르면, 기독교 초기에 교회가 약자(弱子)들 간의 관계를 보는 방식이 현대 페미니스트들이 생각하는 것과 아주 잘 들어맞는다고 한다.[43] 그래서 이쪽 진영에 있는 페미니스트들은 전통적인 윤리 체계에서 여성의 경험을 포함하는 측면은 존속시키면서 성차별적인 측면들을 골라내서 비판하는 작업을 해야 한다고 본다.[44]

신학적 페미니스트들이 양성 평등을 너무 강조한다—즉 종교적인 윤리적 전통의 가치를 평가할 때 양성 평등을 주된 요인으로 보는 것은 잘못이다—고 생각하는 유신론자들이 일부 있기는 하지만, 남성 우월적 편견이 어느 정도는 지속되고 있으므로 페미니스트의 관심사를 진지하게 받아들여야 한다는 점을 부인하는 유신론자들은 오늘날 거의 없다.

| 연구문제 |

1. 윤리적 진리가 신에게 기원을 두고 있다고 대부분의 유신론자들이 말할 때 그들이 실제로 의미하는 바는 무엇인가? 이 해석이 전제되더라도 유신론자들은 여전히 신의 명령이 임의적이고 변덕스럽다는 비난을 받는다고 보는가?
2. 당신은 윤리적인 결정을 어떻게 내리는가? 윤리적인 의사 결정을 그런 식으로 접근할 때 신에 대한 믿음은 어떤 역할을 하는가?
3. 종교인들의 윤리 기준이 신의 명령이 아니라 궁극적으로 그 자신의 윤리적 직관에 근거해 있다고 생각하는 이유는 무엇인가? 유신론자들은 이에 대해서 어떻게 대응하는가?
4. 윤리적 다원주의—윤리적 관점의 다양성—가 종교 윤리에 대한 도전이 되는 이유

42 Woodhead, p. 58.
43 Purvis, pp. 13–4.
44 Woodhead, p. 58.

는 무엇인가? 이 장에서 논의된 다원주의에 대한 답변들 중에서 어느 것이 가장 설득력 있다고 생각하는가?

5. 신에 대한 믿음이 인생의 궁극적인 의미를 갖는 데에 필요한가?
6. 신이 없다면 윤리는 전적으로 상대적이라고 주장하는 사람들은 어떤 근거에서 그렇게 말하는가? 이 주장에 대한 닐센의 반론을 간단히 설명하고 평가하라.
7. 모세 오경이나 성경이 신에 관한 정보의 원천으로서 신뢰할 만하다고 생각하는 유신론자들은 그런 문헌에서 나타나는 언뜻 보기에 의문스러운 신의 행동을 설명하는 문제와 씨름을 해야 한다. 앞에서 논의된 답변들 중 어느 것이 가장 설득력 있다고 생각하는가? 그 이유는 무엇인가?
8. '덕 윤리학'이란 무엇인가? '덕'과 '의무' 중 어느 것이 윤리적 개념으로서 더 기본적이라고 생각하는가? 그 이유는 무엇인가?
9. 당신은 종교인들이 비종교인들보다 더 윤리적으로 행동한다고 생각하는가? 그렇게 생각하지 않는다면, 그 반대가 옳다고 보는가?
10. 모든 것을 종합해볼 때, 종교가 윤리적 행동에서 수행하는 역할로 인해 이 세계는 더 나은 곳이 되는가?
11. 전통적인 윤리 체계들은 남성 우월적인 편견에 물들어 있다는 종교적 페미니스트들의 주장에 당신은 동의하는가? 그 이유는 무엇인가? 동의하지 않는다면, 그 이유는 또 무엇인가?

| 참고문헌 |

Brockopp, Jonathan, ed. *Islamic Ethics of Life: Abortion, War and Euthanasia*. Columbia: University of South Carolina Press, 2003.

Byrne, Peter. *The Philosophical and Theological Foundations of Ethics: An Introduction to Moral Theory and its Relation to Religious Belief*, 2nd ed. Hampshire: Palgrave MacMillan, 1999.

Daly, Lois, ed. *Feminist Theological Ethics: A Reader*. Westminster: John Knox Press, 1995.

Fasching, Darrell and Dell deChant. *Comparative Religious Ethics: A Narrative Approach*. Oxford: Blackwell Publishers, 2001.

Flukerson, Mary McClintock. *Changing the Subject: Women's Discourses and Feminist Theology*. Minneapolis: Fortress Press, 1994.

Hare, John. *The Moral Gap*. New York: Oxford University Press, 1996.

Keown, Damien. *Buddhist Ethics: A very Short Introduction*. New York: Oxford University Press, 2005.

MacIntyre, Alasdair. *After Virtue*. Notre Dame: University of Notre Dame Press, 1981.

Mitchell, Basil. *Morality: Religious and Secular*. Oxford: Oxford University Press, 1980.

Mow, Richard. *The God Who Commands*. Notre Dame: University of Notre Dame Press, 1990.

Murphy, Mark. *An Essay on Divine Authority*. Ithaca: Cornell University Press, 2002.

Nielsen, Kai. *Ethics Without God*. London: Pemberton, 1973.

Parsons, Susan. *Feminism and Christian Ethics*. Cambridge: Cambridge University Press, 1996.

Pojman, Louis, ed. *Ethical Theory: Classic and Contemporary Readings*. Belmont: Wadsworth, 1989.

Quinn, Philip. *Divine Commands and Moral Requirements*. Oxford: Oxford University Press, 1978.

Schweiker, William, ed. *The Blackwell Companion to Religious Ethics*. Oxford: Blackwell Publishers, 2004.

Sullivan, William and Will Kymlicka, eds. *The Globalization of Ethics: Religious and Secular Perspectives*. New York: Cambridge University Press, 2007.

Zagzebski, Linda. *Divine Motivation Theory*. New York: Cambridge University Press, 2004.

16장 ●● 계속되는 물음: 신과 인간의 모험

옥스퍼드의 철학자 맥키(1917~1981)는 다음과 같이 말한다.

> 내가 보기에 신이 존재하느냐 하지 않느냐는 물음은 합리적이고 이성적으로 논의될 수 있고 또 그렇게 논의되어야만 한다. 그리고 그런 논의를 통해서 명확한 결과가 나올 수 있다는 점에서 할 만한 가치가 있다. 그 물음은 참되고 의미 있는 물음이며 중요한 물음이기도 하다. 너무도 중요해서 우리가 아무 생각 없이 함부로 편들 수 없을 정도다. 긍정적인 답변이나 부정적인 답변 모두 분명하게 옳은 것은 아니지만, 그 문제와 관련된 논증과 증거가 논의될 수 없을 정도로 애매한 문제는 아니다.[1]

맥키는 이 말을 꺼내면서 그의 저서인 『유신론의 기적』을 시작한다. 그 책의 제목이 암시하듯이, 맥키는 유신론이 수세기 동안 지성인들의 신뢰를 받은 사상이라는 사실은 놀라운—과장해서 말하자면, '기적적인'—일이라고 본다. 맥키는 유신론의 논변과 증거들이 공정하게 평가될 경우, 유신론은 참된 이론이 아니라 거짓된 이론으로 드러난다고 주장한다.

---

1 J. L. Mackie, *The Miracle of Theism* (Oxford: Clarendon Press, 1982), p. 1. 이 책의 제목에 대한 설명을 위해서는 pp. 11-2를 참조하라.

맥키는 과거와 현재의 영향력 있는 많은 철학자들의 판단을 그대로 흉내낸다. 그 중에는 루크레티우스(Lucretius, c. 99~55 B.C.), 흄(1711~1776), 니체(1844~1900), 클리포드(1845~1879), 러셀(1872~1970), 플루(1923~), 마틴(1932~), 로우(1931~) 등이 있다. 이들과는 달리 모든 관련 사항들을 비교 검토해 보면 유신론이 옳다고 보는 저명한 철학자들도 많이 있다. 아우구스티누스(354~430), 안셀무스(1033~1109), 아퀴나스(c.1224~1274), 데카르트(1596~1650), 스윈번(1934~), 애덤스(1943~), 플랜팅거(1932~)는 높은 평가를 받는 유신론 철학자들이다.

지금까지 이 책을 통해 보았듯이 종교 철학의 주요 문제들 중 많은 것들이 유신론에 대한 전반적인 논의와 관련이 있다. 종교적 경험의 의미, 신 존재 증명과 반론의 타당성, 유신론의 수용과 합리적 논증의 상관 여부, 종교적 명제들의 유의미성, 기적 개념에 대한 이해의 어려움, 종교적 다원성이 유신론을 평가하는 데에 미치는 영향력의 정도 등이 그것이다. 종교의 주제와 관련이 있는 철학의 다른 분야들도 연결되어 있어서 이 문제를 철저하게 고찰하는 일은 매우 재미나면서도 쉽지 않을 것이다.

지적인 과정

이 책에서 논의된 유신론과 관련된 모든 문제들—종교적 경험, 기적, 악 등—은 지속적인 흥밋거리다. 모든 세대에 걸쳐 사려 깊은 사람들은 그 문제들을 새로이 제기하고 고찰해야 한다. 다행히도 과거와 현재의 위대한 사상가들이 남겨놓은 이론적인 유산 덕분에 우리가 종교를 탐구할 때 완전히 맨손에서 출발하지는 않는다. 그들은 핵심 문제들을 분명히 하는 것을 도와주고, 선택할 수 있는 방안들이 무엇인지를 확인시켜주며, 증명의 부담이 어느 쪽에 있는지를 보여주고, 가장 합당한 입장들을 제시해준다. 우리는 이 일을 하는 데에 끌어올 수 있는 최상의 사유에 덧붙여서 과거와 현재의 지혜를 필요로 한다.

달리 말해서 우리는 거대한 담론에 끼어든 셈이다. 이 담론은 수세기 동안 탐구 정신의 소유자들이 이끌어왔고, 사람들이 종교적인 믿음에 관해서 철학적인 물음들을 제기하는 한 지속될 것이다. 이것은 갑론을박의 흥미진진한 지적인 과정이요, 대안들을 면밀히 고찰하고, 종교적인 믿음과 관련된 문제들에 대한 더욱 깊은 통찰을 얻으려는 과정이다. 이 책은 종교 철학의 고전 및 현대 문헌들과 함께 인간의 이성이 종교의 문제들을 의미 있게 고찰할 수 있다는 사실을 보여준다. 인생살이에서 중요한 모든 쟁점들은 신뢰할 수 있고 숙고하는 이성의 검토를 받아야 한다. 이것은 특정 종교와 관련된 믿음들, 유신론적 종교들에서 일반적으로 도출되는 믿음들, 또는 비유신론적 종교들이 고수하는 믿음들에 대해서도 마찬가지로 해당된다. 만일 종교적인 믿음들이 이성의 진지하고 객관적인 접근법에 구애받지 않는다면, 인간의 모험은 그 전망이 그리 밝지 않다.

만일 합리적인 분석이 적합하다면, 종교적인 믿음에 대한 철학적인 탐구에 한계가 있을까? 여기서 그 답은 우리가 그 물음을 어떻게 받아들이느냐에 달려 있다. 만일 그 물음이 심리적인 한계에 관한 것이라면, 그것에 대한 답은 긍정적이다. 분명히 각 개인의 유형이나 성격 유형은 각기 특이한 한계들을 가질 것이다. 주어진 개인의 문화적 배경, 가정 교육, 종교적 확신, 추상적 사고력 등으로 인해 확실히 실제적인 한계에 도달하는 지점이 있을 수 있다. 심지어 어떤 사람은 자기가 그 탐구를 더 이상 해낼 수 없다고 말하는 지점에 이를 수 있다.

그러나 만일 그 물음이 종교적 믿음을 합리적으로 탐구하는 데에 이론적인 한계(또는 논리적인 한계)가 있느냐의 여부를 묻는 것이라면, 그 답은 없다이다. 원칙적으로 탐구가 멈춰져야 하는, 확정되거나 미리 결정된 종점은 없다. 사람들마다 특유한 한계점이 있고, 그 편차가 사람들마다 다르다는 점을 우리는 인정할 수 있다. 그러나 우리는 인류 지성사의 근본적인 교훈을 인정해야 한다. 그 교훈이란 바로 인간이 노력할 수 있는 범위 안에서 어떤 사람이 사고의 한계를 선언하는데 다른 사람은 그 한계를 넘어서고 만다는 것이다. 어느 사람도, 또 어느 집단도 다른 사람의 합리적인 탐구에 대해서, 심지어 종교의 문제에서조차도 한계를 그을 수 없다.

어떤 사람들은 하나님이나 브라만, 니르바나, 또는 그 외의 다른 궁극적인 실재의 엄청난 신비는 유한한 인간의 마음으로는 접근할 수 없다는 반론을 제기할 것이다. 비록 신이 어떤 면에서 인간의 사고를 넘어서 있더라도, 합리적인 탐구는 단지 신의 개념들과 신에 관한 믿음들에 대한 탐구일 뿐이다. 그것은 신에 관한 우리의 사유와 기타 관련된 주제들을 명확하고 정합적이며 세련되고 이치에 맞도록 만드는 작업이다. 신은 무한하지만, 신에 관한 개념과 믿음은 무한하지 않으며 합리적인 탐구의 대상이 될 수 있다.

종교적인 믿음에 대한 검토에는 이론적인 한계가 없다고 해서 그 과정이 오류 불가능하거나 완전하다고 말하는 것은 아니다. 인간의 합리적인 탐구는 우리가 직면하는 문제들에 대해서 최상의 사유를 하되 그 사유의 결과가 잠정적이고 불완전하다는 것을 인식하면서 잘못된 것은 고치고 조심스럽게 전진하는 성격을 갖는다. 이런 과정은 우리가 늘 겪는 바다. 비록 어떤 계시가 참되더라도, 또는 특정한 종교적인 시각이 믿을 만하더라도, 그것의 신빙성은 합리적으로 평가되어야 하고, 논변과 증거에 비추어서 수용되거나 기각되어야 한다. 무오류성을 주장하는 독선적인 종교인들의 강한 성향뿐만 아니라 우리 자신의 오류가능성에 대한 인식을 통해서 우리는 객관성과 공정성, 관용을 강하게 추구할 때에 발전할 가망성이 가장 밝아진다는 것을 알게 된다.

철학적 활동과 종교적 신앙

종교가 합리적인 평가를 받는다는 것을 많은 사람들이 인정하더라도 철학적인 탐구 결과는 진정한 종교적 신앙과 무관하거나 정반대라고 주장하는 사람들도 있을 것이다. 예를 들어, 어떤 이들은 그 주제의 신성한 성격으로 인해 비판적이고 예리한 탐구는 불경하거나 신성 모독적이라고 주장할 것이다. 또는 그런 탐구가 유해한 의심을 조장한다고 주장하기도 할 것이다. 그러나 그 주제가 신성한 것으로 여겨질 수 있는 반면에, 모든 주요 종교는 책임 있는 사고를 알아주고 권장한다. 세계 주요 종교들은 자기네의 주요 교리와 주제들을 놓고 오랫동안 토론해온 역사를 가지고 있다. 게다가 자유롭고 열린 탐구를 금하는 것도 없거니와 억지스러운 의심을 조장하는 것도 없다. 파스칼(1623~

1662)은 그의 글 『각서(Memorial)』(1654년 11월 23일자)의 초두에서 '아브라함의 하나님, 이삭의 하나님, 야곱의 하나님'과 '철학자와 학식 있는 자들의 하나님'을 구별한다. 파스칼을 비롯한 많은 사람들은, 비록 용인되는 전제들에서 신의 존재가 타당하게 추론될 수 있더라도 그것은 단지 학문적인 흥밋거리에 불과하다고 주장한다. 흔히 신앙심이 돈독한 종교인들은 자기네가 이미 신과 역동적인 관계 속에서 살고 있으며, 합리적인 논증과 기타 지적(知的)인 작업은 논점에서 벗어나 있다고 주장한다. 이들의 주장에 대한 답변에는 두 종류가 있다.

첫째로, 철학적인 활동과 살아 있는 종교적 신앙은 구분하는 것이 옳다고 보는 입장이 있다. 신에 대한 철학적인 관심은 신에 대한 종교적인 관심과 다른데 이것들은 서로 다른 양식의 인간 활동이라고 본다. 일반적으로 엄격한 분석과 논증에 개입하는 것은 확고한 종교적인 신앙을 위한 필요조건도 아니요 충분조건도 아니라고 말할 수 있다. 철학적인 이해가 신앙에 필요조건이 아닌 이유는, 어떤 사람들은 종교에 대한 복잡한 지적인 연구를 수행할 능력이 없으면서도—그래서 신의 존재를 설득력 있게 논증해내지 못하면서도—종교적인 신앙을 분명히 가질 수 있기 때문이다.

둘째로, 철학적인 문제를 다룰 때 능숙하고, 신의 존재를 옹호하는 논변을 설득력 있게 전개하는 사람이지만 종교적인 신앙은 전혀 가지지 않을 수 있다. 예를 들어, 이런 사람은 기독교가 참되다고 지적으로 확신하면서도 그 종교에서 숭배하는 신과는 아무 관련도 맺지 않거니와 그 신에게 자신을 의탁하지 않는다. 마찬가지로 어떤 사람이 힌두교가 참되다고 확신하면서도 시바나 비슈누에게 인격적으로 귀의하지 않을 수 있다. 이것은 다른 종교들을 신봉하는 모든 사람들에게 마찬가지로 해당된다. 따라서 종교에 대한 철학적인 검토는 종교적인 신앙을 위한 충분조건이 아니다.

종교에 대한 엄격한 철학적인 검토가 종교적 신앙을 위한 필요조건도 아니요 충분조건도 아니지만, 우리는 신앙이 전적으로 합리적인 사고와 분리되어 있다고 생각해서도 안 된다. 오히려 (신적인 존재자에 대한 신뢰라고 볼 수 있는) 종교적인 신앙은 적어도 어느 정도의 합리적인 사고에 입각해 있는 것 같다. 어쩌면 일부 사람들이 짐작하는 것보다도 더 많이 합리적인 사고에 근거할 수 있다. 여기서 말하는 합리적인 사고는 어떤 서술문이나 명제가 참되다는 믿음의 형식으로 나타난다. 종교인들이 의식적으로나 무의식적으로 내리는 지적인 판단들은 참된 것으로 간주되는 많은 믿음들로 구성된다.

우리가 살펴본 바와 같이, 신에 대한 신앙을 갖기 위해서는 신에 관한 믿음을 비롯해서 신과 세계의 관계 방식에 관한 믿음들을 가져야 한다. 물론 많은 일상적인 종교인들은 신앙생활을 할 때 그 자신의 믿음을 충분히 의식하지 못할 수도 있고 그런 믿음들을 비판적인 각도에서 보지 않을 수도 있다. 그럼에도 불구하고 그러한 믿음들은 존재하며 작용한다. 이성적인 믿음을 위한 일반적인 규칙들과 제한 조건들이 다른 믿음들과 마찬가지로 그 믿음들에도 적용된다. 일부 종교인들이 자신의 지적인 완결성은 합리성의 기본적인 기준들에 일치하는, 자기네가 가지고 있는 믿음들에 의존한다는 사실을 깨달을 때에 이 점은 강조된다. 그들은 의도적으로 자신의 믿음들을 엄밀히 조사하고 그 의미가 잘 통하게 만들려고 하며, 그 믿음들이 논리와 사실에 잘 부합하도록 만든다. 그들의 종교적인 신앙은, 마크 트웨인이 한때 말한 바와 같이, "당신이 알기에 사실이 아닌 것을 믿는 것"은 아니다.

종교인들이 그들의 신앙을 뒷받침하는 믿음들을 의식하든 하지 않든 간에, 그 믿음들은 철학적인 검토를 위해서 추출되고 체계화될 수 있다. 종교 철학은 형이상학, 인식론, 그리고 철학의 기타 분야에서 직관뿐만 아니라 분석과 논증의 표준적인 방법들을 이 추출된 믿음들에 적용한다. 물론 이것은 일관성, 정합성, 사실과의 상응과 같은 관심사가 종교적인 믿음과 실제로 관계가 있음을 의미하며, 타당성과 진리성의 문제들도 관련이 있다는 것을 뜻한다.

또한 신앙을 갖지 않는 사람들도 신앙의 지적인 구성 요소나 신앙을 이루는 믿음을 인식하지 못할 수 있다. 그들은 신앙을 순전히 정서적인 반응이나 사회적으로 조건화된 행동으로 잘못 규정할 수 있으며, 그럼으로써 지적인 탐구의 대상이 되면서 신앙의 근저에 있는 믿음들을 인식하지 못할 수 있다. 그들은 종교적인 믿음을 책임 있는 합리적인 과정을 통해 검토하지 않은 채 그것을 거부할지도 모른다. 따라서 종교인이든 비종교인이든 간에 어떤 종교적인 관점을 놓고 그것이 존속할 수 있을지를 검토하는 사람은 철학이 사용하는 일반적인 지적 기준들을 의식적으로 존중해야 한다. 종교적인 신앙이 사리에 맞고 정당한지 아니면 혼란스럽고 오도된 것인지를 결정할 때 계산에 넣어야 할 것은 바로 이런 종류의 합리적인 고찰이다.

우리는 여기서 어디로 가는가?

이 책에서는 지금까지 종교 철학이라는 수박의 겉만 핥았을 뿐이다. 각 쟁점은 훨씬 더 깊고 상세하게 파들어갈 수 있었을 것이다. 이 쟁점들의 표준적인 핵심을 넘어서 진행해가면, 다른 흥미로운 주제들 때문에 고전적인 유신론에 대해서 더 많이 검토하게 된다. 예를 들자면, '숨어 있는 신'은 좀더 상세히 다뤄볼 만한 흥미로운 주제다. 특정 종교들에 특유한 교리나 믿음들과 관련된 다른 종류의 주제들도 있다. 기독교의 핵심적인 신학 개념들—구속, 삼위일체, 천국, 지옥 등—은 철학적으로 더 많은 주목을 받을 필요가 있다.[2]

종교 철학자들이 연구해야 할 또 다른 분야는 학문으로서의 철학과 신학의 관계다. 철학과 신학은 중세기에 밀접한 관계를 가졌지만, 현대에 와서는 철학자들과 신학자들 간의 대화가 문젯거리가 되었다. 이렇게 된 데에는 그 두 학문의 전제와 방법에 대한 관점의 차이가 한몫을 한다.[3] 신학자들은 계시나 교회 전통을 종교적인 문제들에 대한 최종적인 권위자요 중재자로 내세우는 반면에, 철학자들은 오직 이성만을 인정할 것이다. 철학자들이 사용하는 현대적인 논리 기법과 개념 분석의 용법에 관해서 흥미로운 논쟁이 벌어지고

---

2 Fred Freddoso, *The Existence and Nature of God* (Notre Dame: University of Notre Dame Press, 1983); Nicholas Wolterstorff, "The Remembrance of Things (Not) Past: Philosophical Reflections on Chrisitian Liturgy," in *Christian Philosophy*, ed. Thomas Flint (Notre Dame: University of Notre Dame Press, 1990), pp. 118–61. 후자의 논문이 수록된 논문집은 전적으로 다양한 기독교 사상들(예: 죄의 결과)과 관행들(예: 신앙고백)의 철학적 분파를 탐구하기 위한 것이다.

3 신학과 철학의 차이를 다룬 문헌으로는, Gordon Kaufmann, "Evidentialism: A Theologian's Response," *Faith and Philosophy* 6 (1989): 353–77; Maurice F. Wiles, "Review of The Logic of God Incarnate," *Journal of Theological Studies* 38 (1987): 272; Thomas V. Morris, "Philosophers and Theologians at Odds," *Asbury Theological Journal* 44 (1989): 31–41; William Abraham, "Oh God, Poor God," *The American Scholar* (Autumn 1989): 557–63 등이 있다.

있는데, 일부 신학자들은 그런 방법들이 인간의 경험과 역사를 공정하게 다룰 수 없다고 주장한다. 신학과 철학의 편협한 근성이 여러 방면에서 지속되고 있지만, 일부 사상가들이 낡은 장벽을 허물어뜨리려는 고무적인 징후가 나타나고 있다.[4]

많은 신학자들, 특히 역사 신학이나 성경 해석학과 관련된 신학자들은 대부분 철학과의 접촉을 피해온 반면에, 다른 신학자들은 의식적으로 일정한 철학적인 개념들을 가지고 자기네의 관점을 표현해왔다. 이러한 '신(新)신학'의 범위는 넓다. 과정 신학, 해방 신학, 페미니스트 신학, 환경 신학, 포스트모던 신학을 비롯한 신신학들은 철학적인 사유와 성찰거리를 제공한다.[5]

다른 주요 종교의 개념들을 철학적으로 면밀히 검토해보면, 향후 연구와 성찰을 위한 또 다른 방향을 얻을 수 있다. 예를 들자면, 특정한 비유신론적 종교—그 종교의 믿음들과 생활 관습들—는 철학적으로 면밀하게 검토할 만한 대상이 될 수 있을 것이다. 우리는 이 책에서 서양의 유신론과 비교하고 대비시키려는 목적으로 힌두교적인 범신론(또는 만유내재신론[萬有內在神論]—세계가 신의 존재의 일부라는 이론)을 이따금씩 언급했다. 하지만 힌두교에서 주로 발생하는 종교적인 믿음들에 관해 논하는 책을 별도로 쓰는 것이 적절할 것 같다. 그래서 힌두교의 믿음들을 좀더 완벽하게 다루다 보면 힌두교에 대해 제기되는 악의 문제가 어떤 것인지를 정밀하게 논하게 될 것이다. 또한 인

---

4 철학과 신학 간에 상호 교류가 일어나고 있다는 것을 보여주는 증거로 1990년 3월 15일에서 17일까지 노트르담대학교에서 개최된 '철학적 신학과 성경 해석'을 주제로 한 학술대회를 들 수 있다. 또한 미국종교학회(American Academy of Religion)나 성경문학회(Society of Biblical Literature)와 같은 전문적인 신학 학술대회에서 신학자들과 성경 학자들이 철학자들을 초청하기 시작했다. 그리고 코넬대학교 출판부의 종교 철학 연구 시리즈와 노트르담대학교출판부의 종교 철학 시리즈 발간은 철학과 신학 간의 교류를 보여주는 또 다른 증거다. 미국기독교철학회는 신학과 관련된 주제로 열리는 학술발표회와 세미나를 지속적으로 후원하고 있으며, 그 학회에서 발간하는 학술지인 『신앙과 철학(*Faith and Philosophy*)』에서는 계속해서 주요 신학자들과의 대화를 추구하고 있다.(예를 들자면, 이 학술지의 1989년도 10월호는 오로지 성경과 철학의 문제를 다루고 있다.)

5 현대 신학 운동들을 개관하려면, R. Kliver, *The Shattered Spectrum* (Atlanta: John Knox Press, 1981)을 보라. 페미니스트 신학 사상의 고전적인 문헌으로는, Carol P. Christ and Judith Plaskow, eds., *Womanspirit Rising: A Feminist Reader in Religion* (New York: Harper & Row, 1979); Mary Daly, *Beyond God the Father: Toward a Philosophy of Women's Liberation* (Boston: Beacon Press, 1973); Rosemary Ruether, *New Woman—New Earth: Sexist Ideologies and Human Liberation* (New York: Crossroad, 1975)을 들 수 있다. 포스트모더니즘의 영향에 관해서는 Jean Luc Harion, *God without Being*, trans. T. Carlson (Chicago: University of Chicago Press, 1991)을 보라.

간의 도덕성에 대해서 힌두교의 믿음 체계가 함축하는 바를 추적할 수 있으며, 업보나 윤회와 같은 힌두교의 근본적인 신학 개념들을 분석하고 그 개념들의 논리적인 구조를 명료하게 드러낼 수 있다.[6] 이 책에서 사용된 접근법에 따라 여타의 세계적인 종교의 믿음들을 철학적으로 면밀히 다루는 것도 실제로 가능할 것이다. 물론 주요 종교는 그 나름대로의 철학적인 전통을 가지고 있고 이 전통은 우리가 이 책에서 사용한 접근법을 쓰지 않을 수도 있는데, 이것은 철학적으로 상당히 흥미를 끄는 까다로운 요인이기도 하다.[7]

종교를 진지하게 연구하다 보면 종국에 가서는 다른 분야들—인류학, 사회학, 심리학—에 이르게 된다. 이 분야들이 종교의 복잡한 실재에 대하여 제시하는 관점을 받아들임으로써 종교에 대한 철학적인 탐구는 더욱 적절해지고 정보의 양이 많아진다. 실제로 이들 분야가 종교나 종교 철학과 맺는 관계에 대한 물음 자체가 또 하나의 철학적인 문젯거리가 된다.

이 모든 논의가 보여주는 바는, 종교 철학이 역동적이고 발전적인 분야로서 도전적이고 중요한 쟁점들로 가득 차 있다는 것이다. 신학과 철학의 담화를 지지하는 근거를 어떻게 찾느냐는 문제는 앞으로 수년 동안 첨예한 쟁점이 될 것이다. 주요 사상가들은 장기간 지속하는 쟁점들이 연구와 성찰거리를 끊임없이 공급할 것이라는 점을 간파하고서, 새로운 전략과 접근법들을 고안해냄으로써 낡은 쟁점들을 대체할 문젯거리를 무수히 만들어낼 것이다. 아직 손대지 않은 영역은 언제나 개척될 것이고, 새롭고 중요한 사색거리들을 쏟아낼 것이다. 이 모든 것이 함께 모여 종교 철학의 발전을 촉진하게 된다.

유신론적 믿음과 관련된 주요 문제들에 흥미를 느끼는 사람들은 종교 철학의 배경적인 연구를 더 해나가면서 그 분야에서 일어나는 새로운 발전을 추적해갈 수 있다. 우리가 언제나 고전적인 쟁점들의 결과를 예측할 수만은 없거니와 향후 논쟁의 방향을 완벽하게 예상할 수 없기 때문에 이 과정은 지적인 자극을 더해준다. 그러나 종교적 믿음에 대한 합리적인 평가의 가치를 이

---

6 비유신론적인 종교에서 나오는 개념들을 철학적으로 어떻게 검토할 수 있느냐는 문제를 위해서는 Bruce Reichenbach, *The Law of Karma: A Philosophical Study* (London: Macmillan, 1990) 참조.

7 한 가지 주목할 만한 사례로 용수(龍樹)의 중론 불교를 들 수 있다. 또 다른 사례로는 도겐(Dogen)의 선불교가 있다.

해하는 것은 곧 종교적인 쟁점들을 천착할 수 있기 위한 큰 발걸음을 내딛는 것이고 우리의 지적인 책임을 다하는 것이다. 아퀴나스가 말한 바와 같이, 우리는 "신에 관해서 인간의 이성이 들추어낼 수 있는 것들을 합리적인 방식으로 탐구"하려는 모습을 보여주게 될 것이다.[8]

| 연구문제 |

1. 종교적 믿음에 관한 공정하고 객관적인 논의에 적합한 종류의 태도에 대해서 논하라.
2. 당신은 이 책을 읽으면서 종교적인 믿음을 분석하고 평가하는 작업에 참여해왔는데 고전적인 유신론적 믿음의 합당성이나 그것의 진리성에 대해서 어떻게 평가하겠는가?
3. 당신이 지금까지 읽은 것에 비추어서 유신론적 믿음을 최대한 옹호해보라.
4. 당신이 지금까지 읽은 것에 비추어서 유신론적 믿음을 최대한 반박해보라.
5. 이 책에서 다루어진 종교 철학의 주제들 중에서 어느 것을 더 철저하게 추적해보고 싶은가?
6. 종교 철학과 관련된 분야에서 다루어지는 주제들 중 어떤 것을 앞으로 더 천착해보고 싶은가?
7. 이 책에서 제시된 주제들에 대한 연구가 어떤 방식으로 종교에 대한 당신의 접근법을 바꿨는가? 또 그것으로 인해 당신이 변했다고 생각하는가?

| 참고문헌 |

Alston, William P. *Divine Nature and Human Language: Essays in Philosophical Theology*. Ithaca: Cornell University Press, 1989.

Audi, Robert, and William Wainwright, eds. *Rationality, Religious Belief, and

8 St. Thomas Aquinas, *Summa Contra Gentiles*, trans. Anton C. Pegis (Notre Dame: University of Notre Dame Press, 1975), pp. 1, 9.

Moral Commitment: New Essays in the Philosophy of Religion. Ithaca: Cornell University Press, 1986.

Freddoso, Fred. *The Existence and Nature of God*. Notre Dame: University of Notre Dame Press, 1983.

Mackie, J. L. *The Miracle of Theism*. Oxford: Clarendon Press, 1982.

Martin, Michael. *Atheism: A Philosophical Justification*. Philadelphia: Temple University Press, 1990.

Plantinga, Alvin, and Nicholas Wolterstorff, eds. *Faith and Rationality: Reason and Belief in God*. Notre Dame: University of Notre Dame Press, 1983.

Ross, James. *Philosophical Theology*. Indianapolis: Bobbs-Merrill, 1969.

Stump, Eleonore, and Thomas Flint, eds. *Hermes and Athena: Biblical Exegesis and Philosophical Theology*. Notre Dame: University of Notre Dame Press, 1993.

찾아보기 ●●●

종교의 철학적 의미(개정증보판)

펴낸날 | 1판 1쇄 2005년 2월 14일
2쇄 2006년 9월 20일
2판 1쇄 2009년 2월 27일
4쇄 2022년 2월 24일
지은이 | 마이클 피터슨, 윌리엄 해스커, 브루스 라이헨바하, 데이비드 배싱어
옮긴이 | 하종호
펴낸이 | 이승아
펴낸곳 | 이화여자대학교출판문화원
등록 | 1954년 7월 6일 제 9-61호
주소 | 서울시 서대문구 이화여대길 52(우 03760)
전화 | 02-3277-2965(편집)
02-362-6076(마케팅)
팩스 | 02-312-4312
전자우편 | press@ewha.ac.kr
홈페이지 | www.ewhapress.com
책임편집 | 이혜지
디자인 | 정혜진 · 양새로훈
찍은곳 | 한영문화사

ⓒ 하종호, 2009
ISBN 978-89-7300-813-1 93200

값 20,000원

* 잘못된 책은 구입처에서 바꾸어 드립니다.